公法名著译丛

# 法国行政法

〔法〕让·里韦罗 让·瓦利纳 著

鲁仁 译

商务印书馆

2008年·北京

*Jean Rivero*

*Jean Waline*

**DROIT ADMINISTRATIF**

**(20$^{e}$ Édition)**



本书根据法国达洛兹出版社 2004 年第 20 版译出

# 《公法名著译丛》编委会

# 第 20 版
# 序

本书第 17 版印行后，让·里韦罗曾经多次表示，这部著作第 1 版面世已逾 40 年，希望进行一番彻底修订，以便反映行政法最近几十年间的演进发展。确实，现在如若仅作简单修改就显得十分不够了。

这是一件孜孜矻矻、历时数年方始完成的工作。在第 18 版中，关于行政责任的一编业已完全改写。第 19 版也修订了对行政机关契约权的叙述。

第 20 版对其余各章一律回炉重写，行文尽可能简洁明快。自然，以往各版对行政法所有主要问题的阐述，这里依旧采纳。这个新版竭力恪守让·里韦罗谆谆教导我们的方法：抓住要点，坚持基本概念，同时紧密跟踪研究法国行政法正在发生的深刻变化。

不言而喻，对 18 版以后新产生的那些问题所采取的立场、观点，就不能再依赖让·里韦罗的权威了；但是，这部著作仍然忠于他这个伟大的法学家，忠于他这个了不起的人。

让·瓦利纳

# 目　　录

前言 …… 1
缩略语表 …… 4
导论 …… 1
　一、定义与基础概念 …… 1
　　§1　行政 …… 1
　　§2　行政法 …… 6
　　§3　行政学 …… 13
　二、法国行政管理体制溯源 …… 14
　　§1　共和八年的建树 …… 15
　　§2　演变因素 …… 17
　　§3　变革的结果 …… 21
　三、行政法基本原则 …… 24
　　§1　行政权、司法权分立原则 …… 25
　　§2　与普通法抵触 …… 32
　　§3　合法性原则 …… 34
　　§4　对行政机关的监督 …… 38

**第一卷　行政行为实施机构**

**副一卷　公法机构**

第一章　公法行政机构的基本概念 …… 47

第 1 节 单一制国家和联邦制国家 …… 47
第 2 节 中央集权和地方分权 …… 48
第 3 节 权力下放 …… 51
第 4 节 行政监督和财政监督 …… 52
第二章 关于公法法人的一般理论 …… 55
第 1 节 法人资格 …… 55
第 2 节 公法法人与私法法人的区别 …… 58
§1 私法法人 …… 59
§2 公法法人 …… 62
第 3 节 公私法人之间差别的演变 …… 67
§1 私法法人的演变 …… 67
§2 公法法人的演变 …… 68

## 第一编 国家行政

第一章 中央国家行政机关 …… 73
第 1 节 共和国总统 …… 73
§1 共和国总统和政府首脑各自角色的演变 …… 74
§2 行政职权 …… 75
§3 共和国总统府的行政机构 …… 77
第 2 节 总理 …… 78
§1 行政职权 …… 79
§2 总理的办事机构 …… 80
第 3 节 部长 …… 82
§1 行政职权 …… 83
§2 部的典型结构 …… 85

第 4 节　独立的中央行政机构 …………………………………… 89
§1　独立行政机构的风行 ……………………………………………… 90
§2　独立行政机构的职权 ……………………………………………… 91
§3　对独立行政机构的监督 …………………………………………… 92
第 5 节　中央机关行动的协调配合 ……………………………… 92
第二章　地方国家行政机关 …………………………………………… 94
第 1 节　权力下放飞速发展 …………………………………… 94
第 2 节　大区国家行政机构 …………………………………… 96
§1　国家大区界线的调整 ……………………………………………… 97
§2　大区的机关 ………………………………………………………… 98
第 3 节　省级国家机关 ……………………………………………… 99
§1　省长 ………………………………………………………………… 100
§2　省长的办事机构 …………………………………………………… 105
第 4 节　区 ……………………………………………………………… 106
第 5 节　市镇 …………………………………………………………… 107

## 第二编　专门行政法人
## 副一编　地方行政区

第一章　1958 年以来地方分权的进展 ……………………… 113
第 1 节　1958 年《宪法》中的地方分权问题 …………………… 114
第 2 节　1982 年 3 月 2 日法律中的地方分权 ………………… 115
§1　建制和功能 ………………………………………………………… 117
§2　国家与地方行政区之间的职权划分 …………………………… 118
§3　地方公职的地位 …………………………………………………… 122
第 3 节　2003 年 3 月 28 日宪法法律进行的改革 ……………… 124

§1 对既存规则的系统化 …… 125
§2 2003年3月28日法律的创新 …… 129
第二章 市镇 …… 135
第1节 市镇制度的沿革 …… 136
第2节 市镇议会 …… 140
§1 组成 …… 140
§2 选举 …… 140
§3 议员任期 …… 144
§4 市镇当选者的地位 …… 145
§5 运行 …… 146
§6 职权 …… 147
第3节 市镇长 …… 158
§1 地位 …… 159
§2 职权 …… 161
第三章 省 …… 166
第1节 省议会 …… 167
§1 组成 …… 168
§2 运作 …… 169
§3 职权 …… 171
第2节 省议会议长 …… 175
§1 选举 …… 176
§2 职权 …… 176
第3节 海外省 …… 177
§1 2003年3月28日法律以前的制度 …… 178
§2 2003年3月28日法律的革新 …… 179

第四章 大区 …… 182
第 1 节 大区体制的沿革 …… 183
§1 雏形 …… 183
§2 1964 年改革 …… 183
§3 1969 年的改革方案 …… 184
§4 1972 年的改革 …… 185
§5 现行制度 …… 186
第 2 节 大区议事机构 …… 186
§1 大区议会 …… 187
§2 大区经济社会委员会 …… 193
第 3 节 大区议会议长 …… 194
第 4 节 特殊地位的大区 …… 195
§1 科西嘉 …… 195
§2 海外大区 …… 198
第五章 地位特殊的地方行政区 …… 200
第 1 节 新城市 …… 201
第 2 节 巴黎和法兰西岛大区 …… 203
§1 沿革 …… 203
§2 巴黎大区所辖地方行政区 …… 205
§3 巴黎的制度 …… 206
§4 大区的行政管理 …… 208
第 3 节 适用于巴黎、里昂和马赛的普通规则 …… 210
§1 区级机关 …… 211
§2 区里的资源 …… 212
§3 适用于巴黎、里昂和马赛的选举制度 …… 213

第六章 国家对各级地方行政区的监督 …… 215
§1 行政监督 …… 217
§2 财政监督 …… 222

## 副二编 公立公益机构

第一章 部门公立公益机构 …… 229
第1节 沿革 …… 229
第2节 传统的公立公益机构 …… 238
§1 一般性质 …… 238
§2 法律制度 …… 241
§3 方式 …… 244
第3节 公立公益机构与国营企业 …… 246
§1 国营企业的概念 …… 246
§2 起源 …… 248
§3 国有化运动 …… 249
§4 私有化运动 …… 252
§5 国营企业的经济状况 …… 255
§6 国营企业的法律制度 …… 257
§7 国营企业、公法人或私法人的区别 …… 262
第二章 地方公立公益机构 …… 267
第1节 地区 …… 268
第2节 市镇间的合作 …… 270
§1 原先提出的解决办法 …… 272
§2 市镇集中的新方式 …… 278
第3节 省际合作 …… 282

第 4 节 跨大区合作 …… 283
第 5 节 跨国合作 …… 284

## 副三编 其他专业公法人

第 1 节 法兰西银行 …… 289
第 2 节 公益集团 …… 290
第 3 节 金融市场监管署 …… 291

## 副二卷 私法机构

第一章 经管公用事业的私营机构 …… 295
第 1 节 契约规定的授权 …… 296
第 2 节 法律规章的授权 …… 297
§1 这一现象的登场 …… 297
§2 承担公用事业的私法人类型 …… 299
§3 法律制度 …… 301
第 3 节 政府对公益私营活动的资助 …… 302
第二章 商业公司形式的国营企业 …… 308
第 1 节 国营公司 …… 308
第 2 节 混合经济公司 …… 310
第三章 职业公会 …… 317

## 第二卷 行政机关的行为

## 第一编 合法性原则

第一章 平时的合法性 …… 327
第 1 节 合法性的各种渊源 …… 327

§1 宪法 …… 329
§2 组织法 …… 334
§3 国际条约 …… 335
§4 欧洲共同体的法规 …… 340
§5 《欧洲保护人权和基本自由公约》 …… 349
§6 法律与规章条例 …… 354
§7 《宪法》第38条所述之政令 …… 371
§8 判例法与普遍法律原则 …… 374
§9 规章条令制定权 …… 384
第2节 合法性法源等级划分 …… 390
§1 对国际条约是否符合法国宪法进行监督 …… 391
§2 对法律合宪性的监督 …… 393
§3 对法律是否符合国际条约的监督 …… 396
第二章 特殊时期的合法性 …… 399
第1节 法律所述的危机合法性 …… 399
§1 《宪法》第16条 …… 400
§2 戒严 …… 402
§3 紧急状态 …… 403
第2节 关于特殊局势的法学理论 …… 404
第三章 政府令问题 …… 408
第1节 政府令的演变 …… 409
§1 政治原因 …… 409
§2 政府令一览表 …… 410
第2节 对政府令的解释 …… 414
§1 难觅踪影的政府令 …… 414

§2 政府令旨在履行政府职能 …… 416

## 第二编 行政管理的使命

### 副一编 行政治安管理

§1 行政治安管理的目标 …… 420
§2 治安管理过程 …… 426
§3 治安权的调整 …… 427
§4 治安权的限度 …… 432

### 副二编 公用事业

第一章 公用事业的一般理论 …… 439
第1节 定义 …… 439
§1 已知的各种含义 …… 440
§2 公用事业与共同利益 …… 444
§3 公法人兴办的公用事业 …… 449
第2节 公用事业的法律制度 …… 451
§1 公共管理公用事业的定义再次引起争议 …… 451
§2 公用事业的基本原则 …… 455
第3节 公用事业与欧共体法 …… 459
第二章 公用事业的管理方式 …… 467
第1节 官办公用事业 …… 471
第2节 公用事业的特许经营 …… 473
§1 一般性质 …… 473
§2 特许证 …… 479
§3 受权经营者的职责 …… 480

§4 受权经营者的权利 …………………………………………… 482
§5 特许经营诉讼 …………………………………………………… 485
§6 特许经营的终结 ………………………………………………… 486

## 第三编 行政法规

第一章 有执行力的决定 …………………………………………… 493
第1节 有执行力的决定的概念 ……………………………………… 495
§1 法律文件、具体行动和含有决定的法律文件 ………………… 495
§2 政府部门制定的法规 …………………………………………… 500
第2节 有执行力决定的分类 ………………………………………… 503
第3节 有执行力决定的制定 ………………………………………… 505
§1 职权 ……………………………………………………………… 505
§2 有执行力决定的制定程序 ……………………………………… 511
第4节 有执行力决定的实施 ………………………………………… 521
§1 生效 ……………………………………………………………… 521
§2 行政文件的获取 ………………………………………………… 523
§3 没有追溯力 ……………………………………………………… 525
§4 有执行力决定的效力 …………………………………………… 526
第5节 有执行力决定的结束 ………………………………………… 533
第6节 有执行力决定的效力 ………………………………………… 539
§1 无效的等级 ……………………………………………………… 539
§2 对无效性的确认 ………………………………………………… 541
第二章 行政契约 …………………………………………………… 542
第1节 行政契约的一般性质 ………………………………………… 548
§1 辨识行政契约的标准 …………………………………………… 548

§2 行政契约制度 …… 556
第2节 行政契约的缔结过程 …… 559
§1 缔约自由的限度 …… 559
§2 对签约人平等地位的危害 …… 566
第3节 行政契约的履行 …… 567
§1 政府部门的特权 …… 568
§2 契约的财务平衡原则 …… 572
第4节 行政契约的结束 …… 577

## 第四编 行政责任

第一章 公权力责任法的沿革 …… 585
第1节 初始状况:不承担责任 …… 585
第2节 国家不须负责原则的放弃 …… 586
第3节 国家代替公职人员承担责任 …… 589
第4节 责任制度的调整 …… 594
第二章 公法人承担赔偿责任的条件 …… 598
第1节 损害 …… 598
第2节 责任归咎 …… 608
第三章 过失责任 …… 612
第1节 公务过失 …… 612
第2节 过失等级:严重过失问题 …… 616
第3节 过失举证 …… 623
第四章 无过失责任 …… 626
第1节 无过失责任的依据 …… 627

第 2 节　源自判例的无过失责任制度 …………………… 628
第 3 节　法律的无过失责任制度…………………………… 635
第 4 节　对艾滋病受害者的赔偿…………………………… 643
第 5 节　无过失责任制度的未来…………………………… 645
第 6 节　对异常偶发医疗事故的赔偿 …………………… 646
第五章　公职人员的个人过失责任………………………… 649
第 1 节　个人过失…………………………………………… 649
第 2 节　公职人员承担责任的方式 ……………………… 654
第六章　行政活动之外的国家赔偿责任 ………………… 656
第 1 节　为立法机关的致害行为承担责任 ……………… 656
第 2 节　司法职权所致损害的赔偿责任 ………………… 661

## 第三卷　对政府部门的监督

## 第一编　对政府部门的非司法监督

第 1 节　政府部门的内部监督 …………………………… 671
§1　行政请愿…………………………………………… 672
§2　监察机关…………………………………………… 673
§3　纪律制裁…………………………………………… 674
第 2 节　共和国监察官 …………………………………… 675
§1　任命与地位………………………………………… 676
§2　职责………………………………………………… 677
§3　受理………………………………………………… 677
§4　共和国监察官的权限……………………………… 678
§5　共和国监察官的法律性质………………………… 679
§6　监察官制度的成功………………………………… 680

第3节 议会对政府的监督 …… 681

## 第二编 对政府部门的司法监督

第一章 法院二元化 …… 685
第1节 法院二元化的根源 …… 685
第2节 权限裁定法院 …… 688
§1 组成 …… 689
§2 运转 …… 690
§3 职权 …… 691
第3节 两种法院的权限划分 …… 703
副1节 法律准则 …… 706
副2节 判例准则 …… 708
§1 权限划分标准的演变 …… 709
§2 权限划分的现行制度 …… 719
第二章 行政法院 …… 740
第1节 行政法院的沿革 …… 742
§1 1953年的改革 …… 743
§2 1987年的改革 …… 744
§3 1995年的改革 …… 746
§4 诉讼的预防 …… 747
第2节 行政法院的一般特征 …… 750
§1 行政法官与在职行政官员分离 …… 750
§2 行政法院的咨询功能 …… 752
§3 行政法院的宪法性质 …… 752
第3节 最高行政法院 …… 753

§1 最高行政法院的组成 …… 755
§2 最高行政法院的机构设置 …… 759
§3 最高行政法院的职权 …… 762
第 4 节 上诉行政法院 …… 771
§1 组成和机构 …… 771
§2 成员招聘 …… 772
§3 职业与地位 …… 773
§4 权限 …… 773
第 5 节 行政法庭 …… 774
§1 机构设置 …… 775
§2 招聘和地位 …… 775
§3 职能 …… 776
第三章 行政诉讼 …… 779
第 1 节 行政诉讼的一般性质 …… 779
第 2 节 行政诉讼的不同类型 …… 782
第 3 节 反越权行为诉讼 …… 787
副 1 节 发展和特征 …… 790
副 2 节 反越权行为诉讼的受理条件 …… 793
§1 行政法规的性质 …… 794
§2 起诉人 …… 795
§3 程序、形式和时效 …… 798
§4 不得同时起诉 …… 799
副 3 节 撤销行政法规的事由 …… 802
§1 概述 …… 802
§2 无权能 …… 805

§3 形式瑕疵 …… 807
§4 滥用职权 …… 809
§5 违反法律 …… 812
副4节 对诉讼的裁判 …… 821
§1 程序特色 …… 821
§2 判决的内容和效力 …… 822
§3 上诉途径 …… 826
第四章 行政法院的诉讼程序 …… 828
第1节 一般特征 …… 830
§1 原则 …… 830
§2 一般特征 …… 832
第2节 诉讼概貌 …… 833
§1 预先决定准则 …… 833
§2 诉讼的提起 …… 836
§3 审前措施:紧急审理 …… 839
§4 讼案的提出 …… 847
§5 判决 …… 852
第3节 对行政法院判决的上诉途径 …… 866
结语 …… 872
译名对照表 …… 877
译后记 …… 891

# 前　　言

一、本书最初几版是自1962年起根据学士课程第二年的行政法教学大纲编写而成的。实际上，该大纲包括了本学科一般理论的所有主要方面。故而，虽然历次改革均对行政法的内容有所影响，但各大学仍在使用这本教材。本书迄今还适应大学普通学业文凭第二年的教学之需。凡有行政法科目的考试，大多也离不了这部著作。正是这种经久不衰的准确性、可靠性，统领着本版各章的编撰。

二、叙述问题，只有这样一个好方案：每一章都应依据前面各章的既得知识进行编撰，而不能提前支取后面才会谈到的内容。一开始就说“此事以后会反复讲解、不可避免，只能留待将来去分析”的话是绝对不行的。这就是为什么本书开头写了一篇很长的导论，目的是让初学者首先了解行政法的那些基本概念，我们觉得这样做似乎是十分必要的。大学生往往忽视阅读这个前言，那就等于想进房间而又坚决不要钥匙。大家都是能够登堂入室的，但这要付出艰苦努力。

三、本书分为三部分，即行政行为的实施机构、行政行为必须遵循的准则以及对行政机关的监督。

四、每部行政法著作都会自始至终援引一些判决。在此需提请尚未入门的读者注意：

1.行政法中的判例比私法中的判例具有更大的创新作用。

2.有一个依据行政法进行诉讼审判的专门司法系统，其顶端是最高行政法院。

3.为了明确划分普通法院与行政法院之间的职权界限，设有一个专门法院即权限裁定法院。

五、行政机关开展管理活动无疑是要动用一些人员和财产的；对这些问题的讲授，大多数大学都放在后来、放在法律专业学习的第三、第四年进行。但本书要讲的一般理论，却不能回避这些问题。

读者应当知道：

1.行政行为是由自然人即法律地位千差万别的**公务人员**实施的，其中的骨干具有**公务员**身份。

2.实施行政行为需要使用大量的各类财产，其中最重要的是**国有资产**。国有资产中的不动产可能是通过**以共同利益为理由的剥夺**之专制方式取得的。国有不动产的经营、管理、保养、维修就是**公共工程**，受一种特殊制度约束。

六、你可能会深感惊讶：行政法变化巨大，而本书的基本思路却变化甚小。这种相对稳定性源自“抓住核心”的坚强意志。我们认为，在一本“概要”中，让人同时巨细无遗地学习一门学科是徒劳无益的；让大学生们去详细了解变动频数的条例规章或判例，会妨碍他们掌握基本概念，而基本概念的演化要缓慢得多。本书期盼帮助人们理解的正是这些基本概念，也仅仅是基本概念。因为，依据这些基本原则，就能洞察迄今影响着行政法的那些深切而又持续不断的改革;毫无悬念,既然政府决心进行"国家改革",那改革还会继续进行。

七、导致行政法变化的因素,部分地可用社会、观念、技术等的迅速演进来解释;而近年变化加速,这是由于政权定期更迭、意识形态对立的多数派交替上台,甚至还出现了"左右共治"的时期,总统与议会多数派逆向而动。左右翼政府的这种更迭,不能不引发频繁的、有时是相互矛盾的、会产生不稳定性和不确定性的变革。加之,欧共体权力机构在欧洲范围内作出的那些决策对法国行政管理的影响越来越大,这只会增加行政法的不稳定性。这也是我们坚持上述编撰方针的又一个理由;与其劳神于那些来去匆匆的条例规章,不如致力于那些基本概念。只有弄懂了基本概念,才能采取合适的改革措施,从而矫正那些翻云覆雨的不良规制。

# ABRÉVIATIONS
# 缩 略 语 表

| | |
|---|---|
| AJDA | Actualité juridique, Droit administratif（法律新闻，行政法） |
| CAA | Cour administrative d'appel（上诉行政法院） |
| CC | Conseil constitutionnel（宪法委员会） |
| CE | Conseil d'État（最高行政法院；法国行政法院） |
| CEDH | Cour européenne des droits de l'homme（欧洲人权法院） |
| CGCT | Code général des collectivités territoriales（地方法规大全） |
| chron, | chronique（专栏） |
| CJA | Code de justice administrative（行政诉讼法典） |
| CJEG | Cahiers juridiques éléectricité-gaz（电讯法律手册） |
| CJCE | Cour de justice des communautés européennes（欧洲共同体法院） |
| D. | Recueil Dalloz（Dalloz 判例汇编） |
| Dr. soc. | Droit social（社会法） |
| DS | Recueil Dalloz-Sirey（Dalloz-Sirey 文集） |

| | |
|---|---|
| EDCE | Études et documents du Conseil d'État（最高行政法院研究资料） |
| GAJA | Les grands arrêts de la jurisprudence administrative（14e éd.）（行政诉讼重要判决，第 14 版） |
| Gaz. Pal. | Gazette du Palais（司法导报） |
| GDCC | Les grandes décisions du Conseil constitutionnel（12e éd.）（宪法委员会裁决汇编，第 12 版） |
| JCP | Juris-classeur périodique（法律分类期刊） |
| LPA | Les petites affiches（法制快报） |
| RD publ. | Revue de droit public（公法评论） |
| Rec. | Recueil des arrêts du conseil d'État（Lebon）（最高行政法院判决汇编） |
| Rev. adm. | Revue administrative（行政评论） |
| RFD const. | Revue franc，aise de droit constitutionnel（法国宪法学期刊） |
| RFDA | Revue franc，aise de droit administratif（法国行政学期刊） |
| PFRLR | Principes fondamentaux reconnus par les lois de la République（共和国法律所承认的基本原则） |
| RISA | Revue internationale des sciences administratives（国际行政学期刊） |
| RTD com. | Revue trimestriel de droit commercial（商法季刊） |
| RTD eur. | Revue trimestriel de droit européen（欧洲法律季刊） |
| S. | Recueil Sirey（Sirey 判例汇编） |

TA Tribunal administratif（行政法庭）

TC Tribunal des conflits（权限裁定法院）

# 导　论



## 一、定义与基础概念

行政法最初是作为公法的一个分支出现的，公法支配行政。确实，行政法这个笼统宽泛的惯用语还是简洁恰切的；为了说明这一点，有必要对行政这个概念及其变化加以阐释（§1），并分析行政与法之间的关系（§2）。

### §1　行政（L'administration）

1. **"行政"一词的通常含义**。在日常用语中，行政这个词时而指一种**活动**，即经营管理某种事务的行为；时而指实施这种经营管理活动的那个或那些**机关**。人们常说："某个企业经营（l'administration）得很好"，也说："他就职于财政部门（l'administration）。"

行政一词的上述两种含义，第一种说的是"**实际活动**"，第二种说的是"**组织机构**"，同时运用于公、私两类事物；那些有限责任公司的领导机构之一就叫“**董事会**”(Conseil d'administration)。

但是,从比较狭窄、也是更为流行的含义看,行政一词仅仅与“**国家的**”行政管理相联系。在法国,当人们简短地提到以大写字母开头的“行政”(L'Administration)一词时,就是指领导并执行政府任务的那些机关。从这个角度考察,行政既与个人活动有着本质的不同,也与其他一些公务活动形式诸如立法、司法等等有区别。我们正是应当从与个人行为相比较、又与其他公务活动相比较这样两个方面,来明确行政的概念。

2 **2.第一,行政与个人行为**。跟任何人类活动一样,此二者都是使用某些**方法**,追求某种**目标**。尽管人们越来越经常地认可,公共行政所追求的目标以及为达目标所采取的必要办法可以委托给个人,但是,行政与个人行为之间的差异还是显而易见的。

**3.(1) 行政追求的目标是公共利益**[①]。作为一种社会存在,每个人不可能仅凭一己之力,满足本人的全部需求。赖有分工和交换,个人想方设法、自由奋斗,也会满足自己的某些需求;但是,还有些需求,而且是最基本的需求,恐怕不可能这样自给自足。至于整个社会的共同需求,比如国防,因其量大面广,则超出了任何个人的负担能力。满足共同需求,本质上不会产生任何利润,因而,没有什么人愿意自动予以承担。这些个人不可能办到而又对整个

---

① J. Chevallier, Réflexions sur l'idéologie de l'intérêt général (《共同利益思想探讨》), *Variation autour de l'idéologie de l'intérêt général* (《围绕共同利益思想的变化》), T. I, 1978, p. 11; l'intérêt général (《共同利益》), Rapport publiquede CE, *EDCE*, n°50, 1999, p. 239ets.; J. M. Pontier: L'intérêt général existe-t-il encore? (《共同利益还存在吗?》), *D.*, 1998, Chron. 327。

社会及其每个成员皆生死攸关的必需品，便构成了行政专属领域，亦即**公共利益**领域。

追求私人利益乃是个人行为的正常动机。人们都在追求物质利益，争取事业有成；即便是最大公无私者，也在为实现自己的某种理想而行动。当然，个人追求的目标往往同大家的利益相重合。然而这种重合绝无必然性，也不会掩盖私人企业的个人性质。在全法国，面包商都很重要，他们满足人们对面包的需求；但面包商从事此业并非一心向善、只想大公无私地养活挨饿者，而是靠卖面包养家餬口，而这又是完全合法的。

反之，行政行为的动机实质上是**大公无私**的：它追求的是共同利益，或者说是公众利益；说得哲学一点，则可说是普遍利益。

当然，共同利益并不是社团利益；社团是一种不同于其构成成员且凌驾于其成员之上的实体。简言之，共同利益涵盖人的全部生活所需；这是每个人自由行动所不可能以适当方式供应的，而满足这全部需求又影响到每个人的命运。界定何者属于共同利益，则是随着时代、社会形态、公众心理和科学技术的变化而变化的。然而，如果社会情况发生了变化，行政管理依旧保持既定目标，则**"行政活动有助于满足共同利益"**。[①] 但这种既定目标并不排斥认真探索，加强管理，考虑赢利性，甚至追逐利润。当今有一种趋势，就是在追求共同利益的过程中，很关注经济状况，这便使得行政管

---

① J. Chevallier, L'intérêt général dans l'administration française (《法国行政管理中的共同利益》), *R. I. S. A.*, 1975, IV, p. 325; Truchet: *Les fonctions de notion d'intérêt général dans la jurisprudence* (《法律原则中共同利益观念的功能》), 1977; L'intérêt général (《共同利益》),《国家行政法院通报》, *EDCE*, n°50, 1999, p. 239。

理与个人活动有些近似。

3 4.(2) **行政运作凭借的是公权力特权**。目标不同则实现方法不同。个人之间的关系建立在法律面前人人平等的基础上,的确没有任何个人的意志高于他人意志,因此之故,个人意志才能自我克制。于是,订立契约,亦即不同意志间达成协议,便成了处理私人关系的一个特征。

而行政,它必须满足共同利益。在行政机关与个人的关系中,行政机关所体现的共同利益同被治理者的私人利益之间难免会发生抵牾。当此之际,平等原则就不再适用了,因为,理应使共同利益高于私人利益,后者一般也能服从。比如,假设行政机关绝对需要一块属于私人的场地,建造一个设施,供整个集体使用,而业主不肯出让,那就应当赋予行政机关强制手段,在给业主以各种必要担保的条件下,迫使其出让场地给行政机关。这就是说,当共同利益同私人利益发生冲突时,行政机关有权运用手中的若干**公权力特权**,战胜个人的反抗;这种特权便是公众为使共同利益占上风而认可赋予行政机关的优先权。这里只需强调一点,行政机关拥有执行决定的特权,亦即拥有单方面作出决定、强制个人服从的特权,甚至无须征得个人同意。

但是采用专断办法并非时时必需。在追求共同利益的过程中,行政意志若遭遇个人意志的困扰,亦可通过协商,签订**契约**;此类事情现已日渐增多。

5.(3) **公共行政概念的演变**。依照传统,公共行政的任务,即为了满足公共利益需要而开展的活动,总是由国家、各级行政区划或公立机构的政府人士去完成。行政的这一机构概念,使人很容易将行政机关同私法上的个人区别开来。今则不然,人们越来越经常地把公共行政的任务托付**私法上的法人即普通人**去完成。于是,组织法则没有了[①]:还有"行政任务",而这种任务既可委托给政府人士(这自然是基本假设),亦可委托给私人。[②]

因此,要阐述公共行政问题,须对承担公共行政任务的、公法 4
和私法意义上的所有人进行全面研究。

6. **第二,行政在全部公务活动中的位置**。根据洛克和孟德斯鸠的著名分权学说,与国家担负的立法、审判、治理三大使命相适应,国家拥有立法权、司法权和执行权*这样三大权力。因而,行政应与**立法、司法**区别开来,而且应与政府区别开来。

① **立法**是制定规范国家全部公、私活动的普遍而无个人倾向的规则;法律一旦颁布实施,立法者的使命即告完结。在代议制诸国,虽然三权分立的情况有着细微差别,然而,无不是行政权尤其是内阁处于行政管理的领导地位。但是,议会始终对行政事业发挥着最重要的作用。议会制定一切行政法规,确定行政系统的组织机构、工作目标和实现方法;决定行政预算,控制经费拨款,从而年年支配着行政活动;最后,议会对政府的监督一直延伸到政府领导行政活动的方式。

---

① P. Sabourin, Peut-on dresser le constat de décès du Critère Organique en droit administrative français? (《可以给法国行政法中的组织准则出具死亡证明了吗?》), *RD publ*., 1971, 第589期。

② Spiliotopoulos, *La distinction des institutions Publiques et des institutions privées en droit français* (《法国法律中公共机构与私人机构的区别》), Thèse, 1959。

* Le Pouvoir exécutif,通常译为"行政权"。为了便于读者区别,此处译为"执行权"。这种译法也不少见。——译者

② **法官**的职责是适用法律，解决争讼。这表明，法官只有在事情发生争议的情况下方始介入，并在将合适的法律适用于争讼案件并对之作出结论时完成任务。显然法官仅是通过对行政诉讼的判决间接地介入行政事务。在法国设有一个审理行政争端的专门法院，法官的有关裁判给行政工作以举足轻重的影响。

③ 治理国家乃是行政权的任务，可惜很难划清**政府**与**行政机关**之间的界限。治理国家是作出关乎国家前途的重大政治选择和基本决策，而行政系统则要为贯彻落实政府决策采取各种必要的行动，乃至过问邮递员投信路线、警察指挥交通的姿势等至细至微的小事；行政工作更具日常性、技术性。永远不要忘记，支配行政机关活动基础的那些重大决定，都是政治决策；由此引出一句人们常说的名言："管理总是跟不上决策。"不过，很难确定这两个领域的边界；国家治理和推展行政往往由同一些机构即政府各部一并实施，这就更加难分彼此。比如高级行政官员的任命，如果标志着政策的改变，或者仅仅是行政管理上的一种表示，也都具有支持政府的意义，而这对司法方面却毫无影响。

5 7. **定义**。综上所述，行政乃是政府当局，有时是私法机构，为满足公共利益的需求，必要时运用公权力的特权来推展的活动。

## §2 行政法

行政活动与法律之间必定存在着某种关系，但这种关系既非必然的，亦非不变的。那么，理应阐明此种关系的性质。

历史地看，行政机关并非始终服从法律（参见下文第 37 点）；

如此看待行政机关与法律规范之间的联系，是因为人们向往**合法性原则**（参见下文第38点）。同时，强令行政机关执行的法规日益增多，而且日渐庞杂，既有国内法，也有国际法。

行政法的存在，提出了三个问题：一是行政法的**独立性**，二是行政**法典的编纂**，三是行政判例的**法律**性质。

8. **第一，行政法的独立性**。行政机关能跟个人服从同样的法律规定吗？它是否应当服从特殊准则？

9.（1）**行政机关跟个人服从同样的法律**。依法行政的原则，并不必然导致产生专门法意义上的**行政**法。行政机关亦可跟个人一样，受同一种法即私法的支配。在这种情况下，行政必须完全服从法律，但却不是服从行政法。

这里，丝毫也不涉及理论概念。长期以来，英国的行政系统原则上就跟任何大不列颠人一样服从相同的法律。英国如同所有其他国家，都有若干旨在安排行政管理、组建行政机关、确定行政规章的法律。但是，除非至高无上的议会另有规定，行政所依据的总是普通法的法律程序。行政机关像个人一样，与有关方面签订合约，履行相关责任。不过，社会发展实际上已经改变了这种状况，一些同普通法精神相抵触的法规不时出台，以利于推展行政活 6
动。①

---

① J. Rivero, *Cours de droit adm. Comp*.（《比较行政法讲义》）, p. 148 et s., et la bibliographie; Vers un droit commun européen nouvelles perspectifves en droit administratif, *Nouvelles perspectives d'un droit commun de l'Europe*（《欧洲普通法新貌》）, Publications de l'Institut universitaire européen; 1978, p. 389; Mitchell, L'absence d'un système de droit administratif au Royaume-Uni（《联合王国没有行政法体系》）, ses causes et ses effets, *EDCE*, n°18, p. 211; S. Flogaitis, *Administrative law et Droit administratif*（《行政法》）, 1986。

就是在法国,行政管理中也经常利用私法程序。行政当局如果需要一桩私人的不动产,业主又同意出售,价格公道,双方便可依据民法典,签订交易合同。行政机关为了确保自己监管的国有工商企业经营良好,正常的解决办法也是借助私法上的有关规定,使得国有企业在与同类私营企业相近的制度下运作。这种借助普通法程序的行政途径,有人称之为**私营方式**[①]。在行政法中,**国营**与**私营**的区别既是久已有之的,也是重要的。当然,有人之所以由此怀疑行政法的独立性,仅仅因为,在他们的想象中,国有企业只能由国家经营。

10.(2) **行政遵循普通法之外的规则**[②]。在法国,行政遵循特定法律乃是一项原则。这种特定法律,不同于规范私人活动的那些法律,在订立契约、承担责任等相同的问题上,都会导致不同的解决办法。因此,每当人们谈及**行政法的独立性**时,就说它与**普通法即私法**相抵触。

我们觉得,有人错误地得出结论,说什么"国家经营"原则上排斥了私法准则。他们僵化地认为,行政活动中绝不能适用私法准则,尤其不能适用民法典。为了支持这种论点,有人援引1873年2月8日权限裁定法院(TC)作出的著名的**勃朗克案**判决(见*GAJA*,n°1)。该判决确认,行政机关因其成员的公务行为过失而承担责

① J. Lamarque, Recherches sur L'application du droit privé aux services publics administratifs (《公共行政部门适用私法问题研究》), Préface J. M. Auby et J. Brethe de la Gressaye, Bibl. De droit public, *LGDJ*, 1960。

② Ch. Debbach, Le droit administratif, droit dérogatoire du droit commun? (《行政法是与普通法抵触的法律吗?》), *Mélanges*, *R. Chapus*, p. 126; A. Van lang, Juge judiciaire et droit administrative (《审判官与行政法》), *LGDJ*, 1996。

任时，不受民法典关于个人间相互关系准则的约束，而按特定规则承担责任。但是，权限裁定法院的这一确认，仅仅涉及关于国家责任的唯一法律，而且，有人对之作了非常新奇古怪的解释，试图将它延伸至整个行政法中。此外，就其实质而言，该判决还表明，只由一位有裁判权的法官理案，就可以解决不同法院间的管辖权争议，而这是越权出格的(参见下文第536点)。在现实生活中，人们看到，审理涉讼国营企业时，行政法官适用私法准则的情况并不罕见[1]。然而，有人出于上述假设，为了“捍卫”行政法的独立性，居然提请人们注意，法官是不是在不受任何强制的情况下自愿适用私法准则的。不消说，法律的一个分支不可能没有法律的形式，只能在“本质上”是独立的，即根本准则是相同的还是不同的[2]。由 7
此，大家终将深切理解法国法律制度的统一性：当私法准则不能满足行政活动的要求时，该准则自然应被弃置不用，而代之以新的特定准则；但是，当私法准则与行政活动并不矛盾时，也就没有任何严格理由反对将该准则适用于行政活动。应当说，行政法的独立性只是**相对的**。

11. **第二，行政法尚未编为法典**。私法已按照大的门类分别编纂成了法典，行政法却尚未如此。法国的法典编纂，在执政府和第一帝国*时期，坚持同类相聚的原则，将每个法律门类，整体考订，

---

① V. J. Waline, *Recherches sur l'application du droit privé par le juge administratif*（《行政法院法官适用私法问题研究》），Th. Paris, 1962; B. Plessix, *L'utilisation du droit civil dans L'élaboration du droit administratif*（《在拟定行政法时利用民法》），Ed. Panthéon。

② J. Waline, Droit Public-Droit privé, in *La pensée* de Ch. Eisenmann, Economica（《艾森曼思想中的公法私法》），p. 150。

* Le Consulat，法国执政府，存在于1799～1804年，拿破仑为第一执政。L'Empire，此处指第一帝国，拿破仑一世所建，存在于1804～1815年。——译者

统筹安排，尽力严谨而完整地加以编纂，确保每种法律的完全同质性，于是产生了结构紧密且具长期连续性的民法、刑法、商法等几大法典，方便了人们对这些法律的了解和执行。

韦德尔院长① 认为，民法编纂是对已有的法律，按照不同来源、不同意义进行搜集、取舍的。简言之，“思考民法的编纂问题并不是创立民法”。由于还没有足够完满的行政法规汇编，所以，在19世纪，甚至在20世纪上半叶，要像编纂私法法典那样编纂行政法典实际上是不可能的。

很久以来，立法机构在行政领域仅限于应急补漏。相继出台不少零碎法律，往往同局势和急需相联系，旨在组建行政机关并为之规定一些可资利用的程序。这些法律极少提出具有普遍意义的原则，也极少被解释说明。尔后，行政法规激增，渐趋细化，来自欧洲共同体*的规章也日见其多(参见下文第306点)，这样，按照人们赋予私法中“法典”一词的含义，编纂一部真正的行政法典，不仅是可能的，而且是，尤其是必不可少的了。对此，韦德尔院长(参见上文)已经作出了卓越的论证。

现在只能按照人们赋予行政法这个惯用语的含义进行编纂。这就必须搜集行政领域的一切法律和规章，诸如城市管理规程、地方行政区的法律之类。对这些法规，除了编纂法典所要求的格式修改之外，不得作其他改变。这便是人们所说的**原法编纂**(参见下

---

① G. Vedel, *Le droit administratif peut-il être indéfiniment jurisprudential*?(《行政法难道要永远停留于判例形态吗?》), *EDCE*, 1979 - 1980, p. 31。

* 欧洲共同体已于1993年11月更名为欧洲联盟，本书作者有时仍称1993年后的欧洲联盟为欧洲共同体。在此我们原文照译，请读者留意。——译者

文第 308 点)。这样做便于人们查找法规原文,却避而不谈保证本 8
学科结构严密的普遍原则[①]。

12. **第三,行政法的判例性质**。人们长期认为,行政法具有"判例法"的特征,是由法官大量制作的。究其历史,的确如此。行政法官的职责是审理行政诉讼,而当时的法律尚未为其提供任何断案原则,公权力承担责任的问题即是明证。如此,法官只好经常为自己一个一个地创立可适用的准则。这样创立法规曾经是最高行政法院(CE)的使命;它长期把行政诉讼裁判权几乎全部集中在自己手中,由此产生了极其重大的后果。

(1) **从形式上看**,很多行政法准则除了源自最高行政法院的判决之外,别无其他法源。因此,就研究行政法而言,了解以起诉人的名称为标识的重大判决,跟研究民法时细读民法典基本条款,具有相同的作用。

(2) 进一步说,**行政法作为法官的作品,是以法官个人的观点看问题**。比如,民法机关随时审查自身所作法律文件是否有效的问题,而行政法院只是在很久以后,通过诉讼,才接触撤销行政文件的问题。

同样,行政法的许多基本理论也不研究别的,仅只解决行政法官的管辖权问题。比如,按照行政契约定义,确定针对契约问题的诉讼,应由行政法官审理,而不应由普通法官受理。

(3) **行政法准则的一般精神**反映了它们的起源。法官为了能

① Sur les dangers de la codification en droit administratif (《论编纂行政法典的弊害》); Letourneur, Quelques réflexions sur la codification du droit administratif (《行政法典编纂探讨》), *mélanges Julliot de la morandiére*, *EDCE*, 1964, p. 276。

够裁定自己所受理的争议而提出了这些准则。他们在提出这些准则时就考虑为未来计，这些准则的适用范围不能太窄，应使之适用于此后的每个同类案件。因此，这些准则特别灵活，充满不确定性。历史证明，由于最高行政法院习惯于对其所作判决的理由或者玄奥如炼金秘籍，或者太过细腻，微妙难测，从而增强了其不确定性。若要深入理解其含义，须进行关于此种特殊文风的启蒙教育[①]。因此，行政法确实有些晦涩难懂，但却并不缺乏魅力；不过，从实用的观点看，会引起激烈争论，因为，行政法毕竟不是为了使某些人精神愉悦而制定的。所有这一切使它成了一座充满
9 独创性的智慧大厦，其中令人惊奇地糅合着经验与现实、机敏与妙趣[②]！

众所周知，最近数十年，法律规章迅速膨胀，加之欧洲共同体的法律蜂拥而至，这使局面显著改观。谈到成文法，已经不再是匮乏了，而是太多了，多得可怕。从此，行政法官的职责变得平常多了，也就是将立法机构和规章制定部门确定的准则，适用于自己受理的那些案件而已；还要，甚至尤其要解释这些法规条文。鉴于历史上的行政法往往是秘密口授、外人难解的，所以，让他们公开解释这类条文并不是轻松愉快的[③]。这样，留给法官们发挥首创精

---

① A. de Laubadére, Le Conseil d'État et l'incommunicabilité（《法国行政法院及其晦涩文风》），*EDCE*，n°31，1980，p. 23。

② T. Fortsakis，*Conceptualisme et empirisme en droit administratif français*（《法国行政法中的概念论和经验论》），1987。

③ P. Soler-Couteaux，Réflexions sur le théme de l'insécurité en droit administratif ou la dualité du droit administratif（《行政法中的不安全问题或行政法的二重性》），*Mélanges Jean Waline*，p. 377。

神的余地大为压缩,如今的"大判决"就更稀罕了。

13.**行政法定义**。**广义的行政法**是指可适用于行政活动的全部法律准则,其中既可能是私法准则,也可能与私法准则不同。但是人们一般从**狭义**上使用**行政法**这个熟语。**仅仅**指区别于私法准则的**原创准则**。当然,人们也可以接受这种定义。也就是说,行政法著作只研究那些原创准则;不言自明,这要将私法准则统统转移给私法学家去研究。但是,必须牢记,这种定义并未概括可适用于行政活动的全部准则[①]。

## §3 行政学

14.法律从来只是将在某种文明中居优势的伦理、社会和经济观念赋予法律形式。行政法亦然:或者就行政机关与个人的关系,或者就行政机构管理经营的最好方法,预设若干选择方案。一个国家的行政管理体制,既体现为构成其行政法的法律准则,也体现为法律接受和认可的那些选择;但这一切均值得从技术层面而非从法律层面进行研究。在一个行政部门中,决定权究竟是属于高居巴黎的顶级首脑,还是属于其派驻各地的代表?这不是取决于法律,而是取决于行政管理的政策和技术。同样,如何为设立行政部门而划分行政区域,也是视政策和技术而定。实施方案一旦通过,获得法规的认可,即具有法律效力。有人说,**行政学**就是研究 10

① 参见:R. Chapus, Le service public et la puissance publique(《公用事业与公权力》),*RD. publ.*,1968,第235期;P. Amselek, Le service public et la puissance publique(《公用事业与公权力》),*AJDA*,1968,第492期。

组织和管理行政机构的各种方法,而这些方法均受制于人为因素和技术因素。但是,尽管行政学研究的客体不同一般,研究者亦不可忽略表述行政法准则的那些文献资料①。

## 二、法国行政管理体制溯源

本节不是要研究法国历史上接踵出现的那些行政管理体制本身,而是仅仅考察现行体制中的历史残迹。如果不对所继承的遗产进行清理,则现行体制就是不可理解的②。

---

① 参见:*Traité de Science administrative*,(《论行政学》)文集,1966 年出版,这是从总体上论述行政学学科的第一部法文著作;Crozier,*Le phénomène bureaucratique*(《官僚主义现象》),1963;Gournay,*Introduction à la Science administrative*(《行政学入门》),1970;Debbasch,*Science administrative*(《行政学》),1989;*la Bibliothèque de Science administrative*(《行政学丛书》),dirigée par R. Drago,发表本学科的最佳论著;j. Chevallier,*Science administrative*(《行政学》),PUF,Thémis,3e éd. 2002;J. C. Bonichot,Où en est la science administrative?(《行政学现状如何?》),*AJDA*,2003,第 961 期。

② P. Legendre,*Histoire de l'administration de 1750 à nos jours*(《1750 年迄今行政史》),1968;G. Sautel,*Histoire des institutions publiques depuis la Révolution française*(《法国大革命以来的政治制度史》),1969;J.-L. Mestre,Les fondements historiques du droit administratif français(《法国行政法的历史基础》),EDCE,n°34,p. 63;J.-L. Mestre,*Introduction historique au droit administratif français*(《法国行政法历史入门》),PUF,1985;F. Burdeau,Naissance d'un droit(《一种法律的产生》),Nonagessime Anno,*Mélanges J. Gaudemet*,p. 521。

## §1 共和八年的建树

我们之所以选取共和八年作为起点，是因为第一执政拿破仑当时建立的法国行政管理结构，直至最近的改革仍未受到根本更新；那次变革如此之深，以致法国行政迄今还在拿破仑确立的框架内运行。当然，只是与旧制度下和大革命时期的两种传统体制相比，共和八年的业绩才显得突出。

15. **第一，旧制度下的行政**。像旧法国的所有制度一样，行政与其说是由人建立，还不如说是时间的产物。因此，行政体制极端复杂。而在这种历史性的混乱中，国王的意志逐渐使之结构严密并走向中央集权。

(1) **混乱**是封建时代的遗产，表现在各个领域。

**公私活动**的混乱：各种社团群体，地方的、职业的、世俗的、宗教的等等，在维护自身利益的同时，还广泛承担着增进共同利益的 11
任务，公私界限很难分清。

国家**地理划分**混乱：有的按其目的，有的又依历史原因，区划分割千差万别；地方各级行政区的管理体制也混乱纷杂，它们的行政自治地位十分易变。最后，也即要害的是，行政活动与司法活动纠缠交错，最高法院不断干预王室官员的活动。

(2) 王朝行政的逐步建立。自16世纪起，混乱局面中逐渐出现统一、集中、等级制的组织安排，这是王国的功劳。尤其到18世纪，主要行政活动渐次向王国中央集中。人们已能在王国时期发现共和八年体制的因素：国务秘书、枢密院等中央机关；拥有极大行政权限的中央政权驻地方的代表、驻每个财政区的总督；路桥、矿山、林水等专业管理机构；为公共工程等某些行政任务制定的特别程序；还有涉及王国行政事务的特别诉讼法院，尤其是会审法庭。但是，王国行政在成长过程中，既有新建设施，又有从昔日继承过来的制度，从某种意义上说，这种叠床架屋似的结构增加了整个行政体制的复杂性。

16. **第二，大革命时期的建树**。可以说集中在三大要点：

(1) 首先是**破旧**：旧制度下的行政体制扫荡殆尽。至少表面上与过去一刀两断，彻底决裂。只有那些专业行政机构，因其技术性质，而继续存在。

(2) 荡平了地基，大革命试图创立一种协调统一、结构严谨的**合理行政**。照此进行了"接二连三"的各种尝试，只有一个积极因素至今犹存，这便是将法国领土划分为省和市镇。相反，当时的精神却历久不灭：追求有条不紊和整齐划一，长期成为法国行政体制的一个特征。

(3) 最后，尤其重要的是，大革命提出了**政治哲学**原则，为后人建立任何制度奠定了基础：诸如法律至上，行政权、司法权分立，政治自由，公民在行政机关面前一律平等，经济自由，等等。其中有些思想，特别是经济方面的主张，业已变得模糊不清；但其中大部分仍然保有威力，为行政法提供了主要的一般原则。

17. **第三，共和八年的业绩**。从上述两种传统中，第一执政拿破仑借入了那些在他看来能够为国家政权服务、有助于提高行政效能的因素。

12 (1) **国家行政区划**是均衡统一、中央集权制的。大革命中的制宪议会将国土划分为省、专区(相当于旧时代的司法裁判区)和市镇三级,如今都继承下来。人们从各级行政区都能看到相同的机关:一位听命于中央政府的行政总管,一个主要起咨询作用的议会;省上有省长、省议会,专区有专员和专区议会,市镇有市长和市议会,他们全都是上级任命的;从上述人士中委任的省长,是中央政府驻省直接代表,被授予广泛权力,但受到严密监督。他接续了昔日总督的传统。

(2) **行政部门**往往是18世纪行政机构的延续,但承担专门任务,目标明确,不得涉足保留给个人的经济领域。其组织机构是军事化、集中领导和等级制的。其行为基本上是专制的;虽然也服从合法性原则,但事实上不大受约束,这导致行政法发展疲弱。

(3) 出现了一个有别于普通法院的**行政法院**,不过只是略具雏形,而且很少向个人提供帮助。

(4) **中央政权**作为权力大厦的核心,将统领其官员和国民的主要权力都集中在自己手中。如果说拿破仑盛气凌人的性格使大臣和行政首脑形同虚设,他倒是容许参政院这个咨询机构在整个行政事务中给他以积极配合;参政院在重要问题上承担着旧时枢密院的各种职责。

## §2 演变因素

18. **概况**。共和八年之后，法国未曾发生过行政革命。没有什么堪与1789年的推倒重来相比拟。尔后，只是进行修改、完善，却无须在新的基础上重建。行政制度的这种稳定性，与政治制度的不稳定性适成鲜明对照。对此，或许部分地可作如下解释：行政制度必须保持深远的连续性，否则，国家生活，甚至个人生活，都是不可能正常的；幸赖行政稳定，政治动乱只能产生有限的后果①。

然而，这种表面的稳定性不应掩饰深刻的变革。共和八年的行政体制是同政治上的专制独裁和经济上的自由放任相适应的。而后来，这两个前提几乎是次序颠倒的：自由主义渗透进了政治领域，而政权则干预经济。行政体制不得不屈从于这种新情况；民主政治、干涉主义，在行政上诱发了深切的动荡。

13 **19. 第一，从专制到民主，行政政体的冲击**。政治自由的发展，渐次扩及行政领域，共和八年的体制受到非议。

政治自由主义的首要诉求是，公民在政权面前得到保护。行政权与立法权的分立，后者又被尊为至高无上，这引起对行政官员越权专断作风的反抗；而专断行为植根于共和八年体制，使得法律上、司法上对公民权利的保护发展乏力。人们的反抗导致行政部门确实有效地从属于法律和法官。

民主政治的第二个要求是，公民参与行使管理公民的权利。说真的，在处理国家与国民的关系时，不大会接受这一要求。不过，这在地方层面上起了作用，大区、省和市镇的行政管理机关改由选举产生，而且地方分权获得发展。现在，这项要求正在新的形势下日趋扩大。

---

① Vedel, Discontinuité du droit constitutionnel et continuité du droit administratif (《宪法的不连续性和行政法的连续性》), *Mélanges Waline*, 1974, t. II, p. 777。

反对独断专行和参与行政管理这两项要求，同时表现在行政机关同被管理者，以及同其自身官员的关系上，这对行政行为方式和等级制结构均产生了影响。

20.**第二，从自由国家到干预型国家**。科学技术的发展，引起社会结构的变化，相应地，公共任务随之大量增长，这比政治变革更带根本性。并非行政行为的目的变了，它仍然是满足共同利益的需求。但是，自19世纪末叶起（参见上文第3点），共同利益的概念发生了深刻变化，这使国家的自由观念在行动中逐步后退，欧盟的法规制度又进一步使之加剧，从而导致国家干预的增强。

(1) **起初**，共同利益只包括有限数量的明确任务，诸如国防和国际行动，维护社会秩序，为经济活动创造货币、交通等一般条件，以及司法。在并非不关心国民精神状况的专制制度下，教育和宗教也属于共同利益范畴。最后是国家财政，它为上述各方面提供维持运行的必要手段。这种卫兵型国家（L'État-gendarme），既反映了经济自由主义控制下的某种舆论思潮，也反映了一些社会和技术状况。总之，那时基本上还是一个乡村法国。

(2) **19和20世纪的革命**。科学技术革命相继发生并高速发展，创造了许多新资源、新方法。在某些情况下，凭私人之力不可能让这些新事物发挥作用。这或者是因为不适合展开竞争，如铁 14
路、交通工具之类；或者是因为没有收益，如发展公共卫生事业、环境保护之类。而共同利益要求毫不疏忽地向公众提供这些好处，于是国家的活动范围增大了。

**在经济中**应用新技术的责任由个人转归国家机构。集中垄断型大企业在国家生活中获得了某些重要性;共同利益时而需要予以保护,因为此类企业的破产可能是集体的灾难;时而要求加以监控,因为此类企业权势过大可能隐含着对政权的威胁。

除权力问题之外,经济的发展以及由此带来的城市扩张,损害了古老的乡村社会,**社会上**产生了弱势群体。而共同利益不允许让工业无产阶级处境悲惨、听天由命;城市郊区也处境不利,极端贫困会滋生动乱和危险。因此,须发展社会行政管理机关以及管理城市生活的公用事业。

这种演变在**心理上**得到响应:人们吁请国家给予更多保护,要求过上体面生活,且有安全保障。在卫兵型国家接踵而至的这些问题,乃是**保护型国家**共有的问题。事实上,汹涌澎湃的意识形态大潮,尤其是各种形态的社会主义学说,早已发出同样的诉求。

(3) **上述变革的三种影响**。一方面,由于技术上的混乱,国家的传统任务发生了非同一般的膨胀。在一个现代国家,国防事业要求对众多工业部门实施经常性监控;交通是国家的传统任务,往昔不过是由路桥管理部门修路、护路、养路,而今要管铁路、空运、能源运输以及电信网。甚至在与19世纪的国家干**同一件事**时,现代国家也已大大地扩展了活动范围,而且使之多样化。

比传统任务的扩展更具决定性的是那些全新任务的出现。这便是经济、社会整个公共事业的发展,这便是城市建设中规划制订和监督、人财物流通、环境保护等工作激增。

最后,甚至行政管理机关的活动性质也改变了,不再局限于管理现在,还得筹划未来。做这种展望性工作,需要有发展规划、城建方案、指导方针等新式工具，还须将拟定的解决办法提交讨论[①]。

21. **第三，前述两种演变的交互影响**。上面我们依次考察了政 15
治沿革和经济发展。其实，二者是相辅相成、交互作用的。政治民主化推动了国家对群众需求的注意，促使行政管理部门承担更多的经济、社会任务；反过来，经济、社会的变革又作用于民主政治，个人主义思想产生了。个人主义试图提高工会、协会等有组织团体的社会地位，甚至希望当权者听取被治理者的意见。经济、社会的变革还首先在政治领域助长了限制权力的思想；这种思想一直力求在经济社会领域有所表现，比如：要求私营企业的雇工和职员参与企业管理。

## §3 变革的结果

22. **概览**。经梳理，诸多因素使共和八年体制发生变革，归结为如下三点[②]：

---

① Debbasch, Le droit administratif face à l'évolution de l'administration française (《面临法国行政机构演变的行政法》), *Mélanges Waline*, 1974, t. II, p. 343; G. Braibant, Du simple au complexe, 40 ans de droit administratif, 1953 – 1993 (《从简单到复杂，行政法 40 年，1953 – 1993》), *EDCE*, n°45, p. 409; J. Rivero, admlmstré face au droit administratif (《被治理者如何面对行政法》), *AJDA*, 1995, n° spécial, p. 147。

② M. Waline, L'influence des progrès techniques et scientifiques sur l'évolution du Droit (《科技进步对法律演变的影响》), *Mélanges Bridel*, p. 601; Ph. Schnäibele et F. Beauvais: Réforme de l'État et téléprocédures (《国家改革与电子程序》), *AJ*, 2001, 608; G. Chatillon: Administration électronique et services publics (《电子行政与公用事业》), *AJ*, 2001, 617。

(1) **行政区划的演变**。总的看,始自大革命时期的国土行政区划框架,如市镇和省,始终存在;但是,一方面,它们的内容变了,其制度或多或少发生了深刻变化。在市镇,人们还能找到市镇议会和市镇长,然而,由于实行地方分权,它们都变成了地方行政机关,更加自由地进行着治理。另一方面,地方上增设了各种机构,有些是崭新的,比如在大区;有些是将传统的地方行政单位再度集中起来,比如城乡共同体、市镇共同体等等。至于国家的行政机关,依旧保持着等级制机构,然而,公务员保障制度的发展,公务员工会的作用增强,特别是最近中央行政机关与其他地方机构之间的权力分割,这一切正改变着传统的等级制机构。毫无疑问,基于2003年3月8日宪法性法律的地方分权改革,肯定将会强化这一演变。

(2) **回归复杂**。肇端于1789年大革命的共和八年行政体制,大体上是简单的。而现代行政管理机构却又趋于复杂,通过各种各样的途径使之接近于旧制度下的行政体制。

公私活动的区别日渐模糊,今后它们会经常运作于同一些领域,这导致它们将适用同样的司法程序。大家不时看到,有些私人参与完成共同利益所需的任务,而且为此授予公权力特权。与此截然相反,自1983年起,适宜于私营企业的经营管理方式重振声
16 威;其后的1986年,上述经营管理方式在整个欧盟范围内、在市场经济中大行其道,且渗透进公共部门,直至传统的行政管理机关。现代化、成就、赢利,一时成为口号;甚至在这些概念的含义尚含混不清时,已经将之提上日程并引起许多改革。

这种复杂性也是由国家与地方行政单位之间重新划分职权造

成的,而这种重新划分则产生于地方分权。城市的扩张、田园的荒芜,导致对不同的地方适用不同的准则。

最后,个人与行政机关之间的关系也分化了。在隶属关系中,个人是被治理者。除此之外,又形成了这样的局面:个人作为服务消费者,有权要求提供服务;有人则与行政机关结成了合作关系(参见下文第 410 点)。

(3) **法律和司法保障的进展**。由于立法机关的活动,还由于行政法官的创造性努力,行政机构发现,自己的行动受到双重约束:一是合法性原则,其内容相当宽泛。多亏**反越权行为诉讼**的发展,行政法官可以裁判行政决定违反法律,从而予以废除。二是行政赔偿责任的发展,公务人员须赔偿因自己履职失当所造成的他人损失。不过,这些进步也产生了自己的对立物:诉讼增多,导致审理过程迟缓,判决效力降低,从而有必要对行政法院进行深刻改革,1987 年 12 月 31 日法律便为此而制定。

(4) 很明显,行政法历经漫长岁月,迄今还处在全面的变革之中[①]。行政机关承担的国土整治、城建规划、文化繁荣、社会保障、禁止污染、探索更好的"生活质量"等新任务,很难与传统的机构和方法相协调。传统机构和方法的专断性质,不大能兼容这种新活动。况且,在这些领域,需管理的事务数量剧增,很不稳定,又有技术性,这便使得管理工作很难被理解,而违规制裁却更容易被规避。这是因为,违规者本应服从违规制裁,但因此事与日常行为密

---

① J. Chevallier (sous la direction de) *Le droit administratif en mutation* (《变化中的行政法》), 1993. J. B. Auby: La bataille de San Romano. Réflexions sur les évolutions récentes du droit administratif (《行政法的最新演变考察》), *AJ*, 2001, 912。

切相连,实际上却变得模棱两可,以致没有什么威慑力①。因此,应当寻求一种途径,不是仅仅采用强制手段,就能让人服从有关规则。比如,通过讲解既定决议,甚至通过让被管理者参与草拟有关决议的办法,将他们吸引过来。也因此,一种"契约政治"获得发展。这种"政治"试图减少专横的决定,增加双方协议。一方面,国
17 家同地方行政单位或公立公益机构等其他公法人签订契约,另一方面,全体公法人同协会、企业等私人机构签订契约。

最后,或许特别需要指出的是,欧洲建设日新月异,共同体法规日益增多,这势必对各成员国的行政法产生深远影响。欧盟各机构作出的经济决定,以及在整个欧盟范围内弘扬人权,越来越紧密地把各国行政联系在了一起。

总之,四个主要方面的变化是特别显著的:一是公用事业的概念和制度;二是国家和地方的行政管理机构;三是行政法院的结构及其对行政管理的权力;四是行政机关与被治理者之间的关系。在这四个问题上,改革正持续进行着。

## 三、行政法基本原则

法国行政法以几大原则为基础,这几大原则显示了它的旨趣和独创性。本书将会对这些原则作详尽阐发。但有必要先作一个概括性介绍,以使读者对法国行政体制有一个总的认识;这只会有

① 最高行政法院 1991 年年度报告公布的法规条文大量增加,*EDCE*,1992。

利于对这一问题的理解。

为了文字简练,我们认为,此处对每一项原则的介绍,无须援引本书将要作出的更为全面、完整地论述。

让我们依次阐明行政法的几大独创原则:§1.行政权、司法权分立原则;§2.与普通法抵触;§3.合法性原则;§4.对行政机关的监督。

## §1 行政权、司法权分立原则

**23.第一,分立原则的法源**。行政权、司法权分立原则是制宪议会1790年8月16~24日法律提出来的,其第13条说:"司法权现在从行政权中分离出来,并将永远分立。法官不得以任何方式,越权搅扰行政机构的活动,也不得以行政官员履行职权中的事由传唤他们到庭讯问。"共和三年果月十六日法律重申了这一禁条。大革命时期的要人们没有忘记昔日最高法院与王国行政机关之间 18
长年累月的冲突。他们希望法院不要再重拾自己在旧制度下的惯伎,与新设行政机构为敌,进行干涉和反对。禁止法院裁定涉及行政机关的诉讼,确是一剂灵丹妙药;这样说并无贬义。

**24.第二,两类法院的出现**。1790年8月16~24日法律提出的原则是否定性的,它禁止法院审理牵涉行政机关的案件,不认为法院应当承担此类任务。

该法律颁布后,直接建立了**行政官—法官**制度。也就是说,行政机关自身裁决它与被治理者之间的争端。严格地说,既然行政机关既是法官又是当事人,则这种制度未给被治理者以任何保护。

可想而知,被治理者对这种制度是不会容忍多久的。

确实,共和八年宪法创立了参政院。参政院除了立法职能,还是行政机关的重要法律顾问。尔后,凡遇被治理者提出的异议,行政机关很自然地就去征询参政院意见;在实际生活中参政院的意见总能够被遵循。人们处在一个"有节制"的司法制度下:国家元首给自己保留着行使司法权的权力,但这一职责实则由参政院履行。后来,参政院就不再仅仅等着去协调事实与法律的关系了,1872年5月24日法律已将参政院所代表的司法权授予它,亦即正是由它来管辖行政机关与被治理者为两造的诉讼。

再者,共和八年每省都成立了一个仲裁委员会,由省长领导。这是一个管辖权仲裁法庭,也就是说,它只就法定权限和主要是就管理直接税以及公共工程的权限的争讼,作出裁决。

自1872年5月24日法律颁施时起,法国有了第二类法院——行政法院。行政法院包括:有法定权限的初审法官,各省的行政法院,还有普通法法官以及最高行政法院*。

有人认为,出现了行政诉讼方面的专门法院,才有可能出现严格意义上的行政法,因为,只有专门的法官,才能创制专门的法律,普通法院是不会也不愿这么做的。

现在该审视两类法院的存在所引发的问题了。

**25.第三,法院二元化产生的问题。**自两类法院存在的那一刻起,二者如何划分案件管辖权的问题就产生了。为了尽可能避免

---

* Conseil d'État,1872年5月24日以前的,中文译为参政院;以后的,译为行政法院。——译者

判决发生矛盾,某类案件应当交由这类或那类法院管辖。但是,管辖范围不应有部分重叠。反之,每个案件都必须得到一位承诺审理并作出裁判的法官,不允许拒绝受理。

在绝大多数情况下,案件管辖权由这两类法院的最高级别机 19
构——最高行政法院和法国最高法院协商划分。二者协商不成时,则应有一个机构,裁定权限争议,这便是**权限裁定法院**。另一方面,为了有一个良好的司法管理,亦即为了被法院管辖者的利益,制定一个"**权限划分标准**"是很必要的。就是说,要制定一个尽可能简单易懂的原则,以便在两类法院中能够合理地分配当审案件。

26.(1) **权限裁定法院**。对于两类法院之间的权限争议,合乎逻辑的解决办法是,由一个专门为此成立的法院予以处理;该法院应包括两个最高级别机构——最高行政法院和法国最高法院的成员。正是 1872 年 5 月 24 日法律创建了一个权限裁定法院,由来自最高行政法院和法国最高法院的各四位代表组成。审理中双方票数相等时,由掌玺和司法部长出面打破权限裁定法院的平衡局面。

权限裁定法院是一个划分管辖权的机构,它对可能发生的两种有关争议作出裁决,一是积极争议或称权限争议,一是消极争议。作为一种完全的例外,权限裁定法院也可以对诉讼进行实质审理。

27.① **积极争议或称权限争议**。当普通法法官受理了一个案件,而行政机关认为他无权受理时,此类争议便产生了。在绝大多数情况下,此类争议起因于行政机关认为该案件应当提交行政法院审理。往往是省长提出普通法院的越权问题，双方一旦意见分歧，省长即可提请权限裁定法院指定一类拥有管辖权的法院，对案件进行实质审理。说实话，在这种情况下，争议不在两类法院之间，而在普通法院与行政机关之间。

28.② **消极争议**。若遇拒绝审理的情况，即可能发生消极争议。当两类法院中的一类法院**以某个案件属另一类法院管辖为由**而自己拒绝受理时，消极争议就发生了。这时，权限裁定法院就要指定一类法院，责其**必须**审理该案。

29.③ **权限裁定法院的实质审判**。权限裁定法院应请对一个案件进行实质性审理，乃是一种完全的例外。因为，就其正常使命而言，它是司法权限的最高调控者。然而，根据形势需要而制定的1932年4月20日法律，却授权该法院本身审理案件。当普通法院
20 和行政法院对同一案件作出相互矛盾、逻辑上不可调和的判决，由此会导致不公正时，为避免发生不公正现象，权限裁定法院有权直接对该案进行实质性审判。简言之，当两类法院的各一个法庭，作出相互矛盾的实质性裁决，从而导致不公正时，这两个裁决的受害者可以提请权限裁定法院对案件进行实质性审理。

一般说，两类法院可以划分管辖权；必要时，由两个最高级法院根据权限裁定法院的公断来分配案件。尚须牢记，应在什么指导思想的基础上划分权限。

30.(2) **管辖权标准**。管辖权标准是一个原则问题；由此可知行政法是围绕哪些基点创立的。但是，让一个受到司法管辖的人尽可能确凿地知道，他一旦想打官司，适合向哪一类法院提起诉讼，这也是一个相当单调乏味的问题。

对那些认为权限与实质有联系，亦即认为行政法官必然适用严格的行政法的人而言，管辖权标准问题在行政法中处于核心地位。事实上，选定一个拥有相关权限的法官，仅此一点就表明选择了一种有可能使争端获得实质性解决的法律准则。因此之故，有些人便谈论起“**行政法标准**”来。

的确，有人曾经断言，搞一种支配讼案分布的标准是不合适的[①]。对此，有人称之为“**司法存在主义**”。在B.舍诺看来，现实事物太过多变，因此，不会成什么体系。况且，成体系也不合适，那会使理应自由裁量的法官不堪重负。对于这种观点，让·里韦罗在一篇论述行政法的经典文章中给予了严厉指责，同时强调指出，行政法太需要系统化了[②]。

使行政法系统化的必要性业已获得认可，尚需发明相关联的概念。在这一点上，观念已经大变了。

31.(1) **公用事业的标准**[③]。当代一些主要作者，尤其是狄骥[④]和热兹，曾经相信，从本世纪初最高行政法院和权限裁定法院作出的若干判决，特别是从著名的勃朗克案判决（TC, 8 février 1873, *GAJA*, n° I），可以得出结论：行政法将会在公用事业概念中找到自

---

① B. Chenot, La notion de service public et la jurisprudence économiéue du Conseil d'État（《公用事业的概念与法国行政法院的经济判例》），*EDCE*, 1950, 77。

② Jean Rivero, Apologie pour les faiseurs de systémes（《为体系创立者辩护》），*D.*, 1951, chron. 99; Existe-t-il un critére du droit administratif?（《有一个行政法标准吗?》），*RD publ.*, 1953, 第279期。

③ Sur l'ensemble du probléme: J. L. de Corail, *La crise de la notion du service public*（《公用事业概念的危机》），1954。

④ E. Pisier-Kouchner, *Le service public dans la théorie de l'État de L. Duguit*（《狄骥国家理论中的公用事业》），1972。

己的统一性。

在这些作者看来，私人活动与公共活动之间的基本差别存在
21 于这一事实中：公共活动完全致力于经营管理旨在满足共同利益的各项事业，即公用事业。在自由世界，公私活动的目的是根本不同的。公共活动有其特殊的追求，这决定了特殊的法律体制。由此，我们可以将行政法定义为**公用事业法**。在这个概念中，公用事业标示了行政法的界线，甚至也依此标示了**行政法官的管辖权限**。同时，公用事业也为行政法提供了内容，就是说，行政法所认可的任何解决办法，均可解释为公用事业的需要。直至1950年代，这一概念始终推动着法学的繁荣和成长。

32.(2) **公用事业概念的危机**。显然，试图把行政法说成公用事业法的论点，一开始至少就有两个例外。首先，**行政机关并非仅仅经管公用事业**；尤其是在**治安管理**方面对个人活动的管理，乃是其一项重要任务，确切地说却算不上对一个部门的管理，其次，反过来看，对公用事业部门的管理，也并不总是运用行政法的程序；众所周知(参见上文第9点)，有时也要求助于私法程序。

特别到第一次世界大战以后，1921年1月22日权限裁定法院所作的关于戴洛卡渡轮案的判决(参见 *GAJA*，n°38)，使一种新型的公用事业即工商公用事业出现了。国家单位涉足工商业领域，必非常广泛地服从民法、商法，并服从普通法院管辖。这就是公用事业的总体状况，它存在已久，日益扩展，大部分不受行政法的约束。

根据同样的想法，国家将一些公用事业委托给受私法约束的私营机构，社会保险基金银行便是明证。甚至在传统的公用事业

部门,私法程序也用得更多了。总之,**管理公用事业似乎不一定要依赖行政法**。

情况如此,在公用事业概念中就再也找不到适用行政法的空间和界定行政法院权限的标准了,尽管最高行政法院还在努力恢复它所中意的那种概念①。

33.(3) **探寻其他界定权限的标准**。韦德尔院长将公权力概念置于公用事业概念之前②。他认为,"行政法就是公权力的普通法"。人们看到这种体制的必然结果:当一个人在行动中使用公权力的特权或使用普通法的例外准则时,好像利用行政法体制就是合法的。这种想法虽然很迷人,可惜不符合人为法的现状。即使令人遗憾,公权力也不能被当作界定行政法院权限的标准。 22

说实话,人们会寻思,为什么行政法非要建立在近乎愚蠢打赌的单一概念基础上不可?没有任何其他法律分支有此奢望。我们觉得,**公用事业**和**公权力**这两个概念皆处于行政法的核心地位。谈及公用事业,实际上不应太过分,以为整个行政法体系都可以围绕公用事业概念建立起来,这是应予批评的;但是,并不妨碍这一概念继续在行政法中发挥重要作用。人们终于看到了勒

---

① Cf notamment: R. Latournerie, Sur un lazare juridique; bulletin de santé de la notion de service public (《公用事业概念公报》), agonie, convalescence ou jouvence, *EDCE*, n°14, p. 61; J. Chevallier, Essai sur la notion juridique de service public (《论公用事业的法律概念》), Publications de la Faculté de droit d'Amiens, 1977, p. 137。

② G. Vedel, Les bases constitutionnelles du droit administratif (《论行政法的宪法基础》), *EDCE*, n°8, p. 21; M. Rousset, *L'idée de puissance publique en droit administratif* (《行政法中的公权力概念》), Paris, 1960; J. C. Venezia, Puissance publique et puissance privée (《公权力与私权力》), *Mélanges Eisenmann*, p. 363。

内·夏普[①] 的文章。他在公权力中看到了界定行政法官权限的标准，又在公用事业中看到了行政法的基本标准（为了批判这种理论，V.P.昂斯莱克在 *AJDA*，1968，第 492 期和 D.特鲁赛在 *AJDA*，1982，第 427 期著文《公用事业标签和公用事业法规》）。

如果仅仅从被管辖者的视角，研究行政法院权限的界定标准问题，人们可以考虑：在什么范围内绝不接受由立法机构来武断地解决问题，直接列举行政法院所辖案件的种类。当然，列举时也会借鉴一两种指导思想，对此，没有什么东西加以阻止。

我们刚刚指出了法国行政制度的一个特点，就是它有可能与普通法相抵触。

## §2 与普通法抵触

34.有目共睹（参见上文第 10 点），法国制度的逻辑是，应当承认执行行政管理任务的人拥有超常的权力。鉴于总是存在着滥用职权的危险，一开始可能使人很担心。若与盎格鲁－撒克逊的制度相比较，法国人会更忧虑；英国的制度奉行相反的逻辑，他们使政府的权利与个人的权利协调一致。

现实情况要复杂得多，首先是因为，制度并不是单方面的。如果公共利益要求人们承认行政机关拥有超常权利，同样的共同利益也要求人们给行政机关强制性地规定职责、义务，迫使行政机关

① R. Chapus, Le service public et la puissance publique（《公用事业与公权力》），*RD publ.*，1968，第 235 期。

超常地约束自己(参见下文)。

其次,也是更重要的,是因为必须根据实际结果来评判一个制 23
度。人们将会看到(参见下文第534点),越权履职即处于法官的监督之下,法官将制裁一切滥用职权行为。再者,经验表明,这也许是个悖论,法国的制度比盎格鲁-撒克逊的制度更像是个人权利的保护者。比如公权力承担责任的问题,自1873年起,法国行政法就接受:行政机关若在履职中损及私人利益,可以承担赔偿责任;而直到1946年美国联邦法律才承认这一点,大不列颠还要等到1947年。

35.**第一,公权力特权**。我们已经看到(参见上文第4点),行政机关或进行行政管理的人,在为公共利益履职过程中,应有超常权利。行政机关的大量特权,源自其**职务履行权**,乃是一项基本原则。如果某个个人作出一项决定,可能损害另一个人的利益,他便不能擅自执行该决定,也就是说,他要自我规诫。比如,一个债权人不能强行扣押其债务人的一笔财产来还账。他要得到满足,必须完全遵照如下程序办理:提请法官确认债权人的合法财产,并判处拒不偿还的债务人偿债。只是在获得附有执行命令的司法判决之后,他才能请求警察帮助其得到满足。行政机关却不同,它拥有单方面采取决定的特权,个人则必须遵守其决定,此即所谓**执行决定特权**。行政机关赋予自己执行资格,个人则必须提请法官来执行。在某些情况下,个人倘若不服从行政决定,行政机关有权强行实施,无须向法官求援,此即所谓**强制执行特权**。在**职务履行特权**之下,人们经常指出的是执行决定和强制执行这两种特权。

36.**第二，公权力约束**。正如让·里韦罗[①] 所强调的，公权力的特征不仅表现为“**法外行为多**”，而且表现为“**法外行为少**”。为了公共利益，必须强使行政人员较普通人更严格地承担义务、接受约束。比如，普通人可以随心所欲地选择合作伙伴，行政机关却不成。实际上，行政机关在与人订立契约时，要受公共财政的约束，必须确信所立契约的财政成本最低，而且对方是最有能力履行契约义务的。

为了达到上述目的，行政机关在希望与人订立契约时，必须强
24 制自己遵守一系列准则，尤其是公共工程合同法典中的准则。同样的，当行政机关想要招聘新人时，原则上必须运用竞争程序，而私营企业却可以自由选聘它的职员。

行政法的全部辩证法在于，尽可能成功地协调行使公权力特权与保护被治理者权利之间的关系。掌握平衡却相当困难，因为，行政法创制时期人们就十分强调赋予行政机关的权利；而最近几十年，人们又日益经常地运用必须给予被治理者的权利来对付行政机关。

行政法设定的两个基本条件——**合法性原则**和**对行政机关实施监督**，又使行政机关的法外权利变得可以接受了。

## §3 合法性原则

37.**第一，行政机关可以不服从法律**。很难设想，一个现代社

① J. Rivero, Existe-t-il un critère du droit administratif?（《有一个行政法标准吗？》），*RD publ.*，1953，第 279 期。

会存在绝对**任意而为**的行政,亦即行政官员的意愿可以不受任何规则的节制。

但是,如果说行政行为看上去似乎需要一种准则,该准则也不具备**法律**准则的性质。行政活动可能只与纯粹的**内部**准则相联系。因此,假定被管理者了解那些准则,也无从为自己的利益而提出申诉。

上述这一概括绝非理论上的;它同上个世纪德国作者们所说的**警察之国**(L'État de police)不谋而合。在警察之国,行政管理完全服从于**警察局**,亦即完全服从于一种毫无法律价值的规章条例。这就是18世纪那些辉煌的专制帝国的行政。

38.**第二,行政服从法律:合法性原则**。不应将警察之国这个概念同论战意义上的**"警察国家"**(L'État policier)一语相混淆。前者业已为法治国家(L'État de droit)的概念所取代[①]。在所有现代民主国家,行政俱已受法律规范约束。这乃是政治自由主义的基本原则之一,1789年思想对此作过详尽阐述。这便是所谓**"合法性原则"**;合法性指的是全部法律准则。这意味着,行政机关必须依法行政。

按照传统,行政机关必须遵守的法律规范主要是**源自国家**的 25
法规;而今,却越来越要遵守跨国规范。

39.(1) **源自国家的规范**。此类规范包括:

---

① Henry, vers la fin de l'État de droit? (《法治国家即将实现吗?》), *RD publ.*, 1997, p. 1207; J. Chevalher, L'État de droit (《法治国家》), *RD publ.*, 1998; p. 313, et, sous le même titre, *Collection Clefs*, 1992; D. Rousseau, L'État de droit est-il un État de valeurs particulières? (《法治国家有特殊价值吗?》), *Mélanges P*. Pactet, p. 885。

① 在一切法律规则中位阶最高的是**宪法**这一最高规范，它是行政有别于所有职责权限的直接或间接法源。

② **组织法**，这是由宪法明文规定而又补足宪法条款的法律。

③ 议会按照立法程序通过的**法律**。这种法律将提出具有普遍性、客观性的准则，而且只是在《宪法》第 34 条所列举的有限的几个问题上才能达成。

④《宪法》第 38 条规定的**法令条例**。依照议会的授权，政府根据这类法令条例来采取通常属于法律领域的措施。

⑤ 由国家或地方一级政府所制定的、具有一般意义的规章制度。在国家层面，《宪法》第 37 条规定："法律管辖范围以外的问题，具有规章性质。"按照《宪法》第 21 条的规定，规章条例由总理制定。规章制定权或者由共和国总统和总理以**政令**的形式，或者由政府以**决定**的形式予以行使。

⑥ 除上述成文法法源之外，行政机关也服从由行政法官正式制定、体现行政法独创性的"**一般法律原则**"。这是一种没有任何成文法法源而行政官员又必须遵守的准则。换言之，这是一些**不成文但对行政机关具有强制性**的准则。比如，在公用事业面前公民人人平等的原则、行政文书无追溯力原则即是如此。

这些一般法律原则，源自于最高行政法院认为我国法律所吸取的，甚至构成我国制度基础的若干重大原则。这些一般法律原则虽然尚未被成文法文本予以明确规定，却是我国法律体系的一个构成部分，因而，行政机关必须遵守。究其原因，这类原则乃是法官出于公正这一崇高动机，为了保护被治理者的权益而创制的。

40.(2) **跨国规范**。在行政机关必须执行的法规中，源自法国签署的国际条约的准则，实际上往昔很长时间未起任何作用。直到 1946 年《宪法》承认这些人为法的价值，情况才开始改变。当前，现行《宪法》第 55 条宣布，法国签署的国际条约“自公布之日起，具有高于法律的权威”。于是，不仅行政机关要执行，而且立法机关也要遵守。 26

但是，最深刻改变了法国行政法的是**欧洲共同体**法律的出现；欧盟产生了大量法律文本，也是法律原则，行政机关必须执行。实际上，不仅像人们司空见惯的那样，国家行政机关受到欧共体 1957 年《罗马条约》，以及尔后《马斯特里赫特条约》、《阿姆斯特丹条约》、《尼斯条约》的约束，而且受到所谓“**派生法**”即欧盟各机关制定的规章，特别是欧盟条例和指令的约束。目前关于《欧盟宪法》的谈判，只会加强移入我国法律体系中的共同体法律的地位。

41.**《欧洲保护人权和基本自由公约》**(简称《欧洲人权公约》)。本公约 1950 年 11 月 4 日在欧洲理事会范围内签订。公约承认缔约国国民享有若干公共权利和自由。公约的重要性在于，凡认为公约赋予自己的权利受到本国行政机关否认的公民，可以向设在斯特拉斯堡的欧洲人权法院(CEDH)提出申诉。如果申诉属实，国家将受到谴责。欧洲法院的判决在法国法律体系中具有日渐增强的重要性。

42.**第三，后果**。合法性原则产生了两种后果。第一种最为显著，即**行政管理通过法律规范连成系统**。行政不得触犯法律，除非行政行为毫无价值。尤其是，行政机关要受其自定规则的约束。当其自定规则承认被管理者的权利时，那是十分引人瞩目的。此即**自限现象**。

第二个后果也并非不重要，即：合法性原则加于行政的约束并不总是一样的。合法性原则不是单义的。若遇**异常情势**，法律条文，比如，《宪法》第16条，或者判例，将以**危机合法性**取代**常规合法性**。发生危机时，若行政机关墨守平时必须遵守的任何法规，都有陷入瘫痪状态的危险，因为这会禁止或耽误它采取必要举措。的确，有时需要在效能和严格守法之间作出抉择，而效能或许关乎国家的生死存亡。

归根结底，合法性原则乃是对被管理者的一种保护、对行政机关的一种限制。不过，单是提出行政机关必须服从法律的原则是
27 远远不够的。看到法律确实得到遵守、行政机关违法确实受到惩罚才成。因此之故，对行政机关实施监督，便成了法国行政法的一个逻辑结果。对行政机关的有效监督，甚至是赋予它公权力特权的必要条件。

## §4 对行政机关的监督

43. 说起来有点出人意外，现代文献中竟没有监督行政机关的一般理论[①]。这有事实为证：很久以来，我们只是在法官对行政机关的监督中接近这一问题。然而，无论法官的监督功劳多大，也不能满足有效监督的全部需要；好在人们看到，一种与司法监督平行的非司法监督已经出现了。

**44. 第一，对行政机关的司法监督**。一种显示行政法特征、极

---

① Jean Waline, L'évolution du contrôle de l'Administration depuis un siècle（《一个世纪以来监督行政机关的演变》），*RD publ.*，1984，第1327期。

具重要性的监督是**司法监督**，即行政法官对行政机关的监督。实质上，众所周知，如果行政机关触犯法律，那就是冒犯行政法官，后者就会施以制裁。据此，被治理者拥有若干请愿权；其中，**反越权行为诉讼**特别重要。

45.(1) **各种各样的诉讼**。应当对被治理者可能提起的诉讼进行分类，因为法官判决时并不全都适用同样的准则。新式分类以起诉人向法官所提诉讼问题的性质为基础。从这个角度，可分为反越权行为诉讼、全权裁判诉讼和处罚诉讼。

① **反越权行为诉讼**。在反越权行为诉讼中，只有一个问题提请法官裁夺，即行政机关某个决定的**合法性**或**违法**问题。接到**反越权行为诉讼**(参见下文第46点)，或普通法法官要求行政法官对行政机关某个行为的合法性或违法问题作出判决时，行政法官就要进行审理、判决。

② **全权裁判诉讼**。在这种诉讼中，法官除宣布废除一项行政法规外，还可作出"任何适当裁决"：宣布一个契约无效，同意给予赔偿，废除一种征税，宣布一次选举无效，等等。法官有权以自己的判决取代被起诉的行政决定。

③ **处罚诉讼**。这类诉讼极为特殊，专门处理诸如交通违章事 28
故给一些公法人造成的若干财产损失赔偿问题。

论及重要性，应当强调反越权行为诉讼的独到之处。

46.(2) **反越权行为诉讼**。反越权行为诉讼常常被推崇为对被治理者在行政机关面前的最大保护。就此，不妨回忆一下寓言故事《快乐的磨坊主》，其中说，国王弗里德里希二世想要征用一盘磨，仅仅是为了拓展、装饰他个人的一座豪华别墅，而公共目标中无此一项。磨坊主敢于抵抗，不怕威胁，对国王吼道："柏林有法官！"现在，人们似乎都想这样说："罗雅尔宫有法官！"最高行政法院设在罗雅尔宫。

47.① **一般概况**。起初，人们可能怀疑反越权行为诉讼的效力，而这至少有三个理由。首先，被治理者必须懂得，这种起诉需要有一定的能力、办法。其次，或出于技术原因，或出于财政原因，对起诉犹豫不决。第三，这很重要，提出反越权行为诉讼会遭遇许多阻挠。每年提交法官的大量此类申诉表明，法官并非不了解被治理者的难处。但从另一方面看，提出反越权行为诉讼却是既**简单**又**免费**。说它**简单**，是因为很难找到一种比它更少形式主义的诉讼，任何宗教仪式都比它复杂；这种申诉只需一页纸，一条一条地写清申诉理由就够了。说它**免费**，是因为反越权行为诉讼不需请律师，也不交任何受理注册费。

48.② **启动反越权行为诉讼**。为了论证一个行政决定违法，总要罗列若干理由；人们力图依据起诉人可能罗列的申诉理由进行大体分类，此即所谓"**启动反越权行为诉讼**"。我们将其归纳为两大类。一是**外在违法**，包括：a）**无权能**，即已经制定了一项行政法规的人员并无完成此项行为的权限；b）**程序缺陷**，即人们认为，作出行政决定的程序违背某项准则；c）**形式瑕疵**，即不遵守行政法规的外在特征。二是**内在违法**，包括所谓：a）**触犯法律**，即适用法律错误、事实错误或事实定性错误；b）**权力滥用**，即行政决定的制作者将人们为作出该决定而授予他的权力用于其他目的。

49.③ **反越权行为诉讼审判程序**。这一程序表现为三个特征，有助于保护起诉人。

一是**成文性**。全部证据均须以书面形式提出。庭审时,时常没有真正的辩护,只有简单的口头陈述。

二是**究问性**。这种程式的意思是,在案件预审时,法官能够发 29
挥积极作用。比如,假使起诉人提到的证据尚在行政机关档案中,法官可以下令出示。

三是审判时"**政府专员**"参与。虽然打官司十分不幸,但专员是法院成员,具有完全的独立性;同时又是经验丰富的法律专家,能对案件发表自己的意见。经验证明,在绝大多数情况下,其意见会被采纳。他的参与对起诉人来说也是一种保障。如果起诉人不会按照规定格式撰写诉状,论证其所控告行政决定的不合法性,则政府特派员可代为捉刀。

案件最终只有两种可能的解决办法:或者撤销受到控告的行政决定(可能只宣布部分无效);或者驳回原告的起诉。

**50.第二,对行政机关的非司法监督**。无论对行政机关的司法监督功劳多大,人们越来越承认,单是法院承担不起对行政机关的全部监督任务。只举一例就够了:如果认为被治理者所起诉的行政机关决定是合法的,但却不公正①,则提起反越权行为诉讼毫无用处,因为此类案件只管合法与否,而不管是否恰当。于是,在司法监督之外,就有了非司法监督的活动空间,而这两种监督是互相补充的。

正是本着这种意图,1973 年 1 月 3 日制定了题为"监察官"的

---

① M. Fouletier, *Recherche sur l'équité en droit public français*(《法国公法中的公正问题研究》), *LGDJ*, 2003。

法律,从此有了"共和国监察官"之名。这是个重要人物,由部长会议任命,接受被治理者的诉求,反映他们与国家行政机关、地方各级行政单位、公立公益机构以及承担公用事业任务的一切机构的关系中的问题。共和国调解人无权作出裁决,但可提出规劝和建议。

经验证明,这一机构的创建,适应了一种真正的需要,而且是一项卓越的成就。

## 本书大纲

我们将研究:

——第一卷:行政行为实施机构;

——第二卷:行政机关的活动;

——第三卷:对行政机关的监督。

# 第 一 卷 31

# 行政行为实施机构

阐述法国行政制度,须在观照其变化的情况下(见导论第5点),对**公法机构**(副一卷)和承担行政任务的**私法机构**(副二卷)进行研究。

# 副一卷 33

# 公法机构

长期以来,仅仅是公法机构组成人们所说的"行政机关"或"政府部门"。当然,公法机构迄今仍是我国行政制度中最重要的组成部分。

若干**基本概念**(第一章)和关于**行政公法人**(第二章)的概念是公法机构的基础。然后,我们将研究**国家行政机构**(第一编)和**专门行政法人**(第二编)。

# 第一章　公法行政机构的基本概念



构建一种行政制度时，首先要在两大类国家结构中作出基本抉择：是**单一制国家**还是**联邦制国家**（第1节）。

单一制国家建立在**中央集权**和**地方分权**保持某种平衡的基础上（第2节）。在现实生活中，中央集权需要某种程度的权力**下放**（第3节）；同样地，地方分权势必导致建立一种对地方行政区划的**监护**制度，今后我们将称之为**监督**（第4节）。

## 第1节　单一制国家和联邦制国家

51.法国是一个所谓单一制国家。这种国家结构形式与联邦制国家截然不同；大量的国家实行联邦制，其中有德国、巴西、比利时、加拿大、墨西哥等十分重要的国家。

单一制国家与联邦制国家的区别在于，构成国家的地方行政区的实体地位不同。在**联邦制国家**，地方行政区的权限由联邦宪法规定；地方本身确定自己的制度形式。**单一制国家**则不然，地方行政区的地位全都来源于法律，地方无权改变自己的地位，其地位的改变一概取决于中央政权。

其次，在联邦制国家，组成国家的地方行政区，作为国家成员，配合行使中央权力；在单一制国家却非如此。

第三，在联邦制国家，加入联邦的州、邦或国，可以拥有立法权和司法权，而单一制国家的地方行政区只在行政管理方面有自治权。

总之，在联邦制国家，国家成员单位在联邦宪法赋予的权限范围内是独立自主的；而单一制国家的地方行政区依然处在国家的监督之下，国家至少要核查它们的行为是否合法。

从**理论**上看，纯粹是两种国家结构原则的对立；而在**实践**中则差别比较细微。

36 实际上，如果人们站在国家的地方成员单位的立场上看问题，就会发现，它们的权限在单一制国家和联邦制国家的区别，并不像往昔那么重要。联邦制国家已经向更强的**中央集权制**演变，而单一制国家则日渐**向地方下放权力**。

法兰西历来都是一个单一制国家。

## 第2节　中央集权和地方分权

52.**第一，中央集权**。严格的中央集权制不承认地方行政区有任何法律生活；国家作为整个国土上唯一的公法人，利用财政预算，由其公职人员，独立提供公权力理应承担的共同利益的一切需要。这并不排除将国土划分为或大或小的各种管理区域。但是，不应将这种**事务管理区**同**地方行政区**混为一谈[①]。管理区是单纯的空间框架，为了在整个领土上合理设置国家管理部门而酌情划分；地方行政区则与其既有人口总量相适应，且拥有自己的法律生活。

此外，中央集权制的第二个方面，是对第一个方面的补充，即国家行政机关是严格等级制的。决策权集中在最上级的部长手中。所属各等级只是传达和执行。传达，首先是将全国各地存在的问题上传至主管部长去处理；反过来，下达部长的决策，并遵照接到的命令，最终执行具体任务。这样，通过中央集权，一个唯一的意志便从国家中心一直传到了国家的每个角落[②]。

**53.第二，地方分权。地方分权旨在收回中央权力机关的某些决策权，转授给独立于中央政权的权力机关。**

(1) **在地方分权中**，获得转来权力的地方权力机关，组建所谓**领土行政区**(Collectivité territorial)，有人也称之为**地方行政区**(Collectivité locale)或地方行政单位。这种行政区具有**法人资格**(参见下文第60点)，可以完成法律生活的一切行为，且可参照辖区概况，确定自己的地理方位。实行地方分权的一个结果是，在行政机关必须供给的大量公共需求中，涉及全体居民的需求和一个地方行政区的特殊需求肯定是千差万别的；比如，发生战争时，所 37
有法国人均需受到保护，而引水入城、公共汽车连接克莱贝尔广场车站的问题则可能为一个地方所急需。可以说，地方分权就是建

---

① Ch. Eisenmann, Les fonctions des circonscriptions territoriales dans l'organisation de l'administration (《行政机构中管理区的功能》), *Mélanges Waline*, T. II, p. 415。

② Di Malta, *Essai sur le pouvoir hiérarchique* (《论等级制政权》), 1960。

立在**国家事务**与**地方事务**存在差别的基础上，只有地方事务才属于地方分权的范畴。

显示地方分权特征的第二个因素是，获得中央转来权限的地方权力机关具有**独立性**。实际上，对于从权力下放受益的地方行政区而言，当其治理机关由选举产生，而不再由中央政府任命之时，独立性就形成了。自从国家不再介入地方行政区治理机关的组建，这些机关就独立于国家了；国家也就没有对地方行政区应负的责任了，也无权再对地方下命令。

国家结构的一个重大问题是，亟须认识**中央集权与地方分权之间达到怎样的平衡才是适当的**。

(2) **部门分权**。我们刚刚阐述的地方分权概念，原是在处理国家与地方行政区关系的过程中形成的。但是，同样的法律程序也被搬用到国家行政机关中去，用以阻止行政管理的中央集权。实际上，某些公用事业部门，比如大学，**其活动目的和组织结构极具个性**，可以说不分什么等级，拥有法人资格(参见下文第60点)，享有权利，负有义务，设有领导机构；这些领导机构享有一定程度的自治权，上级机关不再对其行使等级权力，而仅仅对其实施类似于对地方行政区域仍在实施的那种监督(参见下文第56点)。在正常情况下，这些部门拥有**公立公益机构**的地位(参见下文第218点)。据此，我们称之曰**部门分权**，以使之既与地方分权相接近，又与地方分权相区别。不管这种接近意义何在，也不应忽视两种程序的深刻差异：地方分权中最重要的选举，在指定公用部门领导人时只是例外；当然，大学负责人却是选举产生。事实上，公立公益机构很难与居民社区保持一致。这只是一种法定程序，旨在使公用事业得到最佳管理。

## 第3节 权力下放①

54.一个绝对中央集权的行政制度是没法维持的。按照拉莫奈的说法,这是“脑袋中风而四肢瘫痪”。行政要运转正常,只能求 38
助于**权力下放**。权力下放的意思是,**将某些决策权交给中央政权驻地方官员**。比如,不再由内政部长从巴黎作决定,而由各省省长,即由中央政府,同时也是内政部长的驻地方代表,来作决定。正如奥迪龙·巴罗所说,在权力下放中,“敲东西使的还是那把锤子,只是锤柄截短了。”由此,人们看到了**地方分权**与**权力下放**之间的不同。在权力下放中,决策仍然由国家的一位代表以国家的名义作出,只是一位地方官员取代了上级首脑。国家并未放弃自己的任何权力。而在地方分权中,地方的决策已经不再以国家的名义、按国家的利益、由国家的代表作出,而是以地方行政区的名义、按地方行政区的利益、由地方行政区产生的机构作出。但是,这两种程序有一个共同的好处,即促使作出决定的行政机关更加接近被治理者。这就是为什么1992年2月6日法律说:“地方分权的推进,要求中央政府的驻地方代表拥有重要的权力”,从而使两种程序的关系益发密切起来。然而,从法律的视角看,两种程序的差

① Valentin, *Le pouvoir administratif déconcentré*(《行政权下放》), Th. Lyon, 1957; Aufffey, Hervé, Mény, La déconcentration, 1971; J. Waline, Pour une politique de déconcentration(《拥护权力下放政策》), *Mélanges Eisenmann*, 1975, p. 178。

别还是实质性的。

不应将权力下放同新近行政用语中出现的机构外迁① 混为一谈。机构外迁旨在将若干隶属于国家行政机关的机构迁出巴黎;政府认为,它们没必要驻在首都,尽管他们代表的是国家利益而非地方利益。这样做的一个最著名例证就是国立行政学院迁往斯特拉斯堡②。这适应了国家领土整治政策,却无任何法律意义。

## 第4节　行政监督和财政监督

39 55.一个行政机关行使其权力不受任何监督,这是人们不会接受的(参见上文第43点)。因此在权力集中的行政系统中,上司对下属拥有最广泛的权力。除了若干举足轻重的情况之外③,上司不仅可以不合法为由,而且可以不合适为由,改变和废除下属的行为。这便是等级制度下的监督。

谈到地方行政区,那里没有国家一级的权力,故而亦无等级监督。那里难道不需要任何监督吗?这不是可以预见的。国家将会

---

① N. de Montricher, *Les délocalisations en France* (《法国的中央行政机构外迁》), *RFAP*, 1998, 423; R. Schwartz, Les délocalisations (《中央行政机构外迁》), *AJDA*, 1994, 第456期; C. Goyard, Les délocalisations (《中央行政机构外迁》), *Mélanges Moreau*, p. 195。

② 法国国家行政学院外迁之议1993年3月曾被最高行政法院否决,同年12月28日政令决定部分外迁斯特拉斯堡。最近,政府决定全校迁往该市。

③ Cf. les deux études (《两种审查》), de J. C. Groshens et J. Rivero, *AJDA*, 1966, p. 140。

对地方行政区实行传统上所说的“**监护**”，这个词儿今后将代之以“**行政监督**”。实际上 1982 年 3 月 2 日法律(参见下文第 112 点)中有两章的标题分别是“行政监护的撤销”和“财政监护的撤销”。再说 1958 年《宪法》第 72 条已经赋予政府代表——省长对地方行政区实施“**行政监督**”的责任。行政监督是十分必要的，既有利于国家本身，因为国家必须维护政治统一、必须遵守法律；也有利于随着地方分权而迁出首都者，他们最早为国家原驻地方代表管理不善作出了牺牲；还有利于被管理者，他们需要在地方权力机关面前得到保护。

56.(1) **对地方行政区的监督**。权力分散是再自然不过的事。1982 年 3 月 2 日法律废除了监护制，而使省长在行政监督中发挥重要作用(参见下文第 112 点)。该法还明确规定，省长也不能从一个地方行政区对另一个地方行政区进行监护。

57.(2) **监督的目标**。国家监督地方行政区，可提出两个不同的目标：**合法性监督和适当性监督**。

① **合法性监督**。旨在核查既定的决策是否“合法”，即是否与法律一致。当然，没有什么人，更没有什么地方行政区“有权违反法律”。如果地方行政区作出一个违法的决定，自然应予撤销。然而，由法官而不是由监护机构宣布撤销，方为适当。

② **适当性监督**。是一种极其不同的事物。这里，我们不再讨论既定决策是否符合法律的问题；适当性是另一回事，我们要考虑既定决议**是否合理**、是否符合**善治标准**，简言之，要考虑是否适当的问题。如果监督机关有权评判地方行政区的决定是否适当，这甚至是地方分权中的一个原则问题，是会再次引起争议的。有一

句家喻户晓的谚语说，“不能给了人家又抓住不放”。

58.(3) **监督办法**。对地方行政区的监督，可以针对选举产生的**官员**，也可以针对**地方当局的行为**。对当选者的监督余地有限，而对后者的监督有几种程序可资利用；我们将从地方分权的观点，按其可接受的程度，自高而低依次叙述：

① **向法官起诉**。当对一个决定的合法性发生争议时，使用本
40 程序。既然国家代表与地方行政区对一个决定的合法性发生争议，提交第三者即行政法官仲裁，那就足够了；这是行政法官的职业，很内行。

② **审批权**。地方当局的决定只有获得国家代表的批准后方可实施。批准可以是明文作出的，也可以是不明示的，在某个时间内保持沉默即为默许。鉴于地方行政区作出的决定很多，这种默许制度得以畅行无阻。

③ **废除权**。显而易见，既然国家代表有权废除地方当局作出的决策，这便侵害了地方分权原则。

④ **强制取代权**。这一程序允许国家代表取代地方行政区正常履职机关的职位，作出该地方当局权限范围内的某个决定。这是一种冒犯，令人不快。人们将会看到(参见下文第217点)，这只在某些例外情况下才是必要的。

# 第二章　关于公法法人的一般理论



凡法人均有**法人**资格(第1节);其中,有**公法法人**(公法人)和**私法法人**(私法人)(第2节);社会发展业已降低了公法法人和私法法人之间的对立程度(第3节)。

## 第1节　法人资格

59.**第一,法人资格问题**①。本质上是人文主义的西方文明,原则上使人同时成为生命主体和权利主体。而法人资格打破了这种重合,只认可权利主体的存在,而忽略人的自然状态。

正是这种特性,使得两种观点的论争旷日持久:一种观点肯定法人是实在的人,另一种观点则认为法人只是天真的虚构②。两派不知不觉都背离了权利主体通常也是自然人的见解。由此,赞

---

① Michoud et Trotabas, *La théorie de la personnalité morale et son application en droit français*(《法人资格理论及其在法国法律中的应用》), 3e éd., 1932。

② D. Costa: *Les fictions juridiques en droit administrative*(《行政法中的法学虚构》), *LGDJ*, 2000, p. 606。

成法人的“实在性”的人，便不顾常理，将法人和自然人混淆起来；亦由此，确切指出自然人与法人迥然不同的人，坚决否认法人的任何实在性，加斯东·热兹吼道：“我从来也没跟一个法人一块儿吃过饭！”

这一学派之争颇具实际意义，甚至有政治意义。如果法人是现实事物，国家就不能自由地对其加以创造或废除，法人会强迫国家承认其存在。如果相反，法人只是纯粹的虚构，则国家即是法人的主宰。19 世纪末叶，先后在德国、法国围绕宗教性法人，尤其是修会法人开展的斗争，凸显了两种论点的对立姿态。

上述这种提问题的方式，使问题变得很难理解了。实际上，历史教导人们，天然人格与法律人格之间的联系，既不是恒定的，也不是必然的。历史上那些充分发展了的文明都曾有过这种现象：若干权利主体并不是人，而有些人，比如奴隶，也不是权利主体。
42 经验也表明，法人资格可能在并无理智、自由和意志等自然人格属性的情况下存在；新生儿甚至精神病患者，都是权利主体。

因此，权利主体的身份，它在法律生活中的能力，乃是一种抽象属性。每种文明都会把它认为值得保护的权利视为真实存在。在我们的文明中，自然人是最重要的客观存在，而其他事物，诸如集体利益、企业、社团，同样应当受到保护。

按照马赛尔·瓦利纳给出的定义，法人就是一个**法律保护利益中心**。

60. **第二，法人资格要素**。任何法人均由两种要素构成。

首先是有须加保护的**基本事实**，即不会简化为个人利益的总和。这种利益一般跟具有某种同质性（比如同一个市镇的居民）的人群组合相对应。有时，这种利益是一种客观现实，但却不能是某种社团为自己谋求的利益，穷人团体、病人团体的利益即是如此。

第二个要素是有**用以维护其自身利益的法律程序**。说什么应当像对待自然人那样对待法人，这是完全错误的。究其实，给予法人资格会产生三方面的结果：

一是涉及有关利益的一切行为，皆与成为权利主体的**一个唯一的中心**相联系，这个中心便是法人。

二是人们承认这个权利主体具有稳定性，尽管其中的个人不断更换。

三是设置了代表该权利主体的若干机构。

61.**第三，法人与自然人**。从此，人们领会到两者法律地位的不同。

一是，法人避免了自然人的不稳定性，其存续不受自然死亡限制。

二是，自然人是自由的，可以追逐任何法律容许的目标，而法人只能根据某些特定利益开展活动。其成立宗旨就是为这些利益服务的。这便是**法人特殊原则**①。

三是，任何自然人都有理由获得法人资格；相反，法人只有被认为有值得特别保护的利益才能进入法律生活。原则上说，正是政府的介入，政府或者直接参与，或者规定个人创办某种类型的 43
法人所必须具备的条件(如关于成立协会、公司的法律)，才使法

---

① J.-C. Douence, La spécialité des personnes publiques (《公法人的特殊性》), *RD publ.*, 1972, p. 753。

人资格得以存在。从前，给予法人资格可以是法律默许的。只要有一个组织，其活动是法律容许的，这对于它获得法人资格就足够了(参见最高法院民事法庭 1954 年 1 月 28 日判决，*D.*，1954，J.217)。

四是，所有自然人通常享有同样的合法权利，而各种法人享受的权利有多有少；这取决于立法机构允诺给各个法人多少保护。

五是，过去，法人与自然人不同，而且相反，即不受刑事制裁。而今，新刑法典结束了这种状况，第 121－2 条规定了法人的刑事责任原则，唯国家不在此限①。

## 第 2 节 公法法人与私法法人的区别

私法法人与公法法人的差异是根本性的。虽然私法法人不归行政法管辖，但有两个理由使我们必须在此对其作一简略考察(§1)：一是对照私法法人，公法法人的个性便显示出来。二是有些私法法人同行政机关的活动有着特别密切的关系；之所以如此，或因受到行政机关的监督，或因受到行政机关的委托、重用，在经

① J. Moreau，La responsabilité pénale des personnes morales en droit public français (《法国公法中法人的刑事责任》)，*LPA*，1996，n°149，p. 41；F. Meyer，Réflexions sur la responsabilité des personnes morales de droit publicã la lumiére des premiéres applications jurisprudentielles (《就第一批实施案例看公法法人的责任》)，*RFDA*，1999，p. 920；Ch. Guettier：La responsabilité pénale des collectivités territoriales en question (《涉讼地方行政区的刑事责任》)，*Mélanges Moreau*，p. 201。

济事务中尤其如此[①]。总之，在描述了公法法人的特征之后（§2），指出这两种法人日渐接近的趋势（§3），看来还是适当的。

## §1　私法法人

62. **第一，一般性质**。任何私法法人都有下列特征，从而与公法法人相对立。

一是，原则上由私人倡议创建。法律只限于规定其成立条件。个人如欲设立法人，须发挥自己的有关能力。

二是，**政府有设立法人的自由**，谁也没有义务参加，也不强迫 44
任何人参加。

三是，**各个私法法人的法定能力**，因其性质不同而变化，但总是局限于私法规定的范围内。正常情况下，私法法人没有任何公权力特权。

63. **第二，主要类型**。上述共同特征使不同的私法法人存在着深刻的体制差异。主要区别来源于它们的目的是**赢利性**的还是**不赢利**的。

（1）**以赢利为目的的法人**是那些民办商业公司，追求金钱利润就是一切。它们最早领受了19世纪法律的恩宠，而今仍然受惠于极为广泛的合法权利。这可从国家推行经济自由主义和技术进步的角度加以解释。经济自由主义推动政府为最大限度地追求

---

① Negrin, *L'intervention des personnes morales de droll privé dans l'action administrative*（《私法法人对行政活动的参与》），1971。

利润提供方便，而技术进步又要求资本集中，以使企业能够利用强大而耗费甚巨的资源。目前，这种优待意识并不排除国家对赢利法人实施一定的监督。此外，国家竟致使国家资本与私人资本在有限责任公司中实现联合，搞混合经济；还由国家公职人员出面创办公司。这种公司形式上是私人性质的，因而拥有更大的活动自由。

(2) **非赢利法人**很晚才被法国法律承认。通常，有关非赢利法人的制度要比赢利法人严格。

这种不信任有其历史根源：革命的个人主义曾经谴责团体组织，认为加入团体组织会使人丧失部分个性；19 世纪的大多数社会制度，都担心结社自由会使反对派重新集结；最后，经济自由主义也揭露了当时存在的领主对附庸遗产的永久管业权，即：不求获利的法人吸纳捐赠，其产业日趋庞大，而这种产业的不可转让性导致如此积累起来的财富被排除在正常的经济流通之外。上述各种各样的敌对意识，直到 19 世纪末才告消失。民主制度的大发展，个人主义的衰退，社会上摆在人们面前的新问题似乎就剩下集会结社了，这一切促使立法机构允许发展非赢利法人。然而，非赢利法人制度，随着其奋斗目标的变化而变化，总的来说，就不及过去自由了。非赢利法人大体可分为下列几种：

① **职业工会**(1884 年 3 月 21 日法律，C. Trav., art. L. 411－1 et s.)。这种团体旨在保护职业利益。它们受惠于一种特别有利的
45 制度。对它们的研究属于劳动法的范畴；而在下述许多方面涉及行政法：公务员成立工会权利的扩大，公务员工会在公职制度方面的作用，工会对众多行政机构的参与，在按劳资协议、就劳动制度

问题行使规章制定权时工会的相互配合,等等[①]。

② **协会**(1901 年 7 月 1 日法律)[②]。个人为了追求某种合法目标,而不是为了赢利,均可自由建立协会。他们若要拓展协会的活动,获得法人资格,只须向省政府呈送一项声明即可;但是,通过声明成为法人的协会,其权利是有限的。倘欲扩大权利,该协会须经政府特别检查,由政令作出**公益事业认证**。很久以来,行政系统只是在法律确定的范围内,留心对协会的监督;而今则经常看到,行政机关一边对协会进行严格监督,一边又将共同利益的任务委托协会办理[③]。甚至出现了这样的情况:公法人成立一个 1901 年法律规定的协会,以便规避严格的行政程序和公共财务制度,获得更多的灵活性。现在,这种办法已被审计法院通告废除。众所周知,法律赋予协会一种特别制度,或者比较严厉,如各种宗教团体;或者比较自由,如各种互助会。就协会的本义而言,应使不同类型的社团更加相互接近。

③ **基金会**。若有人给一份家产指定一个公益性用途,并据此

---

① M. Bazex, *L'administration et les syndicats* (《行政与工会》), 1973。

② J. Rivero, *Les libertés publiques* (《公共自由》), t. 2, 1989, p. 378 et s. 关于阿尔萨斯 – 摩泽尔的协会制度:J. Grosclaude: Un vestige législatif: les limitations ã la liberté d'association en Alsace et en Lorraine (《阿尔萨斯和洛林结社自由的限度》), *RD publ.*, 1992, 第 811 期。

③ J.-M. Garrigou-Lagrange, *Recherche sur les rapports des associations avec les pouvoirs publics* (《协会与当局关系探讨》), 1970; *Les associations* (《论协会》), 1976, et le numéro spécial de *l'AJDA*, mars 1980, Les associations et la vie administrative, notamment les articles de MM. Bloch-Lainé, p. 117, Bichet, p. 123, et Negrin, p. 129; J. Chevallier, association entre public et privé(《公私之间说协会》), *RD publ.*, 1981, p. 887; Les associations et la loi de 1901(《协会与 1901 年法令》), cent ans aprés, Rapport public du Conseil d'État, *EDCE*, n° 51, 2000, p. 237。

安排对该产业的管理,此事只能像法人那样运作。这要由一项政令予以认可,声明这是公益事业。在法国,基金会归入“公益机构”范畴(参见下文第225点)。这里尚需着重指出,承认基金会为协会式的公益事业法人,肯定会扩大它的合法权利。已经在努力促
46 进私人创办基金会[①],特别鼓励赢利性企业在文化和人道主义领域创办公益基金会,比如对文学艺术事业提供赞助。

## §2 公法法人[②]

64. **第一,一般性质**。公法法人是同私法法人根本对立的。

(1) **创设**公法法人从来不是私人倡议的结果,仅仅由政府当局主动办理。

(2) 个人没有任何**加入的自由**;个人一旦确实满足了一定的条件,便可依据事实隶属于这种公法法人。须确定公法法人的办公场所坐落在哪个市镇、省和大区。公法法人属于哪个行政区,必须根据其办公驻地加以确认。

(3) 给公法法人指定的**工作目标**都不是私人性的,而是永远为了满足交付其完成的某些共同利益。由此造成的结果是,公法法人从不单纯追求赢利;但是,如果说多数情况下并不排除实现利

---

① Pomey, La fondation de France (《法国的基金会》), *AJDA*, 1969, p. 237; L'acte de fondation en droit français (《法国法中的基金会行为》), *EDCE*, n°21, p. 27; M. Drapier, Entre personnes privées et mission d'intérêt général, La fondation du patrimoine (《处于私人和共同利益任务之间的家产基金会》), *D.*, 1997, Chr. 212。

② F. Linditch, *Recherches sur la personnalité morale en droit administratif* (《行政法中的法人资格探讨》), *LGDJ*, 1997。

润，那也不能仅凭这一点就说，设立一个公法法人，甚至是经济方面的法人，追求的就是赢利。

(4) 公法法人的**法定能力**，即便发生若干变化，也总是超出私法规定的活动方式之外。它们的支配权中包括征用财产、强迫服从、擅自行动等公权力特权。

65. **第二，主要类型**。人所共见，公法法人分为两大类。

(1) 从行政机构的观点看，最重要的一类与**领土行政区划**相适应(参见上文第 53 点)，即与共同生活在同一方土地上的各种人群相适应，诸如国家(国民共同体的法律化身)、大区、省和市镇。

(2) 第二类与人们所说的公用事业即**公立公益机构**的地方分权相适应(参见上文第 54 点)。根据它们的任务是涉及整个国家还是一个地方行政区，公立公益机构分为国家的、大区的、省的或市镇的。

起初，公立公益机构负责经营管理社会性(如医院)或知识性(如大学、学院)的公用事业；随后，也经营管理工商性公用事业(如
法国电力公司)；还管理某些行业组织和行业代表处(如商会、农业 47
公会)。而且，根据这些公立公益机构负责解决的共同问题：是哪一级地方行政区的，是省的还是市镇的，法律将它们确定为集团法人。最后，成立于 1982 年的各种公益集团(GIP)[①]，按照各自分别

① R. Muzellec et V. Nguyen Quoc, *Les groupements d'intérêt public*(《公益集团》), 1993; sur la nature juridique des GIP, v. chron. Jurisprudence, *AJ*, 2000, p. 410; M. Collin-Demumieux: Les problèmes juridiques posés par les groupements d'intérêt public. L'exemlpe du Centre des études europénnes de Strasbourg(《公益集团提出的法律问题：以司特拉斯堡欧洲研究中心为例》), *AJDA*, 2003, 第 481 期。B. Jorion, les GIP: un instrument du service public administratif(《公益集团：行政公用事业的一件工具》), *AJDA*, 2004, 第 305 期。

承担的研究、文化、体育等共同任务，汇集了公法人和私法人，1984年1月24日法律承认它们是公立公益机构。成立如此众多而又不同的公立公益机构，势必导致它们的法律制度差别极大。

66. **第三，公法人的法人资格和自主性。**

过去进行分析时，认为对法人资格的承认与自主性之间存在着**必然**联系。正是为了给地方行政区公立或公益机构以重要的自主性，才承认它们的法人资格。

事物演化表明，这种关系并不是到处一样的。有的**拥有法人资格而无自主性**，反之，有的**拥有自主性而无法人资格**。这种现象的根源是，国家划分的行政区不断增多，而这是司空见惯的；同样，地方行政区的各种机构也日见其繁。

人们从这些机构，首先是从管理自主性，来研究它们似乎不甚重要的法人资格问题。这样，人们就摆脱了传统的研究框架。比如，在具有法人资格的公立公益机构的大学内部，人们发现了一些并无法人资格、却有自身预算的成分，教学与研究单元即是明证。这表明不能无视管理自主权[①]。同样地，省及大城市的区，还有事务区，那里的国家行政机关（参见下文第107点）亦无法人资格。可是，直至第二次世界大战前夕，这种区都由一个选举产生的区议会进行管理，享有一定程度的自治。回头再看，大学内部也能发现一些具有法人资格的单元，却并未享受应当给予它们的自主权。比较普遍的情况是，由一个法人机构的创办章程，确定其履行受托

---

① A. de Laubadère, Les groupements et organismes sans personnalité morale en droit administratif（《行政法中无法人资格的集团和机构》）, Travaux Assoc. H. Capitant, 1969, p. 305。

职责的各项条件。

67.**第四,获得公法法人称号的后果。** 48

(1) **特殊性原则**[①]。除国家之外,公法法人的活动,跟私法法人的活动一样,也受**特殊性原则**支配。贯彻这一原则于地方行政区,意味着地方行政区的权限渗透到当地的所有共同利益领域;当然,这是指国家法律规定的那些共同利益,而且仅止于此。既然如此,在共同利益方面,特殊性原则可理解为某种地方特殊性,这需要界定法律委托给地方的**地方特有事务**。在实践中,很难界定何谓特有事务(参见下文第 149 点)。

特殊性原则尤其与公立公益机构的概念密切攸关。这一原则意味着,公立公益机构的活动必须仅仅局限于组织法为之规定的任务范围内。比如,一个**以赞助公立学校为己任的**捐赠助学金管理处,如果它也力求与私立学校加强联系,它就会不承认存在特殊性原则(参见 CE,1903 年 5 月 22 日,巴黎第六区捐增助学金管理处案判决,载 *S.*,1905.3.33 note Hauriou)。尽管将公立公益机构的特殊性规定得相当宽泛,仍然剥夺了它们相当大的一部分特权。

特殊性原则不能适用于国家,因为"按照定义,国家没有特殊性;从事全部活动乃是国家的一项普通使命,不能把这些活动委托给另一个公法法人,也不能留给私营部门"(G. Braibant 1970 年 4

---

① A. Baldous, *Le principe de spécialité en droit administratif français* (《法国行政法中的特殊性原则》), Th. Aix, 1974; J. Cl. Douence, La spécialité des personnes publiques en droit administratif français (《法国行政法中公法法人的特殊性》), *RD publ.*, 1972, 第 753 期; J. Ferstenberg, *Recherche sur la notion juridique de spécialité des personnes publiques* (《论公法法人特殊性的法律概念》), Th. Paris II, 1976。

月 29 日在最高行政法院的陈述速记稿，载 *AJDA*，1970，第 430 期)。

(2) **公法人资格固有的特权**。人所共见(参见上文第 4 点)，公法人拥有某些**公权力特权**，即普通人所没有的权利。不过，公法人也会失去若干普通人应得的好处。

① 公法人不能成为强制执行的对象，即不能强制公法人执行使其承认某人有什么特权或权利的法令或判决。有人曾经考虑，这种豁免权是否应当仅仅赋予公立公益机构，或者，这种豁免权是否已经惠及所有公法人。法国最高法院肯定了上述的第二种说法(参见法国最高法院第一民事法庭 1987 年 12 月 21 日关于地质矿业研究所案的判决，*RFDA*，1988，第 771 期)。在国家垄断有组织的强制手段的范围内，特殊性原则可能看上去是合乎逻辑的；但是
49 如果可以这样说的话，国家却不能自我约束。当国家成为公开的商人时，问题就出来了。此外，在公法人看来，这种豁免权的对立面，想必是自动执行制裁他们的法院判决；而情况从来不是这样(参见下文第 672 点)。

② 本着同一豁免精神，公法人不受 1985 年 1 月 25 日法律所规定的**司法矫正和清算**。

③ 对于自己牵连其中的诉讼案件的处理结果，公法人不得求助于**仲裁**程序。人们看到，涉及公法人的案件只能由"官方"法庭审判。对此，可查阅最高行政法院 1957 年 12 月 13 日的有关判决，载 *D.*，1958，第 517 期，Concl. Gazier。业已编入民法典第 2060 条的 1975 年 7 月 9 日法律第 5 条特别规定，被政令列入名单的若干种工商业公立公益机构，或许可以求助于仲裁机制。然而这种政令从未做出，几个法律却已经批准法国邮政局、法国电讯公司、

法国铁路公司等几家国有企业有权提请法官仲裁。

可能有人考虑，继续禁止提请法官仲裁还是合理的吗？那就请看《黑马文汇》第165页所载Y.戈德迈的论文《法国行政法中的仲裁前景》吧。

## 第3节　公私法人之间差别的演变

关于行政机关的建制观念日趋淡化，导致国家行政机关的任务越来越经常地委托给私法法人办理(参见上文第5点)。这产生了一种后果，使两类法人逐步接近，都呈现出若干中间状态。在日常生活中，有时很难判断某个法人属于哪一类，济贫院或储蓄会就是如此。

### §1　私法法人的演变

68.时序代谢，政府当局常常主动创设名为协会、公司、基金会之类的私法法人，以便使之在完成当局交办的任务时具有更大的行动灵活性。根据1945年10月9日条例成立的法国政治学基金会即是一例。

再者，有些公法人也经常在私法人框架内同某些个人合作；于 50
是，出现了若干有限责任制的**混合经济公司**，其运作由私营资本家和公法人分工协作，共同负责。在其范围内，谁也不能搞特殊化，除非该法人丧失了自营性质；国有公司的情况就是那样，其任何行为皆由国家掌握(参见下文第273点)。

这种演变产生了这样一个必然结果:根据某些私法法人承担共同利益任务的情况,赋予其一些公权力特权。比如,它们可以征用他人财产,可以强迫其参加者分摊费用,还可像政府当局那样制定规章制度。授予一个普通人若干公权力特权,一开始可能有人对此感到离奇古怪,实则这种制度是天然合理的。

私法法人有时也参与公共机构的活动,这便有了一些以保护自然和环境为宗旨的协会(参见 1976 年 7 月 10 日法律第 40 条)。殊途同归,人民创建了若干中间类型的**共同利益私法法人**(参见 1935 年 12 月 20 日最高行政法院判决,载 *RD publ.*,1936,第 119 期)。

## §2 公法法人的演变

69.在公立公益机构中,人们已经看到,有些机构成长起来,与个人的经营活动类似,并在相当大的范围内服从私法管辖。那些工商性公立公益机构,甚至遵从 2002 年 1 月 4 日法律创办的文化合作公立公益机构,都是如此。

70.公、私法人久已实现的相互接近,导致若干法人的依法设立;这些法人不分公、私,均承担着法律赋予的安排就业、开展职业培训的重任。这种接近早就给人留下了鲜明印象。其中有些法人,如组织委员会,随着维希制度*的消失而消失;还有一些,如医

* 维希制度(le régime de Vichy):1940 年 5 月,法西斯德军入侵法国;7 月,贝当政府投降,撤离巴黎,迁驻维希,与德国占领当局合作。1944 年 8 月法国解放,维希制度灭亡。——译者

生、药剂师等人的同业公会，则继续存在。最高行政法院不想对这些机构属公属私的问题作出决断；它只承认这些机构执行的任务属于公用事业性质，而拒绝给予它们公立公益机构地位（参见 CE，1942 年 7 月 31 日关于组织委员会的蒙珀尔案判决，载 *GAJA*，第 55 期；1943 年 4 月 2 日关于同业公会的布冈案判决，载 *GAJA*，第 56 期，参见下文第 280 点）。大家意见有分歧，有些人从中看到了承担公用事业任务的私法法人，另一些人则从中看到了新型的公法 51
法人①。后一种看法的依据可能是：依法创立了另一种公共机构，它们不被定性为公立公益机构，却被授予法人资格。遵照 1957 年 1 月 10 日法律成立的法新社，遵照 1970 年 7 月 10 日法律成立的“城市协调总会”等等，即属此类。因此，一种“尚未命名”的新型公法法人的存在，可能就要获得批准了。

---

① Eisenmann, L'arrêt Montpeurt: légende et réalité（《蒙珀尔判决：奇谈与事实》），*Mélanges Mestre*, p. 221。

# 第 一 编



# 国家行政

71.**概览**。像法国这样一个长期实行中央集权制的国家，大量的行政管理任务一向被视为国家利益，因而由国家承担。直至1982年改革，正是国家行政构成了法国行政的基本框架。

尽管进行了那次改革，国家行政依然在国民生活中占据重要地位；即便在地方分权和欧洲联盟权限增长的双重影响下，国家行政比重有渐次缩小的趋势，但大的格局仍未改变。

必须十分重视还在进行中的行政结构变革。法国的行政面貌，自共和八年以来只有少许改变，如今则处在深刻变化中，改革浪潮一波连着一波。

法国行政机关的设置，与国家行政体制的中央集权制相适应，包括中央国家行政机关(第一章)和地方国家行政机关(第二章)。

# 第一章　中央国家行政机关



国家行政机关有两种：一种是**共和国总统**（第1节）和**总理**（第2节），在行政范围内被授予普遍权限，处于行政系统的顶峰。另一种在他们之下，是一些专门机关，领导着一批行政部门，这便是**中央各部**及其协作者（第3节）。在传统的行政机构之外，近几年又设立了这样一些机构：由于其承担任务的性质而摆脱了等级制隶属关系，这便是那些**独立行政机关**（第4节）。行政任务分布在如此不同的机关内，这就在力求中央行政机关行动一致的过程中，产生了国家整个行政系统的行动配合协调的问题（第5节）。

## 第1节　共和国总统

国家最高行政权的双头制，即最高行政权由共和国总统和总理两人分掌，决定了行政职权要在这两个机关之间分配（§1）；在目前的体制下，共和国总统拥有重要的行政职权（§2）；为了行使这些职权，他掌握着若干行政部门（§3）。

## §1　共和国总统和政府首脑各自角色的演变

72.1875年《宪法》只设共和国总统。行政权双头制问题产生于第三共和国初期。按照严格的惯例，当时出现的是部长会议主席*，即总理。在实践中，是部长会议主席行使宪法赋予共和国总统的最重要的行政职权，这是一个极好的宪法惯例。

1946年《宪法》意欲以某种方式重复这一惯例，第47条规定，
56 “部长会议主席负责执行法律。”这就表明，如果有人想援引法国宪法惯例，则总理便是行政首脑，别无其他。在这种情况下，如果说不是明文规定的话，至少事实上共和国总统已不再担负任何行政职责。

1958年6月肇端的第五共和国照旧维持行政权双头制，只是把权力对比翻了个儿，也就是说，共和国总统这个“国家制度的保障者”，成了真正的行政权首脑，赋予他重要的行政职权。不过，虽然这种意图明确无误，在宪法条文中却反映得并不完美，而是模棱两可。实际上，如果说《宪法》第13条(参见下文第73点)明文规定将重要的行政职权给予共和国总统的话，第20条还是同样规定，政府，即由总理和各部部长组成的集体，“掌管行政部门”，而且“政府决定并指导国家的政策”；第21条还作了补充：总理“保证法律的执行”(参见下文第77点)。

---

* 法文中主席、总统是同一个词 Président。第三共和国存在于1871年至1940年。——译者

是第五共和国的实践使共和国总统成为真正的**行政机关首脑**。否则,如果严格落实法律条文,总理充任真正的行政机关首脑,大家又回到双头"同治"时期[①]。

## §2　行政职权

应当区分平时和实施《宪法》第 16 条时期共和国总统的行政职权。

73. **第一,平时**。总统平时的行政职权反映在《宪法》第 13 条、第 15 条、第 38 条和第 65 条中。

(1) **签署内阁会议审议通过的政令**(《宪法》第 13 条第 1 段)。既然申明经内阁会议审议通过的政令须呈总统签署,可见这一准则是很重要的。问题是,什么样的政令才要内阁审议?宪法条文明确规定须经内阁讨论的法令相对较少。此外,没有任何条文明确指出:哪些法令可以提到内阁会议仔细研究。在实践中,出于对共和国总统这个行政权首脑的尊重,只有最重要的政令才交内阁审议。而在双头同治时期,政令交由内阁审议乃是必要程序。

如果内阁会议已经作出一项政令,而这并不是必须遵行的,则只能由共和国总统在内阁会议上予以废止或修改(参见 CE,1992 57
年 9 月 10 日的梅耶案判决,*Rec*.,327)。但是,修改过的政令法规

① Sur le partage d'attributions entre les deux chefs de l'exécutif: - F. de Baecque, *Qui gou-verne la France*? (《是谁统治法国?》), 1976; - Ph. Ardant, Un Président, pour quoi faire? (《要一个总统干什么?》), *Mélanges Jean Waline*, p. 3; J. Cl. Groshens, À propos des institutions (《关于制度》), *Mélanges Jean Waline*, p. 59。

可以预先规定，将来该政令可作为总理政令颁布实施(参见 CE，1996 年 9 月 9 日判决，*D*.，1997，第 129 期)①。

(2) **签署《宪法》第 38 条规定的规章条例**。《宪法》第 38 条规定，规章条例由内阁会议审议通过；而第 13 条要求，必须呈总统签署。

当宪法规定，一个法令或条例须呈总统签署时，他可否拒绝签字呢？实际上，在双头同治时期就存在此类问题。很难设想总统是"**自动签字机**"。即使签了，那也是因为他**有权不签**。1986 年总统就曾拒签业经内阁会议审议通过的划分选区条例。总统给出的理由是：他知道不可能按照条例进行划分。他的理由肯定是不恰当的，因为《宪法》第 38 条并没有限定可以采用条例事项，政府能够凭借条例来"推行自己的纲领"。当时，该条例立即被简单地改造为一个法律草案，由议会毫不迟疑地投票通过。

(3) **任命国家军政要员**(《宪法》第 13 条第 2 款)。宪法列举了应在内阁会议上任命的大使、省长、最高行政法院法官等高级官员。由于宪法有一个缺陷，对任何任命那些未予列举的职位，曾存在一些困难。其实，规定总理职权的《宪法》第 21 条规定，"在遵守第 13 条各款的条件下"，总理"任命高级文职人员和军职人员"(原文如此)。实际上，人们有可能根据这些条文区分应由总统和总理任命的官员。1958 年 11 月 28 日法律已经解决了这个问题，其中

---

① R. Chapus, Le statut des décrets réglementaires délibérés en Conseil des ministres (《内阁会议审议法令的有关规定》), *D*., 1988, chron, p. 199; M. Lascombe, Les décrets délibérés en Conseil des ministres et le Rapport Vedel(《内阁会议审议法令与韦德尔报告》), *LPA*, 26 avril 1993, p. 7。

列举了大学教授等应由部长会议授予的职位,其他职位的任命权则由共和国总统授予总理。

(4) **国防职权**(《宪法》第15条)。共和国总统是“武装部队首脑”,主持最高国防会议和委员会。

(5) **担任最高司法委员会主席**(《宪法》第65条),这是总统管理司法界事务时的职务。

依照《宪法》第19条,共和国总统在其行政权限内作出的决定,须有总理和“主管部长”联署;这就是说,筹备和贯彻有关法令的责任主要落在了总理和部长身上。 58

74. **第二,在实施《宪法》第16条时期**。当共和国的制度和国家的独立受到直接的严重威胁,而符合宪法的政府的正常运作被突然阻断时,共和国总统可以独自署名,决定启动《宪法》第16条(参见下文第328点)。这使总统得以采取“**形势所必需的各种措施**”。征询宪法委员会的意见后,不仅可在立法、制定规章和修改、补充原有法规方面作出普通决定,而且可以作出符合或不符合法律规章的特别决定①。

## §3 共和国总统府的行政机构②

75. 在1958年,宪法赋予了共和国总统重大权力,人们却尚未

---

① J. Lamarque, La théorie de la nécessité et l'article 16(《必要性理论与第16条》), *RD publ.*, 1961, 第558期。

② P. Verrier, *Les services de la présidence de la République*(《共和国总统府的行政机构》), PUF, 1971; V. Silvera, L'organisation administrative de la présidence de la République

因此围绕总统组建起一套名副其实的行政机关。部分原因是爱丽舍宫太狭窄(戴高乐将军曾想将总统府设在范桑城堡)。这就是说,那时,总统府或者利用马蒂尼翁总理府的办事机构,或者利用哪个部的办事机构(比如拟订法律草案时)。

总统身边设有:

(1) **总统府总秘书处**,由一位**秘书长**,一位**副秘书长**,三十来名**技术顾问**和负责联系一个或几个部的**特派员**组成。

秘书长研究总统交办的各种事务,亦可让其注意值得注意的某个问题。

(2) **办公厅**,由办公厅主任领导。他负责安排总统府的物质和财政问题,并安排、记录总统的活动日程。

(3) **私人参谋长**,协助总统履行武装部队首脑的职责。

59

## 第 2 节　总理[①]

在第五共和国,总理掌握重要的行政职权( §1);为了行使这些职权,他拥有配备齐全的行政机构。

---

(《共和国总统府的行政机构》), *Rev. adm.* 1969, 第 474 期; S. Cohen, *Les conseillers du Président* (《总统的顾问》), PUF 1980; *Le secrétariat général de la Présidence de la République* (《总统府秘书长》), FNSP, 1982, 104。

① J. Massot, *Le Chef du Gouvernement en France* (《法国政府首脑》), 1979; S. Rials, *Le Premier ministre* (《总理》), 1989; J. L. Quermonne, *Le Gouvernement de la France sous la V^e République* (《第五共和国的法国政府》), 1996; A. Claisse, *Le Premier ministre de la V^e République*(《第五共和国的总理》), *LGDJ*, 1972。

## §1　行政职权

属于总理的任务(《宪法》第三章说到**政府**而未谈及总理),规定在《宪法》第20条中:“政府决定并指导国家的政策。它掌管行政部门和武装力量。”正是第21条列举了总理的职权。

76.**第一,领导政府的活动**。“总理领导政府的活动”一语,可作两种解释:或者说,总理只是**同级官员中的第一人**;或者说,他是部长们的**上级**。行政法赋予此语“上级”的含义,因为这牵涉到对部长们所作决定的修改权。应当说,这个问题早已解决。1965年11月12日,最高行政法院判决:总理不是部长们的上级。

77.**第二,总理保证法律的执行**(《宪法》第21条)。这句话总是被解释为:给予总理**全部规章制定权**,即全面制定各种规章的权力,无需任何法律再对此作出明文规定(参见CE,1919年8月8日拉博纳(Labonne)案判决,载*GAJA*,第37期;1918年6月28日艾利耶(Heyriés)案判决,载*GAJA*,第33期)。《宪法》第21条在落实这一法律原则时明确规定,“在遵守第13条的条件下,他(总理)行使规章制定权。”总之,除了由内阁会议审议通过而呈请总统签署的规章(参见上文第73点)之外,或者,当没有任何法律将有关职权授予其他行政机关时,总理行使规章制定权。他完全掌握《宪法》第37条所述的规章制定权。

78.**第三,任命文职和军职人员**。受共和国总统的委托(参见上文第73点),总理对若干职位行使任命权。

79.**第四,总理是国防负责人**。这个条款又有一些模糊不清, 60

因为共和国总统是"武装部队首脑"(参见上文第 73 点)。修宪咨询委员会(即所谓"韦德尔委员会")1993 年曾经建议,要明确表述总理是**国防机构负责人**。

80.至于**如何行使**上述职权,《宪法》第 22 条规定,"如有必要,总理的条令应由负责执行的部长副署。"依据这一原则,相关部长有权"签署或副署为执行条令所必需的、规定的或用于个人的措施"(参见 CE,1962 年 4 月 27 日西卡尔(Sicard)案判决,载 *AJDA*,1962,第 284 期)。

## §2 总理的办事机构①

人们发现,较之爱丽舍宫,总理身边的办事机构既众多又重要,包括:**办公室、政府总秘书处和附属于总理的各种机构**。

81.**第一,办公室**。办公室成员负责准备总理的各种决定,充当总理与各部之间的联络员。

82.**第二,政府总秘书处**。这是法国行政机关一个极端重要的部门,虽然它经常被轻觑。其领导人是**政府秘书长**,他通常是最高行政法院的成员。正是政府秘书长确保总理有效地领导行政机

① M. Long, Le secrétariat général du Gouvernement (《内阁总秘书处》), *Mélanges Kayser*, p. 155; Les services du Premier ministre (《总理的办事机构》), PU d'Aix, 1981; M. C. Kessler, *Le cabinet du Premier ministre et le secrétariat général du Gouvernement* (《总理办公室与政府总秘书处》), FNSP, 1982, 69; R. Denoix de Saint Marc, Le secrétariat général du Gou-vernement in *Le rôle et la place de l'État au début du xxie siècle* (《21 世纪初政府总秘书处在国家的作用和地位》), *PUF*, 2001, 119; Colin, Les services du Premier ministre (《总理的办事机构》), *Rev. adm.*, 1963, 第 15 期。

关。

(1) 他拟订**部长会议**议事日程,担任会议秘书,保证会上所作决议合乎法律规定。内阁秘书长参加部长会议。

(2) 他负责**准备和完善政府草拟的法案**。如有必要,他将法律草案转交有关机构,请它们提意见。还是他,将法律草案交到议会,保证做好分发会签诸务。他要确保所作各种决定的保管、归档。

(3) 他负责**收集**政府的**全部文献资料**,并领导**研究部门**。

83. **第三,附属于总理的各种机构**。有些行政机关的部门直接附属于总理;之所以如此,或因其承担的任务远远超出一个部委的范畴,或因其相当重要,它们似乎更喜欢依偎在总理的"怀抱"中。在这些附属部门中,人们可能举出行政与公职总署、国立行政学院、获取行政文件委员会、全国人权咨询委员会等例证。 61

有两个机构特别值得一提:

一是**欧洲经济合作问题部际委员会总秘书处**(SGCI)。SGCI是一个负责处理**法国行政机关与欧盟之间关系**的机构,其作用日趋重要。顾名思义,它应当确保法国各种行政机关在全部欧盟问题上的立场协调一致。然后,这一立场应促使议会就相关问题通过决议(参见《宪法》第88条第4段),而法国驻欧盟的代表将会为这一立场辩护。

二是**国防总秘书处**(SGDN)。这是一个五百余人的机构,负责准备国防会议和国防委员会的决议,将防务问题告诉政府,并参加国际防务合作行动。

## 第 3 节 部长①

部长是千真万确的双面人:既是在政府里任职的**政治家**,又是**行政当局**,是一个行政部门的上司,除非他是“没有部”的部长,而这种情况很少。所有部长原则上地位平等,虽然实际上大家都害怕居首位的财政部长;因为,财政部长是驻每个部甚至总理府的财政监督。前总理米歇尔·德勃雷曾说:“国家不应是一个让出纳员牵着走的企业。”这话永远也不符合实际。

一个政府中的部委数量并不是由法律确定的。在实践中,政治需要对于确定部委数量起主要作用,政府首脑会给其认为有用
62 的合作者都作个安置。1950 年以前是 17 个部,现在是 30 个左右②。这反映了国家职权的扩展,诸如建立了自然环境保护部、人权秘书处、法语国家秘书处等等。

下面将研究部长的**行政权限**(§1)和一个部长的**典型结构**(§2)。

---

① P. et J. D. Antoni, *Les ministres de la Ve Réublique*(《第五共和国的部长们》), PUF, 1976; *Le ministre*, Pouvoirs(《部长,权力》), 1986; J. Cl. Groshens, Les secrétaire d'État(《国务秘书》), *RD publ*., 1955, 第 357 期; D. Amson, Les secrétaires d'État sous la Ve République(《第五共和国的国务秘书》), *RD publ*., 1972, 第 661 期; M. Staub, Les secrétaires d'État autonomes(《独立自主的国务秘书》), *RD publ*., 1981, 第 337 期。

② 2002 年 6 月 17 日组成的拉法兰政府, 包括 17 名部长、11 名部长级代表和 12 名国务秘书。

## §1 行政职权

部长拥有重要的行政职权;有些职权甚至没有写入宪法。这些职权完全来自这一观念:部长是其所掌行政机关的**上司**。这些职权是:

84.**第一,组建其办事机构**。部长有权采取一切必要措施,来组建其办事机构并使之良好运转;即便在法律未作出相关规定时亦是如此(参见 CE, 1936 年 2 月 7 日亚马尔(Jamart)案判决,载 *S*.,1937,3.113,notRivero,*GAJA*,第 51 期)。

85.**第二,管理其属下职员的职业生涯**。部长作为其主管部的上司,必须就其属下各部门公职人员的职业生涯作出一切决定。这可能有大量的决定要做。比如国民教育部,拥有近百万职工,确够部长操心。这也证明,下放此类决定权是必要的。

86.**第三,下达指令权**。部长作为上司有权给下属下达指令。指令形式有**集体命令**和**个人命令**。

(1) **集体命令**呈现为**部门指示**和**部委通报**的形式(参见下文第 399 点)。后者在法国行政的实际运作中作用重大,被视为公务员的《圣经》。

(2) **个人命令**自然也是接到命令的人必须执行的。然而,却产生了关于非法命令的问题。按照法律原则,如果命令明显违法,则部下有责任不服从(参见 CE,1944 年 11 月 10 日判决,*D*.,1945,第 88 期)。

87.**第四,改动下属决定的权力**。部长有权自动地,或应被管理者的请求(事关**越级申诉**问题时,参见下文第521点),撤销或修改(只有在**替换一个文件的理由**,即用一个贴切中肯的理由取代最
63 初所拟的理由时才予修改)其部下作出的决定。以往,在尊重原作者收回和撤销的权利的前提下(参见下文第521点),这种改动权用得很广。J.Cl.格罗森曾经指出,这一权力实际上局限在严格的范围内(参见J.Cl.格罗森:《上司对其下属行为的权利》,*AJDA*,1966,第40期)。

88.**第五,部长的规章制定权问题**。可能显得奇怪,最初,包括内政部长在内的部长们均无规章制定权。细思之,这也并非不合逻辑;既然全部规章制定权都属于总理(参见上文第77点),便不应再属于部长。部长只在两种情况下具有规章制定权:首先是组建其自己的办事机构时(参见上文第84点);其次是某个法律明文授予部长这一职权时。后一种情况并不罕见,比如,交通部长即被授予制定交通规章的权力。

现实需要人们完全从理论上严格确认:部长没有规章制定权。首先,部长可以向拥有规章制定权者如总理提出建议,制定这种或那种政令章程。在这种情况下,别人更有可能请提出建议者准备即草拟有关法规。一经成功,该部长即可副署该法令。最后,实践证明,部长往往借用部委通报的名义,制定真正意义上的规章制度(参见下文第399点)。关于此类问题,请参阅1970年LGDJ发表的C.维纳论著:《部长的规章制定权研究》。

部长通常可以通过**部令**,下达构成决议基础、部长签字"同意"的指示,并制定分条分款的决议本身。若决议不能顺利通过,自1979年7月11日法律颁施起,尚可进一步陈述其理由(参见下文

第410点)。根据内容,部令有个人性或规章性的。如果要作的决定牵涉几个部,则采用**部际令**的形式。

## §2 部的典型结构[①]

各部部长都是随其所好组建自己的办事机构,故而中央各部的内部结构千差万别。然而,人们发现,实际上总有若干共同的成分:

89.**第一,办公室**[②]。这是部长的合作者团体,由部长根据其信任程度自由挑选,与部长共进退。实际上,各部部长办公室的主 64
要成员,往往从最高行政法院、财政稽查署和审计法院的国家高级官员中聘请。办公室按特殊等级制组成,有办公室主任、办公室督导、专员和特派员。办公室的组成,过去长期由部长随意安排,招致有时过分膨胀,而今已受法律限制。

办公室的职权一向重要,其范畴取决于每个部长的想法。这种职权部分属于政治领域,比如处理部长同议会的关系;部分属于行政领域。尤其对重要的或敏感的问题的研究,部长宁可委托给他的合作者个人,而不大愿意交给办公室。办公室人员不一定是公职人员。

---

① De Baecque et Holleaux, Les problèmes posés par la diversité de l'organisation des administrations centrales(《中央政府部门的结构多样性引发的问题》), *EDCE*, 1982, 第83期, p. 99。

② Seurin, Les cabinets ministériels(《部长办公室》), *RD publ.*, 1956, 第1207期; Thuillier, *Les cabinets ministériels*(《部长办公室》), PUF, 1982; O. Schramek, *Les cabinets ministériels*(《部长办公室》), Dalloz, Connaissance du droit(《了解法律》), 1995。

90.**第二,狭义的中央行政机关**。这是指“各部办公厅”,它们是草拟各种决定的常设机关,由终身任职的公务员组成,这一点有别于部长办公室。虽然办公厅的作用仅限于按部长个人的决定草拟文件,似乎没有什么自身的职权,其实权力不小,这一方面源于办公厅的稳定性,所谓流水的部长铁打的厅;另一方面源于办公厅的技术性,是它们使部长了解自己应予处理的问题。况且,需要部长裁夺的事情那么多,他本人不可能熟悉每一个问题,只能依赖其合作者。就这样,尽管政治多变,各部办公厅却往往能够越过政治更迭而保持其自身传统,从而使法国行政生活表现出相对稳定性。

每个部的组织结构由政令加以规定,各不相同。然而,各部内部再划分的**方针**,或者说**总方针**,无非是调整重组**办公厅**和**各个司局**。

办公厅职员是等级制的。最高领导是主任或总主任,他们是很高级的公务员,由内阁会议以政令加以任命,在国家生活中往往起着不为人知而又必不可少的作用。主任之下的官员,或者是国立行政学院毕业的在册高级行政文官,或者是在册中央行政专员。后者是通过竞争性考试招收的,重要性稍逊一筹。

91.**第三,监督稽查机构**[①]。这是一些直接听命于部长的机
65 构,负责督察中央各部权力下放形成的那些部门。它们或者从技术角度实施检查,如中等教育督察总局;或者从财政角度进行监

① Amestoy, *L'inspection générale des services administratifs* (《行政监察总署》); Lalumiére, *L'inspection générale des Finances* (《财政稽查总署》), Th., Paris, 1956。应当明确指出,由于直接税稽查员、安全督察员等颇有威信,致使越来越多的公务员被授予检查员头衔,因之隶属于监察机构。

督,如军队稽核总局,海军稽核总局,尤其是财政稽核署。应当单独介绍一下财政稽核署;除了其固有职责之外,它还在行政生活中发挥着第一流的作用。部长偶尔也会让该署研究或筹划他想进行的某种改革。

92. **咨询机构**[①]。这些机构或者依附于整个政府,或者依附于某个部长,宗旨是在中央行政机关作出决定前,就拟订的若干草案提供意见。这种机构数量众多,形形色色,有劳资协商全国委员会、公职高级委员会、防务高级委员会、中产阶级高级委员会、环境高级委员会,等等。

(1) **地位**。他们地位各异,组织法为之命名,有些是临时性的,大部分是常设的。它们或应部长之召而开会,或按规定周期集中。但是,有两个特别咨询机构是依据宪法设置的,作用极其重要,这里需单作介绍:一个是最高行政法院,它既是中央所有部委的共同咨询机构,又是行政司法机关(参见下文第 596 点)。另一个是审计法院,除了审理有关政府会计账目的争讼之外,还"协助议会和政府监督财政法规的执行"(1958 年《宪法》第 47 条)。

(2) **组成**。各种咨询机构的成员,通常只是根据其主要活动或主要职能加以召集,使之施展才干,发挥想象力,提供有益意见。这种才干或者与其技术能力有关,或者与其威望有关,或者与其代表性(比如有关职业或利益的代表)有关。因此之故,行政咨询机构可以制定一种办法,使那些与行政有利害关系的人都能参加。

① Y. Weber: L'Administration consultative (《咨询机构》), 1968; M. Long: Du bon usage des commis sions (《善用各种委员会》), *RFDA*, 1994, 第 599 期。

所以,咨询机构的组成是多样化的,其中,普通人与公务员几乎一样多。

(3) **职权**。有一点是确凿无疑的:所有咨询机构都是普通的提意见者,毫无裁定权。通常是部长要求提意见,或者是法规使部长尽此义务,或者是其自由提出要求。但是,即便是部长应尽之义务,听不听意见亦完全自由;除非法律规定,所作决定必须符合最高行政法院意见,而此事绝少发生。有时,该院还有权询问部长听取其意见的结果。当行政当局所要求的意见,对于作出一个涉及
66 使用人或第三者的决定是强制性先决条件时,则 1983 年 11 月 28 日法令规定了若干准则,特别就法定人数、会议记录,以及咨询机构中任何利害攸关者不得参加评议诸事,作出了强制性规定。

(4) 咨询机构有的隶属于一个部或几个部,还有的直接隶属于总理(参见上文第 83 点)。人们在省长身边的涉外部门中也发现了咨询机构。

(5) 在常设咨询机构之外,各级政府还经常召集一些临时性的**研究委员会**,由各色要人组成,其任务是对某个问题进行深入钻研,最新流行语称之为"智囊"献计。人们往往以其主席的名字称呼这种委员会。他们的报告作为其工作结晶,有时成为重大改革的起因,而更经常的情况是石沉大海,被人遗忘。此类研究工作可能不是委托一个委员会,而是委托某个人,尤其是委托一位在任议员进行。

(6) 咨询机构的激增是现代行政的一个特点。从技术层面,尤其从吸引有关人士参加行政生活的层面看,这样做的好处是显而易见的。不过,危险也不小:如果部长总是在咨询机构的意见中

寻觅挡风墙，规避自己作决定，其责任心就会松懈消减；大量的意见付之东流，毫无结果，至少常常拖延，这也是巨大的浪费；有时，虚假的安全感使咨询机构成员只能把最少的精力用于需要他关注而他又外行的事务上；由此，人们一度努力精简咨询机构，1982 年 8 月 3 日政令一下子撤掉 32 个。然而，而后的法规又不断增设新机构，且使之功能多样化。于是，又创立一些评估委员会，对某一种行政部门的活动进行总体评价；或者跟踪观察一种改革，对之发表意见。这些问题由 2004 年 7 月 1 日 2004．637 号法令作出了规定。

## 第 4 节　独立的中央行政机构①

最近十五六年，人们发现，中央行政机关内出现了一些所谓**"独立行政机构"**。这一现象日渐扩展（§1），理应了解其权限 67

① F. Gazier et Y. Cannac, *Les autorités administratives indéendantes*（《独立行政机构》), étude de la commission du Rapport du CE, *EDCE*, n°13, 1983 – 1984, p. 13; P. Sabourin, Les autorités administratives indépendantes, une catégorie nouvelle（《独立行政机构：一种新类型》), *AJDA*, 1983, 第 275 期; J. Chevallier, Réflexions sur l'institution des autorités administratives indépendantes（《独立行政机构制度探讨》), *JCP*, 1986, I, n°3254; J. M. Guedon, *Les autorités administratives indépendantes*（《独立行政机构》), 1991; *Les autorités administratives indépendantes*（《独立行政机构》), Rapport public du CE, 2001, *EDCE*, n°52, p. 253; Cahiers de la FP, 2000, n°190, p. 1; C. A. Colliard et G. Timsit, *Les autorités administratives indéendantes*（《独立行政机构》), PUF, Coll. Les Voies du droit, 1988; M. Gentot, *Les autorités administratives indéendantes*（《独立行政机构》), Montchrestien, Coll. Clefs, 1994, 2e éd.; D. Linotte et G. Simonin, L'autorité des marchés financiers, prototype de la réforme de l'État（《金融市场：国家改革的典范》), *AJDA*, 2004, 第 143 期。

(§2)并对之实施**监督**(§3)。

## §1 独立行政机构的风行

93.独立行政机构一出现,就有意使某些中央行政机关拥有更多的自由和独立性,因为它们承担着“敏感”领域的职责,也就是说,它们的工作涉及公民的权利和自由,诸如文件、信息以及对广播电视的监督之类。为此,无须承认它们的法人资格,它们与那些“具有法人资格的公益部门”无涉;但它们的重要性恰恰来自这一事实:它们不服从某个部长,行动完全自由。

有鉴于此,若干独立行政机构宣布自己不是中央政府的一个分支部门。有人甚至从《宪法》的视角,想使之非常充分地独立于总理;然而,总理“掌管行政机关”(《宪法》第20条),而且要在议会面前保证行政机关的正常运行。

第一个独立行政机构成立于1978年,名为**全国信息自由委员会**(CNIL),旨在使被治理者的权利得到尊重,能够保守个人文件、信息的秘密。自第一个独立行政机构出现以来,还没有一个齐全的机构名录。**查阅行政文件委员会**(CADA)也成立于1978年(参见下文第416点)。**竞争委员会**以1977年7月19日法律和1985年12月30日法律为依据。**证券交易委员会**后为**金融市场监管局**所取代;后者根据金融货币法典第L.621-1条的规定成立,是“一个具有法人资格的独立政府机关”。还有**安全义务全国委员会**①、

① S. Gouhier, La déontologie de la sécurité sous surveillance d'une autorité Administrative

**航空噪音危害监督局**(1999 年 7 月 12 日法律)、**电信调整局**(ART)。**视听信息传播高级委员会**依据 1982 年 7 月 29 日法律建立,又被 1989 年 9 月 30 日法律设立的**通讯自由全国委员会**所取代;继之而来的是**高级视听理事会**(1987 年 1 月 17 日法律),此乃广播电视方面的最高法院。2004 年,我们应当筹备成立一个旨在反对任何歧视的独立行政机构。

此类新型行政机构的大量增加,证明了传统行政走向现代化的趋势。但是,要扩大其权限并获得扩权承认,则可能引发一些问题。

## § 2 独立行政机构的职权 68

独立行政机构被承认的职权是极端变化无常的。有些只有简单的建议权,有些则可能有货真价实的**处理权**。比如高级视听理事会,可就竞选运动中的宣传问题制定规章制度。有些甚至有权实施制裁,有时还制裁得很重[①]。有些还拥有真正的**司法权**,竞争委员会即是如此。

这提出了保障问题:理应给上述这样的司法机构以履职保障。

---

indépendante: une loi pour rassurer les citoyens? (《独立行政机构监督下的安全义务:这是一个使公民放心的法律吗?》), *RFDA*, 2002 - 384。

① P. Delvolvé: Le pouvoir de sanction et le contrôle du juge (《制裁权与法官监督》), *LPA* 2001. n°185, p. 18; J. Pralus-Dupuy, Réflexions sur le pouvoir de sanction disciplinaire reconnu à certaines autorités administratives indépendantes (《独立行政机构的纪律制裁权探讨》), *RFDA*, 2003, 第 554 期。

### §3 对独立行政机构的监督[①]

94.按照逻辑,事关行政权力,则独立行政机构处理的争执当属于行政司法管辖权。然而,法律分配的有关权限却越来越有利于普通法院(参见下文第554点);对独立行政机构而言,此事经常发生。举例言之,金融市场监管局以及电信调整局作出的裁决,便需服从普通法院尤其是巴黎上诉法院的管辖。

究其原因,这也是基本的。两种法院都认为,《欧洲人权公约》(参见上文第42点)第6-1条的规定适用于独立行政机构。关于行政司法权,请看最高行政法院1999年12月3日的判决(*GAJA*,第110期)。同样,保险监督委员会在履行司法职权时亦需遵守公正原则,参见*AJDA*,2002年1492号所载2002年10月28日最高行政法院的裁定。

## 第5节 中央机关行动的协调配合

69 共和国总统、总理和各部部长之间行政职权的划分,使中央一级行动的协调一致成为问题。任何矛盾或互相配合不足,均可招

① J. L. Autin, Le contrôle des autorités administratives indépendantes par le Conseil d'État(《最高行政法院对独立行政机构的监督》), *RD publ.*, 1991, 第1533期; M. Collet, *Le contrôle juridictionnel des acres des autorités administratives indépendantes*(《对独立行政机构行为的司法监督》), *LGDJ*, 2003, p. 392。

致损失。而做到协调一致谈何容易！看看教育界的情况就行了。我们观察到，有好多部委，诸如国民教育部、卫生部、农业部、劳动部、军队、工业部、外交部，等等，都介入教育问题。

除了传统的部际协调方法(第一)之外，还有一些为此而特别建立的机构(第二)。

95.**第一，传统协调方法**。在最高层，协调配合问题首先由**部长会议**协商解决，但此问题在**部际会议**或**部际委员会**上解决尤其方便。会议由共和国总统或者总理主持，仅仅召集与即将处理的问题有关的部长到会。部长可由其机关内熟悉该问题的高级公务员陪同参加。这种会议或委员会的最大目标就是确保政府层面上的步调一致。同样，**政府秘书长**的职责甚至就是保证政府的协调和连续性。

96.**第二，专设协调机构**。最近几十年，人们偶尔会求助于所谓"**横向协调**"，即特设一个机构，委托它去协调某个既定领域内中央各个行政机关的活动。例如，1963 年为此成立了**领土整治及地区活动评议会**(DATAR)，从事人们所说的"**任务管理**"，亦即它必须叫别人干起来，而不是亲自干。DATAR 的任务就是协调地方不同行政部门之间在这方面的行动，而必须采取的决定则由国土整治开发部部际委员会(CIADT)作出。

本着同样的精神，1946 年曾经成立**计划特派员总署**，负责制订"法国式"经济发展计划，并在协调经济活动的过程中发挥了重大作用。

# 第二章　地方国家行政机关

70 国家有些行政部门是在整个领土上按照地理状况分布设置的。正因有这样一些部门,才使得在其被授予的职权范围内实行权力下放成为可能。

国家行政机构的权力下放越来越重要(第1节)。在此基础上,国家行政结构安排为四个层次:大区(第2节)、省(第3节)、区(第4节)和市镇(第5节)。

## 第1节　权力下放飞速发展①

97. 以往许久,没有什么关于权力下放的真正政策。有时也制定"一套权力下放措施",但那一般都是中央行政机关自己感到

---

① J. B. Albertini, *La déconcentration*: *l' administration territoriale dans la réforme de l'État* (《权力下放:国家改革中的地方行政》), Economica, 1998, 238 p.; Conseil d'État, Rapport 1969 - 1970, *La déconcentration administrative* (《行政权力下放》); F. de Baecque, Pour une politique cohérente de déconcentration (《拥护权力下放的一项配套政策》), *RFSP*, 1967, 第5期; A. Homont, *La déconcentration des services publics* (《公用事业的权力下放》), 1948; A. G. Delion, Réforme administrative: déconcentration et unite d' action (《行政改革:权力下放与行动统一》), *AJDA*, 1963, 第4期; et la biblio, citée au n°54。

方便的办法，不过想用这些办法将自己**不喜欢**的某些职权，诸如扩大市镇墓地的决定权或给消防队员颁发荣誉纪念章的职权推掉！

但是，最近十五六年来，各级政府都很强调权力下放的必要性、重要性。这大概是伴随着地方分权的推进而发生的：获得了下放来的新职权的地方行政区，不得不在地方上寻找一位拥有实际权力的国家代表。

一项**真正的权力下放政策**，是1992年2月6日关于共和国地方行政机关职权的法律制定的。该法"仅将依法具有国家性质和贯彻国家意志的任务，交付中央行政机关执行，而中央机关不能成为地方上的国家代表"。其他一切任务都托付下放部门执行。这里，"下放部门"（les services déconcentrés）之称谓，取代了"外在部门"（les services extérieurs）之名。法律规定，将由最高行政法院的一个法令落实这一权限划分的新原则；这便是1992年7月1日法令（*D*.，1992，L.353）的宗旨，因而称为"**权力下放宪章**"。1997年5 71
月9日法令第3条重申了这一支配中央和地方行政机关事权划分的原则；此外，1997年1月15日法令规定，自1998年1月1日起，在履行国家民政职权方面，各省省长**个人**有权作出行政决定（参见1997年3月7日通报和1997年9月19日、24日法令）①。

可以设想，2003年3月28日宪法法律（参见下文第122点）所推行的地方分权的重要改革，必将再次推动权力下放的深入发展。

---

① P. Fraisseix, La déconcentration des décisions administratives individuelles（《个人行政决定的权力下放》），*AJDA*，1999，第113期。

实际上,1992 年宪章应该预见到这个宪法法律派生的“**副产品**”。这个新法所期望的地方振兴,想必会同各省、各大区获得“**部委地位**”相辅而行。

权力下放的政策是由**地方行政部际委员会**拟订的;该会将有关部长和地方下放部门的主要代表都聚拢在总理身旁。

## 第 2 节 大区国家行政机构[①]

不算地位特殊的科西嘉岛,法国本土分为 22 个大区,另有 4 个海外大区。

大区既是一个地方行政区(参见下文第 180 点),又是一个国家事务区。此处将研究这一性质。

2003 年 3 月 8 日宪法法律推行的地方分权和涉及财政法规的组织法的实施,要求国家重新考虑整个领土上国家行政机关的组织结构问题。这一改革在 2004 年 1 月 28 日的部长会议上得到传

① M. Bourjol, *Les institutions régionales de* 1789 *à nos jours* (《1789 年迄今的地方制度》), Berger-Levrault, 1970; P. Brongiart, *La région en France* (《法国的大区》), Colin, 1971; J. P. Lassale, Réflexions sur les structures régionales (《大区机构探讨》), *D.*, 1967, chron, 177; D. Turpin, *La région* (《大区》), Economica, 1987; J. M. Pontier, La région, Dalloz(《大区》), 1988; J. de Lanversin, A. Lanza et F. Zitouni, *La région et l'aménagement du territoire* (《大区与国土整治》), Economica, 1989; P. M. Gaudemet, Les aspects financiers de la régionalisation (《权力大区化的财政问题》), *AJDA*, 1971, 第 388 期; J. P. Gilli, Aménagement du territoire et réforme régionale (《国土整治与大区改革》), *AJDA*, 1969, 第 328 期; J. L. Quermonne, Vers un régionalisme “fonctionnel”(《走向“功能”大区主义》), *RFSP*, 1963, 第 849 期。

达、讨论。按规定,大区应变为国家地方行政区划的重要一级(参见S. Brondel, *AJDA*, 2004, 第236期)。2004年4月29日的2004.374号法令,规定了"各省省长在各省、各大区国家行政机关的构建和行动方面的职权"。

## §1 国家大区界线的调整

98.如何按照地理状况分割国土,以便设立"外在的"(今称"下 72
放的")国家行政机关,这是久已存在的问题。进行这种分割,不应天真地忽略下述现象:每个行政机关都把按照自己感觉合适的分割方法设置其下属部门当作自己的"本分职责"。国民教育部对于学区、司法部对于上诉法院、武装部队对于军区(军区不与空军军区、海军军区重合)等等,都认为自己拥有划分设置权。这种局面非常糟糕,国家各大区行政机关的行动颇难协调,被管理者找这些部门办事也大费周折。

为了匡正这种弊端,早在1959年就有人提出了**外在行政部门管理区协调原则**。1964年设立了大区,就有可能协调同一大区内各个专门事务区的行动了。当前,中央各部委地方管理区之间的协调配合问题是由1982年5月10日政令第3条规定的。从那以后,几乎全部国家行政机关都包括大区一级,要领导大区的装备、农业、劳务、大学等等。

## §2　大区的机关

2004年4月29日法令，将关于大区长、省长以及关于国家下放机关的行动的规定，尽皆归并进来。

99. **第一，大区长。** 大区长就是大区首府所驻省的省长(第7条)。他是国家政权的受托人，负责维护国家利益和执行法律。他代表总理和每个部长(第1条)。

2004年4月29日政令极明显地加强了转归于大区长的职责，在各省省长看来尤其如此。他是“确保大区内的国家行政机关步调一致的”。为了在大区贯彻国家政策和欧盟政策，大区长确定必要的指导方针，并“正式通知各省省长，后者须遵照执行且汇报执行情况”(第3条)。他在征询大区行政委员会的意见后，制定国家
73 在大区的战略行动规划。他优先贯彻内阁的政策，并使之适应大区的特点(第5条)。

该政令还扩大了大区长在实施组织法方面的财政和预算权限(第46至53条)。他接受总体委托，审发国家自身进行或其资助的民用投资项目许可证。

大区长确定国家民政下放部门的功能结构和辖区安排。为了能够不间断地指挥国家多个下放部门的共同行动，他可以建立一个核心组，并为之指定一个负责人。当然，他更可以从一些下放部门中召集若干人，按照不同功能，分别组成一些“国家大区协调组”(第34条)。

与地方利益密切攸关的国家公立公益机构，在其所作决定可

能严重影响大区一级对国家政策的贯彻时，有义务通知大区长。

100. **第二、大区长的办事机构**。为协助其行使职权，大区长拥有一位**大区事务秘书长**以及若干**特派员**。不消说，还有核心组、协调组以及各个下放部门的负责人协助他。

在有些情况下，比如，事关国家在大区的战略方针，则大区长必须或可以搜集 1964 年所建咨询机构的意见，以及 2004 年 4 月 29 日政令所述大区行政委员会① 的意见。大区行政委员会的组成是：主席大区长，区内各省省长，大区核心组和协调组的组长，大区事务秘书长，大区首府所在省政府秘书长和大区国库主计官。

## 第 3 节　省级国家机关

省级国家机关早就是一级基本的国家地方机构。

跟大区一样，省既是一级**地方行政区**（参见下文第 163 点），又是**为设置国家行政机关而划分的管理区**。这里研究其第二个性质。

就此而言，省就是一个人，即拥有重要职权的**省长**（§1），还有一个他领导下的**行政机关**（§2）。

---

① A. Cudennec, La conférence administrative régionale: instrument majeur de la cohésion régionale (《大区行政会议：大区团结一致的重要方法》), *Rev. adm.*, 1999, 第 148 期。

## §1 省长①

74 101.省长是共和八年雨月*二十八日法律的一个创造。省长的制服是执政府时期的典型服装。但是,省长也不是"无中生有"、被凭空创造出来的,他乃是大革命前国王所派地方总督的直系继承人。拿破仑赋予省长重要职权,并亲自选任了第一批省长,他还说,"但愿法国人的幸福就从设立省长开始。"

现在,省长制度获得宪法认可,1958年《宪法》第72条第3款明确规定:"在各省,由政府的代表负责维护国家利益、监督行政并使法律得到遵守。"1982年改革时省长的地位没有变化,还是1964

---

① 关于省长制度的法学论著浩如烟海,此处仅仅提及最新、最典型者:J. F. Auby, L'évolution du corps préfectoral(《省长地位的变迁》), *RFDA*, 1990, 第447期; St. Manson, De l'An VIII à l'an 2000: le préfet est-il encore "un fonctionnaire politique"(《从共和八年至2000年:省长还是一个"政治公务员"吗?》), *RD publ.*, 2001, 第201期; R. Farçat, La fonction préfectorale et ses rapports avec les services extérieurs et les administrations centrales(《省长的职权以及他同外在部门和中央行政机关的关系》), *Rev. adm.*, 1954, 第626期; A. G. Delion, La réforme des ser-vices de l'État dans les départements et les régions(《省和大区国家行政机关的改革》), *AJDA*, 1964, 第264期; C. A. Colliard et J. Cl. Groshens, La sous-préfectoralisation des préfets de département(《省长的专区区长化》), *RD publ.*, 1965, 第5期; P. Bernard, La fonction préfectorale au coeur de la mutation de notre siècle(《本世纪变化中的省长职权》), *Rev. adm.*, 1992, 第101期; Le préfet et l'économie(《省长与经济》), *Revue Administration* 1975(n°spécial); l'Administration préfectorale(《省长的行政机关》), *Cahiers de la F. P.*, 2002, n°212, p. 3; F. Chauvin, Les nouveaux pouvoirs du Préfet dans la loi pour la sécurité intérieure(《国内安全法中省长的新职责》), *AJDA*, 2003, 第667期。

* 共和八年雨月:雨月是共和历第五个月,相当于1月20日或21日至2月19日或20日。共和八年始自1799年9月,雨月则是1800年1至2月。——译者

年7月29日法令确定的那样。当然，对此也做过好多次无关紧要的修改，尤其是1994年3月6日法令和2003年11月20日法令的动作较大。

我们将接着考察省长的**地位和职权**。

102. **第一，省长的地位**。省长的招聘和职业保障，与对他们的最初选任有关。一方面，政府希望在委派自己的代表时始终拥有绝对决定权，这使得政府拒绝给省长以任何职业保障；反过来，政府更喜欢从自己的干部中寻找行政专家去当省长，这又牵涉到干部培训和保证稳定性的问题。实际上，这两种情况并存，也都是必要的，应当折中调和。的确存在着一个省长群体，人们可以在省长职位上实现个人价值；但因政府有权自由挑选其直接代表，省长的终身职业保障日趋式微。

103.(1) **聘任**。省长是由在内阁会议上作出的总统令任命的(《宪法》第13条)。五分之四的省长从成绩优秀的专区区长和文职行政官员中选拔，主要聘自国立行政学院毕业生。另外五分之一**从圈外**任命，也就是说，中央政府完全自由任命。一开始，有人可能以为，这种办法能使省长招聘途径多样化，合情合理，只要不滥用这种办法即可，但滥用的情况也是有的。

省长任命涉及地方职位的分配。

104.(2) **职业保障**。在所有公务员中，省长得到的职业保障 75
最少。这是因为，省长一职是"政府决定的职位"中地位显赫的一种。这意思是说，省长只有极低的制度保障；唯一的保障就是文件传送。而政府有权随意将省长撤职，甚至可以不说明任何理由。省长有**政治忠诚之义务**，却无**建立工会之权利**(他们可在省长协会聚会),更甭提罢工权了。

在省长这些严峻责任的另一面,为了职位本身的利益,他享受住房、服务、汽车等多种物质好处,以保证他有足够的威望和体面。

实际上,现在,除了发生严重政治危机的时期,省长职位已能保证在任者具有相对的安全感,这是省长的行政作用及其政治作用日渐扩展所要求的。

105.**第二,省长的职权**。《宪法》第72条(参见上文第101点)对省长的职权作了一般规定:他是政府的代表,负责维护国家利益、监督行政并使法律得到遵守。2004年4月29日政令第9、10和11条,又对这几句话作了明确阐释。“在尊重大区长职限的条件下,省长负责在本省实施国家政策和欧盟政策”,“确保对本省、市镇和当地公立公益机构的行政监督”,“维持公共秩序,保障居民安全,对居民进行保护”。

在1982年推行的地方分权范围内(参见下文第112点),将某些职权转交于地方行政区,这就叫权力下放。因此,当时,省长的职权显著减少。但是,1992年7月1日法令,即所谓“权力下放宪章”(参见上文第97点)颁施后,省长职权又随之提高;该法明确规定了应当移交省上的职权,省成了权力下放后国家行政建制的一级。

上述各个法律产生的综合结果是:在省里,省长同时是**国家代表、政府代表、国家行政系统的一个机关**和**省级国家行政部门首脑**。

(1) **国家代表**。在省这一级,省长是国家的体现。因此之故,他在任何仪式典礼中都坐首位,拿破仑曾希望省长都过着锦衣玉食、华屋豪车的日子！他在合约上签署自己的名字时，在法庭上，等等，都是国家的法律代表。

(2) **政府代表**。这是其政治职责。这一身份使省长承担着下情上报、上情下达的任务。他必须使中央政府随时掌握本省舆情，并且反过来向公众阐明国家政策，引导公众拥护执政者。长期以来，在历届政府眼中，省长的主要任务就是筹划符合政府意愿的选举活动。通讯方式的进步，政府可利用广播电视、民意测验等途径 76
上下沟通，使省长担负的信息通报作用降低了。

(3) **省长是普通行政机关**

① **维持秩序**。省长负责维持公共秩序。为此，他使用全省的行政警察；后者的宗旨就是维持公共秩序，即维护公共安全、社会安宁和公共卫生。

许多地方的治安形势日趋严峻。根据1972年9月20日法令和1989年9月23日法令，可以给省长配备一名**只负责安全工作的专职副省长**[①]。

相反地，1993年1月4日法律撤销了省长的司法警察职权。原《刑事诉讼法》第10条曾经规定，对于关系到国家安全的刑事罪行，对于在安全方面违反自由主义基本原则的罪行，省长行使司法警察职权。

② **监督行政系统**。省长须对本省和省属市镇的行政系统实施监督，传统上称之为监控。这是一项重要工作（参见下文第213

---

① 北部省、罗讷省、罗讷河口省、吉伦特省、上加龙省、上科西嘉省和南科西嘉省等七省各有一位安全副省长。

点)。

③ **促进共同利益**。省长全程参与促进共同利益的活动。比如,必要时,他可向普通法院提起权限争议诉讼(参见下文第541点);在为公益事业征用他人财产的过程中协调行政机构的步调;介入征调工作,等等。

(4) **省长是本省行政部门首脑**

就像中央一级要确保各种行政机关步调一致那样,省一级亦须确保各种权力下放部门行动协调,这是省长的任务。除了国民教育、劳动法执行情况检查、财税和司法等机构外,省长领导本省的所有国家行政部门。

鉴于涉外部门负责人总想摆脱省长的管辖,以便直接听命于自己的中央机关,1964年3月14日法令和1982年5月10日法令采取了一系列步骤,确保省长**实实在在**领导省内的国家行政机关。

省内的一切决定权均归省长,有了新职权自然也只能委托给
77 他。他可以将决定权再向当地国家行政机关分配,也可由自己独断,还可写一个随时能够收回的简单委托书,让人代为签字(参见下文第405点),从而继续履行其职责并参与决策。他对本省各行政部门负责人拥有如下权力:任命和调动这些负责人要事先通知他,他对之作出评价;他的下属须将自己对工作安排或调动的看法告诉他,听取他的意见。

中央或大区的行政机关,若与省上的行政部门联系、衔接,必须通过省长。最后,他还主管省上的所有行政委员会。

省长在履行职责的过程中,有一个领导人团体给予协助。该团体由省长领导,成员包括本省的历任省长和各个国家行政机关

负责人。

省长的裁断一般采取**决定**的形式，或者是个人性的，如任命、批复等等；或者是规章性的，如治安警察章程。有时要集思广益，征求咨询机关的意见后再作裁夺。省长可以将其部分决定权委托给秘书长(参见下文第106点)或有关专区的专区区长(参见下文第107点)。

## §2　省长的办事机构[①]

106. 1992年7月1日法令第16条规定："省长由秘书长、国家下放机关负责人、专区区长和省政府各部门协助履行职务。"

省长为了行使重要职权而拥有一个办公室和若干省政府厅局。

(1) **办公室**。由一个年富力强的专区区长充当办公室主任；还有一位或几位特派员，其人数因各省大小不同而不同。办公室主任是省长的直接合作者、省长的人。

(2) **省政府职员**。省长身边的职员，如同部长身边的中央行政机关，都肩负着筹备和传达的任务。他们组成领导部门；在每个省一般都按同一方式指名定岗，再细分为**厅局**。他们属于国家公务员，包括互有区别的两类：**省政府专员**和**省政府行政秘书**，都是当初通过竞争考试录用的。

---

① Franc-Valluet, Le secrétaire général de préfecture (《省政府秘书长》), *RD publ.*, 1971, 第1287期; R. Beck, Le personnel des préfectures (《省政府职员》), *Rev. adm.*, 1954, 第95期。

省政府这些部门的顶头上司是**省政府秘书长**，他是已有一定资历的专区区长；在那些最重要的省份，他可能拥有省长级别。他
78 是省长最重要的合作者。耐人寻味的是，秘书长的职权并不是任何法律规定的。这就是说，他行使的职权都是省长委托的，一切取决于省长对他的信任程度。而他的职权往往是相当重要的。他只享有一种全权，即在省长休假或不能视事时代理省长职务。

## 第 4 节　区

107. 区是根据共和八年雨月二十八日法律建立的，是一种不太重要的国家行政区，不能在地方分权中受益，因而也不具法人资格。

在省里，由专区区长这个国家公务员主持区内事务。专区区长都是从国立行政学院毕业生中聘任的。

2004 年 4 月 29 日法令规定了专区区长的职责。他被省长派遣到区里，"参与对行政系统的监督，参加地方行政区的议会会议"。省长可以委以特别使命。这样，他就成了国家最接近百姓，尤其接近市镇长的一级干部。他熟悉他们；在他们眼中，他可能构成了行政机关和议会的一种值得珍视的代办处。

## 第5节　市镇

市镇几乎是法国独有的一种地方行政区。只是碰巧遇上什么情况,国家才会偶尔"借用"一下市镇长,让他扮演国家官员,去办理某些事务。比如,让市镇长管理户籍,制作选民名单,发放选民证和某些建筑许可证,等等。①

市镇长以国家官员名义有所作为时,须服从省长管辖;需要时,这也是其应尽的国家责任。

结论:**国家改革**②

109.国家改革是政治讨论中再次出现的一个主题。但是,毫 79
无疑问,拉法兰政府已给予特别重视。这首先从制度上表现出来。确实,政府中同时有了一位负责"**国家改革**和国土整治"的部长,以及一位国家改革国务秘书;还有了一个"国家改革部际评议会"。

近年来业已进行了一些改革,要求实施重大的国家改革。关于地方分权(参见下文第112点)和权力下放(参见上文第97点)的那些法规有此要求,关于2001年8月1日财政法案的组织法(LOLF)依然如此。LOLF建立在制定45项各种公共政策和149个工作计划的基础上,打乱了预算拨款,而旨在澄清国家的公共政

---

① P. Cassia, Le maire, agent de l'État (《市镇长,国家官员》), *AJDA*, 2004, 第245期。

② *La déconcentration des administrations et la réforme de l'État* (《行政权力下放与国家改革》), Rapport Cour des comptes, 2004, Edit. des JO。

策。

2003年1月21日法令决定创建一些“国家改革部际机构”,完美地概括了当前国家改革的大政方针。这便是:

(1) 关于国家**结构**的现代化。很明确,2003年1月21日法令为此而规定设立的评议会,参与贯彻落实2001年8月1日组织法提出的各项举措。另一方面,该法令力图使国家结构与地方分权相适应,并使中央各部制定的改革计划协调一致。

(2) **关于行政机关与被治理者之间的关系**。这尤其与**行政精简**有关。依据2003年11月20日法令成立了一个“行政精简方针委员会”,它有两个奋斗目标:一是简化行政程序,二是改善行政机关与被治理者之间的关系。然而,人们往往有一种感觉:没有什么比进行精简更复杂的事情了!

(3) 关于**公务管理**现代化。为此,2003年1月21日法令设立了一个“发展电子行政促进会”。他们雄心勃勃,声言保证实现信息系统互联操作并使行政程序电子化。促进会的任务已由2003年9月12日的总理通报予以明确规定。

(4) 关于**国家股东**的功效。为了实现这一目标建立了“国家参与办事处”。

# 第 二 编



# 专门行政法人

国家以天下为己任，尤其在行政方面，有一些公法人，其行政职责受到**特殊性**原则的限制。

还有一批专门行政法人，其特点是由其所处的某种地域或由其承担的共同利益任务决定的。

这便是**地方行政区**(副一编)和**公立公益机构**(副二编)，现在尚须加上**其他专业公法人**(副三编)。

# 副　一　编

# 地方行政区[①]

第五共和国在地方分权方面取得长足进步。在评述这一变革之后(第一章),我们将依次考察各级地方行政区的行政结构:市

---

① M. Verpeaux, *Les collectivités territoriales en France* (《法国的地方行政区》), Dalloz. Coll. Connaissance du droit, 2002; L. Favoreu, La notion constitutionnelle de collectivité territoriale (《地方行政区的宪法概念》), *Mélanges. J. Moreau*, p. 155; M. Doat, *Recherche sur la notion de collectivité locale en droit administratif français* (《行政法中的地方行政区概念研究》), Bibl. Droit public, T. 230; Touvet, Festembert, Cornet, *Les grands arrêts du droit de la décentralisation* (《关于地方分权的法律判决》), Dalloz, 2e éd. 2001; Code général des collectivités territoriales (《地方行政区的普遍规则》), Dalloz, 7°éd. 2004. Sur les collectivités locales avant la réforme de 1982: Chapman, L'administration locale en France (《法国的地方行政》), 1955; Detton, *L'administration régionale et locale de la France* (《法国的地区行政和地方行政》), 1957; Bénoit, *Collectivités locales* (《地方行政区》), 1971。

镇(第二章);省(第三章)、大区(第四章)及地位特殊的地方行政区(第五章)。然后我们探究国家对地方行政区的监督(第六章)。

# 第一章　1958 年以来地方分权的进展

110.在封建时期,历代王朝只有反对本质上源自当时政体的 85
地方扩张,才能实现法兰西的统一。那时候,地方享有诸多特权,根深蒂固,国家持续不断地进行了行政管理中央集权的努力。国王派驻地方的总督权势日炽,18 世纪国家行政机构如路桥建设局、矿业局等逐步发展,都是广为人知的中央集权举措。

执政府和第一帝国发扬了合理合法的中央集权传统。

地方分权运动早在七月王朝[①]初期就发轫了。然而,现代地方分权的真正起点,乃是第三共和国建立之初,标志是 1871 年 8 月 10 日关于省份的法律和 1884 年 4 月 5 日关于市镇的法律的颁施。

很奇怪,人们居然在这两个法律的基础上生活了差不多一个世纪。当然,两个法都作过许多修改,但改革仅仅是细枝末节,真正的重要之处毫发未动。同样的,被 1946 年《宪法》认可的地方分

---

① Bodineau et Verpeaux, Histoire de la décentralisation (《地方分权史》), PUF, Que sais-je? n°2741. 七月王朝即奥尔良王朝,存在于 1830 年 7 月至 1848 年。

权愿望,却未能战胜离心力,因而成了一纸空文[①]。

只是在进入第五共和国后,地方分权才重新获得巨大发展,现已成为不可逆转的趋势。

自地方分权问题写入宪法(第1节),经历了两个重要阶段:1982年以后的地方分权(第2节)和2003年3月28日以来的改革(第3节)。

## 第1节 1958年《宪法》中的地方分权问题

111.1958年《宪法》第72条认可了**地方行政区行政管理自主原则**,亦即认可了地方分权原则:"这些地方行政区遵照法律规定
86 的条件,自主管理。"若要了解所应遵照的法律,必须参照《宪法》第34条,该条规定了"地方行政区自主管理、职权范围和财源收入的基本原则"。[②]

上述引语即便还比较模糊,同样也产生了无与伦比的结果:它

① M. Prelot, Les collectivités territoriales métropolitaines et la Constitution de 1946 (《法国本土的地方行政区与1946年宪法》), *Rev. adm.*, 1953, 第7期。

② Sur ces textes et sur leur interpretation par le Conseil constitutionnel: L. Favoreu, Décentralisation et Constitution (《地方分权与宪法》), *RD publ.*, 1982, p. 1259; C. Bacoyannis, *Le principe constitutionnel de la fibre administration des collectivités territoriales* (《地方行政区自主管理的宪法原则》), 1993; A. Roux, même titre, *RFDA*, 1992, 第435期; J. Caillosse, Ce que la Constitution française donne à voir de la Démocratie locale (《法国宪法使人看到了地方民主》), *Mélanges J. Moreau*, p. 43。

们将地方分权提高到宪法原则的水平上(参见下文第123点)。

在此范围内,各种法规大大减轻了国家的监护负担(例如1959年1月5日条例,尤其是1970年12月31日"关于市镇自主权"的法律)。1976年又作了一次回顾反思,从总体上重新审查地方行政区的结构和功能,这便是题为《共同生存》[①] 的"吉夏尔报告"。这为制定"扩大地方行政区职权"的法律草案打通了道路,而迄今仍然不见下文。

## 第2节 1982年3月2日法律中的地方分权[②]

112.1981年6月议会选举后组成的政府,在加斯东·德费尔的

---

① Vivre Ensemble, Rapport de la Commission de développement des responsabilités locales (《扩大地方职权委员会报告》), Doc. Frse, sept. 1976; E. Peyroux, Réflexions sur le rapport de la commission Guichard(《吉夏尔委员会报告读后感》), *RD publ.*, 1978, 第1623期; Sur l'enquête auprès des maires, qui avait précédé le Rapport (《先于吉夏尔报告的市镇长调查》): Muzellec, *RD publ.*, 1978, 第1401期。

② F. et Y. Luchaire, *Le droit de la décentralisation* (《关于地方分权的法律》), 1983; les numéros spéciaux de l'AJDA: mai 1982, *Perspectives de la décentralisation* (《地方分权展望》) avec l'ensemble des textes et les articles de MM. Boulouis, Moreau, Auby, Sadran, Ferrari et Chapuisat; février 1983, Décentralisation, his; mars 1987, La décentralisation cinq ans après (《地方分权五年》); F. Moderne et autres, La nouvelle décentralisation (《新地方分权》), 1983; J. P. Costa, Y. Jegouzo et autres, *L'administration françaiseface aux défis de la décentralisation* (《面对地方分权挑战的法国行政管理》), 1988; J. B. et J. F. Auby, *Droit des collectivités locales* (《地方行政区的权利》), 1990; *AJDA*, numéro spécial avril 1992, Décentralisation, bilans et perspectives (《地方分权:总结与展望》); J. M. Pontier, Dix ans

特别推动下,着手进行地方分权重大改革。纯粹作为一种象征,他担任了内政和**地方分权**部部长;人们将从拿破仑中央集权制度继承下来的省长称号,改为**共和国专员**;不止于此,人们还给1982年3月2日法律加了这样的标题:“关于市镇、省及大区的**权利**和**自由**的法律”。

可以说,1982年3月2日法律就是改革“开球”令,激战开始了,许多法律,诸如1983年1月2日和7月22日关于权限划分的
87 法律;1982年11月19日关于市镇议会选举方式的法律,等等,相继出台。为地方分权改革总计制定了成打的法律和大量的法令。

有目共睹,自1982~1983年改革以来,关于地方分权的法律迅速增加。而这种增加并不总是能使人为法变得更简明、更清晰。仅以普通性法律为限,先后就有:1986年1月9日和8月19日法律,1989年1月13日法律,1988年1月5日所谓“完善地方分权”的法律①,1999年7月12日关于加强市镇合作并简化合作手续的法律,2002年2月17日关于进一步走向民主的法律。

1982~1983年改革包括三大方面:

一是建制和功能;

二是国家和地方行政区之间重新划分职权;

三是地方公职的地位。

---

de décentralisation (《地方分权十年》), *D.*, 1992, chron. 81; G. Gilbert et Adelcamp, *La décentralisation dix ans après* (《地方分权十年》), 1993. Pour un bilan exhaustif, il faut se reporter au Rapport public 1993 que le Conseil d'État a publié sous le titre: Décentralisation et ordre juridique (《地方分权与法律秩序》), *EDCE*, n°45, p. 15.

① Sur cette loi, cf. l'analyse de M. J. Tulard, *AJDA*, 1988, 第197期。

## §1 建制和功能

有四个法律改变了地方行政区的结构和功能。

113.**第一，1982年3月22日法律**。本法规定了主要的改革问题，以此为标志，改革肇端。

(1) 首先，废除了地方分权中的反常失序之处。比如，省长本是国家代表，却一度使之变成了大区和省这些分权地方的执行者，这显然是不合适的。该法颁施后，大区议会议长和省议会议长负责执行(作好准备后)各自议会表决通过的决议。

(2) 本法废止了**监护**(tutelle)之说，代之以**行政监督**(contrôle administratif)。由行政法庭事后实施行政监督。

(3) 最后，本法允许在可以评估的限度内，介入地方行政区的经济社会领域。

114.**第二，1982年7月22日法律**。宪法委员会1982年2月25日的一个裁决宣布，若规定地方行政机关在其法规提交国家代表审查以前就具有充分的执行权，那是违反宪法的。虑及这个裁决，1982年7月22日法律要求，必须把监督地方行政当作一种职责。这样，国家代表就没有机会提请行政法院去阻止违宪。

115.**第三，1982年7月10日法律**。本法决定成立大区审计法 88
庭，其所负使命之一是，参与对地方行政区的财政监督。

116.**第四，最后是1982年11月19日法律**。本法对市镇议会的选举方式作了重要改变(参见下文第139点)。

上述几个法律仍然忠于"地位同一"传统，而且有所加强：它们不仅没有按照各个市镇的面积大小而将任何新差别引入市镇之间[①]，而且，除了少许细节之外，它们使市镇、省和大区三类地方行政区都服从同样的准则。

## §2　国家与地方行政区之间的职权划分

117.起初，是1983年1月7日、7月22日和12月29日的三个法律规范这一问题。这些法律确定了权限划分的**原则、框架**和**行使新职权的办法**。

118.**第一，支配权限划分的原则**。1983年1月7日法律第一章的标题是："权限转移的基本原则和方式"。原则有二：

(1) 职权转移不应导致**一个地方行政区对另一个地方行政区的监护**(本法第2条)。因"交叉投资"而引发的危险是很大的。市镇倘若没有足够的财源用于投资，便不得不恳求省和大区给以援助。遇此机会、有关的省和大区就可能对那些无权获取国家补助的市镇实行监护。

(2) 避免**职权重叠**(第3条)。原则上，职权转移是**总体性的**，每一个领域或者全部归大区，或者全部归省，或者全部归市镇。但是，法律很慎重，给这一原则附加了一个保留，说要"尽可能"这样划分。很不幸，在实践中，这一"保留"变成了准则。本想精简行政，有人却认为不可能，遭到某些习惯势力的反对。

---

① 然而，里昂和马赛情况特殊，1982年12月31日法令赋予它们接近于巴黎而与科西嘉一样的地位。

职权转移在理论上的排他性和总体性,消失在两种形式的扯皮协商中:一是,地方与国家争夺各种共同利益的事权,诸如国土整治,经济、社会、卫生、文化、科技的发展,自然环境的保护和生活 89
环境的改善,等等。根据这种状况,关于日常生活安全的 2000 年 11月 15 日法律第 1 条居然规定,国家协助地方的治安活动。二是,许多法律条款在贯彻时,不知在什么方面就会碰上各级地方行政区之间或国家与地方之间,为共同完成某些工作任务而成立的各式各样的协议或团体。

119. **第二,职权划分的大概界线**[①]。传统的地方分权建立在国家事务与地方事务存在差别的基础上(参见上文第 53 点)。改革并未消除这些差别,只是使这些差别有所变化。1983 年 1 月 7 日法律第 1 条显示了这一变化,其中说:原先出台、迄今有效的法律,过去将"**市镇的**"或"**省的各种事务**",都委托给市镇议会或省议会处理;而今立法机关认为,省和市镇的"**各种事务和职责**",交给市镇、省和大区处理,要比交给国家处理得更好。

我们下边将要研究大区、省和市镇的权限划分问题,而有关法律并不是针对每个地方行政区制定的,而是按照教育、社会救助等事权分别制定的。

某些事务的主要职权可以划归确定的地方行政区:

制订计划、发展经济、培训学徒等职权划归大区;社会和公共卫生活动;学生接送等职权划归各省;城市建设规划职权划归市

---

① J. Morand-Deviller et S. Monchambert, Les nouvelles responsabilités des collectivités locales (《地方行政区的新职责》), *RD publ.*, 1988, 第 991 期。

镇。

但是,即便规定的这些主要职权,也常常留给另一种地方行政区,或者留给国家。比如,就第一种情况而言,如果大区制订了大区发展计划,则相关市镇即可就经济、社会、文化诸领域,制定一个“发展与整治文书”[1] 予以配合。就第二种情况而言,各市镇可将保护历史文化遗产、遗址的主要职权留给国家。

90 120. **第三,行使转来职权的办法**。各级地方行政区应当掌握必要的方法、手段,以行使转移来的职权。这涉及人员、财产和财政资源。

(1) **人员**。1983 年 1 月 7 日法律分别作了规定:

——国家向各省和大区转移职权时,一并将相应的机构转去。在每个省、每个大区,国家代表均与当地的议会议长订立协议,确保职权转移与机构重组同时进行。

——国家虑及市镇的利益,只向市镇转移职权,而不转交机构,至少目前不会转交。但是,国家原驻市镇的行政机构先交当地支配,以便顺利履行其新职权。

——更普遍的情况是,不使用国家下放的机构,而使用便于行使地方职权的机构,这对所有地方行政区更为有利。

(2) **财产**。国家下放机构的动产、不动产,一律交由接收该机构的地方行政区无偿使用,但该行政区必须保证该机构以后的开支。如果这些财产原来属于国家,其所有权即可随之移交地方;如

---

① “文书”(Charte, 文书、契据)一词在法律用语中出现已久,却没有任何法律意义。

果原来不属于国家，比如是为设立机构而租用的房屋，则地方当局继国家之后成为承租者。

(3) **财源**。这是个最重要也是最敏感的问题。原则是明显的，与职权转移相关联，地方上理应有行使职权的必要财源，需要对此加以评估后作出结论。

从技术角度说，国家向地方行政区拨付资金，须通过补助、津贴的途径来进行。长期以来，资金补助都是国家监控地方的最佳手段。为了不让地方进行某项投资，国家只要不给补助就够了。在捐赠的形式下，国家给地方以综合补助，肯定是一种进步。现在，国家给予地方的补贴，除了**公务运作总赠款**(DGF)和**装备总赠款**(DGE)之外，又设立了专款专用的**地方分权总赠款**，至少是原则上可以全部补偿因职权转移而给地方增加的财政负担。

但是，此事做起来麻烦颇多。实际上，随着职权的下放，国家已将自己用于行使相关职权的预算经费转交地方。但是，众所周知，地方上并不满足，仍然担心不够其顺利行使新职权的需要。比如，大区忧虑管不好公立高中，各省则害怕管不好初中。故尔，地方还需要大量争取国家拨款来充实自身财源。于是，地方分权成了国家向地方行政区转移财政开支的重要渠道。

要解决这一问题，只能靠彻底改变国家税制和地方税制，将某些国家税收转归地方。

## §3 地方公职的地位[①]

91 121.1982年3月2日法律促成的连续改革,最后一个方面是由国家确定了地方行政区官员的地位,这便是所谓**地方公职**的地位。1983年1月26日法律含有关于地方公职的条款,1984年7月12日法律则是规范地方公职人员的教育培训问题的。地方分权尚未走到让地方行政区本身确定其官员地位的地步。

按照大学的教学大纲来研究公务人员的地位,是为了教学,也是一种特殊的著作。我们这里仅仅对地方公职的地位谈几点一般性意见。

(1) 新地位是单一的,并且是一律同等的:所有地方官员,无论是市镇、省还是大区聘用的,统统属于一个唯一的、同样的地方公职群体,且服从同样的法规。

(2) 这种地位,与国家公职地位十分接近;除个别例外,所有地方官员都具有**国家公务员**身份,并服从源自这种身份的规章制度。

(3) 地方公务员如同国家公务员,也按照职业分为A、B、C、D[②] 四级;并按照其活动性质,形成相应的几个群体。他们都是根据国家计划(A级)、大区计划(B级)或省的计划(C、D级),通过分

---

① J. Bourdon, Le statut général des fonctionnaires des collectivités locales (《地方公务员的一般地位》), *AJDA*, 1984, 第199期; La fonction publique territoriale, 20 ans d'évolution permanente (《地方公职持续演变20年》), *AJDA*, 2004, 第121期。

② 根据《迪拉富尔议定书》, 1990年以来D级被逐步并入C级。

级组织的竞争性考试招录的。他们的升迁、待遇、纪律等等,遵从与国家公务员类似的规则,都享受同样的保障。几乎相同的地位,使得地方公职与国家公职之间可以互相转化,法律允许两种公务员相互流动。

(4) 由一些公共行政机构即一些管理中心,来管理公务员职业。这些中心是按照国家计划(A级)、大区计划(B级)和省的计划(C、D级),由当地选定的人组成的。各级地方行政区有义务将空缺的职位告知其所属的管理中心。中心负责公布职位空缺情况,收集候选人,然后通知有关地方的行政当局,即大区议会和省议会的议长,或者市长。议长、市长可从候选人中自主选择其感觉合适的候选人。如果无人令其满意,则职位继续空缺,直至再次通过考试招聘。公务员一经任命,即归当地行政首脑领导。

(5) 有一个地方公职高级委员会,其中一半成员是地方公务 92
员工会的代表,一半成员是地方当局的代表。该委员会是咨询性的,负责研究公务员地位的落实情况和可能发生的变化。在某些情况下,尤其是在执行纪律时,委员会起着上诉法院的作用。

(6) 总之,这一改革自相矛盾地严格限制地方机关选择其职员的自主权。由于地方当局不得不容许其公务员在职业生涯中从这类跳槽到另一类,便使他们相互间的联系变得松弛了。最后,我们愿意指出,制度改革是艰难的,复杂的,也是代价高昂的。

## 第3节 2003年3月28日宪法法律进行的改革[①]

122.2003年3月28日《关于共和国的地方分权结构》的宪法法律，对地方分权问题进行了十分重大的改革。有时人们称之为地方分权的“第二个动作”。但这是错误的，因为该法并不想与1982年的改革为伍；它雄心勃勃，要实行更大的变革。实际上，这个修宪法律给自己规定了三个目标：一是消除迄今还在羁绊手脚的宪法性障碍，重新启动地方分权；二是以“**建成一个亲密无间的共和国**”为目标，确定并组织向地方行政区移交若干国家职权，同时须力争满足在共同行动中协调一致的要求；三是在当地的各

① Dossier La révision constitutionnelle sur la décentralisation (《关于地方分权的宪法修改档案材料》), *AJDA*, 2003, n°11 (articles de O. Gohin, J. F. Brisson, M. Verpeaux, R. Hertzog, P. L. Frier et J. P. Thiellay); J. F. Brisson, La France est une République indivisible... son organisation est décentralisée! (《法国是一个不可分割的共和国……其结构却是地方分权的!》), *RD publ*., 2003, 第111期; M. Doat, Vers une conception a-centralisée de l'organisation de la France (《走向非集权制的法国结构》), *RD publ*., 2003, 第115期; B. Faure, Réforme constitutionnelle et décentralisation: des slogans font loi (《宪法改革和地方分权:标语口号变成法律》), *RD publ*., 2003, 第119期; C. Geslot, La loi constitutionnelle relative à l organisation décentralisée de la République (《关于共和国地方分权结构的宪法法令》) devant le C. C., *RD publ*., 2003, 第793期; Dossier L'organisation décentralisée de la République (《共和国地方分权档案材料》) (loi constitutionnelle du 28 mars 2003), *RFDA*, 2003. n°4 (articles de M. Verpeaux, p. Dollat, O. Gohin, A. Oraison); J. C. Groshens et J. Waline, À propos de la loi constitutionnelle du 28 mars 2003(《关于2003年3月28日的宪法法令》), *Mélanges P. Amselek* (à paraître)。

种讨论中让公民**直接发表看法**，贯彻名副其实的“民众参与原则”。

2003年3月28日的宪法法律，在某些问题上并没有真正创新。它好像是对既有原则的一种“系统化”，但却产生了重要后果：它所提到的那些法律规范，都被它推到了“宪法准则”的高度，而其中某些原则迄今未必具有宪法性质。在其他一些方面，这个宪法法律倒是进行了重要的创新。

## §1　对既存规则的系统化 93

123.**第一，进一步确认“地方分权”原则**。宪法委员会已抓住机会，不止一次确认：地方行政区自主管理原则有宪法含义①。这个宪法法律第一条规定：“共和国的结构是地方分权的”。这是上述原则的正式批准，也郑重肯定了欲使该原则具有坚实的宪法含义的愿望。

124.**第二，地位特殊的地方行政区**。《宪法》新的第72条第1段，在共和国地方行政区名单中列入了一种**地位特殊地方行政区**。设立此案地方行政区本不是新鲜事，比如，1991年5月13日法律就曾将科西嘉岛升格为“科西嘉地方行政区”（参见下文第194点）。而且，宪法委员会当时就确认，法律可以建立一种只有一个

---

① CC, 23 mai 1979, *Territoire de Nouvelle-Calédonie*（《新喀里多尼亚领土》），*RD publ.*, 1979，第1703期，chron. L. Favoreu; CC, 25 février 1982, *Lois de décentralisation*（《地方分权法规》），*RD publ.*, 1982，第1259期. obs. L. Favoreu; CC, 20 janvier 1984, *Fonction publique territoriale*（《地方公职》），*RD publ.*, 1984，第687期，obs. L. Favoreu。

领土单位的新型地方行政区,并赋予它特殊地位①。

新的第72条第1段也确实是新的,它允许另设一些地方行政区,**"以在必要时取代本段提及的一个或几个地方行政区"**。然而,人们刚刚进行的落实这一条款的第一次尝试就碰了壁。2003年秋,根据《宪法》新的第72条第1段,在科西嘉组织公民投票,试图将现时的科西嘉地方行政区与上科西嘉省、南科西嘉省合而归一,建成一个单一的地方行政区,却被公民投票否决,这很可能形成一个可怕的先例②。

果然,海外领地出现了同样的事情。《宪法》第72-4条、第1段强制规定,在海外领地,若要改变行政区划,必须征询相关居民的意见。2003年12月,马提尼克和瓜德罗普的居民,否决了关于两地各自建成单一地方行政区以代替现有省份和大区的提案③。

125.**第三,用法规进行实验**。这个修改了《宪法》第37条的宪法法律第3条规定,"法律规章可在限定的目标和时间内,含有实
94 验性的条款"。这种现象也没什么新颖之处;人们运用试验方法对开始了的改革进行同等规模的检测,并不是稀罕事。这里仅举一

---

① CC, 9 mai 1991, *Loi sur la Corse* 宪法委员会, 1991年5月9日, 关于科西嘉法律案的裁决,载 *GDCC*, n°44。

② Le contentieux de ce type d'opération relève du Conseil d'État - V. CE, Ass., 17 octobre 2003, *Consultation des Électeurs de Corse*.(《科西嘉选民的意见》), *RFDA*, 2003, 第1140期, concl. S. Boissard; *AJDA*, 2003, 第2383期, note B. Maligner。

③ M. Verpeaux, Libres propos sur des consultations électorales récentes ou les dérapages de la démocratie locale directe (《关于新近选民咨询或地方直接民主失控的议论》), *AJDA*, 2003, 第2249期。

例:1962年4月10日法令在四个省实验性地进行了国家外事部门重组,尔后,1964年3月14日法令使重组工作全面铺开。法学理论已为这种试验划定了范围,这便是:法律必须明确规定评估程序,在限定的实验时间届满后,要对维持、改变、推广和放弃该试验作出结论。

126.**第四,地方行政区的规章制定权**。《宪法》在新的第72条第3段规定,"地方行政区拥有某种规章制定权,以便履行其职责"。这是引人注目的。但这里并没说全部规章制定权,尽管地方行政区历来掌握着这么一种权力,比如市镇长的治安权。然而,又很明确,这权力乃是为了"履行其职责"而授予它们的。这可能是一种自明之理。可是,若作反向推理,这便意味着,与某些人曾经坚持的主张相反,地方行政区并没有"自主"的规章制定权①。

127.**第五,地方行政区的财税自主权问题**②

地方分权中的一个很大问题,是难解决的地方行政区的财税改革和应当留给地方的财政自主权空间问题。近年来,地方的财

---

① Pour la condamnation de la thèse du pouvoir réglementaire autonome, v. 为了否定自主规章制定权的主张,请看:L. Favoreu, La loi, le réglement et les collectivités territoriales(《法律、规章与地方行政区》), *AJDA*, 2002, 第561期。

② G. Drago, La nécessaire consécration constitutionnelle d'un pouvoir fiscal des collectivités territoriales(《地方行政区的税收必须经宪法认可》), *Mélanges. J. Moreau*, p. 125; H. M. Darnanville, L'autonomie financière et fiscale des collectivités locales passe par une réforme de leur fiscalité(《正经历着税制改革的地方行政区的财税自主权》), *AJDA*, 2002, 第670期; R. Savy, Vers la fin des impôts locaux?(《地方税即将完结吗?》), *AJDA*, 2002, 第885期; F. Aubert, Loi de finances pour 2003: l'autonomie financière des collectivités locales est encore loin(《2003年财政法案:遥远的地方行政区的财税自主权》), *AJDA*, 2002, 第890期。

政自主权越来越少。地方可以确定税率、能够受益的税收，已被国家废止；对地方上因此造成的损失，国家会给予补偿，但并非始终给予全部补偿。由于地方财政预算中的国家补偿份额日益增大，地方行政区确定其预算时掌控税收的余地就变小了。

为了避免这种政策的困扰，人们求助于宪法委员会，期盼它能充当地方行政区税收自主权的保护者。在其2000年7月12日的判决中(见2000年财政调整法案第104页)，宪法委员会确立了如下原则：**法律确定的准则**，"不得造成缩减地方总财源的后果，**也不得使地方在财政收入中的所得份额减少到妨碍其自主管理的程度**"。但是，实际上，宪法委员会从不认为发生过这种情况。

95 参议院曾经提出一个宪法法律建议案，试图规范"地方行政区的自主管理及其财税保障"问题，其中规定："各级每个地方行政区的收入，不包括举债，**至少一半**① 由其自身的税收和其他收入构成。"该草案2000年10月交付参议院辩论，但一读辩论尚未结束就停止了，因为政府此时提出了一个"关于共和国地方分权结构"的宪法法律草案。后者仅仅规定，地方行政区的税收和其他收入应当占它们全部收入的"**一个决定性份额**"。很可惜，参议院的法案半途而废了。为了毫无法律意义的"决定性份额"这个好词，人们放弃了用任何数字标明收入百分率② 的想法。有人认为，简单

① 这一点正是我们所要着重指出的。

② R. Hertzog, L'autonomie fiscale des collectivités territoriales: beaucoup de bruit... pour quoi? (《地方财政自主：议论纷纷为哪般?》), *AJDA*, 2003, 第2057期; L'ambiguë constitutionnalisation des finances locales (《模棱两可的地方财政宪法化》), *AJDA*, 2003, 第548期。

复述宪法委员会给出的地方税收自主权定义(见上文),是关于地方财政自主权法律的制定者的意思,这一法律即将通过。

另一方面,关于国家随着职权下放须给地方以财政补偿的宪法法律,因其宪法化,从而使一种令人遗憾的解决办法变得稳固起来。实际上,《宪法》第72-2条第4段规定,"须给地方行政区以履行职权的相应财源"。可是,我们已经看到(参见上文第120点),国家将自己用于行使这些职权的经费拨下去,不足以使地方"正常"履行下放的职责;对此,看看1983年1月7日法律中的有关条款就行了。

128. **第六,地方行政区之间的合作**。一实施1982年3月2日法律,问题就出来了。几个地方行政区若为了同一个目的而采取联合行动,这就有个如何步调一致的问题。加之有一个迄今还具宪法意义的原则,即一个地方行政区不得监督另一个地方行政区(见《宪法》第72条第5段),这就使得几个地方行政区之间的协作配合更其困难。因此,2003年3月28日法律规定,"当履行某种职责必须几个地方行政区协作配合时,法律可以允许其中的一个行政区,或者它们中的一个团体,出面组织安排它们的共同行动。"

## §2 2003年3月28日法律的创新

这个宪法法律的创新,主要针对下述三个问题:

一是地方行政区**不执行法律规章**的可能性;

二是职权划分中**辅从性原则**的实施;

三是通过请愿和全民公决**诉诸人民**。

96 129. **第一,不执行法律规章的权利**。人们现在正对这项权利进行实验。这是一个必须制宪者参与的主要问题,也是引起疑虑最多的问题。

《宪法》第 72 条第 4 段规定,在一个组织法预定的条件下,除非对公众行使某项自由权或形式得到宪法保障的某项权利的基本条件产生争议,地方行政区或地方团体,可以参酌法律规章预料到的情况,**在限定的目标和时间内,实验性地不执行规定其履行职责的法律规章**。

这一条款是 2002 年 1 月 22 日关于科西嘉的法律所引发问题的直接后果。的确,在辩论上述条款时,议会已经通过了一个议案,允许科西嘉议会进行不执行现行法律准则的实验。宪法委员会裁定①,允许科西嘉采取理应属于国家法律范围的措施,这是违反宪法的,尤其违反《宪法》第 34 条;因此,议会不能在宪法没有规定的情况下,授予科西嘉职权,也不能将很有争议的事务委托科西嘉。换言之,只有修改宪法,消除了宪法障碍,才能进行这种实验。2003 年 3 月 28 日法律就这么做了。

至于不执行规章的实验,却未造成任何争论,宪法委员会已经

---

① CC, 17 janvier 2002, *Loi relative à la Corse*, *RFDA*, 2002. 479; J. E. Schoettl, Le Conseil constitutionnel et la Corse (《宪法委员会与科西嘉》), *AJDA*, 2002, 第 100 期; M. Verpeaux, Une décision inattendue? (《一个出乎意料的裁决?》), *RFDA*, 2002, 第 459 期; B. Faure, La décentralisation normative à l'épreuve du Conseil constitutionnel(《经得起宪法委员会检验的标准地方分权》), *RFDA*, 2002, 第 469 期; F. Luchaire, La Corse et le Conseil constitutionnel: à propos de la décision du 17 janvier 2002(《科西嘉与宪法委员会:关于 2002 年 1 月 17 日裁决》), *RD publ.*, 2002, 第 885 期。

接受了这一点,除非行使某种自由权或基本权利受到阻难。

2003年8月1日的《组织法》明确表述了进行这种实验的条件[①]。一个法律可以确定这种实验的目标和期限以及容许实验中触犯的法律条款。一项实验一般不得超过五年,可以延长一年。这样,各地方行政区可以自愿进行实验。中央政府核查后,若符合 97
有关法律条件,通过政令,发布参加该实验的地方行政区名单。

但是,毫无疑问,最重要的是如何结束这种实验。在法律规定的实验期限届满前,中央政府要公开发布一个相关报告,由国家议会作出决定:或者结束实验;或者在必要时,改变方式,延长实验期限;或者推广经过实验的措施。

这种允许地方行政区开展不执行实验的全新机制,提出了一些棘手的法律问题。比如,地方行政区在实验中推行的条例地位如何?属于哪一级规范、准则?一旦国家议会简单地直接宣布其实验结束,那么,相关地方行政区的下场如何?当然,议会可以就经过实验的那些问题立法建制;而对于那些未曾参加实验的地方行政区而言,国家议会可否主动地放弃履行自己的职权呢?有人往往称这种“主动拒绝”为“袖手不管”。

考察一下人们将会如何应用这种不执行可能性实验以及法官将会如何解决由此产生的法律问题,还是饶有兴味的。

130. **第二,职权划分的辅从性原则**。我们业已看到(参见上文第119点),各级地方行政区的职权有些混乱,令人懊恼。职权整

---

① J. M. Pontier, La loi organique relative à l'expérimentation par les collectivités territoriales (《关于地方行政区实验问题的组织法》), *AJDA*, 2003, 第1715期。

体性政策遭遇挫折。2003年3月28日法律似乎给了一个加以整顿的机会。这是政府在使一个全新概念宪法化(《宪法》第72条第2段)的同时,所采取的一种有别于往昔的态度。这个**辅从性**概念,至少在国内是全新的。写得很明白:"地方行政区拥有作出在当地可能得到最好贯彻的决定的全部职权。"

人们会想,既然各级地方行政区"**拥有全部职权**",是不是某种愿望、意向就跟真正的法律义务一样了?尤其是,落实上述原则须以事先解决这样一个特别棘手的问题为前提:就一项很明确的事务而言,究竟怎样才算最好的行使职权?在这方面,既然每个地方行政区注定要自己解决**自己特有的问题**,那国家法律就不是什么援军救兵了。

实际上,人们可能是在思考如何贯彻辅从性原则的问题。若要根据这一原则,对目前已经移交给各级地方行政区的职权,全部来一次重新分配,看来是相当困难的。这一原则只能在今后起作用。但是,应当记取:如果现实中有人将一个关于"地方职责"的法

98 律草案提交议会辩论,那也不能说辅从性原则是导火线。

截止目前,关于实施辅从性原则的实验仅仅在欧洲联盟内部进行过,那是由《马斯特里赫特条约》引起的;实验不大成功。

131. **第三,贴近民主:诉诸请愿权和公民投票**[①]。含有不执行可能性的2003年3月28日法律最大的创新,无疑是其诉诸人民的愿望。该法的立法缘由陈述,清楚表明了这一欲求:要更加经

---

① J. P. Duprat, La prudente avancée du référendum local dans la loi organique du 1er août 2003 (《2003年8月1日组织法中审慎进展的地方公民投票》), *AJDA*, 2003, 第1862期。

常地向公民请教，要使地方分权与公民直接表达的意见相辅而行。

首先，选民可以行使请愿权，要求将一个关于地方职权（《宪法》第72-1条）的决议列入当地议会的议事日程。请愿权是我们一个比较古老的宪法传统，早已载入1791年《宪法》；可惜现已几乎完全被废弃不用，这大概是由于公众不了解自己的这项权利。而地方上的联合现象有助于使人认识：地方人民知晓这种权利，应有一个普通法律对行使这种权利的条件加以规范。

其次，一个地方行政区可将其决议草案和条例草案主动地交付公民投票，由选民作出裁决。如果请愿书的内容是，要求议会将下述事项列入议事日程：就一个确定的问题组织一次公民投票，那么，“列入日程”的要求和“组织公民投票”的要求两件事可以合而为一，一并交付选民投票公决。“关于地方公民投票”的2003年8月1日组织法，决定了人们可以求助于公民投票的各种条件。首先，对各地议会来说，有了一个可靠的保护性条款，即只有当地议会有权决定公民投票事宜，即便有人以请愿的方式要求举行公民投票也无济于事。在地方议会全部换届或部分改选前六个月内，以及在总统、国民议会和参议院的选举运动期间，或者已经决定将举行一次全国性的全民公决，则地方上的公民投票是不能举行的。

可是，最重要的一步已经跨出去了。只要有至少一半的登记选民参加公民投票，表决结果就具有**决定性**。

万事具备，只欠实施了。在我们的法律制度下，这是第一次在地方层次上求助于人民的首创精神和决定性的公民表决。会不会无视地方民选代表对这种民主参与方式的习惯性保留意见,而将公民表决付诸应用呢?跟踪观察2003年3月28日法律的实施过程,将是最有趣的事情之一。

# 第二章 市镇①

**132.概况**。法国的市镇结构有三个特征： 99

一是**古**。它是大革命前乡村行政区帕鲁瓦斯(paroisse)的后继者。市镇的形成,远远早于我们的其他地方行政区。只有很少的居民点是中世纪后形成的,而大量的居民点起源更早,有的早于古罗马,甚至早于古罗马以前的居民点。

二是**多**。法国计有市镇接近37000个。这就是说,我们一国的市镇,就比欧洲经济共同体另外五个创始国原西德、意大利、比利时、荷兰、卢森堡再加瑞士的市镇总和多。

三是**小**。超过十分之一的市镇不足100人,内政部的统计表中甚至有“无人市镇”。有22700个市镇少于500人;而在1851年,这种市镇是15800个。只有39个市镇超过10万人。

---

① Ouvrages d'ensemble sur la commune: Maspetiol, *L'organisation municipale*（《市镇结构》）, 1934; Morgand, La loi municipale（《市镇法规》）, 2 vol., 1952; Bernard, *Le grand tournant des communes de France*（《法国市镇巨变》）, 1969; numéro spécial, Communes（《行政法动态:市镇专号》）, *AJDA*, octobre 1976; J. Moreau, La commune et la loi du 2 mars 1982（《市镇与1982年3月2日法令》）, *AJDA*, 1982, 第307期; J. F. Lachaume, *L'administration communale*（《市镇的行政管理》）, $2^{e}$ éd., 1977; La commune（《市镇》）, *LGDJ*; $2^{e}$ éd. 1999; M. Bouvier et C. Esclassan, *Le système communal*（《市镇制度》）, *LGDJ*, 1981; J. C. Douence, *La commune*（《市镇》）, Coll. Connaissance du droit, 1994。

这些特征同时解释了下述两种现象:一是市镇爱乡主义势力根深蒂固。每个地方都有一种毫不含糊的独特生活方式,这是悠久传统的遗产。二是小市镇当地的行政管理活动贫乏薄弱。那里资源稀缺,不适于发展名副其实的市镇自治①。

市镇不会压缩为另取新名的居民点。市镇都有其辖区,一般都很辽阔,相邻市镇毗连。自 1821 年起,法国整个领土即已划分成市镇。

改变市镇边界,也可能撤销市镇以及更换一个市镇的名称,皆由国家行政当局主管(参见 CGCT 第 2111 - 1 条等)。

法国地方行政区的组织结构极其简单:有一个普选产生的议会,它再从其内部遴选当地的行政机关成员。

下面,我们将首先回顾市镇制度的沿革(第一节),然后研究**市镇议会**(第二节)和**市镇长**(第三节)。

## 第 1 节 市镇制度的沿革②

100 133.**第一,共和八年以前**。(1)**旧制度时期**。直至 1789 年大革命,市镇都是纷繁多样的。平原地区的帕鲁瓦斯、各种居民社团,均无自己的法律生活。大量的城乡区域单元要到各种特定文书中去寻找自己的行为准则;这些特定文书根据地区和时代的变

① 市镇太小就不便建立地方公共机构,须探讨市镇集中的问题。请看下文。

② Petit-Dutaillis, Les communes françaises(《法国的市镇》),1947。

化而随时认可五花八门的社会地位和身份。

(2) **大革命时期**。大革命用严格的均衡划一代替了历史上形成的多样性。所有的帕鲁瓦斯统统进入法律生活,取得市镇资格。这一举措绝对是首要原因,使得具有法国地方行政管理体制最初特征的微型市镇迅速增多。而且,所有市镇,无论大小,一律享有同等地位。

大革命时期,国家制度不断更替。1789 年 12 月 14 日法律实行完全的非集中化体制;1792 年 9 月国民公会成立后又实行事实上的严格中央集权制。最后,共和三年果月* 5 日法律试图使市镇在两个极端之间寻求某种平衡。但是,这个法律的主要兴趣是反对所有市镇地位同等。它已经意识到微型市镇产生的问题,希望将 5000 居民以下的市镇集合在管理区的框架内,由管理区政府进行集中管理。

134. **第二,共和八年的中央集权**。共和八年雨月二十八日法律的出台,标志着演变的开始。该法重新确定了市镇的整齐划一地位,而且又正式加上了中央集权制。市镇保留法人资格,由市镇长管理;市政委员会主要起咨询作用,由 10 至 30 人组成,视市镇大小而定,他们皆由中央政府任命,归省长领导。

135. **第三,地方分权各阶段**。(1) 自 1831 年 2 月 21 日法律颁施起,市政委员会由选举产生;市镇长的选举则始自 1882 年 3 月 28 日法律。

1837 年市政委员会变成了评议会,而且不再是咨询机构;1867

---

* 共和三年果月系公元 1795 年 8~9 月。——译者

年、1884年和1926年出台的一些法律,扩大了评议会的职权并放松了对其决议的监控。

(2)非集权化运动随后经历了漫长的停顿。如果抛开斜刺里插进来的维希政权不算——维希制度的独裁性质决定了它要搞严厉的中央集权,那么,自1930年代起,中央集权趋势再次受到肯定。零星颁施的大量法规,特别强化了对市镇财政的监控。有些
101 职责,甚至纯粹属于市镇的职责,诸如维持秩序、公共卫生之类,也都全部或部分地移交给了国家。就连市镇工作部门的构建、工作人员的待遇,也要按国家强加的规则办理,市镇的行动自由受到限制。

(3)1959年1月5日条例和1970年12月31日法律,再次抑制中央集权趋势,尤其放松对市镇的监控,重新启动了地方分权进程。到1982年3月2日法律和2003年3月28日宪法法律的实施,地方分权就大功告成、几臻完善了。

**136.第四,市镇新问题**。人们可能又在寻思:地方分权能否足以解决当今的市镇问题呢?甚至市镇的结构已经引发争议。农村文明向工业文明、城市文明转型,必然导致小市镇的拓展。当众多市镇围绕大城市纽结成一个城乡联合体之时,现在既没有法律规章,也没有办法措施,使它们的经营管理协调统一起来。**市镇间协作**的问题日益严重,那么多法国市镇只能临时应付。通过建立市镇合作公益机构(EPCI:参见CGCT第L-5210-1条),将会解决市镇行政区的这些问题(参见下文第247点)。

**137.第五,现行制度**。当前市镇制度的基础还是1884年4月5日法律。该法律经多次修改,其实质内容依旧摘载于《地方法规

大全》(CGCT)中。许久以来,其特点就是发端于大革命时期的市镇**一致性**。它与外国的法律截然相反,对城市和农村市镇不加区别,只是在确定市镇议会的议员人数时才考虑其人口多少。目前,这种状况正在发生变化,城乡差别获得认可。尤其是城市郊区,存在各种特有的社会问题,人们缺乏安全感,很需要在这种所谓"敏感"地区采取特别措施。在那些经济困难的村镇,则应设立"免税区",以利于招商引资,创办企业,消除当地的就业难现象。巴黎、里昂和马赛三大都市俱已享受专有制度(参见下文第206点)。1991年7月13日法律,承认公民有"**进城权**",而其内涵不甚明了。该法旨在推动有所损坏的旧城区的公寓楼建设,完善设施、服务,以恢复其吸引力。

市镇的现行制度也日益注重发展居民对市镇管理的参与。1992年2月6日关于共和国地方行政管理的法律,2002年2月27日明文标注"关于贴近民主的法律",以及2003年3月28日的宪法律,都为将这种民主方式引入市镇管理指明了方向。这些法律 102
规定:

(1) 关于财政、预算、市政决定等等的系列文件,均应向居民出示,使其了解情况。

(2) 八万人以上的市镇要设"**区**"。建立**区议会**。区议会可以接受市镇长的咨询,亦可给市镇长提建议,并可任命区上的副手、助理。凡此种种,在于密切被治理者与行政机关之间的关系(参见CGCT第L.2143.1条;第L.2122-2-1条;第L.2144-2条)。

(3) 通过公民投票,给被治理者以**决定权**(参见第131点)。

(4) 动员青年人或外国侨民参加当地的咨询委员会或协会,

从而吸引市镇议会以外的人们参与市镇管理。

(5) 通过咨询程序,让民众间接参与国土整治、设施装备等重大计划的制订。2002 年 2 月 27 日法律第 135 条、第 136 条规定,凡费用超过一定限度的公共工程或国土整治的计划,国家与地方行政区之间要更加广泛地进行合计协商。

## 第 2 节 市镇议会①

### §1 组成

138. 市镇议会的议员人数,视人口多少而定:100 人以下的市镇 9 名,30 万人以上的市镇 69 名,巴黎、里昂、马赛的议员更多。各市镇议会的人数总是单数,以尽力避免表决时票数相等。

### §2 选举

139. **第一,选举权**。登记在市镇选民名单上的所有人都是选民。住在外国的法国人,如果同某个市镇有联系,在那里出生,或者最后住所在那里,等等,均可登记为那里的选民(见选举法第

① Ph. Lacaille, *L'élu municipal* (《市镇的民选代表》), Berger-Levrault, Coll. les indispensables, 2002, 2e éd. p.199。

L－12条)。

根据《马斯特里赫特条约》的规定,住在法国的欧盟成员国侨民,如果提出要求的话,亦可成为选民。落实这一规定需要修改宪法,宪法目前只给法国国民以选举权,来自1992年6月25日宪法法律和1998年5月25日组织法的《宪法》第88－3条对此作了规定。据统计,住在法国的欧盟各国公民现有100余万,在法国使用选举权的相当少,只有大约15万人。 103

140.**第二,被选举权**。凡年满18周岁、与市镇有合法联系的选民,均具被选资格。这种合法联系是指,或者住所在该市镇,四分之三的当选者如此;或者是该市镇的纳税人。有些人**绝对没有被选举权**:有的被**禁止**在任何市镇**充当候选人**;省长、行政官员、法官、警察,不得在其管辖区域内的市镇充当候选人;市镇的官员不得在其供职的市镇充当候选人;公共工程和公用事业的承包人、承办者、特许权享有者,不得在与其业务有关的市镇充当候选人。

有些当选者**不得兼职**:省长、高级警官必须在公职与议员权责之间任选其一;同样,无人可以同时在两个市镇议会担任议员;在500居民以上的市镇,近亲属不得同任议员。与此相反,市镇议员、省议员、大区议员、国民议会议员,可以一身而兼任之,不存在不相容问题。

根据《马斯特里赫特条约》,来自欧盟成员国的侨民,若已载入选民名单,亦有被选举权。不过,没有法国国籍的市镇议员,不能被选为正副市镇长(参见CGCT第LO2122－41条)。照内政部长的说法,在2001年的市镇议会选举中,有204名欧盟侨民,在3500人以上的市镇当选为议员。

141.**第三,选举程序**。为了很好地认识现行选举制度,有必要简单回顾一下1958年以来市镇议会选举方式的演变过程。

在1958年,不足12万人的市镇实行多数选举制,其余市镇实行比例代表制。1964年7月27日法律整个修改了选举制度,规定:所有市镇无一例外都实行两轮多数选举制。而在第二轮,选举办法随市镇人口多少而变化。在2500人以下的市镇,实行复名选举制,即不是非提出候选人名单不可,个人也可以争当候选人,人们甚至可以投非候选人的票。在2500至3万人的市镇,必须提出
104 完整的候选人名单,但这名单不是封闭的,投票人可以划掉一些人、填上一些人。在3万人以上的市镇,候选人名单是封闭的;在第一轮的选举中,只有获得至少10%选票的名单方可进入第二轮选举,1976年将这一比例提高到登记选民数的10%。

1964年的选举制度引起了一些人的忧虑:他们担心大城市在行政管理中会形成一致的多数,而这是1958年的选举制度几乎不能允许的。人们从一个极端走到了另一个极端,因为,按照新制度,在3万人以上的市镇,是由唯一的一个候选人名单获得议会的所有席位,而民主需要反对派。

1982年1月19日法律又对选举制度作了重大修改,这是一个卓越的选举法,因为它保证议会中既形成"政府"多数,又有少数派代表。事实上,这是一种带有一定程度比例代表制的温和多数选举制。

1982年11月19日法律区分了两种市镇:3500人以下的市镇仍使用既有选举制度,3500人以上的市镇则实行独创的全新制度。

**(1) 3500 人以下的市镇**

在 2500 人以下和 2500 至 3500 人的市镇,仍实行上述 1964 年法律规定的制度。

通常,每个选民都要选出所有议员,只是在分为几个居民点的市镇做法有别,应使人数少的居民点也有代表进入议会。为此,就要划分选区:投票时,按照省议会的决定分为几区,每区按居民多少选出相适数目的议员,至少 2 名。

**(2) 3500 人以上的市镇**

① 实行名单选举制。必须提交候选人名单,上面的候选人数目要与应选出的席位数相等,选民不得更改。1999 年 7 月 9 日修改宪法,确定了两性议员人数相等原则。2000 年 6 月 6 日法律力图使妇女同男子等量进入议会,强制性的规定,候选人名单上的男女人数之差不得大于一。上文已经述及,市镇议员数量都是奇数。该法还补充,为了避免有人违法作弊,必须按名单上的推荐顺序,每六人分为一组,标明是三男三女。

② 如果一个名单在第一轮选举中获得选票的绝对多数,即过
半数,则该名单即获得"半数加半个"席位。所余议席,按比例代表 105
制,以最大均数法,在得票逾 5% 的名单中分配,**包括获得多数票的名单**。

③ 在第一轮选举中倘无任何名单得票过半,则进行第二轮选举,只有得票不低于 10% 的名单继续参与角逐。而且,这些再次对垒的名单可以修改,补入一些候选人;补进的候选人必须曾被列入在首轮至少获 5% 选票的名单中。在实践中,此类事很少发生。第二轮选举后,议席分配办法跟第一轮一样:这次得票最多的名

单，哪怕并未达到绝对多数，也分得"半数加半个"议席；其余议席，则按上述比例代表制分配。

142.**第四，选举诉讼**。发生选举争议可向行政法院起诉，上诉则要到最高行政法院。投票后5天内，每个选民均有权起诉；省长可在15天内起诉。法院可在3个月内作出裁定，若逾期不决，该法院的管辖权即被剥夺，需将案卷移送最高行政法院，由其作出初审和终审判决①。

1982年12月31日法律作出了关于巴黎、里昂和马赛的特有规定。

## §3　议员任期

143.(1)市镇议会每届任期6年。在届满之年的3月份，全国一同改选。

(2)当市镇议会不能履行其职责时，尤其因内部政治关系紧张而瘫痪时，部长会议可下达政令，将其解散②。倘情势紧急，刻不容缓，国家代表可令议会中止一个月。解散后两个月内选民再

① Sur le contentieux, particulièrement important, auquel ont donné lieu les élections municipales de mars 1983: B. Lasserre et S. Hubac, Le contentieux des élections municipales (《市镇选举诉讼》), *AJDA*, 1984, 第314期; Y. Gaudemet, *Le droit des élections locales* (《地方选举法规》), Dalloz, 1991; B. Malignier, Les conséquences de l'annulation des élections municipales (《废除市镇选举的后果》), *RFDA*, 1995, 第70期。

② Chaumont, La dissolution des Conseils municipaux(《市镇议会的解散》), *RD publ.*, 1939, 第38期; une dissolution fondée sur une perte d'autorité morale du Conseil a été jugé illégale (《以丧失威信为由而解散市镇议会是非法的》), CE, 14 janv. 1977, Perrault, *ADJA*, 1977, 第162期。

选出新议会;新议会的任期为被解散议会6年任期的余下部分。在没有议会期间,由国家代表指定的一个特别评议会处理日常事务。如遇议会集体辞职,或者一次选举被行政法院或最高行政法院(若上诉时)宣布无效,亦照上述程序办理。

(3) 每个议员均可因死亡或辞职而终结任期。议员无须有正当理由,只要拒绝履行法律赋予的职责,行政法院即可明令其辞职。自市镇长接到其辞呈时起,辞职生效(参见CE, 2003年2月 106
12日关于海上塞纳市的裁定,*AJDA*, 2003, 第112期)。死亡和辞职绝不会导致部分选举。在3500人以上的市镇,若一个名单上的一位当选议员出缺,则由该名单上紧接最后一位当权者的候选人替补,直至名单用尽为止。在任何市镇,当议会失去三分之一成员时,或者需要选举一位新市镇长时,便须进行部分选举。

## §4　市镇当选者的地位[①]

144.市镇议员任职期间,享受1992年2月3日法律给予地方当权者的全部社会保障。他们若是工薪领取者,则雇主有义务给他们留出必要的履职时间;他们若无工资收入,则他们所属的地方行政区须在一定限度内给予补偿。如果他们不去履行职责,既不会被辞退,也不会失业或受到纪律制裁,法律将会调整他们在社会

① Y. Jegouzo, L'amorce d'un statut de l'élu local (《地方当选者的初始地位》), *AJDA*, 1992, 第427期; I. Muller-Quoy, L'élu local: nouveau statut, nouveau droit (《地方当选者:新地位、新权利》), *AJDA*, 2002, 第283期; J. Benoit, La consolidation du statut des élus locaux (《地方当选者地位的加强》), *RFDA*, 2003, 第270期。

保险中的地位。另外,他们可以接受为履行议员职责所必需的培训,而由相关地方行政区出资。议员职务通常是义务性的,只补给他们完成使命所花费的款项;但是,根据市镇议会的决定,在一定条件下和一定限度内,给议员一笔津贴。2002年2月27日"关于贴近民主"的法律第一篇,重申了市镇议员的这种地位,依次阐述了议员权责与职业活动的一致性(第一章),源自职权的保障(第二章),任职开始和任职中间的培训(第三章),职务津贴(第四章),履职费用补偿(第五章)和社会保障(第六章)。

2003年9月1日法令增加了按小时给地方当权者拨款的数量。比如,一个万人以上市镇的市镇长,按每季度140小时发给津贴。另一方面,有两个政令应当有助于落实2002年2月27日法律第69条和第70条,它们特别规定了给不再重新当选的正副市镇长支付离职津贴的问题。

## §5　运行

107 **145.第一,内部结构**。如同一切议会那样,市镇议会制定自己的内部规程。它可以在其内部任命若干研究某些问题的专门委员会,诸如财政委员会、教育委员会等等。就3500人以上的市镇而言,必须建立这种委员会。议员们按照"顺序表"取得座次;座次是根据他们当选先后和得票多少排定的。

**146.第二,会议制度**。1970年12月31日法律深刻改变了市镇议会的会议制度,使之变得更灵活了。在那之前,市镇议会不得不每年召开四期会议,法律确定它们每期必须开够多长时间;那以后，法律仅仅要求每季度至少开会一次。市镇长若认为需要，或者应一半议员的要求（在500人以上的市镇只需要三分之一议员要求），或者省长说明了理由，议会可召集额外会议。市镇长须提前三天发出开会通知，并说明议事日程[①]。在超过3500人的市镇，须提前五天发出开会通知，并附上一份清单，注明将要辩论的事项；若要讨论经费预算的总方针，须提前两个月作好上述各项安排。

会议由市镇长主持，也可能由其副手代为主持。会议是公开的；但议会作为秘密委员会辩论牵涉个人隐私问题时除外[②]。法律规定了开会的法定人数。

147.**第三，审议**。市镇议会开会，议员可就市镇事务提出质询，可通过广播电视转播，一般情况下，则是以多数票通过**决议**。这些决议，或者是关于单方面行政行为的、具有全部法律性质的决定；或者，市镇议会经常根据情况或应国家政权机关的要求，就实施法律事宜作出公告；或者是议会主动地提出一些意见、建议。

## §6　职权

148.市镇议会的职权表述在两个法律中：一是《地方法规大全》第L.2121－29条中传统用语："市镇议会审议处理市镇的各项事务"；一是1983年1月7日法律中的一句话："市镇审议处理其

---

① 至于市镇长拒绝召集市镇议会开会的问题，请看：CE, Sect., 18 janvier 2001, Commune de Venelles et Marbelli, *Rec.*, 18, concl. Touvet。

② Hourticq, La publicité des délibérations des conseils municipaux（《市镇议会议事的公开性》）, *Dép. et comm.*, 1955, p.85。

108 权限范围内的各项事务”。这就是说，归市镇处理的事务，乃是法律认为在市镇一级会办得更好的事务，或者，只是将来贯彻辅从性新原则时属于市镇一级的事务(参见上文第130点)。

**149. 第一，市镇议会的活动范围**

(1) **市镇事务**①。这是指涉及市镇行政区的一切事务以及只能由市镇议会处理的事务。议会以某种方式组建普通法意义上的市镇机关。法律仍然规定了某些例外，像治安之类事情归市镇长管辖。尤其是，很难划定市镇事务和国家事务的界限；长期以来，许多事情都是由国家专断处理。国家每以财政问题为由，毫不犹豫地将一些耗费巨大的任务看作是“市镇的”，往市镇肩上压重担。比如，国家必须设在市镇的学校、法院等部门，总是令市镇建造并维护。国家—大区的发展规划(参见下文第434点)，也可能成为让市镇出资的机会，虽然实施这种规划并不是直接的“市镇事务”。2001年6月29日最高行政法院关于巴霍尔的蒙斯镇的判决指出，既然一笔援助的目的在于推动受益者共同参与，而且符合市镇的利益，那就可以设立这样一种援助资金。

在1970年12月31日法律列表限定的领域内，市镇议会可将自己的若干权限委托给市镇长。市镇长依据这种委托作出的各项决定，均须向市镇议会汇报；这种委托是随时可以撤回的(参见CGCT第L.2122－22条)。

(2) **新权限**。主要涉及下述领域：

---

① J. Chapuisat, Les affaires communales (《市镇事务》), *AJDA*, 1976, 第470期; J. M. Peyrical, *Réflexions autour de la sphère des compétences particulières des communes* (《市镇的特殊权限探讨》), *D.*, 1998, chron, 341。

① **制订发展计划**：处在省长所定区域内的那些市镇，可以互相合作，在经济、政治和文化方面，制定一个“市镇间发展和整治章程”。

② **城建规划**：在这方面市镇权限最广。今后，制订当地城建计划（这是2000年12月13日SRU法律以后的新叫法），核发建筑许可证，以及审批其他有关不动产的事项，诸如地块分割转让拆迁围建执照、度假野营地整治等等，均属市镇议会管辖。立法者似乎意识到，中小市镇行使上述职权时，将会在制定错综复杂的规章制度方面遇到许多技术性难题，法律因而赋予跨市镇机构一些相关特权。况且，市镇在城建规划方面获得的优越地位，也使之在同国 109
家和其他地方行政区的交涉协商中处境颇佳。当然，国家给自己保留了监督权，在一些关键地点派驻了自己的代表，倘遇事催办不果，最后可取而代之；在海洋的开发、利用方面，国家还保有排他性专属职权。国家在保护历史文化遗产和风景名胜领域也占据优势；如果法律规定，要就此与地方当局共同协商，则主要事项都要由国家代表省长决定。

③ **住宅建设**：市镇可以制定当地的住宅建造计划，尤其是社会居住条件改善计划。但是，不能控制实现这些计划的资源。

④ **娱乐场所**：唯独市镇有权开发、建设娱乐场所。

⑤ **公立学校教育**：市镇决定小学、低年级和幼儿班的创办和位置，保证它们的建造、维护和运转，唯独教师的薪酬由国家支付。高级一些的学校，如公立、私立中学，则不归市镇管理，市镇可就某些问题提供意见和建议，甚至予以配合。

⑥ **社会活动和医药卫生**：市镇在这些领域没有专属职权，但

可同省上协商，担当授予省上的职责。

**150.第二，对市镇预算的表决**[①]

（1）**普遍规则**。预算是每年规定并批准市镇支出和收入的法规。在执行该预算法规的3月31日之前，应当通过一个"**真正平衡**"的预算。在至少有3500人的市镇，预算草案提出前两个月内，须展开**预算方针辩论**。在预算执行过程中，可斟酌已经执行的情况，另加一笔**增补预算**，并修正和补足最初的预算。预算由市镇长制备，其格式必须仿效财政部和内政部规定的框架，其中要有**机构运行费用**一节，胪列每年都会重复发生的开支和收入，还须有**投资**一节。

2000年4月12日法律第三章，包含若干关于"**财政透明度**"的条款。

（2）**支出**。支出分为必不可少的和自行决定的两类。《地方法规大全》第L.2321－2条压缩了不可少的支出项目。最重要的开支是公共行政部门运行经费，诸如人员薪酬，设施维护费等等；
110 还有偿还借款，公共工程投资，对私人机构的补助金。基于政教分离原则，禁止直接或间接地资助宗教。也禁止资助私立初级小学教育，执行关于依合同援助私立学校的法律时除外。但是，根据一个法律的明文规定，可以资助其他教育机构。此外，允许赞助不幸家庭的孩子和他们就读的某个学校。

（3）**收入**。我们下面就要提到一个十分复杂的问题；此事与

---

① Lainville, *Le budget communal*（《市镇预算》）, 1951; Singer et Bazoche, *Traité général des finances communales et départementales*（《省市财政概况》）, 1958; F. Astier, *Le budget des collectivités locales*（《地方行政区的预算》）, Ed. Universités, 1998。

其说属于行政法,毋宁说属于财政法。

市镇的收入是多种多样的:有财产收益,有提供服务的进账,而最重要的是税收、国家补助和借债。

地方行政区的税收入不敷出,致使其支出在一定比例上依赖国家补助和借款。而依赖国家是与地方分权不相容的①,没有财政上的自主性,也就没有地方治理上的自主性(参见上文第127点);借债则又提出了地方行政区的负债率问题。

① **税收制度**。地方分权中的一个重大问题是地方行政区的财政改革,尤其是地方税则问题。现在,各市镇不能自设税种,仅仅征收法律给他们安排的几种税。这样一来,税收没有任何经济真实性作基础,严重束缚了地方行政区的手脚,妨害它们平衡预算,不利于它们合法地提高地方税率。

除了广告税、暂住税等几种小税供市镇自由选择之外,地方的直接税源就是四种直接税,都是1959年的几个条例废止了**附加税**旧制度后形成的。有人曾经据此指出,过去建立在动产税、土地税、营业税等直接税基础上的税种,都是从国家的利益出发的。

有建筑物的地产税、无建筑物的地产税、住宅税和职业税,这四种代替了附加税的直接税,都是与同样的因素相联系的②。地方议会自己每年确定这四种税的税率,但这一权力受到一些限制。

---

① P. Amselek, Les aspects financiers de la décentralisation(《地方分权的财政方面》), *Rev. adm.*, 1979, 第9期。

② P. Lalumière, Premier bilan de la réforme de la fiscalité directe locale(《地方直接税改革初步总结》), *AJ*, 1976, p. 466。

② **国家补助**[①]。我们已经看到(参见上文第120点),国家支付给地方行政区综合补助——公务运作总赠款(DGF)、装备总赠款(DGE)和地方分权总赠款(DGD),这肯定是一种进步。但这种
111 捐赠的计算机制却是少有的复杂。因此,中央政府希望从根本上修改赠款分配的内部机制。2004年度财政法已着手简化DGF的分配(有关各方面,参见F. Aubert, *AJDA*, 2003, 第1692期)。2004年国家给地方的补助总额分别是:DGF367.40亿欧元,DGE9.04亿欧元,DGD7.97亿欧元。

③ **借债**。国家监督下的公共机构,向信托局、土地信贷银行借款是司空见惯的。

151. **第三,干预经济活动**[②]。这就是所谓"**市政社会主义**"。市镇能否主动地资助私人经济活动或自己创办工商企业?

---

① J. Boulouis, *La politique des subventions administratives* (《行政补助政策》), Thèse, Paris, 1949 Faure, *Les subventions de l'État aux communes* (《国家给市镇的补助》)。

② Felix, *L'activité économique de la commune* (《市镇的经济活动》), 1932; Tetreau, *Les entreprises des communes* (《市镇的企业》), th., Paris, 1935; Singer, *L'intervention des collectivités locales en matière économique* (《地方当局对经济的干预》), 1956; R. Debbasch, L'intervention économique des collectivités locales après les lois de décentralisation (《地方分权诸法颁施后地方当局的经济作用》), *RD publ.*, 1986, p. 497; P. Soubelet, Les interventions économiques des collectivités locales (《地方当局的经济干预》), *Rev. adm.*, 1992, p. 549; Y. Madiot et J.-L. Gousseau, Collectivités locales et développement économique (《地方行政区与经济发展》), Imp. Nat., 2000, p. 342; J. F. Sestier, L'intervention des collectivités locales entre liberté Du commerce et de l'industrie et libre et égale concurrence (《地方当局在工商自由与自由平等竞争之间的干预作用》), *Mélanges. J. Moreau*, p. 401; H. Groud, La sécurisation des aides publiques aux entreprises (《使政府援助企业更可靠》), *AJDA*, 2003, 1584; Arnavi Gustave Kouevi, *Le droit des interventions économiques des collectivités locales* (《地方当局的经济干预权》), *LGDJ*, 2003, Coll. Décentralisation et développement local(《地方分权与地方发展》), p.334 。

给定的条件相当简单。最初，这种动议是同著名的1791年3月2日至17日法律提出的**工商自由原则**相抵触的，虽然该法曾经过多次修改。再者，市镇当局办企业，也有使私人企业遭遇**不正当竞争**的危险，因为私人企业必须**苦心经营**，使投入产出平衡，而市镇当局在必要时完全可以进行亏损经营。可是，市镇当局须为所辖居民的前途着想；如果看到辖区内的经济和就业状况每况愈下而不尽力补救，人们能否同意呢？当局的介入难道还不能使那些难以为继的企业重现生机吗①？

最高行政法院接到纳税人和受这种竞争之害的商人的一些上诉，对此表现出极其严厉的态度（参见1901年3月29日Casanova案判决，*GAJA*，第八期）。它长期保持着这种严厉态度，忠于经济自由主义，甚至在1926年11月5日的一个法令之后依然如故。该法令扩大了市镇在工商业领域的活动范围，可以经办关于粮食供应、住宅、城市建设、扶危济困、卫生保健、互助基金等方面的企业。而最高行政法院居然不顾明显的事实，断言这个法令既没有适用对象，也没有效力，在工商业方面扩大昔日法律赋予市镇议会 112
的职权（参见CE，1930年5月30日关于纳维尔雇主联合会诉案的判例，*GAJA*，第45期）。但是，后来，特别自拉瓦布尔案判决（参见CE，1933年6月23日，*Rec*.，p.677）和泽那尔案判决（1933年11月24日，*Rec*.，p.1100）之后，判例中的立场观点发生了变化。其解决办法概述如下：

---

① F. Llorens, La responsabilité des collectivités locales du fait de leur aide aux entreprises en difficulté（《地方当局援助困难企业的责任》），*Mélanges*. *Auby*, p. 413。

① 市镇如同国家本身,以共同利益为活动原则,而不是追求利润。因此,如果市镇仅仅以这种动机为自己干预经济进行辩解,那仍然是违法的。

② 在传统上属于共同利益的领域,诸如卫生保健、济困扶贫之类,创办某种机构,哪怕是商业性的,那也是合法的(参见 CE,1939 年 7 月 12 日关于圣-艾蒂安洗衣师傅联合会诉案的判决,*Rec.*,p.478)。

③ 除上述领域外,当目的在于满足私人不愿也不能提供的公共需要时,亦可创办经济机构[①]。就此而言,有两种现象流行日广。一是,只要一提"共同利益",许多事情就可办成。比如,以共同利益为由,建一个草地剧场,供居民们夏天在露天娱乐消遣(参见 CE,1959 年 6 月 12 日判决,*D.*,1960,J.P.402),还可以共同利益为由,建一个市镇野营度假地,因为度假者不断增多,私营度假地不够用(参见 CE,1964 年 4 月 17 日判决,*AJ*,1964,P.304);而且合法机构本身的活动范围也可以自由延伸。比如,可在一个市镇停车场附近建一个服务站(参见 CE,1959 年 12 月 18 日判决,*D.*,1960,J.P.371)。二是,不一定私人都不愿意干、不能干,只要市镇创办的设施能更好地满足公共需要,那就是合法的(参见 CE,1935 年 11 月 22 日判决,1964 年 11 月 20 日判决,1970 年 12 月 23 日判决,1972 年 6 月 23 日判决)。

上述结论会不会被 1982 年 3 月 2 日法律再度肯定呢?

---

① 关于经济干预的法律不适用于体育协会,见,CE,31 mai 2000,*Ville de Dunkerque*,*RD publ.*,2001,p. 295,Note Eckert。

这个法律功绩卓著，在国家议会激起意义深远的辩论，准许由法律来确定地方行政区干预经济的原则和限度，并提醒人们记取：国家才拥有领导社会经济政策的职责。这一点表述在1982年3月2日法律第5条第1段中："国家有责任领导社会经济政策，有责任保护就业。尽管如此，在尊重工商自由、遵守在法律和国土整 113
治计划面前公民人人平等原则的前提下，市镇可以在本条规定的条件下介入社会经济领域。"在此范围内，各市镇可以提供直接[①]或间接的资助，用以推动社会经济的发展，或者为了居民的利益而帮助企业恢复，或者在乡村保持一些必要的机构。至于资助参加经营公用事业或公益活动的商业公司，仍然要由最高行政法院以政令予以批准。

1988年1月5日的所谓《完善地方分权法律》规定，如果市镇为了满足居民的需求，必须提供资助，以便在乡村维持若干机构，那么，事前须与这笔资助的受益人达成协议，使受益人承担应尽的义务。为了同一目的，市镇亦可与其他地方行政区订立协议。2000年4月12日法律第10条，阐述了公民在同行政机关的关系中的权利，其中规定，超过一定限额（目前是每年23000欧元）的任何一项财政补助，均须达成协议。法律也明确规定了市镇干预经济秩序的条件，比如，可为分担了某些信贷银行资本金的私法法人提供贷款担保。实际上，这种干预依然很少。

**152. 第四，市镇公益机构的设置和组织**

---

① 《地方法规大全》第L1511－2条确定了发放直接资助的条件，并规定：市镇的自主只能作为大区自主的补充而起作用。

(1) 市镇议会决定市镇公用事业机构的设置并确定其结构。在这方面,市镇议会的自主权是不完全的,因为法律只允许市镇设立身份登记处、殡仪馆[①]、消毒室之类被认为必不可少的公用事业。

(2) 至于如何经营管理这些公用事业机构,市镇议会的选择余地很大:市政当局可以直接经营,给予此类机构财政自主权和法人资格;还可以特许经营;亦可成立混合经济公司。对于每一种经营方式,《地方法规大全》都分别规定了详细的组织准则[②]。1982年3月2日法律使这些准则更加灵活;内政部此前必须制定的招标细则和管理类型表,尔后也不再仅仅是向市镇推荐的纸上样品。
114 最后,市镇的某些公用机构,诸如屠宰场、博物馆等等,也按照各自的不同内容,而有其特定准则。订有契约的各种经营方式,统统被称为"公用事业委托经营"(1992年2月6日法律,参见下文第490点)。按照《地方法规大全》第L.1411-1条的规定,委托协议须事前公布。省和大区的公用事业委托协议也适用同样的准则。

(3) 一万人以上的市镇必须成立一个**地方公用事业咨询委员会**,它接受上述各种公用事业机构的咨询。按照有关规定,在签订执行公用事业委托协议的过程中,需有一个第三者参与监督,该委员会即是这样一个第三者(参见下文第381点)。咨询委员会由市镇长主持,有用户代表参加(参见CGCT第L.1413-1条)。

(4) **公用事业工作站点**。为了方便被管理者到公用机构办

---

① 1993年1月8日法令剥夺了市镇行政机关以往对殡仪馆的垄断地位。

② 关于各种经营方式,请参见1988年5月6日政令和J.-F.拉绍姆的文章,载*RFDA*,1989,p.432。

事,拉近两者之间的距离,2000 年 4 月 12 日法律第 27 条规定,要签订契约,广设各种公用事业工作站点;2001 年 6 月 6 日第 2001－494 号政令阐明了实施细则。

153.第五,市镇人事管理[①]。在那些小市镇,只剩下一位市镇长秘书;在大城市则职员众多。过去,职员的地位皆由市镇议会加以确定。今后,市镇议会只限于确定**地方公职**的职位补缺招聘清单(参见上文第 121 点)。只有最重要市镇的最高级职位**才能权宜处置**。

154.**第六,市镇财产的经营管理**。市镇都是若干财产的所有者;这些财产构成按私法准则进行管理的市镇**产业**。市镇议会决定这些产业如何进行经营管理。这些公产的收益列入市镇的收入预算。这些产业,比如林区市镇的森林,有时是比较重要的。

155、**第七,其他**。市镇议会批准市镇长与人缔结的契约,决定向法院起诉事宜,还对即将进行的公共工程,尤其是**市镇公共交通网工程**作出裁夺(参见 1959 年 1 月 7 日第 59－115 号条例)。作为这些活动的延伸,议会制定**乡村道路整治计划**,确定街道、道路与路边产业之间的界线。特别是,在按照国家城市规划标准制订本**地发展计划方面**,尤其是在制定**地方城建规划**方面,市镇议会起着决定性的作用。

---

① Gabolde, Le nouveau statut du personnel communal(《市镇职员的新地位》), *D.*, 1952, chron. 69; Carcelle et Mas, Commentaire de la loi(《对法律的解释》), *S.*, 1952, 第 676 期; Debeyre, Les libertés communales et le statut de 1952(《市镇自由与 1952 年的地位》), *Mélanges Mestre*, p. 147; Favoreu, Le personnel communal en 1976(《1976 年的市镇职员》), *AJDA*, 1976, 第 452 期。

## 第3节 市镇长①

115 156. 市镇长是最重要的市镇机关。人们在市镇一级也看到了**“权力个人化”**的现象，或许有人谈到过市镇的“总统制”。

市镇长为了行使其重要职权(参见下文第160点)，得到若干市镇议员的帮助，人们称之为**“市镇长助理”**。议会自由确定助理人数，但不得超过议会实有人数的百分之三十(参见CGCT第L. 2122－2条)。议会选出市镇长后，立即按照选举市镇长的办法选出市镇长助理。助理们按其当选顺序排列位次。

以往，市镇长及其助手共同构成**“市镇政府”**；但这种名称不应给人造成市镇行政权仅仅属于市镇长一人的假象。然而，1970年12月31日法律却使市镇长和他的助手之间具有了某种连带关系：如果市镇议会因市镇长死亡或辞职而重新选举市镇长，则须同时重新选举市镇长助理。法律倾向于建立一个**“市镇领导班子”**。尽管如此，助理们仍然没有自己的专有职权，市镇长只能将自己的部分职权委托给助理们行使，而这种委托是随时可以收回的。接受委托者仍然是市镇议会选出的市镇长助理，如果其不辞职的话。市镇长缺位时，第一助理要代理其职务。

接下来我们将考察市镇长的**地位**(§1)和**职权**(§2)。

---

① Felix, *Le maire et ses adjoints*(《市镇长及其助手》), 1948; F. P. Bénoit, *Le maire et ses adjoints*, Dalloz, 1991; Y. Luchaire, *L'adjoint au maire*(《市长助理》), 1981。

## §1 地位

157. **第一,选任**。最初,市镇长完全由中央政府从市镇议员中自由任命,自 1882 年起,乃由市镇议会从其成员中选举产生(参见 CGCT 第 L.2122 - 4 条)。现行《宪法》第 88 - 3 条规定,欧盟成员国在法侨民亦可当选为市镇议员,但不能行使市镇长或其助理的职权。未满 21 周岁者无权当市镇长(参见 CGCT 第 L.2122 - 4 条)。市镇长选举通常在议会换届后或前任市镇长提前离职后的第一次会议上进行。在后一种情况下,推选时,议会必须全员到场;因此,如有必要,议会应进行一次补缺选举。

如果在连续两次投票中没有形成绝对多数,即比一半多一票,则在第三轮投票中获相对多数者当选;倘候选人得票相等,则最年 116
长者当选。市镇长是议会多数派领袖,因而领导议会。

一位被罢免的市镇长,离职后一年内没有再次当选的资格。此外,有些职位可与市镇议员职位兼容,但不能与市镇长职位兼容。传统上,国会议员可兼任市镇议员和市镇长。2000 年 4 月 5 日关于选举产生的职位之间不兼容性的组织法结束了传统制度。3500 人以上市镇的市镇议会议员,今后将限制兼职。根据 2000 年 4 月 5 日法律第 22 条,市镇长不能担任欧洲议会议员,却仍然可以担任法国议会议员!最后,在实践中,一个日益常见的现象是,总理往往强制性要求担任市长的内阁成员放弃市长职位。实际上,重要城市的市长经常选择的是当参议员或国民议会议员,这同样扩大了他们的权力。

158.**第二,任期**。原则上,市镇长及其助手一旦当选,其任期即与市镇议会共始终,也就是说,任期至议会换届;或者,若出现例外,任期至议会被解散。

然而,市镇长的职务有可能提前结束,原因是多方面的:或因死亡;或因突然丧失了任职资格,比如被定罪判刑;或因失去了市镇议员席位;或因自动辞职;或被部长会议下令撤职。就辞职而言,第一次提出辞呈,可能被国家代表驳回;若再次提出辞呈,便会被接受,一个月后辞职生效。就辞职而言,内阁下令前,内政部会先下一道部令,暂停其职务。在上述任何情况下,新选出的替补市镇长及同时新选的助理们,任期与本届议会剩余的任期相同。

尚有一事需要强调:从法律的视角看,如果市镇议会选定了市镇长,它就不能终止其职务,因为,市镇的制度毕竟不是一种议会制。

159.**第三,报酬**[①]。担任市镇长以往是尽义务,而今则按一张计算表核领薪酬。这张计算表是 2002 年 2 月 27 日法律根据各市镇的重要性大小制定的。市镇议会可以按一定比例给市镇长增加津贴并给予一笔交际费。市镇长还有权报销公务费用。放弃义务任职原则充分证明,较重要市镇的市镇长应当全神贯注于这一职务。

---

① Hourticq, Les indemnités de fonction des maires(《市镇长的职务津贴》), *Dép. et comm.*, 1952, p. 158; Barbeau, *Les indemnités des élus des collectivités locales*(《地方行政区民选代表的津贴》), 1953。

## §2 职权①

我们在第108点已经阐述过作为**国家官员**的市镇长的职责，117
现在要考察其作为**市镇行政机关**的职责。作为行政机关，市镇长既有对于市镇议会的职权，又有其自身固有职权，其行为都会引起某种责任。

160. **第一，对市镇议会的职权**。市镇长对市镇议会有三种职权：

(1) 在其助手和市政官员的协助下**拟订**议会决议，特别是**制订**预算。对此，市镇长不应掉以轻心。须知，如何构思布局和介绍推荐这些将要提交议会审议的文件，会对引导辩论产生积极影响。这种影响在通过预算案时更其重要。因为，制作预算案的技术性较强，在讨论过程中，如果有意见，只能在文件页边上进行修改；而且，事先已经对预算方案进行过辩论。所以，预算案文本如何构成和介绍，与其能否通过密切攸关。

(2) 市镇长**主持**市镇议会的会议，**主管**会议的安全保卫工作。

(3) 市镇长**执行**议会通过的决议②（参见CGCT第L.2122-21条）。

市镇长签订业经议会批准的合约，解除交通管制，安排预算开

---

① G. D. Marilla, *Les pouvoirs du maire*（《市镇长的职权》），Berger-Levrault，Coll. Les indispensables（《责无旁贷》），2002，4e éd. p.199。

② J. Rivero, *Le maire*, *exécuteur des délibérations du Conseil municipal*（《市镇长：市镇议会决议的执行者》），*Rev. crit DIP*，1937，第535期。

支,指挥公共工程,在司法机关面前代表市镇,等等。他在履职过程中受到市镇议会的监督。虽然议会从法律上说无权解除他的职务,却可以要求他回答询问。议员有权在一定条件下了解涉及市镇的一切事情(参见 CE 判决, *RD publ.*, 1974, p. 158, 1997)。1992年2月6日法律和2002年2月27日法律进一步确认和发展了这一权利,并且允许就关乎市镇利益的某个问题建立信息和评估小组(参见 CGCT 第 L. 2121 - 22 - 1 条)[①]。假设议会不同意市镇长的政策,它可以执拗地坚持自己的反对态度,这便会导致两种结果:或者市镇长辞职,或者它自己被监督机关解散,最后交由选民对双方纷争作出公断。

对于市镇长提交的预算开支账目,议会每年都要在市镇长不参加的一次会议上作出裁决。议会若拒绝批准一项不正当开支,市镇长可能就要对市镇承担民事责任。

118 **161. 第二,特有权限**

(1) 市镇长独自掌管**市镇治安**,行使此权无须市镇议会协助。散布在市镇非城市化地区的**乡村警察**也归市镇长指挥。市镇长是**治安管理**的一个重要机关(参见下文第 353 点)。正是在这方面,市镇长拥有主要职权,并在省长的行政监督下行使之。但在多数市镇,维持社会秩序的职权都转让给了省长。

(2) 市镇长是**市镇官员的首脑**;他按照各人的身份地位,在为地方公职规定的限度内,任命他们,对他们作出评价,领导他们的

---

① D. Landbeck, L'information des assemblées délibérantes locales: enjeux et difficultés (《地方议会的知情权:关键与困境》), *AJDA*, 2003, 第 1138 期。

活动(参见上文第121点)。

他核发城市规划方面的建筑执照和各式各样的个人证件。

大城市的市长拥有重要的交际功能。

最后,在市镇财产的经营管理和物质利益方面,市镇长有权采取保全措施,即便在市镇议会可能介入并最终裁定的问题上也是如此。

市镇长的决定具有法令的形式[①]。

**162.第三,市镇长活动产生的责任**

(1) **民事责任**。市镇长行使其国家官员或市镇官员的职责时,若发生职务过失,则承担相应的法人责任。按照普通法,他若对别人或假定对市镇犯下私人性的错误,还要承担个人责任(参见下文第507点)。根据民法典各条款,市镇长作为户籍主管官员,亦须承担相关的责任。

(2) **刑事责任**。市镇长的刑事责任会引起极其严重的后果。因此,1974年7月18日法律规定,在犯下与履行职务有关的重罪或轻罪时,适用于司法官员、行政官员和省长的刑事诉讼程序,也同样适用于市镇长、市镇长助理和市镇议员,以使之避免受到随意追诉[②]。但是,他们的这一特权又被1993年1月4日法律收了回去。凡已经确认的不属于国家的法人刑事责任,按照新刑法典[③], 119

---

① E. Mella, *Contribution à la théorie de l'acte administrative local* (《地方行政法令对理论的贡献》), Bibl. droit public, T. 230。

② Sur cette loi, et le problème général de la responsabilité des maires (《关于市镇长责任的普遍性问题》), Maestre, *AJDA*, 1975, p. 214; J.-M. Pontier, La responsabilité pénale des élus locaux (《地方当选者的刑事责任》), *Rev. adm.*, 1996, p. 551。

③ F. Meyer, Réflexions sur la responsabilité pénale des personnes morales de droit public

应由作为市镇代表的市镇长承担,他可能被定罪判刑。尽管如此,在危及他人性命时,“如果市镇长是在专心致志地正常履行职责”,则按 1996 年 5 月 13 日法律,便可排除其责任。这一准则同样适用于其他地方行政区的负责人。

在这样的人为法中,控告市镇长犯有刑事罪的某些案件,远不是一目了然的,这便引起地方民选代表异常强烈的抗议。尤有甚者,有些民选代表都可能不敢再参加市镇竞选了。于是,人们开始艰难地修改法律,旨在阻止滥用诉讼程序,且就此不给地方当选者以不正当的特权或豁免权。议会两院经过多次严重对抗,终于通过 2000 年 7 月 10 日法律,“力图对非故意轻罪作出明确界定”。[①] 该法第 1 条规定,“在考虑过肇事者的任务、职责、权限和所掌握的手段之后,如果确定他当时并没有全神贯注地正常履职”,那么,他就犯了粗心、疏忽、不能审慎而安全地恪尽职守的轻罪。一般说,

---

à la lumière des premières applications jurisprudentielles (《从最初实施判例看公法法人的刑事责任》), *RFDA*, 1999, p. 920; J. Jorda: La responsabilité pénale des personnes morales de droit public à la lumière de la jurisprudence (《判例中的公法法人刑事责任》), Gaz. Pal. 2001, n°42 – 44, p. 432; pour un exemple d'interprétation stricte de l'article 121 – 2, al. 2, C. pén. (《对刑法典第 121 – 2 条第 2 款的一个严格的规范解释》): Cass., crim., 11 décembre 2001, *D.*, 2002, I. R. 373。

① S. Jacopin: Mise au point sur la responsabilité pénale des élus et des agents publics: limitation ou élargissement des responsabilités? (《聚焦民选代表和政府官员的刑事责任:责任缩小还是扩大了?》), *D.*, 2002, chron, 507; Y. Mayaud: Retour sur la culpabilité non-intentionnelle en droit pénal (《刑法中的非故意犯罪回眸》), *D.*, 2000, chron, 603; H. Moutouh: L'accident du DRAC: une application de la nouvelle définition des délits non-intentionnels (《非故意轻罪新定义的一次应用》), *D.*, 2001, 第 556 期 (et 559); J. H. Robert, La loi Fauchon (loi du 10 juillet 2000) trois ans après (《福雄法(2000 年 7 月 10 日法令)颁施三年》), *AJDA*, 2003, 第 1897 期。

这个法律大概可以平息地方当选者的忧惧情绪。关于该法实施情况,参见法国最高法院 2000 年 10 月 24 日判决,*D.*, 2002, 第 514 期;TGI La Rochelle, 2000 年 11 月 7 日,*D.*, 2000, 第 34 期;最高法院 2002 年 6 月 4 日判决,*D.*, 2003, 第 95 期,S.珀蒂解释("不符合足球比赛规则并不构成 2000 年 7 月 10 日法律所说的错误")。

# 第三章　省[①]

120 163.大革命初期,制宪国民议会为了结束王国时期地方行政区的杂乱无章,1789 年 12 月 22 日颁布法律,提出了法国设省的划分新原则。至于如何划分,议员图雷提议,用几何方法,将国土分为边长 18 法里(约合 70 公里)的若干个正方形省。在米拉波[②]的影响下,议会于 1790 年 1 月 15 日至 2 月 16 日制定法律,设省 83 个,省下又分设县和区。预定的划分原则十分著名,即,应使全省每个居民骑马到省会一个白天能往返一趟。

起初,省只是国家的一个管理区(参见上文第 101 点),尔后逐渐变成了一个**获得了中央下放权限的地方行政区**:共和八年建立了省议会;1833 年省议会由选举产生;参议院 1834 年 8 月 27 日公告确认省为法人;1838 年 5 月 10 日法律,尤其是 1871 年 8 月 10 日的省级组织大法,先后扩大了省议会的职权。1982 年 3 月 2 日法

---

① Borgnier, *La réforme de l'administration départementale* (《省级行政改革》), Th. Paris, 1951; BonnaudDelamare, *La loi du 10 août 1871* (《1871 年 8 月 10 日法令》), 1951; J. F. Auby, La nouvelle organisation départementale (《省级新结构》), *AJDA*, 1982, 第 331 期; J. F. Auby et J. M. Pontier, *Le département* (《省》), Economica, 1987; G. Peiser, *Le département* (《省》), Dalloz, 1988。

② 米拉波(Comte de Mirabeau, 1749 年 3 月 ~ 1791 年 4 月 2 日), 法国大革命初期制宪国民议会中的著名演说家和政治家。——译者

律颁施后，撤销了省长的省议会决议执行者的职责。

过去，有人把省看作是人工制造的一种区域。这一指责是不对的。因为1790年划省并非凭空硬划，而是在王政时代行省的基础上划分的。况且，即便当初完全是人为新创，迄今也已是存在了两个多世纪的社会现实。正如吉夏尔委员会(参见上文第111点)提出划省方案时所说："在本委员会看来，设省乃是社会职责得到发展的一个最可靠的标志。"

再者，每次划分中央与地方的权限时，总有人预言，这会给省级造成损害，会产生相反的后果。目前正在议会两院辩论的关于"地方职责"的法律草案规定，将把一切重要权限移归省里。

省如同市镇，也是一级地方行政区，设有一个评议会，即**省议会**(第1节)，和一位执行者，即**省议会议长**(第2节)。**海外省**实行特别制度(第3节)。

## 第1节　省议会[①]

"每个省都设一个省议会"，《地方法规大全》第L.3121－1条 121
如此规定。省议会是地方分权制下省里的一个最重要机关。

---

① Dossier, Fortier, Mastias, *Le Conseil général* (《省议会》), 1994; A. Bournazel, *Le nouveau Conseil général et l'administration du département* (《新型省议会与省级行政》), éd. Moniteur, 1984; J. Bourdon et J. M. Pontier, *Le Conseil général* (《省议会》), PUF, Que sais-je? 1992。

## §1 组成

164.原则很简单:一个省有几个区便有几名省议员,因为每个区只能选出一名"它的"省议员。各省的区数量不等,少者25个,多者50个。结果是,各省议会中,乡村议员占明显优势。虽经连续改革,城市新设了一些区,不平衡状况有所缓和,但城市代表仍占少数。有人批评省议会是"**农业公会**",别人则回击道:"土地应当有自己的代表。"

165.**第一,选举权**。载入区内市镇选民登记册的任何具有法国国籍的人,都是省议员的选民。实际上,一省之内,各区的选民数量差异甚大。比如在下莱茵省,最小的区只有2953名选民,而选民最多的区则有36596名。

166.**第二,被选举权**。每个不小于十八周岁,住在省里,或名列本省直接税纳税人名册的选民,均具被选资格。尽管如此,不在本省定居的议员不得超过当选者的四分之一。2000年7月7日法律禁止一人在多选区充任候选人。

个别人无当选资格:国家公务员不得在其管辖区域内当选(见《选举法》第220条);受到某些法律制裁的人不能当选。

167.**选举方式**。这也是国民议会的选举方式,即单名两轮多数选举制。候选人名单上只写一位候选人。在第一轮选举中(这确实常见),必须获得实际投票的绝对多数(即多于一半)和登记选民的至少四分之一选票,方为当选。这是为了避免议员在选民大量弃权的情况下当选。

只有获得登记选民 10% 以上选票的候选人才能进入第二轮选举。若无人达到这一条件，则由第一轮选举中得票最多的两人进入下一轮。若只有一人达到条件，则让另一位得票最多者继续竞选。在第二轮得票最多者当选。

有关选举的诉讼，初审向各地行政法院提出，上诉则到最高行政法院。

168. **第四，改选**。省议员每届任期六年。每个省议会每三年 122
改选一半，在三月份进行。为此，选区被分为两批，改选时间相差三年。在区上，省议会选举与大区选举、市镇选举同一天轮番举行。

在每个区，倘遇某些情况，诸如议员死亡、辞职、丧失任职资格等等，要进行部分选举。提出辞呈，无须得到批准，即会生效。强迫议员辞职的制度已予废除。议员在其继任者当选后完成使命。

如果省议会运转失灵，不能恢复，则由部长会议下令解散，并通知国家议会。遇此情况，两个月内举行选举。

169. **第五，议员地位**。省议员获得 1992 年 2 月 6 日法律给予所有地方民选代表的社会保障(参见上文第 144 点)。如果他是工薪阶层，则有职业保障；所有议员均有权受到为履职所需要的教育、培训。他们领取职务津贴，有差旅费补助。

## §2　运作

170. 省议会每季度至少由议长主动召集开会一次，过去的会期制度已经废止。亦可应常设委员会或三分之一议员的要求而开会。倘遇异常情事,内阁亦可下令省议会开会。

同其他各种地方行政区议会一样,省议会只有其过半成员出席方能议事。

会议是公开的,议长负责会议的安全保卫工作。但是,应其议长或五名议员的要求,议会可决定禁止旁听。经议长同意或应总理的要求,国家代表可以到会讲话。

123 省议会制定自己的内部章程。议会内成立财政、文化、体育等**委员会**;委员会拟订供全体会议审议的决议。

选出议长后,议会再选出副议长和其他代表若干名;他们同议长一起组成**常务委员会**。副议长的人数在 4 至 15 名之间,不得超过议会实有人数的 30%。除议长外,常务委员会成员都是按照名单比例代表制、以最大均数法获得职位的;不能在不同名单上混合圈选,也不能打破同一名单上的候选人排列顺序。如果可提供的每一个职位只有一位候选人,亦即各政治派别之间达成了任命协议,那就不用再进行投票选举了。常务委员会是省议会的一个重要机构,每月都要开会,因为省议会委托给它的任务是大量的(参见 CGCT 第 L.3211－2 条),也许太多了。议长和接到委托的常务委员会成员组成一个**办公室**,这是个没有任何权力且不真实存在的机构。

省议会以多数票通过的**决议**,或者构成具有完全法律性质的单方面行政条令,或者形成一些**意见**。载有省议会意见的文件浩如烟海,往往针对的是一些并不重要的问题。也不尽然:省议会常在大区的发展计划、装备计划及其执行情况方面接受咨询。

最后，对于所有经济问题、总体行政管理问题，甚至政治问题，省议会均有权自动发表**意见**；而且，关于驻本省国家机关的情况，省议会可直接向主管部长提出要求和建议。

## §3　职权

《地方法规大全》第 L. 3211－1 条规定，“省议会以其决议来处理省上事务。”这段话应与 1983 年 1 月 7 日法律的说法结合起来理解，该法准予各省“处理其管辖范围内的各种事务”。1983 年 7 月 22 日的几个法律又大大提高了省上的权限。这一切似乎与目前正在国民议会辩论中的关于“地方职责”的法律草案完全一致。

171. **第一，省级公立公益机构的建立和组织**。在政教分离、尊重工商自由等符合法律的限度内，省议会决定建立省级公立公益机构并对这些机构进行经营管理；它确定省内的就业数量。各省管理的各种公立公益机构虽然迄今数量有限，但却是随着地方分权法律的增加而逐步发展的。

谈到对经济领域的干预，其准则就是前文已经阐述过的市政社会主义准则(参见上文第 151 点)。

省议会可以给予公益活动补助；此类活动实际上十分重要。124
至于能否给予另一个地方行政区补助，最高行政法院认为，只要承认一个地方行政区不得对另一个地方行政区实施监控的原则，各省即可按照公益机构的经营管理方式，灵活掌握自己的资助办法(参见 CE，2003 年 12 月 12 日判决，*AJDA*，2004，第 195 期)。

172. **第二，表决预算**[①]。省预算由省议会议长制备，事前须对预算方针进行辩论。一般说，制作省预算所遵循的法则与市镇预算相同(参见上文第150点)：分为初步预算和补充预算，内含公务运作费、投资、必须开支和酌情开支几个部分。收入项目也与市镇相同，提出同样的问题，基本受同一些法规支配。在国家给予补助，直接税(省与市镇一样，1959年用四种税代替了过去的附加税)，借款以及与权限转移相联系的财源转移(如地方分权总赠款)等方面，适用的法规都是与市镇一样的(参见上文第150点)。跟对待市镇一样，国家向下划拨公务运作总赠款时，要考量各省的穷富状况，以便将本应给予富省或被认为是富省的赠款的一部分，转拨给穷省。这样，有助于穷富地方行政区之间财政平等的平衡原则，而今便有了宪法意义。目前，参议院的一个工作小组，正考虑各省之间的确实平衡问题(参见 *ADJA*，2003，第1957期)。

173. **第三，在社会和公共卫生方面的职责**。述及社会活动，省里颇具优势，可说是一种名副其实的"全部职责"，它是逐步形成的。

1988年12月1日法律对"体面生活最低收入"(RMI)作出了规定，并赋予各省实施本法的重要职责。自2004年1月1日起，这种补助的全部职责都转给了省里。

另一方面，对那些享受"体面生活最低收入" 补助一年以上的人，省里必须实施"工作最低收入"(RMA)政策。这要在雇主与此

---

① 关于预算法则和会计法则的改革，见 Décret 2003 - 1004 du 21 octobre 2003 (JO 23 oct. 2003, p. 18015)。

类收益人之间签订一个合约，在最长18个月内给他们提供一份每周20小时的工作。

尤其值得注意的是，2001年7月20日的第2001－647号法律，设立了一种"个人自主津贴"（APA），用于供养那些丧失了自给能力的老年人。落实该法对各省而言是一项十分沉重的财政负担。因为，他们要招录职员管理这笔资金，而且，国家给的财政拨 125
款仅是APA财政负担的一部分。有人估算，2003年的APA财政负担总额在36亿至39亿欧元之间。

依次类推，今后，推动地方基础设施建设、使之日趋先进的责任，也都由各省担负。

如果加上抵御酗酒、吸毒等社会祸患，预防癌症，接种疫苗，保护母亲和儿童等职责，有目共睹，社会和公共卫生领域大量繁杂的任务都转到了省里。

**174.第四，省里的灾难救援机构**（SDIS）[①]

1996年5月3日法律将灾难救援机构**划归省里**，省里的机构把辖区内的所有消防、抢险队员都组织在一起，取代了市镇和跨市镇的此类机构，只有个别例外（参见CGCT第L.1424－1条）[②]。这是省里必须成立的一种单位，其形式是公立公益机构。2002年2月27日关于贴近民主的法律，大大增加了省里管理这种机构的负

---

① X. Prétot, L'organisation et le financement des services d'incendie et de secours（《救援机构的组织与资金筹措》），*RD publ.*，2002，第987期。

② 因此，上述机构的财产、设备、人员也都转入SDIS。关于此事产生的问题，请看CE，2002年10月18日的判决，*AJDA*，2003，第287期，note M. Degoffe。

担，筹措资金尤为困难[①]。

**175.第五，其他职权**

① 省公路网的维护保养。正在国会讨论中的关于“地方职责”的法案规定，要把2万公里国家公路移交各省管理。人民十分担心，这或许是国家再次向省里转嫁财政负担。

② 初级中学的建造和维修。这一职责1983年移交省里。虑及初中数量不足且甚需维修，这又是省里的一项沉重负担。

③ 学校的交通工具。

④ 乡村治理，诸如设施装备的完善、小块土地的归并和农田重组等等。

⑤ 商港和渔港的建设。

⑥ 对精神病患者的治疗照管。

⑦ 旅游事业的发展，比如远足出游路线的整治。

⑧ 文化事业，比如建设可借书的中心图书馆，集中管理地方档案等等。

⑨ 安排城市以外的公共交通。

126 跟市镇议会一样，省议会负责本省**财产和利益的经营管理**。为此，它对所要签订的合同，所要提起或支持的诉讼，所要建设的工程作出决定。在这些财产中，有些不动产是国家机关使用的，但位于省内，也要由省里负责维护。同样，省议会也对设置本省的**工作职位**拥有决定权。

---

① 2001年，SDIS开支总额提高到180亿法郎。如此巨大的花费，使得免费救助越来越引起争议。

省议会还掌握一些超越本省的职权，有时参与市镇的行政管理，比如决定选区的划分（参见下文第248点）。一般说，“应市镇要求，省要支持市镇行使其职权”（参见CGCT第L.3233-1条）。“从技术上、法律上和财政上”予以支持的载体，可能就是一个公立公益机构，即地方行政区之间协商建立的**省级办事处**。

法律要求省议会对国家行政管理发表意见和建议。省议会每年都要听取省长关于驻省国家行政机关工作情况的报告，并继之进行富有成果的讨论。

最后，省议会议员有权以个人身份竞选参议员，这使他们在国家层面具有了某种政治重要性。

## 第2节　省议会议长[①]

省里的行政机关由省长变为省议会议长，无疑是1982年3月2日法律带来的最引人瞩目的改革。然而，1946年的制宪议会已就此作出原则性的判断，其第87条规定，“省市议会的决议由其市长或议长保证执行。”但是，第89条将制定实施办法的任务预先委托给一个组织法；而第105条又规定，实施办法出台前，继续执行旧法律。结果，暂时性的“执行旧法律”条款，在整个第四共和国时期都效力未减。

① Minor, *Le Président du Conseil général*（《省议会议长》），1981。

## §1 选举

176.省议会选举自己的议长,任期三年,每三年改选一次。在前两轮投票中获绝对多数票者当选;在第三轮获相对多数票者当选。候选人得票相等时最年长者当选。以同样的办法选举副议长。

## §2 职权

127 议长的职权胪列在《地方法规大全》第 L.3221-1 等条款中。

议长制定并执行省议会的决议。

就执行者身份而言,议长执行预算,是各项开支的安排、审批者,是省级行政机关及其代办处的首脑。他签署契约,在司法机关面前代表本省。他负责省属产业的经营管理,有资格维护经营管理的安全,2001 年 12 月 11 日法律(参见 CGCT 第 L.3221-1 条)规定,省议会可以委托其议长采取关于拟订、执行和清理交易合同的一切决定。

议长可以将其某些职权委托给副议长执行(参见 CGCT 第 L.3221-3 条)。

**省议会对其执行机关的监督表现在:**

——在议会开会前一星期,议长必须将一份关于议事日程各个问题的报告发给每位议员;

——议长每年都要提出一个关于本省各项公务和财政状况的

报告,议会随之进行辩论。

议长为了行使职权,掌握着一些办事机构;此类机构是在1982年推行地方分权以后逐步壮大起来的。过去省长的那些办事机构,为议长行使职权所必需,他与省长订立协议后,转归议长领导(参见上文第120点)。根据正在讨论中的关于地方职权的法案,这种机构无疑会具有更大的重要性;该法案规定,还应将大量的工作人员转到省里。

职权下放导致省级行政结构的重大调整;基础设施建设、各项社会事业均已划转各省。

构成领导机关的各个部门,都由一位总主任主持。至少在地方分权初期,人们曾经看到,有些省长或省政府的其他成员,从此属于省里的干部。

议长有一个办公室,包括主任一名、技术顾问和特派员若干名。

## 第3节 海外省

法国有四个海外省:瓜德罗普、圭亚那、马提尼克和留尼汪。我们将大体叙述以下它们的行政结构(§1),然后考察一下2003年3月28日宪法法律给它们带来的变化(§2)。

## 128 §1 2003年3月28日法律以前的制度①

178."老殖民地"都被1946年3月19日法律划成了省。而对照法国本土的省级结构,这些海外省在相当长的时期内都曾表现出极强的地方特色。应当强调指出,这些特色现在已经大大地消失了。1958年《宪法》最初的第73条宣布:"海外省的立法制度和行政机构,可以根据它们的特殊情况的需要,采取适合的措施。"

此条十分明确:海外省只能简单地适应普通法的制度,而不得再保留任何特殊性。况且,宪法委员会也已在其1982年12月2日的裁决中作出解释(参见《适应1982年12月2日法律的法律》第70页):过去,法律规定,在海外各省用选举产生的唯一议会取代省议会和大区议会;而且,每个海外省就是一个选区,按比例代表制选举议员。对此,宪法委员会宣布,这是违反宪法的。因为,既然海外省如此选出的那个新议会可能与法国大陆的省议会截然不同,那就会离简单"适合的措施"越来越远(关于这一裁决,参见L.法沃若的文章,载 *RD. publ.*, 1983, 第377期)。

实际上,省长的职权有所扩大,他拥有对内对外的治安权,还掌握某些产品的定价权。而为了在海外省建立合适的行政机构,

---

① J. F. Auby, Le statut de la France périphérique (《"外围"法国的地位》), *AJDA*, 1990, 第347期; J. C. Douence, Le statut constitutionnel des collectivités territoriales d'Outre-Mer (《海外地方行政区的宪法地位》), *RFDA*, 1992, 第462期; numéro spécial Outre-Mer, *AJDA*, 1992, n°9; F. Luchaire, La décentralisation dans les départements d'Outre-Mer (《地方分权在海外省》), *AJDA*, 1983, 第120期; F. Miclo, La décentralisation Outre-Mer (《海外地方分权》), in La nouvelle décentralisation, Sirey, 1983。

制定可行的立法程序，省议会应当对相关的任何法律规章草案发表自己的意见。省议会可以通过自己的领导人，向中央政府提出适当的建议，或要求为海外省作出一些特殊安排。

## §2 2003年3月28日法律的革新①

179.2003年3月28日法律涉及海外省的诸多问题，进行了深刻变革。

《宪法》新的第72条第1段，一开头便确定了海外省居民在共和国的地位：“共和国承认，法国人民中包括海外省的居民，大家具 129
有自由、平等、博爱的共同理想。”

现在，如所周知，《宪法》第72条第2段述及海外省时，不再像传统上那样，说成是海外省(DOM)或海外领地(TOM)。新的分法是：或者表述为海外省和海外大区(RUM)，或者表述为海外地方行政区。

海外省和海外大区的体制受《宪法》第72－4条和第73条支配。

---

① O. Gohin, L'Outre-Mer dans la réforme constitutionnelle de la décentralisation (《处在地方分权宪法改革中的海外省》), *RFDA*, 2003, 第678期; J. P. Thiellay, Les Outre-Mers dans la réforme de la Constitution (《宪法改革中的海外省》), *AJDA*, 2003, 第564期; A. Oraison, Quelques réflexions générales sur l'art. 73 de la Constitution de la Ve République, corrigé et complété par la loi constitutionnelle du 28 mars 2003 (《关于经2003年3月28日宪法法律修改和补充的第五共和国〈宪法〉第73条的几点思考》), *RFDA*, 2003, 第684期; J. P. de Lisle, Réflexions sur les évolutions constitutionnelles des Outre-Mers français (《关于法国海外省宪法地位沿革的思考》), *AJDA*, 2002, 第1273期。

我们下面分别叙述海外省地位的变化(第一)、结构的沿革(第二)和可适用的法律制度(第三)。

180. **第一,地位的变化**。根据《宪法》第 72 - 4 条第 1 段,若事先没有得到选民或相关地方行政区的同意,便不得朝着《宪法》第 73 和第 74 条规定的某个方向转变,亦即不得变为海外省—海外领地体制,或者说,不得变为海外地方行政区体制。在下述三种时候方可着手实行转制步骤:一是中央政府提出了有关建议;二是征询了当地居民的意见;三是组织法要求改变地方行政区的地位。

181. **第二,结构的变化**。《宪法》第 73 条第 7 段规定,如果法律试图建立一种新型地方行政区,用以取代省和大区;或者,并不合并省和大区,只是试图为相关的省和大区合建一个单一议会,那么,这种改革必须征得当地选民的同意。

众所周知(参见上文第 124 点),已经实验过这种可能性。依照 2003 年 10 月 9 日政令,共和国总统曾经决定,就马提尼克和瓜德罗普两地分别建立一个单一地方行政区,以取代各自现行的省和大区问题,征询当地选民的意见。2003 年 12 月 7 日举行公民投票,结果,两个地方的居民都否决向他们提出的建议①。

182. **第三,法律制度**。《宪法》第 73 条第 1 段重申了传统的原则:"在所有海外省和大区,全部法律规章都是理所当然适用的。"但是,贯彻这一原则,也必须使法律规章适合当地的具体情况,而这是《宪法》旧的第 73 条已经提出的问题。

---

① M. Verpeaux, Libres propos sur des consultations électorales récentes, ou les dérapages de la démocratie directe (《谈谈最近的公民投票或直接民主的失控》), *AJDA*, 2003, 第 2249 期。

考虑到海外地方行政区的特点和具体条件，由它们自己制定若干法律法规（见《宪法》第 73 条第 1 段），也许更能适合当地的情况。 130

遵照《宪法》第 73 条第 3 段，如果业经法律授权，地方行政区或许也能更适当地行使自己的职责。然而，如果某个地方行政区保证行使公共自由权或宪法权利的基本条件还成问题，即便它要求斟酌当地情况灵活履行职责，那也不能授权给它。

《宪法》第 73 条第 3 段有一个相当大胆的改革：考虑到海外地方行政区的特殊性，而不顾"全部法律规章理所当然适用"的条款，可以授权地方为本辖区制定**属于法律范围的可行规章**。这已经不是简单地酌情适用国家法律，甚至也不是像在法国本土那样进行限定时间内的实验，而是真正地制定法律。当然，这种权力还要受到重大限制。首先，宪法列举了地方无权涉足的领域，诸如公民权利、刑法、司法机构等等。其次，当地方行政区行使公共自由权利、行使宪法保障的权利的基本条件尚然令人怀疑时，它便不可能得到为自己立法建制的权力。

法国议会的一位留尼汪议员，反对他所说的"地方立法"。应他的要求，留尼汪不像其他地方行政区那样，由自己来酌情实施国家法律，也不能在某些方面采取立法措施（见《宪法》第 73 条第 5 段）。这个修正案已获通过；作者的意图是，使留尼汪成为像法国本土任何省份那样的一个省。

# 第四章　大区[①]

131 大区是我国最近才产生的一级地方行政区；因为，直到 1982 年它的"地方行政区"性质才得到认可，只是自 1986 年大区议会首次选出后才变为事实。确实，如此之快就成为法国的行政区划，令人颇感愕然。

我们将追述一下导致现行大区体制的沿革过程(第 1 节)。作为一种地方行政单位，大区有大区议会和大区经济社会委员会两个议会(第 2 节)，以及一个执行者即大区议会主席(第 3 节)。也

---

① R Ferrari et C.-L. Vier, La réforme régionale (《地方改革》), *AJDA*, 1972, p. 491. La loi a été complétée par trois décrets du 5 sept. 1973 portant respectivement sur la composition et le fonctionnement du conseil régional, du Comité économique et social, et sur le régime financier et comptable (commentés par P. Ferrari et C.-L. Vier, *AJDA*, 1973, p. 521) et par un décret du 22 nov. 1974, sur la coopération entre les régions (commenté par les mêmes auteurs, *AJDA*, 1975, p. 100) 作为法律的补充，1973 年 9 月 5 日的三个政令分别对大区议会和经济社会委员会的组成和职能作了规定，1974 年 11 月 22 日政令则规定了各大区之间的相互合作问题。参见：Baguenard, L'organisation régionale (《大区的机构》), *RD publ.*, 1973, p. 1405, et la bibliographie citée supra; J. de Lanversin, *La région et l'aménagement du territoire* (《大区与领土整治》), 1979. 关于现行制度，参见：le numéro spécial de la, *RFDA*, La région, nouvelle collectivité locale, 1986, n°4, et les articles de A. Delcamp et P. Sadran, *AJDA*, 1986, p. 195 et 209; B. Rémond, La région (《大区》), 1993; L. Baghestani-Perrey et M. Verpeaux, Mode d'élection des conseillers régionaux et fonctionnement des conseils régionaux: enfin la réforme vint? (《大区议员的选举方式和大区议会的职能：改革完成?》), *RFDA*, 2000, p. 109。

有些大区地位特殊(第4节)。

## 第1节 大区体制的沿革

### §1 雏形

183.维希政权曾经试图恢复旧时代的省;如果舍此不谈,则最初成立大区是出于引导经济发展的需要;确切地说,实施社会经济发展计划和整治国土,必须成立大区。在制定第三个社会经济发展计划时,人们感到,从经济发展的前景看,现有的省太过狭小。1955年6月30日法令确定,将拟订"地方行政规划";为此,须将法国划分为22个**规划区**。然而,拟订此类规划困难甚多;到1958年,中央政府仅仅批准了八个地区的规划。

1960年6月2日法令提出了各地区的国家外事机构协调一致 132
原则(参见上文第98点)并准备将地方行政区域改为21个。

### §2 1964年改革

184.在制定第五个计划时,人们感到,将国土划分为21个大区还不够,必须使各大区拥有适当的结构以采取行动。

于是,人们选定两个试验区进行探索性改革(参见上文第125点),而后,1964年5月14日的重要法令将这项改革推开。设置了一名**大区长**,他必须是大区治所所在省的省长(参见上文第 99 点),以便不再增加公务人员;他有一个小小的办事组,即大区工作团。还设有一个咨询会议,即**大区经济发展委员会**(CODER),由政治人物和社会经济各方面的代表组成。隶属于大区长的那个工作团,是按 1964 年 3 月 14 日法令第 2 条的规定成立的,负责贯彻政府关于经济发展和国土整治的政策。但是,大区没有自身的预算。

### §3 1969 年的改革方案①

185. 自 1964 年起,政治辩论中不断提及大区问题。1968 年 3 月 24 日,共和国总统戴高乐在里昂说:"的确,普遍的发展正在把我们国家带入前所未有的均衡状态。以往数百年间,始终尽力强化中央集权,对于实现并维护国家的统一是十分必要的,虽然相继归并我国的一些省份差异较大。而今就不必再保持那样的中央集权了,相反,各地区的活动表明,它们的经济前景生机盎然。"

正是本着这种精神,拟定了一个"关于成立大区和改革参议院"的法律草案。该法案修改了《宪法》第 72 条,将大区变为一种地方行政区;保留以往大区的分界("小"的大区包括 2 至 8 个省);大区成立一个单独的议会,由当地选入国家议会的国民议会议员、参议员和当地的社会职业人士组成。尤为重要的是,该法案赋予大区议会如下权力:它有若干决定权,通过由自身收入提供的大区

---

① *La réforme régionale et le référendum du 27 avril* 1969(《大区改革与 1969 年 4 月 24 日的全民公决》), Cahiers I. E. p. Grenoble, Ed. Cujas。

预算，处理“大区事务”。

1969 年 4 月 27 日，全民投票否决了该法；这不是由于人们反 133
对大区改革，而是由于人们反对参议院“革新”。

## §4　1972 年的改革

186. 可能有人一度担心，全民公决的失败会导致大区改革长期搁浅。此事并未发生；问题接着被蓬皮杜总统提了出来，他宣扬审慎、温和的地方主义，这导致 1872 年 7 月 5 日法律的出台。

从法律角度看，大区依旧不是一级地方行政区域，而是一种公立公益机构，是具有法人资格的**大区公立公益机构**。

至于大区机关，人们当然保留了大区长；大区经济发展委员会则让位于大区议会和经济社会委员会。大区议会是政治机关，拥有决策权；它包括三类人：一是大区选出的国会议员，一是由大区议会选定的社会团体代表，一是各个居民社区的代表。经济社会委员会只有建议权，代表大区的经济、社会、职业、教育、科学、文化和体育等机构，体现他们的活动。

大区的职权须在尊重区内各省、各市镇职权的情况下行使，局限于经济、社会领域，研究、安排并参与投资事宜。作为一种制衡，而这是重要的，大区议会表决通过基于自身税收（限定总额）的大区预算。

### §5　现行制度

187.随着1982年3月2日 法律的颁施,大区演化完成。该法使大区变为一种地方行政单位,并决定大区议会议员由普选产生。1985年7月10日法律规定了大区议会的选举事宜,在此基础上,1986年3月16日举行了第一次大区议会选举。

目前,大区继续适用修改过的1972年7月5日法律,尤其要适用1982年3月2日法律及随之颁施的那些地方分权法规,以及2003年4月11日修改大区议会选举方式的法律。

大区的边界和名称是由法律规定的;可以根据相关大区议会的意见或要求予以改变。而且,1992年2月6日法律关心的是,使大区拥有更大的面积,可使之在与欧洲联盟其他国家的同种地方行政区的交往中具有竞争力,于是,允许两个或更多的大区合并,只要相关的大区议会提出申请并获得相关省议会以合格多数表示同意即可。这种合并须由国家行政法院用法令予以宣布。

## 第2节　大区议事机构

134　大区是唯一拥有两个议事机构的地方行政区,一个是审议机构,即**大区议会**(§1);一个是咨询机构,即**大区经济社会理事会**。

## §1 大区议会

“大区由一个普选产生的大区议会进行管理。”(参见 CGCT 第 4131 - 1L.条)

我们将依次考察大区议会的选举方式(A)、运作程序(B)和职权(C)。

188. **第一,选举方式**。1985 年 7 月 10 日法律规定,大区议会议员由区内各个省(这不大合乎逻辑)按以最大均数法计票的名单比例代表制选举产生。议席分配给获得至少 5%选票的名单。赋予区内每个省的议席数,由法律依据各省的人口数加以确定。这种选举办法十分糟糕,1988 年的选举尤其如此。因为,这样选举产生的任何结果,都很难形成大区行政管理所亟须的协调一致的多数派。

于是,人们再次采用 1982 年 11 月 19 日法律规定的市镇议会普选制度并稍加变动,试图排除构建大区“政府多数派”的障碍。这便是 1999 年 1 月 19 日法律追求的目标。

选举在大区范围内而非在省的范围内进行。只投候选人名单的票。某个名单若在第一轮投票中获得过半数选票,该名单即取得四分之一的议席。倘四分之一不是整数,则进位加成整数。其余议席在获得至少 3%选票的名单中按比例分配。如果没有一个名单获得过半数选票,则进行第二轮投票;只有在第一轮投票中获得至少 5%选票的名单才能参与竞选。这些名单可以改变,吸收在第一轮投票中列入至少获得 3%选票的那些名单中的候选人。

在第二轮投票后，议席分配仍然向得票最多的名单倾斜。

2003年4月11日法律① 在此修改了选举方式。这引起激烈的议会辩论。两轮名单选举制保持下来。

135 候选人名单仍然在大区范围内提出，大区内有几个省，各个名单上便有几个"**省选区**"。候选人完全不受性别限制，每个名单上的候选人数目须与各省应选的议员数目相等；各省增加2名候选人，以便在议员席位出缺时替补。无论什么省进行选举，选民均投整个名单的票，也就是说，所有的省选区都得列在选票上。

在第一轮选举中，若一个名单获得过半数有效票，它便得到大区议会的四分之一席位。其余席位则以最大均数法按比例分配给获得至少5%选票的名单。就最后一个席位而言，如果几个名单有同种权利取得，则分给获得最多选票的名单。

确定了每个名单所得席位数目之后，还要在各个省选区之间，按候选人名单在各省得票数量的比例分配议席。比如，一个名单在大区范围内共获20个席位；该名单在第一个省、第二个省和第三个省分别获得50%、30%和20%的选票，那么，议席分摊如下：在第一个省、第二个省和第三个省分别当选10人、6人和4人。

倘若第一轮选举未能产生上述结果，具备什么样的条件方可进入第二轮选举的问题就提出来了。正是这一问题曾经引发激烈论战。政府的法案规定，获得**登记选民**10%选票的名单方可进入

---

① 2003年4月11日法律是晦涩条文的典型，后人读之十分费解，而有些人似乎特喜欢将法律条文弄成这个样子。确实，草拟该法只能参照另一个文本(选举法典)，而有些人并不去看以往编撰的选举法典。必须要求立法机构和规章制定机构在修改法律文本时将其全部重写，编入新的法典。

第二轮选举，而经验表明，这是大区选举中很难达到的一个百分比。政府的目的很清楚：至少将“过激”派名单排除在第二轮选举之外。政府提出，是否通过该法案，事关是否信任政府；尽管反对派提出强烈抗议，法案终获通过。

正如所预料的，通过的法律尚未颁布，即被告到宪法委员会。反对派特别坚决地认为，准许进入第二轮选举的条件违反了宪法关于不得“损害思想、意见多元化的原则”。宪法委员会 2003 年 4 月 3 日的裁决，以**程序不合法**为由宣布该法无效（见《普通法》第 2003－468 期：**关于大区议员选举的法律**……《法国政府公报》2003 年 4 月 12 日第 6493 页）。的确，《宪法》第 39 条规定，政治的法律草案在交付部长会议讨论前，须提交最高行政法院审查。而政府提交上议院的这个法案规定，进入第二轮选举的起点是获得 10% 的有效票，这是征询过最高行政法院的意见的；有人却用登记选民的 10% 代替了原先的办法。宪法委员会据此认定，既然政府改变 136
了最初提交最高行政法院的问题，该法案就是以不合法的程序通过的。

共和国总统（2003 年 4 月 4 日政令）要求议会对此进行复议。尔后就政府提案进行投票表决，以获得 10% 的有效票作为进入第二轮选举的门槛。

在同一个裁决中，宪法委员会遵循**法律可理解原则**，着重指出了“这一选举方式的复杂性，在涉及省选区之间的议席分配问题时尤其复杂”；并要求政府“预先采取一切有效措施，将选举方式告知选民和候选人（原文如此）；使之明白，在大区选举中，重要的事情在于判断每个候选人名单的代表性”。正是经过宪法委员会的努力，制定了2004年1月9日第2004－30号法令。

余下的问题是，明确规定如何在第二轮选举中至少应有2个候选人名单(2003年4月11日法律第4条)；并确切说明，在第一轮选举中获得5%以上有效票的名单上的候选人，如何才能转移到第二轮选举的名单上去。

在第二轮选举结束后，按照前述第一轮选举后的分配办法来安排议席。得票最多的名单首先获得四分之一的议席。

被选资格和不可兼职的情况，与前述省议会类似(参见上文第166点)。2003年4月11日法律使大区议会的任期恢复为6年(跟其他地方议会一样)，届满全部改选。大区议会选举与区政选举同时进行(参见上文第168点)。选举争议由最高行政法院处理。

189. **第二，运行**。大区议会的运作法则与省议会相似(参见上文第170点)。不过，1998年3月7日法律试图纠正由于大区议会几乎全都没有协调一致的多数派所带来的缺陷(参见上文第190点)。评议会，选举产生的议会及其主席和常设委员会，各自制定其内部章程，并可设立各种委员会。大区议会至少要根据其主席的提议每季度开会一次；此外，可应常设委员会①、三分之一议员之请，或在特殊情况下应政府之请，召开会议。大区议会的任何议员，若无正当理由而拒绝履行法律赋予的某项职责，则会被最高行政法院宣布为辞职(参见CGCT第L.4132－2－1条)。

137 190. **第三，职权**。“大区议会以其审议、决定来掌控大区事务。”(参见CGCT第L. 4221－1条第1款)起初，大区的职责差不

---

① 见：CE, Ass., 18 décembre 1996, 中央大区案判决, p. 495。

多完全局限于经济和国土整治领域。这些职责至今还是最重要的;但自 1982 年 3 月 2 日法律颁施后,其管辖权显著地扩大了:大区议会开始"有权促进大区的经济、社会、卫生、文化和科技的发展以及国土的整治,并在尊重各省、各市镇的完整、自治和权限的前提下,确保整个大区的一致性"(参见 CGCT 第 L. 4221 - 1 条第 2 款)。

(1) **在经济和国土整治领域**。在这些方面,大区议会同时具有发表意见和作出决定的权力。就经济而言,大区议会可事先对涉及大区发展的问题开展各种各样的调查研究,可对如何协调各级政府机构的投资提出任何建议。再者,大区议会有义务就国家计划的制订,就大区发展和国土整治的各种问题,提供咨询意见。它每年还要对指定供大区和各省投资之用的国家拨款使用情况,提出意见和建议。至于决定权,大区议会在征询有关机构的意见后,在国家计划的框架内,拟定大区计划(参见 1999 年 6 月 25 日法律中关于"国土整治和持续发展的方针"各条款)。此外,大区跟市镇和省一样,可以给企业以支持(参见上文第 151 点)。不过,对企业的直接援助原则上归大区管辖(参见 CE,1993 年 10 月 1 日,Vitrolles 市镇,LPA,1994 年 10 月 19 日 p.23,Chouvel 解释)。各省、各市镇,只能在大区未做到法律规定的最大限度时,在大区之后采取有关行动。

应当强调指出"国家—大区"契约的重要性①。这是国家与一

① J. M. Pontier, Les contrats de plan entre l'État et les régions (《国家与大区间的计划契约》), *AJDA*, 1985, 第 331 期。

个大区所辖地方行政单位之间经谈判协商达成的一种文件；大区是这些地方行政单位的排头兵。契约规定了在约定期间所达到的发展目标，尤其规定了国家与地方行政单位为实现该目标所承担的财政义务。最高行政法院最初曾经承认，这种契约具有行政契约性质（参见 CE，1988 年 1 月 8 日，斯特拉斯堡城市共同体，*RFDA*，1988，第 25 期）。很可惜，它现在认为，此类契约本身不会产生任何直接后果（参见 CE，1996 年 10 月 25 日，Assoc. Esturaire-Écologie，*REDA*，1996，第 339 期，concl. Stahl，note Madiot）。现行的这种契约涵盖 2000 年至 2006 年。中央政府刚刚决定，将重开谈判，以改革国家—大区之间计划契约（参见 *AJDA*，2004，第 10 期）。

138　(2) **表决预算**。大区的预算与省和市镇的预算具有相同的结构（参见上文第 150 点），其中一部分来自本身的收入。由于选举方式使得大部分大区议会缺乏一个协调一致的多数派，导致这个立法机构过去都是不经投票表决而组织其他程序来通过预算（类似于向国民议会提出的信任案）。实际上，1999 年 1 月 19 日法律规定，如果预算未能在 3 月 20 日执行以前获得通过（议会换届年份的 4 月 30 日以前），议会主席即可在自该日算起的 10 日内，或在预算被否决之日起的 10 日内，提出一个新的预算案。新预算一经提出即被视为已获通过；除非此时有人以主席职位候选人的名义，提出罢免在任主席的议案，并应附上一个预算草案，而且以大区议会议员的绝对多数通过。倘如此，则新主席上任履职。

(3) 其他。大区议会还拥有如下权限：

① 建造和维护公立中学和专业教育机构。

② 大区的铁路交通运输业[1]。1995年2月4日法律第67条，允许在6个大区进行铁路移交大区管理的试验。2002年12月13日法律将之推广到所有大区。

③ 学徒培训。

④ 档案馆、图书馆、博物馆等若干文化设施。

⑤ 建造和管理各种水道和河港。

## §2 大区经济社会委员会

191.大区经济社会委员会由大区经济、社会、职业、家庭、教育、科技、文化、体育各界的代表组成。各界人士分别建有三种组织。1982年10月11日、1989年5月12日和1995年9月4日的法令,确定了上述三种组织在经济委员会中的各自比例,由他们自己指派代表参加;另增5%的资深名流,由省长任命。每届任期6年,可以连任。大区议会选出经社委员会的领导机构,委员会的会议公开举行。为便于研究托付给它的各种问题,经社委员会分为若干处室;这些处室的名单由法令予以规定。经社委员会作为独一无二的咨询议会,可以对提交大区议会而尚未审议的所有事务发表意见。1992年2月6日法律扩大了经社委员会必须受理的问题,增加了应当送它阅知的文件[2]。

---

① D. Broussole, La régionalisation ferroviaire (《铁路的地方化》), *AJDA*, 2002, 第435期; 关于经济社会委员会对此所作的总结, 请看: *AJDA*, 2003, 第1844期。

② 2002年2月17日法律明确规定了大区经社委员会成员的身份、地位(诸如津贴、履职经费、接受培训的权利等)。

## 第3节 大区议会议长

139 1982年3月2日法律颁施后,大区议会议长取代大区长,成为大区这个地方行政区的执行者。

**192.第一,选举**。大区议会议长的选举方式,市镇长和省议会议长的选举方式相同(参见上文第157点)。实行三轮多数选举制,在第三轮获相对多数票即为当选。

但是,鉴于大部分大区议会内部没有协调一致的多数派(参见上文第190点),1998年3月7日法律希望为构成一个议长多数派创造有利条件,为此而规定:"只有在每轮投票前,通过最年长者,向大区议员发表一个书面声明,阐述其任期内将要采取的政治、经济、社会等大政方针的人,才有可能当选为议长。"(参见CGCT第L-4133-1条)

**193.第二,职权**。大区议会议长的职权与省议会议长的职权完全相同(参见上文第177点)。如同省议会议长那样,大区议会议长制备并执行大区议会的决议。这项任务由几位获得委任状的副议长协助完成。副议长一般4至15名,其数目不得超过议员人数的30%。除了表决预算之外,(参见上文第190点),处理议长与议会关系的法则,跟省上的有关处理法则相同。议长在大区拥有人事权。议长若将其职权转移给省上的适当机构行使,须按照双方协约办理,如同省上办理此类事务一样。

## 第4节　特殊地位的大区

除巴黎大区我们将在下一章进行研究外,科西嘉(§1)和海外各大区(§2)也都是地位特殊的。

### §1　科西嘉[①]

194.既然科西嘉岛在普通法上划分为两个省,还能再把它说成是一个"科西嘉大区"吗? 1991年5月13日法律将之定性为"科 140
西嘉行政区",从而取代了原先的叫法。该法第1条走得更远,说"科西嘉人"是"法兰西民族一分子"。宪法委员会在其1991年5月9日的裁决中曾经判定:这一说法会使法兰西民族的统一性和共和国的不可分割性引起争议,因而是违反宪法的。因此,该法删除了这一用语。可是,科西嘉岛的封闭性、特异性以及近几年那里暴露出来的政治紧张局势,已使它部分地脱离了地方普通法,而应为科西嘉大区制定一个特别法律。

1991年5月13日法律最早进行了这一工作,这涉及科西嘉的机构设置和权限划分。就权限而言,2002年1月22日的第2002-

① P. Ferrari, Le nouveau statut de la Corse (《科西嘉的新地位》), *AJDA*, 1982, p. 344; T. Michalon, *RFDA*, 1986, n°4, p. 580; P. Ferrari, Le statut de la collectivité territoriale de Corse (《科西嘉的地方行政区地位》); *AJDA*, 1991, p. 701。

92号法律引起了深刻的变化。

**第一,机构**。设有科西嘉议会、执行局和科西嘉经济、社会和文化委员会。

(1) **议会**由选举产生,议员51人,任期6年,届满全部改选。选举时,科西嘉全岛是一个选区。实行两轮名单选举制,所适用的法则有别于内陆的大区议会选举。科西嘉议会每年举行最长为期3个月的两次常会。议会选定自己的主席和领导班子。

(2) **执行局**。执行局及其主席皆由议会选定。如果执行局有些成员已是议员,则须退出议会,二者不能兼容。

(3) **经济、社会和文化委员会**。这是一个供议会和执行局咨询的机构。分设为两个室。它选举自己的主席和领导班子。经社文委员会的成员,不得兼任议会和执行局的职务。

**第二,权限**。

(1) 2002年1月22日法律和2002年5月3日的第2002-823号法令,大大改变了科西嘉大区的权限[①]。议会"以其决议掌控科西嘉事务。议会监督执行局,表决预算,审核行政账目,通过科西嘉的国土整治和持续发展计划"(参见CGCT第L. 4424-1条)。

法国议会通过的法律条款规定,国会可以允许科西嘉行政区在现行(法律)准则之外进行实验。宪法委员会在其2002年1月17日的裁决[②]中认定,允许科西嘉采取本属于法律范围内的某些

---

① P. Ferrari: La loi du 22 janvier 2002 relative à la Corse (《关于科西嘉的2002年1月22日法律》), *AJ*, 2002. p. 86; Dossier Le nouveau statut de la Corse (档案:科西嘉的新地位) (Loi du 22 janvier 2002), *RFDA*, 2002, 685 et s。

② J. E. Schoettl: Le Conseil Constitutionnel et le statut de la Corse (《宪法委员会与科

措施,是违背宪法的。很难质疑这一认定。有目共睹(参见上文第129点),这导致2003年3月28日修改宪法,允许在某些条件下,以实验方式突破法律约束。作为一种制衡,在含有科西嘉特异条 141 款的法律法令草案和提案方面,科西嘉议会要接受询问考察。相应地,科西嘉议会可以自动地,或者应执行局或总理的要求,介绍那些旨在修改或调整法律规章的议案。至于规章制定权的行使,科西嘉大区可以在法律赋予的权限内,要求国会授权给自己;至于为实施法律而下达政令,科西嘉大区可以要求制定适合岛屿特殊性的准则,但不得妨害个人自由和基本权利的行使。

在上述一般安排之外,在文化、领土整治、发展、运输、环境保护,尤其在经济振兴方面,赋予科西嘉大区若干重要职权。最后,法律还包括税收和社会方面的一系列重大举措,制定了一个为期15年的特别投资计划。

目前,国会正在讨论一个关于“地方责任”的法律。该法颁施之日,科西嘉在权限方面的地方特色势将极大消减。

(2) **执行局**。它的主席行使议会执行机关所能胜任的一切职权(司法代表,制备和执行决议,领导职能部门,安排开支,等等)。主席可以将其某些职责委托执行局成员完成。

(3) 经济、社会和文化委员会。执行局主席将属于自己职权范围内的若干主要问题提交经社文委员会,后者可对所有这些问题发表意见。

---

西嘉的地位》), *AJ*, 2002, p. 100; v. les Commentaires见 de M. Verpeaux, B. Faure et A. Viola的解释, *RFDA*, 2002, 1459 et s。

**第三，各机构间的关系**。议会主席每年须向议会提出一份科西嘉形势报告。尤其是，关于科西嘉地位的一项最重要创新是，承认其议会有权对执行者提出不信任案，依照议会制原则迫使其辞职。

**第四，国家驻科西嘉代表**。无论对于业已移交地方的国家行政机构，还是对于那些对地方机关实施司法和财政监督的部门，国家驻科西嘉代表的权力均与昔日的大区长大同小异(参见上文第99点)。2003年8月1日的第2003.716号法令，将某些国家行政部门移交给科西嘉大区；同时列举了仍由国家代表支配的那些机构。

## §2　海外大区

195. 海外诸大区的地方特殊性，部分地源自它们都是单省大
142 区。中央政府曾经希望，制定一个法律，将瓜德罗普、圭亚那、马提尼克和留尼汪分别划为一个单一选区，各自选出一个议会，以之取代省议会和大区议会。当时，宪法委员会认为，该法案违反宪法(参见CC，1982年12月2日，*Rec*.，p.70)，因为它超越了宪法关于海外省尚处于初步适应阶段的规定。后来，延至2003年3月28日的宪法性法律颁施，选出一个单一议会的问题应当就可以办到了。然而，2003年12月7日，在瓜德罗普和马提尼克举行全民公决，就合并省议会和大区议会之事征询选民的意见，他们却否决了相关提案(参见上文第181点)。

海外诸大区的管理体制还是由1982年12月31日法律确定

的,1986 年 1 月 6 日法律又作了修改。海外大区的权限则是由 1984 年 8 月 2 日法律规定的。

它们的机构设置只有一个特色,即在大区议会之外设有两个咨询议会,一个是经济、社会委员会,一个是文教、环境委员会。

海外大区的权限比本土各大区的权限更广。比如,那里的地方整治计划包括支配土地的使用。尤其是,海外大区有责任开发海洋资源和矿产资源。为了行使上述职权,它们可以创设若干**代办处**,作为公立公益机构。最惹眼的是,海外大区可以介入国际关系。的确,为了征求多方意见,它们可以参与自身所处区域的合作协商计划。

至于国家法律在海外大区的贯彻,为了适应当地情况,或者说为了尽可能制定一些适合海外大区情况的立法准则,2003 年 3 月 28 日的宪法性法律确切规定了同对待海外省相同的准则。(参见上文第 182 点)。

# 第五章　地位特殊的地方行政区

143 196.**概览**。我们上文已经阐明了地方行政结构传统上的一致性(参见上文第137点)。但是,许久以来,客观形势很难与普通法的制度相吻合,亟须制定一些特别法规。特殊情势需要特殊的法律制度。

在大区和省里对普通法的某些突破是受到严格限制的。就大区而言,从各方面看,除了科西嘉情况十分特殊之外,只在海外省有些例外。

然而,市镇制度中对普通法的违反则是更多更重要的。

首先,存在一种很特殊的情况,就是人们都想凭空创造一个市镇,这就需要有一套适合**新城市**的法律(第1节)。

其实,在大巴黎,问题尤其复杂,里昂和马赛亦然。

直到1982年,在权力下放、地方分权中,只有巴黎市和巴黎大区地位特殊。1982年12月31日的两个重要法律改变了这种状况①。

沿革的总趋势似乎是走向两个相反的方向。一方面,普通法

---

① 关于1982年12月31日的法律,请参见:J. Moreau, *AJDA*, 1983,第115期。

终于取代了巴黎实行已久的例外制度，大区的普通法同样也最终在法兰西岛大区*得到贯彻。然而，另一方面，恰好相反，普通法在两个场合显著地退却了。最初只对巴黎一个城市法外施恩，巴黎市长的权力更为特殊。为了平息由此引发的人们对政治秩序的疑虑，违反普通法的情况至少是部分地扩大到了里昂和马赛这两个都市大区。当时是1982年，雅克·希拉克担任巴黎市长。从此，在这些地方行政区，既优先确认每一级行政区地位相同这一行政传统，又根据各个行政区的具体情况和幅员大小，参酌最新发展趋势，使它们的地位有所区别。

因此，应当将适合于**巴黎和巴黎所在大区**的特殊法则（第2节）与**巴黎、里昂、马赛**实施的普通法则区分开来（第3节）。

## 第1节　新城市

197. 针对新城市[①]，先是出台了1970年7月10日法律，后又 144
出台了1983年7月13日法律。

1970年7月10日法律"旨在推动新居民点的创建"；建立新城市由最高行政法院以法令予以确定。为了组建新城市，相关市镇

---

* 法兰西岛大区是法国本土22个大区之一，法国政治、经济、文化中心，辖巴黎市及8个省。——译者

① A. Heymann, Les villes nouvelles（《新城市》），*AJDA*，1971，p. 443；R Albertini, La réforme du statut des agglomerations nouvelles（《新城乡共同体地位的改革》），*AJDA*，1983，p. 610。

有三种选择：

① 1966 年 12 月 31 日法律规定的**城市共同体**方式(参见下文第 251 点)。

② **集体治理联合会**方式。该会是一个公立公益机构，由各个相关市镇议会选出的一个委员会进行管理。

③ **城市协调团**方式。这是一个法人机构，服从市镇的管理和财政制度。只有在相关市镇之间不能达成一致时，才会强制实行这一方式。在实践中，几乎总是采取上述第二种方式。

1970 年的法律没有给原有市镇的议会以足够的地位，因而受到批评。鉴于此，1983 年 7 月 13 日法律改变了办法。在整治中改变了社区周围边界以后，或者在设立新社区以后，有三种办法可供原有市镇选择：

① 以简单合并或不合并的途径建立一个**新市镇**。

② 建立**新的城乡共同体**，其议会由直接普选产生。

③ 建立**新的城乡联合体**，其议会由相关市镇议会选出的成员组成。

适用于城乡共同体议会和城乡联合体议会的规则，均与适用于市镇议会的规则近似。尽管如此，这些新议会的职权，较之其辖区市镇议会的职权，都有所减少。而且，给国家的介入干预，留下了重要的空间。

## 第2节 巴黎和法兰西岛大区[①]

### §1 沿革

198.**第一,问题**。问题是双重的,一是政治问题,一是人口和 145
经济问题。

政治问题直到最近才显露出来,实则有其历史根源。巴黎作为法国的首都是政府机关所在地。众所周知,自1789年以来,历次革命的开端都是巴黎革命。令人不安的是,各种各样的政体都不给巴黎一个强有力的市政当局,以防它与中央政府作对。特别是,一直都是让分散到地方的中央权力机关维持首都的秩序。由此,昔日巴黎市政制度的特殊性,以及昔日塞纳省制度的特殊性,也就是可以理解的了。

人口问题源自**大巴黎**。涵盖巴黎市区和郊区的大巴黎,居民超过1000万。问题需要综合解决,而大巴黎没有统一的行政管

---

① 关于1975年以前的制度,请参见:Félix, *Le régime administrative du département de la Seine et de la ville de Paris*(《塞纳省和巴黎市的行政管理体制》), 2 vol., 1947; Legaret, *Le statut de Paris*(《巴黎的地位》), 1956; *L'agglomération parisienne*(《大巴黎》), 1959; Gilles, *Problèmes administratifs de la région et de l'agglomération parisienne*(《大区和大巴黎的行政管理问题》), th., Paris, 1960; Drago, L'administration de Paris et de sa région(《巴黎和巴黎所在区的行政管理》), *AJ*, 1966, p. 324. 关于现行制度请看:Ferrari et Vier, *AJ*, 1977, p. 115; Goyard, *RD publ*., 1978, p. 333。

理，所辖大量市镇和好几个省各有打算，各行其是。鉴于大巴黎的发展乃是国家大事，其行政管理的统一就变得更加必不可少。而且，若巴黎无序扩张，则对国家的平衡是一种严重威胁。更何况，巴黎大区各省和区的传统界限，已不再符合人口和经济形势，且导致许多社区管理不善，酿成了尖锐的行政管理难题。

199. **第二，解决办法**。(1) 历史上存在一种对巴黎政府的疑虑，怕它会动摇国家政权的权威。与此相反，很久以来也有一种舆论倾向，依据民主逻辑，要求在巴黎实施普通市政法。正因这一倾向影响颇广，促成了 1975 年 12 月 31 日法律的制定。该法于 1977 年市政选举后生效，从此巴黎有了市长。然而，往昔传统和巴黎的特殊处境，仍使巴黎的地位保持了某些地方特色；这种特色在 1982 年 3 月 2 日法律中依旧存在，尽管有所淡化。

146 (2) **巴黎大区**的变革是新近发生的。但是，如前所述，这种变革是回归普通法。1959 年建立的巴黎管理区，在 1961 年变为**巴黎地区管理区**。这是一个公益机构，只起协调作用。1964 年，巴黎周遭重新划省，旨在解决郊区管理不善的问题。1966 年的一道法令，将 1964 年在法国其他地区实行的大区改革（参见上文第 184 点），推广到巴黎大区；巴黎大区从而厕身于早先建立的 21 个大区的行列。管理区变成了在大区的领导下研究、落实大区政策的工具。1975 年 12 月 31 日的法律旨在改变巴黎的地位，1976 年 5 月 6 日法律则与之配套并行。随着这两个法律的颁施，巴黎就只能更加单纯地遵从普通法了。**法兰西岛大区**，这是巴黎大区的新名字，是一个国家建制，其机构设置和拥有的职权，与 1972 年法律（参见上文第 186 点）赋予其他大区的机构和职权相近。这一改革废除了原先的管理区。最后，1982 年 3 月 2 日法律将在其他大区进行的改革几乎全部推广到法兰西岛，其地方特色也就所剩无几了。

## §2　巴黎大区所辖地方行政区

200.(1) 巴黎大区最初包括：

① 巴黎市，19 至 20 世纪皆分为 20 个区（勿与省上的专区混淆，参见上文第 107 点）。

② 塞纳省，它和巴黎市都包括近郊市镇。

③ 塞纳－瓦兹省和塞纳－马恩省的一部分。

塞纳－瓦兹省和塞纳－马恩省及其所辖市镇，原则上服从普通法。反之，巴黎市和塞纳省采行专有制度；其特征是，显而易见的集权化，并且它们在部分地区进行联合治理。巴黎选出一个**省议会**，其职权已被限制性的列举出来。其议长是选出来的，既无市长身份，亦无相应权限。议长的作用仅限于主持会议。**塞纳省议会**由巴黎市议会议员和郊区选出的议员组成，对全省行使管辖权，巴黎市亦在其中。在巴黎市区，无论对塞纳省议会的决议，还是对巴黎市议会的议会，执行权均由两位国家代表分享：一位是任命的**塞纳省长**，行使在别处授予市长的全部行政职权，而治安权除外；另一位是**巴黎警察局长**，行使市长们所拥有的全部治安权。至于在塞纳省的各个市镇，则是警察局维持秩序，市长们保留其他管理权限。

(2) 1964 年 7 月 10 日法律规定：　147

① 撤销塞纳省和塞纳－瓦兹省。

② 将这两省的地区划分给新设的上塞纳、塞纳－圣但尼、瓦勒德马恩、埃松、伊夫林、瓦勒德瓦兹六省。依照有关法令(参见上文第 163 点及其他点),它们皆遵行普通法。

③ 巴黎市不再属于某个省,而成为一个“地位特殊的地方行政区”,既是市又是省,兼省和市的权能;所有的职权由**巴黎议会**(它接收了原市议会和塞纳省议会的权责)、**巴黎长官**(如同昔日的塞纳省长)和巴黎警察局长共同行使。

(3) 1975 年 12 月 31 日法律改变了上文③项所述办法,从法律上,将巴黎地区分设为**巴黎市**和**巴黎省**两个地方行政单位,尽管他们由选举产生的同一个议会管辖。

(4) 巴黎市与六个新省,再加上 1964 年改革中保留的塞纳－马恩省,共同构成**法兰西岛大区**。

总的说来,对照普通法,只有巴黎和法兰西岛大区的制度表现出若干特色。

## §3　巴黎的制度

201. 遵从普通法乃是 1975 年 12 月 31 日法律确定的原则,巴黎市和巴黎省分别受《地方法规大全》和 1871 年 8 月 10 日法律约束。对普通法的第一个违反,与这两个行政区地域重合有关,它们共有一个审议机关,巴黎议会扮演着市议会和省议会的双重角色。第二类违反涉及共同的执行机关。最后,巴黎 20 个区中每个区的行政管理都发生了巨大的变迁。

(1) **巴黎议会**。它的选举方式已由 1982 年 12 月 31 日法律做了修改,里昂和马赛的市议会也采用这种选举方式,请看下文第 206 点。如果说巴黎议会也可以像其他市镇议会那样,由部长会议下一道理由充分的政令予以解散,它却不能像其他省议会那样被停止活动。它制定自己的内部规章,一种适用于它的市镇议会角色,一种适用于它的省议会角色(参见 1986 年 12 月 29 日法律)。它举行会议,尤其是履行职权,均须遵从普通法。不过,在巴黎,要区分市里的事务、省里的事务和具有全国重要性因而应归国家处理的事务,是有难度的。

(2) **巴黎的行政权**。① **巴黎市长**一职的设立,是 1975 年法律 148
的最重要创新。担心巴黎市长树立了政治权威就会危及国家政权,这种观念长期阻碍着改革的进行。

巴黎市长由巴黎议会依据普通法选举产生。他配有 18 名助手,还可再追加 9 名。他在履行正常的市长职权之外,当巴黎议会行使省属权限时,由市长主持;自 1982 年 7 月 22 日法律颁施后,当巴黎议会履行省议会职权时,巴黎省的行政权由市长行使。如果说巴黎的治安权大部分归**警察局长**掌握的话,1986 年 12 月 29 日法律也赋予市长若干治安权,诸如卫生保健、维持市场交易秩序、保管市属公产之类。至于巴黎警察局长的权限,他能进入巴黎议会并发言;他执行与他有关的议会决议。

② **巴黎长官**依然存在,但他失去了往昔巴黎议会执行机关的权限,在市属事务和省属事务方面尽皆如此。不过,他还是法兰西岛大区的长官。

(3) 巴黎地广人众,居民与议员接触殊难。为补救这一缺陷,法律业已规定,在20个区各设一个代表活动站。1982年12月31日法律使这一做法在巴黎、里昂和马赛都进行得红火深入。(参见下文第206点)。

(4) 法律以及为实施法律而制定的大量政令规章,解决着新旧制度转轨过程中产生的各种难题:

① **财政**:巴黎市和巴黎省的两个预算案,加上巴黎警察局的专门预算案,须由巴黎议会分别表决通过。

② **不动产**:有一道法令确定了归属巴黎省的不动产,其余则归巴黎市。

③ **职员**:必须尊重人们的既得权利;为此,对当地公务人员不能执行普通法,得将他们分拨到两个地方行政单位。

## §4　大区的行政管理

202.法兰西岛大区(见1976年5月6日法律)跟其他大区一样,也有两重性:自1966年8月10日法律颁施以来,它是一个行**政管理区**,由**大区长**在一个大区行政会议的协助下进行领导(参见上文第100点);自1976年5月6日法律颁施以来,它同时也是一
149 个**公立公益机构**,按照1972年7月5日法律在国家其他地区的设置,拥有自己的机关和权能(参见上文第186点)。巴黎大区的特异性使它不得不对大区普通法有所突破。但是,1982年3月2日法律勾销了它那些最重要的特异性。

203.(1) **大区机关**。大区有一个评议会,即大区议会;一个咨询议会,即经济、社会委员会;还有一个执行机关,即大区议会议

长，他在这方面接替了大区长。

① **大区议会**。依据2003年4月11日法律确定的规则，由直接普选产生的197名议员组成。适用于各个大区议会的运行法则，均推广到法兰西岛。尽管如此，法兰西岛大区议会不得选举巴黎市长为其议长。

② **经济、社会委员会**(参见1976年5月21日法律)由本大区经济、社会、职业、家庭、教育、科技、文化、体育各界代表80人组成。各界代表的比例，任命方式，以及委员会运行规则，我们在上文第191点已经作过分析。

③ **大区议会议长**自1982年3月2日法律颁施以来，乃是大区的执行机关，按照适用于其他大区的规则行使职权，参见上文第192点。

204.(2) **大区的权限**。1972年和1982年的法律赋予其他大区的权限(参见上文第190点)，同样是法兰西岛大区制度的基础，而它的权限稍微大些。

① 法兰西岛的绿化和行人交通具有特殊重要性。在这两个领域，该大区"制定大区的政策"，并"确保政策得到落实"，这含有一种决定权。在绿地建设方面，通过一个大区公立机构即**法兰西岛大区绿化管理处**(参见1976年10月2日政令)来开展工作。

② 法兰西岛大区负责协调由公立机构和合资机构进行的当地重大投资项目；1976年11月22日政令列举了这些投资机构的名单。

③ 在集体设施购置方面，法兰西岛大区同其他大区有别，可以比其他相关大区走得更远；经最高行政法院以法令给予批准，该

大区可以自费购置。因而,它负责保管由此投资形成的不动产。

205.(3) **大区活动经费**。除享受其他大区享受的好处外,法兰西大区的收入还包括巴黎行政区当初征收的资财。它获得授权(参见 1976 年 10 月 3 日法令),可以在下文第 258 点阐述的条件下,开展大区之间的合作。

## 第 3 节 适用于巴黎、里昂和马赛的普通规则

150 最初,立法机构考虑,巴黎的主要改革是,在每个区创设一个普选产生的议会,配置一个区长,使区长的权力能够弱化巴黎议会和巴黎市长的权威。然而,改革向里昂和马赛的扩展,减损了巴黎改革的政治影响力。市属区级机关的权限大为缩小(参见 1982 年 12 月 31 日第 82 – 1169 号法律)。但是,改革使三大城市的市政选举制度发生了变化,选民只在同一次选举中即可选出市、区两级议会的议员(参见 1982 年 12 月 31 日第 82 – 1170 号法律)。

上述两个法律适用于巴黎的 20 个区和里昂的 9 个区,且将马赛的 16 个区合并为 8 个选区。该两法还使市属区的法律性质和法人资格成为悬而未决的问题。法律没有规定,令人难以了解市属区的法人性质。

## §1　区级机关[①]

206.(1) **区议会**。区议会由两部分人组成，一部分是本区选出的市议会议员，另一部分是相当于本区所选市议员两倍数量的区议员，他们皆按下文第211点所述规则，由普选产生。约束市议会的规则，既适用于区议会的功能，也适用于区议员的地位。

不过，区议会的决议须由市长送达国家代表，以审查其是否合法(参见下文第215点)。市长可以要求区议会进行“二读”。而且，无论国家代表对那些决议作出何种决定，市长本人均可在必要时，按紧急程序，将自己认为不合法的决议提交行政法院，请求暂停执行。

区议会的职权是有限的[②]，主要是同市议会进行联系。也许是区议会向市议会提出与本区利害攸关的问题，也许是来自市议会的提案，必须征询区议会的意见。这种提案所述之事项若须区上执行，特别是涉及给区上的社团或城建规划发放补贴的事宜时，市议会在审议前必须听取区议会的看法。但是，决定权属于 151
市议会。至于与区上有关的社会、文化和体育设施的建设，区议会的权限就变大了。倘若区议会自身无力置办这些设施，那么，还得由市议会就此作出决定，区议会则需确保做好这些设施的经

① J. de Soto, arrondissement de Paris (《巴黎的区》), *RD publ*., 1984, p. 1301。

② 区议会的职权由2002年2月27日法律的第26条及其他一些条款作了明确规定，参见CGCT第L.2511－15条等。

营管理。

207.(2) **一个倡议和协商委员**。其中汇集着区上各社团的代表,他们需要这个委员会。他们可以就与其活动有关的各种问题,参加议会辩论,发表意见。

208.(3) **区长**。区长由区议会从其兼任市议员的议员中选举产生。区长配备有助手,也是选举产生的。有关市镇长及其助手的法则,适用于区长及其助手。区长的职权,除了主持区议会之外,局限于居民身份登记、学校义务教育、制定选民名单等方面,也就是市镇长以国家代表身份发挥作用的那些领域(参见上文第108点)。此外,区长还可向市长提建议,并且必须接受市长对涉及区内的各种问题的指示。

## §2 区里的资源

209.(1) **收入**。市属区既无特有收入,亦无预算。有一个"辖区专用经费一览表",附于市级预算之后,每年摘要列述区议会运行过程中的各项开支和进款。这种进款,一部分是当地的经营管理收入和市议会给各区的活动经费补贴,另一部分来自区议会所经管设施的租金。给各区的补贴、拨款由市议会计算;分配时,既要考虑各个区的实际负担,也要顾及各个区的社会职业状况。以市议会所考虑的补贴拨款为基础,区议会制定本区的专用经费清单。若此清单所列收支实在不平衡,则市议会将其退给区议会再议。倘区议会不能达成一致,则最终决定权属于市议会。辖区专用经费一览表由市议会表决通过，与市级预算一并执行。区上的经费开支，由区长以市长代理的身份予以安排。至于投资的分配，只能由市议会决定，但事前须征询由市镇长和区长组成的一个委员会的意见。

210.(2) **职员**。由所辖市镇长派归区上使用的市镇公务员组成。区秘书长根据区长的提议加以任命。区长还可以要求支配所 152
辖市镇的行政部门。

## §3　适用于巴黎、里昂和马赛的选举制度

211.1982 年 11 月 19 日法律为 3500 名居民以上市镇制定的规则(参见上文第 141 点)，适用于这三大城市，但带有下述特色：

这三大城市都分设选区。巴黎和里昂是每区为一个选区，马赛是两个区为一个选区(参见 1988 年 5 月 6 日法令)。法律确定市议会分配给每个选区的席位数，巴黎议会总共有 163 名议员，里昂 73 名，马赛 101 名。

市、区两级议会同时进行选举；每个名单均须包括与分配给本选区的两级议会席位数量相等的候选人。依据 1982 年 11 月 19 日法律确定的规则，每个名单上排在前头的候选人当选为市议会议员。这个法律规定了多数选举制和比例代表制。依据同样的规则，区议会的席位分配给每个名单上排在市级当选者之后的那些候选人。

市议会任期内若席位出缺，则由当初在名单上排在出缺议员

之后的那位区议员递补。同样，区议员出缺，也由名单上紧随其后的候选人递补。当名单已经用完，不能自动递补，以致区议会逾三分之一席位出缺时，无论区议员还是区上选入市议会的议员，一律全部改选。

# 第六章　国家对各级地方行政区的监督

**212.概览**。1982年3月2日法律“废除”监护(la tutelle),1982 153
年7月22日的一个法律又对此作了修改和补充。这里“废除”的主要是已从官方用语中消失的tutelle一词(参见上文第113点)。但是,法律所坚持的对地方行政区的监督(la contrôle),从这词的法律含义上说,仍然是一种监护式监督(contrôle de tutelle)。也就是说,与等级下的层层管制相比,这仍然是一种受到法律严格限制的监督①。

与昔日法规相比,法律却给这种监督带来本质性变化:

① 监督不再制约地方当局所订条令的生效。所有**事前**监督,所有明文的或默许的批准,都消失了。地方当局独自执行自己制定的条令。监督一律在**事后**进行。

② 仅仅针对地方条令是否合法实行监督;当然,可适当进行任何监督。

③ 如果国家代表获得开展监督的权力,这乃是一种**司法裁决**

① J. F. Auby, La décentralisation fait-elle naître de nouvelles tutelles? (《地方分权产生了新的监护吗?》), *AJDA*, 1984, p. 412; P. Brunelli, *Le contrôle de légalité* (《对合法性的监督》), *LGDJ*。

**权**;他便作为行政法院,或者在极有限的范围内,作为财政方面的地方审计法庭,行使本质上的裁决权。

④ 最后,监督被**整合**为一种双重的事务。过去的法律使各级地方行政区服从不同的准则。而今,除若干细节之外几乎一样的制度,同时适用于市镇、省和大区,适用于他们的公立公益机构,并且适用于它们之间合建的各种机构,诸如城市共同体、市镇联盟、省际联盟、省市混合联盟、城乡共同体,等等。不过,为建造新城市而创设的各种机构,依旧受往昔法规的约束(参见上文第197点)。

另一方面,对每个地方行政区的议会、执行机关所作的各类决定,一律适用同样的监督;而对市镇长这位唯一由普选产生的执行者的决议、决定,迄今仍实行不同的监督方式。

上述准则全都针对的是如何监督地方的**规章条令**。至于对机关和人员的监督,诸如议会的解散、中止或废除,仍然斟酌各个地方的不同情况,适用一些不同的规则。1982年的法律仅仅弱化了那些规则,同时进一步确保其中某些规则得到落实[①]。由于那些
154 规则直接同种种机构的地位联系在一起,所以,那些规则已经同这种地位一并受到考察研究(关于市镇,参见上文第143点)。目前正在国会审议的关于"地方责任"的法律草案,准备改革对合法性的监督方式,以便确知某些人遮遮掩掩所说的"合法"究竟如何(参见F.罗兰(F.Rolin):《合法性监督改革:一个缺乏雄心的法案?》,*AJDA*,2003,第2169期)。而且,内阁已经要求七个总监察机关提

① 对大区机构尚无任何此类监督;法律对解散大区议会和罢免其议长均未作出规定。不过,科西嘉议会(参见上文第194点)曾应其主席的要求,被1984年6月29日政令解散过。

出一个关于合法性监督的报告(参见 *AJDA*,2003,第 2006 期)。下面,我们将按照议会遵循的计划,依次考察行政监督(§1)和财政监督。

## §1　行政监督

**213.第一,实施范围。**(1) 1982 年 3 月 2 日法律规定,对各种地方权力机关所作"决议、决定、条令"以及它们签署的合同、契约,须无一例外地实施监督。1982 年 7 月 22 日法律从限制的意义上对此作了明确解释。今后须受监督的是:

① 议会的决议,以及获得议会授权的机关所作的决定。

② 市镇长或省议会议长按规定对治安问题作出的决定(大区议会议长无此权限)。

③ 地方当局按规定对其他任何问题作出的决定。

④ 个人所作关于地方公务员任命、晋级、严重处分、辞退的最重要的决定。

⑤ 关于市场、借款、工商性公用事业特许或租赁的主要合约,须附上实施有效监督所必需的所有文件。

相反,下述事项不受监督:

① 治安决定以外的个人决定,以及有关地方公务员的某些主要决定。

② 上文所列合约以外的合约。

③ "各种各样的日常行政管理文件,尤其是地方当选者与被治理者之间的往来函件",注释 1982 年 7 月 22 日法律的通报如是

说。

因此,在地方当局采行的规章条令中,必须区分哪些是要遵守我们下文将要阐述的规则的,哪些是不大重要、无须适用这些规则的。只能根据关于反越权行为上诉的普通法来进行合法性监督。

155 (2) 按照新的监督准则,下述事项亦不受监督:

① 市镇长作为公务员采行的条令规章,按等级层层监督。

② 受私法支配的各种法规条例。

③ 市镇和省如欲入股于一个公司,而该公司并不以经营一个公共部门和一种共同利益为目的,那么,这种投资必须事先得到省长批准。

(3) 如果在治安方面所作决定是受普通监督法规约束,而地方当局逃避这种责任,那么,省长在催办无果之后,便有正当理由,行使代理权(参见下文第353点)。

214. **第二,监督机关**。述及事后进行的合法性监督,从逻辑上说,行政法院才有权撤销它认为不合法的法规律例。但是《宪法》第72条将"行政监督和遵守法律"的责任都委托了国家代表,须由他将地方法规提交行政法院审核。宪法委员会曾经裁定,"国家代表将地方当局的法规条令提交司法裁判,而不擅自决定其是否合法,这并未以违宪的方式减损第72条的效力"(参见CC,1982年2月25日,*AJ*,1982,p.294)。实际上,市镇都是呈请专员或省长提交法院,省级权力机关亦可交给省长,大区的权力机关则交给大区长。

215. **第三,程序**。(1) **送达国家代表**。1982年3月2日法律第2条、第45条、第69条确认,地方当局制定的法规付诸实施,取决于两个条件。第一个条件属于普通法范畴，即，根据法规的性质（参见下文第 411 点），或已布告周知，或已公开发表。第二个条件是已经送达国家代表。在前述 1982 年 2 月 25 日的裁决中，宪法委员会判定，地方法规生效前若不送达国家代表知悉，而认为应由宪法对之进行监督，那是错误的。因此，1982 年 3 月 5 日通报（*AJ*，1982，p.293）作出结论，明确阐述，将地方法规送达国家代表乃是其付诸实施的先行条件。

但是，1982 年 7 月 22 日法律限制了这一规定的适用范围，仅仅适用于上文第 213 点所限制性列举的、须提请监督的那些地方法规。对其他法规适用普通法，发出通告或予以发表即足以使之具备执行力，而无须送达国家代表。

1982 年 3 月 2 日法律曾作出强制性规定，地方法规须在作出后 15 日内送达国家代表；7 月 22 日法律则取消了这一义务，不再给地方当局规定任何强制性送达期限。然而，送达国家代表仍然是地方法规生效的前提条件。

(2) **国家代表的评判**。国家代表收到地方当局的法规后，须 156
从行政法学的意义上，从形式到内容对其是否合法作出评判。作此审核之后，有三种办法供国家代表选择：

① 如果他认为地方法规是合法的，当相关地方当局提出要求时，他即应将自己的结论告知该当局，无须再提交行政法院。而这一结论并不束缚他的手脚，他还可再次对该项法规的新细节进行审核。

② 如果他认为发现了地方法规的什么不合法之处，他即可在送达该法规后的两个月内向行政法院提起诉讼。他应当毫不迟延

地通知作出该法规的地方当局,指出他所觉察到的不合法之点。起诉前,他应当提醒地方当局,使之能够抢在该法规被宣告无效之前自己纠正其中的不合法内容。不言自明,起诉就可能对地方当局作出某种判决(参见 CE 分庭,1997 年 2 月 28 日,le Port 市,*JCP*,1997,n°22897,Dupont-Marillia 解释)[①]。

③ 如果他认为必要,可以在其起诉时附上一个暂停执行申请(请看例证:CE, Juge des référés, 2001 年 7 月 9 日,Réfet du Loiret, *Rec*., 337)。当上诉决定涉及城建规划、市场或公用事业转移,他须在 10 日内正式提交申请书。于是,暂停执行一个月。

倘被治理者认为,废除某个地方法规对自己有利,他们自己可以援引普通法,对其认为不合法的法规提出反越权上诉。他们也可以要求省长动用上文所述的程序。如果省长已经了解该法规,而且认为它合法,他应当重新进行考察,研究被治理者提出的证据。如果问题涉及一个应当送达、但尚未送达国家代表的法规(参见上文第 213 点),省长又认为它不合法,他便可根据反越权行为诉讼的普通法规则,提请行政法院裁决。而且,无论他通过什么途径,得知那些不合法而又未曾送达国家代表的地方法规,他都可以采用上述规则。

(3) **判决**[②]。① **申请暂停执行**。如果省长在其起诉时附有一个暂停执行申请,倘若通过上级下达指示来解决,又会招致对受指

① M. Verpeaux: Constitution, déféré préfectoral et recours pour excès de pouvoir(《宪法、省长起诉与反越权行为诉讼》), ou Commune du Port, encore... Mél. J. Moreau, 469。

② F. Aubry et C. Lepage-Jessua, Les juges administratifs face à la décentralisation (《面对地方分权的行政法官》), *AJDA*, 1984, p. 370。

控法规的合法性的严重怀疑，则这一暂停执行申请即被认为是正当合理的，须在一个月内作出裁定。

当被起诉到法院的法规会损害公众或个人行使自由权时，须采行加速程序，紧急处理。法庭庭长在48小时之内，独自决定该法暂停执行。

② 法庭将审核国家代表提供的证据，**就实质问题**作出裁定，接受或拒绝指控。若接受指控，法庭即宣布该法规无效；若拒绝指控，法庭即最终宣布法规有效，除非可能提出上诉。

③ **上诉**。倘法庭拒绝宣布被指控的地方法规无效，国家代表 157
可以向上诉行政法院提起上诉。对关于暂停执行一个可能会妨害公众或个人行使自由权的法规的判决，可在宣判后15日内向最高行政法院提出上诉。审判庭庭长和受命审案法官，将在48小时内作出判决。在此类诉讼中，只有法国内政部长才能向法国最高法院提起上诉，1999年10月15日最高行政法院关于内政部长的判决和2001年《法国行政法评论》（*RFDA*）第128页的文章即有此说明（这个判决解释了1982年3月2日法律第3条，将地方当局的“异议申诉”即“批评函件”，与省长上诉区分开来）。

(4) 这样组织起来的监督，尽管有一些独特程序，但仍然像是反越权行为诉讼的一种方式[①]，这招致不少批评。

① 反越权行为诉讼只能针对一个单方面的决定，而国家代表也可起诉各种合约。而且，如果法官认为合约违法，就可能宣判其

---

① 关于起诉相对于反越权行为诉讼的特殊性，参见：note M.-C. Rouault sous CE.，26 juil. 1991，*LPA*，1992，n°65，p. 10。

无效。

② 反越权行为诉讼，通常会在双方当事人到庭的情况下进行审理。而监督则不然，不给地方当局出庭为其法规辩护的任何机会。但法庭有义务将国家代表依据对审的一般原则提起诉讼之事，通知相关地方当局。

③ 法律明确规定，任何“适当监督”都是合法的。然而，可排除的不适当监督是很有限的。这是因为，按照法学上的定义，在一些重要领域，合法性中都有很多“适当性”。

④ 同样，国家代表如欲在地方法规是否合法尚未核实之前，就进行事前监督，要求暂停执行，那也是受到严格限制的。

⑤ 大家都会思考1982年7月22日法律与同年2月25日宪法委员会判决的一致性。因为，尔后宪法不允许国家代表监督地方当局的全部决定。实践完全证实了这一限制的合理性。

⑥ 相反，如果地方法规不合法，可能被提交法院裁定，那么，人们可能赞成让国家代表事前提醒有关地方当局注意。这种向预防性监督的回归，是那些中小市镇的当选者所希望的，因为他们不大了解合法性的各种要求和复杂性；这也使国家代表重新扮演起
158 传统的顾问角色，却并未减少他们的自由。省长职务中这种引人瞩目的法律创新，可能跟授予省长起诉权有关联。

## §2　财政监督

至少在字面上废除财政监护（tutelle）也使法律条文中的行政监护字样得以消失，这却留给对地方的财政监督（Contrôle）以巨大

空间。财政监督主要是针对预算的,针对预算的制定和执行两个阶段。财政监督的一个特点是,国家代表拥有很大的代位权。

216. **第一,监督机关**。除省长、专员(对市镇和省)和大区长(对大区财政)之外,还有:

(1) **大区审计法庭**[①]。根据 1982 年 7 月 10 日法律、1995 年 8 月 23 日法令和 2001 年 12 月 21 日法律,每个大区都得建立一个审计法庭。成员至少 3 人,从中产生庭长,他们应均像法官那样不可罢免。

为招收成员,须进行特设考试,但国家审计法院成员可被任命为审计法庭庭长或被派往审计法庭任职。在预算监督过程中,大区审计法庭一方面拥有咨询功能,另一方面拥有司法裁判功能。它们审核各级地方政府部门的会计账目,且可向审计法院提起上诉。不过,对人口少于二千、上年收入未逾二百万的市镇,为简化工作起见,1988 年 1 月 5 日法律取消了审计法院的第二项功能。这些市镇的账目,按照它们所属国库高级会计师的一个行政决定进行审查。这种查账决定还是要送达相关的大区审计法庭;法庭若有困难,可在六个月以内决定并派遣会计师前去结账。

(2) **地方行政区的会计师**。他们由预算部长在通知相关地方当局后予以任命。就大区和省来说,与过去的办法相反,其会计师不得由国家会计师兼任。反之,国家会计师倒可以兼任市镇的会计师。

---

① P. M. Gaudemet, Les chambres régionales des comptes (《大区审计法庭》), *AJDA*, 1983, p. 102。

217.**第二,预算监督**[①]。(1) 制作预算。预算案作为市镇议会、省议会或大区议会的一个决议,须遵守上文所分析的行政监督
159 规则。跟任何决议一样,预算案在完全执行前,须送达国家代表,他若认为它不合法,可向行政法院起诉。而且,在下述情况下,预算案还要接受附有代行权[②] 的特别监督。

① 如果预算案未能在 3 月 31 日执行前获得通过,国家代表即可诉至大区审计法庭;根据法庭的建议,他可在说明自己的决定后,抛开原案,自己制定一个预算案并付诸实施。

② 如果通过的预算不能达到收支平衡,也照① 段所述办理;这是法律的规定(关于省长不向大区审计法院上诉时个人上诉的可受理性,参见 2001 年 3 月 16 日最高行政法院关于 Rennes-les-Bains 市的判决及 Lacan, *Rec*.,129)。接到国家代表上诉的审计法庭,将向有关地方议会提出一些纠正措施;倘议会不采纳,国家代表即可像① 段所述取而代之。

③ 各市镇有义务安排必要的开支,独自偿付其债务,交纳法律规定的税费。如果哪一项必要开支未列入预算,接到国家代表、市镇会计师或任何利益有关者上诉的大区审计法庭,须向有关地方议会提出付款催告;倘催告无果,国家代表即按规定着手进行必要的纠正。

④ 最后,如果按上文所述算出的结果,与原预算案中的预算

---

① J. Toussaint, Le contrôle budgétaire des organismes publics locaux(《对地方政府机关的预算监督》), *AJDA*, 1984, p. 356。

② B. Plessix: *Une prérogative de puissance publique méconnue*: *le pouvoir de substitution d'action* (《代行权:公权力的一项鲜为人知的特权》), *RDP*, 2003, 第 579 期。

相比，赤字相等，或赤字高于法律所规定的百分比（5%或10%，斟酌各地情况而定），而继续执行的预算又不包括接到国家代表上诉之审计法庭向有关地方议会提出的那些矫正措施，那么，国家代表仍要按规定取而代之。

必须指出，大区审计法庭虽是一个司法机关，但它在任何情况下只能提出建议，决定权始终属于国家代表。因此，不能说已将财政监督问题真正委托给司法机关办理。

(2) 开支的执行。① 地方行政单位的会计师，应当对当地执行机关及开支审批者的支付命令，进行合法性监督，而毫不考虑开支是否适当。但是，当会计师认为开支不合法，决定中止支付，而且给开支审批者寄去了止付通知单时，如国开支审批者无视这一决定，会计师即须亲自安排开支，受到限制性列举的项目除外。

② 如果地方执行机关不为一项必须支付的开支签发支付命令，国家代表即可在催告之后，无须大区审计法庭介入，即按规定下令支付。

(3) 大区审计法庭权限较大，既对会计师们的账目进行司法监督，还可在听取当地开支审批者的看法后，"就当地的经营管理 160
状况，向地方当局陈述自己的考察意见"。审计法庭相当广泛地使用着这一权力。它们的考察意见，以及地方当局的答辩，均发表在国家审计法院的年度公报中。审计法庭倾向于强化自己的监督权，对那些可能诱发各种弊端的混合经济地方企业尤应如此。

# 副　二　编　161

# 公立公益机构

前文业已述及(参见上文第 65 点),传统上,国家以外的公法人被一分为二:一是地方行政单位,一是公立公益机构。套用莫里哀*喜剧中“凡不是散文的都是诗歌”一语,凡不是地方行政单位的必然是公立公益机构。但是,人们看到,公法机构并未被列入上述两类中的任何一类;对此,我们将在下面第三编中进行研究。

公立公益机构仍然是一种重要的公法人,虽然这类公法人的情况越来越模糊。人们往往采取下述办法来使一个机构获得自主

* 莫里哀(Molière,原名 Jean-Baptiste Poquelin,1622 ~ 1673),法国剧作家、演员、古典主义喜剧的创始人。——译者

经营权，把一个机构通常称为“权力下放机构”；而人们似乎更喜欢说成是“**权力下放部门**”（第一章）。当组织地方行政单位之间的协作时，也常常使用公立公益机构的称呼，这便是**地方公立公益机构**（第二章）。

# 第一章　部门公立公益机构[①]

## 第 1 节　沿革

**218. 第一，公立公益机构的传统概念。** 163

(1) **定义**。何谓公立公益机构？过去很长时间概念含混，不加区别地指称经管共同利益的公法人和私法人；到 19 世纪下半叶，其定义才渐趋明晰，与三个因素密切攸关：公立公益机构乃是一个**法人**，一个**公法法人**，以**经营管理一种公用事业**为宗旨。

与大区、省和市镇这些公法人相比，以及与中央下放到地方的

① 本章参考资料：Flutre, *Essai sur la notion d'établissement public*（《论公立公益机构概念》），Thèse, Lyon, 1945; Drago, *Les crises de la notion d'établissement public*（《公立公益机构概念的危机》），A. Pedone, 1950; Connois, *La notion d'établissement public*（《公立公益机构概念》），1958; J. Chevallier, *La place de l'établissement public en droit administratif*（《公立公益机构在行政法中的位置》），Annales Fac. dr. Amiens, 1972, n°3; J. P. Théron, *Recherches sur la notion d'établissement public*（《公立公益机构概念研究》），1976; cf. aussi l'important rapport du Conseil d'État, *La réforme des établissements publics*（《公立公益机构的改革》），Doc. Frse, 1972; L. Constans, *Le dualisme de la notion de personne morale administrative en droit français*（《法国法律中行政法人概念的两重性》），*LGDJ*, 1982; F. Gazier, Étude sur les établissements publics（《公立公益机构研究》），*EDCE*, 1984 – 1985, p. 13。

那些公法人相比，公立公益机构作为从事某种专门活动的公法人，乃是“部门权力下放”的产物。当看起来一个公务部门交给个人管理，赋予其若干法律、财政和行政上的自主权，将会管得更好时，就要建立公立公益机构。

(2) **实施**。在最初的想法中，给一个机构挂上法人名号，出于两个动机：一是使之获得私人捐献和馈赠，这是其慈善或文化宗旨所引起的，收容所、济贫院、变为社会救助站的慈善社都是如此；二是确保它在等级制度中享有某种自治，保证拥有其使命所要求的精神自由，高、中级教育机构即是这样。1919 年以后，个性化倾向导致人们一心使这种机构的管理方法变得灵活。那时创建的这种机构经常取名为带有官方意味的什么**局**，而这毫无法律意义，并不比近几年风行的**办事处**(agence)之名法律意义更多。

164 (3) **制度**。同一类型的地方公法人，诸如大区、省和市镇，都遵守同样的法律规章，而每个公立公益机构，或者说每一类公立公益机构，诸如大学、社会救助站，却各有其特定条文规定的法律制度。尽管适用于所有类型公立公益机构的共同法则难以理清，但是，将各类公立公益机构分开的不同规则，还是可见分晓的。这些规则已被司法判例和理论学说加以阐发，也体现在行政实践及上文定义所述的公法人性质和经营管理公用事业这两个因素中。由此可见，基本适用**公法制度**：原则上，公立公益机构如何组建、如何运作，受行政法支配；发生争讼由行政法官管辖。所以，从法律观点看，公立公益机构这类设施肯定具有同质性。

(4) **范围**。在大约 1940 年结束的那个时期，法律中没有地方公法人和公立公益机构以外的其他类型的公法人。因此，凡既非国家、亦非省和市镇的公法人,必定是公立公益机构一类的公法人。

219. **第二,传统概念的分化**。公立公益机构概念的同质性,抵挡不住公法人活动的发展和分化,在经济领域尤其如此。如果说,赋予工商机构法人资格和财务自治权并不是绝对必要的(有官办公共商业企业),那么,这样做却能使它们经营得更好。况且,给予那些新机构法人资格,只会使它们成为公立公益机构,因为人们当时不知道地方公法人以外的其他类型的公法人。此外,由于缺乏管理公立公益机构的普遍法规,致使将适合其经济活动的一切准则,都引入管理此类新机构的制度之中。

这种进化促成的变革,给上文所述公立公益机构的概念以三方面的影响:首先,公立公益机构的**法律制度**发生了分化,以致丧失了任何同质性;其次,公立公益机构的**概念**甚至再次引起争议;鉴于跟公立公益机构不同的新型公法人的出现,公立公益机构的**范围**也变了。

220.(1) **制度的分化**。支配最初那些工商机构的法规,在经济管理方面,总体上仍然同适用于一切公立公益机构的原则是兼容的。但是,随着国营工业公用事业的逐步增多,有必要将其融入私法管辖的国民经济中去,这导致立法机关使之更接近同类私营 165
企业的制度。在这个进程中,解放* 后连续不断的**国有化**使制度变革跨过了决定性的阶段。为了使收归国有的企业保持活力,人

---

* 1940 年 5 月,法西斯德军侵入法国,贝当政府投降,法国沦陷。1944 年 8 月法国解放。——译者

们使之最大限度地摆脱僵化的行政管理方法，而在私法环境中运作。

自那时以来，在保持公立公益机构名称的情况下，立法机关创设了这样一些公法人，其法律制度彻底转向商业活动，几乎完全规避了直到那时仍与公立公益机构相联系的那些法则。

221.(2) **定义的分化**。传统定义以其两个因素为特征：一个是肯定因素，说公立公益机构经管公用事业；一个是否定因素，说公立公益机构是一个非地方性的法人。但是，事物的进化逐渐破坏了这两个因素。

① **公立公益机构与公用事业**。即便在古典主义时代*，这两个概念之间的联系也是稳定的。那时，**地主联合会**就承认公立公益机构的地位。该联合会是由在其地产上用公款建设防洪、治污、灌溉等公益工程的个人组成的；进行此类建设工程显然还不足以组建一个公用事业部门（参见 1899 年 12 月 9 日，权限裁定法院关于 Canal de Gignac 地主联合会的裁定，*GAJA*，第 7 期）。同理，由同一地区的商人组成的商业协会①，也可能管理诸如商业学校、机场之类的公用事业，其正常目的在于研究和保护行业利益，这也不能由一个公用事业部门来办理。

人们曾在很长的时间内不准有一个例外，但此类机构却日见其多。法律将这样一些经济企业称为公立公益机构，其活动跟私营企业相似，很难把它们视为公用事业，尽管 1963 年 7 月 31 日关

---

* 法国人往往称其历史上的 17 至 19 世纪为古典主义时代（La Période Classique）。——译者

① 关于这项改革，参见：M. Debène，*AJ*，1991，p. 623。

于公务员罢工问题的法律(参见下文第376点)认为,在特殊之点上可以将它们同等看待。比如**矿山化学企业**(见1967年9月20日法令),就是合并阿尔萨斯的国有钾矿和国家氮气工业营业所而成立的一个工商性质的公立公益机构,主要生产化肥;再如煤矿,国有化后委托给几个**煤矿公司**[①] 经营管理,而由**法国煤炭公司**进行协调;它们都被定性为公立公益机构,而在煤炭开采中并不见公用事业因素,铁矿开采亦然。

所以,现在有一些**并不管理公用事业的公立公益机构**。 166

相反,法律却不承认在政府严格监督下管理某种公用事业的若干法人是公立公益机构,虽然它们显得颇有特权,且服从某些与普通法相抵触的制度(参见TC,1961年11月20日,Bourget, *D.*, 1962, p. 389,由A. de Laubadère解释;CE,1962年4月4日,Chevassier, *D.*, 1962, p.327)。看来,公用事业部门与公立公益机构之间的区分是后天获得的。

② **公立公益机构与地方行政单位**。有许多公立公益机构,比如各种省际协约,只是为了共同经管一项或几项公用事业而组建的国家单位,它们更符合法律赋予公立公益机构的传统定义。

然而,有目共睹,新的设想不断出现,城市共同体即是一例。人们打算借助公立公益机构来协调地方行政区之间的关系。是的,它们可说是一种局部的人类共同体;跟地方行政区一样,它们的职责在于管理那些五花八门的公用事业,而这是同加在传统公

---

① 2004年2月24日政令解散了洛林、中央大区和南部－阿尔卑斯大区的煤矿公司。

立公益机构身上的那种专门化准则正好相反的。因此,我们可以谈论一种新型公立公益机构,即各种**地方公立公益机构**①,下一章即对之进行研究。

在这变化频数的时期,传统概念不可能不变。什么事情都会发生;立法机构可能抛弃传统观念,将公立公益机构这个标签,给地方行政单位以外的一切公法人贴上,使它们以某种方式变成雅克师傅*似的公法人。也就是说,将公立公益机构弄成一种万能称号,使得挂此称号的公法人没有明确的性质和体制。

222.(3) **范围**。从另一方面看,立法机构有几次没有把它所创设的法人叫做公立公益机构②。比如维希政权建立的那些组织委员会和行业协会,法律给了它们法人资格但未说明其性质。最高行政法院认定(参见上文第70点),它们所从事的活动属于公用事业性质,但不承认它们是公立公益机构。确实,维希时期也有一些新型公法人(参见上文第70点)。同时,立法机关也不承认依法成立且不能视为私法人的某些企业为公立公益机构:在被1990年
167 7月4日法律改造为股份有限公司以前的国营雷诺汽车公司或法国新闻社即是明证③。众所周知,出现了新型公法人。

223.**第三,沿革的结果**。(1) 公立公益机构这一称号,差不多

① A, de Laubadère, Vicissitudes actuelles d'une distinction classique: établissement public et collectivité territoriale (《公立公益机构与地方行政单位之区别的当前变迁》), *Melanges Couzinet*, 1975, p. 411。

* 雅克师傅是莫里哀喜剧《悭吝人》中的人物,身兼仆从、厨师和马夫。——译者

② E. Fatôme, La détermination du caractère des établissements publics (《公立公益机构性质的确定》), *AJDA*, 2001, 第222期。

③ J. Waline, L'Agence France Presse (《法国新闻社》), *RDP*., 1964, 第612期。

完全丧失了它的法律价值:它既不必然意味着某种公用事业活动,也不一定表明它与地方法人之间的某种基本区别;它只约略显示出有关机构的法律制度。人们可以从中推断出的一切,就是:相关机构属于**公法人**性质,因此,须由某个政府监督机关对之实施监督,要服从某些公法准则的管辖。至于服从到什么程度,实际上是酌情而定的。传统的公立公益机构全部要服从公法准则;某些商业性公立公益机构所要服从的公法准则则压缩到最低限度,跟从事公益活动的私营机构差不多。

(2) 几乎只存在两种适用于一切公立公益机构的重要共同准则。第一种共同准则是依据《宪法》第 34 条制定的,该条使议会重视"**创建各类公立公益机构**"。创建这样一类公立公益机构,需要一部法律;须明确下述原则:

① 一个新兴公立公益机构,虽是独一无二的,也不等于构成了一类,而且也只能依法而建;法国广播电视局就是根据一个法律规定成立的(参见 1964 年 6 月 27 日法律)[①]。

② "创建"包括确定管理此类机构的基本准则(参见 CC,1959 年 11 月 27 日,*D.*, 1960, p.518, L.Hamon 解释)。

因此,行政机关可以在已有某一类型中创建一个新机构,比如建立一个新商会。

第二个共同准则是**专门化原则**。根据这一原则,不同于地方行政单位的公立公益机构,须在导致其成立的明确目标范围内开

---

① 关于"公立公益机构的类"概念,参看:note Ph. Comte sous CE, 10 mai 1972, *D.*, 1973, *J.*, p. 353。

展活动；也就是说，在正常情况下，只能经营某种公用事业。然而，地方的各种公立公益机构，经管的公用事业五花八门；尤其是工商性公用事业，往往由于参与别的企业，致使其活动脱离开最初规定的范围，于是，原则的严格性也就大打折扣了。

(3) 概念的分化使一些作者将公立公益机构区分为两类，一类属于先在人文团体，诸如商业协会、农业协会、地方公立公益机构等；另一类是，它们的成立目的只是为了取得法人资格，别无其他。上述第一类机构会在**同业性**的新型公法人中将地方行政单位
168 结合在一起；第二类则意欲组建**开创性**的新型公法人[①]。但是，如果说这一分析阐述了人为法的几个解决办法的话，却并未接触人为法的实质。

(4) 实际上，人为法依旧坚持传统立场，将**行政性公立公益机构与工商性质的公立公益机构**截然分开[②]。行政性公立公益机构总是与政府部门，甚至与经济性质不太明显的政府部门保持一致。正是这类机构，也仅仅是这类机构，今后要实行不久前适用于所有公立公益机构的法规。对此，我们将在第 2 节加以论述。还须注意下述公立公益机构的存在：它们虽是行政性的，其某些活动却是在私法范围内履行工商性公用事业的职责（如全国行业间谷物管理局，见 1982 年 11 月 8 日权限裁定法院的裁定，载 *AJDA*，1983，

---

① L. Constans, *Le dualisme de la notion de personne morale administrative en droit français*（《法国法律中行政法人概念的两重性》），1966。

② E. Fatome, À propos de la distinction entre les établissements publics administratifs et les établissements publics industriels et commerciaux（《关于行政性公立公益机构与工商性公立公益机构之间的区别》），*Melanges Chapus*, p. 171。

p.199)；与此相反，还有些公立公益机构虽是工商性质的，却被赋予“行政性使命”（如农业协调局，见1982年10月6日法律）。1968年11月12日关于高等教育发展方向的法律颁施后，为增强行政类公立公益机构的相对一致性，应将符合法律所定法人资格的**科学、文化类公立公益机构**，诸如大学、培训和研究单位[①]，予以统筹考虑。按2002年1月4日法律规定建立了新一类**文化性**公立公益机构，根据1982年7月15日法律，创立了文化性公立公益机构，可参见M.G.Calamarte-Doguet一文，*AJDA*，2002，第569期。

(5) 至于那些更早成立、受私法管辖的工商性公立公益机构，后来都属于新的法律类型，即**国营企业**；这是一些工业企业，没有公立公益机构的称号，而叫国营公司。无论将这些企业区分开来的法规有多大差别，从其法律制度的视角看，它们之间总存在足够多的共同点，可以将它们涵盖在同一个名号下。第3节我们将研究这一新类型。

---

① J. M. Pontier: L'établissement public de coopération culturelle, un nouvel outil pour la culture?（《文化合作公立公益机构：一种文化新方法?》），*AJ*，2002，p. 430；L'émergence d'une nouvelle catégorie d'établissement public: à caractère culturel（《新一类文化性公立公益机构的出现》），*D.*，2002，p. 2982. Pour le décret du 11 septembre 2002 fixant les conditions d'organisation et de fonctionnement de ces établissements publics，v. *AJDA*，2002，第835期。

## 第2节　传统的公立公益机构

169 ### §1　一般性质

从上文第218点给出的定义中，即可推断出这些一般性质。

224. **第一，公立公益机构是一种法人**。它具备法人的全部特征：它是权利主体，拥有可支配的资产，财务自理，在业务经营中有一定独立性。

225. **第二，这是一种公法法人**。这一最重要论断是被逐步认可的。在19世纪上半叶，对公法人和那些因其活动带有普遍利益性质而被承认为公益性设施的私法人，一律叫作公立公益机构。渐渐地，法律和判例专称公法人为公立公益机构，原来那些私法人则形成一类**公益机构**。这两个概念区别明显，余下的问题是如何将它们落实到现实生活中。也就是说，在面对一个确定的法人时，要根据其特性采取对策。如果跟一个公立公益机构即一个公法人打交道，原则上须受公法和行政机关管辖；如果跟一个虽被承认具有公益性质但仍属私法人的公益机构打交道，则受私法和普通法官管辖。

(1) 问题是由来已久的。现在，法人的性质已由法律条文明确加以界定，自然不会再有什么问题。回首以往，那时公立公益机构的名称已有确切含义，而对于各类法人的不同性质，法律的规定则显然是不充分的。因而,对机构的真正性质作出明确规定,还是十分必要的。事情只能这样:当法律尚未给有关法人定性时,只得让法官诠释法律的意思,给法人定性。

实际上,由于个人自主活动与行政部门的行为总是同时并行的,所以,很容易显得界限模糊,在社会问题上尤其如此。比如,诊所、济贫院、储蓄银行,既可能是私人办的,也可能是政府办的。在追求同样目标的两种机构中,有什么标志让人识别哪个是公立公益机构,哪个是公益机构呢?

(2) 没有任何一项标准单独具有绝对的决定性:

① **起源**无此决定性:从理论上说,公立公益机构是由公法人建立的,公益机构则是私人的创造。但是,一个公立公益机构有时仅仅是一个私人所创设施的继承者,比如,巴黎政治学研究所的前 170
身是私立政治学校;有时,政府却将自己所建的某个法人赋予公益机构身份,全国政治学基金会便是这样。

② **机构所隶属的政府的级别**也不是唯一的决定因素,因为,政府对最需监督的公益机构的帮助与它对完全下放到地方的公立公益机构的监护相似。

③ 能否使用**公权力的特权**也不是绝对的标准。在一般情况下,公立公益机构可以使用公权力的特权,而事实上,有时也将此特权授予公益机构。

(3) 确实,上述几种因素汇聚于同一个机构,其中任何一项也不能独自构成决定性标准,并据此判定其属于公立公益机构类还是属于公益机构类。比照往昔判例可以对一个机构的身份、地位进行总体考察(参见 CE,1912 年 6 月 21 日,Pichot, *Rec.*, p.711;

1919年6月20日，Brincat，*Rec.*，p.535；1942年2月27日，Mollet等，*Rec.*，p.64，关于巴黎大学城）；但这种方法也有诸多不确定性（参见上文第221点提到的判例）。

226.**第三，这是一种经管公用事业的法人。**（1）这一特征将公立公益机构与**地方行政区这种公法人**区别开来，后者的活动领域扩及全部地方事务。公立公益机构则相反，它是一种专门性法人，其职权局限于经管指定给它的公用事业，须特别严格地服从**专门性原则**（参见上文第223点）。然而，这种特性到地方公立公益机构那里就淡化了。

（2）另一方面，定义中的这一成分，使"方式"具有真正的意义：公立公益机构乃是**公用事业的一种组织方式**。地方分权与生机勃勃的地方行政区的存在相一致，部门分权则是政府出于技术原因而采取的一种行政方式。这就是为什么在获得了下放权力的地方行政区这种法人那里，主要由利害相关者选择产生领导机关的办法，在公立公益机构那里只是一种例外现象。也正因如此，在公立公益机构方面所遵循的政策，本质上是多变的，由一个政府的感觉而定。公立公益机构使行政活动更加灵活，政府觉得有利；当看到中央权力有所分散、削弱时，政府又担心公立公益机构对整个行政工作的危害。自1963年以来，审计法庭不时大声疾呼，"政府正被肢解"，尤其是财政的分散，严重冲击着预算的统一性。目前，增设或废除公立公益机构的倾向同时并存，而增设的倾向似乎占上风。

（3）我们已经指出，甚至就传统型的公立公益机构而言，定义中关于它是"一种经管公用事业的法人"的内涵，也允许有些**例外**；

其中有些机构并非经管某项公用事业,而是从事公益性的私营活 171
动(比如地主联合会,参见 CE,1899 年 12 月 9 日关于 Association syndicale du canal de Gignac 案的判决,*GAJA*,第 7 号)或者为集体的私人利益而工作(比如商业协会、农业协会、手工业者协会)。它们仍需遵守适用于所有传统型公立公益机构的共同法规。

(4) 有一个公法人即法兰西银行,法律使之承担主要是行政性的公用事业任务,而它却没有公立公益事业性质,“倒是具有特殊性质和专有特征”(原文如此)*,参见 CE,2000 年 3 月 22 日关于法兰西银行职工独立全国工会案的判决第 125 页(参见下文第 260 点)。

## §2 法律制度

227.**第一,一般性质**。(1) 每个公立公益机构(如果只此一家,比如现金证券信托局),或者每一类公立公益机构(如商业协会、市镇信贷银行),都会明白法律为之规定的特有制度。然而,适用于所有公立公益机构的全部共同规则,则需从诸多法规中梳理出来①。

(2) 传统的公立公益机构,除了其私营行为,均受行政法和行政法官管辖;工商性的公立公益机构是例外。

(3) 所有公立公益机构原则上都隶属于各级**领土公法人**:其

---

* 原文如此(sic)是作者原注,可能认为文字表达不太确当。——译者

① 这些共同规则并不适用于现金证券信托局,该局不受检查和监督。

活动倘若覆盖全国领土，如全国行业间谷物管理局；或者，其活动范围虽有限，却关乎整个国家的利益，如大学，那么，它们便隶属于国家。其余则隶属于大区、省和市镇，社会救助站即是如此。公立公益机构是国家的，大区的，省的或市镇的；这种隶属关系部分地决定了由谁对之实施监督[①]。但是，对地方的公立公益机构的监督，却不按照权力下放法所确定的准则办理，监督权仍然属于省长。上述规则不适用于各种商业协会，而最高行政法院却已承认商业协会都是全国性的（参见 1991 年 11 月 29 日，Crépin，*AJDA*，1991，p.919，关于一家农业协会）。

228.**第二，管理制度**。(1) **建立**。公立公益机构的建立，须受上文第 223 点所研究的宪法准则的制约，而且，这是适用于所有公立公益机构的共同准则；留给立法机关的活动余地是，**制定建立各类公立公益机构**的那些准则。

172 (2) **机构设置**。有一定程度的自主权是公立公益机构内部机构设置的一个特点。公立公益机构原则上不存在等级从属关系，都设有拥有决定权、处于监察部门监督之下的专有管理机关[②]。

这些管理机关一般是一个审议会和一个执行人。审议会一般称董事会；审议会的成员变化甚大，有官员，私方代表，有时是员工或用户的代表，还有一些当权的要人，等等。审议会成员的任命方

① Douence, Le rattachement des établissements publics à une collectivité territoriale (《公立公益机构对地方行政区的隶属关系》), *AJ*, 1971, p. 4; E. Fatôme: *À propos du rattachement des établissements publics* (《关于公立公益机构的隶属关系》), Mél. Moreau, p. 139。

② 建立一个公立公益机构时，将它置于部长的“领导下”，而不是监护下，这种不合常理的规定，是与下放法人的概念背道而驰的。

式也有不同：有的由中央政府任命；有的由有代表权的机构指派；在例外情况下有时由选举产生，如果一个公立公益机构基本上组成了有机的共同体的话（比如商会和大学）。执行人的产生情况也千差万别：常见的办法是任命，比如公立中学的校长；有时由审议会根据推荐、介绍予以指定，这无异于一次选举，有时甚至就进行选举，比如大学校长。

两个机关之间的权限划分各不一样，它们所受监督的程度也各有高低。但是，监督都是严格的。

(3) **运行**。都适用行政法。一般情况下，公立公益机构可以使用公权力的特权。它的管理机关有权作出有执行力的决定，有权签订行政合约，但不能签订私法合约。如它的职员是公务员，其工作则按公共工程的制度办理，并按照行政法准则承担责任。

229. **第三，财产制度和财务制度**。公立公益机构拥有自己支配的资产，这便允许它接受由它追求的慈善和文化目标所引致的私人捐献和馈赠，除非这种捐赠超出了它的专业范围；允许它保留其开展活动取得的收入；允许它接受各级政府的津贴、补助。

经过一个时期的犹豫，最高行政法院终于认定，公立公益机构拥有某种**公共财产**；这就是说；它们的某些财产不是公产，须服从超出公产范围的制度（参见 CE，1984 年 3 月 21 日的 Mansuy 案判决，载 *CJEG*，1984，第 274 期，concl. Dondoux；又见 *RDP*，1984，第 1059 期，note Y. Gaudemet）。

审议会每年投票通过预算；以公立公益机构的收入来提供各项开支。实际上，公立公益机构的独立自主程度随其收入情况而变化。有时，国家的补助构成其大部分收入；在这种情况下，财务独立不过是徒有其名。预算的执行须遵守政府财务制度的一切规定。

## §3 方式

173 **230. 行政、科学文化和工商性质的公立公益机构。**(1) 我们上文所分析的制度,全部适用于**行政性的**公立公益机构。这一类首先包括所有属于公用事业而非工商性的公立公益机构。它们也情况各异:有社会福利机构,如巴黎公共救济事业局;有公众健康服务机构,如医院;有环境保护机构,如滨海地带保护局、全国废品回收公司;有文化机构,如全国博物馆会议、巴黎国家歌剧院、全国电影艺术中心、乔治-蓬皮杜全国文化艺术中心等;有金融服务机构,如现金证券信托、储蓄银行,等等。还有那些为集体的私人利益而工作的机构,如业主联合会、商业协会、农业协会等,亦属此类。

(2) 1968 年 11 月 12 日法律[①] 所述**科学文化性质的公立公益机构**,其中主要是大学,亦应放在上述一类中。有三个特征是它们独有的:首先,它们自己制订自己的规章制度,而不是从法律法规中接受规章制度;这些规章制度只为它们勾画出普遍性的界限范围。其次,由教师、技术管理人员、职能部门工人和大学生等利益相关者选举产生其审议会,再由审议会选出其校长。最后,从理论

---

① A. de Laubadère, La loi d'orientation de l'enseignement supérieur et l'autonomie des Universités (《高等教育方针法与大学的自治》), *AJ*, 1969, p. 3。

上说，对它们的监督是很轻的，从财政的视角看尤其如此。关于文化性质和科技性质的公立公益机构，参见上文第 223 点。

(3) 参与经济活动的公立公益机构，更多不大受上述规章约束①。为其完成任务所必需，它们可以避开政府财政制度，而或多或少地利用私法规定的方法。这便导致它们的规章制度极其多样，行政法制度和私法方法在他们各自内部程度不等的存在着。石油勘探署的情况就是这样。该署是法国石油政策的协调机构，虽无工商性公立公益机构的身份，其主要任务却是按照商法的规定，参与各家石油公司的经营活动。根据 1965 年 12 月 17 日法律，它与国营独立石油公司这个工商性质的公立公益机构，合并为 174
石油勘探开发企业公司。仍然在很大程度上适用行政法的公立公益机构所处的这种中间状态，通过逐步演变，使公立公益机构规章制度中的私法成分日渐增长，以致法律赋予它们的公立公益机构资格差不多完全成了空壳，从而变成一种国营企业。

(4) 人们不能再相信文件中保留的那种名号。对于一个被法规赋予工商性公立公益机构资格的设施，权限裁定法院曾经抛开它的法定名号，而在考察其任务和行为方式之后，承认它是一个纯粹行政性质的机构(参见 TC，1968 年 6 月 24 日，Sté Distilleries bretonnes C. FORMA，*AJDA*，1969，p. 311)。但是，凡被法律赋予名号的公立公益机构，总是自认为名副其实的。

① J. Rivero, Les deux finalités du service public industriel et commercial(《工商性公立公益机构的两个目的》), *CJEG*, 1994, n°500, p. 375。

## 第 3 节 公立公益机构与国营企业

对公立公益机构的传统概念冲击最大的,乃是"**国营企业**"的出现。因为,一些国营企业虽以公立公益机构的形式组成,却实行特定的法律制度。

下面,我们研究国营企业的法律制度。这是因为,无论国营企业采用什么样的法律形式,多数法律法规还是适用的。然后,再区分两种国营企业:一种是,以**工商公立公益机构**的形式组成,因而成为公法人的国营企业;一种是采用**合资公司**形式,因而不是公法人的国营企业。

### §1 国营企业的概念[①]

231.尽管国营企业的概念很难界定,但它所包含的法规准则,

---

① Delion, *L'État et les entreprises publiques*(《国家与国营企业》), Thèse, Paris, 1957; *Le droit des entreprises et participations publiques*(《企业法与公众参与管理》), Coll. Systèmes, *LGDJ*, 2003, p. 253; Divers: La distinction du droit privé et du droit public et l'entreprise publique(《私法和公法的区别与国营企业》), *Archives de philosophie du droit*, *n° spécial*, 1952; Chenot, Les paradoxes de l'entreprise publique(《国营企业的悖论》), *Rev. frse*. de sc. pol., 1955, p. 725; Robin, Essai sur la représentation des intérêts dans l'organisation des entreprises publiques(《谈国营企业组建中的利益表现》), *RD publ.*, 1957, 第 830 期; Delion, Les nouvelles conceptions sur les entreprises publiques(《关于国营企业的新观念》), *AJDA*, 1967, 第 379 期; La notion d'entreprise publique(《国营企业的概念》), *AJDA*, 1979, n°4, p. 3; F. Chevallier, *Les entreprises publiques en France*(《法国的国

足以给人一个总的看法。议会曾力图对其作出明确规定;有几个关于国营企业一般地位的草案也已拟订出来,只是未获通过[①]。175
关于国营部门民主化的1983年7月26日法律[②]同时确认了国营企业概念的同质性和异质性。同质性是指:有关法律条款不加区别地适用于工商公立公益机构、国营公司、国家控股的混合经济公司和其他公法人;异质性是指:任何法律条款也不能一视同仁地适用于全部相关企业。这使得有些作者将国营企业划分为两种:一种是遵守全部法律准则的,第二种是只受部分法律原则约束的。

照上述分法,国营企业可分为摆脱了**私人资本独家经营的工商企业和归根结底由国家经管的工商企业**。

这一定义跟欧共体法律给出的下述定义更加接近:“**公权力可以用产权制度、财政投入或支配性法规对之实施直接或间接决定性影响的企业**”均为国营企业。

为落实1986年3月当选的多数派的新自由主义意识形态,而由1986年7月2日法律规定的私有化,使若干国营企业回归私有部门,从而缩小了上述概念的适用范围。但是,7月2日法律规定

---

营企业》),1979; J. Dufau, *Les entreprises publiques* (《国营企业》), 1994; Ensemble des articles du numéro 500 des CJEG, *Actualité de l'entreprise publique* (《国营企业的现实意义》), juin 1994; M. Durupty, *Les entreprises publiques* (《国营企业》), PUF, 1986; Y. Gaudemet, Les entreprises publiques à l'épreuve du droit public (《排斥公法的国营企业》), *Mélanges R. Drago*, p. 259。

① Luchaire, Le statut des entreprises publiclues (《国营企业的地位》), *Dr. soc.*, 1947, p. 243; Virally, Le projet de loi portant statut général des entreprises publiques (《关于国营企业一般地位的法律草案》), *Rev. adm.*, 1950, p. 355。

② 关于这个法律,请参见:A. Jeammaud, *AJDA*, 1983, p. 563; L. Rapp, *AJDA*, 1984, p. 494。

的、原拟到1991年分阶段完成的私有化,却中途停止了。这首先是出于财政原因,即1987年10月股市暴跌;其次是因为社会党政府1988年再次掌权。如果说该政府并未改变业已开始的私有化,它却使已被列入私有化名单的企业继续留在国营部门中。然而,1993年右翼多数派重新执政,再次启动私有化进程,1993年7月19日法律确定了有关自由化的各种规则。1997年6月组成的社会党政府,特别是在国营企业向私营部门开放资本的形式下(参见下文第236点),继续贯彻私有化政策。

拉法兰政府也执行出售国有资产的政策(参见下文第236点)。

## §2 起源

232.**国营企业与国有化企业**[1]。国营企业可能是国家直接建
176 立的,国家氮业公司或国营独立石油公司即是明证。国营企业也可能由过去的几个国营企业合并而成,石油研究与经营企业(E.R.A.P,参见1965年12月17日法令)和矿产与化学企业(参见1967年9月20日法令)就是这样;它们是在当时任何工业部门都追求集中化的背景下成立的。但是,由于最重要的国营企业都是昔日的私营企业,私有化运动便改变了它们的法律地位。有一阵子,这种起源显得很有特色,使国有化了的企业都被看成是与众不

① R. Drago: Quel avenir pour les entreprises publiques?(《国营企业前途如何?》),PUF, Cahiers des sc. morales et polit., 2001, p.72。

同的一类企业。然而，距离解放后的国有化时期越远，国有化企业的特色越淡薄。此类企业中出现的问题，与国家直接创设的国营企业中出现的问题如出一辙，因而解决办法也一样。1982 年 2 月 11 日法律的国有化，未能改变这一演化过程，尽管该法承认存在这一演化现象，而且要求国有部门实行民主化，但是在该法所适用的被国有化的企业和国家直接创设的企业中，均不见实效。同时，1982 年 2 月 11 日法律还建立了一个**国营部门高级委员会**，负责“跟踪考察国营部门演化概况”，每两年提出一个报告，可对国营部门的经营管理和各种活动提出任何建议。然而，一方面，它必须对国有化运动的性质作出明确阐释，国有化迄今仍是建立国营企业的基本方式；另一方面，它必须对反向而行的私有化运动的性质作出明确阐释。私有化运动是指落实前述 1986 年 7 月 2 日法律，直到 1987 年 10 月进行，1993 年议会选举后再次启动，按照对 1986 年法律稍加修改后的 1993 年 7 月 19 日法律继续开展的私有化运动；其间，若干国营企业重新回归私营部门。

## § 3 国有化运动[①]

233.(1) **定义**。国有化的目的在于，将一个私营企业或一个

① Rivero, *Le régime des nationalisations*（《国有化的规章制度》）, 1948; Chenot, *Les entreprises nationalisés*（《被国有化的企业》）, 1956; 3ᵉ Colloque des Facultés de Droit, *Le fonctionnement des entreprises nationalisées en France*（《法国国有化企业的功能》）, 1956; Vedel, La technique des nationalisations（《国有化的技术》）, *Dr. soc.*, 1946, p. 49; Katzarov, *Théorie de la nationalisation*（《国有化理论》）, 1960; L. Favoreu, *Nationalisations et Constitution*（《国有化与宪法》）, 1982。

私营企业集团的资产转归国营单位，以使之摆脱资本主义方向，并按照共同利益的要求进行经营。

这一定义突出如下几点：

① **国有化运动的性质**：这是剥夺所有权的一种方式，是为了集体利益而剥夺个人。

② **国有化运动的目标**：传统的剥夺所有权针对的是不动产，国有化则针对企业，即针对经济生产单位，将其资产、权利以及与之相联系的各种负担和义务一并收归国有。

177 ③ **国有化运动的动机**。动机是双重的。国有化首先源于对**私人资本主义的憎恶**，希望企业经营不是为了追求利润。但是，选择国有化（nationalisation）这个词，表明还有别的考虑，这就是：在掌管企业的过程中，避免**国家管理体制**（étatisation）中的传统行政方法。人们常说："实行国有化不是由国家直接控制。"可见，国有化事先就排除了企业对行政法的遵从，而为在某种范围内实行私法留有余地。

234.(2) **方式**。国有化运动引起许多重大的法律上的方式问题，解决办法是多种多样的。在1939年至1945年的战争期间，把国有化说成是对反国家行径的惩罚；即便如此，仍然给被剥夺的资本家以补偿，补偿的方式是不同的。至于转移所有权的技术方法，主要采取了两种形式，视国家的意图而定。国家或者使之维持作为资本主义企业法律基础的法人身份，或者使被国有化了的企业成为新法人（如法国电力公司、法国煤气公司、法国煤炭公司）。国有化都可能伴随着企业的集中化和部门重组。在上述第一种情况下，使用的方法是：国家购买公司的股份，成为唯一的持股者和企业主。这种办法在 1982 年的国有化运动中占上风。在第二种场合,不是通过购买股份,而是直接通过资产、权利和义务的转移来改变所有制。对被剥夺的企业要进行清产核资。所建立的接替机构,在一定的条件下拥有原企业的资产,并承担其责任和义务。

235.(3) **实施**。先后实行过三种国有化。

1936 年,人民阵线政府进行的国有化,不完全符合上述定义。那时,人们认为,企业中保留一部分私人资本是可以的,于是,国家持有多数股份,负责经营管理。这样进行的国有化(如巨大的铁路公司、航空工程公司),建成的不是本来意义上的国营企业,而是混合经济企业(国营航空工程公司,SNCF)。千真万确,随着这些公司中私人资本的逐步减少,它们都成了名副其实的国营企业。

更重要的国有化是在解放后不久进行的,针对的是法兰西银行和那些主要的储蓄银行,以及为数众多的保险公司,电力和煤气的生产、输送、分配企业(参见 1940 年 4 月 8 日法律),煤矿(参见 1946 年 5 月 17 日法律),法国航空公司,雷诺公司,尼奥姆和罗纳公司(变成了国营飞机发动机研究和制造公司)。

最后,1981 年大选后,按照社会党多数派的纲领,1982 年 2 月 178
2 日法律大力扩张国有部门,对五大工业集团(电力总公司、圣戈班集团、佩希内 - 于吉纳 - 库尔曼集团、罗纳·普朗克集团和汤姆逊·布兰特集团),对所有存款超过 10 亿法郎的法国银行,以及巴黎 - 荷兰(Paribas)和苏伊士(Suez)两大金融公司,实行国有化。

永久性地、但却以模糊词句载入 1946 年《宪法》前言的国有化原则,在 1958 年《宪法》第 34 条中得到确认,将“企业国有化”问题列入应由“法律规定的事项”之中。宪法委员会曾就 1982 年的国有化法作出过两个裁决,其中第一个明确指出,具有宪法效力的1789年《人权宣言》,已为法律的国有化职责划定极限,这便是:除非为公共利益所必需,国有化不得限制议会在没有明显的差错的条件下,任意界定私有财产和侵犯公众自由的范围(参见 CC,1982年1月16日裁决,*AJDA*,1982,p.202 和 p.209,由里韦罗解释)。

## §4　私有化运动

236.上文所述1986年7月2日法律规定进行私有化。宪法委员会在其1986年6月25日和26日的重要裁决(参见 *AJDA*,1986,p.575,由里韦罗解释)中认定,在作出严格解释条件下,该法是符合宪法的。1986年8月6日法律明确规定了开展私有化的方式。

(1) **实行私有化的范围**。如同对国有化一样,《宪法》第34条规定,由法律"确定国营企业转为私营企业的准则"。谈到议会关于私有化是否适当的判断自由,除非宪法委员会能够指出其存在明显错误,只要不与1946年《宪法》前言的规定相抵触即为适当;该前言规定,在国营部门中,须保持国营公用事业的实际垄断地位,因为这是源自宪法原则的(参见前述宪法委员会1986年6月25日和26日的裁决)。尽管如此,议会排他性权限也只局限于狭义的私有化;也就是说,局限于使国家独资或控股的企业,以及被依法国有化的企业,重新回到私营部门。至于国家股份不占多数的公司,是否出售国家掌握的股份,须由行政机关自由决定。这主要涉及一些国营企业的子公司,它们往往是公私合营企业。

179　(2) **方式**。每个公司的私有化均采取这种方式:国家作为持股人,在股票市场上向私人买主标价出售股票。股票价格由经济部长确定,但不得低于由独立专家组成的**私有化委员会**对企业的估价。**职工参与分红**和**人民资本主义**两种观念,使得国有股票的购买条件对两种人特别有利,一种是企业职工,一种是只希望购得有限股票的小买主。而且,政府保留着对外国人购买股票的监督权。

(3) **实施**。1982 年 7 月 2 日法律有一个附件,开列了需要实行私有化的 64 家企业名单,其中包括 1982 年被国有化的全部工业企业和金融企业、1946 年被国有化的银行和保险公司,以及阿瓦(Havas)公司和埃尔夫·阿基坦(ELF Aquitaine)公司。法国电视一台的私有化由 1986 年 9 月 30 日关于通讯自由的法律第 58 条等条款加以规定。鉴于明显的财政原因,产权转移不能立即同时进行,应该在 1991 年 3 月 31 日前分阶段完成,由政府安排先后顺序。自 1987 年至 1988 年社会党政府重操政柄、中止私有化运动,已有 10 来家重要企业回到私营部门,其中,金融领域的巴黎荷兰银行、工商业信贷银行,工业领域的埃尔夫·阿基坦、圣戈班、电力总公司尤为重要。1989 年 7 月 10 日法律对这些企业的管理体制作了若干调整,允许打破以往国家在股东中建立的"稳定核心"。①

出乎意料,社会党政府通过 1991 年 4 月 4 日政令,准许几个国营企业引入私人资本,而这些企业在实行国有化时已将私人资本彻底清除。财政原因压倒了意识形态。但是,国家资本仍占多数,负责经营管理。就这样,思想观念在发展,又重新上演 1936 年

① 参见该法:B. Saint Girons, *RFDA*, 1989, n°5, p. 786。

的国有化(参见上文第235点),国营企业不再拒绝公私合营的方式,只要国家仍持过半数股份即可[①]。

(4) **1993年7月19日法律**[②]。该法再次突出强调,须对竞争性领域的国营企业进行私有化改造。1986年法律已有规定,而尚未实现私有化的企业集团还有12个。1993年法律又增加了另外12个需要私有化的工业、保险和海空运输企业集团。跟1986年一样,政府自由选择对每个有关企业进行私有化改造的日期。对
180 1986年法律的主要修改,首先是企业集团的"坚强核心"组成问题;"坚强核心"的股份须留给预先决定的国营企业,以确保经营管理较为稳定。其次,须强化对外国买主的监管。再次,应给那些具有一定实际工作经验、希望成为企业股东的职工以优惠。

(5) 在利奥内尔·若斯潘政府时期,**私有化**获得了新的推动,同时国营企业也实行资本开放。不妨列举如下:1997年,法国电信公司及资本开放。1998年,国家工商信贷银行、汤姆逊电信公司、全国保险业集团、全国保险互济金库、马赛信贷银行和RMC公司实现私有化;1999年,里昂信贷银行、埃拉梅公司和马特拉航空航天集团公司实现私有化;法国航空公司资本开放。2000年,汤姆逊多媒体公司私有化。2001年,埃尔韦银行、SFP公司私有化。2002年,法国南方高速公路公司和法国广播电视公司资本开放。

据全国统计及经济研究所的资料,私有化收回的资金,雅克·

---

① 关于这次改革,参见M. Debène, *AJDA*, 1991, p. 623。

② M. Durupty, Commentaire de la loi de privatisation du 19 juillet 1993(《1993年7月19日私有法注释》), *AJDA*, 1993, p. 712。

希拉克政府时期(1986～1988)大约130亿欧元;爱德华·巴拉迪尔政府时期(1993～1995)大约170亿欧元;阿兰·朱佩政府时期(1995～1997)大约94亿欧元;利奥内尔·若斯潘政府时期(1997～2002)大约310亿欧元[①]。

(6) J.P.拉法兰政府*决定将法国航空公司私有化。2003年4月9日法律规定,一旦股票市场行情见好,就准备将法国航空公司私有化[②]。为落实1993年7月19日法律,2003年10月3日制定了2003－945号政令,准许将国家在法国航空公司占有的过半数股份售予私营部门。该政令还决定,国营飞机发动机研究和制造公司将开放资本,在2004年夏季以前出让其“少数获利丰厚的股份”。

相反,也有新现象,为了挽救一个企业,国家决定花3亿欧元买进阿尔斯通公司31.5%的股本。

## §5　国营企业的经济状况[③]

**237.第一,国家资产管理局。**近几年,对“国家股东”的意见日

---

① 参见《世界报》(*Le Monde*),2002年4月9日。

* 拉法兰2002年6月至2005年7月任总理。——译者

② M. Lombard, *Les garanties accompagnant la privatisation d'Air-France*(《法国航空公司私有化的保障》),*AJDA*,2003,第1100期;C. Gilder, *La privatisation d'Air-France au cœur de logiques divergentes: les enjeux juridiques de la loi du 9 avril 2003*(《处在争论焦点的法国航空公司私有化:2003年4月9日法律的赌注》),*RD publ.*,2003,第1389期。

③ 我们仅对此作简括考察。这一问题大体属于经济公法,甚至政治经济学的范畴。

见其多。巴尔比埃·德拉赛尔关于"国家股东和国营企业管理"的报道[①]断言,"国家没有令人满意地履行股东职责。如果说新近有所进步,那在现行组织机构中也已达到极限,因为国家对企业扮演的角色是混乱含糊的。"在2002年,国营企业亏损200亿欧元,
181 达到最高纪录;还有1300亿欧元的负债。的确,大部分归咎于法国电信公司。

为了给国营企业治病,成立了**国家资产管理局**,使之在国家参股的企业中担负股东的全部责任[②]。它有三项使命:一是持续有效地贯彻企业发展战略,二是制定企业的管理规章;三是尽力使国家资产增值[③]。

238. **第二,国营企业集团**。国营企业演变中一个最奇特的现象是:围绕一个国营母企业,形成了一些受它监督的子公司,或许还有一些孙公司,大家一起构成了一个**国营企业集团**[④]。母企业可能将自己的全部工商业务都交给子公司,只保留对子公司的**控股权**(如ERAP企业,见1975年12月2日和1976年3月4日法令;又如EMC企业)。当母公司是公立公益机构时,理应遵守专门性原则;尽管如此,母公司也可以通过建立子公司,使自己的经营活动多样化(比如法国航空公司建立的旅馆业和旅游业子公司);可

① 可随意查阅 www. minefi. gouv. fr。

② 参见 Carine Biget 对国家资产管理局的介绍,载 I'*AJDA*, 2003, 第472期。

③ 国资局有70个国家参股企业需要管理,代表着1200万职工,汇聚着2200亿欧元经营资产。标有价格的国有公司资产价值估计在400亿至450亿欧元之间。

④ Delion, *Les filiales des entreprises publiques*(《国营企业的子公司》), *Dr. Soc.*, 1960, p. 321; Debène, *Le redéploiement des entreprises publiques*(《国营企业的调整》), *Dr. Soc.*, 1978, p. 69。

以使子公司从事出口贸易(如雷诺集团的国外子公司),可以分散进行经营管理(如保险业国营企业集团的众多子公司),可以协调它同其他国营企业或私营企业之间的业务活动。组建为股份有限公司的子公司,完全受私法管辖。母企业可以掌握子公司的全部资本;但是,子公司往往采取**合营公司**的形式(参见下文第 274 点),吸收一部分私人资本,而且私人资本应占少数,以使子公司保持国营企业的性质。这种现象部分地表明,人们希望给予国营企业必要的、可靠的成长壮大空间,使之能够应对私营集团的竞争,尤其能够迎击全欧洲私营企业的竞争。这使国营企业的结构、活动方式和成分,更加向私营企业靠近。尤其突出的事例是,许多国营企业经常在信托局的金融扶持下,大规模参股外国企业;这证实了它们的多样化努力,证实了公私企业之间的日渐靠拢,特别是银行与保险集团之间更加相互接近。1982 年国有化运动以后,无论是在法国的还是在外国的子公司,都有了某种特殊的重要性。受到国有化不良影响的五大工业集团和两大金融公司,实际上都控制着大量子公司。宪法委员会承认,不符合国有化目标的子公司, 182
可以出让给私营部门。1986 年 7 月 2 日的私有化法进一步确定了这种解决方案,但规定,子公司若回归为私营部门,须经政府部门批准。1993 年法律规定,对不大重要的子公司进行私有化改造,无须政府部门审批。

## §6 国营企业的法律制度

**239. 第一,对私法准则的遵守。**所有国营企业的一个共同点是，都得遵守私法准则，尤其是商法准则。这些准则适用于它们经营活动的一切方面；这是经1982年2月11日法律第3条再次确认了的。

(1) **企业员工**① 包括劳动法规定的所有工薪人员。在某些场合，诸如法国煤炭公司、法国煤气公司和法国电力公司，重视给予员工特别有利的地位；以至于法律规定，他们那里可以通过劳资双方达成的协议，让员工取得一种合乎法律规章的地位（如法国电力公司员工的地位，矿工的地位）。然而，超出国营企业的普遍情况，给予受重视部门所有员工的这种不同地位（比如，矿工的地位不仅适用于煤矿矿工，也适用于铁矿矿工）。要受私法约束。况且，在一些此类企业中，为提高员工的待遇，采用了劳资双方订立协议的方法（如法国电力公司）。另一方面，企业与其员工之间发生争端，不仅可以向普通法院起诉——公法人中所有受私法约束的员工均可采用这种办法；而且，尤其应当提交劳资调解委员会。劳资调解委员会成立之初，只有它有权处理**工商业**中雇主与雇员之间的纠纷（参见 Cass、soc.，1950年6月12日，*JCP*，1950. II，第5727期）。不过，对国营企业的雇员而言，适用普通劳动法，会作出对他们更为有利的安排。这是因为，1983年7月26日法律为雇员的利益着想，扩大了私营部门雇员的直接发言权，为其行使工会组织权提供了方便，并提高了企业委员会的职权。

(2) **企业的活动**（与参加国内外公司的供货商、客户、第三者

---

① Delesalle, *Le statut du personnel des entreprises nationalisées*（《国有化企业员工的地位》），thèse，Lille，1953。

之间的关系)依据商法程序开展,有时也依据民法程序进行。

(3) **财务制度**完全不受政府财会制度的约束。企业没有预算,而有预计收支清单;经营结果要记入年度资产负债表;依靠商业信贷来筹措资金。如果说国营企业与资本主义企业不同,盈利 183
不是企业经营活动的唯一目的,那么盈利至少是其基本目的之一。企业不仅应使自己的收支达到平衡,还应获取利润,以便在企业的发展过程中,使用剩余利润这种自供资金,并随着法律规章的变化,让国家和全体股东均受益;而在引入了混合经济体制的企业,还应让私人股东或企业雇员得到好处。

240. **第二,企业的公共性质**。企业的公共性质导致有时不能适用私法。

(1) 企业的有些负责人是根据行政决定予以任命或解职的。个别时候,国家对企业运行中的若干基本问题(比如某些价格、税费)保留着独自决定权。尤其是,国家作为唯一掌握过半数企业股份的股东,有权决定给予企业的资金拨付额,而这是企业发展所必需的。

(2) 国营企业可以认为自己享有公权力的种种特权(比如,通过强制执行的行政方式收回某些债款),而且,它不会受到私营企业所受到的某些强制性限制,似乎很难出现破产的情况。可能由债权人适用法律法规执行财产,这引起了较多的争议。国营出版公司抛弃了这种做法,并非以所有国营企业应予遵守的普通法规为依据,而是建立在它地位特殊的基础上,而这曾经引起诉讼(参见法国最高法院判决,1951 年 6 月 9 日,*JCP*, 1951. Ⅱ, n°6457)。

(3) 国营企业都是被强制服从某些限制其自由行动的法规

的。私营企业广泛利用仲裁途径来解决其纠纷，而司法判例不承认国营企业有权不通过法官，而通过仲裁人达成仲裁协议来解决其纠纷（参见 CE，1957 年 12 月 13 日关于国营剩余物资销售公司案的判决，*Rec.*，p.678）。1975 年 7 月 9 日的法律没有推翻这一准则，但决定，对于政令所确定的某些类型的工商业公立公益机构，可以有一些例外。不过，从未出现过此类政令，倒是有几个法律允许这样那样的国营企业（诸如法国国营铁路公司，法国邮局，法国电信公司，法国铁路公司），以及矿业法第 146 条和 1946 年 4 月 8 日法律（2002 年 1 月 8 日法令）第 2 条、第 3 条提到的工商性公立公益机构，可以走仲裁途径。对此，参见下文第 440 点。

（4）国营企业的财产所有权[①] 问题不能同私营企业的产权问题相提并论。撇开拨归国营企业的资产不论，它们理应属于国家。问题在于搞清：企业所使用的大量资产究竟属于企业还是属于国家。发生疑问时不应忘记，国营企业对企业财产实际上拥有自营
184 公司的一切权利：可以出售，可以交换。唯一的责任是，不得降低这些财产的总价值；这种总价值构成了社会资本。可见，企业财产不属于共有财产。

（5）最后，也是尤需指出的，国营企业受到诸多强制性的**行政和财务监督**[②]。监督是多种多样的：或者在经营管理的过程中，由

---

① Jacquignon，*Le régime des biens des entreprises nationales*（《国营企业的财产制度》），2 vol.，1956。

② Delion，见上文所引其著作；Lescuyer，*Le contrôle de l'État sur les entreprises publiques*（《国家对国营企业的监督》），thèse，Paris，1958；P-M. Gaudemet，Le contrôle financier des entreprises publiques（《对国营企业的财务监督》），*RD publ.*，1972，p. 279；

拥有监督权的部长们及其派驻企业管理机构的代表(政府特派员和国家检察员)实施;或者事后由审计法院实施,1976 年 6 月 22 日法律将原属国营企业查账委员会的职责转移给了审计法院;或者,最后,如果议会想查账,则由议会委员会实施[①]。自 1958 年起,这种委员会不再是常设的;它们的监督活动却逐渐扩展,相当严重地限制了国营企业的经营自由。这种状况受到强烈批评。诺拉先生领导的一个委员会,在 1967 年发表过一个报告,建议在国家与国营企业的关系中,废除以往的监督方式,代之以这样一种制度:双方签订一个为期数年的"计划契约",确定企业应当实现的目标,在此框架内,企业享有极其广泛的自主经营权,国家只在事后进行监督。实际上,国家的监督日渐削弱;加之欧洲联盟的逐步建立,经济上的必要性更使监督松弛下来。再者,诺拉报告所极力推荐的计划契约方式,也得到了广泛的应用。

241. **第三,国营企业与商业性质**。面对国营企业的多重身份,这样一个问题又产生了:他们究竟是不是私法意义上的**商业机构**?在某些人看来,无论就它们的法律形式而言(有限股份公司),还是就正式法律条文赋予它们的性质而言,答案都是肯定的。不过,在法律法规尚未对其商业性质作出明确规定以前,争论还是公开的。

---

Muzellec, Le contrôle de la Cour des Comptes sur les entreprises publiques (《审计法院对国营企业的监督》), *AJDA*, 1976, p. 540; M. Durupty, Faut-il réaménager le contrôle de l'État sur les entreprises publiques? (《国家对国营企业的监督方式应当改革吗?》), *AJDA*, 1995, p. 3; M. Bazex, À la recherche de l'autonomie des entreprises publiques (《国营企业自主权研究》), *CJEG*, n°500, p. 243。

① Bruneau, Le contrôle du Parlement sur la gestion des entreprises publiques (《国会对国营企业经营状况的监督》), *RD publ.*, 1975, p. 1199。

似乎很难否定这些法人的商业性质，因为它们都在从事商业活动。韦德尔院长曾经建议，可创设一类新型**公共商业机构**；只有他才能同时论述国营企业的商业性质和公法给予这种商业性质的各种限制[①]。

## §7　国营企业、公法人或私法人的区别

185 如前所述，所有国营企业都有一种共同的法律基础。

但是，若干前提条件却使他们具有不同的法律制度，这取决于它们**是否经营管理一种公用事业**，**是否起源于某次国有化运动**，尤其要看**法律是如何给企业定性的**。

242. **第一，是不是经管一种公用事业的国营企业**[②]。第一个国营企业集团确实经营管理若干公用事业，因为他们所从事的业务甚至在尚未委托给某个国营企业之前即被承认具有公用事业性质，电力和煤气的配给便是如此。与此相反，有人不承认那些商业活动具有公用事业性质，因为这些活动与私营企业在同一部门的经营活动并无二致，国营雷诺汽车公司和石油勘探开发企业公司即是这样。以上述两种观点为界，作者们分成两派，一派倾向于认为，实行国有化之后才能使相关活动（如法国煤炭公司的经营活动）具有公用事业性质；另一派则强调指出，目前笼罩在公用事业

---

① G. Eckert, *Droit administratif et commercialité*（《行政法与商业性》），Thèse, Strasbourg, 1994。

② Rossillon, Les entreprises publiques et la notion de service public industriel et commercial（《国营企业与工商性公用事业概念》），*AJDA*, 1956, I, p. 41。

概念之上的模糊状态是很难厘清的。

管理一种公用事业的企业,其法律制度中的公法成分便会增强。这种企业的经营自主性,尤其在产品价格、税率等方面的自主性,长期以来就是较小的(如国营航空工程公司和法国电力公司);而关于**计划契约**的政策清楚地表明了对这一趋势的抑制(参见下文第434点)。况且,国营企业管理机构关于组建公用事业部门的决定,被视为具有执行力的行政行为,即便有关企业是股份有限公司也没有妨碍(参见TC,1968年1月15日关于法国航空公司的裁定,C. Epoux Barbier, *GAJA*, n°87)。

243.**第二,是不是产生于国有化运动的国营企业**。关于这个问题,请参见上文第232点。国营企业是不是源自国有化运动,其中反映着某种利益。按照1946年的思想意识,国有化企业决策机构的组成,千篇一律实行**三三制**,国家代表、职工代表和用户代表在董事会中人数相等。然而,随着时间的推移,一方面,这种形式在国有化后逐渐向其他企业蔓延;另一方面,国有化企业决策机构的组成,却在一定范围内抛弃了最初的设想,打破了三类成员的平衡状态,引入了新的做法,根据技术能力来选拔管理人员。1982年2月11日法律标志着向三三制的明显回归:国有化工业集团的董事会包括七名国家代表、六名职工代表、五名适格人员或消费者 186
代表。在银行和金融公司的董事会中,三方代表人数相等,各五名。1983年7月26日法律进一步肯定,消除国有化企业与其他国营企业在董事会组成方面的任何差别。

244.**第三,国营企业、公法人**。在现实生活中,为企业选择经营方式,选择可适用的法律制度,乃是政府部门的一项巨大特权[①]。的确，既然通常由规章制定机关选择企业的经营方式，政府部门在这方面自然拥有很大的评判权。

许多国营企业都采取了**工商性公立公益机构**的形式。原子能委员会(参见 1945 年 10 月 18 日条例)、石油勘探开发企业公司(参见 1965 年 12 月 17 日法令)、法国铁路网公司(参见 1997 年 2 月 13 日法律)、法国邮政局(参见 1990 年 7 月 2 日法律)、法国国营铁路公司都是公立公益机构；当然，公立公益机构还应包括解放后在国有化运动中产生的法国电力公司、法国煤气公司、法国煤炭公司和盆地煤矿公司。

巴尔比埃·德拉赛尔报告提出建议，要改造所有那些以股份有限公司资格参与自由市场交易的国营企业(参见上文第 237 点)。

对于企业的内部结构，公立公益机构的名称并未产生什么法律后果。实际上企业管理机构差不多都是一样的，而且几乎都是模仿私营公司：有一个董事会(conseil d'administration)和一个董事长兼总经理，这是唯一的执行机构，按约定多数作出决定，确实掌握着极大的权力。有的国营企业有一个董事会(directoire)和一个监事会，欧洲装卸联运公司(EMC)即是如此。撇开国营企业的法律定性不谈，公私企业的这种相似性受到 1983 年 7 月 26 日法律的关注。该法规定，公立公益机构无论是组成国营公司，还是组成公法人占 90%以上股本的合营公司，其董事会和监事会均应包括下述三方面人士：国家代表，当地人和用户中有资格或有代表性的

---

① 然而，Gabriel Echert 在其所著《行政法与商业性》(第 27 页等)中指出，考虑经营商业活动之机构的地位、作用，以便从中推导出可适用准则法的**客观**设想，屈服于根据活动性质来推导可适用准则的**主观**看法。

名流。所有成员均由政令加以任命,其中至少三分之一是企业员工选出的代表。就公法人掌握90%以上股本的合营公司而言,其决策机构中,员工选出的代表原则上应占三分之一,另外是国家股东和私人股东的代表。

采用公立公益机构的形式,既可使企业享受执行某些商法的 187
特惠,同时也使企业享受超越公法的特权[1]。EPIC公司具有商业性质,故属商业法庭管辖;该法庭有权下达支付令或命令有所作为[2]。按照加布里埃尔·埃克特(Gabriel Eckert)的说法,既然规范公立公益机构的法律制度中同时存在"有选择地适用商法"和"宽松地适用行政法"两种现象,那么,这种制度就有尖锐的矛盾[3]。

245.**结论**。上面的考察,揭示了公立公益机构国营企业的异常复杂性。人们看到,依法所建机构的法定名称并无确切含义,广播、电视公用事业的法定体制连续互换就是明证。1959年2月4日条例建立的一个广播、电视**工商性公立公益机构**,1964年6月27日法律称之为法国广播电视局。根据1974年8月7日法律,该局一分为五:一个负责电视播放的**工商性公立公益机构**,即法国电视台;四个国家独资国营公司,即法国电视一台、二台、三台和法国广播电台,负责节目的安排、播发;一个负责制作、销售广播电视节目的公司,可以采取**混和经济公司**的形式(法国音像公司)。同样的可变性也存在于1982年7月29日法律中,该法将两个工商业

---

① J. Waline, L'application du droit commercial aux personnes publiques(《适用于公法人的商法》), *Mélanges Y. Guyon*, p. 1103。

② 见上文所引G. Eckert著作第124页等。

③ 同上书,第139页等。

公立公益机构、几个国营公司以及合营公司、地方公司，置于一个**高级机关**的领导下；尔后，这个"高级机关"连续变化，1986 年名为国家通讯自由委员会，1989 年名为**音像管理高级委员会**。尽管由于法国电视一台的私有化而使公有成分有所减少，1986 年 9 月 30 日、11 月 27 日和 1989 年 1 月 27 日的法律仍然维持这些公司身份的多样性，确定了它们现在的法律地位。随着国家活动的发展，出现了许多新情况，必须使过去的方式方法适应新的形势，这便是整个国营企业领域呈现上述特征、上述复杂性的部分原因。亟须来一次正本清源，公立公益机构的称号只能留给那些总体上受到行政法约束的传统型公立公益机构，只有这样，才能找回公立公益机构的一致性。同时应扩大此类国营企业的自主经营权。

# 第二章 地方公立公益机构[①]

有目共睹，国家和行政活动建立在**行政管理区**（Circonscriptions administratives）的基础上（参见上文第52点），而各级政府则建立在具有法人资格的**地方行政单位**（collectivités territoriales）的基础上（参见上文第53点）。最近几十年来，虽然地方行政单位与行政管理区的差别依旧是最重要的，但这已经不足以表达国家行政活动的范围。这首先是因为出现了一种非典型性的领土组合——**地区**；尤其是因为一系列持续改革将领土进行了一种新式细分，其特征如下： 188

① 以往存在的地方行政单位重组为市镇、省和大区；

---

① 就全章而言，请参考：Flutre, *Essai sur la notion d'établissement public*（《论公立公益机构的概念》），Thèse, Lyon, 1945; Drago, *Les crises de la notion d'établissement public*（《公立公益机构的概念的危机》），A. Pedone, 1950; Connois, *La notion d'établissement public*（《公立公益机构的概念》），1958; J. Chevallier, *La place de l'établissement public en droit administratif*（《公立公益机构在行政法中的地位》），Annales Fac. dr. Amiens, 1972, n°3; J. P. Théron, *Recherches sur la notion d'établissement public*（《公立公益机构概念研究》），1976; cf. aussi l'important rapport du Conseil d'État, *La réforme des établissements publics*（《公立公益机构的改革》），Doc. Frse, 1972; L. Constans, *Le dualisme de la notion de personne morale administrative en droit français*（《法国法律中行政法人概念的两重性》），*LGDJ*, 1982; F. Gazier, Étude sur les établissements publics（《公立公益机构研究》），*EDCE*, 1984－1985, p. 13。

② 作为地方行政单位,它们不是普通的行政管理区,而是具有法人资格,拥有自己的职权和治理机关;

③ 但是,决定建立这些地方行政单位的法律条文却称它们是**公立公益机构**,而不承认它们的**地方行政单位**性质,因为,它们的职权是被法律限制性地诸项列举出来的,它们的治理机关不是像地方行政单位的机关那样由直接普选产生的。不过,这些看法是合法地提出来的。

此类新型的公立公益机构,的确使公立公益机构这个概念发生了危机。问题在于,他们由相连的领土组成,因有法人资格而跨越了行政管理区,却又达不到地方行政单位的水平。

1992 年 2 月 6 日法律第三编的标题是“地方的合作”;第三编包括组织市镇、省和大区这三级地方行政单位合作的全部程序。但是,合作也给它们带来重大变化。整个第三编已被 1999 年 7 月 12 日法律重新做了重大修改。《地方法规大全》第五部分所规定的正是“地方的合作”。

## 第 1 节 地区[①]

189 246.地区(pays)是最近才在关于国土整治的词汇中出现的。国土整治及地方行动委员会曾达成若干“**地区契约**”,以促进某些

① 这里要研究国家,尽管国家法有法人资格,不是严格意义上的公立公益机构,但它形成的根源同地方公立公益机构是一样的,都是为了共同的利益将市镇聚拢在一起。

经济区域的发展。1995年2月4日关于“**国土整治及发展方针**”的法律第22条至第24条,已承认“地区”是“合法”的,其中规定,“当一个区域(territoire)在地理、文化、经济、社会诸方面表现出某种一致性时,经议会市镇合作委员会确认,可以组成一个地区(pays)”;“地区表现为一种经济、社会利益共同体,如有必要,城乡之间是相互依存的。”可是,“**地区**”的含义日益模糊。为落实上述1995年法律,2000年9月19日的2000-909号法令规定了承认地区、地区制订其“**契约**”的程序,以及相关区域的管理方式。2003年7月2日关于**城市规划与居住条件**的法律,用整个第五编来规范地区。其中第95条重申了地区的定义:“当一个区域因其成员在同一范围内生活或从业而表现出地理、文化、经济、社会诸方面的一致性时,有关市镇或拥有自身税收的跨市镇合作机构,有责任组合为地区(pays)。”该法简化了建立地区的程序。有一个自由组成的发展委员会即可起草建立地区的方案。就部长而言,这种跨市镇机构又变成了国土整治政策的大方向,而跨市镇公立公益机构则在地区构想中找到了生活、事业共同协商、互助合作的途径(参见*AJDA*,2003.1693)。不过,这种跨市镇合作方式有可能引起同市镇共同体之间的竞争(参见下文第254点)。

## 第2节 市镇间的合作①

247. 市镇间的合作乃是我国市镇数量众多且以“小规模”市镇
190 居多的必然结果。法国最多的是小市镇，由于农村地区的退化而衰落；它们资源匮乏，不能随着科技的进步而满足当地居民的需求。而围绕大都市发展的那些市镇则情况迥异，他们不可能采取协调一致的行动，以适应经济、社会日趋统一的诉求。这是因为，不断扩展的大都市郊区经常滋生不幸事件、排外现象和不安全感。针对近年发生的这些问题，已经提出过一些解决办法。最根本的解决办法是将小市镇**合并在一起**，而结果令人失望。最古老的解决办法是建立管理共同事务的**市镇委员会**，先建单职能的(SIVU)，后建多职能的(SIVOM)。接着建**区**，先建“城市的”区，因为议会不相信区会适合农村市镇的情况；然后将“城市的”这个修饰语去掉，

① M. Bourjol, *Intercommunalité et coopération intercommunale*（《跨市镇机构与跨市镇合作》），1993, et: *Mélanges Auby*, p. 381; M. Degoffe, Le renforcement et la simplification de la coop-ération intercommunale, commentaire de la loi du 12 juillet 1999, *AJDA*, 1999（《跨市镇合作的加强和简化：对1999年7月12日法律的解释》），p. 911; M. Dantonel-Cor, Le régime juridique de l'intercommunalité（《跨市镇机构的法律制度》），*D.*, 2000, chron., p. 395; Dossier Coopération intercommunale（《“跨市镇合作”档案材料》），*AJDA*, 2001. p. 807 et s.; H. Groud: L'intérêt communautaire au lendemain de la loi Chevènement（《舍韦内芒法律之后的集体利益》），*AJDA*, 2000, p. 967; Annuaire 2000 des Coll. loc. La réforme de l'intercommunalité（《2000年地方行政单位年鉴：跨市镇机构的改革》），éd. du CNRS, 2001, p. 660; G. Marcou, La réforme de l'intercommunalité: quelles perspectives pour les agglomérations urbaines?（《跨市镇机构改革：城乡共同体前景如何?》），*AJDA*, 2002, 第305期。

表明农村市镇也要推广区的建制。最后1966年12月31日法律建议将那些巨大的城乡及其郊区组成**城市共同体**。另一方面，1991年5月13日法律构建了一种市镇间的**财政联系**。1992年2月6日法律提出了两种新形式：**城市共同体**和**市镇共同体**。人们相继面对着各种不同的创始性解决办法，这些办法被广泛地加以利用，1992年的方案用得尤广。但是，组合市镇的办法如此之多，使地方行政单位难以选择。因此，1995年2月4日法律敦促政府在18个月内，向议会提出一个减少跨市镇合作机构数量的法案，并简化有关此的制度。该法与1999年7月12日“关于加强并简化跨市镇合作”的法律是一致的。

于是，跨市镇合作机构日益增多。但是，它们内部的分化离心倾向是本质性的，因为，有自身税收和没有自身税收的跨市镇合作公立公益机构(EPCI)是截然不同的。拥有自身税收的EPCI直接征收若干地方税，特别是征收“税率统一”的职业税，使之相对于其他成员单位而言具有非常重要的独立自主性。没有固定税的EPCI，就得仰赖其他成员市镇缴纳的税金；不过，这种EPCI越来越少了。

为了鼓励EPCI收税，法律给那些实行这一自身税制的EPCI一些优待，比如给予跨市镇机构捐赠、财政固定补贴之类。

## §1 原先提出的解决办法

248.**第一,合并**[①]。原则上是自愿合并;有关市镇作出协商一致的决议,再由省长令予以批准。

191 倘协议不能实现,可根据代表具有决定意义的部分人口的某些市镇议会的要求,或根据省长的倡议,将有关方案提交选民**公决**。如果有效票的过半数(代表登记选民的至少四分之一)赞成合并,则省长令即宣布合并生效。尽管如此,那些有三分之二投票者(代表一半登记选民)投反对票的市镇,不得被合并,仍然维持原状。

可以采取两种合并形式。一种是**简单合并**,原先的市镇消失。根据原先各市镇议会的要求,它们仅仅变为**选区**,至少选出一名议员,在合并而成的新市镇议会中充当它们的代表。此外,它们可以保留一个市镇政府分部和他们的户籍。

第二种合并方式是1971年7月16日法律确定的。合并进来的每一个市镇均可要求拥有**合伙市镇**的地位,享受合伙市镇的充分权利。合伙市镇原名不变,当然变成了一个选区,拥有一个市镇政府分部。尤其是,合伙市镇还保留其固有的机关:一位**市长代表**,行使户籍主管官员和司法官员的职权,还可经市长授权,接受

① Y. Madiot, *Fusions et regroupements de communes* (《市镇的合并与重组》), *LGDJ* 1973; J. Cl. Venezia, Le regroupement des communes (《市镇的联合》), *RD publ.*, 1971, 第1061期; Nguyen Van Thong, La fusion des communes (《市镇的合并》), *Rev. adm.*, 1991, p. 226。

其他职责;一个**咨询委员会**,代表本市镇居民,由市长代表主持,权限是对合伙市镇的各项事务提供意见和建议。

无论如何,合并方式也要由相关市镇议会协商决定。而且,所订协议须规定确保平稳过渡的措施,尤须明确新市镇议会的构成、原市镇公务人员的出路、财产以及合并给市镇税制带来的后果。实际上,尽管国家会给那些合并进去的市镇增加资助,但合并的情况仍然极为罕见,已经完成的合并也往往搁浅失败。因此,跨市镇合作方式,诸如市镇委员会、城市共同体等日渐增多。1988 年 1 月 5 日法律(第四编)曾经力图使这些体制更加灵活易行①。

249. **第二,市镇委员会**②。市镇委员会是一种法人,关于公立公益机构的法律给了它这一资格。就**单职能市镇委员会**而言,它负责管理一种公共事务;而自 1959 年 1 月 9 日条例颁施后,**多职能市镇委员会**则负责管理涉及若干市镇的几种公共事务。这样,各市镇在这种组合中找到了办法,可以应对单独一个市镇不可能 192
完成的任务,可以在这种城乡合作中协调它们的活动。

(1) **建立**。市镇委员会由交界的或不交界的市镇组成。最初,有关倡议须获得相关市镇议会的一致同意。这种"一致同意"的要求,长期以来抑制了市镇委员会的建立;只要有一个相关市镇议会反对即足以阻止协议的履行。有鉴于此,关于单职能市镇委员会的 1959 年 1 月 9 日条例,以及关于多职能市镇委员会的 1970 年 12 月 31 日法律,都作出规定,当市镇委员会成立方案不能获得

---

① C. Bréchon-Moulènes, La loi du 5 janvier 1988 et la coopération intercommunale (《1988 年 1 月 5 日法律与跨市镇合作》), *RFDA*, 1989, n°2, p. 270。

② Brunet Mayer, *Les syndicats intercommunaux* (《跨市镇委员会》), 1954。

一致通过时，只要同时获得大多数市镇和居民的同意，拒绝加入的市镇也必须加入。经省议会同意，省长发布批准令，确定加入市镇委员会的市镇名单。

市镇委员会可以接受未参与创建的市镇加入。

1988年1月5日法律力求扩大合伙市镇对市镇委员会的自主权。加入多职能市镇委员会，可以仅仅参加大家共同进行的部分活动。人们有时称这种市镇委员会为"自选协会"。另一方面，可以退出的条件也放宽了。谁想退出，经一个调解委员会调解无效，省长即予宣布。

(2) **职权**。市镇委员会局限于管理一种或数种跨市镇公务，每个市镇议会管辖权以外的公务才由委员会操办。各项公务的组织准则、管理准则与市镇公务相同。

(3) **机关**。市镇委员会由一个委员会管理。该委员会由各个市镇议会选出的两名代表组成；另有替补代表，一旦正式代表缺席即须补缺。委员会选出其主席。委员会的决议，由主席在一个办公室的协助下确保执行。委员会的运行规则和对其决议的监督，与适用于市镇议会的规章和监督相同。

(4) **财源**。管理委员会通过的预算，主要由每个合伙市镇分摊，用于为每个市镇工作的必要开支；另一部分来自收取的税费，用于各项公共事务。市镇委员会有权借款。作为开支的预算，还包括公务所必需的经费拨款。

(5) **市镇委员会的终结**。组成期限届满，相关市镇议会一致同意，根据省议会和最高行政法院的意见，由法令宣布某种解散措施，市镇委员会即告结束。如果市镇委员会停止一切活动满两年，省长即可决定将其解散。

(6) 最初组建市镇委员会的目的，主要是解决农村市镇的电 193
力分配和水利工程建设问题。从那时以来，组建市镇委员会的目的日益多样化且数量大增。

250. **第三，区**[①]。正是1959年1月5日的第59-60号条例设立了市镇间协作的这种新方式。按照该法的精神，这种新方式旨在解决城市圈的问题，所以名之为"城市的区"，其体制也是前所未有的。实际上，区不大用在规定的意义上，而是可能像市镇委员会那样，为了推动农村市镇的集中。1970年12月31日法律认可了这一演变，而区被1999年7月12日法律废除。

251. **第四，城市共同体**(la communauté urbaine)[②]。我们上文已经指出了城市圈严重的不和谐现象。城市圈由一个大城市与它四周的市镇一起组成，形成了一个经济、人文统一体，而传统的市镇管理体制却使整个城市圈的行政管理支离破碎，无法形成共同的政策。为纠正弊端而采取的各种办法，尤其是设立城市的区，均未有显著成效。因此，经由几个法令补充，又经1982年12月31日法律和1999年7月12日法律修改的1966年12月31日法律，创设了一种新方式，即**城市共同体**。

---

① Bourjol, *Le district urbain*(《城市的区》), 1963。

② Cadart, Un espoir pour les grandes villes: le projet de loi sur les communautés urbaines (《大城市的希望：关于城市共同体的法案》), *D.*, 1996, chron., p. 123; A. de Laubadère, *AJDA*, 1967, p. 89; Colard, Une structure supracommunale pour les grandes villes (《大城市的超市镇机构》), *AJDA*, 1967, p. 449; Médard, Les communautés urbaines, *RD publ.*, 1968, p. 737; Kessler et Bodiguel, Les communautés urbaines (《城市共同体》), *Rev. fr. sc. pol.*, avril 1968。

跟区一样,城市共同体不是一种新型的地方行政单位,而是一种叠加在原有市镇之上的行政管理公立公益机构。原市镇连同它们的传统机关照旧存在,其所有职权均未明文规定转移给城市共同体。

(1) **建立**。1966年法律要求,5万居民以上的城市圈均应建成一个城市共同体。令人吃惊的是,居民人数的界限在1972年降低为2万。1999年法律要求,共同体总人数必须超过50万。城市共同体的建立,须根据利害攸关的多数代表的要求,根据法令作出决定。所谓多数,是指代表当地过半人口的三分之二的市镇议会,或代表三分之二当地人口的一半的市镇议会。如果不是所有相关市镇都同意成立共同体,则法令由最高行政法院制定。未经有关代表的要求,不得强行建立共同体。尽管如此,法律本身规定,在8个地方大都会中的4个——波尔多、里尔、里昂和斯特拉斯堡——建立4个城市共同体,以制衡巴黎的吸引力。这4个共同体的区界已在征询有关市镇议会和省议会的意见后,由法令精确
194 划定。法国现有的14个城市共同体中,成立最晚的是南锡(在确定50万居民标准之前)、南特和马赛。

(2) **共同体的权限**比区大得多。法律所列各市镇自动转交给共同体的职权,又被1982年12月31日法律扩大了,包括制订现代化建设、设施置备和城市建设的计划,连同学校在内的住宅新区、工业新区的设施建造,住房建设,防火,城市交通,水务,路政,等等。此外,市镇的其他职权,诸如文体卫生等设施的经营管理,也可以随意转交共同体。关于共同体的现代化和基础设施建设,它可以同国家签订一个多年计划契约(参见1970年12月23日法

令)。

1999年7月12日法律又赋予城市共同体一些新职权,诸如管理活动场所、中等学校,尤其是制订指导纲要。现有城市共同体都享有市镇的全部权利,除非共同体以三分之二的多数通过相反的决议。

(3) **城市共同体由一个共同体委员会进行管理**,该委员会由市镇议会的代表组成。如何在各市镇之间分配席位,是一个颇为困难的问题。既不能使共同体议会人数太多,又须使所有市镇都有其代表,而各个市镇的人口数量又太过悬殊。1982年12月31日法律改变了最初的办法,增加了代表数额,以使共同体委员会向不断加盟的市镇敞开大门。席位的分配,原则上应由代表多数人口的市镇议会的合格多数来决定。如果不能达成一致,省长即按比例代表制办理。关于这种比例代表制的极端复杂的一整套规则,参见CGCT第L.5215-6条至第5215-13条。无疑,共同体委员会的原始构成,尤其会随着人口的变化而变化。

共同体委员会选举产生自己的办公室。委员会的决议以及对这些决议的监督,原则上受适用于市镇议会的各项规则的约束。委员会主席是共同体的执行机关。

(4) **关于财源**,法律有一条主要规定,即:共同体委员会为了开展共同体工作,可以设立市镇所征收的三种直接税(有建筑物的地产税、住宅税、职业税)的附加税。尤其是,还有公共汽车、电车、地铁、郊区火车等一切公共交通工具的收入。

(5) 在共同体中,力图把对各个市镇的尊重与城市圈所必需的统一管理协调一致起来,这种机制是十分复杂的,业已引起一些 195

抵制。它的优点是,为解决领土的统筹治理这个重大问题,提供了一个良好的模式。

252.**第五,各市镇间的财政连带责任**。为了缓解贫富市镇之间资源的不均衡,1991年5月13日法律设立了一种城市团结补助制度,并且专门为法兰西岛大区各市镇设立了一种团结基金。确定哪些市镇受惠,须考虑社会住宅数量、人均纳税潜力等诸多因素。这样计算出来的补助金额,由富裕市镇转移给较差的市镇。

## §2 市镇集中的新方式

1992年2月6日法律确定了跨市镇合作的原则,据此,合作应"建立在各市镇自愿与周边利害相关市镇制订共同发展计划的基础上"。该法将落实这项原则的任务,主要授予一个掌握重要权力的"跨市镇合作省级委员会"(A),并规定创设市镇集中的两种新形式:**市镇共同体**(la communauté de communes,B)和**城市共同体**(la communauté de villes);1999年7月12日法律以**城市圈共同体**(la communauté d'agglomération)代替了这种城市共同体(C)。

许久以来,行政管理语汇中没有**城市**一词。如今,人们看到,城市这个概念在"承认进城权"、"制定城市政策"、"建立城市部"等说法中确立了自己的地位。然而,法律规章尚未对"城市"(villes)和"市镇"(commune)的区别作出明确界定,因而还是不清楚的。

253.**第一,跨市镇合作省级委员会**。委员会中,来自各市镇者占60%,省内已有市镇委员会(syndicats de communes)、城市共同体(communautés urbaines)等公立公益机构的代表占20%,省议会议员占15%，大区议会议员占5%，他们均由他们所代表的地方行政单位的议会选举产生。这个省级委员会如1971年7月16日法律设立的那个委员会一样，责任均在于制订进行跨市镇组合的规划。

省级委员会在听取相关地方行政单位的意见、充分考虑了他们的建议后，提出一个**跨市镇合作框架**草案，其中包括新建什么机构或对已有机构如何改造。草案须转交有关市镇的评议会征求意见，斟酌它们的意见，再经重新审议，由委员会确定合作方案。对此须下达一个省长令，且予公布。建立这种共同体的议案得转交有关市镇，后者对于建立与自己有关的共同体问题作出决定。法 196
律没有清楚地说明拒绝参加的后果。事情的整个过程不甚明晰，而起止期限是明确的。如果将要成立的机构包括一些与自己交界而隶属于外省的市镇，则法律对此规定了一种专门程序。

省级委员会须迅速处理跨市镇合作事务；它接到关于成立合作机构的任何草案，均可提出意见和建议，尤其要就制订一个《**市镇共同发展整治章程**》事宜提出意见和建议；章程中应阐述法律未予确切规定的跨市镇合作机构的法律性质和权限。

254. **第二，市镇共同体**。市镇共同体根据1992年2月6日法律建立，以使农村地区和半城市地区的市镇像联合会一样进行合作。这是由利害一致地区的几个市镇组合而成的一种公立公益机构，为的是制订农村地区治理发展的共同规划。

(1) **建立**。根据至少代表当地一半居民的三分之二市镇的要求，或者倒过来，根据代表当地三分之二居民的一半市镇的要求，省长发布命令，成立市镇共同体。要求成立共同体的市镇中，必须包括其人口独自占共同体总人口四分之一以上的大市镇。

(2) **机关**。市镇共同体由一个**共同体委员会**进行管理,委员会由各个市镇选出的人士组成。席位按照每个市镇的人口数分配,每个市镇至少有一个席位,任何**市镇不得占据过半席位**。

(3) **职权**。共同体在领土整治和经济发展方面拥有全部权利。此外,在环境保护、住房和生活环境、路政、文体设施四个领域,共同体至少在一个领域行使管辖权。

市镇共同体拥有自己的财政收入,还可以对设在自己辖区内的企业征收职业税。

255. **第三,1999 年 7 月 12 日法律:城市圈共同体**。为促进农村地区市镇合作而制定的 1992 年 2 月 6 日法律,设立了城市共同体,它与市镇共同体相对应。这是一次不折不扣的失败。1999 年法律从中吸取教训,废除城市共同体,代之以城市圈共同体。这是十分明智的。城市圈共同体在市镇之间创建了一个休戚与共的空间,可以共同实行城市发展和领土整治计划。

197 (1) **建立**。城市圈共同体必须是围绕一个或几个 1.5 万人口以上的市镇或围绕省会形成的一个 5 万人口以上的整体,因此连成片,不能有隔开的飞地。像市镇共同体那样,城市圈共同体的成立也要遵循二分之一的三分之二或三分之二的二分之一准则(参见上文第 254 点*)。

2003 年 7 月 2 日《城市规划和居住条件法》第 64 条规定,2004 年 12 月 31 日以前,一个市镇可以在一定条件下,退出一个城市圈共同体,而加入另外一个跨市镇合作公立公益机构。

---

* 原文中说,"见第 247 点"经查,此内容在第 254 点中。——译者

(2) **机关**。城市圈共同体由一个委员会进行管理;该委员会的组成原则,与支配市镇共同体委员会组成的原则相同。

(3) **职权**。城市圈共同体必须担负起下述责任:① 经济发展;② 区域整治,比如:建设商定开发区;③ 制定改善当地居住条件的方针和住房政策。此外,还要在下述五个方面中的三个方面行使管辖权:① 道路管理和公共停车场建设;② 治理各种污染;③ 水务;④ 环境保护;⑤ 文体设施的建设经营。

除创设城市圈共同体之外,1999 年 7 月 12 日法律还规定:

① 将建立不同跨市镇合作公立公益机构的法规统一起来,并在这方面给予省长重要评判权;

② 确定了拥有自身税收和没有该税收的跨市镇公立公益机构的区别(参见上文第 247 点)。

256. **结论**。跨市镇公立公益机构普遍建立,加盟市镇的代表参与管理,这提出了一个政治上敏感的尖锐问题,即这些代表的选派问题。现在,试图直接普选这些代表的想法日益增多。我们觉得,直接普选弊大于利。因为,人们会在市镇议会选举和公立公益机构委员会选举的合法性中间有所取舍,产生分歧,有造成分裂的危险,从而阻断选举。而维持现行选派办法,则意味着各市镇的代表认为,自己被选派到公共公益机构中具有代表整个市镇的重要性。

尚须强调,跨市镇合作的进展是引人瞩目的。截至 2004 年 1 月 1 日,全国已有 31424 个市镇进入跨市镇机构;在 2461 个公立公益机构中,聚集着 5100 万人。包括:

14 个**城市共同体**;内有 355 个市镇、620 万人口;

2286个**市镇共同体**;内有28403个市镇、2450万人口;

155个**城市圈共同体**;内有2000万人口;

1028个**公立公益机构**;内有选择了一般职业税的3800万人口,占市镇机构总人口的四分之三。

## 第3节 省际合作

198 257.1992年2月6日法律并未赋予省际合作什么特殊重要性。过去的有关方案,在实践中没有大用,却几乎仍在实行。

(1) **省际会议**是一种普通会议,相关省议会派代表参加,就共同利益展开讨论,没有决定权。省际会议制定的草案,必须交由各省议会一致通过方始生效。

(2) **省际协约**(见1930年1月9日法律)。两个或多个省议会可以决定,甚至在不交界的省之间,建立一些机构或部门,赋予它们法人资格,并使之享有财政自主权。这种跨省公立公益机构由相关省议会派代表进行管理。

1992年法律规定,大区议会和市镇议会可以参加省际协约。在此情况下,省际协约须受往昔适用于混合市镇委员会(syndiccats mixtes)的法律约束;它们汇聚着不同层次的地方行政单位,它们的管理委员会中必须包括所有合伙地方行政单位的代表。

## 第4节 跨大区合作

258.1992年法律用**大区联盟**这个新机构,取代了根据旧法律建立的跨大区机构,旧机构彻底废除。

大区联盟可以联合2至4个毗邻的大区,根据相关大区议会一致同意的决议,由最高行政法院以法令宣告成立。成立大区联盟的决议可以同样的方式修改。经联盟委员会一致同意,加盟大区可以退出。根据一个成员大区议会的要求,联盟即可按照明确规定的程序解散。

(1) **机关**。人们看到存在于各个地区的机关:

① **管理委员会**,由各个大区议会选派的代表组成,大区间的席位分配由组织令加以确定。

② **一个常设委员会**,执行管理委员会可能委托给它的职责。

③ **一名主席**,是执行机关,由管理委员会选举产生。

(2) **职权**。人们再次看到惯用套话:"委员会以其决议来处理 199
属于联盟权限的各项事务。"这些职权都是在联盟成立时各大区交给联盟的,联盟代替它们行使。在此范围内,联盟可以同国家签订一些计划契约。联盟必须接受跟大区一样的行政和财政监督。组织令所定联盟总部所在地的大区长,须确保这些监督有效进行。

(3) **财政合作**。就像市镇一样,(参见上文第247点),大区间的合作不再仅仅是行政上的,还有财政上的。大区有贫有富。为了消除这种不平衡状态,法律设立了一种"大区失衡调整基金",从较富大区的税收中提取一定金额，按照法律确定的准则转分给其他大区。

在这整个安排中，人们又碰到在主张合并大区、改变大区界线的观念中显露出来的忧虑：希望给法国的大区设立一种机构，使之确有竞争力，能与欧盟成员国的地区机构相颉颃。各大区乐意求助于这种类型的合作。

## 第5节　跨国合作

259. 在欧洲建设的前景中，1982 年 3 月 2 日法律给了边境大区一种机会，使之可以同具有共同国界的外国地方行政单位缔结契约，协调它们的某些行动。这必须报经中央政府批准。实践已使这种机会得到相当广泛地利用，扩大到大区以外的其他地方行政单位。

本节的标题看起来跟“权力下放的合作”不大一致。1992 年 2 月 6 日法律第 131 等条款在这条道路上就走得更远了。所有地方行政单位，不仅是大区和大区集团，均可在自己权限范围内，跟外国的地方行政单位签订协议。这种协议须按普通法规则提交给主管省长，不再需要中央政府审批了，只许跟具有共同边界的外国地方行政单位合作的规定也好像废除了。而且，若干公益公用事业可以委托给混和经济公司经营，外国的地方行政单位可以投资。最后，欧盟成员国的地方行政单位可以参加以城市社会发展为目标的公益集团，跨国合作的领域更加广阔了。

有一个名为“权力下放合作”的全国性委员会，负责实施上述法规。

# 副 三 编 201

# 其他专业公法人[①]

在公立公益机构概念的危机中，有一种危机是由创设的那些机构引起的：这些机构依法建立却未被明确指出其法律性质。比如那些组织委员会和职业公会，法律未曾明确承认他们的公立公益机构性质(参见上文第 218 点)，它们至少是部分地经管着某种公用事业。我们在考察这些机构中的私法人的同时(比如，关于职业公会，可参见下文第 284 点)，不妨尝试着对这种奇特现象作些

---

① F. Melleray, Une nouvelle crise de la notion d'établissement public. La reconnaissance d'autres personnes publiques spécialisées (《公立公益机构概念的一个新危机：对其他公法人的承认》), *AJDA*, 2003, 第 711 期。

研究。

自从那些具备两种确凿属性的机构出现在人们面前以来，公立公益机构概念的危机就越发深刻了：它们是不同于国家和地方行政单位的公法人，但却根本不是公立公益机构。

有人认为，不同于公立公益机构的专业公法人将来还会增多；因为这不是一种"完结了"的过时类型，恰恰相反，这是一种"刚开始"的新类型[①]。

从此以后，人们可能还要在此类机构中加上**法兰西银行**、**公益集团**和**金融市场监管局**。

---

① F. Melleray, Une nouvelle crise de la notion d'établissement public. La reconnaissance d'autres personnes publiques spécialisées (《公立公益机构概念的一个新危机：对其他公法人的承认》), *AJDA*, 2003, p. 716。

## 第 1 节　法兰西银行[①]

260. 法兰西银行于 1945 年实现国有化，组成了"一个资产归国家所有的机构"（参见《货币金融法典》第 L. 142 – 1 条），这里根本没给这个"机构"定性。判例解决了这个问题，尽管其中还有些矛盾。权限裁定法院在其 1997 年 6 月 16 日的判决中，用毫不含糊的措辞，承认法兰西银行具备"**公法人**"性质（参见 TC，1997 年 6 月 16 日关于 Sté La fontaine de Mars C 诉法兰西银行案的判决，*CJEG*，1997，第 363 页，concl. Arrighi de Casanova）。由于银行掌管企业的银行账户而引发的一桩追究银行责任的诉讼，提出了什么法院有此管辖权的问题，也提出了法兰西银行的性质问题。权限裁定法院作出决断，此案属行政法院管辖；因为，"从规范法兰西银行的全部法律条文分析，它是一个公法人"。最高行政法院大合议庭也从行政上作出裁决，承认法兰西银行的公法人性质，只是表述略有不同："全面考察，细思详审，法兰西银行不能被归入任何一类公立公益机构，而是一个**独特的**公法人。"（参见 *GACE*，n°43）。最高行政法院和法国最高法院的几个判决沿着同一个方向前进，这就不让人对法国最高法院第一民事法庭的判决感到吃惊了；该判决的确是附带地确认，法兰西银行是"一个行政性公立公益机构"（参 202

① M. Lombard, Le nouveau statut de la Banque de France (《法兰西银行的新地位》), *AJDA*, 1994, 第 491 期; Les garanties accompagnant la privatisation d'Air-France (《法国航空公司私有化的保障》), *AJDA*, 2003, 第 1100 期。

见法国最高法院第一民庭 2002 年 2 月 5 日判决，载 *D.*，2002. 1128. note J. P. Gridel)。最高行政法院用一种稍微含混的表达方式坚持自己的观点，判定法兰西银行“没有公立公益机构的性质，而是有一种独特性质并表现出若干固有特征”(参见 CE，2002 年 10 月 2 日关于法兰西银行的裁决，载 *AJDA*，2002. 1345，note J. P. Markus)。

有人指出，法兰西银行的这一地位，是同它自身固有的独特性质一致的。它有一笔资本；关于它在欧洲货币系统中履行的责任，它不受任何监督；即使在它确实完成其本质上属于行政性质的任务时，也必须极其广泛地受私法管辖[①]。

## 第 2 节　公益集团[②]

203

261. 公益集团(GIP)中汇聚着公法人和私法人，为完成研究、文化、体育等共同任务而工作。它们是伴随着 1982 年 7 月 15 日《学术研究方针与计划法》第 21 条的实施而出现的，为的是从事研

---

① 同前引 F. Melleray 著作，p. 714。

② R. Muzellec et V. Nguyen Quoc, Les groupements d'intérêt public (《公益集团》), 1993; F. Rohmer-Benoit, Les GIP(《公益集团》), *AJDA*, 1986. 663; L'avenir des GIP, invitation à une réforme législative (《公益集团的未来：须来一次法律改革》), *AJDA*, 1992, 第 99 期; Les GIP, Rapport du CE (《公益集团——最高行政法院报告》), juillet 1996, Doc. Frse. 1997; G. Dupuis, Les GIP (《公益集团》), *Mélanges Spiliotopoulos*, p. 81; Sur la nature juridique des GIP (《论公益集团的性质》), v. Chron. Jurisprudence, *AJDA*, 2000, 第 410 期。

究活动并经营管理研究所需的设施装备。由于众多法规采取了这一方式，致使 GIP 在高等教育，体育，对文学、艺术、学术事业的资助、保护、奖励，医疗救助等各种领域日渐增多，这便提出了制定一个关于 GIP 的普遍性法律的问题。

对于 GIP 的法律性质，已有几个法律条文将其定性为"**拥有管理和财务自主权的公法法人**"。最高行政法院在 1985 年 10 月 15 日发出的一个公告中也奉行这一立场（参见 *EDCE*，1986.189），其中说："因此，应当承认，公益集团形成了一类公法法人。"权限裁定法院也看到了 GIP 的公法人性质，并补充说，它们是"遵从特别制度"的（见权限裁定法院 2000 年 2 月 14 日关于"Habitat et interventions Sociales pour les mal-logés et les sans-abris c/Mine Verdier"案的裁定，载 *GAJA*，n°112，*AJDA*，2000. chron. Jurisprudence410）。

## 第 3 节　金融市场监管署①

262. 人们看到，最近十五年来，国家中央政府部门中出现了一些"独立行政部门"。这是一些独具特色的机构，不服从哪个部的等级制领导，而又不具备法人资格。

2003 年 8 月 1 日的《**金融安全法**》设立了**金融市场监管署**（AMF），用以代替交易所业务委员会（COB）和金融市场理事会

---

① D. Linotte et G. Simonin, L'autorité des marchés financiers, prototype de la réforme de l'État?（《金融市场监管署：国家改革的典型?》），*AJDA*，2004，第 143 期。

(CMF)。按照《货币金融法典》第 L.621－1条的说法,金融市场监管署(AMF)是“一个具有法人资格的独立公共机关”。如果说独立政府部门的特征是没有法人资格,那么,金融市场监管署确属此类。但是,法律却称它是独立**公共**机关而不是独立政府部门。看来,这很像是一种不同于公立公益机构的新型专业公法人。

## 副 二 卷

# 私 法 机 构

公共行政(参见上文第 5 点)观念的发展,使行政部门的**具体** 205
**组织**概念日益淡化。因此,公共行政的任务更加经常地托付给私人或私营机构去完成。有人几乎认为,今后还会存在**行政职权**;但除了履行国家职权之外,将其他行政职权委托给公法人或私法人都是一样的。

我们在叙述了政府的公法机构之后(见副一卷),现在就该研究政府的**私法机构**了。首先是那些**经管一种公用事业的私营机构**(第一章),其次是具有**商业公司形式的国营企业**(第二章),最后还有一个**职业公会**问题(第三章)。

# 第一章 经管公用事业的私营机构[①]

私人参加行政管理的现象久已有之，甚至很古老。早在19 207
世纪，通过公用事业特许状，将一种公用事业委托给一个私法法人经营管理，就是司空见惯的[②]。路易·罗朗已经强调过被治理者参加政府部门这种现象越来越大的意义[③]。但是，一个决定性的转折点是，私人获得经营权不仅是由于签订了某种契约（§1），而且来自其法律地位（§2）。

---

① B. Gény, *Essai d'une théorie générale de la collaboration des administrés avec l'Administration*（《被治理者与政府合作的一般理论》），Th. Nancy，1930；Bernheim，*Le contrôle des services publics gérés par des personnes privées*（《对私人所管公用事业的监督》），Th. Paris2，1972；F. Sabiani，L'habilitation des personnes privées à gérer un service public（《授权私人经营公用事业》），*AJDA*，1977，第4期；J. P. Negrin，*L'intervention des personnes morales de droit privé dans l'action administrative*（《私法法人对行政活动的介入》），Paris，1971；A. Demichel，*Le contrôle de l'État sur les organismes privés*（《国家对私营机构的监督》），Paris，1960；J. Chevallier，L'association entre public et privé（《公私合营》），*RD publ.*，1981，第887期。

② MM. Rougevin-Baville, Denoix de Saint-Marc et Labetoulle 在其《行政法讲义》第233页指出，古代史上就存在特许经营和租赁经营方式；《圣经》中的包税人不过是享有征税这种公用事业特许权的人，法国旧制度（1789年革命以前的制度。——译者）下的包税人也是如此。

③ *Précis de droit administratif*（《行政法简明教程》），第11e版，第36点、第265点等。

## 第1节　契约规定的授权

263. **公用事业特许经营**是这样一种经营方式:一个公法人通过签订契约,出让某项公用事业,使某个私人成为特许权享有人,通常在相当长的时期内经管该事业,承担有关责任,并从用户方面获取报酬。在19世纪后半期的自由主义大背景下,工商经济活动交给私人办理是理所当然的。直到第一次世界大战前夕,这种方式都取得了巨大成功(参见下文第385点)。

将一种公用事业委托给私人经营,也还有契约规定的其他办法。比如**租赁**[①],签订合同,将一种公用事业委托一位"承租人"经营,后者向有关公法人支付一定的租金。各市镇经常运用租赁的办法,来开发水资源分配、构建城市交通网络等公用事业。也可以

208 借助**当事人管理制**[②],双方签订合同,公法人将公用事业委托给个人经营,后者的收入取决于其经营优劣。

通过上述多种途径,促成了所谓公用事业的"**委托经营**"。

今后,各种各样的合同方式还会被写入"**公用事业委托书**"[③]

---

① J. M. Auby, Actualité de l'affermage de service public (《公用事业出租的现状》), *Mélanges Péquignot*, p. 29; P. Subra de Bieuses, La spécificité de l'affermage (《租赁制的特性》), *AJDA*, 1996, 第608期。

② M. Waline, La notion de régie intéressée (《当事人管理的概念》), *RD publ.*, 1948, 第337期。

③ L. Rapp, Faut-il vraiment définir l'ensemble des DSP? (《难道真能确切说明全部公用事业委托书吗?》), *AJDA*, 2001, 第1011期; J. D. Dreyfus, La définition légale des DSP (《公用事业委托书的法律定义》), *AJDA*, 2002, 第33期。

中。这种委托书是1992年2月2日关于共和国地方行政管理的法律和1993年1月29日关于预防腐败的法律(所谓《萨潘法》[loi Sapin])批准的。根据2001年12月11日法律第3条的规定,“公用事业委托书乃是一种契约,一个公法法人通过契约,将自己负责的某项公用事业委托给一个国营的或私营的受托人经管,后者的报酬主要与开发经营该项公用事业的效益相联系”(参见下文第381点)。

而且,公用事业也可以通过签订“无名”契约而托付给个人。最高行政法院在贝尔丁夫妇案判决书中业已断定(参见CE,1956年4月20日,载*RD publ.*,1956,第869期):政府与贝尔丁夫妇达成一个口头协议,让他们在解放时负责向等待被遣返回国的苏维埃移民提供食物,这正是委托他们“履行负责遣返在法国领土上的外国难民的公用事业部门的职责”。

## 第2节　法律规章的授权

这里要谈的是那些判例,其中解释,法律规章允许将公用事业的任务委托给私法人去完成。我们将研究:**这一现象的发生(§1);受托经管公用事业之私法人的类型(§2);适用于公用事业受托经营的法律制度(§3)**。

### §1　这一现象的登场

264.1938年关于地方救助基金会案的判决,第一次使人们对政府部门的组织形态发生疑问,因为该判决承认,可以在公用事业特许经营制以外,将某项公用事业委托给一个个人去经办[①]。在这个判决中(参见CE,1938年5月19日,关于地方救助基金会案
209 的判决,载 *GAJA*,n°54),最高行政法院肯定,"社会保险是一种公用事业",可以委托给"私人机构"地方基金会经营管理。其实,1935年关于韦齐亚(Vezia)机构的判决(参见CE,1935年12月20日 *RD publ*., 1936,第119期,concl. Labournerie)即已开始赞成公用事业同承担该事业的公法机构相分离。在这个判决中,最高行政法院承认,非洲储金互济会具有"公益性质";正因为如此,它们才享有公权力征用财产的特权。

自上述判决作出以来,承认私营机构可以经营管理行政性公用事业、参与执行行政性公用事业任务,此类机构现已数不胜数[②],下面略举几例:

① 农作物保护团体,参见最高行政法院,1961年1月13日的马尼耶(Magnier)案判决,载 *RD publ*.,1961,第155期;

② 地方抗癌中心,见权限裁定法院,1961年11月20日关于欧仁妮·马吉斯·德勒内(Eugénie Marquis de Rennes)地方抗癌中心案的裁定,载 *RD publ*.,1962,第964期;

③ 省际渔猎协会,参见最高行政法院,1962年4月4日的舍瓦西埃(Chevassier)案判决;

④ 注册市镇狩猎协会,参见最高行政法院,1977年11月30

---

① V J. F. Lachaume, *Droit administratif* (《行政法》), 13e éd. p. 263。

② 上一个注所引 J. F. Lachaume 著作第267页等作了详尽列举。

日关于图赖讷的努瓦扬猎人协会案判决,载 *Rec*.,第 466 期;

⑤ 农业结构调整和开发协会,参见最高行政法院,Sect. 1978 年 10 月 13 日关于 Rhône (罗讷) ADASEA 案判决,载 *D*.,1979,第 249 期;

⑥ 体育团体,参见权限裁定法院,1980 年 7 月 7 日和 1996 年 11 月 4 日关于职业足球团体和全国足球联合会的两个裁定,分别载 *RD publ*.,1981,第 483 期和 *AJDA*,1997,第 142 期;

⑦ 地区旅游业联合会,参见最高行政法院,1960 年 12 月 7 日的雅丹(Jardin)案判决,载 *Rec*.,第 681 期;

⑧ 高速公路开发建造协会,参见最高行政法院,1994 年 7 月 6 日的 SANEF 案判决,载 *Rec*.,第 349 期。

## §2 承担公用事业的私法人类型

一个最简单的事实是,法律专门创设了一些受托经营公用事业的私法组织;否则,人们就得利用已有的私法机构。

265. **第一,法律专门创设的机构**。无须再谈论那些社会保险金保管处,可以著名的 1812 年 10 月 15 日莫斯科政令为例,该令建立了**法国演员协会**。同样,1940 年 8 月 16 日法律建立了各种**组织委员会**,这些行业性机构在第二次世界大战期间负责分配原材料;因此之故,它们也参加执行了一种公用事业任务(参见 CE, 210
1942 年 7 月 31 日蒙珀尔(Monpeurt)案判决,载 *RD publ*.,1943,第 57 期。参见上文第 222 点)。这些**农作物保护团体**(见上文已提及马尼耶案判决)都是落实 1945 年 11 月 2 日条例的产物。“法律允许创建一种行政性公用事业，而将其经营管理委托给行政部门监督下的一些私法机构。”有些职业公会的情况，将在下文第 280 点予以研究。

266.**第二，对已有私营机构的利用**。最为常见的是，法律不是专门建立经营公用事业的机构，而是直接利用已有的私法机构。比如：

① 协会有上文舍瓦西埃判决涉及的省际渔猎协会。

② 联合会有最高行政法院 1961 年 10 月 6 日判决中提到的全国大城市榨油厂联合会，参见 *Rec.*，第 544 期。

③ 互助机构，如地方社会保险局，参见最高行政法院，1951 年 2 月 2 日包丹小姐案判决，载 *Rec.*，第 70 期。

④ 社会团体有：土地整治及乡村建设协会(SAFER)，参见最高行政法院，Sect.，1968 年 7 月 13 日卡普斯(Capus)案判决，载 *D.*，1968，第 674 期；还有高速公路特许经营者协会。

但是，偶尔也有这种情况：私营机构只是“幌子”，只是一种被公法人用来规避公法准则，尤其是规避政府财务制度的挡风墙；藏在毫无真正自主权的私法机构背后的则是政府部门。在这种情况下，行政法官须坚决剥去假象，正本清源，承认私营机构的职责，了解这些机构之间的争端。对此，参见最高行政法院 1987 年 5 月 11 日关于迪维埃诉市政情报协会案的判决，载 *Rec.*，第 167 期[①]。

---

① 参见上文所引 Rougevin-Baville, Denoix de Saint-Marc et Labetoulle 著作，第 239 页。

## §3 法律制度

承担公用事业的私法人所遵从的法律制度，源自这一事实：作为私法人，需适用私法；但它们经营公用事业，这又需要适用某些公法规则。这种私法人的组织机构和运作程序，归私法管辖；其经济活动所服从的法律制度也大体如此。

267. **第一，法规**。私法机构执行的法律规章是私法（参见 CE，1965 年 6 月 23 日的 S.E.T.A.案判决，载 *RD publ.*，1966，第 343 期；1988 年 12 月 19 日的巴斯科（Pascau）夫人案判决，载 *AJDA*，1989，第 271 期）。但是，在履行公用事业职责和行使公权力特权时执行的法律规章则只能是单方面的行政法规，其中有些是关于规章制度的（参见 TC，1968 年 1 月 15 日关于巴尔比埃夫妇诉法国航空公司案裁定，载 *GAJA*，No87），有些则不是（见上文所引马尼耶案判决以及最高行政法院 1962 年 3 月 30 日关于全国面粉业协会 211
的判决，载 *D.*，1962，第 630 期）。人们合乎逻辑地认为，政府从实际出发，自然会把公权力的重要特权交给私法人行使。

268. **第二，契约**。与前文所述似乎有点矛盾，私营机构签订的契约，即便是为了经营公用事业，即便是含有超出普通法的条款（参见下文第 438 点），也还是私法契约。对此，请参见最高行政法院分庭 1963 年 12 月 13 日关于北部省牙医协会的判决，载《行政法院判决汇编.623》。但是，如果契约被看作是为公法人的利益而签订的，那就是另一回事了（参见 CE，1975 年 3 月 30 日关于蒙彼利埃地区装备公司案判决，载 *AJDA*，1975，第 345 期）。

269.**第三,责任**。关于责任的制度是比较复杂的。追究私营机构责任的诉讼,一般由普通司法法官审理;如果是一个行使公权力特权的私营机构,若追究其责任,则管辖权属于行政法院(参见上文述及的罗讷 ADASEA 案判决)。

然而,这又提出了一个问题:在什么情况下,一个"打着私营机构幌子"的公法人才会承担"幌子"引发的诉讼责任?主要是指,如果私法人在为公法人办事(参见 CE,1971 年 1 月 29 日关于青年与复兴协会案判决),或者,如果公法人在公用事业方面的职责已经委托给了私法人(参见 CE,1969 年 12 月 19 日关于德拉努瓦(Delanoy)企业案判决,载 *RD publ.*,1970,第 787 期),则公法人应出面承担责任。作为一种辅助手段,如果有关私法人无力清偿债务,则公法人责无旁贷,请参见最高行政法院 1970 年 11 月 13 日关于卢瓦扬市案判决,载《行政法院判决汇编.683》。

## 第 3 节　政府对公益私营活动的资助

整个社会感觉到的各种公益需要,不是一种公用事业就能满足的;要满足这许多需求,只能让个人发挥主动精神。公权力不可能对此漠不关心;于是,政府便给人们以鼓励和资助。

270.**第一,存在的理由**[①]。从事公益活动的私营机构存在的

① Tricot, *Essai sur les entreprises d'intérêt général* (《试论公益企业》), thèse, Lyon,

理由，归结为这样一种观念：社会整体利益需要维持并发展某些纯粹的私营活动；但这种利益却是由多种动机促成的：

① 有时候，私人活动却给自己定下一种**大公无私**的目的，该 212
目的与共同利益相符，诸如文化活动、社会活动、慈善活动、体育活动、教育活动等。

② 有时候，私人活动的目的在于追求个人利益，但却符合**国家的经济利益**、比如自然资源开发以及更广泛的基础性经济活动。

③ 有时候，私人活动的目的不能被直接视为共同利益，世俗国家的**宗教**即是如此。不过，如果各种宗教的信徒得不到信仰自由，共同利益就可能受到损害，因为整个国家的和谐融洽或许会遭到破坏。

在任何情况下，政府当局作为共同利益的捍卫者，也有责任确保那些总体上被看重的经济部门，以及那些最重要的集团或企业，具备有利的发展条件。

271. **第二，方式**。各级政府的资助，无论采取什么方式，都有一个共同的特征，即：这种资助并不改变生产活动或受惠企业的纯粹私人性质，也不会将它们改造为公用事业。确实应将受托经营公用事业的私法人（参见上文第 265 点）和开展私营公益活动的私

---

1943. J. Boulouis: *Essai sur la politique des subventions administratives*（《试论行政补贴政策》），Paris，1951；J. L. de Corail: *La notion d'entreprise d'intérêt général et l'interventionnisme économique*（《公益企业概念与经济干预主义》），Mél. Péquignot，p. 143；M. Pomey: *Le* contrôle par *le Conseil d'État des Associations reconnues d'utilité publique*（《行政法院对公益社团的监督》），*EDCE*，n°32，p.135。

法人区分开来。但是,两者的差别有时是难以分辨的[①]。

第二个特征是,无论从进行资助时所遵循的**法律条令**看,还是从交给受惠者支配的**手段方法**看,资助方式都是极其不同的。

(1) 提供资助的决定往往是单方面的,仅仅由政府当局作出。这种决定越来越经常地在**批准**私营机构获得政府资助的形式下予以落实。作为这种资助的伴生物,批示中同时明确规定了监督措施和有关义务。不过,这种决定也可以采取合约的形式;根据合约,私法人必须保证履行某些义务、职责,公法人方面则必须保证向该私法人提供约定的资助。1959 年 2 月 31 日和 1971 年 6 月 1 日的法律中有这种资助形式的典型事例;这两个法律规定了国家对与之缔结了合约的私立教育机构的资助方式。

(2) 个人得到的好处是多种多样的,主要集中在三个方面:

① **法律地位优越**。国家一方面能够确保某个有关团体的私法地位,允许其扩大经营范围和收入(被承认为公益社团的情况即是如此,参见上文第 63 点);另一方面,国家会使之享受公权力
213 的特权:财产征用权对矿山特许经营者和某些储金互济会相当有利(参见 CE, 1935 年 12 月 20 日关于韦齐亚机构的判决,载 *R.D.P.*, 1936, p.119),有关私营机构也可以强制性地从其成员那里附带收取一些特许权使用费,等等。国家授予某些社团的资格,可使后者在它们所维护的集团利益受到侵犯时,成为诉讼中提出损

① 关于区分二者的困难,参见 CE, 1976 年 5 月 21 日关于布鲁斯 - 科代尔经济利益集团的判决,载 *AJDA*, 1977, p. 42, et, à propos de cet arrêt, F. Moderne, Sur une distinction délicate entre mission d'intérêt général et mission de service public(《论公共利益任务与公用事业任务的区别》), *AJDA*, 1977, p. 144。

害赔偿的原告(参见1988年12月30日法律中关于环保协会的规定)。

② **资金援助**[①]。资金援助可以是**间接**的,诸如税率调整,关税保护,降低出版物邮资运费等;也可以是**直接**的。直接资助的形式,有时是国家给予补助或利息保证,有时是国家捐助一部分本金;国家还可以同个人合作联办混合经济机构,而国家股份仍占少数(参见下文第277点)。对上述资助方式的仔细探讨,基本上属于财政法范畴;但是,必须认清这些方式对于公权力与个人之间关系的极端重要性。

关于援助企业的办法,欧洲联盟也有全面而强制性的规章条例。其原则是,政府给的资助,尤其是地方行政单位的资助,不应破坏自由竞争的游戏规则。资助情况必须通知布鲁塞尔委员会。

③ **物质利益**。政府当局可以将自己拥有的某些公产附属物交由有关当事人支配。尤其是过去实行政教分离时的宗教建筑,可以免费留给信徒们使用。政府当局还可以将若干公务员临时**借给**某些联合会。

(3) 有时候,国家资助采取一种激励方式,对所有那些循着国家希望的方向开展活动的企业,比如建在开发区的企业,通常都给予优惠。

(4) 目前,相对于政治社会而言,所谓公民社会日益发展;与此相应,不同于传统行政行为方式的全部新方式实际上日趋重

---

① H. Groud: *La sécurisation des aides publiques aux entreprises*(《使政府对企业的资助更安全》), *AJDA*, 2003, 第1584期。

要[1]。这些新方式尚未完全系统化；这是因为，有关的法律规章急剧膨胀，而每个条文只规范一种活动，所用词语含义不清。比如**批准**一词，有时指单方面的，有时又指合约性的。对于采取何种方式，行政机关总是给自己保留着极其广泛的自由决定权。现在，

214 **“伙伴关系”**(partenariat)这个词十分时髦，经常用于描述行政机关与私人机构之间以各种方式拓展着的合作；尽管这个词并无任何确切的法律意义，却揭示了这种合作的广阔前景。

272. **第三，对等补偿**[2]。国家援助一般都伴随着对受益企业或团体的**监督**。有时监督很轻，比如为了承认社团的公益性而进行的资格审查；一旦涉及金钱上的援助，监督就要加强了。许多法规都安排、扩大了对受国家补助私营企业的监督。对有关活动，比如对社会福利事业的各个技术方面，亦可进行监督(参见 1975 年 6 月 30 日法律)。

有时候国家资助所得回报乃是分享企业利润，在公私合营企业中尤其如此。

在极端情况下，当监督格外缜密时，或者，当公权力的一些特权交给私人机构时，公益性私人活动与个人承担公用事业任务之间就界限模糊了。比如，1970 年 12 月 31 日法律承认医疗机构属

---

① Cf. Rivero, Action économique de l'État et évolution administrative (《国家的经济活动与行政的演变》), *Rev. écon.*, 1962, p. 887; F. Batailler, Les quasi-contrats pour l'exécution du Plan (《执行计划的准契约》), *Rev. sc. leg. fin.*, 1964, p. 345。

② Demichel, *Le contrôle de l'État sur les organismes privés* (《国家对私人机构的监督》), 1960; Fromont, Le contrôle des aides financières publiques aux entreprises privées (《对政府资助私营企业的监督》), *AJDA*, 1979, n°1, p. 3; D. Berlin: Le contrôle des aides de l'État (《对国家援助的监督》), *Mél. Dubouis*, p. 251。

于公用事业性质，其中包括非赢利性私人医院。

1991 年 7 月 31 日法律重申这一结论：如果能够满足一定的条件，非赢利性私人医院既可以负责公用事业，也可以参与公用事业的运作。

# 第二章 商业公司形式的国营企业

215 我们在上文第231点业已提到过国营企业，知道它们并不属于同一个法律类型，其中既有工商性公立公益机构形式的公法人，也有股份有限公司形式的私法人。

在这些公司中，有的全部由国家投资，这便是国营公司(第1节)，其余则是公私资本相结合，这便是混合经济公司(第2节)。

## 第1节 国营公司①

273. 国营公司可能有两个来源：或者是国家直接创办的，或者是国有化运动的产物。

首先，为了适应某种新需求，或者，为了调整某种公用事业，国家可以直接创办一个国有资本公司，例如，1921年5月27日法律决定创办**国营罗讷河公司**，负责实施一项重大的河流治理计划，突出任务是电力生产。由国家机构改革而建立的国营公司有：1970

① 对国营公司仅作简要考虑，此事应由经济公法著作来研究。

年7月3日法律创办的**国营炸药公司**,1989年12月23日法律创办的陆军军械工业集团(GIAT)公司,1993年12月31日法律设立的法国国家印刷局。与此相同,法国广播电视局(ORTF)原是一个公立公益机构,1974年分为四个国营公司,不再有一家公立公益机构(法国电视一台1987年私有化)。

我们在上文第235点业已看到,某些国有化措施是通过组建国营公司来实现的。因此,在1990年7月4日法律的规定中,雷诺工厂到1996年搞了国有化;还有1982年被国有化的,大工业集团有电力公司、圣戈班公司、罗讷-普朗克公司等等;金融公司有巴黎荷兰金融公司、苏伊士金融公司以及36家银行等等。的确,自1986年起推行的私有化运动,使国营公司的数量大为减少。 216

解放*后,人们曾经打算在国营公司建立国家、雇员和用户三结合管理制,但很快就出了偏差(参见上文第243点)。

国营公司原则上遵从股份有限公司商业法。因此之故,可以重提韦德尔先生和德尔福维先生① 措辞,他们单用"私有化"一词,要比说成"工商性公立公益机构形式的国营企业的私有化"更为明确、突出。国营公司不会与人签订行政合约(享受高速公路经营特许权者例外,参见下文第436点);它们的工作不是公共工程;它们可以将争端提交仲裁;它们按普通法方式解决问题;它们至少理论上可能破产。

它们同国家的关系是一个重要问题。若要处理好这种关系,

---

* 法国1940年6月沦陷,1944年8月解放。——译者

① *Droitadministratif*(《行政法》),12e éd.,T.2,p.634。

必须将二律背反的下述两种看法协调起来;既然企业是**国家**的,那自然就是政府当局推行政策的一种工具;但是,国营企业是**股份有限公司**,是一种参与市场竞争的经济企业,又必须保持重要的经营自由。为了解决这种两难处境,1982年成立了**国营部门最高委员会**,跟踪观察国营部门的演变,但它只有建议权。后来成立的**国家资产管理局**情况相似(参见上文第237点)。应当说,国家与国营企业之间,正在通过签订多年契约,走向契约关系体制:国家确定将要达到的目标,公司制定企业的发展计划,而双方契约规定相互间的义务承诺。

## 第2节 混合经济公司

274.**第一,方式**①。混合经济企业是一种股份有限责任公司,其股份一部分属于私营资本家,一部分属于公法人,所以,公法人

① Reuter, *Les participations financières*(《财政出资》), 1936; Monségur, *Aux confins du service public et de l'entreprise privée: les entreprises d'intérêt public et les sociétés d'économie mixte*(《在公用事业与私营企业的交界处:公益企业与合营企业》), thèse, Bordeaux, 1942; Vasseur, *l'État banquier d'affaires*(《商业的银行家国家》), 1962; Tagand, *Régime juridique de la société d'économie mixte*(《合营企业的法律制度》), 1969; P. Delvolvé, De la nature juridique des sociétés d'économie mixte(《论合营企业的法律性质》), *RD publ.*, 1973, p. 351; J. Kerninon, *Les cadres juridiques de l'économie mixte*(《合营企业的法律环境》), 1992; A. Le Gall, La distinction entre les sociétés d'Économie mixte à raison de leur capital(《按出资状况区分合营企业》), *AJDA*, 1998, 第473期; G. Durand, Les SEM locales(《地方的合营企业》), Berger-Levrault, 1998; *AJDA*, n°spécial sur les SEM locales(《地方合营企业专号》), sept. 1993; J. F. Sestier: Les SEM locales après la loi de modernisation(《现代化法之后的地方合营企业》), *RFDA*, 2002, 第923期。

也参与经营管理。

这种合作可以按照公司法的规范来实现:公法人认购一些股份便有权以股东身份参加股东大会。但是,在股份有限责任公司中,受多数原则支配;公法人掌握的股份只有达到规定数量才能将自己的意志强制性地施加于股东大会。

这就是为什么国家在认购股份时,总是要求,必须给国家保留一定数量的、按照普通法规则和多数原则也许不能保证给予国家 217 的董事席位。根据法规,国家在为企业承担责任、义务时,不会使其取得参与决策的权利,所以,国家更加要特意提出上述要求。国家投资一旦达到股本的10%,国家代表参加董事会就是理所当然的。而且,随着国家投资的增长,国家在董事会中的权限也按比例扩大(参见1949年7月25日法律)。

此外,混合经济公司也可以根据政府当局的某个决定而建立。当局自始至终负责组建,给私人资本留下部分股份,或者,将私人资本引进一家国营公司。

275.**第二,目的**。(1) 国家出资参股即有可能获得**企业支配权**。如果国家成为最大股东,普通法规则就允许国家按自己的意图指定企业领导机构。

(2) 如果国家股份少而又在董事会内占有席位,国家即可深入企业进行**内部监督**。

(3) 合营方式可以使公法人和私法人在双方感兴趣的任务面前**携手合作**,国营罗讷公司即是明证;该公司就是作为罗讷河及其流域的经济设施而组建的。有时候,而且日益常见,合营公司甚至只由一些公法人组成;在混合经济名义下,私法范围内已经没有可供公法人选择的适当合作方式。

(4) 最后,混合经济的方式可用来组建一些国营集团(参见上文第 238 点)。

276. **第三,实施**。(1) 混合经济方式如同国有化那样,**不是一种意识形态**。按照推行这种方式的设想,似乎国家愿意干涉经济,资本家也同时接受国家干涉,实质上这是毫无科学根据的。

(2) 实际上,在极其不同的情况下都曾采用合营方式[①],可分为:

① **危机**混合经济。1931 年至 1934 年间,国家曾经利用合营方式资助陷入困境的大西洋轮船总公司、海运公司、法国航空公司等私营企业。1978 年,在不同和复杂的形式下进行公私合营,以挽救处境危殆的钢铁工业[②]。

218 ② **国有化**混合经济。我们看到,在 1936 年和 1937 年,购得多数公司资本就是将私营企业"国有化"的足够条件(如铁路建设、飞机制造公司)。就钢铁工业而言,1978 年的措施不足以扭转颓势,1981 年便采取了国有化合营办法,对达索·布雷盖集团也是这样。国有化混合经济方式也用于外国资本控制的一些集团,这种集团不能被列入整个实行国有化的名单,诸如卢赛尔·乌克拉夫集团、豪内维尔－布尔集团、法国国际电话电报公司等;不过,在这种情况下,国家股份不必占多数。

③ **随机应变**混合经济。二战中和解放后,国家充公、没收来

---

① Branger, Les participations financières de l'État (《国家的财政参股》), *DS*, 1960, p. 125。

② 参看 A. De Laubadère 的文章, *AJDA*, 1978, p. 670。

若干股份。

④ **发展型**经济。1950 年以后,为了开发海外领地和本土地方经济曾采取合营方式。

⑤ **地方**混合经济。市镇、省和大区可在一定条件下利用合营形式,并承担相应的责任。1983 年 7 月 7 日法律修改了此类企业的管理体制,加强了各级政府部门在企业经营管理中的职权[①]。2001 年 5 月 15 日关于经济新调整的法律第 141 条,修改了关于国营部门民主化的法律第 7、8、9 三条,确认:政府在国营企业董事会中的职权,如同在公立公益机构中那样,必须占据统治地位[②]。继之,2002 年 1 月 2 日的第 2002 - 1 号法律,旨在促进地方混和经济公司管理体制的现代化,制定了地方政府资助企业和地方所选董事行使职权的准则[③]。

⑥ **难以理解的混合经济**。这首先出现于石油和矿业领域,其后更加普遍。国营企业相互之间,或者国营企业与私营企业之间,合建一些子公司和子公司的子公司,从而使国家的作用延伸到广阔的经济领域(参见上文第 238 点)。

⑦ 最后,某些国营公司引进了雇员股东制(参见 1973 年 1 月 4 日法律),这将混合经济方式掺杂到**职工参与企业管理制**的思想

---

① C. Devès, Nouveau départ pour l'économie mixte locale (《地方混合经济的新起点》), *AJDA*, 1983, p. 596, et Économie mixte locale (《地方混合经济》), *Dossier AJDA*, 1993, n°9。

② v.: L. Rapp: Les nouvelles régulations économiques (《经济新调整》), *AJDA*, 2001, p. 560。

③ C. Deves: La modernisation du statut des Sociétés d'économie mixte locales (《地方合营公司管理体制的现代化》), *AJDA*, 2002, p. 139。

里。1973年曾将雇员股东制运用到1946年被国有化了的那些银行中，1982年2月11日法律又改弦更张。但是，1998年7月，雇员股东制再次适用于法国航空公司的某些职员①。

277. **第四，法律制度**。(1) **成立**。混合经济企业的性质可以
219 是与生俱来的。合营企业可以由一个私营企业改造而成；进行改造的途径，可以通过国家与企业签订契约，国家从证券市场上收购股份，或双方谈判确定合营方式；国家也可以单方面采取行动，强行介入，确定合营方式；还可将上述两种方式配合运用。此外，可以将私人资本引入国营公司，使之成为混合经济公司。

(2) **地位**。即便国家股份占多数，合营企业仍然是一个股份有限责任公司，是一个私法法人，其组织结构和经营活动须服从商法和公司法，但给国家或其他公法人保留着若干支配权，比如以政令来任命总经理的权利；有一位国家监察员对企业的经营管理实施内部监督，其中包括某些财务检查。

278. **第五，合营企业与公用事业**②。混合经济企业有时就是为了搞好某项公用事业而建立的。有的私营企业，有公法人入股其中，特许经营某项公用事业；经过这一改造，该合营企业就具备了公用事业性质。公私合营使得委托人有权从内部监督企业的经营管理；1937年成立的法国国营铁路公司(SNCF)，在1982年12月

---

① 关于2003年4月9日法律中法国航空公司职员的地位，请参看 M. Lombard: Les garanties accompagnant la privatisation d'Air-France (《法国航空公司私有化的保障》), *AJDA*, 2003, 第1100期。

② C. Boiteau: La SEM locale, délégataire de service Public (《混合经济企业:公用事业的受托者》), *AJDA*, 2002, 第1318期。

30日法律将它改造为公立公益机构以前就是如此。

不过,上述情况只是例外。合营企业往往并不经管任何公用事业,而是行政机关与个人在经济领域实行合作的一种机构。

279.**第六,混合经济与国营企业**。公法人关心共同利益,试图同那些为利益所吸引的私营资本协作共事,建立混合经济,这种办法已经遭到批评。有人认为,双方追求的目标截然相反,想叫它们互相接近、协调一致地进行经营管理,无异于南辕北辙。据此,有人断言,若国家股份占多数,私人资本就会抽逃;若国家占少数,则无从参与纯粹是资本主义的经营管理。

实际经验处处都揭穿了上述臆测的荒谬。在1946年坚决反对资本主义的时期过去以后,混合经济方式取得了新的发展,尤其推动了公法人在私法环境中为扩大公益经济活动而进行联合。现在,这已成为经济领域中"公"与"私"互相渗透的重要因素。由此产生了两种解释;论者提出,有些人从混合经济中看到了私人资本重新征服国营部门的一种手段,另一些人则从中发现了国家渗入私营部门的一种巧计,一种"静悄悄的国有化"。实际上,合营方式具有多种意义。当国家只是想从内部监控企业经营状况时,混合经济方式既便于了解情况,又便于进行协调。反之,当国家具有企 220
业支配权时,企业就的确成了真正的国营企业;当然,这只有在进入的私人资本占少数、国家享有行动自由的情况下才会如此。这种情况特别明显的体现在这样一些企业中:国营炸药公司(见1970年12月23日法令),由几家飞机制造公司合并而成的国营航空航天工业公司(参见1973年12月27日法令),以及引进了私人资本的国营企业子公司。目前,在作为工商性公立公益机构的国营公司之外，国家资本占少数的混合经济公司形成了另一类国营企业。正因为这样，1983 年 7 月 26 日法律审核批准，打算进行民主化改革的国营部门中，包括公法人占少数股份的混合经济公司。

# 第三章　职业公会

280. **第一，起因和源流**①。随着国营企业的发展，经济领域呈 221
现出公私活动相互渗透的复杂状况；这种状况在**职业组织**中照样存在。与旧法国*的行会制度迥然相反，在 19 世纪，各种职业都拒绝以任何法律形式存在。根据自由个人主义原则，各种职业也不承认同行之间除了竞争之外还有别的什么关系。只有诉讼代理人、公证员等司法助理人员协会和律师团体是个例外。

关于联合会的法律允许自愿成立职业组织，但是，具有私法人特征的自愿加入，并将它们的活动仅仅限制在私法范围内，只能使重建职业组织的工作收到有限的成果。

在维希制度下，曾经按照行会理念和公法程序来建立职业组织：在经济和商业领域成立了**组织委员会**；在自由职业领域成立了**职业公会**。组织委员会没能存在到解放后；尽管如此，受蒙珀尔案重要判决（参见 CE，1942 年 7 月 31 日，*GAJA*，第 55 期）的影响，其原则迄今仍然有效。相反，职业公会则长盛不衰并得到重组，甚至

---

① Berton, *Les ordres professionnels*（《职业公会》）, thèse, Paris, 1951; Heilbronner, Le pouvoir professionnel（《从业权》）, *EDCE*, n°6, p. 33; M. Lascombe, *Les ordres professionnels*（《职业公会》）, thèse, Strasbourg, 1987, *AJDA*, 1994, p. 855。

* 指 1789 年大革命以前的法国。——译者

拓展到一些新兴自由职业，主要是医师、药剂师、会计师、建筑师等等。

281. **第二，普通性质**。从上文所述可知其普遍性质。

(1) 无论从其法律地位看，还是从其职责看，职业公会就是**职业**组织。同业同行有权组织起来并自我约束。

(2) 职业公会被授予**公权力特权**，因此，须服从国家给予的监督。

282. **第三，组织机构**。(1) 职业公会汇聚着所有同业人士，同业者**必须**加入。比如，未加入医师公会的医师不得行医。

222 (2) 每个职业公会在**地方**层次和**全国**层次上将同业人士全都组织起来，有的形成省、大区和全国三级组织。

(3) 每一级职业公会都有一个由所辖全体成员选举产生的**公会理事会**，这凸显了此类机构的职业性质。

(4) 各级公会理事会的职权按两个基本原则划分：

① 权限划分：有些问题由全国性机构处理，其余归地方机构；

② 各级地方理事会履行职权的情况由上级公会监督。

(5) 无论是全国的还是地方的职业公会，均被授予法人资格。全国的或地方的公会理事会，都是相应法人的机关。

(6) 职业公会须服从国家的**保护性监督**，国家批准公会的某些决议，公会理事会中有政府部门的代表。

283. **第四，职权**。职业公会在政府面前扮演**职业代表**的角色，就相关问题接受政府的咨询。

尤其是，职业公会负责**筹划**、**组织**各自职业，使之形成有机整体，并确保遵守职业的**规范**、**纪律**。为此：

(1) 职业公会行使**规章制定权**。公会订立**职业守则**[①],即正确从业的全部规矩,诸如同行间的关系、与顾客的关系等等。这种守则须服从国家的监督,监督视公会情况而或多或少。这是所有从业者均须遵守的行为规范[②]。

(2) 职业公会设置**职业准入门槛**,发布新成员**从业登记公告**。这样做时,工会有一定的自由裁量权,对求职人关于道德品行和独立精神的保证书作出评判。

(3) 职业公会行使**惩戒权**[③]。凡违背职业守则所定职业道德的过错,由职业公会进行惩处。这便涉及纪律制裁问题。**职业**过错自然会受到**职业**组织宣布的**职业**惩罚(比如禁止从业)。但是,与对国家公务员的惩处相反,职业制裁完全**按司法程序**办理。在 223
作出惩戒决定时,职业公会的理事会就是法院,并作出司法判决。在适用欧盟条约时,审理必须公开进行(参见 CE 分庭,1996 年 2 月 14 日的 Maublanc 判决,载 *AJDA*,1996,第 403 期);实行两级审理的原则:不服初审判决,可向上级法院提起上诉。

284. **第五,法律性质和法律制度**。法律并未明确界定依法所建职业机构的法律性质。因此,最高行政法院在其 1943 年 4 月 2

---

① 关于医师职业,请看 1995 年 9 月 4 日关于医师守则的法令,载 *D.*,1995,L. p. 452。

② 正是行政法院有权决定,职业公会的全国理事会是否掌握着职业道德方面的规章制定权,见权限裁定法院 2001 年 6 月 18 日关于图尔律师团公会的裁定,以及最高行政法院 2001 年 7 月 27 日的判决(同上),载 *AJDA*,2001, p. 847。

③ Biays, La fonction disciplinaire des ordres professionnels(《职业公会的惩戒功能》), thèse, Rennes, 1949。根据 1977 年 1 月 3 日法律,建筑师公会的惩戒职权移交给了法官占多数的违纪法庭。

日的布冈(Bouguen)案判决中宣布,对职业公会适用已由蒙珀尔(Monpeurt)案判决提出的关于组织委员会的原则。

(1) 职业公会承担的**任务**,即制定职业规章制度和职业纪律,是一种**公用事业**。

由此可知,公会理事会为做好所承担的公用事业而制定的规章条例如职业守则;或采取的有关个人的决定,如发布从业登记公告、收缴会费,均属单方面的行政行为,具有强制执行力。但是,公会理事会必须遵守国家法制,滥用职权便会受到越权控诉。如果公会理事会的某个错误(比如无理拒绝给职业申请人登记从业)损害了他人名誉,理事会就得按照行政法准则承担责任。

职业公会所作**惩罚决定**,被视为行政法院的判决。所以,若不服终审判决,可向最高行政法院提出上诉。但是,惩罚决定的司法性质并不使职业公会理事会承担责任,甚至在其惩罚决定被最高法院判定为非法之后亦是如此(参见下文第 517 点)。

某些由专业人士组成的机构,有时候,特别是成立之初,没有法律知识,可能存在着难以保障其成员广泛职权的危险。在这种情况下,最高行政法院通过反越权行为上诉、问责诉讼和向最高法院上诉这三条途径,对这种机构作出的决定进行监督。关于**会计师保护职业自由委员会**案的判决(参见 CE,1950 年 7 月 29 日,载 *GAJA*,n°67),提供了一个很好的例证,说明确实存在着这种危险,也反映了法官力求使之避免危险的方法①。

① Detton, La protection par le Conseil d'État des droits des individus dans l'organisation professionnelle (《行政法院对职业组织中个人权益的保护》), *EDCE*, n°6, p. 53。

(2) **职业公会不是公立公益机构**。对此，最高行政法院持反对立场，但也同意下述两点解释：人们看到，职业公会中既有一些承担某项公用事业的私法人，也有一些新型公法人。在最高行政法院1943年作出布冈案判决的时候，承担公用事业任务的私法人还很少(见1938年关于基层救助储金会案的判决，参看上文第265 224
点)。这大概可以解释，最高行政法院为什么会持严格的反对立场；同时也告诉我们，职业公会不是什么、不会是什么；行政法院回避说职业公会是承担公用事业的私法人。这种故意保持沉默的做法，以后就没有了。考察一下人为法就会发现，职业公会的内部运作摆脱了行政法的约束，而受私法管辖。它们的工作人员是私法意义上的雇员，它们签订的契约是民事契约，它们的财产是私有财产，它们的财务制度与政府财务制度无干。将职业公会算作承担公用事业任务的私法人是合乎逻辑的，即便在它们行使公权力的重要特权时也是这样。

(3) 人们看到，在职业公会中，有一共同的现象，即自始至终私法、公法交错适用。正如洛巴代尔先生提醒人们注意的，商业性公立公益机构的结构遵守公法，活动服从私法；职业公会则相反，私法支配其结构，公法支配其执行任务。

# 第　二　卷

# 行政机关的行为

研究行政机构不是目的本身，目的在于给行政管理人员指出 226
一个有效活动范围。因此，主要应当了解支配行政机关行为的那些规则。

首先，行政行为必须服从法律（参见上文第38点）。所以，我们将在本卷第一编研究**合法性原则**。其次，应探讨**行政机关肩负的使命**（第二编），以及使之能够担当这些使命的**法律手段**（第三编）。最后，行政行为可能给被治理者造成损害，为此，我们将考察**公权力的责任**（第四编）。

# 第　一　编

# 合法性原则

285. 合法性原则产生了政府部门必须**遵守法律**(Droit)的观 227
念。“合法性”(légalité)这个词在这里是广义的，不仅指符合严格意义上的法律(loi)，而且指符合全部法律规则(règles de Droit)。

有目共睹，政府服从法律是与某种文明相联系，而与警察国家相对立的(参见上文第 37 点)。政府服从法律符合保护个人、反对专制独裁的愿望。如果政府不受任何先决规则的约束，个人就有遭遇专制压迫的危险。同时，这种服从可使行政管理活动协调一致。如果公务人员各行其是，行政管理就会纷乱不堪。行政管理就是在被治理者反向的自由追求与政府效能之间进行综合取舍。**行政法的全部辩证法就是，在必须承认政府部门拥有某些公权力**

**特权与必须尽可能最好地保护被治理者在政府面前的权利之间，寻求平衡点。**

政府部门必须遵守的法律准则，可能是政府部门以外的权力机关提出来的：法律由议会投票通过；司法裁决由审判机关作出。政府部门也受其自身所定规则的约束，这便是著名格言所说的“**作茧自缚**”。在许多情况下，正是政府部门提出给被治理者以权利和保障的法案。行政法的一个反常现象就是**自行限制**。

本编将研究：

**平时**的合法性要求（第一章）；

特殊情况下的合法性（第二章）；

以政府行为理论来审视某些政府行为是否背离了合法性原则的问题（第三章）。

# 第一章　平时的合法性[①]

我们首先研究**行政法的各种渊源**(第1节),而各种渊源重要 229
性不同,确实分成等级。因此,我们也将考察行政法渊源分级所提出的问题(第2节)。

## 第1节　合法性的各种渊源

286.**定义**。我们想从**法源**看一看制定法律规则的各种方式方法。为了"创制法律",确有种种方法、技巧,但其数量却是有限的:一是自然形成的,造就了**习惯法**[②];二是国家权力机关制定的,形成了**成文法**,议会制定的法律(loi)即其样板;最后是法官制定的,

---

① Ch. Eisenmann, Le droit administratif et le principe de légalité (《行政法与合法性原则》), *EDCE*, 1957, p. 25 et s.; J. Chevallier, La dimension symbolique du principe de légalité (《合法性原则的象征性意义》), *RD publ.*, 1990, 第1651期; D. Loschak, Le principe de légalité. Mythes et mystifications (《合法性原则:幻想与骗局》), *AJDA*, 1981, 第387期。

② G. Teboul, Remarques sur la validité des règles coutumières internes dans l'ordre juridique français (《对法国国内习惯法有效性的意见》), *RD publ.*, 1998, p. 691. 有一个判决(这样的判决极少)明确提及"习惯法和惯例", 参见 CE, 11 juillet 2001, *Commune de St Christophe-en-Oisans*, *Rec*, 第347期。

形成了**判例法**。不同时代、不同国家的各种法律制度，以极其不同的方式优先采用其中某一种制定法律的办法。

但是，最近几十年，行政法如同所有法律门类一样，法源[①] 发生了深刻的变化。法源在增加，在多样化，它们各自的重要性亦非一成不变，无论国内法源或国际法源概莫能外，而国际法源正变得日趋重要。

230 就国内法源而言，宪法的权威长期以来都是理论大于实际，但它的至上地位一直得到公认，这令人印象深刻。1958 年宪法大大改变了法律与规章条例的关系；成文法地位的提升，明显地削弱了截止到当时还居主要地位的判例法和非成文法的作用。然而，最深刻的变革乃是各种欧洲条约带来的，这无疑是一场大动荡。欧洲的众多条约创建了一些拥有广泛权限的机构。产生于《罗马条约》的欧洲联盟有一些决策机构，实施《欧洲人权公约》也成立了一些决策机构，这些机构都制定了一些法律规章。根据上述条约，在卢森堡设立了欧洲共同体法院（CJCE），在斯特拉斯堡设立了欧洲人权法院，这些法院的判例产生着越来越大的影响。

我们下面依次研究合法性的种种不同渊源，亦即政府部门必须遵守的各种法规：宪法（§1）、组织法（§2）、国际条约（§3）、欧洲共同体准则（§4）、欧洲人权公约（§5）、法律（loi，§6）、《宪法》

---

① 最近，法律用语中出现了一些源自古典法律的词汇，其中有些词汇没有任何确切含义。“宪章”（charte）一词在 1814 年和 1830 年的法国宪章中用过，以后就消失了，近来再次起用，似乎是为了强调议会或政府制定的法律或规章的重要性。其他词语跟那些难以界定其权威性的行政行为相联系，如指导纲要、发展计划、计划法等等。词义的朦胧模糊使人看不到值得特别加以论述的新型法源。

第38条所述的政令(§7)、普遍法原则(§8)以及章程条例(§9)。

## §1 宪法

287.宪法① 确定政治权力取得、行使和转移的规则,还确定有关国家组织结构的基本规则。所以,宪法是行政领域行使的一切职权之直接或间接的渊源,韦德尔院长称之为行政权的"宪法基础"。② 而且,宪法中还有若干与行政活动有关、政府部门务必奉行的基本原则。

宪法在法国法律制度中享有越来越重要的地位。我们注意到,最近几十年来,我国的法律制度正在走向名副其实的**宪法化**。

宪法重要性之所以日渐增长,乃是源于下述事实:1958年,人 231

---

① P. Bon, Constitution de 1958 et Droit administratif (《1958年宪法与行政法》), *LPA*, 1993, n$^{os}$ 84 et 85; L. Favoreu et T. Renoux, *Le contentieux constitutionnel des actes administratifs* (《行政行为的宪法争议》), 1993; B. Stirn, *Les sources constitutionnelles du droit administratif* (《行政法的宪法渊源》), 1999; L. Favoreu, Légalité et constitutionnalité(《合法性与合宪性》), *Cahiers du CC*, 1997, 73; G. Vedel, Excès de pouvoir législatif et excès de pouvoir administratif (《立法越权与行政越权》), *Cahiers du CC*, 1996, 57, 1997, 77; J. Kissangoula, Le Conseil d'État juge de l'exception d'inconstitutionnalité? (《行政法院在评判违宪抗诉吗?》), *Rev. adm.*, 1997, 第518期。

② G. Vedel, Les bases constitutionnelles du droit administratif (《行政法的宪法基础》), *EDCE*, n°8, p. 21; Ch. Eisenmann, La théorie des bases constitutionnelles du droit administratif français (《法国行政法的宪法基础理论》), *RD publ.*, 1972, 第1345期; G. Vedel, *Préface de la 7e édition du Droit administratif* (《行政法第七版前言》), V. supra, n° 33, note 2; G. Vedel, *Les bases constitutionnelles du droit administratif*, *in La pensée de Ch. Eisenmann* (《艾森曼思想中行政法的宪法基础》), Economica, 1986, p. 133. E. Breen, Le Doyen Vedel et Ch. Eisenmann: une controverse sur les fondements du droit administratif (《关于行政法基础的一场论战》), *RFDA*, 2002, 第232期。

们通过成立宪法委员会[①],消除了法国公法中的一个主要反常现象;此后,由宪法委员会负责监督议会通过的法律是否符合宪法(参见下文第326点)。

**“合宪准则群”**,[②] 即立法和行政机关均须遵守的具有宪法效力的所有准则,1958年后不断扩大。首先,其中包括1958年《宪法》全文89条,也包括1958年《宪法》前言中明确规定仍然有效的1946年《宪法》前言和1789年《人权宣言》。

有这样一个问题需要解答:是不是1946年《宪法》前言提出的所有原则都具有人为法的效力。几经迟疑,最高行政法院在著名的关于罢工问题的德阿埃内(Dehaene)案判决中,承认前言中提出的人为法有效(参见CE分庭,1950年7月7日判决,载*RD publ.*,1950,第691期及*GAJA*,n°66)。宪法委员会1971年在其同样有名

① 关于宪法委员会,特别要参看 le numéro 15 de la revue Pouvoirs, 1980; Favoreu et Philipp, *Le Conseil constitutionnel*(《宪法委员会》), 1985; Luchaire, *Le Conseil constitutionnel*(《宪法委员会》), 3 tomes, 2[e] édit.; G. Vedel, Réflexions sur quelques apports de la jurisprudence du CE à la jurisprudence du CC, *Melanges Chapus*(《从行政法院判例到宪法委员会判例的几点成果》), p. 647; J. Rivero, *Le Conseil constitutionnel et les libertés*(《宪法委员会与自由》), 1991; B. Genevois, *La jurisprudence du CC*(《宪法委员会判例》), 1988; G. Vedel, Doctrine et jurisprudence constitutionnelles(《宪法学说与宪法原则》), *RD publ.*, 1989, 第11期; J.-P. Camby, La saisine du CC ou l'impossible retrait(《向宪法委员会上诉是不可撤回的》), *RD publ.*, 1997. 5; A. Viala, Les réserves d'interprétation: un outil de《resserrement》de la contrainte de constitutionnalité(《慎重解释:降低合宪性限制的工具》), *RD publ.*, 1997, 第1047期; J. Andriantsimbazovina, *L'autorité des décisions de justice constitutionnelles et européennes sur le juge administrative français*(《宪法委员会和欧盟的司法裁决对法国行政法官的影响》), *LGDJ*, 1998, Préf. Pacteau; J. Foyer: La suppression du Conseil constitutionnel(《宪法委员会的废除》), *Rev. adm.*, 1998, 第97期。

② Ch. Denizeau, *Existe-t-il un bloc de constitutionnalité?*(《真有一个合宪准则群吗?》), *LGDJ*, 1997。

的关于结社权的裁决中作出了同样的结论（参见 CC，1971 年 7 月 16 日关于结社合约的裁决，载 *AJDA*，1971，第 537 期，由 Rivero 解释）。还应指出宪法委员会在承认这一点时所使用的非凡方法，这便是：仅仅针对"宪法，**尤其**是它的前言"。

至于 1789 年《人权宣言》，最高行政法院 1957 年承认它是具有人为法的效力（参见 CE，1957 年 6 月 7 日的孔达明（Condamine）案判决，载 *RD. publ.*，1958，第 98 期；也见 CE 分庭，1960 年 2 月 12 日判决，载 *JCP*，1960，n°11629 bis）[①]。按照 B. 让奴[②] 的说法，宪法委员会在作出关于 1789 年《人权宣言》的裁定时，明知它已无规范性价值，却还在"死抠条文"，并"使之具有现实意义"。就这样，宪法委员会在 1973 年 12 月 27 日关于 1974 年财政法案的判决裁定中指出，"在 1789 年《人权宣言》中含有的、宪法前言中庄严重申的原则面前，财政法案中有一条损害了合法性原则"。

1789 年《人权宣言》全篇和 1946 年《宪法》前言全篇都包括在合宪准则群中，这引起两种批评：

288.（1）这两个文献中的若干条款写得十分笼统，难以捉摸。232
比如，1789年《人权宣言》提到应当"让所有人变得幸福"的原则；1946年《宪法》前言同样极其空泛的宣称，"面对国家灾难所招致的责任义务，全体法国人是团结一致、地位平等的"。须知，法律准则是一种社会行为规范，必须写得足够精确，使人们能够从中看到确

① F. Melleray, Déclaration des droits et recours pour excès de pouvoir（《人权宣言与反越权行为诉讼》），*RD publ.*，1998，第 1089 期。

② B. Jeanneau,《Juridisation》et《actualization》de la Déclaration des Droits de 1789（《1789 年人权宣言的"法律化"和"现代化"》），*RD publ.*，1989，第 635 期。

凿无疑的行为导向和禁忌。据此,上述两文献的若干条款应被视为普通的意愿声明,只有在法律对之作出实施规定时方能实施(参见CE,1968年11月29日的 Sieur Tallagrand 判决,载 *Rec*.,607)。

289.(2) 有人将 1946 年《宪法》前言各条款作了引申解释,这是因为,上文所引宪法委员会 1971 年的裁定承认,**共和国法律所承认的基本原则**(PFRLR)具有人为法的效力,而这句"共和国法律所承认的基本原则"就写在 1946 年《宪法》前言中。在 1946 年的制宪者想来,"共和国法律所承认的基本原则"一语好像是为了表示对一致达成的共和国法律的忠诚,尤其是对第三共和国*法律的忠诚。后来,这一提法有了人为法的价值,而其确切内涵只有宪法委员会有权予以界定;后者可以将"共和国法律所承认的基本原则"提升为一项宪法性原则:①

① 结社自由(1971 年裁定);

② 教学自由与信仰自由(1977 年 11 月 23 日裁定);

③ 行政法院独立审判(1980 年 7 月 22 日裁定);

④ 大学教授拥有独立性(1984 年 1 月 20 日裁定);

⑤ 确立这一原则:行政法院有权撤销或改变政府部门在行使

---

* 第三共和国(1870~1940)年颠覆于法西斯德军入侵中;1944 年解放后,第四共和国肇端。——译者

① B. Mathieu et M. Verpeaux, La reconnaissance et l'utilisation des PFRLR par le juge (《法官对 PFRLR 的承认和运用》), *D*., 1997, chron. 219. 最高行政法院在判决中也使用 PFRLR 概念。比如,它承认,根据这一原则,国家应拒绝引渡出于政治目的被要求引渡回国的外国人。见 CE, Ass., 3 juillet 1996, M. Kone, *AJDA*, 1996, 第 722 期; *RD publ*., 1996, 第 1751 期, note Braud; D. Rousseau, Le CC et le Préambule de 1946(《宪法委员会与 1946 年宪法前言》), *Rev. adm*., 1997, 第 160 期; B. Genevois, *Les PFRLR* (《论 PFRLR》), *RFDA*, 1998, p. 47Z。

公权力特权中作出的决定(1987年1月23日裁定);

⑥ 确立这一原则:将保护不动产的权限授予普通法院具有重大意义(1989年7月25日裁定);

⑦ 尊重辩护权(1999年7月23日裁定);

⑧ 关于公平对待矿工的原则(2002年8月29日裁定)[①]。

除了1789年《人权宣言》和1946年《宪法》前言之外,某些**组** 233
**织法**都可以纳入合宪准则群之中(参见下文第290点)。

这一切引起了宪法准则文本的巨大膨胀,而且直接要求政府部门执行。宪法准则还同宪法委员会的有关解释一同增长;宪法委员会对法律是否符合宪法进行监督,总要对提请它审查的法律作出裁定。当是否符合宪法的裁定中含有"**严格保留的解释**"时,篇幅更其冗长。无疑,这些解释不会直接影响政府的行为。然而,这些解释实际上正试图渗入它们所依据的宪法性条文之中;倘如此,政府部门就不得不遵守执行了。

本着同样的精神,宪法委员会在其裁定中使用了自创的**宪法效力文件**[②]一语。这涉及尚未载入宪法,但被视为国家制度基础

---

① J. Roux, La reconnaissance par le Conseil constitutionnel du principe fondamental reconnu par les lois de la République relatif à la justice des mineurs (《宪法委员会对公平对待矿工的PERLR原则的承认》), *RD publ.*, 2002, 第1731期; chron., D. Rousseau, *RD publ.*, 2003, 第381期。但是,法律不可能允许劳资协议违反法律条令,或者违反涵盖面更广、更有利于雇佣劳动者的契约。所以,如果签订了这样的劳资协议,也不会构成一条PERLR原则。宪法委员会2003年1月13日如此表示(见法国政府公报,2003年1月18日,第1084页)。

② B. Faure, Les objectifs de valeur constitutionnelle: une nouvelle catégorie juridique? (《宪法效力文件:一种法律新类型?》), *RFD const.*, 1995, n°21, p. 47; A. Levade, L'objectif de valeur constitutionnelle, vingt ans après (《20年后的今天看宪法效力文件》), *Mélanges Pactet*, p. 687。

的那些原则或规范，比如维护公共秩序、尊重他人自由、保持思想流派多元性等等。实际上，这些原则、规范正在使立法和行政机关均须遵守的“合宪准则群”日臻完善。所有这一切，都以宪法委员会的智慧审慎为基础，它只认可那些无可争议的文件，当然，其中可能也有宪法法官支配下的某种工具。尽管如此，直至现在，没有一个法律仅仅因其违反某个“具有宪法效力的文件”而被宣布为与宪法相抵触。再者，这种文件还不是“法院应当适用的”，也就是说，“普通”法官不必执行这些文件。

总而言之，不仅在行政法渊源中，而且在我国整个法律制度中，宪法准则都具有日益增长的重要性。

## §2 组织法[①]

290.在法律用语中，直到1958年，“**组织法**”一词还是含义模糊的。1958年《宪法》规定，为了实施完善宪法的某些条款，比如关于共和国总统选举的第6条，关于宪法委员会组织和运作程序的第63条，均须制定一种法律。

234 组织法须由议会两院按照《宪法》第46条确定的专门程序予以通过。

特别是，组织法在颁布前，必须提交宪法委员会审查，鉴定其

---

① J. L. Car, *Les lois organiques de l'article 46 de la Constitution de 1958*（《1958年宪法第46条中的组织法》），Economica，582 p.，Préface L. Favoreu；F. Luchaire, Les lois organiques devant le Conseil constitutionnel（《宪法委员会如何看待组织法》），*RD publ.*，1992，第389期。

是否符合宪法。一个详细阐释宪法某条款的组织法文本,若与该条款相抵触,确实会格外造成损害。

组织法必须符合宪法,这是事实。有人仅仅依据这一点就试图把组织法并入"合宪准则群"中,且打算引出这样的结论:一个普通法律只要不符合某个组织法,就是违反宪法。似乎应当认真了解二者的细微差别。按路易·法沃勒的意见①,只有某些组织法可能具备宪法,比如:2001 年 8 月 1 日关于财政法规的组织法,还有 1996 年 7 月 22 日关于社会投资的组织法。

## §3　国际条约

291.国际条约是合法性的法源之一,政府必须遵守②。

---

① L. Favoreu et autres, *Droit constitutionnel*(《宪法学》), Précis Dalloz, 6e éd., n° 172。

② M. Virally, Le Conseil d'État et les traités internationaux(《行政法院与国际条约》), *JCP*, 1953, I, 1098; Heumann, Le contrôle juridictionnel du Conseil d'État sur l'application des traités(《行政法院对国际条约执行状况的司法监督》), *EDCE*, n°7, p.71; P. de La Pradelle, Juridiction administrative et droit international(《行政法院与国际法》), *EDCE*, n°16, p. 13; L. Dubouis, Le juge administratif et les règles du droit international(《行政法官与国际法准则》), *Ann. de dr. internat.*, 1971, p. 9; R. Abraham, Droit international, *droit communautaire et droit français*(《国际法、欧共体法与法国法》), 1989; L. Favoreu, Le Conseil constitutionnel et le droit international(《宪法委员会与国际法》), *AFDI*, 1977, p. 95; L'importance croissante du droit international et européen(《国际法与欧盟法日益增长的重要性》), Rapport public du CE pour 1989, *EDCE*, 1990, p. 11; G. Guillaume, Les traités devant les formations administratives du CE(《行政法院如何对待国际条约》), Mélanges Braibant, p. 353; G. Teboul, Ordre juridique international et ordre juridique interne(《宪法委员会与国际法》), *RD publ.*, 1999, p. 697; *La norme internationale en droit français*(《法国法中的国际法准则》), Rapport du Conseil d'État, La Documentation França

令人惊异的是，直至解放之时，在某种程度上政府只是随意地遵守法国签订的国际条约；即便违反了某个国际条约，行政法官也不予制裁。

1946年《宪法》第26条终结了这种反常现象，确认："凡正式批准并颁布的外交条约，均具法律效力，哪怕它们与法国法律相抵触。"《宪法》第28条进一步确定，外交条约的权威高于国内法。1958年《宪法》第55条重申了这一原则，宣布："依法批准或认可的国家条约或协定，一经公布，其权威即高于法律；但就每一个协定或条约而言，在法国的实施以另一缔约方的实施程度为限。"这就
235 是说，国际条约归入了法国法律范畴，政府必须遵守执行。自1946年起，倘遇违反国际条约的行为，即便该行为可能符合本国法律，人们仍然可以向行政法官起诉，寻求支持（参见CE，1952年5月30日关于基尔沃德太太案的判决，载 *RD publ.*，1952，p.781）。

这一原则既已确定，人们就应思考它的实际效力。须知，法国目前是6270个国际条约或协定的缔约方！实际上，不可能让政府部门和法官全都了解它们，更不要说予以实施了。

但是，很奇怪，国际公约并不是所有条款都被视为可以**直接实施**的[①]。

比如，联合国《儿童权利公约》遇到的情况就很复杂。普通法

---

-ise, 2000; J. F. Lachaume, Retour vers 1968（《回到1968年》），*Mélanges Dubouis*, p. 191, F. Hervouet, Les audaces calculées du Conseil d'État dans le domaine international（《行政法院在国际法领域的审慎创新》），*Mélanges Dubouis*, p. 67, M. Kdhir, Le juge français et le droit international non écrit（《法国法官与不成文国际法》），*RDP*, 2003, 第1581期。

① H. Tigroudja, Le juge administratif français et l'effet direct des engagements internationaux（《行政法官与国际条约的直接实施》），*RFDA*, 2003, 第154期。

官绝对否认该公约可直接实施(参见最高法院第一民事分庭 1996 年 6 月 25 日的 X/Y 判决,载 *D.*,1998,p.453,note Brunet),而行政法官承认该公约的有些条款可以直接实施,其余条款则不能。所以,最高行政法院认为,人们不能用该公约来反对一个合乎规章制度的行为(参见 CE 分庭 1997 年 4 月 23 日的吉斯蒂(Gisti)案判决,载 *RFDA*,1997,第 585 期,concl. Abraham)[①]。至于联合国《公民权利和政治权利国际公约》的执行情况,可参看最高行政法院 1996 年 4 月 15 日关于杜库尔(Doukoure)夫人案的判决,载于 *AJDA*,第 507 期。关于不能直接实施的联合国《经济、社会、文化权利国际公约》,参见最高行政法院 1999 年 3 月 5 日关于卢盖特先生和利皮茨夫人案的判决,载 *RFDA*,1999,第 357 期。《世界人权宣言》尚未按照《宪法》第 55 条规定的条件予以批准,故不得援引;对此,请参看最高行政法院 2001 年 10 月 8 日关于全国武术教师联合会和保护体育利益协会案的判决,载 *Rec.*,第 453 期[②]。最后,如果可以把国际惯例当作国内法来执行的话,那么,当二者发生冲突时,国际惯例的效力不及国内法律(参见 CE, Ass.,1997 年 6 月 6 日的阿卡龙(Aquarone)案判决,载 *AJDA*,1997,第 570 期;CE,2000 年 7 月 28 日保兰(Paulin)案判决,载 *RFDA*,2000,第 1170 期)[③]。

国际条约作为行政合法性的一种法源,有这样三个问题需要

---

① 另见 CE, 30 juin 1999, *Guichard*, *Rec.*, 218; CE, 18 octobre 2000, Assoc. Promou-voir et autres, *RFDA*, 2001, 第 463 期。

② 关于如何对待联合国安理会的决议,请参看 Note Floirat, *RGDIP*, 2000, 541。

③ G. Teboul, Nouvelles réflexions sur le droit international non-écrit dans la jurisprudence du juge administratif et du juge judiciaire français (《关于法国行政法官和司法法官判例中非成文国际法的重新思考》), *RFDA*, 2000, 第 1109 期。

思考：

① 批准程序的合法性问题；

② 国际条约的解释问题；

③ 缔约各方的互惠条件问题。

236 292.**第一，批准程序须正规合法**。根据传统，对国际条约的认可和批准程序是否合法，最高行政法院否认自己有权评判。它放弃这种司法评判权，而负责监督对《宪法》第 53 条的遵守情况；第 53 条规定，为了批准某些国际条约，须制定相关法律。对此，参见最高行政法院分庭 1998 年 12 月 18 日关于布洛泽姆市经济开发区有限责任公司案的判决，以及最高行政法院 2000 年 2 月 23 日关于邦巴·迪扬等人的判决，载 *RFDA*，2000，第 478 期。但是，最高行政法院拒绝就"授权批准国际条约的法律也可能违反宪法"的理由发表意见（针对法律是否符合宪法的任何上诉，最高行政法院也拒绝受理，参见下文第 326 点），对此，参见最高行政法院 2002 年 7 月 8 日关于珀尔塔（Porta）镇案的判决，载 *AJDA*，2002，第 1005 期。此外，最高行政法院表示，当有关方面决定实施一个国际条约时，若有人认为不合法，从而提出抗辩，最高行政法院可就抗辩作出裁决，以此对批准、认可国际条约问题加强监督，这是最高行政法院在 2003 年 3 月 5 日的阿古（M. Agoun）案判决中表达的观点（参见 *RFDA*，2003，第 1214 期）①。

293.**第二，国际条约的解释**。根据早在 1823 年的一个判例，

① 2003 年 4 月 9 日，宪法委员会在关于修改国民议会议事规程的裁定中提醒人们注意，国民议会在批准一个国际条约或认可一个无须批准的国际协定时，没有权利附加一些保留条件或解释性声明。

行政法官不承认自己对一个国际条约拥有解释权，而推给外交部长，让后者作出适当解释。后来，最高行政法院放弃了传统立场，认为，如有必要，行政法官本人有权对国际条约作出解释；需要时，可以请外交部长提供意见，但行政法官不再受外交部长约束（参见 CE，Ass.，1990 年 6 月 29 日的吉斯蒂案判决，载 *AJDA*，1990，第 621 期；及 1998 年 11 月 25 日的太陶（Mme Teytaud）案判决，p.436）[①]。法国最高法院的立场也发生了突变，承认自己有权解释国际条约，且无须征求外交部长的意见（参见最高法院 1993 年 4 月 29 日、1995 年 12 月 19 日关于非洲发展银行案的裁决，载 *Gaz. Pal.*，1996 年 6 月28～29 日）。

294. **第三，互惠条件**。互惠条件问题是随着 1958 年《宪法》的颁施而出现的。《宪法》第 55 条明确规定，如何实施国际条约，以缔约对方的实施状况为前提条件。

照斯蒂尔先生的看法（参见 CE，Ass.，1990 年 12 月 21 日关于 237
全国天主教家庭及其他家庭联合会案的判决中的结论，载 *Rec.*，369），"互惠条件有所不同，须酌情而定。就双边条约而言，明确规定缔约双方的义务；就多边条约而言，众多的缔约国须确认它们恪守条约中的哪些基本原则。在上述第二种情况下，落实互惠条件就要大家共同恪守那些公认的基本原则，而不能任由哪个缔约方单独违反。"至于双边条约，若缺乏互惠性，该条约就不会被当作国内法予以实施。

---

① 在这个判决中，最高行政法院指出，行政上诉法院并未为了同意德韦扬协定（Accords d'Évian），而受到外交部长所作解释的约束。

究竟什么时候才算满足了互惠条件呢？最高行政法院认为，这要由外交部长去判断。对此，参见最高行政法院 1981 年 5 月 29 日的雷库(Rekhou)案判决，载《公法杂志》，1981，第 1707 期。人们不妨思考一下，最高行政法院在吉斯蒂案(参见上文第 293 点)中关于国际条约解释问题的立场转变，还应保持下去吗？欧洲人权法院曾经谴责了认为自己应受凯道赛[①] 约束的法国行政法官的态度。尽管如此，欧洲人权法院仍然认为，可就国际条约的解释向外交部长提出一个先决问题。对此，请参见欧洲人权法院 2003 年 2 月 13 日关于舍夫罗尔诉法国案的判决，载于达洛兹判例集 2003.931 期，由蒙图解释[②]。

## §4　欧洲共同体的法规[③]

295.建立了欧洲经济共同体(后变为欧洲联盟)的《罗马条

① 凯道赛(Quai d'Orsay)，法国外交部所在地，借指外交部。

② O. Gabarda, Vers la competence de la juridiction administrative pour le contrôle de la réciprocité des engagements internationaux?(《监督国际义务互惠状况的权限转移给行政法院了吗?》)，*LPA*，26 août 2003，p. 4。

③ Divers, *Les Communautés européennes et le droit administratif français*(《欧洲共同体与法国行政法》)，1972；C.-A. Colliard, Le juge administratif français et le droit communautaire(《法国行政法官与欧共体法》)，*Mélanges Waline*，1974，p. 187；Droit communautaire et droit français(《欧共体法与法国法》)，*EDCE*，1981－1982，p. 215；J.-F. Flauss, Les incidences du droit européen sur les théories du droit administratif français(《欧洲法对法国法学的影响》)，*LPA*，29 nov. 1989；B. Genevois, Le Conseil d'État et l'ordre juridique communautaire(《最高行政法院与欧共体法律》)，*EDCE*，1980，p. 73；Bonnichot, Convergences et divergences entre le CE et la CJCE(《最高行政法院与欧共体法院的一致和分歧》)，*RF-DA*，1989，p. 70；Dewost, Décision nationale et droit communautaire(《国家决策与欧共体

约》,同大多数国际条约一样,并不仅仅局限于将签字国联结在一 238
起,而且建立了欧洲委员会、部长理事会、欧洲共同体法院、欧洲议会等一套机构,并赋予这些机构广泛的职权。这些机构制定的准则,构成了所谓**欧共体派生法**,附加到国际条约中;还得像国际条约一样,要求成员国遵照执行。

近几年,随着欧洲建设的加速发展,共同体法规总是被用于经济、税制、环保等众多领域的行政管理工作中,以致产生了疏离国家法律控制、从属于欧盟准则的风险。但是,人们不能过分强调上

---

法》), *AJDA*, 1990, 第258期; A.-M. Lebos-Lepourmiet, Droit communautaire et droit administratif (《欧共体法与行政法》), *Rev. europ, de dr. publ*, 1991, n° 2, p. 385; L'importance croissante du droit international et européen (《国际法与欧共体法日益增长的重要性》), *EDCE*, n° 41, p. 11; Le droit communautaire et sa transcription en droit interne (《欧共体法及其如何成为国内法》), *EDCE*, n° 42, p. 11; B. Stirn, Le CE et le droit communautaire (《最高行政法院与欧共体法》), *AJDA*, 1993, p. 244; L. Dubouis, Droit administratif et droit communautaire (《行政法与欧共体法》), *AJDA*, 1995, n° spécial, p. 66; A. Feral, Le principe de subsidiarité dans l'Union européenne (《欧洲联盟内的补助原则》), *RD publ*., 1996, 第203期; N° spécial *AJDA*, juin 1996, Droit administratif et droit communautaire (《行政法与共同体法》); Galmot et Bonnichot, Le juge administratif français, la CJCE etles directives communautaires: l'ébauche d'une cohérence (《法国行政法官、欧共体法院与共同体法:走向协调的开端》), *CJEG*, 1999, p. 207; M. Darmon, Cour de cassation et primauté du droit communautaire (《法国最高法院与欧共体法的至上地位》), *Gaz. Pal*., 11 – 12 juin 1999, n$^{os}$ 162163; J. Waline: La boîte de Pandore: droit administratif et droit communautaire (《潘多拉魔盒:行政法与欧共体法》), *Mélanges Dubouis*, p. 463; *Droits nationaux, droit communautaire, influences croisées* (《国家法和欧共体法日益增长的影响》), Hommage à L. Dubouis, Doc. Française, 2000, 188 p.; J. M. Favret: Le rapport de compatibilité entre le droit national et le droit communautaire (《国家法与欧共体法之间的兼容关系》), *AJDA*, 2001, 第727期; J. Dutheil de La Rochère: Influence du droit français en droit communautaire / droit de l'Union européenne (《法国法对欧共体法、欧盟法的影响》), *RFDA*, 2001,第909期; F. Chaltiel, Les bases constitutionnelles du droit communautaire (《欧共体法的宪法基础》), *Mélanges Pactet*, p.551。

述现象的重大意义。须知,《马斯特里赫特条约》的实施,尤其是统一货币欧元的启用,特别是正在制定中、必然会改变《罗马条约》,人称欧盟"宪法"的那个条约,只会加速上述运动的发展。

正因如此,1992年6月25日宪法修正案(《宪法》第88-4条规定,政府必须将"具有立法意义"即属于《宪法》第34条范围内的欧共体法案,提交议会两院审议;两院分别以"决议"的形式对之作出决定。1999年1月25日的宪法修正案修改了第88-4条,授权政府随意将"来自欧洲联盟的其他法案、议案及任何文件提交议会审议"。至于欧共体派生法的合宪性监督问题,上述修正案仍未解决。目前,对欧共体法规的合宪性不可能进行任何直接监督,《宪法》第54条(参见下文第325点)的程序只适用于狭义的国际条约。对欧盟法规的合宪性也没有**间接**监督;对于旨在将欧盟行动方针转化为法国国内法的法律,《宪法》第61条允许向宪法委员会起诉。在这种情况下,只能通过对法国法律的监督来监督欧盟派生法①。已经提出几个法案,试图全面监督欧盟派生法,但这些法案似乎运气不佳②。

欧共体法规融入法国法律,提出了三个本质性的重大问题:

---

① 参见宪法委员会2004年6月10日裁定(载2004年6月22日政府公报第12506页)和2004年7月1日裁定(载2004年7月10政府公报12506页)。这两个裁定对明显违反宪法的一个条款持保留意见。

② V. Th. Meindl, Le contrôle de constitutionnalité des actes de droit communautaire dérivé en France(《法国对欧共体派生法合宪性的监督》), *RD publ.*, 1997, 第1665期; L. Dubouis: Le contrôle de la compatibilité des décisions de l'Union Européenne avecla Constitution française(《对欧盟法规同法国宪法相容性的监督》), *Mélanges J. Schwob*, p. 331; v. également, *Mélanges Boulouis*, p. 205。

① 哪些欧共体法规要在各成员国实施?

② 谁有权对欧共体法规作出解释?

③ 在实施欧共体派生法的过程中,法国承担哪些业务? 如何惩治违反欧共体法规的行为? 239

296. **第一,欧共体派生法准则**。欧共体机关可以通过两种办法行使职权,一是制定**章程条例**,一是发布**指令指示**。

(1) **章程条例**。章程条例几乎不存在什么问题。按照《罗马条约》第189条(新第249条)的规定,"章程条例具有普遍意义,它的所有内容都要遵守执行,并直接适用于所有成员国。"它一经共同体**官方公报**发表,在行政管理活动中即须遵照执行,并成为合法性的一个因素。任何被治理者都可以利用这种章程条例,后来的法律也不得阻挠它的实施(参见CE,1990年11月24日的布瓦斯代(Boisdet)判决,载*RFDA*,1991,p.172)。

(2) **指令指示**[①]。与章程条例不同,指令指示提出了一些严肃的问题,与之相关的法律制度不断发生变化并日趋复杂。对这些指令指示的研究属于欧共体范畴,我们这里仅限于研究与行政合法性有关的几个问题。

按照《罗马条约》第249条的说法,"指令指示意在使相关成员国步调一致,去追求有关结果,同时,在形式和手段上给相关国家当局以职权。"因此,指令指示旨在规定工作目标并给每个成员国以重要职权,使之能够根据本国法律,选择可以达到必要目标的最好办法。

---

① D. Simon, La directive européenne(《欧盟的规定指示》), *Dalloz*, 1997。

成员国有义务采取一切必要措施，将指令指示要求达到的目标转换为自己的目标。倘不能完成转换任务，公权力就可能要承担责任(见下文)。

在不知道一个指令指示或一个指令指示所定目标的情况下，最高行政法院承认了一个规章制度的条文(参见 CE, Ass., 1994 年 3 月 11 日关于旅游联合会案的判决第 116 页；1984 年 12 月 7 日关于保护大自然联合会案的判决，载 *Rec.*, p.410；1994 年 3 月 11 日关于 U.T.C.V. 的判决，载 *Rec.*, 116；1999 年 12 月 3 日关于法国大自然环境协会案的判决，载 *AJDA*, 2000, 第 831 期；2001 年 1 月 10 日关于法国大自然环境协会案的判决，载 *CJEG*, 2001, n°576)。关于国内法律与欧共体指令指示的相容性问题，请参见最高行政法院 2000 年 6 月 30 日的"选择人生"协会案判决，载 *AJDA*, 2000, 第 729 期；*RFDA*, 2000, 第 1305 期；2002 年 4 月 12 日关于香水业联合会案的判决，载 *RFDA*, 2002, 第 678 期；欧共体法院 2003 年 6 月 26 日关于欧共体委员会诉法兰西共和国案的判决，载 *AJDA*, 2004, 第 543 期，由德劳内解释。

转换期限届满之后，就不能再让那些与指令指示相抵触的规章条文继续存在；此类条文应予废除，如果有关方面提出这种要求的话(参见 CE, Ass., 1989 年 2 月 3 日关于 Alitalia 公司案的判决第 391 页)。即便不要求废除，此类条文也不得再执行(参见 CE, 1998
240 年 5 月 20 日关于皮艾蒙德巴尔市镇共同体案的判决第 201 页，*AJDA*, 1998, p.553)。

同样，也不可能让国家议会通过一个法律，来阻止必然要按规定途径转化为国内规章的欧共体指令指示。在关于捕获候鸟期限的著名案件中，最高行政法院指责立法机构试图使一个欧共体指令搁浅的做法。法院指出，即便总理在对待欧共体指令方面拥有广泛的评估权，也应从法律同限猎指令相对立的事件中汲取教训（参见 CE，Sect.1999 年 12 月 3 日关于狩猎反对者联盟案的判决，载 *RFDA*，2000，p.59）[①]。

当然，国家也不能利用未转换为国内法的欧共体指令指示（参见 CE，Sect.1995 年 6 月 23 日的 S.A.Lilly France 案判决，载 *Rec.*，259，Maugüe 宣判）。

在吸纳欧共体指令指示方面，法国是欧洲班上最差的学生（参见 *AJDA*，2002，第 1209 期），这自然使它受到欧共体法院的指责（参见 *CJCE*，2002 年 9 月 26 日，欧洲委员会诉法国案，载 *D.*，2002，第 2875 期）。法国政府为了纠正自己的行动迟缓，开始习惯于由自己制定敕令条例（参见下文第 308 点），来转化欧共体的指令指示；而且，将此法推而广之，制定必要的规则措施，来落实欧共体的规章条例。2001 年 1 月 3 日法律和 2004 年 3 月 18 日法律，授权政府"以敕令条例来吸纳转化欧共体的指令指示并实施欧共体法的若干条款"。

但是，欧共体指令指示引发的真正问题是，人们可能对它们能否直接实施产生争论。如果人们坚持《罗马条约》的规定，认为指

---

① L. Dubouis, La chasse et le droit communautaire（《狩猎与欧共体法》），*RFDA*，2000，p. 409. V. également plusieurs points de vue in *RFDA*，2000，p. 663；CE，Ass. 25 janvier 2002，Ligue pour la protection des oiseaux et autres（《关于鸟类保护协会的判决》），*AJDA*，2002，第 623 期；CE，Sect. 5 novembre 2003，Assoc. pour la protection des animaux sauvages（《关于野生动物保护协会的判决》），*AJDA*，2003，第 2061 期。

令指示与规章条例不同,那么指令指示就不能直接实施。若不能直接实施,被治理者一般也就不会用欧共体的指令指示来应对政府部门。就此而论,困难在于,设在卢森堡的欧共体法院相信,能够减少条约造成的章程条例与指令指示之间的差异。在一个存有争论的裁决中(参见 CJC,1974 年 12 月 4 日范迪恩(Van Duyn)诉 Home Office 案),欧共体法院确认,只要欧共体的指令指示足够明确,便于实施,就具有直接效力。在一个十分引人注目的判决中,最高行政法院认为,一个原告未能直接援引一个欧共体指令作为自己的理由,所以,法院便拒绝去援引什么指令(参见 CE, Ass., 1978 年 12 月 22 日的科恩 - 班迪(Cohn-Bendit)案判决,载 *D.*, 1979,第 155 期)。

过了 15 年,人们还在思索,最高行政法院的上述判例是否仍然有效。实际上,正如《法律新闻》(*Actualtté Juridique*)的评论员所
241 说(载 *AJ*,1998,第 404 期),"法官们没有打起来。"现在,欧共体法院的判例似将指令指示进行了区分,有人称之为"垂直"的直接效力和"平行"的直接效力。"垂直"的直接效力是指:当指令指示确定的被转换为成员国规章的期限届满后,转换尚未完成。在这种情况下,"如果从该指令指示的内容看,应当无条件执行并且规定得足够明确",那么,被治理者就有权依据该指令指示来应对国家。而欧共体法院不承认所谓"平行"的直接效力;"平行"的直接效力是指,依据欧共体指令指示来处理个人之间的关系。

欧共体法院的这个判例,跟法国最高行政法院目前的立场完全一致。的确,上议院依然坚持自己的原则,认为欧共体的指令指示没有直接效力,只是对各个成员国产生一些后果。但是,既然最

高行政法院要有效实施全部欧共体法,上议院也只是一般的申说原则罢了。从最高行政法院对里昂北环城高速工程案的判决可见其立场。最高行政法院废除了里昂城市共同体的有关决议,因为该决议违反欧共体理事会 1989 年 7 月 18 日的指示,该指示规定了合同签订前须公布有关事项的措施。当时,还没有制定任何法规,将该指示转化为法国国内法,而转化时间尚未到期。可是,最高行政法院认为,该指示应当高于法国法,如同在这方面适用判例法一样(参见 CE,Ass.,1998 年 2 月 6 日的 M.Tête 案判决,*AJDA*,1998,p.403)。

297.**第二,欧共体法则的解释**。就像一切法律准则那样,欧共体法则一旦在国内法院被援引,就有一个如何解释的问题。国内法院可以将问题退给卢森堡法院(参见条约第 234 条)。然而,对于法国最高法院和最高行政法院来说,一旦在它们面前发生对欧共体法则的解释争议,它们就有责任、有权力予以解释。最高行政法院曾经长期对这一责任持保留态度,后来则断然承担起来(参见 CE,1990 年 10 月 26 日关于食品对外贸易全国联合会案的判决,载 *Rec*.,p.294)。

298.**第三,对违反欧共体法规行为的制裁**。制裁可采取几种方式,尤其是可以宣布有害的行政决定无效(参见上文)①。

最高行政法院也同意,若不能将欧共体的一个指令指示转换

---

① 比如,课税基准额违反欧共体指令,这便是非法行为(参见 CE, Ass., 30 oct. 1996, S. A. Cabinet Revert et Badelon, *AJDA*,1996,第 980 期)。但是,若赔偿了在纳税问题上造成的损失,就不能再被起诉(参见 CE, Ass., 30 oct. 1996, S. A. Dangeville, *AJDA*, 1996, 第 980 期)。

为国内法,国家即应承担责任。起初,这是最不大会引起争论的,最高行政法院这样做是以必须承担责任为基准的,这反映在最高行政法院 1984 年载于 *AJDA*,1984,第 396 期上的判决中。欧共体法院曾经坚决提请人们注意,违反了共同体法,国家即应承担责
242 任,这“乃是条约制度中固有的原则”(参见 *CJCE*,1991 年 11 月 19 日的 Francovitch 和 Bonifaci 案裁决,载 *RFDA*,1992,第 1 期,Dubouis 注释)。现在,最高行政法院同意,有错误就应承担责任,即便判决中未予明确指出也无妨碍(参见 CE,Ass.,1992 年 2 月 28 日的 Sté Arizona Tabacco Products,载 *AJDA*,1992,第 210 期)。关于将法规解释这个先决性问题退给欧共体法院之事,提醒人们遵守适用于这一方面的那些原则(参见 *CJCE*,1996 年 3 月 5 日关于渔民啤酒馆案的裁决,载 *RFDA*,1996,第 583 期)[①]。拖延欧共体指令指示向国内法的转化,国家自然要承担责任,最高行政法院 1996 年 10 月 30 日的 S.A. 雅克·当热维尔(Jacques Dangeville)案判决(载 *RFDA*,1997,第 1056 期)有此观点。

---

① 下述著作对承担这种责任的原则有全面论述：D. Simon, La responsabilité de l'État saisie par le droit communautaire (《欧共体法提出的国家责任》), *AJDA*, 1996, 第 489 期. V. également: Cl. Weisse-Marchal, Quelle réparation pour les dommages causés par la violation d'une directive communautaire dépourvue d'effet direct? (《违反无直接效力欧共体指令所致损失如何赔偿?》), *RFDA*, 2000, p. 402; N. Dantonel-Car, La violation de la norme communautaire et la responsabilité extra-contractuelle de l'État (《对欧共体规范的违反与国家的非契约责任》), *RTD eur*, 1998, p. 75. A. Barav: Responsabilité et irresponsabilité de l'État en cas de méconnaissance du droit communautaire (《国家是否因不了解欧共体法而承担责任》), *Mélanges Jean Waline*, p. 431; S. Leclerc et X. Mondesert: Vers une responsabilité des collectivités territoriales en cas de violation du droit communautaire (《地方行政单位将为违反欧共体法承担责任》), *AJDA*, 2002, 第 201 期。

欧共体法院曾经认为，若一个国家的一家最高法院违反了欧共体法，这个国家也应承担责任，事见欧共体法院 2003 年 9 月 30 日关于科布勒(Köbler)诉奥地利案的判决，载 *AJDA*，2003，第 2146 期。

## §5 《欧洲保护人权和基本自由公约》[①]

299. 1950 年 11 月 4 日签订的《欧洲保护人权和基本自由公

---

① J.-F. Flauss, Le juge administratif français et la Convention européenne des droits de l'homme（《法国行政法官与欧洲人权公约》），*AJDA*，1983，第 387 期；G. Cohen-Jonathan，*La Convention européenne des droits de l'homme*（《谈欧洲人权公约》），1989；Divers，Le juge administratif français et la Convention européenne des droits de l'homme（《法国行政法官与欧洲人权公约》），Actes du colloque de Montpellier，*Rev*，*univ*. *des dr*. *de l'homme*，1991；M. Abraham，Les incidences de la Convention européenne des droits de l'homme sur le contentieux administratif franc，ais（《欧洲人权公约对法国行政诉讼的影响》），*RFDA*，1990，第 1053 期；M. Errera，La juridiction administrative française et l'application de la Convention européenne des droits de l'homme（《法国行政法院与欧洲人权公约的实施》），*EDCE*，1992，p. 325；Labayle et 5 udre，Droit administrative et Convention européenne des droits de l'homme（《行政法与欧洲人权公约》），*RFDA*，1995，p. 1172；S. Braconnier，Jurisprudence de la Cour européenne des droits de l'homme en droit administratif français（《法国行政法中的欧洲人权法院判例》），Bruylant 1997；F. Sudre，La Convention européenne des droits de l'homme（《谈欧洲人权公约》），PUF，Que Sais-je?，2002；L. Sermet，*Convention européenne et contentieux administratif français*（《欧洲人权公约与法国行政诉讼》），Economica，1996；J.-P. Costa，L'application par le Conseil d'État de la Convention européenne（《最高行政法院对欧洲人权公约的实施》），*RTDH*，1997，第 395 期；J.-F. Flauss commente régulièrement à *l'Actualité juridique* la jurisprudence de la Cour européenne des droits de l'homme（J.-F. 弗劳斯在《法律新闻》上讲解欧洲人权法院判例）；J. Le Gloan，L'influence croissante de la jurisprudence de la Cour européenne sur les droits nationaux（《欧洲法院判例对国家法日益增长的影响》），*RD publ*.，1999，p. 1765；L'interprétation de la Convention européenne des Droits de l'Homme（《欧洲人权公约解释》），Actes du colloque de Montpellier，Bruylant，1998；M. Cliquenois（sous

约》(以下称《欧洲人权公约》),使逗留缔约国的外国侨民,有权向设在斯特拉斯堡的欧洲人权法院提出个人上诉。法国在1982年
243 10月2日法令颁施后接受了人权公约。个人上诉只有在国家法提供的诉讼途径用尽之后才予受理。允许缔约国公民个人向一家国际法院上诉,这是一个重大创新,形成了对被治理者的重要保护。的确,欧洲人权法院可以确认,一个行政决定或政府部门的一个行为,是不符合《欧洲人权公约》的,即便国家的法官认为其合法。

《欧洲人权公约》的第11号附加议定书,大大改变了斯特拉斯堡法院的组织机构①。从此,法院设有:一个审判组,有7名成员,

---

la direction de): La Convention européenne des droits de l'Homme et le juge français (《欧洲人权公约与法国法官》), L'Harmattan, 1997; *La protection des droits de l'horame et l'évolution du droit international* (《人权保护与国际法的演化》), Colloque de Strasbourg de la SFDI, Pedone, 1998; V. Haïm: Faut-il supprimer la CEDH? (《该废除欧洲人权法院吗?》), *D.*, 2001, 第2988期; L. Potvin-Solis: *L'effet des jurisprudences européennes sur la jurisprudence du CE français* (《欧洲法院判例对法国行政法院判例的影响》), *LGDJ*, 1999, p.791; B. Stirn: Juridictions administratives et Cours européennes (《行政法院与欧洲法院》), *Rev. adm.* 1998, 第212期; R. Drago: Le CE français et la CEDH (《法国行政法院与欧洲人权法院》), *D.*, 2001, 第2619期; J. F. Flauss, Faut-il transformer la CEDH en juridiction constitutionhelle? (《该把欧洲人权法院改造为宪法法院吗?》) *D.*, 2003, 第1638期; L. Favoreu, Les Cours de Luxembourg et de Strasbourg ne sont pas des cours constitutionnelles (《设在卢森堡和斯特拉斯堡的法院不是宪法法院》), *Mélanges Dubouis*, p. 35; J. Waline, L'influence des décisions de la CEDH sur le droit positif français (《欧洲人权法院的判决对法国人为法的影响》), *Mélanges Cohen-Jonathan*, p. 1693; G. Cohen-Jonathan, La protection des droits fondamentaux dans l'Union européenne et la CEDH(《欧盟和欧洲人权法院对基本人权的保护》), *Mélanges Jeanneau*, p. 3。

① J.-F. Flauss, La mise en place de la nouvelle Cour(《新法庭的建立》), *AJDA*, 1998, p. 984 et, *AJDA*, 2000, p. 526; J.-P. Marguenaud, La Cour européenne des droits de l'homme renouvelée (《变化后的欧洲人权法院》), *D.*, 1999, chron. 221。

负责审理“普通”案件;一个“大法庭”,由 17 名法官组成,负责审理“敏感”案件。

在法国法律制度中,欧洲人权法院判决的重要性日渐增强,这令人颇为吃惊;对人为法的研究,必须越来越经常地把这些判决归纳进来。最常引用的《欧洲人权公约》条款中,有一个第 6 条;这一条旨在保护每个人的诉讼能够在合理的期限内,由不偏不倚的独立法庭进行公正审理。

欧洲人权法院对第 6 条做了一个十分宽泛的解释。人权法院不安的认为,在卢森堡行政法院(仿照法国行政法院组建的欧共体法院)成员中,若不严格区分担任咨询职务者和履行司法职能者,那就违反了第 6 条(参见 *CEDH*,1995 年 9 月 28 日关于普罗科拉(Procola)诉卢森堡案的判决,载 *RFDA*,1996,p.777,由欧丹(Autin)和苏德尔(Sudre)注释)。不过,在其关于克雷恩(Kleyn)诉荷兰案的判决中(参见 CEDH,2003 年 5 月 6 日,载 *AJDA*,2003,第 1490 期,由罗兰注释),欧洲人权法院认为,应当审视诉讼分庭是否具有“所要求的独立形式或所希望的客观公正”;(在这种场合,答案是肯定的),因为该案事先已由行政法院荷兰分庭审理过。本着同样的精神,欧洲人权法院也对政府派驻行政法院的专员职责提出质疑,因为专员的结论是在一切对席审理过程之外发表的;还因为,尽管专员只有发言权,却也参加法庭作出判决前的合议(参见 *CEDH*,1996 年 2 月 20 日关于洛博·马索多诉葡萄牙案和韦莫朗诉比利时案的判决,载 *RTD eur*.,1997,p.373,由贝努瓦－罗梅尔注释)。但是,这是欧洲人权法院无视行政法院的现实功能。法国行政法院正确地断言,政府专员介入行政诉讼程序,丝毫也没有违反对审原则，它在1998年7月29日艾斯拉蒂娜案判决中如此指出（参见*D.*，1999，第85期）。这个问题是在克雷斯（Kress）案中最终
244 解决的（参见*CEDH*，2001年6月7日，2001年10月3日LPA第197期第13页，由J.F.弗劳斯注释；*RFDA*，2001，第991期，B.热内瓦（B.Genevois）报告；J.L.欧丹（Autin）和F.苏德尔（Sudre）报告第1000页）。在该案判决中，欧洲人权法院认为，政府专员的存在，不违反《欧洲人权公约》第6条意义上的“公正诉讼”要求，但这一条不允许专员参加判决前的合议（关于这一问题的方方面面，请参见下文第668点）。

为了落实《欧洲人权公约》第6条，法国最高行政法院要求，普通法院的庭审（参见CE，Sect.，1999年6月28日的勒高夫（Le Goff）案判决，载*RFDA*，1999，p.1118），预算惩戒法院在宣判罚款时的庭审（参见CE，Sect.，1998年10月30日的洛朗兹（Lorenzi）案判决，载*RD publ.*，1999，第633期，由艾克尔（Eckert）注释），以及医疗事故惩戒法院的庭审（参见CE，2000年2月23日的M.乐米特（L'Hermite）案判决，载*AJDA*，2000，p.363），均须公开进行。最高行政法院认为，审计法院在其公开报告中谈及案件之后再进行审理，那就是不遵守公正原则（参见CE，Ass.，2000年2月23日的拉包尔·梅塔尔（Labor Métal）案判决，载*AJDA*，2000，p.404）；但是，公正原则允许一个案件的报告人参加判决前的合议（参见CE，1999年12月3日的三个判决，载*AJDA*，2000，p.126）。

《欧洲人权公约》第6条不能适用于行政制裁（参见下文第424点）而不了解第6条，就不能使它成为维护公共秩序的工具，这是最高行政法院2002年12月6日在马西奥拉克（Maciolak）案判决中

的观点(参见 *AJDA*,2003,第 492 期)。

以《欧洲人权公约》第 6 条为基准,法国因其司法诉讼程序持续过长而没少受到谴责。比如,在欧洲人权法院受理的案件中,1989 年 10 月 24 日,由于一个诉讼程序拖了 7 年,H 起诉法国(参见 *LPA*;1989 年 12 月 18 日);2002 年 10 月 15 日,由于一个纠正纳税额的案子审了 10 年又 19 天,维齐兹(Viéziz)起诉法国;由于一个刑事诉讼耗时 6 年 5 个月,奥托马尼(Ottomani)起诉法国,参见 *AJDA*,2002,第 1213 期。很奇怪,为了处罚一个司法机构运转迟缓的国家,欧洲人权法院居然也要花上好几年①。

实际上,法国政府必须尊重欧洲人权法院的判例,否则,就会受到欧洲的怒斥。尽管如此,法国行政法院认为,由于欧洲人权法院作为第三者以其判决介入诉讼过程,所以,它并不是令人信服的最高法院,也不会因它的过问而重启结束了的诉讼程序;对此,参见最高行政法院 2004 年 2 月 11 日的舍夫罗尔(Chevrol)案判决(载 *AJDA*,2004,第 439 期,Donnat 和 Casas 专栏)。

更有甚者,在对待行政活动而言最重要的自主权方面,国家权力机关的绝对权威正在减退。然而,现在人们可能都会考虑,欧洲人权法院是否会成为其自身胜利的某种牺牲品呢②?

---

① 在 2000 年,欧洲人权法院登记了接到的 10486 件诉状(是 1988 年的 10 倍),竟宣布其中一半不予受理。2004 年初,人权法院悬而未决的诉讼有 65800 件。

② J. F. Flauss, Actualité de la convention européenne des droits de l'homme(《欧洲人权公约的现状》),*AJDA*,1996,第 1005 期。

## §6 法律与规章条例

245 法律与规章条例,连同构成其基础的宪法,都是行政法的国内成文法渊源。研究国家议会是如何制定法律的,属于宪法学的范畴,在本书中无其位置。然而,法律的实施范围和法律规定的制度,则必须在此加以探讨。行政机关制定的规章条例,同样也要加以研究。对于法律与规章条例之间的关系,尤应深入考察。

300.**定义**①。**从形式上看**,如果说法律是议会依据立法程序表决通过的文件,那么,**从实质上看**,法律则是要确立普遍性的、非个人的行为规范。虽然也有一个完全例外;"**用于个人的**"法律,即免除戴高乐将军连任权的法律,我们可以忽略不计。不过,国家的或地方的某些行政机关,也可以制定一些普遍性的、非个人的行为规范。正是这种来源的不同,造成了法律与规章条例的不同:法律是由掌握立法权的议会制定的;规章条例则一般是由行政机关制定的。两者原则上性质相同,所以,人们有时会说,规章条例是"实际上的法律"。

尽管如此,要议会表决通过一个法律,毕竟同行政机关制定一

---

① Carré de Malberg, *La loi expression de la volonté générale*(《法律是公共意志的表达》), 1931; Burdeau, Essai sur l'évolution de la loi en droit français(《论法国法中法律的演化》), *Arch. de philosophie du droit*(《法哲学》), 1939; Maspétiol, Le problème de la loi et ses développements récents dans le droit public français(《法律的问题及其在法国公法中的新发展》), *EDCE*, n°3, p. 50; J. M. Pontier, À quoi servent les lois?(《法律何用?》), *D.*, 2000, chron. 57; B. Genevois, Le Conseil d'État et l'interprétation de la loi(《行政法院与法律解释》), *RFDA*, 2002, 第877期。

个规章条例不是一码事。尤其是,两者所遵循的法律制度非常不同:法律一旦颁施就是不容争辩的,不得反对法律;而规章条例呢,甚至从定义而言,就是可以争论的,可以接受争议上诉的。

最需要了解的是,什么时候由立法机关管辖,什么时候由行政机关管辖。宪法已经确定了立法权与行政权之间的关系和各自的权限。较之政府,议会具有至高无上的宪法地位;这便使政府制定的规范必须绝对服从议会制定的规范。若政府权力逐渐扩大,双方权力走向均衡,这种从属性就会减弱。这恰好是法国正在发生的变化。不过,这种变化目前仅仅影响到全国性的规章条例,尚未涉及地方行政机关制定的规章条例;地方还游离于政治演革的洪流之外,将来才会看到这种变化。

**第一,1958 年以前法律管辖的领域**

对 1958 年以前的状况,首先须作理论分析,然后再分析长期 246
的实践。

301.(1) **理论分析**。法律作为议会的产品,乃是公共意志的表示。这一点产生的必然结果是,不可能给法律确定一个发挥作用的固有领域。立法机关作为最高统治者,可以掌握任何事务,确定运作各项事务所需要的一切规则。这就是那种十分古老的方式:除了变男人为女人之外,立法机关可以为所欲为!

相反,作为从属机构的派生物,规章条例也得从属于法律。司法判例总是将规章条例制定权同这样一句惯用语联系在一起,这便是:只委托行政机关去"保证**法律的执行**"。规章条例是依据法律、为规定法律的实施方式而制定的。规章条例充其量是在法律未予涉及的方面,为了解决某个不属于法律支配的问题,根据宪法或共和传统而制定的，诸如确定罪行和刑罚、制定公共自由守则、确定税额等等。但是，甚至在这种情况下，最终决定权也属于议会，它可以将行政机关处理的问题抓到自己手中来。

总而言之，规章条例只具有次要的、辅助性的作用。

302.(2) **长期的实践**。实践大大改变了上述分析，实践可分几个阶段：

① **独立自主的规章条例**。首先，人们看到，必须承认政府拥有**“自主”的规章条例制定权**，也就是说，有权处理立法机关不予处理的事项。既然该领域尚无有关法律，显然不能再把制定规章条例同**执行某个法律**相联系。一般说，人们至少相信，为执行**法律**而制定规章条例是可以的，这可使国家保持最低限度的社会秩序。在法律尚未顾及的领域，独立自主地制定规章条例以维持社会秩序，显然是必要的、正当的；没有这种规章条例，实施法律的大环境也会恶化。1919 年 8 月 8 日，最高行政法院在关于一个政令的拉博纳(Labonne)案判决中认可了这种解决办法；该政令是法国第一个“交通规则”，当时，还没有关于汽车交通的任何法律。正因为这一领域尚无法律，国家元首便利用自己的固有权力，发布政令，规定了为交通安全所必需的普通措施。

② **法律式政令**[①]。自 1926 年起，立法机关不打算全部完成，或者说自己不再觉得能够胜任所面临的全部使命。需要议会介入的国家事务急剧增加，必须制定更多法律，并迅速拿出解决办法。

---

① Sous la III$^{e}$ République：Delvolvé，*Les délégations de matières en droit public*（《公法中的事权委托》），thèse，Toulouse，1930；Mignon，*La pratique des décrets-lois et les principes généraux du droit public*（《法律式政令与一般公法原则》），thèse，Lille，1938。

从那时以来,人们看到,一种新方式,即**全权授予法**的新方式,247
出现得日益频繁。议会通过全权授予法,在一段规定的时间内,授权给政府,准许其通过制定规章条例的办法,对现行法律进行形势所要求的一切修改。政府权限的这种扩大,不仅局限于一个较短的时间内,而且附有一定条件:或者针对确定的目标,或者限定所遵循的程序。

在这种体制下,那种修改法律的政令,形式上还是执行机关的政令,因此要服从法官的监督;而从其权威性看,却获得了法律的特性。这就是为什么人们在实践中给了它"**法律式政令**"(décret-loi)的名称。

③ 1946 年《宪法》[①]。这部宪法试图最大限度地复兴立法机关的至上地位,重振它的传统优势。于是,宪法摒弃了法律式政令的方式,其第 13 条规定:"国民议会单独表决通过法律,不得转授这一权力。"但是,1926 年至 1940 年间显现出来的那种制定规章条例的必要性,仍然不停地显现出来,甚至表现得更加强烈。因此,人们以更多方式解决实际问题,而又千方百计,花样翻新,掩饰这些方式的真正性质。这个时期采用的某些方式,直接变成了目前的解决办法。

**留给规章条例制定权的领域**。1948 年 8 月 17 日法律第 6 条,

---

① Pinto, La loi du 17 août 1948(《1948 年 8 月 17 日法律》), *RD publ*., 1948, p. 517; Chapus, La loi du 11 juillet 1953 et la question des décrets-lois(《1953 年 7 月 11 日法律与法律式政令问题》), *RD publ*., 1953, p. 954; A. de Laubadére, Des pleins pouvoirs aux demi-décrets-lois(《论半法律式政令的全权》), *D*., 1952, chron., p. 35; Soubeyrol, *Les décrets-lois sous la IV^e République*(《第四共和国的法律式政令》), thèse, Bordeaux, 1955。

拟定了一个长长的“**本质上**具有规章条例性质”的事项清单。法律虽然已就规章条例管辖的事项作出决定,如果说政府总是可以根据行政法院的建议,以部长会议上作出的政令,来随意废除、修改或替换现行法规,那无论如何也是错误的。

**基本法**(les lois-cadres)①。基本法指的是这样一些法律,在某个确定的领域内,它们仅限于规定要进行的改革的原则,勾画改革的“框架”,使政府有权为改革而修改法律,用政令来推展改革(请参见 1956 年 6 月 23 日关于改变海外领地地位的基本法)。

**职权有限委托**。最高行政法院 1953 年 2 月 6 日的意见书(参见 *RD publ*.,1953,p.170),对《宪法》第 13 条作了一个非常灵活的解释,使法律式政令在合理限度内的公开回归成为合法的。根据这个意见书,授权法不得将宪法或惯例保留给立法机关的管辖事
248 项,授权政府去处理;而且,授权法在说明指派给特别权力的目标时,须力避笼统、模糊,不能产生让政府“行使国家主权”的偏差。可以说,1953 年至 1958 年间出现的那些全权授予法,还算比较忠实地汲取了这个意见书中的观点。

**第二,1958 年宪法中法律与规章条例的区别**②

---

① Charpentier, Les lois-cadres et la fonction gouvernementale (《基本法和政府职能》), *RD publ*., 1958, p. 220。

② Morange, La hiérarchie des textes dans la Constitution de 1958 (《1958 年宪法条文的层次》), *D*., 1959, chron., p. 21; P. Durand, La décadence de la loi dans la Constitution de la Ve République (《第五共和国宪法中法律的衰弱》), *JCP*, 1959, I, n°1470; J. de Soto, La loi et le règlement dans la Constitution du 4 octobre 1958 (《1958 年 10 月 4 日宪法中的法律与规章条例》), *RD publ*., 1959, p. 240; Waline, *RD publ*., 1959, p. 699; Bertrand, Pro-

303.(1) **新原则**。1958年《宪法》(第34、37条)提出了一个新原则;乍一看,真是一场革命,因为它彻底推翻了以往通行的原则。第34条**限制性**地列举了尔后**属于法律范围**的问题(其中涉及**授权职责**);第37条则规定:"……法律范围以外的事项具有规章条例性质"(如**惩戒权**)。

如果第34、37条同1958年以前确立的**原则**相比较,确实是一场小小的法律革命;但若同第四共和国时期的实践相比较,也没有什么重大变化,只是使第四共和国的实践大量地宪法化了而已。

《宪法》第34条(第2、3款)列出了一个事项清单,"**由法律确定其准则**";也就是说,这些事项全部属于议会的职权,诸如公民权、国籍、确定重罪和轻罪,等等。对于其他事项(第4款),诸如国防的总体组织、地方行政单位的自主管理、教育、劳动权等等,法律只规定其"基本原则"。这样,各种事权如何在立法权和行政权之间进行分配,就是一个重大问题。在提及财政法规及社会保障投资法规之后,第34条末款规定,"本条各款可以由组织法予以确切表达和补足。"

---

pos autour des articles 34, 37 et 41 de la Constitution (《谈宪法第34、37和41条》), *EDCE*, n°13, p. 29; Chapus, Chronique au D., 1960, p. 119; Charlier, Vicissitudes de la loi (《法律的变迁》), *Mélanges Maury*, 1960, t. II, p. 305; L. Hamon, Chronique, au D., 1960, p. 253; Lachaume, *La hiérarchie des actes administratifs* (《行政法规的等级》), 1966; Vincent, De l'inutilité de l'article 34 (《论第34条的无效》), *AJDA*, 1965, p. 564; Luchaire, Les sources des compétences législatives et réglementaires (《立法职权和规章制定职权的渊源》), *AJDA*, 1979, n°6, p. 3; P. Delvolvé, Le Conseil constitutionnel juge administratif (《宪法委员会是行政法官》), *Mélanges Jeanneau*, p. 55。

事实上,所有重大问题均在第34条列举出来了。这至少部分
249 地是宪法起草连续过程的一个必然结果;立法事项清单已经按照宪法咨询委员会和最高行政法院的意见拉长了。

1958年《宪法》并未改变法律和规章条例的定义。两者都是由权力机关制定的:法律由议会表决通过(第34条);规章条例原则上是由《宪法》第21条授予了规章条例制定权的总理制定的。在属于议会权限的所有事项中,规章条例只是为了"执行法律"而在其传统活动范围内起作用,而且仍然要从属于法律。在规章条例支配的事项中,政府原则上不受制约地行使职权,像议会那样自主地作出决定,因为没有任何立法性质的条文限制这种自由。尽管如此,这种"独立自主的规章条例"仍要服从法官的越权监督,尤其要遵守法律的普遍原则(参见下文第320点)。

总之,1958年以前的法律,可以对后来属于规章条例的事项作出决定,如今失去了昔日威力:只要有最高行政法院的同意,便可用政令修改法律了。

304.(2) 仅仅划分了议会和行政机关的权限还是不够的,还必须安排各种程序来惩处不承认这种划分的现象。这一职责由宪法委员会和行政法院共同承担。下面,我们将考察两个司法机关在这方面的各自职权,以及如何使它们的司法解释协调一致的问题。

**① 宪法委员会**

防止议会超越《宪法》第34条给它指定的权限,似乎是成立宪法委员会的决定性动因。研究宪法委员会的组成、机构及其成员的地位,属于宪法学的学科领域。我们这里研究的是,宪法委员会

确认按照《宪法》第34和37条进行权限划分的程序。从这个视角看，有两个程序可资利用[①]：

**一是《宪法》第41条规定的程序**。议会在辩论法案条文期间，若政府认为议会的任何创意不属于法律范畴，政府即可按照《宪法》第41条规定，"反对不可受理性"。政府在不能同正在开展辩论的议院达成一致的情况下，即可提请宪法委员会介入，由后者最 250
终裁决该事项属于法律范畴抑或规章条例范畴。

**二是《宪法》第37条第2款规定的程序**。这一款针对的是，如何让人承认1958年以后出现的立法形式文件的规章条例性质。在议会辩论此类文件期间，政府不能求助于《宪法》第41条关于不可受理性的规定。这样，就可能让议会蚕食政府的职权范围。事后，政府，或许是新一届政府，就希望收回职权，于是，便提请宪法委员会裁决；如果后者肯定政府的意见，则政府就可用政令来修改法律[②]。

**② 最高行政法院**

这是一种反向的推论，假定政府事先用政令处理了属于《宪

---

① 宪法委员会主要的受理程序载于《宪法》第61条。这一条规定，在法案通过后、颁布前的间隙，可提请宪法委员会审查已通过的法案是否符合宪法。在第五共和国初期，人们赞成用这一条来惩治议会对行政权的侵犯(见CC，1964年12月18日关于1965年度财政预算法案的裁决，载*Rec.*，29)。而在1982年7月30日关于限价法的裁决作出后(参见*GDCC*，第33期)，就不能再在《宪法》第61条规定的框架内，质疑议会的权限了。"当立法机关确信有违反宪法的规定时，可以介入属于规章条例支配的领域。"总之，在这方面唯一可以随意使用的，就是《宪法》第41条规定的程序了。

② 关于宪法委员会降低立法文件等级的裁决，请看*AJDA*，2003，第1267期，note Schoettl；关于暗含着总理拒绝按照第37条第2款提交宪法委员会的决定，参见CE，22 octobre 2003，Gisti et autres，*RFDA*，2003，第1251期。

法》第34条规定的法律范围内的问题,从而侵蚀了议会的职权。不需要为此建立特别程序。这属“无权管辖”的情况,可提起反越权上诉,最高行政法院会据此宣布废除该政令。

③ **司法解释的协调一致**

《宪法》第62条第2款大概允许回避宪法委员会和最高行政法院之间司法解释的分歧。实际上,“公共权力机关、所有行政和司法机关”,甚至最高行政法院,“均须服从宪法委员会的裁决”。但是,最高行政法院也可能同宪法委员会发生冲突。的确,最高行政法院不能强制宪法委员会接受其意见。而且,如果最高行政法院首先对《宪法》第34条的某个规定作出了解释,宪法委员会并不受该解释的约束,还可以对既决案件施加一定影响。然而,实际上非常幸运,宪法委员会和最高行政法院总是千方百计避免在司法解释中出现已经十分罕见的分歧①。

305.(3) **对权限划分的评估**。从法律的视角看,1958年新宪
251 法的颁施是一个最重要的革新。若要评估该宪法造成的局面,应当重新审视上文提及的**法律和规章条例的各自权限**问题,还应评

① 最有名的分歧是“违法案”分歧,即:对附有监禁刑罚的违法案作出规定,究竟是不是属于规章条例制定权的权限范围。对此,宪法委员会(参见CC,1973年11月28日对《农事法典》若干条款的调查,载*Rec*.,45)既反对最高行政法院(参见1974年1月17日全会的意见),又反对法国最高法院(见刑事庭1974年的两个报告和评注,载*D*.,1974,第273和280期)。关于这个案件,J.里韦罗写有《监禁与规章制定权》,*AJDA*,1974,第229期。关于由法律“确定重罪和轻罪以及对之适用的刑罚”的宪法条文,司法解释也有分歧。对此,参见CC,1964年3月17日意见(*Rec*.,35)和CC,1965年7月2日意见(*Rec*.,79)。与之对立的观点,参见CE,Ass.,1967年2月3日关于南方葡萄经营者大会的意见(*AJDA*,1967,第164期)。最后是宪法委员会为结束分歧而改变了自己的看法,参见CC,1969年6月26日立场(*AJDA*,1969,第563期)。

价自那时迄今法律和规章条例的连续实践。

① 法律和规章条例的各自权限[①]。

在这个基本问题上,传统的解决办法广泛存在;至少从各项原则的角度看,实践往往是与法规不相符的。

法律对于依据《宪法》第 21 条,为“保证法律的执行”而制定的规章条例,而不是依据《宪法》第 37 条在规章条例支配的范围内制定的规章条例,显然地位优越。就此而言,按照传统,规章条例完全从属于法律。

首先,根据《宪法》第 34 条,规章条例同样可以对法律仅仅确定了“基本原则”的事项作出决定。尽管超出这些基本原则的事项属于规章条例管辖的范围,但政府在就这种事项作决定时仍须恪守法律确定的基本原则。

其次,同样的原则适用于依据《宪法》第 37 条,就专门属于规章条例管辖的事项所作的规章条例。从理论上说,政府可像议会那样,独立自主地对这些事项作出决定,因为,尚无法律对此加以规定。而政府看到,在这些问题上面,只有宪法这样一种成文法;不过,后来又有一些国际条约,尤其是欧共体法规加入进来。然而,政府的决定仍然属于行政权发出的条令,要受法官的审查。法官可以对这种条令的不合法规之处进行惩处,并可使之遵守普遍

---

① Poulet-Gibot Leclerc, La place de la loi dans l'ordre juridique interne (《国内法中法律的地位》), 1992. 一个毫无规范价值法律的附件, 参见 CE, Ass., 5 mars 1999, *Conféd. Nat. des Groupes autonomes de l'Ens. Public*, *AJDA*, 1999, p. 420; de même du rapport annexé à la loi sur le financement de la Sécurité Sociale: CE, Ass., 5 mars 1999, *Rouquette et Lipietz*, *RFDA*, 1999, 第 372 期, note de Bechillon et Terneyre。

法律原则。对此,请参看下文第320点(参见CE,1959年6月26日关于顾问工程师协会案的判决,载 *GAJA*, n°79;1960年2月12日的艾基(Eky)案判决,载 *D*.,1960,p.263)。

再次,相反,如果说法律在其颁布前还要受宪法委员会约束的话,那么,法律一经颁布即摆脱了一切监督。尔后,法律实际上还要服从宪法;传统上承认的法律至上性已经被剥夺了。虽然如此,法律在颁布之后依旧是不容置疑的;而规章条例则永远不具备这种性质[①]。

概括言之,在行使规章制定权和立法权的所有事项中,规章条
252 例总是从属于法律的;看看宪法委员会的司法解释便知,这种情况在实践中是最多的。在排除了任何立法职责的少数事项中,即便规章条例无须从属于法律之时,规章条例的法律效力同样低于法律。

② **现实**[②]。

---

① 必须指出,1990年曾有一个宪法修正草案提交议会,对已经颁布的法律以特殊方式实施监督。国民议会一读通过了该案,而遭到参议院反对,6月间予以否决。欧盟法的发展业已威胁到法国法律的至上性和不可争辩性。在欧盟内,设在斯特拉斯堡的各个法庭,负责监督各成员国的法规是否符合《欧洲人权公约》,这同样降低了法律的至上性和不可争辩性。对此,上文多有论述,亦可参见 J.-P. Camby, Une loi promulguée frappée d'inconstitutionnalité? (《是一个受到违宪抨击的现行法律吗?》), *RD publ*., 1999, p 653. 关于对已颁布法律的监督,参见 *AJDA*, 2003, 第686期。

② 研究这整个问题的基本著作有: *Le domaine de la loi et du règlement, vingt ans d'application de la Constitution de 1958* (《法律与规章条例的管辖范围:1958年宪法实施二十年》), colloque d'Aixen-Provence, 1978. Cf. aussi: L. Favoreu et L. Philipp, *Les grandes décisions du Conseil constitutionnel* (《宪法委员会的重要裁决》), 2004, et les chroniques de la jurisprudence du CC (《宪法委员会的司法解释》), des mêmes auteurs, à la *RD publ*.; Frank, *Les fonctions juridictionnelles du CC et du CE dans l'ordre constitutionnel* (《宪法委员会

法律的管辖范围,在各种法律条文中已予大量列举,又因判例作出的解释以及政府和议会在实际工作中的创设而日渐扩大。

宪法委员会和最高行政法院的判例,都往往给《宪法》第34条各款以有利于立法权的解释。况且,在判例中,经常把受到质疑的、过去关于议会的旧规定,跟正在实施的关于规章条例制定权的新规定之间的区别,当作划分职权范围的普遍标准。这样,实际上就抹杀了法律"确定其准则"的事项与法律规定其"基本原则"的事项之间的差异。根据这一标准,判例经常借鉴1958年以前长期的实践经验。不过,合情合理的改革的基本观念还保留着,因为这对法律是重要的,而对规章条例始终是无关紧要的。

在这方面,政府和议会的实践也是引人注目的。

凡稳居议会多数的政府,都很少使用《宪法》第4条和第37条第2款规定的程序。试图简化工作程序的意愿,常使政府在容易获得通过的法律草案中,插入一些本来属于规章制定权限范围的条款。

在正常情况下,法律的基本目的是制定人为法的普遍准则。而今越来越常见的现象是,由政府草拟、议会通过的法案,往往只限于根据财政拨款的状况,为逐步实行的改革确定大体框架,规划

---

和最高行政法院在宪法方面的司法职能》),1978;Cohen, La jurisprudence du CC(《宪法委员会的司法解释》),*RD publ.*, 1963, p. 745;Vincent, De l'inutilité de l'article 34(《论宪法第34条的无效》),*AJDA*, 1965, p. 564;Favoreu, Le CC régulateur de l'activité normative des pouvoirs publics(《宪法委员会是公权力规范活动的调节器》),*RD publ.*, 1967, p. 5;Mesnard, Dix ans de jurisprudence du CC(《宪法委员会司法解释十年》),*AJDA*, 1970, p. 259, et l'ouvrage précité de B. Genevois, 1988。

法、方针法以及需要五年才能得到完全执行的五年计划法等**便是明证**[①]。这也包括那些施政方针报告;但它们的直接作用是有限的,因为,它们能否得到实施,完全取决于尔后将其完善化的法律和规章条例。这样的习惯做法降低了法律的规范意义。人们甚至
253 看到了这样一个文本,即 2001 年 1 月 29 日法律;按照该法,“法国竟公然承认 1915 年的亚美尼亚种族大屠杀”。这种法律决没有任何规范意义!种种传统习惯,加之法律必须服从宪法和国际条约,终于导致立法职权的某种转移。

加之,规章条例的制定总是极其缓慢的[②]。有时,与某个法律有关的政府部门,甚至觉得法律会束缚自己的手脚,故意阻挠其实施,而且往往得逞。只举一个例子就够了:1987 年 12 月 31 日关于行政诉讼改革的法律第 13 条明文规定,为了预防签订合约方面的争讼,并对问责诉讼加以规范,应由最高行政法院制定有关法令。但是,这样的法令从来没有出现过。有时候,规章条例即便不是故意歪曲法律,也是丢三落四地传达法律意图[③]。

---

① Mesnard, La notion de loi d'orientation sous la V<sup>e</sup> République(《第五共和国时期方针法的概念》), *RD publ*., 1977, p. 1139。1992 年 2 月 6 日关于“共和国领土结构”的重要法律也是一个方针法。

② Guibal, Le retard des textes d'application des lois(《实施法规的迟缓》), *RD publ*., 1974, 第 1039 期; Hanicotte, Le juge face au retard des textes d'application(《面对法规实施迟缓的法官》), *RD publ*., 1986, 第 1667 期。参议院的一个报告指出, 在 2002 年 10 月至 2003 年 9 月之间通过的法律所明确规定的条例措施, 到 2003 年 9 月, 已公布的不足 10%(参见 *ADJA*, 2003, 第 2285 期)。国民议会刚刚修改了它的议事章程第 86 条, 规定:法律颁布后最多 6 个月内, 法案报告人即须就实施法律的规章条例和发布通知问题, 向有关委员会提出一个报告。

③ 最高行政法院幸而抵制了这种习惯做法。比如,它在 2000 年 7 月 28 日关于法

③ **法律和规章条例的法典编纂。**

适用于同一个问题的法规条文汗牛充栋、晦涩难懂而又混乱不堪，终于迫使公共权力机关采取行动，力图扭转这种极端令人懊恼的局面。2001 年 1 月，最高行政法院副院长宣布废除那种“冗长啰唆、稳定性差而又平庸无特色”的法律。政府秘书长也发表一个通告，认为有必要对删掉法律条文中的条款段落作些说明[①]。

306.(1) **法律的膨胀。**我们在前文第 11 点已经谈到过对法律和规章条例的强烈欲求。但是，“法律过多扼杀了法律”，“法律膨胀导致法律瘫软无力”[②]。有人估计，目前，除规章条例之外，现行法律在 8000 至 8500 个之间；此外，还应算上来自欧共体的各种法规[③]。

307.(2) **法律和规章条例的晦涩难懂**[④]。某些法规条文如此 254

---

国环境协会案的判决(第 322 页)中，命令政府在 6 个月内发出一个法律的政令，否则进行惩处。请参见 A. Laquieze: Le fondement constitutionnel de l'obligation pour le pouvoir réglementaire d'exécuter les lois (《规章制定部门执法义务的宪法基础》), *LPA*, 2000, n° 230, p. 14。

① 见 2000 年 10 月 20 日通告，载《政府公报》，2000 年 10 月 31 日，第 17.302 页；由勒加尔(Le Gall)解说，载 *D.*, 2001, 第 133 期。

② E. 格拉斯(E. Grass)曾援引共和国总统 1995 年 5 月 19 日的咨文：“法律为什么如此膨胀？”载 *RD publ.*, 2003, 第 139 期。

③ 最高行政法院 1992 年在谈到欧共体法的一个公开报告中说，当时实施的有 22500 个规章条例，1675 个指令指示，1198 个协定和议定书，185 个建议，291 个欧盟理事会决议，678 个欧盟委员会通告。现在，还应加上 1992 年以后的“作品”！

④ E. Marie, La simplification des régles de droit (《法律准则的简化》), *Dr. soc.*, 2002, p. 379; R Jan, La simplification du droit (《法律的简化》), *RD publ.*, 2003, 第 1511 期; P. Gonod, La simplification du droit par ordonnances (《用命令条例简化法律》), *AJDA*, 2003, 第 1652 期; Frison-Roche et Baranes, Le principe constitutionnel de l'accessibilité et de

晦涩难懂,致使宪法委员会不得不出面表态。它在确认了**法律明白易懂是宪法的追求目标**之后(参见 CC,1999 年 12 月 16 日关于授权以条例命令从事工作的法令,载 *Rec.*,136),将**法律的简明清晰原则**提升为"源自《宪法》第 34 条"的一项宪法原则①。2003 年 7 月 2 日法律授权政府精简法律(参见 *D.*,2003,第 1810 期);为此,政府可在众多领域内以行政命令来制定各种措施②。依据法律成立了一个"行政精简指导委员会"。③

有一项**自主查阅法规原则**,又被 2000 年 4 月 12 日法律第 2 条再次重申(《行政机关有义务安排查阅其所定法规的简便渠道》)。但是,酒到杯里还不等于喝到嘴里,功败垂成的事情也是有的。

除了法规的膨胀和晦涩之外,如果人们再考虑一下它们是何等的芜杂紊乱,那么,人们就会深切认识到,编纂行政法典的任务

---

l'intelligibilité de la loi(《法律须明白易懂的宪法原则》),*D.*,2000,chron.,p. 361;M. Verpeaux,À propos de la loi du 21 février 1996 relative à la partie législative du code général des collectivités territoriales(《谈 1996 年 2 月 21 日法律(关于地方行政法典中的法律部分)》),*RFDA*,1999,p. 965;H. Moysan,L'accessibilité et l'intelligence de la loi(《谈法律的明白易懂问题》),*AJDA*,2001,第 428 期。

① 请参见:chron. D. Rousseau,*RD publ.*,2002,第 640 期。宪法委员会饯行"法律简明清晰原则",在其 2003 年 7 月 24 日关于参议院选举改革法的裁决中,宣布废除涉及选票的选举法第 7 条各款。

② 参见:2003 年 8 月 26 日关于控制法规膨胀的改善制定规章条例的质量的通报,载 2003 年 8 月 29 日《政府公报》,p. 14. 720;2003 年 9 月 30 日关于制定规章条例的质量的通报,载 2003 年 10 月 3 日《政府公报》,p. 16824。

③ 依据 2003 年 7 月 2 日法律制定的行政命令之一,是 2004 年 2 月 20 日关于某些行政法规公布的形式和效果的命令(载 2004 年 2 月 21 日《政府公报》第 3512 页)。它规定,公布在《政府公报》电子版上的若干法规,在一定情况下可以存在到纸质版本公布之时。这是一种会造成某些问题的"精简"。

是空前迫切的。

308.(3) **行政法的法典编纂**[①]。众所周知(参见上文第 11 点),在行政法方面,没有私法意义上的法典编纂,只有一种“**恒定法**”法典编纂,可说是无可奈何的权宜之计,但却非常实用。

为了整顿法律条文的过分混乱,1948 年 5 月 10 日法令规定了一种办法,允许在执行一个法律时,用法令将其系统化、规范化。但是,随着时间的推移,人们渐渐走向这样一种制度:依据《宪法》第 38 条的规定,由政府用政令来推行政务(参见下文第 309 点)。于是,1999 年 12 月 16 日法律授权政府,用政令使各种法规变得规 255
范有序。同样,我们看到(参见上文第 296 点),人们在对待欧共体法规方面也采取了这种办法。总之,基于 2003 年 7 月 2 日法律制定的许多政令,都将具有法典编纂的功能(见上文)。

这种法典编纂,只是通过改变法规形式,使之变得系统条理,并不触及其实质。法律条文和规章条例条文保留各自的权威,在

① Ardant, La codification permanente des lois, réglements et circulaires (《持续不断的法律、规章和通报编纂》), *RD publ.*, 1951. 35; Ettori, Les codifications administratives (《行政法典编纂》), *EDCE*, n° 10, p. 41; J. C. Groshens, La codification par décret des lois et règlements (《用法令使法律规章系统化》), *D.*, 1958, chron. 157; M. Rocard et G. Braibant, La relance de la codification (《法典编纂的复兴》), *RFDA*, 1990, 第 303 期; G. Braibant, Problèmes actuels de la codification française (《当前法国法典编纂中存在的问题》), *RFDA*, 1994, 第 683 期; S. Guy, Une utopie: la codification (《一个乌托邦:法典编纂》), *RFD Const.*, 1996, 第 273 期; Dossier special codification (《法典编纂专门档案》), *AJDA*, 1997, n° 9; Entretiens avec G. Braibant (《同布莱邦交谈》), *RFDA*, 2000. 493. Les Rapports annuels de la Commission supérieure de codification (《法典编纂高级委员会年度报告》); R. Schwartz, Éloge de la codification (《法典编纂礼赞》), *Dr. adm.*, n° 10, p. 11。

每种法典中均分编为两部分①。每种条文分别编号,将开头第一个字母置于条文之前:法律(loi)条文前是字母"L",规章条例前是字母"R"。比如:在《国有资产法典》中,"art (article).L.6"的意思是:"法律部分第6条"。现在,大量的法典已经问世,删除了那些重复的条文,除了尚未来得及归入法典的条文之外,法典成了有关领域唯一的现行文件,这必然便于人们查阅。地方行政法典、选举法典、矿业法典、公共卫生法典等便是明证。根据1989年9月12日法令成立了一个法典编纂高级委员会②,它用一份公开发表的年度报告来介绍自己的工作。2000年4月12日关于面对行政机关时的公民权利的法律中,再次提及法典编纂的各项原则。该法申明:"编纂法律的主题法典,要搜集全部有效的法律,并分门别类条理化",而且须与恒定法相适应。不过,2003年7月22日法律第34条授权政府编纂一种"非恒定法"法典③。

① 有时甚至分三部分,将公共行政规章条例(règlement)与简易法令(décret)分开编纂,各自冠以开头字母R和D。

② M. Rocard, G. Braibant, *la relance de la codification* (《法典编纂的复兴》), *RFDA*, 1990, p. 303; G. Braibant, *Problèmes actuels de la codification française* (《当前法国法典编纂中存在的问题》), *RFDA*, 1994, p. 683; 关于法规编纂的复兴,请参见:la circulaire du Premier ministre (《总理通报》), 30 mai 1996, *J. O.* 5 juin 1996, p. 8263; S. Guy, Une utopie: la codification (《一个乌托邦:法典编纂》), *RFD const.*, 1996, p. 273; 《Dossier spécial 〈codification〉》(《"法典编纂"专门档案》), *AJ*, 1997, n°9。

③ 见 Schoettl, *AJDA*, 2003, p. 1403。

## §7 《宪法》第38条所述之政令①

309.1958年《宪法》中有三种“政令”：一是第92条所述之政令，允许政府在该宪法颁布后4个月内以政令建立第五共和国的各种机构②，二是第47条所述之政令，允许政府在必要时实施财政预算法案，如果议会未在宪法规定的期限内通过该案的话。三 256
是第38条所述之政令，这是第三、第四共和国时期的法律式政令，在新名称之下的宪法化。

第38条规定：“政府为了推行其施政纲领，可以要求议会授权自己在一定期限内，以政令形式采取通常属于法律范围内的措施。”

310.第一，《宪法》第38条所述向政府授权的条件，几乎不是强制性的。首先，“**为了推行其施政纲领**”，政府即可要求授权以政令开展工作，这在事前没有将任何问题排除在外。宪法委员会断言（参见CC，1977年1月22日，载*Rec.*，31），这仅仅是要求政府明确说明自己所采取措施的目的何在。况且，要求“**在一定期限内**”

---

① J. Touscoz, *La notion d'ordonnance*（《政令的概念》），Études de droit public 1964; Mesnard, Ordonnances, loi d'orientation ou loi-cadre?（《是政令、方针还是基本法?》），*RD publ.*，1982，第1073期；C. Boyer-Merentier, Les ordonnances de l'art. 38（《宪法第38条所述之政令》），PUF, Aix, 1996; P. Ebrard, L'article 38 de la Constitution et la V^e République（《宪法第38条与第五共和国》），*RD publ.*，1969，第259期。

② 第92条被解释为将立法权授予了政府；而最高行政法院由此推断，不能受理对政府的政令提起的反越权行为诉讼。见1960年2月12日最高行政法院判决，载*Rec.*，101。鉴于第92条已经没有用处，1995年8月4日的宪法法令便将其废除。

授权,却没说这个“期限”究竟有多长。

对于《宪法》第38条所述条件,议会可以再往里面补充其他内容。所以,1960年2月4日法律规定,权力是授予现任政府的。这便意味着,政府一更换,授权即失效。该法要求,各项政令须由戴高乐将军签署。这便意味着,共和国一换总统,授权亦失效。最后,相关议会一解散,授权也被推翻。而且,可以不由议会通过法律来给政府授权,而由公民投票通过法律来给政府授权;因此,人们称之为**全民公决的政令**①。

议会给政府授权时,通常没有什么竞争性权限。因为,授权法剥夺了议会的职权,而政府也没有必要再反对《宪法》第41条所述之不可接受性。

**311.第二,制定政令的程序**。根据《宪法》第38条第2款的规定,内阁在征询最高行政法院的意见后议定政令。政令必须由共和国总统签署(第13条)。如果总统拒签,整个程序即告中止。除非像1986年出现过的情况那样(参见上文第73点),政府将政令草案改写成法律草案,再提请议会审议。

257 **312.第三,政令的法律制度**②。在向政府开放的范围内,政府

---

① 全民公决直接通过的1962年4月13日法律,授权政府以政令方式制定措施,落实法国与阿尔及利亚之间达成的埃维昂和平协议。政府成立了一个军事法院。最高行政法院反对政府的立场,作出了一个从法律角度看争议很大的判决,认为自己有权宣布全民公决的政令无效(参见CE, Ass., 1962年10月19日的卡纳尔(Canal)案判决,载*GAJA*, n°84)。于是,议会又通过了1963年1月15日法律,承认基于于1962年4月13日法律制定的“全民公决的政令”自公布之时起即具有法律效力。

② 最高行政法院2000年12月8日的奥费尔(Hoffer)等判决,相当全面地分析了这种法律制度。

跟议会一样自主地作出决定，可以修改昔日的法律，也可以代之以新条文。不过，在授权期限届满后，已制定的政令只能由立法机关来修改。

政令一经公布，立即生效。纵然如此，倘若政府未在授权法限定的日期之前，向议会提出一个旨在批准政令的法律草案，则政府政令也会失效，停止执行①。

截止到议会对批准政令的法案作出决定之时，政令仍然是行政机关的公文，其合法性可能会在接到反越权行为诉讼的行政法官面前受到质疑。反之，作为行政公文，它们不受宪法委员会的监督。依据《宪法》第38条，一个政府取得议会多数同意，可以通过立法途径来采取施政举措；但是，这种举措会因被宣布为不合宪法而遭挫折。最高行政法院的监督不足以纠正这样一种情况：它的职责是审查政令对宪法和普遍法律原则的**直接**违反；即便是基于全民公决通过的授权法而制定的政令，也要受到审查（参见上文第310点）。但是，如果一个政令违反宪法是由作为该政令基础的法律间接造成的，那么，最高行政法院便无权过问。宪法委员会试图弥补这一缺陷，在其1986年6月25日至26日的裁决中（载*AJDA*，1986，p.575，里韦罗注释）中说：授权法是否符合宪法，取决于是否符合宪法委员会对其作出的“带有严格保留的解释”；须将政令必须遵守，且应在最高行政法院监督下实施的那些宪法原则，融入到授权法中去。

---

① 这种令人吃惊的事，至少发生过一次，参见CE，2003年4月2日关于瓜德罗普大区议会的判决，*RFDA*，2003，第622期。

议会的批准授权，会使政令具有法律的性质。如此，要求废除政令就成了没有道理的事情。对此，请参见载于 *AJDA*，2003，第 27 期的最高行政法院 2002 年 10 月 23 日判决。这种批准或许只是防止废除政令的手段，以免政令的存废问题引发争议。若议会不予批准，那就像不曾提出请求批准的授权法草案一样，自拒绝批准之日起，相关政令失效①。批准也可以是暗含的、不言自明的。请参见载于 *RFDA*，2002，第 854 期的最高行政法院 2002 年 5 月 27 日判决。

## 258 §8 判例法与普遍法律原则

### 第一，判例

**313. 法官制定法律存在的问题。**跟普通法官一样，行政法官并未从宪法中获得制定普遍法律准则的权利。行政法官仅限于审理提交给他的特定争讼，就其权限所及的每个具体案件作出判决。

但是，必须依据已有法规作出判决。审理案件必须要求对立当事人提出其诉求，依法进行当面对质。法官根据这种对质、这些诉求作出判决才是合法的。

确实，行政法具有特殊性质。行政方面的成文法发展至今，也

---

① 关于行政法官对政令的监督而非批准，请参见莫古 1996 年 11 月 4 日在 CE 发表的意见，载 *RFDA*，2996，第 1099 期；CE，30 juin 2003，Féd. *Régionale Ovine du Sud-Est*，*RFDA*，2003，第 830 期；C. Boyer-Mérentier，Les ordonnances de l'article 38 de la Constitution：une place ambiguë dans le hiérarchie des norms（《宪法第 38 条所述之政令：在规范序列中的模糊地位》），*RFDA*，1998，p. 924. 谈及从欧洲人权法院第六条看议会批准授权的意义，请参见莫古 2000 年 12 月 8 日在 CE 发表的意见，载 *RFDA*，2001，第 454 期。

没有任何条文规定究竟什么样的争讼可以提交给行政法官审理。然而，即便一个行政法官借口"法律没有规定或规定含混"而拒绝作出判决，却不能不予审理。因此，行政法官只有一个出路，这便是自己为自己作出判决制定普遍适用的准则①。这就是行政法官的创造，而他们制定的准则——诸如问责法、契约法以及通过反越权行为诉讼途径对行政决定实行的监督，等等——构成了行政法的牢固核心，这个核心是比较稳定、比较特殊的。

314.(1) **判例法的制定方法**②。

① 当解决争讼的办法可以从一个法律规章条文中推演出来时，行政法官就像普通法官和宪法委员会成员一样，须对该条文进

---

① M. Waline, Le pouvoir normatif de la jurisprudence (《判例的规范性力量》), *Mélanges Scelle*, t. II, p. 613; Rivero, Le juge administratif français: un juge qui gouverne? (《法国行政法官负责管理吗?》), *D.*, 1951, chron., p. 21; Sur la rétroactivité de la règle jurisprudentielle (《判例法的追溯力》), *AJDA*, 1968, p. 608; Dupeyroux, La jurisprudence source abusive de droit (《判例是法律的不正当来源》), *Mélanges Maury*, 1960, II, p. 349 s.; La doctrine française et le problème de la jurisprudence source du droit (《关于法律之判例渊源的法国学说和问题》), *Mélanges Marty*, 1979, p. 463; D. Linotte, Déclin du pouvoir jurisprudentiel et ascension du pouvoir juridictionnel en droit administratif (《行政法中判例权威的衰落和裁判权力的上升》), *AJDA*, 1980, p. 631; 与上一位作者相反的观点是: S. Rials, Sur une distinction contestable et un trop réel déclin: à propos d'un récent article sur le pouvoir normatif du juge (《有争议的优越地位和十分显著的衰落:关于法官之规范性权威的一篇新文章), *AJDA*, 1981, p. 115, et, par les deux auteurs, Conclusion d'une controverse (《一场论战的结束》), *AJDA*, 1981, p. 202; G. Vedel, Le droit administratif peut-il être indéfiniment jurisprudentiel? (《行政法可以永远是判例性的吗?》), *EDCE*, n°31, 1980, p. 31。

② Latournerie, Essai sur les méthodes juridictionnelles du Conseil d'État (《最高行政法院的裁判方法》), Livre jubilaire p. 177; Y. Gaudemet, *Les méthodes du juge administratif* (《行政法官采用的方法》), 1972; G. Braibant, Le rôle du Conseil d'État dans l'élaboration du Droit (《最高行政法院在行政法制作中的作用》), *Mélanges Chapus*, p. 91。

行**解释**。在这种情况下,行政法官没有制定狭义的判例法,他的解
259 释同被解释的条文融合在了一起。然而,行政法官在扮演解释人角色时往往表现出极大的自由。

② 若没有可以适用于争讼的法规条文,也不是都要求行政法官在其判决理由中提出所依据的准则;久遇此事,就从解决类似案件的相近办法中总结出准则来。但有时,这种准则是特意明文作出的。对于新出现的问题,或者对于发生了变化的旧问题,法官要制定出适用于这一案件,或适用于带有同样问题的一类案件的准则,人们称此种准则为原则判决。这种原则判决没有任何表面记号,除非制作它的机关有时给它加上记号(参见下文第 594 点)。这是一种由行政法官草拟的准则,且由政府专员发表意见,加以阐明,人们显然不能对政府专员的创作自由太过关注;而且,还要有人用理论学说对该准则进行注释,以使之清晰可辨。

315.(2) **判例法的特征**。首先是**灵活**。行政法官不喜欢僵直的表达方式,那会使他们以后太受束缚,造成不便;他们希望,以后遇到同类问题,需要作出判决时,可以考虑每个案件的特殊性,酌情处理。因此,行政法官有时只是确定若干**标准**①,给法官以巨大的判断自由。法官之所以追求灵活性,是因为他们一直力图使行政管理的必要性同公民的权利和自由协调起来,达到**平衡**。使两者平衡、协调,是行政法官遵循的总体行动方针;他们避免使用明确的措辞,而要求留有回旋余地。

---

① S. Rials, *Le juge administratif et la technique du standard*(《行政法官与确定标准的技术》),1980。

其次，判例法带有模糊性，其中的用语并不总是明白易懂的。要想理解判例法，必须熟悉行政法官的话语。

316.(3) **判例法的权威**。众所周知，从形式上看，没有任何法律条文授权法官去制定法规；每个判决不过是对其所审案件作出的决定。有人可能由此断定，判例不是法律的一种真正渊源。

然而，通过具体分析，便会否定上述意见，因为：

① 的确，从法律角度说，法官不会像服从成文法那样受其自己所定准则的约束。在英国等强制性要求遵守先例的国家，理论上法官是不能背离已有判例的。而法国则不同，在一个新提起的讼案中，即便针对的是法官已经发表过意见的问题，法官原则上仍然可以自由地作出不同含义的判决。不过，在实践中，当最高行政法院提出一个准则时，这就表明，它相信这个准则是正确的，今后应予坚持。由于国家各个重要机关的持之以恒，由于关心个人的 260
法律安全，使得法官能够坚守自己的思想主张。无疑，这并不排除判例准则的改变。有时，法官决定改变其一直奉行的准则；承认制定某个准则的机关有权修改该准则，不会改变该准则所具有的强制执行性质[①]。

② 虽然理论上行政法官不受其自定准则的约束，但行政机关和个人实际上都必须遵守这种准则。这是因为，一旦触犯了这种准则，他们就会像触犯了同样的成文法一样，受到行政法官的制裁。如果触犯某个法官制定的准则，该法官便可能表现得更加严

---

① H. Le Berre, *Les revirements de jurisprudence de l'an VIII à 1998*（《自共和八年至1998年判例准则的演变》），*LGDJ*，1999。

酷,因为事关他的权威。由此产生的结果是,对于跟同样的制裁相联系的判例法和成文法,被治理者和行政官员都怀着必须执行的意愿。所以,就判例法而言,从两方面看,客观上,违者即受制裁;主观上,服从者都感到有义务执行,这表明判例准则具有法律准则的一切特性。

**第二,普遍法律原则**①

317.普遍法律原则是行政合法性的重要渊源。这是一些**由行政法官拟定,即便在没有文字表述的情况下政府部门亦须遵行的准则**。私法中也有所谓"普遍原则"(见布朗热:《人为法中的普遍法律原则》,载《里佩尔文集》第一卷第 51 页),只是所起的作用比在行政法中小得多。

---

① B. Jeanneau, *Les principes généraux du droit dans la jurisprudence administrative*(《行政判例中的普遍法律原则》), thèse, Poitiers 1953; Letourneur, Les principes généraux du droit dans la jurisprudence du Conseil d'État(《最高行政法院判例中的普遍法律原则》), *EDCE*, n°5, p. 19; Braibant, L'arrêt Syndicat des ingénieurs conseils et la théorie des principes généraux(《关于顾问工程师协会案的判决与普遍原则理论》), *EDCE*, n°16, p. 67; Mescheriakoff, La notion des principes généraux du droit dans la jurisprudence récente(《新近判例中的普遍法律原则概念》), *AJDA*, 1976, p. 596; F. Moderne, Actualité des principes généraux du droit(《普遍法律原则的现状》), *RFDA*, 1998, p. 495; Légitimité des principes généraux et théorie du Droit(《普遍原则的合法性与法学理论》), *RFDA*, 1999, p. 722. 也见: *RFDA*, 2001. 547 (diverses études). B. Jeanneau, La théorie des principes généraux du droit à l'épreuve du temps(《经得起时间考验的普遍法律原则理论》), *EDCE*, 1981 – 1982, p. 33; J. F. Lachaume, Les non-principes généraux du droit(《非普遍法律原则》), *Mélanges Jeanneau*, p. 161; J. M. Maillot, *La théorie administrative des principes généraux du droit, continuité et modernité*(《普遍法律原则的行政学说:延续性与现代性》), Dalloz, Coll. Bibl. de thèses, 2003; T. Fukase, Les principes généraux du droit en France et l'exemple du《Principe fondamental du droit au Japon》(《法国的普遍法律原则与"日本的基本法律原则"实例》), *Mélanges Jeanneau*, p. 107。

第二次世界大战以前，关于普遍法律原则的理念暗含在最高行政法院的判例中而未明确提出。提出这一理念的是阿拉姆(Aramu)案判决；在这个关于高等法院的判决中明确提到“可适用的甚至没有形成文字的普遍法律原则”。其中一条原则是，当事人在未作有效辩护以前，不能被施以刑罚(在 Vve Trompier-Gravier 案件中，辩护权原则鼓舞了最高行政法院。参见 CE, Sect., 1944 年 5 261
月 5 日，载 *GAJA*, n°57)。

自那时以来，普遍法律原则不断增加，试举数例：① 公用事业面前人人平等原则(参见 CE, 1951 年 3 月 19 日判决，Dr. soc., 1951, 368, 载 *GAJA*, n°68)。② 政府公平行事原则(参见 CE, 1949 年 3 月 4 日特雷博案判决，载 *S.*, 1950.3.21)。③ 反越权行为诉讼原则是针对所有行政行为的(参见 CE, Ass., 1950 年 2 月 17 日的拉莫特夫人案判决，载 *GAJA*, n°65)。④ 行政法规无追溯力原则(参见 CE, Ass., 1948 年 6 月 25 日关于《晨报》案的判决，载 *GAJA*, n°63)。⑤ 允许法官采取强制措施原则(参见 CE, Ass., 1974 年 5 月 10 日判决，载 *Rec.*, 276)。

普遍法律原则的剧增，可能因为数量的增多却使“**普遍性**”日益减少而告终结。最高行政法院最近确认的一批普遍原则有：① 因生理上无能力而降低工资法律原则(参见 CE, 2002 年 10 月 2 日关于默尔特－摩泽尔省国际商会案的判决，载 *AJDA*, 2002, 第 1294 期)；② 规章条例必须发表原则(参见 CE, 2003 年 12 月 12 日关于国家警察中高级警官协会的判决，载 *AJDA*, 2004, 第 442 期)。

对于行政法以外其他规章条例的合法性，由最高行政法院进行监督。这导致该法院扩大普遍法律原则概念的涵盖范围，阐释了民法、刑法、民事诉讼法、刑事诉讼法、劳动法等的普遍原则（见上述关于默尔特－摩泽尔省国际商会的判决），并以此为基准纠查不遵守这些基本原则的规章条例①。

普遍法律原则提出了三个问题：一是其制定方式问题，二是其法律性质问题，三是其权威性问题。

318.(1) **制定方式**。首先，行政法官可以从昔日法律明确规定的特别实践中，演绎出一个普遍原则。比如，《民法典》第2条确认，“法律只决定未来之事”。提出这一准则的《民法典》制定者们，必然是从这样一种观念出发的：一个法律原则的逻辑后果是，不单是法律(loi)，任何法律文件，均不能对该原则提出之日以前的事情产生效力。于是，人们从《民法典》第2条推导出了这样一个普遍原则：单方面的行政法规没有追溯力（见上文所引关于《晨报》的判决）。

262 不过，一般来说，普遍法律原则或者借自1789年的自由主义传统（诸如公民在政府面前一律平等、信仰自由、公民受到法律制裁威胁时可以自我辩护等），或者借自1946年《宪法》前言，或者源于社会生活的需要（诸如公用事业的连续性原则，上级监督下级行为原则等），或者出于公正性的必然要求（比如禁止不当致富原则，

---

① J. Rivero, Le juge administratif: gardien de la légalité administrative, ou gardien administratif de la légalité?（《行政法官：行政合法性的监督者还是合法性的行政保卫者?》），*Mélanges Waline*, t. II, 1974, p. 701. 关于特殊用途，参见 CE, 4 oct. 1974, Dame David, *D.*, 1975, J., p. 369, note Auby（法庭辩论公开原则）. 作为比较，请参见 J. P. Gridel: La Cour de cassation française et les principes généraux du droit privé（《法国最高法院与私法普遍原则》），*D.*, 2002, chron. 228。

参见 CE,1964 年 4 月 14 日关于南方航空公司的判决,载 *RD publ*.,1961,第 666 期)。

最高行政法院亦可从国际公约中抽取普遍原则。比如,它从 1951 年《日内瓦难民公约》中推导出一个适用于难民的普遍法律原则(参见 CE,Ass.,1988 年 4 月 1 日裁决,载 *RFDA*,1988,第 506 期和 499 期)。同样,它从 1985 年《保护臭氧层维也纳公约》等几个国际条约中,推演出了**风险预防普遍原则**(参见 CE,Sect.,1998 年 9 月 25 日关于法国绿色和平组织案的判决,载 *Rec*.,342)①;对此问题,还可看最高行政法院 2002 年 10 月 9 日关于法国养蜂业全国联盟案的判决,载 *AJDA*,2002,第 1180 期。但是,预防原则不会具有宪法意义(参见 CC,2001 年 6 月 27 日关于堕胎法的裁决,载 *RD publ*.,2002,第 641 期)。

法国行政法还没有公开采纳欧共体法的**法律安全**原则和**合理信任**原则,虽然这些原则已经暗含在行政判例中。合理信任原则力图遏制规章条例变换过急、临时应付、仓促失序的状况②。然

---

① C. Cans, Le principe de précaution, nouvel élément du contrôle de légalité(《风险预防原则是合法性监督的新因素》), *RFDA*, 1999, 第 750 期; J. M. Favret, *D*., 2001, chron. 3462; M. Franc, Traitement juridique du risque et principe de précaution(《对危险的法律治理与风险预防原则》), *AJDA*, 2003, 第 360 期; M. Gros et D. Deharbe, La controverse du principe de précaution(《对风险预防原则的辩论》), *RD publ*., 2002, 第 821 期; M. C. de Montecler, Débat sur la place du principe de précaution au sein de la charte de l'environnement(《关于环境保护宪章中风险预防原则之地位的辩论》), *AJDA*, 2003, 第 756 期; C. Castaing, La mise en ceuvre du principe de précaution dans le cadre du référé-suspension(《在紧急审理中止时实行风险预防原则》), *AJDA*, 2003, 第 2290 期; Ph. Icard, Le principe de précaution: exception à l'application du droit communautaire?(《风险预防原则:推行欧共体法时例外吗?》), *RTD eur*.,2002, 第 471 期。

② Puissochet, Le principe de confiance 1égitime en droit communautaire(《欧共体法中

而,为了实施欧共体的规章条例,法国政府必须“遵守适用于欧共体事务的合理信任原则”(参见 CE, Ass., 2001 年 7 月 11 日关于农业经营者全国联合会的判决,载 *Rec.*, 340)。

宪法委员会把关于普遍法律原则的学说当成自己的理论(参见 CC, 1969 年 6 月 26 日, *AJDA*, 1969, 第 563 期),正在依据由它解释和由它督促执行的法规条文,毫不犹豫地拉长着普遍法律原则的清单。

263 319.(2) **法律性质**。① 普遍法律原则对政府部门具有强制执行力:凡违反普遍法律原则的政府行为须一律被宣布为无效;若造成了损失,则应承担行政责任。因此,普遍法律原则具有人为法的效力。

② 这种强制执行力并非来自他们同成文法的联系。最高行政法院表示,“即便没有形成文字,也得执行”这种普遍原则;可见,它们的权威是独立于任何形式因素的。

③ 普遍法律原则与惯例法没有牵涉,法官行事只须参酌传统或取得公众的同意。

④ 普遍法律原则与行政法官自由作出的判例法有无关系?

---

的合理信任原则》), *Mélanges Braibant*, p. 581; D. Labetoulle, Principe de légalité et principe de sécurité(《合法性原则与法律安全原则》), *Mélanges Braibant*, p. 403; Puissochet et Legal, Le principe de sécurité juridique dans la jurisprudence de la CJCE(《欧共体法院判例中的法律安全原则》), *Cahiers du CC*, 2001. p. 98; A. Treppoz, La confiance 1égitime, notion introuvable du droit administrative français (《合理信任:法国行政法中一个找不到的概念》), *RRJ*, 2002, 第 405 期; Ph. Raimbault, *RRJ*, 2003, p. 411; F. Moderne, À la recherche d'un fondement constitutionnel au principe de protection de la confiance 1égitime (《寻求合理信任保护原则的宪法基础》), *Mélanges Dubouis*, p. 595。

法官似乎排除了两者之间的联系,认为普遍法律原则好像存在于法官之外,法官的作用不是建立它们,而是发现、确认它们,并惩治政府部门违反它们的行为。的确,法官不是从自己的内心深处获取这些原则,再确认它们的存在;的确,任何法律系统的根源中,都有人的某种设想构思,含有若干公认的前提。那些普遍法律原则正是与这种伦理基础密切攸关。但是,法官发现、确认这些原则,实际上也是一种巨大的创造。法官肯定一项原则的存在,从法律上予以确认,从而使之进入人为法的范畴。

320.(3) **普遍法律原则的权威**。1958 年以前,大多数法律解释者意见一致,承认普遍法律原则跟法律具有同等的权威。然而,法官往往使普遍法律原则高于法律,因为解释法律时需要引证普遍原则。违反普遍原则的法律,被视为特例,须受到严格解释。由此,在某些情况下,法官可使普遍原则的权威超过法律(参见 CE,1950 年 2 月 17 日拉莫特太太案判决,载 *GAJA*,n°65)。随着《宪法》第 37 条所述之政府自定规章条例的出现,此事又有了新的重要性。一开始,人们可能就会寻思,这种规章条例是不是跟法律具有同样的权威性。若承认普遍法律原则仅仅具有法律价值,就可能使人以为,这种规章条例不必服从普遍法律原则。授予政府在规章条例范围内事实上的无限权力,是与法治国家的定义相抵触的。最高行政法院意识到了这一点,坚决申明,这种规章条例必须服从普遍法律原则(参见 CE,1959 年 6 月 26 日的顾问工程师总工会案判决,载 *GAJA*,n°79;1960 年 2 月 12 日艾基案判决,载 *D.*,1960,p.123)。有些人因此断定,普遍法律原则尔后会具有宪法效力。前文所引判决,与以往的判决相反,虑及某些普遍原则已经载入宪法前言，便进一步肯定了上述解释。

宪法委员会的判例又使问题发生了变化。它区分了两类普遍法律原则：一类具有宪法效力，通常与1958年宪法前言中的规定联系在一起；另一类则只有法律效力。

264 这一区分对于议会的职权范围是至关重要的。宪法委员会要求，法律务必服从具有宪法效力的普遍法律原则（请特别参见前文所引CC，1971年7月16日裁决），而有权违反那些低层次的普遍法律原则（参见CC，1969年6月26日裁决，载*GDCC*，n°18）。相反，这种区分对规章条例制度却毫无影响，规章条例必须遵守所有的普遍法律原则。从这个意义上，人们可以实事求是地说，无论普遍法律原则的内在性质如何，是具有宪法效力，还是只具有法律效力，都不会影响他们在行政法规面前的权威性。对行政法官而言，发生的一切就像是普遍法律原则在法律等级中处于法律之下、所有行政法规之上似的[①]，因为行政法官无权直接处分法律对普遍法律原则的违反。

## §9 规章条令制定权

321.**第一，定义和基础**[②]。这是一种按照普通途径作出决定

---

① Chapus, Valeur juridique des principes généraux du droit（《普遍法律原则的法律效力》）, *D.*, 1966, chron., p. 66。

② Moreau, *Le règlement administratif*（《行政规章》）, 1902; Douence, *Recherches sur le pouvoir réglementaire de l'administration*（《关于政府部门规章条令制定权的研究》）, 1967; Waline, Les règlements d'application（《规章条令的实施》）, *Mélanges Sayaguès Laso*, 1969,

的权力,授予国家议会之外的全国权力机关或地方权力机关。

关于规章条例制定权的法律基础问题,由宪法以明确的语言予以解答。至于地方权力机关的有关职权,由法律加以规定。最后,有判例指出,各“行政部门首长”有权制定必要的章程制度,以保证本机关的良好运转(参见 CE,1936 年 2 月 7 日的亚马尔(Jamart)案判决,载 *GAJA*,n°51);这种章程制度不同于上述规章条例,不能强制全体公民服从,只是要求与该部门业务有联系的公民遵守。

322. **第二,有资格行使此权者**。(1) 就**国家**层面而言,在这个问题上,1958 年《宪法》肯定了 1946 年《宪法》的规定,原则上将规章条令制定权,授予负有保证法律实施责任的总理(第 21 条)。然而,以**部长会议政令**形式制定的规章条令,必须由共和国总统签署;这一规定已经被解释为:将共享的规章条令制定权转移给了总统。此外,某些本来属于部长会议议决的事项,也有时由总统发布政令解决,这业已形成惯例[①]。这种政令,有时由共和国总统发 265
布,而由总理发布的时候最多;在这两种情况下,均须负责执行政令的部长副署[②]。

---

p. 643; Rainaud, *La distinction de l'acte réglementaire et de l'acte individuel* (《法规行为与个人行为的区别》), 1970; Auby, Les aspects nouveaux du pouvoir réglementaire (《规章条令制定权新貌》), *Mélanges Stassinopoulos*, 1974, p. 9; M. Hecquard-Théron, Essai sur la notion de réglementation (《论规章条令概念》), 1977; R Le Mire, La réforme du pouvoir réglemen-taire gouvernemental (《对政府规章条令制定权的改良》), *RD publ*., 1981, p. 1241。

① P. Avril, Les décrets réglementaires du président de la République non délibérés en conseil des ministres (《共和国总统的而不是部长会议的政令》), *AJDA*, 1976, p. 116。

② 关于共和国总统发布的政令和部长会议讨论通过、总理改定的政令,请参见 CE, 2000 年 12 月 8 日的便衣警官全国联合会案判决,载 *RFDA*, 2001, 第 243 期。

(2) **部长**[①]自己没有一般的规章条令制定权，仅仅通过副署，分享总理和总统的这种权力。但是，实际上，这种分享就足以使部长支配该项权力。这是因为，规章条例经常是由各部草拟的，而部长只是在签署时才授予部长副署权。况且，有几个法律已经给予若干部长在一定事务方面的规章条令制定权。最后，有关判例承认，行政部门首长为使“在其领导下的行政机关良好运转”，而享有某种章程制度制定权；这首先有利于部长们(参见 CE，1961 年 10 月 6 日的全国私立学校学生家长协会案判决，载 *RD publ.*，1961，p.1271)。这一切，事实上给予部长们在全国范围内行使规章条例制定权的重要职责。他们还对这些职权感到不满足。于是，各部部长在部委通报上提出的具有普遍意义的规定日益增多，其中有些是强制被治理者执行的规则，有些是比较灵活的指示。法官承认这些习惯做法是有益的，但不相信终会承认部长拥有法律未曾赋予他们的规章条令制定权，并使他们作出的规定合法化(参见 CE，1969 年 5 月 20 日曼冈(Mingam)小姐案和玛亚尔先生案的两个判决，载 *AJDA*，1988，p.692)。

(3) **地方权力机关**。有些法律条文承认，地方行政区各机关，有权在其管辖的整个区域，在合法性原则允许的限度内，通过普通途径作出决定。

(4) 若干**职业管理机关**(比如医生公会，参见上文第 283 点)依法取得在本职业范围内制定规章制度的权利。

(5) 有判例承认，法国航空公司这个私法机构的董事会，所作

---

① Wiener, Le pouvoir réglementaire des ministres (《部长的规章条令制定权》), 1968。

关于本公司职员身份的那些具有普遍意义的决定,尔后适用于受托经营公用事业的机构,从而使这些决定带有行政规章的性质。(参见 TC,1968 年 1 月 15 日的法航诉巴尔比埃(Barbier)夫妇案裁定,载 *GAJA*,n°87)。这个判例的影响不断扩大(参见 TC,1974 年 4 月 22 日的布朗赛(Blanchet)案裁定,载 *AJDA*,1974,p.439 及 F.莫德内(F.Moderne)的说明,载 *AJDA*,1975,p.4;CE,1974 年 11 月 22 日的体育事业协会案判决,载 *AJDA*,1975,p.45)。该判例将公权 266
力的一项首要特权转归私法人,这会成为一个很严重的问题(参见上文第 35 点)。

323.**第三,行使规章条令制定权的方式**。(1)**从职权范围的视角看**,对一个主管机关来说,制定规章条令有时是自由决定的,有时则是法律强制要求的。因此,市镇长若拒绝制定维护社会秩序和公共卫生的治安条例,他就犯了法(参见 CE,1959 年 10 月 23 日的杜布莱(Doublt)案判决,载 *D.*,1960,p.159)。同理,内阁若行动迟缓,超过"一个合理期限",而未为实施一个法律制定必要的条例细则,它也是违法的,须承担国家责任①。但是,若逢政府更替,则自法律通过至条令制定之间有 21 个月的"合理"期限。(参见 CE,1997 年 10 月 3 日的 A.N.A.F.E.案判决,载 *AJDA*,p.909)。事实上,由于这方面的上诉很少,加之法官对"合理期

---

① Normand, *Sur le caractère discrétionnaire de l'élaboration des actes réglementaires*(《制定规章条令的自主性》), thèse Paris, 1968; Hanicotte, Le juge face au retard des textes d'application(《法官如何面对法律实施的迟延》), *RD publ.*, 1968, p. 1667; J.-M. Breton, L'obligation pour l'Administration d'exercer son pouvoir réglementaire d'exécution des lois(《行政机关为实施法律而行使规章条令制定权的义务》), *RD publ.*, 1993, p. 1749; J.-C. Venezia, Les mesures d'application(《执行的措施》), *Mélanges Chapus*, p. 673。

限”的评估十分宽松，便使这一规定丧失了实际意义，而给予行政机关一种自由，致使经常过度地延缓法律的有效实施(参见上文第305点)。

(2) **从形式上看**，规章条令采用了制定机关的各种文件形式：作为规章条例的政令，由共和国总统或总理发布；作为规章条例的部令、省令、市令则由部长、省长、市长下达。

这里要防止把形式与性质混为一谈，而这是经常被搞混的。作为规章条例的决定或仅仅涉及个人的决定，都会采取政令、命令等形式。提出某种普遍适用准则的政令，是一种规章条例式政令；指名道姓针对一个人的政令，属于个人性政令(比如委任一名高级公务员)。有几种政令具有独特形式，可依次分为：

部长会议政令，必须带有共和国总统签字；

最高行政法院认可的政令①；

征求过一个或几个咨询机构意见的政令。

当法律预先规定了这种程序时，若在执行中有所疏漏、失误，
267 就会构成形式上的缺陷，从而导致政令无效；倘法律已规定需事先征询最高行政法院意见而没有征询，同样被视为无效。

(3) **从内容看**，应当单独考察**治安条例**，其宗旨在于强制性地限制公民的自由，以适应维护公共秩序的需要。治安条例拥有进行刑事制裁的特权；不服从治安条例的规定即属违法，**《刑法典》**第

---

① 当一个政令提及“已与最高行政法院商定”时，该政令只能在该院用法令加以修改，见 CE，Ass.，3 juillet 1998，*Synd. Nat De l'Environnement C. F. D. T.*，*AJDA*，1998，p. 780；如果公布的文本与提交该院的文本不同，或与该院改定的文本不同，那便是违法行为。见 CE，4 avril 1997，Marchal，p. 131。

R.610 – 5 条(过去的第 R.26 – 15 条)规定了有关的刑罚。

(4) **从规章条令的权威性看**。关于如何在国家层面上行使规章条令制定权,人们发现,《宪法》第 34 条与第 37 条的规定是有区别的。

① 在专属规章条例支配的事项内,内阁的自主权仅仅受到宪法和普遍法律原则的约束(参见上文第 317 点)。

② 至于其他事项,过去的解决办法依然存在。一方面,法律可以授命总理制定为实施法律所必需的规章条例;在这种情况下,法律的生效通常取决于相关规章条例何时公布,总理有义务行使规章条令制定权。总理受到法律实施期限的约束,必须使法律更为完善,而不得背离法律。在 1980 年 7 月 9 日法律颁施以前,法律可以强制性地要求,总理在制定实施法律的规章条例时,必须事先征询最高行政法院全体会议的意见;那时的法律明确规定,这样制定出来的是一个**公共行政条例**[①]。使用“公共行政”这个熟语意味着,这是总理依据一个法律且为实施该法律而必须制定的一个规章条例,从程序上看,它是经过了最高行政法院全体会议审查的。尽管公共行政条例是根据法律的要求作出的,但它仍然是一个行政文件,没有法律性质,还是得服从法官的监督(参见 CE,1907 年 12 月 6 日的东方铁路公司案判决,载 *GAJA*, n°19)。1980 年 7 月 9 日法律废除了这种特殊类型的规章条例,规定:当法律为其实施而退回到规章条例制定机关以后,该机关便可使用**最高行**

① Herzog, La loi et le règlement d'administration publique (《法律与公共行政条例》), *RD publ.*, 1938, p. 643; Sfez, Le règlement d'administration publique (《公共行政条例》), *Études de droit public*, 1964, p. 249。

**政法院法令**这种比较简单的形式。

另一方面，即便法律没有明确规定，“保证法律的执行”的任务照旧落在总理肩上，他有权自发地制定可能为实施法律所必需的条例细则。在这种情况下，如同在前一段所述情况下一样，符合法律是使条例细则有效的一个制约条件。

③ 至于地方政府当局制定的规章条令，必须遵守法律和上级政府制定的规章条令。

## 第2节　合法性法源等级划分

268 324.合法性的各种法源并不是全都有同等的法律效力；其中存在着等级制度，人称“**规范金字塔**”。金字塔的顶端，无疑是宪法这个根本规范，最下层则是规章条例。至于各种规范的等级排列顺序，上一节业已述及。

划分等级的意义在于，每一种规范都必须服从（至少不能抵触）在其之上的所有规范，而又反过来迫使在其之下的所有规范服从。

但是，仅仅提出一种规范胜过另一种规范的原则是远远不够的，还必须安排一个程序，必要时能够制裁那些不遵守等级制原则的行为。法律学者十分清楚，一种义务职责若缺乏与之配套的惩罚措施，便有搁浅落空的危险。例如，1946年《宪法》第13条曾禁止出现法律式政令（参见上文第302点）。而第四共和国的法律却可以高枕无忧地破坏这一禁令，因为当时没有安排任何程序，使人可以纠治违反宪法的法律。

进入第五共和国以来，为了使规范等级制度臻于完善，安排了三种程序：

① 监督国际条约是否符合法国宪法；

② 监督法律的合宪性，即法律是否符合宪法；

③ 监督法律是否符合国际条约。

## §1　对国际条约是否符合法国宪法进行监督[①]

325. 宪法处于合法性的巅峰，一切其他规范、准则均须符合宪法，这一点确实特别重要。“超宪法论”是不能接受的[②]。

国际条约必须符合宪法，这是《宪法》第54条规定的。依据1992年6月25日修正案拟订的这一条规定：“如果经共和国总统、总理、60名国民议会议员或60名参议员提请审查，宪法委员会宣布，一个国际协约含有违反宪法的条款，那么，只有在宪法修改后，方可授权批准或认可该国际协约。”

乍一看，这个程序有些令人吃惊。因为，宪法委员会若觉察 269
一个国际条约的条款违反法国宪法，为了避免矛盾，最后的解决办法却是修改最高层级的规范——宪法。有人给出的解释是，修

① X. Prétot, *La Cour de cassation, la Constitution et les traités*（《最高法院、宪法与国际条约》），*RD publ.*, 2000，第1037期；关于国际条约须服从法国法律认可的基本原则，请参见 CE, Ass., 3 juillet 1996, *M. Kone*, *AJDA*, 1996, chron. 722。

② J. P. Camby, *Supra-constitutionnalité: la fin d'un mythe*（à propos de la décision du CC du 26 mars 2003)（《超宪性：一个神话的终结》（谈宪法委员会2003年3月26日裁决）），*RD publ.*, 2003，第671期。

改宪法只是法国政府当局的事，而修改国际条约却不只取决于法国政府，而有必要同缔约各国重开谈判。但是，人们也可以这样设想：在制宪者看来，既然批准国际条约需要修改宪法，而修宪程序又繁重得难以启动，那就干脆放弃审批国际条约好了。而这种事恰恰在一个“普通”国际条约身上发生了：在宪法委员会（参见1999年6月15日的DC99-412裁决，载*Rec.*，71）宣布《欧洲方言宪章》有几处违反法国宪法之后，未再对该宪章进行审批。但当涉及《欧共体条约》时，出于明显的政治原因，人们会对宪法进行修改。

有些人试图从《宪法》第54条演绎出一种所谓国际条约高于宪法的观点，说什么，既然二者发生冲突时需要修改宪法，那就说明国际条约占优势。这一推论是可逆的：如果说需要修改宪法，正好说明国际条约并不高于宪法。尤其是，在人为法中，最高行政法院和法国最高法院已经毫不含糊地否定了上述观点。在萨朗(Sarran)和勒瓦赛(Levacher)案判决中（参见CE，Ass.，1998年10月30日，载*RD publ.*，1999，第919期），最高行政法院断言，“这样赋予国际条约的支配地位（根据《宪法》第55条），不适用于国内的宪法性法规。”[1] 法国最高法院重申了这一论断，见其2000年6月2日的迈勒·弗莱斯案判决，载*D.*，2000，第865期。

宪法委员会已有三次出面宣布国际条约符合法国宪法，它认

---

① 另见：CE, 3 décembre 2002, SNIP, Europe, avril 2002, p. 6, note D. Simon et A. Rigaud, La primauté du droit communautaire《ne saurait conduire, dans l'ordre interne, à remettre en cause la suprématie de la Constitution》（欧共体法的优越地位“不能导致国内对宪法最高权威的怀疑”）。

为没有什么矛盾[①]。很自然,宪法委员会第一次谈到《马斯特里赫特条约》时说,只有在宪法修改后方可授权批准。见其1992年4月9日意见,载*GDCC*,第45期[②]。1992年6月25日的宪法性法律对宪法进行了必要的修改。在1992年9月20日举行关于该条约的全民公决之前,宪法委员会回避了这种辩论(参见CC,1992年9月2日意见,载*GDCC*,n°45)。

对于《阿姆斯特丹条约》,宪法委员会也作出一个裁决,指出其 270
中几个条款与宪法不符(参见CC,1997年12月31日裁决,载*Rec.*,344),从而导致1999年1月25日的宪法修改。

## §2　对法律合宪性的监督[③]

326.对法律是否符合宪法实施监督,这是1958年《宪法》的根

---

① CC, 19 juin 1970, *Traité de Luxembourg*(《卢森堡条约》), *Rec.*, 15; CC, 30 décembre 1976, *Élection de l'Assemblée au suffrage universel*(《欧洲议会普选办法》), *Rec.*, 15(有若干保留性解释); CC, 22 mai 1985, *Protocole additionnel à la CEDH*(《关于欧洲人权法院的附加议定书》), *Rec.*, 15(废除死刑)。

② 这个条约的若干条款是与法国宪法相抵触的,诸如:在市镇选举和欧洲议会中,给予欧共体各国在法国的侨民选举权;建立单一货币制度;关于允许外国人进入成员国领土并流动的若干法规。

③ L. Favoreu, Le principe de constitutionnalité. Essai de définition d'aprés la jurisprudence du C. C.(《合宪性原则:依据宪法委员会的判例给出定义》), *Mélanges Eisenmann*, p. 33; B. Genevois, *La jurisprudence du CC Principes directeurs*(《宪法委员会的判例是指导原则》), Edit. STN, 1988; Normes de référence du contrôle de constitutionnalité et hiérarchie en leur sein(《合宪性监督参照的规范及其内部等级》), *Mélanges Braibant*, p. 323; G. Vedel, Doctrine et jurisprudence constitutionnelles(《宪法学说和宪法判例》), *RD publ.*, 1989, 第11期; *La légitimité de la jurisprudence du CC*(《宪法委员会判例的合法性》), Actes du colloque de Rennes, Economica, 1999; Le contrôle de constitutionnalité des normes ju-

本革新(参见上文第287点及所引资料)。在法国,由于"普通"法官一向拒绝审理反对法律**违宪的控告**,也就是说,拒绝审查关于一个法律是否符合宪法的诉求,这就使此项革新具有更加重大的意义(参见CE,Ass.,1990年12月21日的天主教家庭协会全国联盟案判决,载*Rec*.,369)。然而,仅从美国最高法院在著名的马布利(Marbury)诉麦迪逊(Madison)案(1803年)的审理过程中所作的颇具逻辑性的推理来说,这只是一个普通的司法推理①,并没有任何东西妨碍法国法官进行这种监督。自那时起,解决问题的办法只是法国设置了一个宪法法官。

对法律的合宪性监督,只要依据《宪法》第61条规定的程序进行。这一条允许,法律在议会两院最终通过后、共和国总统颁布前,可以提请宪法委员会审查已通过的文本是否符合宪法(参见上文第287点)。在1958年,只有共和国总统、总理、议会两院议长,才能依据宪法这一条,向宪法委员会提出要求。在对法律的合宪

---

ridiques par le C. C. (《宪法委员会对法律规范合宪性的监督》), *RFDA*, 1987, 第844期; *C. C. et Conseil d'État* (《法国最高法院与最高行政法院》), Colloque au Sénat, Montchrestien, 1988; *La Cour de cassation et la Constitution de la République* (《法国最高法院与共和国宪法》), Actes du Colloque d'Aix, Presses univ. d'Aix, 1995; D. Maus, La naissance du contrôle de constitutionnalité en France (《法国合宪性监督的出现》), *Mélanges Pactet*, p. 713; M. Troper, La logique de la justification du contrôle de la constitutionna-lité des lois (《使法律合宪性监督合法化的必然后果》), *Mélanges Pactet*, p. 911。

① 1990年,一个宪法性法律草案规定,允许向普通法院或行政法院提起反对法律违宪的控诉,这种诉求是"宪法赋予每个人的基本权利"。如果受理法院认为,该诉求既可受理又意义重大,便可移送本系统的最高法院,即最高行政法院或法国最高法院,后者自己可将讼案提交宪法委员会酌处。这个草案在国民议会获得通过,而被参议院作了极大修改。两院不能达成任何一致,法案弃置一旁,因为在宪法问题上,不能给国民议会以"最终决定权"。

性监督方面，1974 年 10 月 29 日的宪法性法律是一个真正的转折点，60 名国民议会议员或 60 名参议员，也开始有权提出表示反对意见的诉讼。这个修正案使宪法委员会做出了一个货真价实的判 271
例，尔后很少有重要法律能够逃脱宪法委员会的监督①。

起初，宪法委员会态度谨慎，对自己的使命作了诸多限制，只审查所通过的法律是否恪守《宪法》第 34、37 条规定，甚至会作出有利于法律事项的解释。一个真正的转折点是宪法委员会对所谓"结社权"案的裁决(参见 CC，1971 年 7 月 16 日，载 *AJDA*，1971，第 537 期，里韦罗注释，载 *GDCC*，n°19)。宪法委员会用这个裁决，在法国破天荒地废除了议会通过的一个法律的效力，同时赋予共和国法律确认的各种基本原则以宪法效力(参见上文第 289 点)，并将结社自由列入基本原则之中。

如果说允许审查法律的合宪性是 1958 年的一个革新的话，反观行政法官，他们倒是一直同意制裁违宪的行政法规。不过，只有行政法规**本身直接**违反宪法，他们才予以处罚。如果某个行政法规是为了实施一个本身违宪的法律而造成违宪的，则行政法官仍然不予惩处。因为，当肯定是法律违宪时，行政法官是从来不予受理的②。法律**凌驾于这种监督之上**。

---

① L. Philipp, L'élargissement de la saisine du C. C.(《向宪法委员会起诉的放宽》)，*AJDA*，1975，第 15 期；P. Jan, La saisine du C. C.(《向宪法委员会起诉》)，*LGDJ*.，Bibl. const, et sc. polit.，1999；du même auteur(《向宪法委员会起诉及其存在的问题》)，*RD publ*.，2001，第 447 期；F. Luchaire, La saisine du CC et ses problémes, *RD publ*.，2001，第 141 期。1959 至 1974 年，有 9 次起诉；1974 至 1988 年有 328 次，其中 135 次裁决有关法律无效。

② 例如：最高行政法院 1999 年 12 月 3 日关于 1999 年 4 月 13 日欧洲议会选举案

## §3　对法律是否符合国际条约的监督[①]

327、须保证法律符合国际条约，这不应当存在什么问题。有目共睹，《宪法》第55条赋予按规定程序审核、批准的国际条约或协定"高于法律的权威"，但须以缔约各方互惠为条件(参见上文第291点)。

但是，首先由于宪法委员会拒绝查纠一个由议会通过、与国际条约相抵触的法律，问题也就出来了。他在"自愿堕胎"案中就采取了这种原则立场(参见CC，1975年1月15日，载*AJDA*，1875，第134期，里韦罗注释；载*GDCC*，n°23)。在这个裁决中，宪法委员会反对审查关于自愿堕胎的法律是否符合《欧洲人权公约》。它坚持
272 认为，自己不具备普遍评估权，自己的使命是审查法律是否符合宪法，而不审查法律是否符合国际条约；尤其是，《宪法》第55条只有"相对性和偶然性"，因为这一条的实施以互惠平等为条件，也就是说，以缔约对方的实施为前提。看来，须以不对等为掩护，慎重实施一个触犯国际条约的法律。谁也不会一开始就整个废除这样的

---

的判决，载 *Rec.*，409；B. Genevois，Le CE n'est pas le censeur de la loi au regard de la Constitution（《最高行政法院不是依据宪法看法律的审查官》），*RFDA*，2000，第715期；cf.：O. Gohin，Le CE et le contrôle de la constitutionnalité des lois（《最高行政法院与法律合宪性监督》），*RFDA*，2000，第1175期。

① J. P. Markus，Le contrôle de conventionnalité des lois（《对法律是否符合国际条约的监督》），*AJDA*，1999，第99期；D. de Brechillon，De quelques incidences du contrôle de la conventionnalité internationale des lois par le juge ordinaire（《普通法官对法律是否符合国际条约实施监督的若干后果》），*RFDA*，1998，第227期；K. Michelet，La loi inconventionnelle（《违反国际条约的法律》），*RFDA*，2002，第23期。

法律。然而,宪法委员会的这一立场却遭到反对。原来,有一个不符合某个国际条约的法律,不接受《宪法》第55条关于国际条约的权威高于法律的规定;仅仅由于这一点,该法也是违反宪法的。很不幸,宪法委员会在其评判中没有改变立场,继续认为,自己不能制裁一个违反国际条约的法律。比如,在其1999年7月23日的裁决中(关于建立全民疾病防治网的法律),再次断言,"宪法委员会负责实施《宪法》第61条;对于起诉到它那里的法律,不审查其是否符合国际条约。"为了替这个判例辩护,M.日内伏瓦(M. Genevois)在《宪法委员会手册》1999年7月号上写了文章,读者可以参看。

由于最高行政法院也曾长期给《宪法》第55条以限制性解释,就使得宪法委员会的态度更成问题。最高行政法院过去认为,第55条只适用于国际条约达成以前的法律。如果违反国际条约的法律是在该条约生效以后颁布的,则法律胜过国际条约(参见CE,1968年3月1日的粗面粉商工会案判决,载*AJDA*,1968,第235期;1979年10月22日的劳工民主同盟案判决,载*RD publ.*,1980,第531期)。这个大大缩小了《宪法》第55条意义的解释,首先被普通法官抛弃了(见法国最高法院1975年5月24日判决,载*D.*,1975,第497期);最高行政法院总算也追随上了这个榜样(参见CE,1989年10月20日的尼科洛(Nicolo)案判决,载*RFDA*,1989,第813期)。就这样,《宪法》第55条在行政法官那里发挥了完全的效力:国际条约的权威性高于法律,也高于国际条约生效后颁施的法律;倘若法律违反国际条约,行政机关应实施国际条约。即便是全民通过的法律也是如此(参见上文所引萨朗和勒瓦赛案判决)。

关于法律通过后可能出现的两者不相容问题，参见1999年6月2日最高行政法院关于M.迈耶(M.Meyet)案的判决，载*AJDA*，1999，第560期。

法律与欧共体法之间的不相容性，不仅可以从引入国内的国际条约推断出来，也可以从在国际条约基础上派生的法规、依据1953年3月14日法令颁布的法规(参见CE，2000年12月20日的热尼图(Geniteau)案判决，载*Rec.*，635)，以及欧共体法的普遍原则推断出来(参见CE，2001年12月3日，关于全国制药业工会案的判决，载*AJDA*，2002，第1219期)[①]。

由此，一个与国际条约相抵触的法律是可以生效的；但在实践中，一旦这种抵触性被起诉，该法也就不再实施。

---

① C. Castaing, L'extension du contrôle de conventionnalité aux principes généérauх du droit communautaire (《对法律是否符合欧共体法普遍原则之监督的扩大》), *RTD eur.*, 2003, 第197期; A. L. Valembois, La prévalence des principes généraux du droit communautaire sur la loi nationale (《欧共体法普遍原则凌驾于国家法之上的流行病》), *AJDA*, 2002, 第1219期。

# 第二章　特殊时期的合法性

对合法性的要求在任何情况下都一样吗？提出问题实际上就 273
是解决问题。在事态极其严重的时刻，必须首先关注行政活动严格遵守法律的效率问题。正如孟德斯鸠妙语所道(参见夏普卷一，1272号)：“有些场合需要给自由蒙上轻纱，犹如人们遮护众神的雕像。”

就此事而言，有法律规定的**危机合法性**；法律未予规定时，判例中使用了**特殊情况**一说，使那些平时非法的措施成为合法的。

## 第1节　法律所述的危机合法性

危机之说最容易使人同意弱化合法性原则，因为这种弱化是立法者或法律明文规定并筹划的。这会在三个情况下发生：一是实施《宪法》第16条；二是戒严；三是紧急状态。

## §1 《宪法》第 16 条[①]

328.根据《宪法》第 16 条,当共和国的制度受到严重的、直接的威胁,符合宪法的公共权力机构的正常运转被打断时,共和国总统“要采取形势所要求的措施”。对 16 条的研究属于宪法学的范畴。这里要考虑的是,在那样的情况下,**合法性会发生什么样的变化**,以及根据第 16 条所作决定的法律制度是怎样的。

274 329.**第一,合法性的变化**。按照韦德尔院长的说法,《宪法》第 16 条使共和国总统变成了“一个古罗马意义上的狄克推多(Dictateur,独裁官)”[②]。

实施第 16 条就是把国家的**全部权力**交由共和国总统掌握;或者更确切些说,他认为,应对危机所必需的一切权力,当然司法权除外,均归总统支配。

因此,总统作出的决定,不仅包括立法和规章条例范围内的一般决定,用以修改或补充过去的法律;而且包括与法律、规章相符或不相符的决定。但是,所有这些决定都应该是力图恢复公共权

---

① J. Lamarque, La théorie de la nécessité et l'article 16(《必要性理论与宪法第 16 条》), *RD publ.*, 1961, 第 558 期; Légalité constitutionnelle et contrôle juridictionnel des acres pris en vertu de l'art. 16(《合宪性与对依据宪法第 16 条所定法规的司法监督》), *JCP*, 1962, 第 1 期, n°1711; Morange, Le contrôle des décisions prises au titre de l'art. 16(《对依据宪法第 16 条所作决定的监督》), *D.*, 1962, chron. 109; M. Voisset, *L'article 16* (《宪法第 16 条》), 1969; L. Hamon, À propos de l'article 16(《关于宪法第 16 条》), *AJDA*, 1961, 第 663 期。

② 在古罗马共和国时期,当公共安全取决于狄克推多时,任期一年的两个执政官(Consul)就被任期半年的“一个狄克推多”取而代之了。

力机关的正常运转。

应当指出,诉诸第16条未必具有普遍意义。在形势还允许各项制度正常运行时,在共和国总统不认为必须亲自作决定、议会和规章条例制定机关在实施第16条期间还能够继续按正常规则行使职权时,就不一定按上一段所述去做。1961年4月23日决定实施第16条至同年9月29日决定结束实施期间就是如此。

330. **第二,依据第16条所作文件的法律性质**。所有"决定"都是在征询宪法委员会的意见后,由共和国总统一人独自签署作出的。

这些决定的法律性质问题,曾引起学理上的严重争论。但有深刻理由认为,这些决定不受司法监督。最高行政法院在其卢班·德·赛尔旺(Rubin de Servens)案判决中即是这种态度(参见CE, Ass.,1962年3月2日,载*RD publ.*,1962,第294期)。最高法院解决问题的基准则不同,认为:

(1) 实施第16条的决定是一种**政府令**(参见下文第338点),因此,不受法官的任何监督。

(2) 但是,依据第16条作出的决定,仍然要受它所针对的事项的制约:如果属于**法律支配**的事项,有关决定便具有法律性质,从而不能被起诉到法院;如果属于**规则条令支配**的事项,有关决定便被视为规则条令,其合法性可能要受到审查[①]。

上述推论远不能防止各种批评。首先,人们会考虑,不使依据

---

① 参见CE, Ass., 13 juillet 1965, Gauthier, *AJDA*, 1965, 第466期, chron. Puybasset et Puissochet。

第16条采取的各种决定服从同一种法律制度是不是理所当然的。其次,在不实施第16条的时期对这种决定的法律性质进行推理,这本身就是对“危机权力”理论的某种否定。更有甚者,预先规定
275 的危机解决办法甚至不能自夸是关心行政管理的效率;因为,采取的各种决定会给以往的法律造成最严重的损害,对公共自由的危害尤大。正因如此,这样的决定必然属于法律范围并逃脱法官对它们的监督。

## §2　戒严

331.戒严是一种十分古老的制度,可以上溯到1849年8月9日和1878年4月3日的法律。

可以宣布戒严的情况是:面临对外战争或武装暴动的紧迫危险。根据《宪法》第16条,戒严须由部长会议宣布;若戒严超过12天,则延长时间须由议会批准。

戒严的后果有三个:

① 若军事当局认为,有必要自己行使治安权,民政当局即应把治安权**移交**给军事当局。

② 治安当局的权限**扩大**,法律将授权采取通常禁止采取的各种措施,诸如昼夜巡查、迁走某些人员、收缴武器、禁止集会、查禁可能扰乱社会秩序的出版物等等。

③ 战争期间,对危害国家安全的各种罪行,交由**军事法庭**予以镇压;正常情况下,这是司法机关的职权。

## §3 紧急状态[①]

332.在公共秩序受到严重危害或发生公共灾难时,即可宣布全国或部分地区进入紧急状态。1955年4月3日法律将宣布紧急状态的权利留给议会,1960年4月15日法律则规定宣布紧急状态与宣布戒严按同样制度办理。进入紧急状态的**正常**后果是,**扩大**省长和内政部长的**治安权**,诸如禁绝通行、驱走或软禁可疑分子、在某些地段实行居留管制、关闭集会场所、收缴武器等,软禁还须有若干担保相配合(参见1955年4月3日法律第6条、第7条)。而且,宣布在**一定**的场合实行紧急状态的法律,可以准许进行日夜巡查,准许对新闻媒体、广播电视、各种演出实施监督,也可以将对某些重罪、轻罪的镇压之权移交给军事法庭。但因平时没有军事法庭,这种权限移交只能在依据政令设置了军事法庭后才能进行 276
(参见1982年7月21日法律)[②]。

① Drago, L'état d'urgence et les libertés publiques (《紧急状态与公共自由》), *RD publ.*, 1955, p. 670。

② 1985年1月25日法律规定了新喀里多尼亚如何实行紧急状态的问题,请参见CE, 1985年7月25日的达戈斯蒂妮夫人案判决,载 *Rev. Adm.*, 1985, 第581期。

## 第2节　关于特殊局势的法学理论[①]

当法律对此未作规定时，人们能够接受背离合法性原则，或者确切些说，能够接受弱化合法性原则吗？首先，行政法官在战争时期是接受的，这就是所谓"**战时权力论**"；令人瞠目的是，他们在和平时期也接受这一理论。

333.**第一，定义**。在某些危机情况下，若处处按法律规定办事，不准行政机关采取必要措施，或措施滞后，便会有行政管理瘫痪停顿的危险。能否在效率和守法之间作出选择？最高行政法院很想使二者协调一致，表示同意：特殊局势允许行政机关违反其在正常情况下驯顺服从的法律；但是，如果说迫于形势制定的条令摆脱了普通法制的话，却仍然要服从法律，但仅是不同于平时法律的特别法律。

特殊局势会使人们理解产生双重后果的某些实际情况：一是普通法规对行政机关不再起作用；二是须对这样采取的条令用特别合法性来权衡，而对这种合法性的要求由法官来确定。

---

① Mathiot, La théorie des circonstances exceptionnelles（《特殊局势论》），*Mélanges Mestre*，p. 413；Mlle Birat，*La théorie des circonstances exceptionnelles dans la jurisprudence du CE*（《行政法院判例中的特殊局势论》），thése，Poitiers，1950；Fahmy Medany，*La théorie des circonstances exceptionnelles en droit français et égyptien*（《法国与埃及法律中的特殊局势论》），thèse，Paris，1954；Roig，*La théorie des circonstances exceptionnelles*（《特殊局势论》），thèse，Paris，1958；Nizard，*Les circonstances exceptionnelles dans la jurisprudence administrative*（《行政判例中述及的特殊局势》），thèse，Paris，1959。

334.**第二，何时有特殊局势**。在法官看来，首先是**战争**会造成特殊局势。最高行政法院在1918年6月28日的耶利艾(Heyriès，载 *GAJA*，n°33)案判决中，基于"战争期间公权力行使的条件"，确认了一个政令的合法性；政府发布这个政令，中止了法律所述有利于公务员的纪律保障，以便能够迅速采取国防所要求的各种惩罚措施。关于公众自由问题，还可参见最高行政法院载于GAJA第35期的1919年2月28日判决。1914年至1918年间产生的法律原则，在1939年至1945年间得到进一步肯定。尔后，这一原则又扩大适用于其他情况，譬如：解放后连续出现的政治紧张局势(参见TC，1952年3月27日关于德拉穆雷特夫人案的判定，载 *RD publ*.，1952，p.757瓦利纳注释)；大罢工的威胁(参见CE，1974年4 277
月18日的雅利荣(Jarrigion)案判决，载 *S*.，1948，III，p.33，里韦罗注释)；社会动乱；重大自然灾害(参见CE，1983年5月18日的费利克斯·罗德斯案判决，载 *AJDA*，1984，p.44，关于瓜德罗普火山爆发)，等等。不过，最高行政法院拒绝把1968年5月的学生造反风潮说成是"**特殊的**"(exceptionnelle)，而只说成是"个别的"(particulière)。尽管措辞委婉，但最高行政法院认为学生风潮造成的后果与特殊局势是一样的(参见1969年7月12日关于圣艾蒂安商会的判决，载 *AJDA*，1969，p.565)。

在上述任何场合，人们都会发现同样的因素：一种反常的局势，迫使政府部门行动起来，否则就会危及共同利益；而又不允许再遵守普通法规，这是由于，或者，实际上不可能再遵守(比如与上级联系中断)；或者，若推迟采取必要行动，就会使遵守普通法规徒劳无益。

335.**第三,特殊性局势造成的后果。**

后果是两个:(1) 行政机关不再遵守牵绊其行动的法律准则,诸如权限准则(可以超出正常权限采取行动),形式和程序准则,基本准则(可以伤害公众自由),等等。法官自己保留选择权,将那些时局不需要的准则抛在一边,而挑出那些仍然必须执行的准则。法官极其务实地做这件事,竟至于同意:时局可以允许普通人取代疲软松散的权力机关来制定文件,并将这种文件赋予行政法令的性质(参见 CE,1944 年 1 月 7 日的勒科克(Lecoq)案判决,载 *RD publ*.,1944,p.331)。

(2) 行政机关须受法官确定的"危机合法性"的束缚。危机合法性的基本因素,一方面涉及追求的目标,即危机时期采取的行动必须是力图解决危机;另一方面涉及所使用的办法,各项措施均应与追求的目标相适应。

(3) 现在,应当从行政责任的视角,而不是从合法性的视角,提醒人们注意,特殊局势会带来一系列后果。某些在平时属于错误的法令,这时也不再为实施后果承担责任;还有些法令,相当重要,平时可能是普通法官使用的办法,这时也被视为无足轻重的缺点,而进入行政权限之中(参见上文所引 TC,关于德拉穆雷特夫人案的判决);有时候,在非常时期造成了损害的那些法令,虽然不认为是错误的,也要以无过失责任原则为基准,承担行政赔偿责任。

336.**第四,法官对非常时期所定法令的监督。**这是局势特殊论的基本要素之一。法官在坚持对这种法令进行监督的同时,还要使之确实有效地服从合法性原则。首先要检查政府部门所说的特殊局势是否存在。在每个具体场合,法官都要对下述问题作出

判断：政府对形势的定性是否准确，何时方可恢复正常。其次，法 278
官要在前述工作的基础上，核实那些有争议的举措是否符合“特别合法性”的要求；倘不合，将宣布其无效。

337. **第五，局势特殊理论的法律意义**。总而言之，局势特殊论不是合法性原则的真正例外。有人理由充足地指出，制定者在拟订法律时，肯定并未看到将要适用这些法律的形势，有人贬低制定者的真实意图。还有人补充说，国家的生存须以绝对的合法性为前提，而若将国家生存同普通法律准则形式主义地联系在一起，有可能最终摧毁合法性的基础。最后，有人正在使局势特殊理论向其他源自类似构想的法学理论靠近，因为，即便在正常时期，一个行政决定的合法性也常常取决于它所针对的实际形势。紧急情况的发生（尤其是治安方面），地方生活状况（比如市镇的经济首创活力），都能证明行政权限扩大是合理的。在行政合约方面，一些不可预见的情况，可能导致某项合约义务的中止履行，由此产生了“不可预见论”。局势特殊论是这种趋势的最佳表述。不过，这一理论仍然隐含着某种危险，也就是说，政府部门有可能借口“局势特殊”，随意作出一些专断的决定，而法官的监督是事后进行的，难以阻止这种图谋。

# 第三章　政府令问题①

279 338. **问题的提出**。众所周知，合法性原则要求**政府部门的一切法规**都得服从法律，一旦违反，人们即可提请法官将其废除。那么，该不该考虑这一原则还可能有些例外？

对此，人们习惯于给予肯定的回答，说政府令的存在即是明证；政府令虽是行政机关制定的，却不准向行政法官或普通法官提起任何诉讼。从严格的理论观点看，这一答案是不恰当的。因为，不遵守合法性原则的政令还是会受到起诉的，政府令仍然要服从法律。不过，如果情况需要时违反了法律，也不会受到制裁。人们可能只是担心，**在实践中**不受任何法律制裁，会使政府部门在作出此类决定时，忽视合法性的要求。

---

① A. Gros, *Survivance de la raison d'État*（《残存的国家理性》）, thèse, Paris, 1932; P. Duez, *Les actes de gouvernement*（《政府令》）, 1935; Chalvidan, Doctrine et acte de gouvernement（《法理与政府令》）, *AJDA*, 1982, p. 4; R. Capitant, De la nature des actes de gouvernement（《论政府令的性质》）, *Mélanges Julliot de la Morandière*, 1964, p. 99; J. Auvret-Finck, Les actes de gouvernement, irré-ductible peau de chagrin?（《政府令是不可减损效力的吗？》）, *RD publ.*, 1995, p. 131; X. Dupré de Boulois: La théorie des actes de gouvernement à l'épreuve du droit communautaire（《受到欧共体法考验的政府令理论》）, *RD publ.*, 2000, p. 1791; J. Cl. Venezia: Éloge de l'acte de Gouvernement（《政府令赞》）, *Mélanges Jean Waline*, p. 723; L. Favoreu, Pour en finir avec la《théorie》des actes de gouvernement（《抛弃政府令"理论"》）, *Mélanges Pactet*, p. 607。

人们有时把政府令的司法豁免权建立在1872年5月24日法律第26条的基础上，该条规定："部长有权要求权限裁定法院收回已提到行政法院争讼庭、而不属于行政诉讼的案件。"实际上，这一条从未实施过，其含义是模糊不清的。人们不能确信，该条所述"不属于行政诉讼的案件"就是指政府令。

我们将研究政府令的演变(第1节)，然后尽力解释人为法的解决办法(第2节)。

## 第1节　政府令的演变

19世纪出现过一种**政治原因论**。该理论被摈弃后，人们仅仅 280
编列政府令一览表。

### §1　政治原因

339.直到1875年，行政机关出于某种政治动机制定的条令，还被叫作"政府令"。在拉斐特(Laffitte)案(参见CE，1822年5月1日，载*Rec*.，202)中，银行家拉斐特索讨波利娜·博格兹(Pauline Borghèse)业已让与他的年金。最高行政法院拒绝对此事作出决定，因为，"拉斐特先生的要求属于政治问题，决定只能由政府作出。"与此相同，欧科克(Aucoc)在对欧马尔(Aumale)公爵案(参见CE，1867年5月9日，载*Rec*.，472)审理中宣布，"此事涉及政治法令(关于一座建筑物的占有权)，将这种反越权诉求提到我们行政法院是不适宜的。”

**拿破仑亲王案**判决(参见 CE,1875 年 2 月 19 日,载 *Rec*.,155,大卫(David)断案,载 *GAJA*,n°3)抛弃了政治原因论。拿破仑三世的一个堂兄弟,第二帝国时期被任命为少将师长,而在帝国倾覆后被除名。除名决定显然是根据政治原因作出的,而最高行政法院对此事作了判决。

## §2　政府令一览表

340.政治原因论有一个很大的好处,它提供了识别政府令的标准,也对政府令的司法豁免权作出了解释,这便是:政治法令须受政治监督,而不受司法监督[①]。

在**拿破仑亲王案**判决作出之后不久,人们就察觉,出现了一些政府令,而且列成了政府令一览表。大家都期盼这个一览表逐渐压缩成“一张驴皮”*。

当前,在政府令中,正把这样两个方面联系在一起:法官一方面注意尊重政府的自主性,另一方面希望避免插手不属于行政法范围的争端。这是指:① 在**与议会关系**中制定的政府令,② **同外国关系**方面的政府令。

281 341.**第一,政府部门在与议会关系中制定的政府令**。包括:法

---

① 人们如今推翻了这一推论:如果一个法令产生于政治动机,仅凭这一点,该法令就是非法的,应予废除(请参见下文第 667 点所引巴雷尔案判决)。

* 典故“驴皮”(peau de chagrin)取自巴尔扎克小说《驴皮记》,表示某东西逐渐减少直至耗尽。——译者

律创制权的行使；法律颁施令（参见 CE，1933 年 11 月 3 日的德勒莫案判决，载 *Rec.*，p. 993）；议会例会召集令；闭会令；决定实施《宪法》第 16 条的共和国总统令（参见 CE，1962 年 3 月 2 日的卢班·德·赛尔旺案判决，载 *GAJA*，n°83，上文第 330 点已引用。此判决明确认定，这种总统令是特殊的**政府令**）；共和国总统任命宪法委员会成员的委任状（参见 CE，Ass.，1999 年 4 月 9 日的巴（Bâ）夫人案判决，断案人萨拉－巴卢（Salat-Baroux）却是持反对意见！）；总理拒绝要求宪法委员会宣布处于紧急状态（参见 CE，2002 年 10 月 9 日的迈耶和布盖案判决，载 *AJDA*，2002，第 1099 期）。共和国总统作出决定，将一个法案提交《宪法》第 73 条所述之全民公决，该决定便是一个政府令；但行政法院有权了解这一征询民意的政令（参见 CE，2003 年 12 月 4 日的弗雷（M. Feler）案判决，载 *AJDA*，2003，第 2287 期）。相反，最高行政法院认为，总理发布政令，委任一位议员去执行一项使命，却不属于立法权与行政权之间的关系，参见最高行政法院 1998 年 9 月 25 日的梅格莱（Mégret）案判决，载 *RD publ.*，1999，第 254 期。断案人毛古（Mangüe）夫人持反对意见。同样，拒绝《宪法》第 37 条第 2 款所述之提交宪法委员会审查，也不是政府令，请参见最高行政法院 1999 年 12 月 3 日的狩猎反对者联盟案判决，载 *AJDA*，2000，p. 170（参见上文第 304 点）。共和国总统关于 11 月 11 日向贝当*墓献花的决定也不是政府令，请参见

---

* 贝当（Henri Philippe Pétain，1856～1951），第一次世界大战后期任法军总司令，升为元帅，被奉为凡尔登战役英雄。二战初，德军入侵，法国政府请他出山主政，他立即拱手投降，在德军卵翼下任“国家元首”，并缺席判处揭旗抗战的戴高乐死刑（贝当赦其死罪）。法国解放后，贝当以叛国罪被判死刑，戴高乐赦其死罪，流放于海岛，死在那

最高行政法院 2000 年 11 月 27 日的兄弟会案判决，载 *RFDA*，2001，第 248 期。

342. **第二，政府部门在与外国关系方面制定的政府令**。有关原则已在共和国总统 1995 年 6 月 12 日关于在南太平洋穆鲁罗瓦恢复核实验的决定中加以重申（参见 CE，Ass.，1995 年 9 月 29 日的法国绿色和平组织案判决，载 *JCP*，1996，II，n°22582；有关意见，载 *RD publ*.，1996，第 256 期）。对此，应当区分：

① **关于谈判、缔结国际条约的政府令**。即便只有法国政府一家作出了这种法令，也不接受任何上诉[①]。这也适用于法国单方面中止实施某个国际条约的决议（参见 CE，Ass.，1992 年 12 月 18 日的穆哈默迪案判决，载 *AJDA*，1993，p.82 和 p.141）。海湾战争期间，决定中止执行同伊朗之间的科技合作协定；这样一个普通的通报，也是政府令（参见 CE，1992 年 9 月 23 日的 G.I.S.T.I 和 M.R.A.P 案判决，载 *AJDA*，1992，p.755）。

② **关于实施国际条约的政府令**。根据《宪法》第 55 条，国际条约的权威高于法律；若行政机关不服从某个国际条约，人们即可向行政法官起诉。然而，有目共睹（参见上文第 293 点），最高行政
282 法院一改初衷，与它往昔的判例相反，自己对国际条约作了解释，而没有要求外交部长作些说明。本来，各成员国最高法院没有对欧共体法律准则的解释权，《罗马条约》要求它们必须将其提交欧共体法院解释（参见上文第 297 点）。至于为直接**实施**某个国际条

---

里，后移葬法国。11 月 11 日是第一次世界大战胜利日，1945 年此日德军在巴黎郊外火车上签署投降书。——译者

① 然而，最高行政法院如今监督国际条约的审批程序。请参见上文第 292 点。

约而制定的政令，若是涉及法国同外国的关系，则被视为政府令；若是所述问题纯粹属于国内法的范畴，则被视为“脱离”了国际条约、可以受到起诉的条令①。

③ **国际条约之外的国际政策政府令。**法国驻外国政府或国际机构的代表，为保护在国外的法国人而制定的文件，尤应视为政府令②。对利比亚侨民实施联合国安全理事会决议的决定（参见CE，1997年12月29日判决，载*Rec.*，p.501），或拒绝外国外交使团成员在法国逗留的决定（参见CE，1998年11月16日的龙博（Lombo）案判决，载*JCP*，1999，II，n°10124），均为政府令。关于让法国军队进驻科索沃的决定，也是政府令，请参见最高行政法院2000年12月20日的梅格莱（Mégret）和梅坎塔尔（Mekhantar）案判决，载*AJDA*，2001，p.95。属于同样情况的，还有允许英、美飞机飞

---

① 第一种政令的例证，请参见 CE, 5 juil. 1946, Lotti, Rec., p. 190; CE, 26 juil. 1985, Mine Solis Estarita, *AJDA*, 1985, p. 628（就引渡问题向哥伦比亚政府提出了口头照会）；第二种政令例证，请参见 28 janv. 1948, Lecanu, *RD publ.*, 1948, p. 472, note M. Waline; 30 mai 1952, Dame Kirkwood, *RD publ.*, 1952, p. 781, concl. Letourneur, note M. Waline; 18 nov. 1955, Petalas, *JCP*, 1956, II, n°9184; 29 nov. 1974, Canino, *D.*, 1975, J., p. 333. 关于这整个问题，请参见 Heumann, Le contrôle juridictionnel du Conseil d'État sur l'application des traités diplomatiques（《最高行政法院对实施外交条约的监督》），*EDCE*, n°7, p. 71; Virally, Le Conseil d'État et les traités（《最高行政法院与国际条约》），*JCP*, 1953, I, n°1098; P. de la Pradelle, Juridiction administrative et droit international（《行政法院与国际条约》），*EDCE*, 1963, p. 13；公布一个国际条约的政令不是政府令，请参见 CE, Ass., 18 déc. 1998, Sarl du Parc d'activités de Blotzheim, *Rec.*, p. 484, concl. Bachelie。

② 最高行政法院1975年7月11日关于在穆鲁罗瓦环礁周围建立安全带“海上巴黎”的判决（载 *AJDA*, 1975, p. 460）对“国际关系法令”的概念作了广义解释；1978年12月22日的 $V_0$ Thanh Nghia 案判决（关于在巴黎设大使馆问题，载 *AJDA*, 1979, n°36）则对之作了严格解释。

越法国领空，前往伊拉克执行任务的决定；该决定仍未脱离法国的国家关系行为。对此，参见最高行政法院 2003 年 4 月 10 日的反对伊拉克战争委员会案判决，载 *AJDA*，2003，第 917 期。

④ **战争动员令**也享受司法豁免权。然而，最高行政法院有一种倾向，认为自己至少在某些情况下有权过问这种法令(参见 CE，1966 年 3 月 30 日的古约特(Guyot)案判决，载 *AJDA*，1966，p.382)。

## 第 2 节 对政府令的解释

283 对于政府令的存在，法学理论自然要作出解释，甚至要证明它的合法性，这乃是法理的功能。对政府令现象的研究，最后集中在两个大的方向上：有些人认为，这是一个**伪问题**，根本就没有什么政府令；另一些人则认为，政府令不过是在履行政府职能，当然要不受任何司法监督。

### §1 难觅踪影的政府令

343.这是米歇尔·维拉利(Michel Virally)[①] 的观点。据他说，就没有"政府令"这个法律类型；之所以如此，仅仅是因为它们的司法豁免权可以用行政诉讼的正常规则加以解释。

---

① M. Virally, L'introuvable acte de gouvernement (《难觅踪影的政府令》), *RD publ.*, 1952, 第 317 期。

照他的观点,政府在同议会关系中所定政府令的司法豁免权,扩大了行政法官对议会本身及其活动的无权状态;有关国际关系的政府令的司法豁免权,则是由于政府在国际关系领域不能以行政权的资格发挥作用。如此,政府令的理论便消失于普通规则之中。按照普通法,行政法官只对公共机关的特有行政活动拥有监督权。

上述解释正在取得优势,接受者日众,其中甚至有最高行政法院成员[①]。同时,这种解释也从两方面尊重政府的自主性:一是政府可以直接采取符合宪法的行政行为,二是从我国法律中排除"政府令"这个类型。这是因为,"政府令"之说为专制邪念提供藏身之所,鼓励独裁欲望的滋生[②];而且,有可能招致欧洲人权法院的谴责。《欧洲人权公约》第 13 条规定,人人有权"向国家的法院提起有效诉讼";倘若欧洲人权法院发现某种违反该公约的行为,就会加以指斥。不过,它还没有就此问题作出过什么决定。

然而,我们看到,最高行政法院在卢班·德·赛尔旺案判决(参见上文第 330 点)中,**明文**使用**政府令**一语来为共和国总统实施《宪法》第 16 条的规定定性,这显然是跟**不存在**政府令的论点背道而驰的。

---

① Odent, *Contentieux administratif*(《行政争讼》), I, p. 155; J. Donnedieu de Vabres, *EDCE*, n°3, p. 44; Célier, concl, sous CE, 28 mars 1947, *Gombert*, S., 1947, III, p. 89。

② 有关这种危险的实例,请参见 T. C., 2 fév. 1950, 关于法国广播电台案的裁定,载 *RD publ*., 1950, p. 418, concl. Odent, note Waline。

## §2　政府令旨在履行政府职能

284 344. 勒内·夏普[①]（René Chapus）先生强调，政府令不是有人津津乐道的“怪物”，而仅仅是履行政府职能的工具。当然，如所共见（参见上文第6点）、很难严格划分政府与行政机关之间的界限。尽管如此，无论怎么说，大家也都是毋庸置疑地处于政府活动的范围之中。所以，研究政府令制度存在的真正原因，应当区分政府活动与行政活动。按照这位作者的结论，“人们对于涉及政府令的判例，有所谴责甚至义愤，而这是不合适的，应当从这种感情中解脱出来。”

---

① R. Chapus, L'acte de gouvernement, monstre ou victime?（《政府令是怪物还是受害者?》），*D.*, 1958, chron. 5。

# 第二编

# 行政管理的使命

345.**概观**。行政管理活动的目的，在于满足共同利益的需要。285

为了达此目的，它有两个传统的基本方式：**社会治安**和**公用事业**。

**共同利益首先要求，个人的自由主动行为不得妨害任何社会生活的秩序和条件。这只能由国家制定必不可少的纪律，约束个人行为；与此相应，需要进行治安管理。**

至于**公用事业**，政府当局应直接负责经办，或者，在其监督下，将满足某种共同利益需要的任务委托给他人，同时保证给予每个受此委托的集体或个人相应的补助和优惠。

上述区分基本上还是严格的。警察，给个人的活动规定范围和限度；公用事业呢，则是由公法人负责使个人获得私人能力无法提供的需求。实质上，这是两种主要而又不同的行政管理活动。在治安方面，行政管理的主要活动是，作出普遍性的或个别的规定；在公用事业方面，则是进行经营管理。然而，这种区别也是有限度的。治安活动是由组织意义上构成治安公用事业的全部机构确保进行的；这些机构在开展狭义的治安活动的同时，又承担着物质意义上的公用事业活动，诸如救死扶伤，办理护照、身份证等文件。

286 **346.沿革**。行政管理活动传统的二元性，看来是全面的，变化细微的。确实，除了传统的使命之外，现在，政府还介入社会、文化领域，干预经济生活。我们已经看到(参见上文第264等点)，这种介入往往是委托私法法人去做。研究政府对经济部门的涉足，是经济公法著作的任务。尤须指出，政府是通过国营企业涉足经济领域的(参见上文第231等点)。

本编将研究政府的传统使命：治安管理(副一编)和公用事业(副二编)。

# 副 一 编

# 行政治安管理

**347.定义**[①]。在一个有组织的社会中,个人的自由活动必须 287
有个限度,这就该政府当局出面建章立制。为此,当局用法律来规定公民行使自由权的基本保障,这便意味着给自由确定一些界限。正是行政权责无旁贷,要清楚表述和完善这些最重要的规定,并确

① Teitgen, *La police municipale*(《市镇治安》), thèse, Nancy, 1934(该文虽是论述特殊方面,却对治安总体问题提出了若干看法); Papanicolaidis, *Introduction à la théorie de la police administrative*(《治安管理理论入门》), 1960; E. Picard, *La notion de police administrative*(《治安管理的概念》), 1984; Linotte et autres, *La police administrative existe-t-elle?*(《存在治安管理吗?》), 1985; P. Bon, *La police municipale*(《市镇治安》), thèse Bordeaux, 1975; X. Prétot, Le régime de la police d'État(《国家安全制度》), *Mélanges Moreau*, p. 361。

保其具体落实，还要普遍预防各种混乱失序现象的产生。所谓行**政治安管理，就是政府部门旨在给个人自由强制性施加社会生活所必需之纪律约束的全部干预措施**，而这一切均须在宪法和法律划定的范围内进行。

应当明确指出下述三点：

(1) 我们发现，在治安方面，从具体工作的视角看和从组织机构的视角看是有区别的。假使**治安**(police)一词如我们刚刚谈到的那样，主要是指一种**活动方式**，那么，日常用语中使用这个词，往往是指**从事治安活动的全体人员**；而从组织意义上看，这些人恰恰构成了治安公用事业。必须明白，如果说，治安作为一种活动，是同公用事业活动大相径庭的(参见上文第 345 点)，但它仍然是一种治安公用事业，也就是说，是一种从事治安活动的组织。

288 (2) 治安与公用事业在其他方面是接近的：治安实质上可能也是为个人提供服务，比如灾难救援；而且，人们可以把维持社会秩序视为广义的“公用事业任务”。尽管接近，但两种活动方式的重点毕竟是不同的。

(3) 在一般情况下，治安针对的是**私人行为**。虽然如此，行政人员也得遵守自己定出的某些规定。比如交通规则，通常也适用于行政工作车辆，只有救护车等少数例外。

## §1　行政治安管理的目标

行政治安管理的目标是**防止危害公共秩序**。

对这一提法需要做两方面的详细阐述：首先是**行政治安管理**

**的预防性质**，这使行政警察与司法警察[1] 区别开来；其次是**公共秩序**的具体内容。

348. **第一，行政治安管理的预防性质**。区分行政警察和司法警察，具有重要的实际意义：前者隶属于行政权，发生争端由行政法官管辖；后者隶属于司法权，唯一的职责是管理与其履行公职联系在一起的诉讼。从他们的**工作目标**可知，行政警察的预防措施旨在避免混乱现象的发生、恶化和蔓延。至于司法警察，主要是在发生犯罪案件时进行**刑事**惩治；他们追查肇事者，搜集证据，为刑事审判作准备（关于两者的区别，请参见：TC，1951 年 6 月 7 日的努瓦莱克（Noualek）案裁定，载 *Rec.*，p.636；CE，1960 年 6 月 24 日的世界报（Le Monde）案判决，p.412；1963 年 3 月 8 日的马赛蒂（Masetti）案判决，载 *RD publ.*，1963，p.297）。

不应过分狭隘地理解预防和惩治这两个概念。司法警察本身不实施惩罚，只限于为刑事法官的惩罚作准备。至于行政警察，则是在其预防发生的秩序混乱显示出来以后，跟踪开展活动，以便重建秩序。

实际上，两者的区别是细微的，这首先是由于**人员有些相同**。负责行政治安管理的当权者，往往参与行使司法治安权，市镇长即是如此。尤其是，具体执行人员在很大程度上是共通的；警官、制服警察、宪兵，皆身兼两种警察职能；需分清他们的行为究竟与哪一种警察职能相联系。

---

① Moreau, Police administrative et police judiciaire（《行政警察与司法警察》），*AJDA*，1963，第 68 期。

289 所以，在现实生活中，两种警察是紧密汇合在一起的。比如，一个指挥城市交通的警察，一旦停下来签发一个违警罚款单，他就从行政警察变成了司法警察；同理，交通警察若去救助一个驾车人，或在一个事故后进行勘查，也就成了司法警察[①]。

349. **第二，公共秩序**。必须绝对防止混淆"公共秩序"概念在《民法典》第6条中和在行政治安管理方面的含义。第6条规定："任何人不得以私人协议违反关乎**公共秩序**的法律。"措辞相同，说的却是毫不相干的两种事物[②]。警察所要极力维护的公共秩序，应作如下定义：

(1) **公共秩序的主要实际特征**。维护公共秩序在于避免可以看到的明显混乱。与极权制度下的公共秩序迥然不同，在自由制度下，思想上、生活习惯上的秩序不归警察管辖，只有暴露出来的社会失序现象才需要警察介入。尤其是，缺德行为若未直接引起外观上的动乱，或者，丑闻秽事激起的公愤尚未造成无政府主义状态[③]，那么，警察便不予置理（出版物可能促成犯罪，参见 CE，1937年1月29日判决，载 *D.*，1938，III，p.8）。比如，最高行政法院认

---

① 比如：TC，2003年2月24日关于 M. Leprovost，M. Verry c/commune de Chalifert 案的裁定，载 *AJDA*，2003，第1181期，关于区分的困难，参见 CE，1978年3月10日的 Société Le Profil 案判决，载 *AJDA*，1978，第452期，Concl. Labetoulle，chron Jurisprudence，444。

② 相反的观点有：Bernard，*La notion d'ordre public en droit administratif*（《行政法中的公共秩序概念》），1962；v. également：M. C. Vincent-Legoux：*L'ordre public-Étude de droit comparé interne*（《公共秩序——内部比较法学的研究》），PUF，2001，p.558，Préface J. P. Dubois。

③ M. Canedo：Le Conseil d'État gardien de la moralité publique?（《行政法院是公共道德的卫士吗?》），*RFDA*，2000，第1282期。

为，出版物《肉色邮件》的伤风败俗性质，不可能引发严重纷争，不宜禁止它广为流行（参见 CE，1997 年 12 月 8 日的 Cne d'Arcueil 案判决，载 *Rec*.，p.482）。然而，此事在电影方面发生了变化。有一个影片，即便放映也不会引起实际动荡，而市长以其有伤风化为由禁止放映，最高行政法院赞同市长的做法（参见 CE，1959 年 12 月 18 日关于 Lutetia 电影公司案的判决，载 *GAJA*，n°80，及 CE，1963 年 4 月 19 日，*JCP*，1963，n°13237）。最高行政法院关于普罗旺斯地区艾克斯（Aix-en-Provence）市的一个裁决，进一步肯定了上述判例。在一个十分引人瞩目的案件中，最高行法院吊销了一部影片的经营许可证，只是附上一个不得向 16 岁以下少年播映的禁令，因为该片含有色情内容，并可能诱发暴力行为。作为审理方法，行政法官好像审查过该片的盒式录像带（参见 CE，Sect.，2000 年 6 月 30 日的推广协会案判决，p.267；*RFDA*，2000，第 1311 期；*AJDA*，2000，p.609）。

尽管如此，这部名为《来吻我》的影片，还是能够获得经营许可 290
证，只须附上一个 18 岁以下未成年人勿看的禁令即可，因为有关发放许可证的规章制度已经修改过了。就此，参见最高行政法院 2002 年 6 月 14 日的推广协会案判决，载 *RFDA*，2002，第 859 期。还可参看下述情况：有人要求法官对一个"色情"电影进行紧急审理，吊销其经营许可证，禁止对 16 岁以下少年播映；最高行政法院法官 2001 年 10 月 30 日拒绝了对这个推广协会案的审理（载 *Rec*.，525），而该片的确含有"非模拟的性场面"。

最高行政法院已把若干价值观深切地整合进公共秩序的概念中。有些市镇长在行使市镇治安权时，禁止上演叫作"抛侏儒"的

"精彩小节目"。该节目中,把人捆扎成一件东西,尽力抛高、抛远。最高行政法院肯定了市镇长这种**尊重人格**的禁令(参见 CE,1995 年 10 月 27 日关于莫尔桑镇、普罗旺斯地区艾克斯市的判决,载 *Rec*.,372)[①]。在同一精神指导下,对政府关于夏季限时限地乞讨的一个决定的合法性,就产生了疑问。对此,请参见最高行政法院 2003 年 7 月 9 日的一个判决,载 *AJDA*,2003,第 2110 期。

早在 20 世纪初叶,就利用治安权反对某些宗教习俗(参见关于教堂钟声、关于由穿僧侣服教士带领的宗教仪式的判例)(参见下文第 355 点)。目前,有一个问题极其尖锐地摆在人们面前:

伊斯兰教徒的方头巾究竟如何同世俗的公共秩序协调起来[②]?起初是学校禁止伊斯兰学生戴头巾的合法性问题,此事首先受到最高行政法院的关注(参见 CE,1989 年 11 月 27 日判决,载 *RFDA*,1990,第 1 期,里韦罗注释),并对此作出一个雄辩、充实的判例,请参见最高行政法院的克卢娃(Kherouaa)案判决,载 *AJDA*,1992,第 790 期[③]。问题是由 2004 年 3 月 15 日法律最终解决的;该法"贯彻政教分离原则,规范了学校中佩戴宗教标志、穿着宗教服装事宜:禁止佩带、穿着**故意显示**宗教归属的标志和服饰,还将对

---

① 该不该注意下述情况呢?反对这种禁令的诉求是一位侏儒提出来的,他坚持认为,这种治安措施砸了他的饭碗。

② Rapport public 2004 du Conseil d'État: Un siècle de laïcité(《最高行政法院公报:政教分离 100 年》),*EDCE*, n°55, 241 et s.; C. Durand-Primborgne, La loi sur la laïcité, une volonté politique au centre des débats de société(《关于政教分离的法律:社会辩论中的政治意志》),*AJDA*, 2004, 第 704 期。

③ 教员更不能戴伊斯兰头巾,见里昂上诉法院 2003 年 11 月 27 日的 Mile Nadjet Bers Abdallah 案判决,载 *AJDA*, 2004, 第 154 期, note Melleray; CEDH, 2001 年 2 月 15 日的 Mine Dahlal c/Suisse 案判决,载 *AJDA*, 2001, 第 480 期, note Flauss。

何为"故意显示"作出界定，而且要尽力在2004年5月18日以前下达实施本法的通知(参见法国政府公报，2004年3月22日，p.9033)。

(2) **公共秩序的公共性**。警察不仅要尊重人们的内心世界，291
而且要尊重私人住所，除非住所中的活动影响到外边，诸如设备噪音太大、建筑物不卫生，等等。

(3) **公共秩序的有限性**。现行《地方法规大全》第L.2122－2条，采用了1884年4月5日法律的传统说法；根据该条的表述，公共秩序的要素可以归结为三点：一是大街上、公共场所的秩序保持**平静**，异常响声得到控制等等。二是社会**安全**，人心**安定**，及时救助天灾人祸、防火防洪、遏制武装阴谋，等等。三是保护公共**卫生**，增进公众**健康**，诸如检查水质、日用消费品是否有益健康，预防传染病，严控环境污染，等等。原则上不得在上述秩序理念以外行使治安权。然而，我们将在下文看到，在**专门治安**的特殊情况下，公共秩序的含义可能更宽，甚至不能仅从具体外观上加以考虑。

(4) 最后，不应忘记，如同人们日常所为，在一个民主社会中，公共秩序包括对基本自由的尊重。在秩序混乱之地，是很难行使自由权的。治安机构对自由施加的限制，恰恰可以使人更自由。治安和自由这两个概念，看起来是相互矛盾的，其实也是相辅相成的。

## §2 治安管理过程

350. **第一，普通治安和专门治安**[①]。当一个权力机关，在某个地区，按照我们上文刚刚界定的概念，维持公共秩序时，**据此**，它便**自然**拥有全部治安权限和行动手段，此之谓**普通治安**。此外，为了防止某些特定领域的紊乱无序，有些法律规定了一些技术上专用于该领域的更加精确、通常也更加严格的措施，此之谓**专门治安**。专门治安或者适用于特殊类别的个人，诸如外国人、流浪者；或者适用于某个活动部门，诸如狩猎治安、濒危重大公共建筑物的保护、各类环保机构的监督活动，等等。有些专门治安以其专门**目标**而与普通治安相区别，并突破公共秩序的传统定义，出于美学和文化目的而开展自然保护工作，诸如自然风光和历史遗迹的保护，即是如此。然而，出于这个目的，尤其是保护艺术，仍然禁止普通治安机关介入（参见 CE，1972 年 2 月 18 日的上加龙省建筑联合会案判决，载 *AJDA*，1972，p.250）[②]。

292 351. **第二，普通治安过程**。普通治安有三个行使途径：

(1) **制定规章制度**。拥有规章条例制定权的治安机关，可以制定普遍性的预防措施，限制所有人的自由，并可进行刑事惩处。

---

① M. Dreifuss：L'articulation entre les pouvoirs de police générale et de police spéciale en matière de risques individuels（《在个人危险方面普通治安权和专门治安权的关联》），*D.*，2000，Chron.，p. 642。

② 关于普通治安权与专门治安权的交叉情况，参见最高行政法院 1997 年 12 月 29 日的瓦勒德马恩省长案判决，第 505 页，及 1998 年 12 月 30 日的判决第 516 页。

正是这种刑事制裁权,使治安条例独具特色。

(2) **具体决定**。具体决定很多,正常情况下皆以普遍准则为基础,包括许可、禁止(如禁止示威游行、禁止集会)、命令(如命令示威者解散)等。此类决定一般是行诸文字的,也可能是口头上的,甚至有时简化为一个手势(如警察伸臂阻止通行)或一个机械信号(如红色信号灯)。

(3) **强制**。治安机关可以动用物质力量来预防或制止骚乱。按上级指令行动,即强制执行,在治安方面找到用武之地。最严重的举措是使用武器,军队介入维持秩序,这须按照明确的规章制度办理。

## §3 治安权的调整

352. **第一,原则**。(1) 首先要区分**治安机关**和**治安人员**。只有治安机关有权制定治安条例,采取最重要的具体措施,负责维护公共秩序;治安人员则是执行者。常任治安人员有非军人的共和国保安部队,有军职的宪兵队。作为例外,可以请武装部队协助维持秩序。国家民事治安机构已经根据 1966 年 7 月 9 日法律统一调整重组;1985 年 8 月 7 日法律对其行动手段的现代化作了规定;1986 年 3 月 18 日法令为之提出了一个职业道德守则。1995 年 1 月 21 日的安全指导规划法促成了新一轮总体改革行动。1996 年 7 月 22 日法令则附带国家警察职位总章程。

2002 年 8 月 29 日的《国内治安计划方针法》规定,对宪兵、警察这些国内治安部队"合理、均衡地进行重新部署、调整"。2003年3月18日《国内治安法》,将地方行政区同治安政策紧密联系在一起(第1条),委托省长负责协调省里的国内治安机构的行动(第2条)。

(2) 治安机关可以兼备上述各项职权并领导指挥治安人员,但实际上从来不是这样。比如,某些市镇长,虽然可以在其所辖市镇制定治安条例、独立作出治安决定,但对治安人员却没有什么人事权。

293 (3) 从地方的角度看,治安权限主要是在国家和市镇之间分配。国家负责维护全国整个领土的秩序,即国家治安。国家留给地方权力机构的是,采取适应当地形势的具体治安措施,即市镇治安。然而,这种权限划分不是严格刻板的,根据是:

① 为便于若干部门共同搞好市镇治安,省长总是取代市镇长开展治安工作。而且,在需要时,即便是市镇长的正常管辖事项,也可能由省长代办。

② 反过来,市镇长也可以应邀在省长领导下参与国家治安活动。

③ 负责市镇治安工作的人员,在多数市镇都是省长领导下的国家职员。

353.**第二,各种治安机关**。实际上,上述各项原则的落实,便导致下述机构设置:

(1) **总理**制定适用于整个国土的治安条例。这项权力是在拟订第一部交通法规时(参见1919年8月8日的拉博纳(Labonne)案判决,载 *GAJA*,n°37)由最高行政法院认可的。本来,1875年《宪法》将此权赋予了共和国总统[①]。

(2) **内政部长**在治安方面没有专属职权，但他通过国家安全局领导全体国家治安人员。况且，作为省长的上级，他可以向省长下达行使治安权的指令。

(3) **省长**负责维持各省的社会秩序。在省上任职的国家治安人员均归省长领导。省长负责居民点以外的交通安全问题。倘遇天灾人祸，省长作出决策，启动“救援组织”方案，协调救援行动。此外：

① 在一万居民以上的所有市镇，包括大城市郊区不太重要的市镇，省长取代市镇长严格确保维持社会治安。在其他市镇，或者应市镇议会的要求或同市镇议会签订协议，由内政部长和财政部长作出决定，或者由最高行政法院发布法令(参见 1974 年 12 月 27 日法律第 21 条)，亦可建立国家直接管理的治安体制。当具备 1983 年 1 月 7 日法律第 83 条明确规定的若干条件之市镇的议会，要求本市镇由国家直接管理时，国家自然便会接手此事。在国家 294
管理治安的所有市镇，治安机构的开支均由国家行政经费承担。

就上述所有市镇而言，《地方法规大全》第 L. 2215 - 1 条均明确规定了市镇长与省长之间的事权划分。

② 当两个或几个毗邻市镇的公共秩序受到威胁时，省长可以代替相关市镇长作出治安决策，以使预防行动更加协调一致。

③ 就所有市镇或其中几个市镇而言，若市镇长失职无能，省

① 《宪法》第 34 条没有撤销政府首脑的普通治安权，请参见 CE，2001 年 3 月 19 日关于全国普通航空业联合会的判决，载 *Rec.*，138。

长可在卫生保健、维护安宁方面采取一切措施。

④ 在每个市镇的任何一项事务中，当责令市镇长采取行动而其拒绝制定必要措施时，省长有全权取而代之。

⑤ 最后，根据有关法规，大多数专门治安部门归省长领导。

若社会动荡有可能蔓延到几个省，则相关的大区长行使以前属于**特别行政监督官**的职权，负责维持公共秩序。

(4) **市镇长**[①] 参与行使国家治安权，以确保总体安全措施的执行。他们对市镇治安负责。在那些尚未建立国家治安体制的市镇，市镇长拥有一切方面的市镇治安权；而且，治安人员作为市镇职员，要受市镇长领导。但是，市镇长仍要服从省长的监督，允许省长取代自己的职权。在那些治安权已经“收归国有”的市镇（一万居民以上的市镇，由几个市镇组成的城郊居民点，等等），市镇长仅仅有权维护安宁和卫生，而由省长负责维护严格意义上的公共秩序，治安人员也成了国家职员，不再服从市镇长领导。然而，即便在这种治安国有化的市镇，也有一种明显的趋势：在国家治安人员以外重新出现了一些市镇治安人员，而 1987 年 7 月 13 日法律已予认可，只是在选用警察时须经共和国检察官同意。议会对 1999 年 4 月 15 日市镇治安法的讨论，酿成了异常激烈的论战，对市镇警察携带武器问题的论战尤其激烈。议会接受的解决方案极具限制性。在市镇辖区的非城市部分，市镇长负责**乡村**

---

① Singer, *Le maire et ses pouvoirs de police*（《市镇长及其治安权》），1960；J. Adda et J. P. Demouveaux, *Les pouvoirs de police du maire*（《市镇长的治安权》），Berger-Levrault, 2[e] édit., 2003, p.373。

**治安**[①]。

最高行政法院认为,若公共秩序受到特别危险情况的严重威胁,市镇长有**责任**制定治安规章:请参见最高行政法院1995年10月23日的杜布雷(Doublet)案判决,载*RD publ*.,1959,第1235期, 295
A.伯纳尔(A.Bernard)审理,载*RD*.,1960,第802期,瓦利纳注释。这样,市镇长有责任行使自己的治安权,对市镇辖区内的交通和非常住人口的流动实施管理;如果不作为,便犯了错误,须承担相关责任。参见最高行政法院2000年12月20日的苏黎世国际保险公司案判决,载*Rec*.,第632期。

354、**第三,治安权限的交会**。由于几个治安机关可能同时在一个地区行使权力,所以会发生权限重叠现象。每个市镇都坐落在国家的一个省内,市镇长的决定、省长的决定、总理的决定,都得在市镇贯彻。如何不使这种权力重叠产生矛盾或不确定性?普通治安与专门治安的会合也提出了同样的问题[②]。原则上,上级机关介入某一项事务,并不剥夺下级机关就该事务作出决定的权利。国家交通法规、国家治安条例并不阻止市镇长制定市镇交通规章;然而,下级机关既不得作出与总的规章制度相抵触的安排,当地也不得不推行总的规章制度,而只能使采取的当地必需措施同总的措施相重叠(参见CE,1902年6月7日关于内里莱班(Néris-les-

---

① 关于地方职责的法律草案第一次规定,市镇长可以将其治安权移交给跨市镇合作公立公益机构主席。参见*AJDA*,2004,第241期。

② Leroy, Le concours des polices générales et des polices spéciales(《普通治安与专门治安的会合》),Thèse,Lille,1938;关于市镇长对专门治安的治安权限,参见CE,29 septembre 2003,Houillères du Bassin de Lorraine,*AJDA*,2003,第2164期,concl. Olson。

Bains)市长案的判决，载 *GAJA*，n°10)。这就可能使事情走到这种地步：比如，地方上可能禁止在本辖区放映一部已盖有审查章的电影(审查电影属于国家专门治安范围)，如果虑及当地形势，放映该片会引起一个市镇混乱的话(这属于地方普通治安范围)①。对此，参见上文第349点。

## §4　治安权的限度

355. **第一，合法性原则与治安权**。如同政府部门的一切行为那样，行使治安权仍须遵守合法性原则并接受司法监督。实际上，这是最高行政法院根据相当模糊的法律条文，提出的判例准则，以界定治安方面对合法性的要求。

(1) 由判例产生的普遍基准，来源于自由原则。自由原则乃是从自由中发现规矩，从必不可少的治安活动中发现例外。一项治安措施只有在为维持公共秩序所**必需**时，才是**合法**的。这便导致如下结果：法官对于需要自己进行监督的治安决定，总要就近仔细审查实际形势，核实所采取的治安措施是否与客观情况相一致。
296 由此，每遇有所疑忌忧虑之事，总是**事先绝对全部地加以禁止**。因为法官推定，人们能够以丧失较少的自由为代价，来达到所追求的目的。这是当年塞纳全省查封报刊的**普遍**特征，那时只是巴黎市中心有些混乱；权限裁定法院从这一举措中看到了一种解决问题的切实办法(参见 TC，1935 年 4 月 8 日关于法西斯团体"法兰西行

① 请参见 Well，注释，载 *D.*，1956，第 13 期，及 *D.*，1960，第 171 期。

动”案的裁定，载 *GAJA*, n°50)。同样，巴黎警察局长做得更绝，在有人通行的地带，凡有吸引力的东西一律禁止(参见 CE, 1984 年 5 月 4 日盖茨(Guez) 案判决，载 *AJDA*, 1984, p. 393)。所以，也要具体情况具体分析：是通衢大道还是私人住所，是例外现象还是紧急事态，是白天还是黑夜，治安机关为确保公共秩序采取了哪些措施，凡此种种，都对合法性具有直接影响。在班雅曼(Benjamin)讼案中(参见 CE, 1933 年 5 月 19 日，载 *GAJA*, n°48)，市长不准开会的禁令被撤销，因为，即便该次集会能够引发某种混乱，考虑到当地的警察力量，也不至于危及公共秩序。

但是，如果类似的集会事先已经引起了骚动，则据此禁止一次集会是合理合法的。请参见最高行政法院 2003 年 6 月 25 日关于救救孩子协会案的判决，载 *AJDA*, 2003, 第 1676 期。

(2) 况且，治安权的适用范围是多变的，既涉及法律所保障的自由(法律还确定了行使自由权的条件，诸如新闻自由、信教自由、结社自由等等)，也涉及各种各样的个人活动。拒绝将市镇的厅室出租给一个政治派别，就构成了对一种基本自由的严重侵犯，是明显的违法。请参见最高行政法院 2002 年 8 月 19 日关于国民阵线和地方当选者培训学院案的判决，载 *AJDA*, 2002, 第 1017 期，X. 布朗(X. Brand)注释。面对**“法定”的自由**，治安权受到的限制更多。治安机关根本不能让人们在行使法定自由时还服从审批制度，甚至不能让人们事先声明(参见 CE, 1951 年 6 月 22 日对多迪尼亚克案中一个关于从事摄影录像业须事先报市镇长审批的决定作出判决，载 *GAJA*, n°69)。但是，2001 年 11 月 15 日关于日常安全的法律第 53 条规定，私人组织的“音乐性专门节日集会(原文如此)”，又叫“欢乐舞会”,应当事先向省长声明。在关于宗教游行的判例中,差别尤其明显。宗教游行源远流长,是传统性的,与信教自由相联系,受到法律保护,只有在严重威胁公共秩序时才能被禁止(参见CE,1909年2月19日的阿贝·奥利埃案判决,载*GAJA*,n°21,关于宗教葬仪问题);至于非传统性游行,与信教自由无干,可以管得更严。1935年10月23日的法律式政令,又将这种差别搬用到在大街上举行的所有示威游行上。

297 (3) 对合法性的要求随着治安**重要性**的变化而变化。国家治安的某些措施,尤其是在驱逐外国人方面,只受到**最低监督**;也就是说,只对治安活动的权限、目的、适用法律有无错误,理由是否正确以及纠正明显错误的情况进行监督(参见下文第642点)[①]。对越权意图的监督在这方面作用巨大,同时,平等原则禁止出现不正当的歧视行为。如果根据“绝对紧急事态”驱逐外国人,或者被驱逐者认为治安机关违反了《欧洲人权公约》,则监督又变成了“常规”的。对于市镇治安权的行使过程,法官将自己的监督范围扩展到**对事实的定性**方面,而且将这种监督提高到最大限度,以防止地方暴政。在这方面,合法性原则大有用武之地。

(4) 越来越频繁地使用治安权,乃是社会演变的反映。的确,人们审慎地称之为“不礼貌行为”和不安全因素的增长,使人们觉得,市镇当局所采取的整套禁止措施都是合法的。于是,情况就成了人民无法确切表达的那样:“严禁未成年人晚上出门。”对此,请

---

① 《Le contentieux de la reconduite à la frontière》(《驱逐出境的诉讼》), *AJ*, 2000, chron, p. 787。

参见最高行政法院2001年7月9日的卢瓦雷省(Loiret)省长案判决,载*D.*,2002,第1582期及2001年7月27日的模具公司案判决,载*AJDA*,2002,第351期。满足合法性的条件有二:一是实施政府法令的地方确实存在特别危险,证明该法令是正当合理的;二是法令的内容同所要保护的目标相符。

356.**第二,对治安权进行司法监督的方式**。监督如此进行:

(1) **由行政法官监督**。在两种方式下进行:一是对个人决定和规章条例提起反越权行为诉讼,一是对治安权行使过程中造成的损失追究赔偿责任。反越权行为诉讼的结果是,废除不合法的措施,有效惩治有关的规章条例;但是,对那些临时措施的惩治很少有实际意义,因为,都是在这种措施(如禁止集会)已经产生实效之后才去查处。这种状况曾经日趋恶化,因为不准行政法庭下令延缓那些涉及公共秩序的决定的执行。幸好,1983年1月27日法令已经最终废除了这种规定(参见下文第664点)。至于那些要求赔偿损失的诉讼,或者是针对国家的,或者是针对市镇的,视官员以什么法人的名义而作为为准。我们下文将会看到(第479点);有一种不为严重错误承担责任的制度(参见CE,1905年2月10日关于托马索·格雷科案的判决,载*GAJA*,n°15);还有一种无过错赔 298
偿责任制度:在一些事件中,因对外国人使用火器而引发事故,但使用火器是有理可讲的,所以也就没有过错(参见CE,1949年6月24日的勒孔特案判决,载*GAJA*,n°64)(参见下文第486点)。

(2) **民事法官**在审理个人过错和粗暴行为方面拥有普遍管辖权,可以对治安领域的责任赔偿问题作出判决。

(3) **刑事法官**的监督。《刑法典》第R.610-5条规定了适用于“依法制定的治安法规”的惩处。根据对这一条的传统解释，当违法者以治安条例违法为由提出抗辩时，刑事法官有权评断治安条例是否违法；即便在反越权行为诉讼的时限届满之后，仍可提出上述抗辩，没有时间限制。由此可知，这一方式对于反对官员们的专横独裁何等重要。对于警察的打人、骂人、杀人等构成个人过错的犯罪行为，刑事法官也有管辖权。

（4）在司法监督之外，还委托一个专门机构进行行政监督，人称**警察的警察**，它可以作出纪律制裁。

# 副　二　编

# 公用事业

357.**公用事业在行政管理中的地位**。在同私法的比较中探讨 299
行政法的独特性之时,我们曾经谈到过公共事业的概念,参见上文第32点。公用事业的概念作为行政法庭行使管辖权的标准,在下文第557点及其他若干点还会作深入研究。

公用事业的概念及其作用尽管还会引起争论,但这一概念仍然是行政法的基本概念之一。需要界定公用事业区别于其他行政活动形式的特定性质,以及公用事业在行政活动中占据的地位:这是公用事业**一般理论**研究的对象(第一章)。然后,我们阐述公用事业的**各种经营管理方式**(第二章)。

# 第一章　公用事业的一般理论

本章首先研究公用事业的定义(第 1 节),继之研究公用事业 301
的法律制度(第 2 节),最后,超出现在还支配着所谓“法国式公用事业”的人为法范围,考察欧共体法在这方面引起的深刻变化(第 3 节)。

## 第 1 节　定义

很奇怪,公用事业的概念虽是最基本的,法律却从未给它下过定义。更有甚者,判例关注这个概念作为职责标准的功能,超过关注它的实在内涵。应当参考反映通行看法的已有资料(§1),从中引出主要概念(§2 和§3),以便认识导致目前形势的各种变迁的重要性。

## §1 已知的各种含义[①]

358. **第一,组织机构定义和实际活动定义。**

众所周知,法理和判例把**公用事业**视为两种截然不同的现实事物:

从具体有形或组织机构的意义上说,公用事业指的是公法人用以完成同一项任务的全部职员和资财;正是从这个意义上,人们谈论"中央部委的下放机构",被治理者对电话局、桥梁公路工程局

---

① Lop, *Essai sur la notion de service public* (《论公用事业概念》), thèse, Grenoble, 1950; Cadart, Les tribunaux judiciaireset la notion de service public (《普通法院与公用事业概念》), *Ann. Univ. Lyon*, 1954; Lhuillier, Nouvelles réflexions sur le service public (《公用事业再思考》), *D.*, 1957, chron, p. 71; P. Jourdan, La formation du concept de service public (《公用事业概念的形成》), *RD publ.*, 1987, p. 89; J. Chevallier, *Le servicepublic* (《公用事业》), 2003; B. Stirn, La conception française du service public, *CJEG*, 1993, p. 299; J.-M. Woehrling, Réflexions sur le renouveau du service public (《公用事业概念》), *Rev. adm.*, 1992, p. 394; Pontier, Sur la conception française du service public (《法国的公用事业概念》), *D.*, 1996, chron., p. 9; G. J. Guglielmi, *Introduction au droit des services publics* (《公用事业法略论》, 1994; M. Long, Service public, services publics: déclin ou renouveau? (《公用事业:正在衰退还是复兴?》), *RFDA*, 1995, p. 497; R. Denoix de Saint-Marc, Le service public (《公用事业》), Rapport au Premier ministre (《总理报告》), *Doc. franç.*, 1996; Numéro spécial, *AJDA*, juin 1997: Le service public (《公用事业》); J. M. Raynaud, La crise du service public (《公用事业的危机》), Que sais-je?, n°3482, 1999; J.-F. Auby, Les S.P. en Europe (《欧洲的公用事业》), Que sais-je?, n°3414, 1998; G. Guglielmi et G. Koubi: *Droit du service public* (《公用事业法》), Montchrestien, 2000, p. 188; O. Melleray: École de *ordeaux*, École du Service *public et École Duguiste* (《奥多学派、公用事业学派和狄骥学派》), Proposition de distinction, *RD publ.*, 2001, 第 1887 期; S. Braconnier, Droit des services publics (《公用事业法》), PUF, coll. Thémis, 2003; R. Chapus, *Le service public et la puissance publique* (《公用事业与公权力》), *RD publ.*, 1968, 第 235 期; P. Amselek, idem, *AJDA*, 1968, 第 492 期。

等表示不满和满意。

从实际活动或功能的意义说(这是现今司法判例往往接受的 302
含义),公用事业指的是**政府部门意欲承担的公益活动**;正是从这个意义上,泰里耶(Terrier)案判决(参见下文第557点)将公用事业视为对奸诈之徒的毁灭性打击,尽管没有任何一个公共机关专门负责公用事业。判例通常都是在这层意义上谈论**公用事业的任务**。

359.**第二,公用事业法律制度**。有人还经常在公用事业、法律制度这两个概念之间加上第三个:“说一种活动是一项公用事业,指的是这一活动应当服从公用事业的管理体制”,舍诺(Chenot)先生写道。从这个意义上说,公用事业本身限定了**某种法律制度**,限定了普通法之外的整个活动过程。

360.**第三,三个概念之间的关系**。在自由国家,这三个概念曾经是最大限度地和谐一致的:公益活动由公共机构遵循普通法之外的制度进行经营管理。

如今这种和谐一致的情况就很少见了。有些共同利益的需要,政府当局决定予以满足,但却不是委托给公共机构去办理,这是**公用事业特许经营**中早已出现的情况;而将公用事业委托给私法人经管的现象也日趋经常,以致1992年2月2日和1993年1月29日的法律对此加以规范(参见上文第263点)。**职业组织**也发生了相应变化。根据蒙珀尔和布冈案判例(参见上文第263点),职业组织和职业规范是一种公用事业,但还不能公开承认担负公用事业任务之职业机构的公共性质。同样,**社会保障**是一种公用事业,而经管此事的银行、信托局等单位则是一些私法机构。此类例证是很多的。

反观某些公共机构，比如被1990年7月4日法律改造为股份有限责任公司以前的雷诺公司，跟类似的私营企业从事同样的工商活动；既然它们没有任何区别于私营部门的特殊制度，也就不能称之为公用事业。

从上述分析可知，公用事业在组织机构意义和实际活动意义两方面是有区别的。公用事业的上述两种含义同它的法律制度之间，更是经常分离的，比如国营企业在经济领域承担的公益任务，本质上要受私法管辖；"公用事业体制"成分的再现，在国营企业运行中只是例外（参见上文第223点）。

361. **第四，分离的后果**。(1) 首先，按照人们的理解，公用事业概念**或多或少是广延性的**。就具体的共同利益活动这层含义而言，本概念的外延可能涵盖大部分私营活动。农业、商业企业对食物需求的满足，都与公共利益的要求相适应。但这显然不能使它

303 们成为公用事业，因为它们不愿意哪怕部分地实行公法制度。

(2) 这种分离带来的又一个后果是：使**公用事业概念的法律内涵**缩减到最低限度。现在，公法人确保一项公用事业具体实现的形式是多种多样的；只要某项活动被承认为公用事业，究竟支配该项活动的法律制度如何，人们就很少再费神考虑。

(3) 演变到最近，再次提出了公用事业的概念问题。由于很难给公用事业下一个严密的定义，由于公用事业这个称号所包含的法律意义逐步减少，新近有一种猛烈批判公用事业的学术思潮①。

---

① Sur ce courant, cf. notamment: D. Truchet, Label de service public et statut de service

他们可以根据事实论证，公用事业概念在法国法律中的重要性，要比在众多国家尤其是盎格鲁－撒克逊国家法律中的重要性大得多，而欧共体法和欧共体法院的判例却很少加以引证、参考(参见下文第379点)。在某些人看来，公用事业不过是一个符号、**标签**，既与客观事实不符，亦与明文法规不符。还有些人持新自由主义观点，竟抨击公用事业是为国家这个上帝效劳而削弱自由的工具，必然会导致极权制。他们揭露，甚至在公用事业概念之外还有各种公用事业；他们鼓吹，要将公用事业逐步粉碎。但是，尽管这场论战的意识形态价值大于法律价值，既然公用事业概念的轮廓界限还是模糊多变的，那么无论在人为法中还是在现实生活中，公用事业仍旧会保持重要的地位。即便公用事业的法律内涵正在减少，公用事业的性质还是会带来若干法律后果。继20世纪30年代和50年代的论战之后，80年代又就此展开了激烈论战；这突出证明了公用事业概念在行政法和国家的一般理论中的重要性。

362. **第五，共同因素**。关于公用事业的通行概念尽管时有变化，依旧在人为法中占据支配地位。在通行概念中，所有公用事业活动的共同因素归结为两点：第一，公用事业为的是满足**共同利益的需求**；第二，公用事业最终直接或间接地隶属于**政府**。由此得出

---

public (《公用事业的标志与公用事业的地位》), *AJDA*, 1982, p. 427, et *RD publ*., 1987, p. 501, en réponse à S. Regourd, Le service public et la Doctrine (《公用事业与法学理论》), *RD publ*., 1987, p. 5; P. Delvolvé, Service public et libertés publiques (《公用事业与公共自由》), *RFDA*, 1985, p. 1; Geffroy, Service public et prérogatives de puissance publique (《公用事业与公权力特权》), *RD publ*., 1987, p. 49; J. Chevallier, *Le service public* (《公用事业》), Que sais-je? 2003。

**下述定义:公用事业是行政管理活动的一种形式,在这一形式下,公法人本身负责或在其监督下委托他人负责满足共同利益的需求。**

下面我们研究这个定义中的两个因素。

## §2　公用事业与共同利益①

304　363.**第一,原则**。设立一种公用事业,至少不言自明地显示,由于相应的社会需求得不到满足,而损害了共同利益,一个公法人的介入乃是提供所需物品的必由之路。

但是,共同利益概念中包括差异极大的若干因素。

首先,人们将国家的整体利益和国家最高当权者所体现的利益算作共同利益。由此,人们往往承认,"属于国家权力"的各种活动均具备公用事业性质。宪法委员会(1986 年 6 月 25 日和 26 日裁决,载 *GDCC*,n°39)认为国防、治安、外交事务、司法、财政尤其具有宪法性质,公民个人只是间接受益;这种公用事业施加于公民身上的多是强制性约束,而不是满足个人需要。

其实,共同利益应被理解为直接满足个人的需要,这种需要是国家负责人认为私人经营活动不能予以满足的。国家可以向被治理者提供一些必需品,不是让被治理者随意免费使用,而是使之成

① 《L'intérêt général》(《共同利益》),CE,1999 年度公报,*EDCE*,n°50,p. 239;J.-M. Pontier: L'intérêt général existe-t-il encore ? (《共同利益还存在吗?》),*D.*,1998,chron,p. 327;L. Dubouis: Missions de S.P. ou missions d'intérêt général(《公用事业就是共同利益》),*Rev. gén. coll. territ*,*janv.-fév.* 2001,p. 588。

为花钱的消费者。在这种场合,公用事业的情况近似于私营企业,提供产品和服务,用以换取经济补偿。当然,尽管这个普遍性概念为全国和地方的公用事业所共有,但两类公用事业的作用范围大不一样。就市镇而言,那里的公用事业服务于本市镇全体居民,而且只为他们服务。

**364.第二,后果**。我们刚刚指出的多样性,导致公用事业之间有几点深刻差异。

(1) **公用事业同被治理者之间的关系**。我们已经指出过这种关系的不同。正是与被治理者之间的关系,将直接运用国家统治权力兴办的公用事业跟涉及共同利益中个人需求的公用事业区别开来。还应对涉及个人需求的公用事业进行区分。公用事业与用户之间的关系,可能是开放性的,也可能是要求个体化的。比如公用大道,任何人都可以走,桥梁公路工程局显然不知道行人为谁。高速公路则不然,有个体化要求,谁上去得交费。反之,其余多数公用事业都是向可识别的那些用户提供产品,用户通过购买等途径获得使用资格,这使用户与政府之间形成一种个人化的关系。

(2) **公用事业的资金筹措**[①]。必须由国家最高当局兴办的公 305

---

① Hertzog, *Recherches sur la gratuité et la non-gratuité du service public*（《关于公用事业免费与否的研究》）, Thèse, Strasbourg, 1972; Y. Gaudemet, Sur la gratuité du service public（《关于公用事业免费问题》）, note sous CE, 21 nov. 1988, *Syndicat des transporteurs aériens*: *RD publ*., 1989, p. 464; J. Rivero, Les deux finalités du service public industriel et commercial（《工商性公用事业的两个目的》）, *CJEG*, n°500, juin 1994, p. 375; M. Lecerf, La gratuité des SP à l'égard des usagers（《公用事业对用户免费》）, *JCP*, 1998, I, 168. G. Koubi et G. J. Guglielmi: *La gratuité, une question de droit*?（《免费是个法律问题吗?》）,

用事业,只能用国家自身的税收和借款来投资。公用事业能否自筹资金,要看它属于我们前面所说的哪一类:只有以满足个人需要为经营目的的公用事业才可能有收入。这其中还要根据用户是不是个体化的而进行区分;如果用户不是个体化的,公用事业照样分文无收。即便用户是个体化的,但若法律规定使用该项公用事业是一种义务,免费就是对尽义务的补偿,公立学校办教育即是如此。为解决无利可图的公共问题而兴办的社会公用事业,当然也得免费。至于独此一家、别无分店的公用事业,能为用户提供必需品,收取使用费用为回报,这便可以自供若干资金。

(3) 甚至在这种情况下,公用事业也跟私营企业有一个重要区别,即两者目的性迥异。私营企业旨在追逐利润,并以此作为承担责任的报酬。公用事业则不同,即便在像私营企业那样需要用户付费购买其产品之时,仍然以满足共同利益为经营目的。当然,这种目的性并不排除公用事业关心收支平衡问题;长期入不敷出,可能会危及公用事业的生存。然而,公用事业的产品定价必须考虑全体被治理者的承受力,甚至要遵守国家的社会政策。公用事业在经营平衡之外去追求利润也是允许的。在牢记公用事业目的性的条件下追逐利润,仅仅为了获得资金,再行投资,改善公用事业,以便更好地适应民众的需要。归根结底,共同利益概念依然是公用事业定义中的最重要因素。

---

L. Harmattan, 2003, p.238; G. Koubi, *La décomposition de la notion de gratuité en droit administratif français* (《法国行政法中无偿概念的变质》), *JCPA*, 2003, n°1556 -Sur le financement des SP et le droit communautaire (《公用事业投资与欧共体法》), v.: *AJDA*, 2003, 第110期等, *AJDA*, 2004, 第416期。

(4) 服从竞争法。公用事业向私营企业法律制度的靠近,促成一种新情况的出现,即对公法人适用竞争法准则①。对此,请参见 CE,1997 年 11 月 3 日的三个判决,载 *RD publ*.,1998,p.256;TC,1989 年 6 月 6 日裁定,载 *RFDA*,1989,p.456;TC,1999 年 10 月 18 306
日裁定,载 *AJDA*,1999,p.996;CE,2001 年 7 月 11 日判决,载 *Rec*.,348。

(5) 从上述分析可知,不能承认国营企业是公用事业,因为国营企业的经营活动跟类似的私营企业一样,并不是直接促成共同利益的满足。正因如此,人们历来否认私营企业经营管理具有公用事业性质;同样,实行私有化以前的国营企业诸如雷诺集团及国有化的银行和保险公司,所从事的经营活动跟同一领域内的私营企业极其一致,故而很难视之为公用事业。国营企业与公用事业,哪怕是工商性质的公用事业,完全是两个互不搭界的概念(参见上文第 242 点)。

365.**第三,对共同利益的评估**。政府主管机关为了决定是否设立公用事业,须对共同利益的要求进行评估②。

国家权力机关对这种评估拥有自由裁量权,只须符合宪法原

---

① J. Caillosse, Le droit administratif saisi par la concurrence (《行政法面临竞争》), *AJDA*, 2000, p. 99; B. Faure: Le droit administratif des collectivités locales et la concurrence (《地方行政区行政法与竞争》), *AJDA*, 2000. p. 136; J.-Y. Cherot: Les méthodes du juge administratif dans le contentieux de la concurrence (《竞争诉讼中行政法官的做法》), *AJ*, 2000. p. 687; S. Pugeault: Les SP locaux et le droit interne de la concurrence (《地方公用事业与内部竞争法》), *D*., 1999, Chron. p. 347: N. Charbit, *Le droit de la concurrence et le secteur public* (《竞争法与国营部门》), l'Harmattan, 2002, p. 530。

② 关于欧共体法中共同利益需求的概念,参见 *CJCE*, 27 février 2003, Adolf Truley GmbH, AJDA, 2003. 1228, note Dreyfus。

则即可;上文第363点对此作过阐述。司法判例符合这一观点(比如权限裁定法院1933年7月11日关于梅丽奈特夫人(dame Mélinette)案的裁定,载*Rec*.,p.1237,区分了“专属于公权力或非专属于公权力的职权”),从来不认为法院有权审查国家当局对共同利益的评估情况。但是,宪法委员会在上文第363点所引1986年6月25－26日的裁决中,既呼应上文所引梅丽奈特案判决的提法,又确认:公用事业存在的“必要性源自宪法性原则和规定”,因此,法律有责任在国营部门保留并坚持公用事业。与此相反,最高行政法院认为,“**法国式游戏**”不承担公用事业的任务:参见最高行政法院,1999年10月27日的罗兰案判决,载*RD publ*.,1999,p.1845;赛马协会案判决也是这样,参见最高行政法院,1999年6月7日关于全国马术联合会和杜朗热、福纳罗案的判决第166页。

**地方行政区**的情况则不同,对共同利益的评估要受司法监督。法官若认为地方当局的建议不为公共利益所必需,便撤销该建议(参见上文第151点中关于经济公用事业的判例)。

**366.第四,各个层次的共同利益要求**。政府可以认为,自己有责任满足共同利益的全部需求,而无须个人参与其中。这是因为,人们觉得,有些公用事业比如无利可图的事业,个人是不愿办、办不好的;有些公用事业交给私人承办是危险的,比如:维护公共秩序需要武装力量,而私设民兵是非法的;若干事实上的垄断行业也
307 不能交给私人。于是,此类公用事业需要**垄断专营**。

另一方面,在教育、社会卫生活动等领域,政府可以让私人自由经营,与公用事业一起,为满足同一种需求而竞争。

显然,共同利益的需求是分层次的。其中某些需求占据支配

地位,胜过另一些较为次要的需求,应当首先予以满足。对此,参见下文第 641 点关于成本-收入平衡表案的判例,其中,依据这种需求层次理念,放弃本来属于公共利益的一种经营活动,而致力于法官认为更加必要的另一种事业。

## §3 公法人兴办的公用事业

367.**原则**。根据通行的定义,任何公用事业最终无不隶属于一个**政府机关**。而对于私营经济活动,政府最多只有某种监督权,公用事业则归根结底由政府掌管,政府在舆论面前承担相关责任。这就是为什么所有公用事业,即便它们是法人,也都依附于国家和地方行政区,国家或地方的代表对之行使某种权力,因为公用事业是国家的、大区的、省的或市镇的①。

368.**实施**:(1) **公用事业的设立**。**政府作出决定**是设立公用事业的前提条件,也许是**从零开始**,白手起家,也许由一个私营企业改造而成。

就**国家**而言,设立公用事业的决定只能由**议会**作出。1958 年《宪法》并未批准这一惯常原则。建立公用事业问题没有列入保留给议会的事权范围,但第 34 条所列事项中,有两点较为有利:一是

① J.-F. Auby, *Les services publics locaux* (《地方公用事业》), Berger-Levrault, 1995; L. Richer (sous la direction de), *Droit des services publics locaux* (《地方公用事业法》), éd. Le Moniteur, 1995; G. Quiot, La doctrine et la distinction des SP nationaux et des SP locaux: observations critiques (《法学理论与国家公用事业和地方公用事业的区别:批评意见》), *Mélanges Ch. Hubert*, p. 305; J.F. Lachaume, Participation et services publics locaux(《参与制与地方公用事业》), *Mélanges Moreau*, p. 233。

公立公益机构的创设,二是私营企业的国有化,均属于议会的立法权限。有目共睹,公立公益机构与公用事业相一致,而私营企业国有化可以成为设立公用事业的一种方式。除了采取上述方式之外,目前可由政府通过规章条例来建立公用事业(《宪法》第 37 条),不过,须由议会批给必要的经费拨款。

就**地方公用事业**而言,其建立由地方议会审议决定,但不得超越法律允许的界限。

根据上述分析,有人可能认为,既然必须作出一个建立决定,

308 那么识别公用事业就很容易了。因此,有些作者要把法律的意思变成识别公用事业的标准。可惜,这种设想在事实面前碰了壁,因为建立公用事业绝不是形式上明确无误的。政府很少明文表述设立公用事业的意愿;这种意愿经常被故意掩饰,含而不露,需要从被考虑的活动所服从的准则中推演出来。所以,导致受理有关案件的法官觉得,不知道自己是不是面对着一项公用事业。

369.(2) **公用事业的经营管理**。这是一个至为复杂微妙的问题。应当说,既然在公用事业管理中始终存在着政府的实际权力,管理权也就随之分成若干等级。公用事业可以由政府直接单独经营,也可以委托私法人负责日常经营,政府只介入几个主要环节。在十分必要的情况下,政府也可将对公用事业的"最终决定权",委托给或授予个人,政府仅仅保留对私人经营活动的监督权。

下一节我们还会遇到这些问题。

## 第2节　公用事业的法律制度

370. **统一性和多样性**。我们已经强调过适用于公用事业的法律准则的极端多样性。

关于公用事业和公共管理的最初概念，包括太多的例外，还难以发现其统一性（§1）。然而，仍有几项基本原则，哪怕其日渐弱化，还在公用事业概念中保持着最低限度的统一性（§2）。

### §1　公共管理公用事业的定义再次引起争议

371. **第一，"专门法律制度"**。在公用事业流派看来，这种法律制度是由全部专门适用行政法准则决定的，这些准则是根据任何公用事业的需要构思设计的。公用事业的**职员**受公职法约束，**资产**是国有的，执行的法规是具有执行力的决定和行政契约，其所负**责任**要依照特别准则来衡量。根据这种观念，研究公用事业的法律制度应同时研究被他们视为"公用事业法"的行政法。

372. **第二，沿革**。公用事业的法律制度和行政法之间的关系，过去从来不是绝对相等的，现在也不是完全不对应的。

行政法历来超出了公用事业的范围，尤其适用于维护治安，适用于非公用事业之共同利益活动的若干方面。

从行政法的角度看，公用事业至少部分地摆脱了"专门制度"，309
比如在特许经营制中，政府部门委托某个个人经营公用事业，就使得公用事业的某些方面回到私法领域。再如公用事业主要是工商性公用事业的私营管理问题,传统制度仅仅局限在所谓行政性公用事业(参见下文第559点)方面。所以,人们很得体地进行了下述区分:

373. **第三,行政性公用事业的法律制度**。司法判例用"行政性公用事业"或"具有最高级公用事业性质的公用事业"这种词组,来指那些继续适用例外的法律制度、偶尔采用私营方式(如民事合同、商业契约)的公用事业[①]。

374. **第四,工商性公用事业的法律制度**[②]。对这类公用事业实行相反的原则。它们特别要遵守普通法,但其中可以含有或多或少的公法成分,而且必须含有最低限度的公法成分。

(1) 识别工商性公用事业的标志是什么?有时,法规明文赋予一个公用事业工商性质,这至少在原则上解决了问题。偶尔会发生这种情况:法官断定法律或条例的定性是错误的,而把被错定为"工商性"的公用事业,重新定性为行政性公用事业(参见TC,1968年6月24日的裁定,载*AJDA*,1969,p.311)。当法律未作规定时,判例不是依据某个唯一标准(如公用事业的商业行为),而是依据一个公用事业的活动性质、是否与同类私营企业有相同或相似的"组织方式和运行条件"等全部迹象予以定性(参见TC,1968

---

① Lamarque, *L'application du droit privé aux services publics administratifs*(《私法在行政公用事业中的实施》),1960。

② Bibliographie citée supra, *Adde*, Laroque, op. cir., J.-F. Auby, Le déclin de la spécificité des services publics industriels et commerciaux locaux(《地方工商性公用事业特殊性的衰退》), *AJDA*, 1981, p. 508. J.F. Lachaume, Brèves remarques sur les SP à double visage(《关于公用事业两面性的简要意见》), *RFDA*, 2003, 第362期。

年6月24日关于尔索(Ursot)案的裁定,载 *AJDA*,1969,p.173),法官主要是考虑这种相似性。但是,衡量的标准并不是严格的。1990年7月8日法律力促邮电事业现代化,将过去的政府邮电部门改造为法国邮政局和法国电信局,但该法不想承认这两个公立公益机构的工商性质,尽管它们的部分制度属于私法范畴①。没有严格的衡量标准,导致某些作者质疑行政性公用事业和工商性公用事业的区分原则②。但标准不严并不是区分二者的人为法特征。

(2) 工商性质具有多个**层次**,均须不同程度地服从私法。一 310
般情况下,除若干领导人之外,公用事业的职员都是雇佣劳动者,受劳动法管辖。公用事业与用户和顾客之间的关系,原则上取决于民事合同或商业契约。即便合同、契约中含有超出普通法范围的条款,也改变不了这种关系的性质(参见下文第438点)。原则上私法也适用于公用事业同供货人之间的合同;但是,与公用事业同用户之间的合同迥异,若与供货人之间的合同中含有超出普通法范围的条款,就会带来行政性质(参见 CE,1973年1月19日关于桑特河案的判决,载 *AJDA*,1973,p.383)。最后,责任问题受私法支配。有时,议会希望企业完全服从私法管辖,遵守适用于私营

---

① Sur cette réforme: J. Chevallier, La mutation des Postes et Télécommunications (《邮电事业的变迁》), *AJDA*, 1990, p. 667; L. Rapp, France-Télécom entre service public et service privé, ou la tentation de Madrid (《介乎公私部门之间的法国电信业:马德里协定的倾向》), *AJDA*, 2004, 第579期。

② F.-P. Benoit, *Droit administratif* (《行政法》), p. 803 et s.; P. Sandevoir, Les vicissitudes de la notion de service public industriel et commercial (《工商性公用事业概念的变迁》), *Mélanges Stassinopoulos*, 1974, p. 317。

企业的所有法规，尤其在财务和会计方面。此类机构通常保持着**国营企业**的名称。在万般无奈的情况下，正如人们所见到的，国营企业也可以摆脱任何公用事业的管理方式。

(3) 在工商性公用事业的管理体制中，公法占有一定地位。领导机构的资格待遇、公用事业可以使用的公共资产和公权力特权（如征用财产）以及必须服从的监督通常适用公法。公用事业领导人所拟订的规定制度，如果涉及公用事业的组织结构，涉及使用公权力的问题，那便是行政行为（参见 TC，1968 年 1 月 15 日关于法国航空公司与巴尔比埃夫妇案的裁定，载 *GAJA*，n°87）。

此外，负责经营公用事业的机构的法律性质对管理体制中的私法部分影响巨大：若工商性公用事业是官办的，没有自己的独立资格，则影响还是较小的；若是明确委托给个人经营，则私法成分便会增长；若是委托给私法人经营，私法成分就更大了，人们对公用事业特许经营契约中规定的行政性质也会持保留看法。

375. **第五，结论**。总而言之，如今谈到公用事业的法律制度，人们只能用下面这句笼统的惯用语来表述：说人们面对一个公用事业，这就是承认，支配该项活动的法律制度构成公法中追求预期目的所需要的那个部分。这就是所谓“手段与目的对称”的原则，这一原则有时被说成是公用事业的特征（参见 Latournerie，*EDCE*，n°14，p.120）。然而，正是根据这一原则，增强了公用事业整个法律制度中公法准则的重要性，却丝毫不能使公用事业的性质明确起来。而且，有些属于共同利益的私营活动，的确不具备公用事业性质，但却部分地归公法管辖（参见上文第 270 点）。

显然，“公用事业”一语现在不再能够确切解释一种法律制度。

## §2. 公用事业的基本原则

我们刚刚指出的那种不确定性中，是否还存在一些为任何公 311
用事业所共有、且为公用事业本性所固有的基本原则呢[①]？

这种原则确实存在；它们与公用事业的目的性紧密相连，目的性仍然是公用事业概念的要素，这便是：从两个方面维护共同利益，即维护集体利益，满足私人活动不能予以满足的个人需要。而为了完成这一任务，行政性公用事业的行动是严格的、坚决的，工商性公用事业则是游移不定的。这种原则还同公用事业的**连续性**、**对新形势的适应性**和**平等性**这三种观念联系在一起。

376. **第一，公用事业的连续性**[②]。按照定义，公用事业须满足共同利益的需要，而共同利益的满足是不能中断的，任何中断都可能导致集体生活的极度混乱。司法判例已经提出了**公用事业连续性**的原则；据此，不容许公用事业的运行无故中断。按照这项原则，人们又重申了若干迥异的人为法准则：在**行政契约**方面，对共同签约人的时限要求十分严格，任何延误都有使公用事业瘫痪的危险，为此特别提出了不可预见理论(参见下文第 452 点)；在**公职法**中，当公职人员提出辞呈而尚未获得批准以前，不得擅离岗位，这使上级机关有机会派员顶岗，避免工作停顿。但是，贯彻连续性

---

① D. Truchet, L'idée d'un corps de règles commun aux SP s'imposera (《编纂公用事业共同准则大全势在必行》), *AJDA*, 2004, 第 116 期。

② J.-P. Gilli et divers, La continuité des services publics (《公用事业的连续性》), 1973。

原则主要牵涉到**公职人员的罢工权**问题[①]。这一原则与罢工权长期不相容。在1946年《宪法》颁施后、法律尚未作出有关规定时，最高行政法院一方面承认，应将罢工权同公用事业的连续性协调起来；另一方面认为，政府有权用规章条例来进行这种协调（参见CE，1950年7月7日的德亚内案判决，载*GAJA*，n°66）。当罢工不再仅仅是通过雇员停止工作来削弱获利的私人雇主的经济利益（这是自由社会常见的），而是中止某项为所有人生活所必需的公用事业的运行（如电力、公共交通）而损害罢工所针对的整个集体时，国家的统治权实际上就中止了。因此，1963年7月31日法律[②]对所有公用事业有一条共同的最低要求：禁止"循环式"罢工，以免轮流危害一项公用事业的不同环节，扰乱其运行。该法要
312 求发动罢工的工会，必须在每次罢工预定日期前至少五天向主管机关申报。连续性原则至少须从理论上进行重新评价。宪法委员会认可连续性原则的宪法效力，同时强调应对之重新评价（参见1979年7月25日裁决，载*AJDA*，n°9，p.46，A.勒格朗（A.Legrand）解释，载*AJDA*，1980，p.191）。

377. **第二，改变公用事业制度的可能性**[③]。共同利益随着时

---

① Cf. *RFDA*, La grève dans les services publics（《公用事业中的罢工》），colloque de Montpellier，1988，n°5，p. 805。

② Mathiot，La loi du 31 juil. 1963（《1963年7月31日法律》），*AJDA*，1963，p. 595；Gilli，La loi anti-grève（《反罢工法》），*D.*，1964，chron.，p. 81；Touscoz，*DS*，1964，p. 20；《Vers l'extension du service minimum dans certains services publics》（《某些公用事业部门最低运行保障率的逐步推广》），*AJDA*，2003，第2288期。

③ J.R Markus：Le principe d'adaptabilité：de la mutabilité au devoir d'adaptation des SP aux besoins des usagers（《适应性原则：公用事业满足用户需要之职责的可变性》），*RFDA*，2001，p.589。

间的推移而变化,公用事业的制度必须能够根据共同利益的要求而演进,无论是公用事业的职员,还是用户,都不能利用自己的既得权利,始终维持与公用事业建立关系时确定的现行地位(比如,关于电视播送清晰度的变化,参见 CE,1961 年 1 月 27 日的瓦尼埃案判决,载 *Rec*.,60)。公用事业产品价格的提高,会直接转嫁到**用户**身上,即便用户与公用事业提前预订了合同也得涨价,除非事先约定遵守不追溯既往原则(参见 CE,1948 年 6 月 25 日关于《晨报》员工协会案的判决,载 *GAJA*,n°63)。公用事业的**职员**必须驯顺地接受自己地位的任何变迁;从理论上说,当公用事业被撤销或改组时,若职员的工作岗位消失,他们可以被辞退。至于政府部门的共同契约人,若政府单方面改变他们的职责,须给予金钱补偿,这是"行政契约外行为理论"提出的一项原则(参见下文第 451 点)。不过,有可能使一个公用事业重新变为私营企业,这还是会给雇员造成严重后果。

378.**第三,公用事业面前人人平等**。这项原则只是公民在法律面前、政府面前一律平等普遍原则在公用事业领域的落实,无疑具有重大意义。然而,这项原则并不表明,情况不同的企业就应当服从不同的制度,可参见最高行政法院 1997 年 3 月 28 日关于巴克斯特(Baxter)案的判决,载 *Rec*.,p.114。按照平等原则,公用事业对所有用户[①]同样负责,也可以要求用户同样付酬。任何人一

① J. Carbajo, Remarques sur l'intérêt général et l'égalité des usagers devant le service(《评共同利益与公用事业面前用户的平等》), *AJDA*, 1981, p. 176; sur la situation de l'usager en général: M. Waline, De la situation juridique de l'usager d'un service public (《谈公用事业用户的法律地位》), *Rev. crit*., 1933; dans les services industriels et commerciaux:

旦符合法定条件,便有权获得公用事业提供的各项服务,不得对用户有任何歧视,不得因用户地位不同或共同利益要求不同而导致服务价格不同(参见 CE,1974 年 5 月 10 日的德努瓦耶(Denoyer)案判决,载 *AJDA*,1974,p.311;1987 年 12 月 2 日在罗曼维尔(Romainville)镇案判决,载 *RFDA*,1988,n°3,p.414)。关于滥用支配地
313 位来强行规定价格的实例,请参见最高行政法院 2002 年 7 月 29 日的塞热丹(Segedim)案判决,载 *AJDA*,2002,第 1072 期,由尼善斯基(Nicinski)解释。但是,一所音乐学院可以根据使用者或其家庭的收入情况,合法地规定不同价格(参见 CE,1997 年 12 月 29 日关于日内维利埃(Gennevilliers)案、南太尔镇(Nanterre)案的判决,载 *AJDA*,1998,第 102 期)。关于严重违反平等原则的实例,请参见最高行政法院 1999 年 10 月 13 日关于法国航空公司诉巴黎机场案的判决,载 *AJDA*,2000,p.86(关于调整机场使用费问题)。另一方面,公用事业实际活动诸如营业时间等事项的调整,所有用户均可参与意见,最高行政法院提醒人们注意此事(参见 1969 年 6 月 25 日的万桑(Vincent)案判决,载 *AJDA*,1969,p.566)。司法判例还将平等准则扩大到对待公用事业合作者的态度上(参见 CE,1951 年 3 月 9 日关于音乐学院合唱协会案的判决,载 *GAJA*,n°68)。

不过,经济类公用事业有可能根据各个消费者的个人情况,依

---

Laroque, *Les usagers des services publics industriels* (《工业公用事业的用户》), 1933; Cocâtre-Zilgien, *L'usager du service public industriel et commercial* (《工商性公用事业的用户》), *RTD com.*, 1959, p. 265; Le principe d'égalité (《平等原则》), Rapport public du CE, *EDCE*, 1997; M. Long, Discrimination positive et accès à Sciences-Po Paris, *AJDA*, 2004, 第 688 期; C. Deffigier, Protection des consommateurs et égalité des usagers dans le droit des services publics (《对消费者的保护与公用事业法中的用户平等》), *RDFA*, 2003, 第 772 期。

据普通商业准则,加以区别对待;但是,情况相同的那些消费者,可以按照宪法委员会和最高行政法院的平等原则作出的一般解释,要求得到自己应得的利益。

毫无疑问,欧共体法院会谴责这种税费歧视:请参见欧共体法院,2003年1月16日关于欧盟委员会诉意大利、比利时两案的判决,载*Dr. adm.*,2003年3月,n°56,由巴尔顿解释。

## 第3节 公用事业与欧共体法

379.**公用事业必须适应欧共体法**。如所周知,几十年来,公用事业面对着"经济、社会和意识形态的不断变化"①,并不总是能够与之相适应。

目前,公用事业正在经受新的考验:适应欧共体法律准则②。

---

① 不妨重提最高行政法院1994年公报中的说法:"公用事业,各种公用事业:正在衰退还是复兴?"见*EDCE*, n°46, 第15页等。

② L. M. Mestre, Le régime juridique du service public en droit communautaire (《欧共体法中公用事业的法律地位》), *LPA*, 2 août 1995; N. Belloubet-Frier, Service public et droit communautaire (《公用事业与欧共体法》), *AJDA*, 1994, p. 270; M. Bazex, L'appréhension des services publics par le droit communautaire (《欧共体法对公用事业的理解》), *RFDA*, 1995, p. 295.; F. Hamon, La notion de service d'intérêt économique général (《共同经济利益事业的概念》), note sous *CJCE*, 19 mai 1993, *AJDA*, 1993, p. 865; J.-Y. Cherot, L'article 90, § 2, du Traité de Rome et les entreprises de réseau (《罗马条约第90条与连锁企业》), *AJDA*, 1996, p. 171; *Droit administratif et droit communautaire* (《行政法与欧共体法》), *AJDA*, numéro spécial, juin 1996; R. Kovar, Droit communautaire et service public: esprit d'orthodoxie ou pensée laïcisée (《欧共体法与公用事业:要正统教义还是要世俗思想》), *RTD eur.*, 1996, nos 2 et 3; J.-L. Clergerie, L'Union européenne et les SP (《欧洲联盟与公

314 确实,“公用事业”这个提法已载入《关于共同运输政策的协定》第73条①。不过,该协定第86-2条又使用了**共同经济利益事业**这个概念,可以视之为同公用事业概念十分近似②,主要是个措辞问题。

况且,在该协定开头列举的各项“原则”中,《阿姆斯特丹条约》第16条强调共同经济利益事业今后在促进欧洲联盟社会、领土一致性方面的重要作用。

除了“法国式”公用事业概念和共同经济利益事业概念之外,欧共体法还使用(如在邮政、电讯方面)“通用事业”一语,我们可以将它定义为以适中价格及合理品质向欧共体广大民众提供基础性

---

用事业》), *Rev. adm.*, 1998, n°305, p. 639. F. Moderne et G. Marcou: *L'idée de SP dans le droit des États de l'Union européenne* (《欧盟各国法律中的公用事业概念》), L'Harmattan, 2001, p.415; M. Long: SP et réalités économiques du 19ᵉ siècle au droit communautaire (《欧共体法中19世纪的公用事业和经济实况》), *RFDA*, 2001, p. 1161; Y. Gaudemet, Le service public à l'épreuve de l'Europe: vrais et faux procès (《经受欧洲考验的公用事业:真假争端》), *Mélanges Jeanneau*, p. 473; M. Lombard, Service public et service universel, ou la double inconstance (《公用事业与通用事业,或双重的不稳定》), *Mélanges Jeanneau*, p.507; Un livre vert de la Commission sur les services d'intérêt général (《共同利益事业委员会的绿皮书》), *Dr. Adm*, juil. 2003, n°159; 关于欧盟委员会发起的对共同利益事业的辩论,参见 *AJDA*, 2003, 第1086期和2004年5月12日的白皮书。

① 协定第73条是:“本协定容许对协调运输业的各种需要予以资助,并补偿公用事业概念中固有的某些使用费。”

② K. Lenaerts: Les services d'intérêt économique général et le droit communautaire (《共同经济利益事业与欧共体法》), *RFDA*, 2001, p. 1161; E. Honorat: La notion d'intérêt économique général dans la jurisprudence de la *CJCE* (《欧共体法院判例中共同经济利益事业的概念》), *EDCE*, n°50. p. 387; Champeil-Desplats: Services d'intérêt économique général, valeurs communes, cohésion sociale et territoriale (《共同经济利益事业:共同的价值观及社会和国家的团结一致》), *AJDA*, 1999. p. 959; La notion d'entreprise chargée d'un service d'intérêt économique général et la concurrence (《承担共同经济利益事业之企业的概念与竞争》), *AJDA*, 2000, chron, p. 320。

服务的事业。

但是,作为欧洲联盟经济活力源泉之一的竞争原则,适用于共同经济利益事业。上述运输业协定肯定了竞争原则,其第 86－1 条明确规定:“各成员国对国营企业和享有特别权利或专营权的企业,既不得制定,也不得维持任何与本协定各项准则,尤其是与第 12 条和第 81 至 89 条各项准则相抵触的措施。”

于是,一个重要问题提了出来:究竟什么是共同经济利益事业?也就是说,什么是受这种规定支配的法国公用事业?可以断言,这不是代表国家政权职能的事业(人们经常用“属于国家权力的事业”熟语来指那种事业),不是体现国家团结一致即举国一致的事业(如社会保险体系)。

除了代表国家政权职能、体现举国一致的公用事业之外,其他一切公用事业,即“企业公用事业”,都必须公开竞争。欧共体法的这一新思想,使我们一向赞成的若干观念再次受到质疑;试图让若干公用事业(比如源自解放后国有化运动的公用事业)保持垄断地位的想法更是引起争议。应当着重指出,根据这一观点,欧共体法对国营企业和私营企业几乎不加区别,原则上它们统统是公开竞争的企业。法国当局一度打算将公用事业的法国概念“宪法化”, 315
以防止欧共体法的不良影响。

欧共体法日甚一日地迫使我们**思考竞争环境下的公用事业**。这一新情况涉及面相当广。与私营企业相比,公用事业所特有的目的性现在成了问题。

再者,此事十分重大。《罗马条约》第 86－2 条规定,对那些管理共同经济利益的公用事业或具有财政专营性的公用事业而言,竞争规则应当灵活一些。因为,“它们在执行竞争规则时,不得妨碍它们完成法律上或事实上已被赋予的特别任务。”欧共体法院在科尔博(Corbeau)案件中也明确表达了这个意思①。简言之,一个法国公用事业要想摆脱竞争规则,必须说明,若是参加竞争,不仅会使自己更难完成任务,而且可能遭遇不可逾越的障碍,实际上会使任务不可能完成②。

380. **欧盟指令指示的引入**。近几年,法国接到布鲁塞尔欧盟各机关的一些指令指示,要求某些重要经济领域开放竞争。这迫使法国重新考虑若干重要公用事业的垄断专营问题。

1997年12月15日,欧盟发来了关于发展邮政业内部市场、改善服务质量的指示。按照马蒂娜·龙巴尔③(Martine Lombard)的说法,这“结束了直到那时还占优势的邮政垄断与邮务公用事业之间的同一性”。这个指示规定,将逐步减少“保留领域”④。

欧共体关于电信业的指示是1997年6月30日作出的,而法国1996年7月26日关于电信业管理的法律就提前作出了准备⑤。

---

① CJCE, 19 mai 1993, 保尔·柯伯案判决 *AJ*, 1993, p. 865, note F. Hamon, précitée; CJCE, 23 oct. 1997, 欧盟委员会诉法国案判决 *AJDA*, 1997, 991, note Hamon。

② 参见上文所引 CE 报告,p.46。

③ M. Lombard, Service postal communautaire, commentaire de la Directive (《欧盟邮政业:欧盟指令述评》), *AJDA*, 1998, p. 716.

④ 自1997年起,350克重量以上的邮件开放竞争;2003年1月1日起,100克以上的邮件开放竞争;到2009年全部实现自由化。

⑤ H. Maisl, La nouvelle réglementation des Télécommunications, commentaire de la loi du 26 juillet 1996 (《电信业的新规章:释1996年7月26日法律》), *AJDA*, 1996, p. 762. 关于电话起首号码的分配,参见 CE, Ass., 1988年6月26日判决,载 *AJDA*, 1998, p.565。

目前,支配欧盟电信业管理的,一是2002年3月7日关于确定电信管辖新范围的指示,一是2002年9月16日关于电信网和电信业市场开展竞争的指示。法国2003年12月31日"关于电信公用 316
事业的职责和法国电信公司"的法律,给**电信通用事业**下了定义,并制定了业内竞争规范。该法还规定,"法国电信企业服从适用于有限责任公司的那些法律准则,但这些准则不得与本法相抵触。"经2004年3月3日法令批准,法国电信从国营部门转入私营部门。自此,每个人天天都会看到,这一规定将给法国的电话业务造成什么样的后果!

1996年12月19日关于电力的指令和1998年6月22日关于天然气的指令,对能源部门的问题作了规定。这两个指令已被废除而代之以2003年6月26日的两个指令。

上述关于电力的指令,曾经引起法国电力公司工会的强烈反对,他们试图捍卫企业的"垄断"地位;同时,在法国议会也引发了激烈辩论。这个指令是同2000年2月10日"关于电力公用事业现代化和发展"①的法律一起生效的,2003年1月3日"关于煤气、

① L. Richer的解释见*AJDA*, 2000, p. 239;又见:F. Hamon, Le marché intérieur de l'énergie: les directives électricité et gaz naturel (《能源内部市场:电力和天然气指导方针》), *AJDA*, 1998, p. 851; A. Fiquet, Vers une réconciliation entre l'Europe et les services publics: l'exemple de l'électricité (《欧洲与法国公用事业走向和解:以电力为例》), *AJDA*, 1998, p. 864; P. Lombart, 《Le service public du gaz sous les feux de l'actualité juridique》(《舆论关注下的煤气公用事业》), *AJDA*, 1998, p. 873; Livre blanc sur la future organisation électrique française (《法国未来电力结构白皮书》), *CJEG*, avril 1998; Ch. Nicolas: Le droit nouveau de l'énergic: la transposition des directives Électricité et Gaz de France (《法国电力煤气指导方针的转换》), *D.*, 2000, chron, p. 463; F. Robbe: L'ouverture du marché de l'électricité et l'adaptation du SP (《电力市场的开放和公用事业的对策》), *CJEG*, juin

电力和能源公用事业的市场”的法律第七章对该法做了修改。该法利用欧盟关于逐步开放电力竞争的指令所提供的机会,在减少垄断方面仍比欧盟其余地区进展缓慢。依法设立了电力调整委员会(CRE)①。输电网仍由法国电力公司专营,它可以通过合同,授予第三者使用权(参见 2004 年 4 月 30 日关于购买电力转卖给特选顾客的法令)。

到 2004 年 7 月 1 日,电力市场开放将达到 70%,按规定 2007 年全部开放。

布鲁塞尔委员会严厉批评了法国电力公司的国营企业地位,指责它不仅享受不正当的税收优惠,而且由于国家的企业借款担保(参见 *AJDA*,2002,第 1044 期),使得该公司投资条件优越。对电力公用事业的费用补偿是由 2004 年 1 月 28 日法令规定的(参见 *AJDA*,2004,第 241 期)。

317 法国政府曾经作出一个原则性决定:改变法国电力公司和法国煤气公司的所有制。由于遭到公司工会的激烈反对,对改变其身份的法律草案审议活动经常拖延。

至于法国煤气公司,欧共体 1998 年 6 月 22 日的指令,到 2003

---

2000. p. 211 M. L. Basilien-Gainche: Le SP de l'électricite: entre ouverture du marché et ouverture du capital (《电力公用事业:处于市场开放与资本开放之间》), *RD publ.*, 2002, 第 1769 期, G. Chavrier, Le SP de l'électricité est-il menacé? (《电力公用事业受到威胁了吗?》), *Dr. adm.*, oct. 2002. p. 10。

① S. Braconnier, La régulation des services publics (《公用事业的调整》), *RFDA*, 2001, 第 43 期; v. également: *AJDA*, 2003, 第 2120 期; T. Tuot, Régulation du marché de l'électricité: une année de règlement de différends (《电力市场的调整:解决纷争的一年》), *RFDA*, 2003, 第 312 期。

年1月3日法国通过“关于煤气、电力和能源公用事业”的法律时才一并生效。其间,法国曾遭到欧共体法院的谴责(2002年11月28日)。该法规定了煤气在运输、分配、供应、储存等环节的竞争①。

铁路运输分为货运和客运。

就货运而言,法国2003年3月7日“关于国家铁路网使用办法”的法令,采用了欧盟2001年2月26日的2001/12号、2001/13号和2001/14号指示②;人们以少有的简洁称这三个指示为“第一个铁路运输一揽子计划”。负责管理整个国家铁路网的法国铁路公司,必须保证任何企业都能进入法国铁路网,不得有任何歧视。为此,法令第29条确定了对铁路活动的监督程序。自2008年起,所有铁路企业均可进入整个铁路网。

至于客运,按照所谓“第三个铁路运输一揽子计划”(原文如此)*,到2010年1月1日,任何国际企业均可参与竞争。

这个“第二个铁路运输一揽子计划”(再说一遍:原文如此),力求使贯穿欧洲大陆的铁路系统相互之间可以操作,并成立一个欧洲铁路协调处(载*AJDA*,2004,第624期)。

关于给公用事业的债务以补助的问题,欧共体法院现在认为,补助不再是国家的一种支持,请参见欧共体法院2003年7月24

---

① 对2003年1月3日法律的分析,参见:S. Nicinski et P. Pintat, La libéralisation du secteur gazier (《煤气行业的自由化》), *AJDA*, 2003, 第223期。

② L. Gauthier, L'accès des tiers au réseau ferroviaire français (《第三方进入法国铁路网》), *AJDA*, 2003, 第1441期。

* “原文如此”系作者原注。——译者

日关于 Altmark Trans Gmbh 案的判决，载 *AJDA*，2003，第 2409 期，由罗德里格（Rodrigues）解释①。至于面对欧共体法的公用事业资金筹措问题，参见 *AJDA*，2004，第 1011 期。

① v.: S. Laget, Les pouvoirs du juge national et les《aides》non notifiées à la commission（《国家法官的权限与未通知欧盟委员会的"资助"》），*AJDA*，2004，第 298 期。

# 第二章　公用事业的管理方式

381.**概览**。在正统的自由国家，公用事业首先是由本书第一卷第一、二编所分析的政府部门，即国家和地方行政区，通过其所辖部门即**官办机构**来进行管理。 318

19世纪下半期，出现了一些具有法人资格的**公立公益机构**，即公法法人负责管理规定的公用事业（参见上文第218点等）。同时，公法人借助**公用事业特许经营制**，通过签订契约，将某些公用事业委托给个人管理。

概括起来，大致有这样几种情况：

(1) 若干公用事业越来越经常地不经签约即委托给私人管理。我们在本书第一卷的副二卷已对此作过论述。

(2) **公用事业委托经营**①。我们上文刚刚谈到，许久以来，在

① J.-C. Douence, Les contrats de délégation de service public（《公用事业委托经营契约》），*RD publ.*，1993，936；J.-F. Auby, La délégation de service public: premier bilan et perspectives（《公用事业委托经营：小结和展望》），*RD publ.*，1996，第1095期；N. Symchowicz, La notion de délégation de service public, *AJDA*，1998，第195期；J.-C. Douence et Ph. Terneyre, Marchés publics et délégation de service public（《公用事业委托经营的概念》），*RFDA*，1995，第971期；-Dossier: la délégation de service public（《资料：公用事业委托经营》），*AJDA*，sept. 1996；-La gestion déléguée du service public: dossiers et documents de la RFDA（《公用事业委托经营：*RFDA* 的档案资料》），1997，supplément au n° 3；S. Duroy, La remise en cause anticipée des délégations de SP, *AJDA*，2003，第872期；Y. Delaire, La

行政实践中就允许将公用事业委托给私法法人管理。比如,除了特许经营的公用事业之外,公产租赁业以及有关的官办专卖企业就是如此。1992 年 2 月 2 日关于共和国地方行政管理的法律和 1993 年 1 月 29 日关于反贪防腐的法律(俗称《萨潘法》),已经在**公用事业委托经营**的名义下认可了这种办法①。

按照 2001 年 12 月 11 日法律的规定,"一份公用事业委托书
319 就是一个契约,公法法人通过契约,将自己负责的公用事业委托给公法受托人或私法委托人管理,受托人的报酬大体上与其经营该公用事业的效益挂钩。"②

在这个法律通过以前,司法判例就已经表达了这种意思③。

---

délégation des SP locaux(《地方公用事业的委托经营》),Berger-Levrault,2002,p. 277;D. Moreau,Pour une relativisation du critère financier dans l'identification des délégations de SP(《公用事业委托经营识别中财政标准的相对化》),*AJDA*,2002,第 1418 期;J. D. Dreyfus,Associations et délégations de SP(《公用事业的协作和委托经营》),*AJDA*,2002,第 894 期;D. Moreau,Les risques de requalification des subventions aux associations en marchés ou en délégation de SP(《给公用事业合作经营或委托经营重新确定国家补助金的风险》),*AJDA*,2002,第 902 期;M. Ubaud-Bergeron,Loi Murcef:la définition législative des délégations de SP(《穆尔舍夫法:公用事业委托经营的法律定义》),*JCP*,2002,I. n°127,p. 707。

① 1993 年 1 月 29 日的《萨潘法》已经被七个法律(其中有 2001 年 12 月 11 日的《穆尔舍夫法》)和三个法令修改!

② L. Rapp:Faut-il vraiment définir l'ensemble des DSP?(《真该给公用事业委托经营下定义吗?》),*AJDA*,2001,p. 1011;J.-D. Dreyfus:《La définition légale des DSP》(《公用事业委托经营的法律定义》),*AJDA*,2002,p. 33。

③ F. Llorens:《Remarques sur la rémunération du co-contractant comme critère de la DSP》(《对以共同签约人领取酬金作公用事业委托经营识别标准的看法》),*Mélanges Jean Waline*,p. 301;J.-C. Douence:Observations sur l'application à certains contrats de la distinction entre marchés et délégations fondée sur le mode de rémunération(《关于依据是否给予酬金来区分合作经营和委托经营的考察》),*RFDA*,1999,p,1134。

关于公用事业的委托经营与承包经营之间的区别，请参见最高行政法院1996年4月15日关于罗讷河口省省长朗贝斯克镇案的判决，载*AJDA*，1996，第729期；1999年6月30日关于塞纳河和马恩河中下游家庭垃圾处理联合会案的判决，载*AJDA*，1999，p.714，佩里卡尔（Peyrical）解释。夏日海滨浴场特许经营同样也是公用事业委托经营，请参见最高行政法院2000年6月24日关于“约瑟夫”海滨浴场有限责任公司和海滨浴场餐馆全国联合会案的判决，载*RFDA*，2000，p.797。高速公路上按合同执行紧急抢修、除障、排污等公用事业任务，也属于公用事业委托经营，请参见最高行政法院2000年3月22日的拉索尔斯夫妇（Époux Lasaulce）案的判决，第127页。若想知道在何种情况下才能将停车场这种公用事业委托经营，请参见德雷弗斯（Dreifuss）先生的《停车场与公用事业委托经营》，载*AJDA*，2001，p.129。判例同样已经承认，一个公立公益机构也可以成为公用事业委托经营的候选单位，请参见最高行政法院2000年10月16日关于地中海沿岸水利开发公司案的判决，载*RFDA*，2001，p.106，贝扎尔（Bergeal）审理。

关于委托经营合同的签订，1993年1月29日法律要求，必须公开宣传，向多个竞争者展示。但是，一个地方行政单位可以在不违背竞争规则的前提下，让若干申请经营公用事业的候选者修改其投标额，以便满足招标书中提出的要求（如科西嘉岛的航空交通工程）。对此，请参见最高行政法院2003年3月14日关于Air-lib航空公司案的意见，载*AJDA*，2003，第1052期，J. D. 德雷福斯解释。对于委托经营合同的签订程序，只有那些表达过签约意愿、递交过候选资格材料的人才有权提出异议（参见CE，2000年3月29

日关于瓜德罗普职业汽车搬运工人总工会案的判决,载 *RFDA*, 2000, p.700)。公法人(该法第38条)须仔细审查竞标者提出的职业保障和资金保障措施以及它们有无能力确保公用事业的连续性和用户的平等性,在此基础上,自由选择候选者进行谈判。该法还要求,根据国家给受托者拨付资金和设备折旧的情况,限定委托经营合同的有效时间;有效期最多只能按照共同利益的需要延长一年。国家部委的一个政令,可将大型娱乐公用事业的委托经营合同期限制在18年以内。对此,请参见最高行政法院2003年10月3日关于拉马图艾尔(Ramatuelle)镇案的判决,载 *Contrats MP*, 2003, comm.235,由G.埃克特(G.Echert)解释。

320 普通法官不能评价一个公用事业委托经营合同的效力。对此,请参见法国最高法院2003年2月11日关于投资管理信托公司诉莫拉利(Moralis)先生案的公报,载 *AJDA*, 2003,第469期。

(3) 公立公益机构不再是公用事业管理的唯一方式,它的作用正在扩大并多样化(参见上文第223点)。

(4) 与公立公益机构不同的一些机构,诸如国有公司、国营企业等,正在日渐增多,其中有些机构承担着属于共同利益,但不具备公用事业性质的若干任务(参见上文第242点)。

在公用事业的所有管理方式中,应当阐述一下传统的管理方式:官办公用事业(第1节),特许经营的公用事业以及本书第一卷已经作过某些研究的其他公用事业。

## 第 1 节　官办公用事业

382. **共同特征**。实际上，官办是最重要的方式，承担着主要公共任务的传统行政管理就是按照这种类型构建起来的。

(1) **官办公用事业不是明确的法人**。它们所属的国家、大区、省或市镇，才是其经营活动的权利、职责所有者。公共工程承包商不是跟国营桥梁公路工程公司签订承包合同，而是通过桥梁公路工程公司跟国家签订合同；必须强调说明这一点，因为日常用语中往往混淆不清。

(2) 从**组织机构**的视角看，官办公用事业直接依附于它所属的各级政府。就国家而言，它们是设置于各省的部属公用事业(参见上文第 79 点)。其职员的上级领导是部长，而在大区和省一级，大区长和省长构成了权力"中继站"。治安机构尤其如此。至于市镇、大区和省上的官办公用事业，则由相应各级议会和执行机关负责领导。

(3) 从**财政**的角度看，官办公用事业没有任何独立性。它们运行所需的经费，均由各级权力机关在开支总预算中预先作了安排。它们倘有收入，随即归入预算收入总额中，所有开支都得从中提取。

(4) 上述原则也有一些例外：在地方各级行政区，"官办"一词有时指那些没有法人资格的公用事业，有时指那些虽无法人资格但却有财务自主权的公用事业，有时甚至是一些拥有法人资格的公用事业。

321 383.**主要类型**。大致有两个**变种**。正常情况下,官办公用事业都是**行政性公用事业**。因此,行政法的一切准则、程序都适用于它们。它们的职员是公务员;它们执行的法规,或者是单方面的行政决定,或者是行政契约,借助于私法契约的情况只是例外;它们的业务是公共工程,它们依据行政法承担责任,它们的诉讼由行政法院管辖。对此类官办公用事业的研究,出现于行政法多个章节条目中。

作为例外,官办方式也适用于**工商性公用事业**[①],在地方行政区尤其如此。在此类官办机构,上文所述的那些准则就发生了若干变化:它们没有财务自主权,却可以自己独立负责,可知其盈亏消长,而它们处理与供货商、与用户的关系,则适用私法。

我们下面将阐述官办机构可以经营的公用事业(这是普遍情况),可以进行的治安管理(参见上文第 347 点),以及对负责共同利益的私营活动的援助和监督。

---

① Delion, Les services industriels en régie de l'État(《国家官办工业公用事业》), *DS*, 1963。

## 第2节 公用事业的特许经营

### §1 一般性质①

384. **第一,定义**。公用事业特许经营是公用事业的一种管理方式;借助这一方式,公法人作为特许权所有者,通过签订契约,让一个私法人,即受权经营者,在一定期限内,运营公用事业,同时承担一切相应责任,并利用经营权从用户方面获取报酬。关于特许经营契约的性质,参见下文第388点。

这个定义尚需作下述阐释:

(1) 应当将公用事业的特许经营从五花八门的特许经营行为中识别出来;单是一种行政用语不足以确切表达五花八门的经营方式,便都用了**特许**一词。公用事业的特许经营与大多数特许经营(诸如公墓特许经营、公产特许经营、矿业特许经营,等等)的根本区别在于,唯有它是一种**公用事业**管理方式。

而就公共工程的特许经营而言,差别倒是小得多,只是管理方 322

① Blondeau, *La concession de service public* (《公用事业的特许经营》), thèse, Grenoble, 1929; Comte, *Essai d'une théorie d'ensemble de la concession de service public* (《公用事业特许经营概论》), thèse, Paris, 1934; A. de Laubadère, *Traité des contrats administratifs* (《论行政契约》), 2[e] éd., 1984; G. Dupuis, Sur la concession de service public (《公用事业的特许经营》), *D.*, 1978, chron. p. 222; Bettinger, *La concession de service public et de travaux publics* (《公用事业和公共工程的特许经营》), 1978。

式有所不同。公共工程也是一种公用事业,但受权经营者不仅要使这项事业运行起来,而且要事先自己垫资修造为启动该项事业所必需的公共建筑。显然,为了管理公用事业,受权经营者可能要承担各种费用,最初的设施投资只能逐步收回;而在特许期结束时,建筑物将无偿交给特许权所有者。这就是为什么给予公共工程特许经营的期限总是很长。铁路网、大部分有轨电车设施,都采取此种经营方式。目前,这种方式也用于收费高速公路和地下停车场的建造和经营①。

不需要修造专门公共建筑物的公用事业,比如公共汽车交通网,那就是纯粹的公用事业特许经营。

(2) 在传统的特许经营理念中,公共事业的管理原则上委托给**私人**,也许是个人,经常是公司,它们继续保持原先的私法法人性质和地位。这使它们与官办公用事业和公立公益机构迥然不同,壁垒分明;后两者是公法人直接经营管理的公用事业。

但是,特许经营并非私法法人管理公用事业的唯一方式,还有:

① 合约管理方式,缔约双方当事人的权利和责任跟在特许经营中不同②。传统的例证有**租赁经营**和**求利官办**。租赁制在实践中很少见,有些市镇为了向商人征收商场、集市的摊位税,也往往采用承租人包税的办法。在求利官办制中,个人或称代办人的报

---

① B. Genevois: La distinction entre concession de SP et Marché de TP(《公用事业特许经营与公共工程合同的区别》), *CJEG*, 2001, p. 179。

② J.-C. Douence, Les contrats de délégation de service public (《公用事业委托经营合同》), *RD publ.*, 1993, p. 936 et supra, n°263。

酬，不是该项事业的经营利润，利润统统归公法人所有；而是根据其经营管理的效益，从可预测的收入中提成[①]。较晚的一些实例是，政府部门跟某些个人签订合约，委托他们"真正履行"公用事业一方的职责，条件是给予一份报酬(参见CE，1956年4月20日的伯尔丹(Bertin)案判决，参见下文第437点)。合约管理方式过去长期局限于工商性公用事业，后来逐渐延伸到其他公用事业，尤其是社会保健领域。比如私立医院，与政府签订一个所谓"特许"合约(尽管这种"特许"跟本来意义上的特许经营大相径庭)，便可承担医疗公用事业的任务(参见1970年12月31日法律、1974年5月9日法令；1991年7月31日法律，参见上文第272点)。

② 还有一些由私人管理公用事业的**非合约**方式。我们已经 323
指出过，公用事业的实际工作与组织机构有时是分离的，这在特许经营制中非常明显。公用事业的任务委托给私营机构去完成，这种情况日渐其多，便使两者的分离日益普遍。有目共睹(参见上文第264点)，这些机构可能是：

a) 属于一定类型的某些私法人：诸如公司(工商性公用事业)、1901年7月1日法律所述之社会团体(如体育协会，参见CE，1974年11月22日关于法国体育用品工业联合会案的判决，载*AJDA*，1975，p.45)、互助会(如地方社会保障储金会，参见CE，1938年5月13日关于地方救护储金会案的判决，载*GAJA*，n° 54)

---

① M. Waline, La notion de régie intéressée (《由利害攸关者经营的概念》), *RD publ.*, 1948, p. 337; A. Sevino et A. Gauthier, La notion de rémunération substantiellement assurée par les résultats de l'exploitation: le cas de la régie intéressée (《根据经营结果基本保证经营者报酬的概念：利害攸关者经营实例》), *AJDA*, 2003, 第828期。

以及集团(参见 CE,1961 年 1 月 13 日的马尼埃(Magnier)案判决,载 *RD publ*., 1961, p.155)。

b) 为完成限定的任务,法律或法令决定设立而未明确予以定性的某些法人机构,判例明确承认其私法法人性质(参见 TC,1961 年 11 月 24 日关于欧金·马基地区抗癌中心案的裁定,载 *AJDA*, 1962, p.17)。

它们的**法律制度**,部分源自其性质,部分源自其承担的任务:

就私营机构而言,凡涉及它们的内部组织、它们同职员的关系、它们所签的契约等事宜,均受私法和普通法院管辖(参见 CE,1969 年 3 月 3 日关于安特雷(Interlait)公司案的判决,参见上文第 268 点)。

承担公用事业任务的私营机构,为执行其任务而作出的单方面决定,属于行政法规(见 CE,1961 年 1 月 13 日的马尼耶案判决,参见上文第 267 点);当其行使被赋予的公权力特权而引起争讼时,由行政法和行政法官管辖(参见 CE,1978 年 10 月 13 日关于罗讷省 ADASEA 机构案的判决和 TC,1978 年 11 月 6 日关于贝纳迪(Bernardi)案的裁定,参见上文第 264 点)。

385.**第二,特许经营的范围及其演变**。(1) 由上述分析可知,特许经营制为其自身性质和要求所决定,其适用范围是有限的。

首先,只能适用于这样的公用事业:用户必须支付相应的使用费。于是有两类公用事业就不能搞特许经营:一类是本来免费的公用事业,比如社会救助;一类是不能使顾客个体化的公用事业,比如公共道路。但高速公路是例外,用户可以个体化,谁用谁付费;因此,高速公路的建造和维护可以特许经营。

其次，至少在传统的形式上，特许经营意味着国家奉行**经济自由主义**。在19世纪，自由主义国家必须使产生于技术进步的企业得到发展，而当时实现发展需要排除竞争，需要公权力的介入，铁路、煤气、电力的发展建设即是如此。那时候，国家认为，管理这样的企业不是自己的正常职能，也对企业最初表现出来的种种风险心怀疑惧。而特许经营方式则使国家收一石三鸟之效：一是这些企业仍然保留在政府的管辖之下；二是使资本家追逐利润的动机 324
在管理中得到施展，从自由主义观点看这是刺激经济进步所必需的；三是将开拓创新的财政风险推卸给受权经营者。

(2) 自那时以来，客观实际和思想意识的变化都使特许经营制发生了深刻的变革。

在实践中，鉴于特许经营企业的公用事业性质，必然会不断对之提出各种各样的要求；政府日益频繁地对受权经营者发号施令，强迫他们按照共同利益的需要采取行动。政府的干预往往使受权经营者的经济预测遭受挫折，而他们如若破产又危及公用事业的连续性，作为补偿，政府便越来越多地给受权经营者以财政资助。就这样，公权力与私营企业的联姻由财产分离制过渡到了财产共有制。

因此，特许经营方式使政府失去了许多利益，也对资本主义企业丧失了诱惑力。

而从意识形态的视角看，1939－1945年大战之后那些年自由主义的衰退和反资本主义思潮的增强，促使政府亲自经管大型国营企业，而从中排除了私人资本。

(3) 这场运动带来了如下后果：

① 一方面,**从特许权持有者和私营受权经营者相结合的意义上说**,特许经营制大大地进步了。

② 另一方面,习惯于求助私人的传统特许经营形式**衰落**了,在反资本主义思潮占上风的第四共和国初期尤其如此。那个时候,有人可能以为,特许经营制要逐渐消亡了。

③ 其实,1946 年的国有化运动确保了特许经营制的继续存在。受权经营者的身份成了**公法法人**[①](比如法国电力公司、法国煤气公司)或**混合经济公司**(如法国国营铁路公司)。既然情况变了,特许经营方式便不再因其源自资本主义的性质而受到抱怨,并且使各级政府不必亲自去完成某些任务。由此,随着新自由主义思潮的发展,特许经营制获得新生,在国土开发、高速公路和停车场的建造等方面日趋强化。由于纯粹的私营企业在管理公用事业方面获得优待,所以,这种特许经营制也得以恢复(关于高速公路,请参见 1970 年 5 月 12 日法令。关于电视,请参见 1982 年 7 月 29 日法律;不过,1986 年 9 月 30 日法律用许可制代替了特许经营制)。

④ 支配特许经营制的法律制度是有所不同的:有的符合传统
325 制度,其余则另辟蹊径。当受权经营者是一个公立公益机构时,比如法国电力公司和煤气公司,它们同持有特许权的公法人之间的关系,必定跟公法人与私人受权经营者之间的关系有区别。

386.**第三,基本问题**。传统的特许经营制,是调和两种看似基

---

① Auby, La notion de concession dans la loi du 8 avril 1946(《1946 年 4 月 8 日法律中的特许经营概念》), *CJEG*, 1949, nos 7 - 8, p.1。

本相反的制度的产物。一方面,公用事业必须服从**共同利益**的各种需要;另一方面,个人只有在**私人利益**的驱使下才肯同意管理公用事业。因此,既要使特许权持有者对公用事业保持完全的领导权,又要保证受权经营者获得正当合理的利润。必须使两者协调起来,这一点支配着整个特许经营制。

## §2　特许证

387. **第一,形式**。特许经营以一份合约为基础;合约是特许权授予机关跟它自由选择的个人之间签订的,这种选择自由须受1993年1月29日法律的限制(参见下文第442点)。将一项公用事业托付个人管理这一事实,意味着对该人确实信任。

合约包括两个不同的文件:双方达成的一个**协议**和一个**条件细则**。细则中详细规定当事双方的权利和职责,尤其是公用事业的组织和运行准则。

388. **第二,法律性质**[①]。在19世纪,特许证完全被当作一份合约。然而,随着公用事业理论的发展,随着人们对公用事业认识的加深,司法判例和法理学说,修正了这一判断,认为特许证具有双重性质,从而,由此产生的法律地位也有双重性质。

(1) 特许证中有一系列规章条例性质的条款,旨在规定公用事业如何组织和运行,还可能原封不动地罗列一个行政条例中才

---

① J. Dufau, La nature juridique de la concession de service public (《公用事业特许经营的法律性质》), *Mélanges Chapus*, p. 147。

有的内容。这种条款由政府部门单方面拟订，而且历来也是由政府部门修改。这些条款的规章条例性质会因公用事业用户可能对政府部门提出反越权行为诉讼而变得更加显著。因为，众所周知，违反合约算不上越权。按照新近的一个判例（参见CE，1996年7月10日的凯泽尔（Cayzelle）案判决，载*RFDA*，1997，p.89），对合约中的规章条例条文是可以提出反越权行为诉讼的。

326 (2) 除了规章条例性质的条款之外，特许证中还有一部分是真正的**合约**，主要是一些财务安排，保证受权经营者的收入，并贯彻行政契约中带有根本意义的**契约财务平衡原则**（参见下文第450点）。

## §3 受权经营者的职责

389. **内涵**。受权经营者的全部**职责**归结为**确保公用事业的正常运转**。为此，首先要遵守特许证技术细则中规定的各项标准。而且，受权经营者必须服从为任何公用事业所共有的普遍准则。因此：

(1) 必须确保**公用事业的连续性**。受权经营者不得以政府的错误或金钱、物质的困难为由玩忽职守。如果所处环境困难重重，那就只能证明不可预见理论的正确性（参见下文第452点）。只有不可抗力才能免除受权经营者的责任（参见CE，1909年1月29日关于法国邮船公司案的判决，载*GAJA*，n°20）。

**公用事业的所有职员**都有责任确保公用事业的连续性。这些职员由受权经营者招聘，属于私法上的雇员，受普通劳动法管辖。

但是,他们若行使罢工权,则按最高行政法院提出的准则(参见上文第376点),同公务员一样受到限制。作为补偿,条件细则往往强制性地要求受权经营者为雇员提供较普通法所述更为有利的劳动条件和报酬。

(2) 受权经营者必须尊重在公用事业面前消费者一律平等的原则,负责向所有符合要求条件的消费者提供所需要的产品,并执行特许权持有机关确定的价格。尽管如此,价格正倾向于根据商业管理的要求、有时是根据社会政策的要求而变化,对情况不同的用户区别对待。但是,所有处在规定情况下的用户,均可争取享受对自己有利的价格条件。

(3) 政府有权修改任何公用事业的制度,以使之适应共同利益的新要求,其中包括特许经营的公用事业。有人往往以为,这一准则跟特许证中关于公用事业组织机构的规章条例性条款密切攸关,受权经营者有义务顺从特许权所有者的修改决定。在电力照明出现之初,有一个关于煤气照明设备受权经营者的判例不承认上述准则(参见CE,1902年1月10日关于德维尔莱斯卢昂(Deville-lès-Rouen)煤气公司案的判决,参见下文第447点)。最高行政法院1907年12月5日关于法国有轨电车总公司案的判决最终提出了这一准则;该案中,一个正在扩张的、有权授予特许权的城市,要求有轨电车受权经营者建设新的轨道。最高行政法院1983年2月2日关于城市公共交通联盟案的判决,进一步肯定了这一准则,请参见下文第447点。

(4) 虽然政府解除了自己管理公用事业的负担,却仍然要在 327
用户和舆论面前承担公用事业的责任。因此,政府从技术和财务方面对公用事业经营管理状况的**监督**是十分严格的。受权经营者必须服从监督。

(5) 上述义务、职责具有个人性质，是**考虑到个人的关系**才授予经营权的；未经批准，受权经营者既不得出让，也不得转包。

390. **第二，制裁**。合约规定的制裁通常是**罚款、代管和剥夺特许经营权**。所谓代管，是指政府部门暂时代替不称职的受权经营者，由后者出资，保证公用事业的正常运转；若最终剥夺其特许经营权，他也得不到他本来按合约应得的酬金。

制裁由相关政府部门单方面作出，但剥夺经营权则须由法官判决。在合约未规定制裁问题的情况下，受权经营者若总是违背普通法规定的职责，则必须赔偿损失。

## §4 受权经营者的权利

这种权利同两种观念联系在一起。

391. **第一，管理公用事业的权利**。特许权授予者按照合约将公用事业正常运作所必需的全部物资或法律手段都交给受权经营者支配，既有拨付其使用的公私资产，又有超越普通法范围的特权。受权经营者往往得益于法律上的垄断地位，而这是欧共体法规今后会加以指责的[①] (参见上文第 379 点)；政府保证不会跟一个竞争者谈判相关公用事业，甚至不会助长竞争。受权经营者甚

---

① F. Hamon, Le monopole des services publics français face au droit communautaire (《面对欧共体法的法国公用事业垄断》), *D.*, 1993, chron., p. 91。

至可以享受公权力的特权,比如以公共利益为由而征用财产,在铁路方面拥有治安权,等等。

392. **第二,取酬权**。在受权经营者即私人承包者眼中,这是最重要的,他们总是期盼从其经营管理中获得可贴现的红利。

(1) 正常情况下,受权经营者从自己代征、保管的税收中取得报酬,作为提供服务的补偿。而决定税收总额的是价格,价目表又是特许证中规章条例性条款的一部分。授予特许经营权的机关根据经济、社会动态掌控着价格,受权经营者没有权利迫使授予特许权的机关改变价格。在经济动荡的时期,若受权经营者得不到回 328
报,就可能使整个管理经营状况失去平衡。不过,上述这项传统原则已经弱化;现在,国家为了增强受权经营者的管理责任心,有时允许他们支配价格(比如高速公路收费标准)。

(2) 在特许经营双方协作的过程中,合约还常常规定,给受权经营者以其他财政优惠,尤其是,特许权授予者给受权经营者的借款,总是利息最低。

(3) 在明确的正式条款之外,受权经营者还可以利用**合约收支平衡原则**。这项原则是一切行政性公用事业所共同遵守的,长期以来在特许经营制中发挥着主要作用。事实上,只有这项原则可以将受权经营者的利益同每个公用事业的固有要求协调起来。受权经营者显然不是为了折磨自己才管理公用事业。他们若倒闭、破产,会危及公用事业的连续性,而要使经营管理适应客观情势,又要求特许权授予机关保持对公用事业的支配权。**合约外行为理论**和**不可预见理论**(参见下文第451和452点),基本上适用于此;两者结合确实能够解决下述问题:

① 如果特许权授予机关对受权经营者行使自己的权力，单方面改变公用事业的组织结构，或者，该机关采取的一种普遍性措施实际上涉及特许合约的基本内容，特别是使受权经营者遭到打击，那么，后者有权获得为此所追加费用的全部赔偿。

在上述两种情况下，根据**合约外行为**理论，必须完全恢复收支平衡状态。

② 当按照合约进行经营管理而陷入**困境**时，受权经营者有权获得**部分**赔偿，与特许权授予机关一起，依据法官确定的比例，共同分担费用，如果这种困境是下述原因造成的：

一是不可预见的经济形势在起作用(所谓不可预见理论)；

二是特许权授予机关或其他政府部门采取的经济、社会或税制方面的普遍性措施导致公用事业运转混乱。当国家改变经济或税制立法，致使国家公用事业的某些特许经营者或地方公用事业的某些特许经营者失去收支平衡时，这两种特许经营者均可依据不可预见理论，向各自的特许权授予机关提出赔偿要求。在这种情况下，地方当局的特许权授予机关须承担向其特许经营者的赔偿责任，而不得因为国家采取的步骤打乱了既定的合约规定就去找国家算账(参见 CE，1949 年 7 月 15 日关于埃尔伯夫市(Ville d'Elbeuf)案的判决，载 *D.*，1950，J.，p.59)。

在任何情况下，都不会完全保证收支平衡，这是因为，一方面，
329 原定合约会被打破，而不是简单的亏损；亏损了会得到补偿，但却不是全部补偿。事情的关键并不是保证受权经营者的绝对经济安全，他们作为承包者必然会遇到某种风险；不能眼看着他们破产的目的是挽救公用事业。

## §5　特许经营诉讼

393. **一般准则**。这些一般准则一部分属于私法，一部分属于行政法，反映了特许经营法律状况的复杂性。

(1) **特许权授予者与受权经营者之间的争讼**受行政法支配，因为这种诉讼与行政契约相关联。

(2) **受权经营者与用户之间的争讼**归普通法官管辖，因为这是私人对簿公堂。无论人们采取什么态度，都是解决用户在公用事业面前有争议的地位问题。

(3) 出于同样的理由，第(2)条的准则也适用于**受权经营者跟他的私营共同签约者**(如供货商)或跟第三方之间的争讼。

(4) 受权经营者及其雇员仍然保持着私人身份。关于受权经营之**企业内部规章制度**(比如公司与其股东之间的关系)的争讼，关于**受权经营者跟其雇员关系**的争讼，均受普通法院管辖。

(5) **用户**可能**针对特许权授予机关**提起的诉讼，仍属行政法院管辖。众所周知，用户可以要求特许权授予机关，利用自己的职权，迫使受权经营者遵守公共事业的组织准则；如果特许权授予机关予以拒绝，用户即可提出反越权行为诉讼(参见 CE，1906 年 12 月 21 日关于塞格十字区协会案的判决，载 *GAJA*，n°17)，或者追究该机关的责任。

(6) 如果受权经营者制定的文件具有普遍意义，涉及公用事业的管理体制，因而被认为带有行政法规的性质，由此引发的争议也归行政法院管辖(参见 TC，1968 年 1 月 15 日关于巴尔比埃夫妇案的判决，参见上文第322点）。

## §6 特许经营的终结

394. **多种情况**。（1）正常情况下，原定特许经营期限届满即告终止，但可展期。

（2）若特许权授予者提起诉讼，**法官因受权经营者错误严重而剥夺其经营权**，那么，特许经营就可能在合约原定期限届满前结束。

330 （3）如果特许权授予机关认为共同利益有此要求，可以运用行政契约一般理论，在受权经营者并无过错的情况下，结束特许经营，或者废除相关公用事业，或者改变经营方式。这便是**赎回**特许权[①]。此时，受权经营者有权获得因此而遭受的损失赔偿。而且，法官有权审核特许权授予机关作出这一决定的法律依据；倘认为作出这一决定的理由不充足，即宣布其无效（参见 CE，1987年2月2日关于电视六台公司案的判决，废除了剥夺该公司特许经营权的决定，载 *AJDA*，1987，p.360，解释在 p.314）。

（4）有时候，客观形势使某项公用事业的经营最终陷入亏损窘境，无望复兴，当该项公用事业不再符合公众需要时尤其如此。当此之际，不可能再像正常情况下那样，按照不可预见理论的要求，让受权经营者承受暂时的亏损，等待着可以预期的扭亏为盈。签约双方若不能通过协商达成一致，即可提请法官宣判废止特许

---

① Lecomte, Le rachat des concessions（《特许经营的赎回》）, thèse, Paris, 1942。

经营。这是 1932 年 12 月 9 日关于瑟堡(Cherbourg)有轨电车案的判决提供的解决办法。

# 第　三　编

# 行政法规

395. **定义**。政府部门的活动跟人的所有活动一样，都分两步 331
走：一是**作决定**，二是**付诸实施**。所谓行政管理，既要制定法律文件，以规定公法人和个人各自的权利和义务；又要为了满足共同利益的需求而进行大量的体力和脑力劳作。

**行政活动**内容丰富，形式多样，或者事先进行调查研究，为作出决定未雨绸缪，或者进行组织安排，执行决定，而更多的是履行服务职责。

但是，无论行政实践多么重要，其法律地位仍然是第二位的：如果说它还能产生一些责任，那也是间接的，比如造成某种损害，必须给受害者以补偿。行政实践通常是具体践行既定职责。

反之，**行政法规**跟任何其他法规一样，**也是一种意志行为，旨在改变既存的法律关系**，或者，确切些说，**旨在更改法律安排**。

396. **行政法规的分类**。为了给行政法规分类，人们可以采取几种视角。

(1) 根据行政法规的**内容**，大师狄骥及其门生将其分为：以解决普遍性问题为目的者，称为**准则性法规**，属于规章条例类型；以解决个人法律地位为目的者，称为**主体性法规**，属于契约类型；或者是适用于个人的一般身份、地位的法规，称为**身份法规**。之所以称为身份法规，是因为这种身份、地位只属于特殊人群，任命一位公务员的法令即属此类。

332 (2) 流行最广的观点是，根据行政法规的来源，而不是根据其内容进行分类。有人将其分为：**单方面**法规[①]，仅仅是个人或集体(如议会审议)单方面意志的产物；**双方或多方法规**，由双方或多方意志碰撞交汇而成，契约即属此类。单方面法规在行政法中所占地位要比在私法中重要得多。在**有执行力决定**的形式下，单方面法规构成了行政管理的主要活动方式。尽管如此，政府部门也经常利用契约方式，既签订普通契约，也求助于**行政契约**这种特殊法律制度。

(3) 上面是基本的分类方法；不过，这种分法给不确定性留下了某些余地[②]。

---

① G. Dupuis, Définition de l'acte unilatéral(《单方面法规的定义》), *Mélanges Eisenmann*, 1975, p. 205。

② 关于各种中间状态法规，请参见：Y. Madiot, *Aux frontières du contrat et de l'acte administratif unilatéral* (《契约与单方面行政法规的界限》), 1971; A. de Laubadère, Les

① 在某些场合，表面上的单方面法规，不过是政府部门同有关当事人之间谈判交涉，达成协议的结果，公务员涨工资问题就是这样。

② 以契约形式出台的若干行政法规，也被判例当作单方面法规。政府部门与一个职业团体在 1945 年 6 月 30 日条例（1986 年废除）框架内就确定物价问题达成的协议，曾被最高行政法院说成是"经利害关系人赞同而制定的规章条例性法规"（参见 1974 年 10 月 23 日的瓦莱（Valet）案判决，载 *AJDA*，1975，p.363）。

③ 最后，所谓"契约化行政管理"政策（参见下文第 434 点），导致经济、社会活动尤其是国土整治诸领域出台了一些虽被说成是协议，却并不具备全部契约性质的行政法规。

然而，这只是一些细微差别。单方面决定和行政契约的传统分法，仍然支配着行政活动；对此，我们将接着进行研究。

---

difficultés actuelles de l'identification du contrat administratif（《识别行政契约的实际困难》），*Estudios de Derecho administrativo*，T. I.，p. 69，Montevideo，1978；M. C. Bergères，Les acres non réglementaires（《非条例性法规》），*AJDA*，1980，p. 3。

# 第一章　有执行力的决定

一般情况下,在个人之间的关系中,若不经本人同意,自己的 333
法律地位不可能仅仅因他人意愿而改变。几方意愿取得一致,乃是私人法律活动的正常方式。有时候,一个个人也会作出对他人产生效力的单方面决定,但至少在理论上,而且除了很少的例外,大多数(诸如收养、解除监护)都与亲权有关。实际上,个人作出的单方面决定,或者事先已经取得有关当事人的同意,比如,根据劳动合同,一个雇员应被视为愿意服从老板所作的关于纪律的决定;或者会事后得到同意,比如接受遗嘱和赠与①。这些准则体现了一个根本前提:人的意志在法律上是平等的。

相反,在行政法中,不经利害关系人同意,政府即可按照自己的意志,改变人们的法律地位。有执行力的决定就是政府利用这种权利单方面改变人们法律地位的法规。这就是实践中最常见、最明显的典型行政行为方式,是公权力的特权②。然而,近年来,

---

① Martin de La Moute, *L'acte unilatéral en droit privé*(《私法中的单方面法规》),thèse Toulouse, 1951。

② Lavialle, *L'évolution de la conception de la décision exécutoire en droit administratif français*(《法国行政法中有执行力决定概念的演变》),1974; Py, *Le rôle de la volonté dans les actes administratifs unilatéraux*(《单方面行政法规中意志的作用》),1976; P. Delvolvé,

希望减少被治理者对政府部门的屈从性的意愿,激起了各种各样的改良,试图削弱单方面行政法规的专制性。于是,有了1978年7月17日允许被治理者查阅行政文件的法律(参见下文第414点)和1979年7月11日关于必须说明作出某些决定的理由(参见下文第410点)的法律。1983年11月28日法令也表现出同样的意图,对于支配此类决定的拟制和效力的规则,作了若干修改①。本着同样的精神,2000年4月12日关于**公民**在同政府部门关系中的权利的法律,特别强调了政府在作出涉及公民的决定时公民的权利②。人们不会太强调这些改良的重要性,它们全都证明了同一
334 个趋势,这便是:在一个民主社会中,更关心行政管理目的性的是被管理者本人。人们在行政诉讼发生的深刻变化中还会发现同样的趋势,人已经争得了以往惯例拒绝给予他们的地位(参见下文第672点)。

下面我们将依次探讨**有执行力决定的概念**(第1节)、**分类**(第2节)、**制定**(第3节)、**执行**(第4节)、**结束**(第5节)以及**效力**(第

---

*L'acte administratif* (《行政法规》), 1983; G. Darcy La décision exécutoire (《有执行力的决定》), *AJDA*, 1994, p. 663。

① 关于1983年11月28日法令,请参见下述文章:J.-M. Auby, 载 *AJDA*, 1984, p. 124, et P. Delvolvé, 载 *RFDA*, 1984, p. 21。

② B. Delaunay: La loi du 12 avril 2000 relative aux droits des citoyens dans leurs relations avec les Administrations (《2000年4月12日关于公民在同政府部门关系中的权利的法律》), *RD publ.*, 2000, 第1191期; J. Arrighi de Casanova et S. Formery: Une nouvelle étape de l'amélioration des relations entre l'Administration et les citoyens: la loi DCRA du 12 avril 2000 (《政府与公民关系改善的新篇章:2000年4月12日的DCRA法律》), *RFDA*, 2000, 第725期; J. Chevallier: La transformation de la relation administrative: mythe ou réalité? (《行政关系改革:神话还是现实?》), *D.*, 2000, chron. 575。

6节)。

## 第1节 有执行力的决定的概念[①]

397.**定义**。有执行力的决定,也叫单方面行政法规,是一种由国家行政当局单方面实施,为第三者确定权利、义务的法律文件。

依据两个因素来界定这一概念:一个是**法律文件**;另一个更其重要,就是看**行政当局如何落实文件**。

### §1 法律文件、具体行动和含有决定的法律文件

398.**法律文件**。法律文件是为了**产生法律效力**而制定的,其目的和归宿在于像法律(loi)、契约(contrat)、公务员委任状(décret de nomination d'un fonctionnaire)、条例(Règlement)等等那样,改变人的法律地位。

法律文件是同单纯的**具体行动**截然相反的。后者是一种简单行动,不会直接改变法律安排,给路面铺沥青、打捞桥下杂物即属此类。有目共睹,具体行动并非不会产生法律后果,但是,即便造成责任问题,那也只是间接的。比如,在施工中损害了被治理者,

① M. Stassinopoulos, *Traité des actes administratifs* (《论行政法规》), 1954; R. G. Schwartzenberg, *L'autorité de chose décidée* (《既定之事的影响》), Th. Paris, 1970; Ch. Eisenmann, *Les actes adminisfratifs* (《行政法规》), Cours de D. A., T. 2; G. Dupuis, Définition de l'acte unilat-éral(《单方面法规的定义》), *Mélanges Eisenrnann*, p. 205。

受害者就有权要求为之恢复原状。

只有法律文件才构成有执行力的决定，其中又分为**含有决定的法律文件**和**不含决定的法律文件**。只有包括真实决定的法律文件才构成有执行力的决定；如果对其不满，才可提请法官开展越权
335 审查。**认证文件**不是这样，政府部门只是用它对某种状态进行确认、登记，城建用地证书，评议会发出的建议等即属此类。某些**预备文件**[①] 与此相似，只是为作决定作些先期准备。比如事先的通知（参见下文第586点），或者按照判例的说法，那些"类法规"[②] 即属此类。有人会指出这样一些典型的"类法规"：上级机关对下级机关，甚至中央下放到地方的机关的权限作出决定时，会向它们提出建议，实际上是强制它们执行。同理，如果那些文件只是某个决定的延续，并未对该决定作出任何补充（比如关于某个决定的通知），那么，这些文件就不是含有决定的法律文件。

有些法律文件，虽然含有一种决定，但因其不太重要，便不能对之提起反越权行为诉讼，这便是**内部秩序守则**。这种守则对军人和在押犯的惩戒问题作出规定。十分难得，最高行政法院将这种惩戒措施压缩到不能再压缩的程度，以致不会真正引起人们的不满（参见 CE，1995 年 2 月 17 日的玛丽亚（Marie）、阿杜安（Hardouin）案判决，载 *Rec.*，85；1996 年 2 月 28 日的福柯（Fauqueux）案判决，载 *D.*，1996.IR，134；2000 年 12 月 8 日的弗雷罗（Frérot）案判决，载 *AJDA*，2003，第 1271 期）。

---

① L. Desfonds, *La notion de mesure préparatoire en droit administratif français*（《法国行政法中预备措施的概念》），*AJDA*，2002，第 949 期。

② P. Rongère, *Le procédé de l'acte-type*（《准法规方式》），1967。

除了上述情况之外，还有两种法律文件值得关注；乍一看，它们属于非最终法律文件，而有时可能含有货真价实的决定。这便是**通报和公务训令**，以及**指示**。

399. **第一，通报和公务训令**。人们运用**通报**或**公务训令**这种形式，向下属传达上级（通常是部长）关于履行公务的意图，或者对某个法律、条例作出解释[①]。通报一般是纯粹的内部规章，只要求下级公务人员服从，对被治理的公民没有效力。在1978年7月17日法律筹划公开发表通报以前，公民往往对通报一无所知，即便有所了解，也不能因通报违法而要求予以废除。尽管如此，部长也偶尔试图利用通报这个形式来改变被治理者的现状。每逢此境，最高行政法院总是毫不迟疑地揭示，通报中有一个十足的规章条例性决定，对之提起反越权行为诉讼是可以受理的（参见CE，1954年1月29日关于设立克赖斯凯（Kreisker）圣母院案的判决，载*RD* 336
*publ*.，1955，第175期。特里科（Tricot）曾在RFDA，1954.50号上说："部长借助通报……不只是解释了生效的法律条文，而且制定了新的规则"）。这迫使最高行政法院宣布该通报因越权而无效，因为部长没有一般的规章条例制定权（参见上文第88点）。

---

① J.-J. Chevallier, *L'instruction de service et le recours pour exeès de pouvoir*（《公务训令与反越权行为诉讼》），thèse, Nancy, 1924; J. Rivero, *Les mesures d'ordre intérieur administratives*（《内部秩序管理守则》），thèse, Paris, 1934; Levantal, L'annulation pour excès de pouvoir des circulaires administratives（《越权行政通报的废除》），*D*., 1954, chron., p. 99; Charlier, Circulaires, instructions de service et autres prétendues mesures d'ordre intérieur（《通报、公务训令和所谓内部秩序守则》），*JCP*, 1954, I, n°1169; M. Hecquard-Theron, De la mesure d'ordre intérieur（《论内部秩序守则》），*AJDA*, 1981, p. 235; G. Koubi, *Les circulaires administratives*, *Economica*（《行政通报》），2003, p.391。

最高行政法院的几个判决给规章条例性通报及其法律制度下了一个真正的定义。对此，请参见最高行政法院 2002 年 12 月 18 日关于迪维尼勒(Duvignéres)太太案的判决，载 *RFDA*，2003，第 280 期；2003 年 7 月 30 日关于关心法语前途协会案的判决，载 *RFDA*，2003，第 1039 期；2003 年 10 月 3 日关于波南(Boonen)先生案的判决，载 *AJDA*，2003，第 1847 期。关于规章条例性通报的其他情况，请参见最高行政法院 1975 年 1 月 13 日关于达圣尔瓦(Da Silva)与法国民主工联案的判决，载 *AJDA*，1975，第 258 期(关于移民劳工的丰塔内通报)；1978 年 6 月 17 日关于艾萨佳(Essaka)案的判决，载 *AJDA*，1979，n°1，p. 47(允许外国人在被驱逐前滞留法国的通报)。至于规章条例性通报，请参见最高行政法院，2000 年 11 月 27 日关于瓦永(Ohayon)太太案的判决，载 *Rec.*，558。

1983 年 11 月 28 日的法令，再次回归传统的解决办法：当按照 1978 年 7 月 17 日法律公布的通报和训令不与法律规章抵触时，有关当事人可以酌情利用它们来应对政府部门。这一规定没有任何实际意义，因为：如果通报的作者拥有规章条例制定权，则通报是合法的，被治理者早就可以求助于这种通报；如果通报是违法的，则被治理者就不能求助于它；如果通报是解释性的，则被治理者可以求助于它，但通报不会给他带来任何新东西。

**400. 第二，指示**[①]。各种指示经常以通报形式下达(参见 CE，

① 关于指示：J. Boulouis, Sur une catégorie nouvelle d'actes juridiques: les directives (《论法律文件的新类型——指示》), *Mélanges Eisenmann*, 1975, p. 191; P. Delvolvé, La notion de directive (《指示的概念》), *AJDA*, 1974, p. 459; Pavlopoulos, *Les directives en droit administratif* (《行政法中的指示》), 1978; M. Cliquennois, Que reste-t-il des directives? (《还有什么指示吗?》), *AJDA*, 1992, p. 3。

1970年12月11日的法国土地信贷银行案判决,载 *GAJA*,n°88),判例则将其从通报中区分出来,当然,不应把它们跟欧盟发出的指令指示混为一谈(参见上文第296点)。拥有自由裁量权的机关,下达指示前原则上必须审查接受指示的个人情况,使之了解所作决定应当遵从的一般标准;然而,如果该机关认为特殊情况有此要求,可以违背这些标准。

指示是一种**"指明方向的文件"**,首先出现于国家介入的经济部门,继之扩展到城建规划和国土整治等领域。比如,部长可以说明自己大体上给予经济补助的各种条件,同时指出,如果自己觉得为共同利益所要求,也可能资助不符合这种条件的企业。法官拒绝审查指示中是否存在狭义的决定,不受理反对指示的反越权行为诉讼(参见CE,1973年6月29日的记录,载 *RD publ*.,1974,p.347;1991年10月18日关于全国不动产所有权联合会案的判决,载 *Rec*.,338)。这就是为什么最高行政法院不强制要求公开 337
发表各种指示,而1978年7月17日法律在安排公开发表时,也巧妙地不作强制性要求。但是,法官仍然赋予指示若干法律效力:承认参照某个指示作出的个人决定是合法的,除非该项指示被确认为不合法;反之,如果一个人符合一项指示规定的条件,而拒绝对之适用该项指示,那便是非法的,除非有特别材料证明这种拒绝是合法的。1983年11月28日法令似乎进一步肯定了上述结论,承认当事人既可以利用通报,也可以利用指示来应对政府部门(参见上文第399点)。但是,虽有这一规定,人们仍把指示当作例外,这甚至是指示定义中所固有的特征。不管怎么说,人们面对的是一个混合概念,政府机关一向通过下达指示来有条不紊、放开手脚地行使自己的职权,而其职权的法律界限远远不是确定无疑的。况且,由于所谓指示没有任何固定的形式,法律有时还把城建规划、国土整治方案等等十足的规章条例性决定说成是指示,这便使指示的概念益发含混不清,《都市规划法典》规定的“国家整治指示”即是明证(参见 CE,1975 年 1 月 31 日关于国土整治部长案的判决,载 *AJDA*,1975,p.140)。

## §2　政府部门制定的法规

正常情况下,有执行力的决定都是政府部门作出的,这便排除了**普通人**制定的法规和**非行政权力机关**制定的法规。

401.**第一,普通人制定的法规**。按照正常情况,普通人制定的文件不可能是行政法规。然而,这一原则却有两个例外:

(1) **事实公务员理论**。在某些绝对特殊的情况下(参见上文第 334 点),合法任命的政府部门会偶尔消失。当此之际,就可能有普通人自发地挺身而出,代替缺位的政府部门,制定客观形势所要求的若干措施。于是,人们称这种人为“**事实公务员**”。只要他们这样作出的决定确实是在追求共同利益,判例就承认其有效性,请参见最高行政法院 1948 年 3 月 5 日的马里昂案判决,载 *Rec*.,113[①]。

(2) **管理公用事业并享有公权力特权的私法人制定的法规**。

---

① 此事与窃位篡权截然不同,请参见下述两个案例:Cass,1°Civ.,2 décembre 1952,*Stéau Grand Marehé c/Ville de Metz*,*Ville de Mulhouse c/Pitre*,*D*.,1953,第 349 期,Rapport Jaquillard,note Waline。

我们看到(参见上文第 265 点),除了公法人制定行政法规之外,某些私法人为了执行委托给他们的经营公用事业的任务,也得 338
到了作出有执行力的决定的权力。起初,这种特权只授予承担**行政性公用事业**的机构。对此,请参见最高行政法院 1961 年 1 月 13 日的马尼耶案判决,载 *RD publ.*,1961,第 155 期;权限裁定法院 1988 年 5 月 2 日的乔治·莫雷案裁定,载 *D.*,1988,I.R.,195。尔后,这种特权的授予范围扩大到管理工商性公用事业的公司。对此,请参见权限裁定法院 1968 年 1 月 15 日关于巴尔比埃夫妇案的裁定,载 *Rec.*,789。有些作者由此得出结论说,今后,一个决定的行政性质,不应根据它是什么机构作出的而应按照它同公用事业任务的关系予以确定(参见 J. 卡恩(J. Kahn)的审判记录,TC,1969 年 3 月 3 日,载 *AJDA*,1969,第 307 期)。这种说法是错误的,因为它不是建立在普遍情况的基础上,而是以既定准则的例外特殊情况为依据的[①]。

402. **第二,非行政权力机关制定的法规。**立法机关或司法机关制定的法规,以及政府部门制定的非行政事务法规,均非行政法规。

(1) **立法文件**[②]。这是狭义的法律(loi)以及视同法律的文件,诸如:《宪法》第 92 条所述之条例;《宪法》第 38 条所述且经议会批

---

① P. Sabourin, Peut-on dresser le constat de décès du critère organique en droit administratif? (《有人能够出具行政法中组织标准的证明吗?》), *RD publ.*, 1971, 第 589 期。

② J. M. Auby, Le contentieux des actes parlementaires et la loi organique du 17 novembre 1958 (《对议会法规的争议与 1958 年 11 月 17 日组织法》), *AJDA*, 1959, 第 101 期; J. C. FORTIER, Le contrôle du juge sur les actes administratifs des assemblées parlementaires (《法官对议会两院行政法规的监督》), *AJDA*, 1981, 第 128 期。

准的条例;共和国总统根据《宪法》第16条采取的立法措施;议会两院议事规程。按照过去的传统,还包括议长办公会议、财务及安全局等议会两院行政机构制定的文件。而关于议会两院运行规则的1958年11月17日条例,部分地结束了这种体制,对于如何赔偿由议会两院办事机构造成的损害,对于涉及两院办事机构职员个人的讼案,交由行政法院管辖[①]。

(2) **司法文件**[②]。司法文件是法院为解决其受理的讼案而作出的裁决。这种裁决具有所谓**既决案件的权威**(参见《民法典》第1351条)。这就是说,法院一旦作出最终裁决,便具有法律上的真实效力。

339 在实践中应当确定一个机构什么时候才能构成一个法院。大多数情况下答案是显而易见的:斯特拉斯堡行政法庭、南锡上诉行政法院、斯特拉斯堡终审法庭,都是明确无误的法院。但在有些情况下答案并不明显。比如:南斯拉夫国有化受害法国人赔款分配委员会,它是一个法院吗(参见CE,1955年12月16日的德尔太尔(Deltel)夫妇案判决,载*RD publ.*,1956,第150期)?关于法院资格的衡量标准,R.夏普(R.Chapus,见前面所引其著作)指出,首先须有两个必要条件,一是该机构必须拥有裁判权,二是该机构必须是一个合议制机关。满足了这两个条件,再看形式标准(该机构的组

---

① 关于议会两院的契约,参见下文第435点。

② R. Chapus, Qu'est-ce qu'une juridiction? La réponse de la jurisprudence administrative(《何谓裁判权?行政判例如此回答》), *Mélanges Eisenmann*, p. 265; P. Lampué, La notion d'acte juridictionnel(《司法文件的概念》), *RD publ.*, 1946, 第38期; A. Mabileau, *La distinction des actes d'administration active et des actes administratifs juridictionnels*(《现行管理条例与司法行政法规的区别》), Thèse, Paris, 1943。

织法和程序法)和实质标准(该机构的任务)。关于实质标准,最高行政法院曾经断言:“考虑到一个机构所处理事务的性质”,“无论它是以什么形式作出决定的”,它都是一家法院。

(3) **政府部门就非行政事务制定文件**。一个政府部门,比如省长,偶尔会对一项非行政事务作出决定:按照职务身份,他是公共救济事业局所收养儿童之财产代管人,他须就有关事项作出决定。这属于私法法规而不是行政法规。

## 第2节　有执行力决定的分类

403.**各类有执行力的决定**。人们可以从**形式**上,比如文件的制作者为谁,采用了政令、决议等哪种形式,来对有执行力的决定进行分类。但是,最重要的应该是**实质内容的分类**,须将**规章条例性文件同非规章条例性文件**区别开来。

规章条例性文件提出的是普遍性准则,而非规章条例性文件只涉及文件中指名道姓的一个或几个人。这是质的区别,而非量的区别。一个规章条例性文件可以涉及千百万人,如公路交通法规;也可以仅仅涉及一人,在特定的时候甚至不涉及任何人,确定国民议会名誉议长之地位的法令即是如此。此处所说的法令仍然是一种规章条例性文件,因为它是以普遍的、非个体性的方式制定的。同理,非规章条例性文件可能只涉及一个人,比如任命一个公务员的政令;也可能涉及大量的人,比如参与竞争者名单和公务员晋升表。

由于执行非规章条例性文件时产生的问题不同(参见下文第425点等),所以,还应将其进行区分:有为个人确定**权利或权力**
340 (如发放学位证、许可证)的决定,有要求个人尽到给予(如征用财产)、作为(如提供服务)或不作为(禁止)之**义务**的决定,最后还有赋予人们某种**身份、地位**,使之既有权利又有义务的决定,如公务员委任状。

有执行力的决定之上述"两分法",如今成了问题,因为出现了既非个性化的又非普遍性的法律文件,很难将其纳入上述框架。夏普[①] 建议称之为"**特种决定**"[②]。此种决定既非个性化的,又不具普遍性,而是用以制定一些"**特殊规范**",亦即制定一些与某种特别形势或某种特别行动有关的准则。这种决定已经日见其多,诸如:征调财产时的公益声明;招聘职员时的公开竞争决定(判例明确认定,此种决定与规章条例性文件无干,亦非个性化的决定);宣布市镇合并而在某个地段设立城建土地使用税的决定,等等。

再谈规章条例性文件与非规章条例性文件之间的传统区别,应当明确指出进行这种区分的意义。在1958年,人们曾经相信,《宪法》第37条所述规章条例就是"实际上的法律",也就是说,摆

---

① R. Chapus, *Droit administratif*, Tome 1 (《行政法》第一卷), 15e édition, n°700 et s。

② I. Poirot-Mazères, Les décisions d'espèce (《特种决定》), *RD publ*., 1992, p. 443. 规章条例性文件与特殊法规之间的差别有时是细微的(CE, 14 février 1975, Epoux Merlin, *AJDA*, 1975, p. 236); 参见:CE, 8 novembre 1961, *Sté Olympia Press*, *Rec*., 624, Concl. Braibant; CE, 19 octobre 1965, *Epoux Delattre-Floury*, *JCP*, 1966, n° 14967, concl. Rigaud。

脱了其他单方面行政法规所服从的制度。其实根本不是那么回事(参见上文第305点)。这种区分的意义仅仅在于,它们在颁布、终止等方面做法不同。

## 第3节 有执行力决定的制定

制定有执行力的决定涉及两个问题:一是制定这种决定的**职权**,一是这种决定的**制定程序**。

### §1 职权

我们下面考察**职权的起源**、对职权的适当**调整**以及留给主管机关的**裁量空间**。

**404.第一,职权的起源**

(1) **起源**。在政府部门中,并不是随便什么公务人员都有权制定有执行力的决定,这倒叫被治理者稍感放心!只有那些具备 341
"政府部门"资格的人才有此项职权。比如,在国家中央一级,只有共和国总统、总理和部长才有此职权。务必注意,部长只拥有法律明文授予的规章条例制定权,以及为组建其办事机构而制定规章制度的权力(参见上文第84点)。简言之,担任执行任务的普通公务员并不构成"政府部门"。

(2) **职权的限度**。一个政府部门的职权范围可能受到三种限制。

① 首先,一个政府部门的职权可能局限于法律明文规定的某些问题。这便是政府部门的**定量**职权。

② 其次,职权可能局限于某个地理区域,这不是就全国性的,而仅是对地方性的政府部门而言。这便是**定地**职权。

③ 职权也可能有时间限制,早了不算准时,晚了更不行!比如,政府部门不能在其职权终结后再对其以往曾经管辖的问题作决定。这便是**定时**职权①。

关于职权的准则属于**公共秩序**范畴,也就是说,随时都会被司法诉讼引为根据,法官甚至会主动加以利用(法官应当将这些准则提前告知当事人。参见下文第 670 点)。况且,一个政府部门一旦获得职权,必然将其独自占有。

行政法中有一个**职权平行**原则,又叫**逆向行动**原则,意思是,一个政府部门若有权采取某个行为,那么,它也有权采取某个与之相反的行为。比如,既可授予职权,亦可撤销职权。这往往意味着(但有例外),形式上也应是平行对等的,这就是说,初始行动和逆向行动必须遵循同样的程序。

**405. 第二,政府部门职权的调整**。由于**委托制**的可能实行、**代理制**的存在以及**形势特殊论**的作用,行政职权的起源经历了三种调整。

(1) **委托制**。让某些行政当局,比如部长,亲自行使其全部职
342 权,实际上是不可能做到的。为了使行政系统正常运转,必然要借

---

① J. M. Auby, L'incompétence ratione temporis (《时限外无权》), *RD publ.*, 1953. 1. 公务员超龄后不能维持原职权,参见:CE, Sect., 16 mai 2001, Préfer de Police c/lhsen Mtimet, *Rec.*, 234。

助于委托制。委托制分为**职权委托**和**署名委托**。

① **职权委托**[①]。行政主管当局通过职权委托将自己的决定权转移给明确指定的非个人的从属机关,这是对职权起源的严重背离。

② **署名委托**[②]。行政主管当局保留着自己的决定权,只是批准某个部下实际上以主管者的名义签署决定,而人们还始终认为是主管当局自身在作决定。

委托制是势在必行的,但应有个必要的限度,要有一套法律制度:委托须有明文授权,而且只能是部分授权(参见 CE,1950 年 2 月 8 日的索维(Chauvet)案判决,载 *Rec.*,85);署名委托不得再转托他人(参见 CE,1964 年 7 月 19 日的布兰德沙夫特(Brandschaft)兄弟案记录,载 *AJDA*,1964,第 554 期);如果委托他人签署的文件公布后受到被治理者的反对,就要被废除。

(2) **代理制**[③]。如果行政主管当局暂时(缺席、生病)或永久(死亡)不能履行其职权,人们不会让行政决定权瘫痪。遇此情况,法律便安排所谓**职务代理**,亦即指定他人暂时取代出缺者来作决定(比如 CGCT 第 L.2122.17 条安排了市镇长职务的代理事宜)。一旦障碍排除或任命了继任者,代理即告完结。

当法律未对暂时代理作出安排时,人们就说是**职务空缺**。在

---

① J. C. Groshens, La délégation administrative de compétence (《行政职权委托》), *D.*, 1958, chron. 197。

② Liet-Veaux, Le cloaque des délégations de signature (《卑劣污秽的署名委托》), *Rev. adm.*, 1949, 第 581 期; Puisoye, Les délégations de signature (《署名委托》), *AJDA*, 1960, 第 69 期。

③ J. M. Auby, L'intérim(《代理职务》), *RD publ.*, 1966,第 864 期。

这种情况下，上级机关须采取必要措施，代行出缺者的职权。

(3) **特殊形势**。我们业已述及(参见上文第335点)，特殊形势会深刻改变政府部门的职权。在解放初的大背景下，最高行政法院居然一度赞成，可以用普通的部委通报的形式，作出一个平时需要用法律来作的决定。对此，请参见最高行政法院，1948年4月16日的洛吉埃(Laugier)案判决，载 *S.*，1948.3.36。

343 **406. 第三，受约束的职权和自由处置权**[①]。不应满足于考虑谁是作决定的行政主管当局；还应研究，它作决定时，究竟有什么样的**裁量余地**，亦即它的决定权究竟有多大的范围。

---

① Michoud, Étude sur le pouvoir discrétionnaire de l'administration (《政府部门的自由处置权研究》), *Revue générale d'administration*, 1914, III, 1915; Bonnard, Le pouvoir discrétionnaire des autorités administratives et le recours pour excès de pouvoir(《政府部门的自由处置权与反越权行为诉讼》), *RD publ.*, 1923, p. 363; Giraud, Étude sur la notion de pouvoir discrétionnaire (《自由处置权的概念研究》), *Revue générale d'administration*, 1924, p. 193; A. Hauriou, Le pouvoir discrétionnaire et sa justification (《自由处置权和它的合法化》), *Mélanges Carré de Malberg*, p. 233; Nicolas, Le pouvoir discrétionnaire de l'Administration (《政府的自由处置权》), *Mélanges Lambert*, t. II, p. 361; M. Waline, Le pouvoir discrétionnaire de l'administration et sa limitation par le contrôle juridictionnel(《政府的自由处置权及其受到的司法监督限制》), *RD publ.*, 1930, p. 197; Étendue et limites du contrôle du juge administratif sur les actes de l'administration (《行政法官对政府行为实施监督的范围与限度》), *EDCE*, n° 10, p. 25; Dubisson, *La distinction entre la légalité et l'opportunité dans le recours pour excès de pouvoir* (《反越权行为诉讼合法性与恰当性的区别》), thèse, Paris, 1955; Venezia, *Le pouvoir discrétionnaire* (《自由处置权》), thèse, Paris, 1956; Bockel, Contribution à l'étude du pouvoir discrétionnaire de l'administration (《政府自由处置权研究》), *AJDA*, 1978, p. 355; M. Waline, Plaidoyer pour le pouvoir discrétionnaire (《为自由处置权辩护》), *Estudios de derecho admiistrativo*, t. I, Montevideo, 1979, p. 519; P. Py: Pouvoir discrétionnaire, compétence liée et pouvoir d'injonction (《自由处置权、受约束的职权与命令权》), *D.*, 2000, chron. 563; A. de Laubadère, Le contrôle juridictionnel du pouvoir discrétionnaire dans la jurisprudence récente du CE français (《法国行政法院新近判例中对自由处置权的司法监督》), *Mélanges M. Waline*, p. 531。

我们说，**行政职权是受约束的**[①]；当法律规定的各种情况交互作用时，政府官员没有任何选择余地，必须作出某个决定。比如，接到一个社团的声明后，必须给一张收条（参见巴黎行政法院1971年1月25日关于波伏瓦（Beauvoir）太太诉内政部案的判决，载 *AJDA*，1971，第229期和宪法委员会1971年7月16日关于结社自由的裁决，载 *GDCC*，n°19）。

同时，政府部门拥有**自由处置权**。法律给政府部门广泛的裁量权：它可以这样做，也可以那样做；可以作决定，也可以不作决定。对公务员的择优晋升、考核评定即是明证。当然，自由处置权并不是**独裁权**。只要遵守法定的条件，国家官员即可对所作决定的**恰当性**进行评估、选择（比如，选择考试题目时须遵守考试大纲）。所以，政府也可以在几个符合法律的决定中择优而行。

没有什么**绝对自由处置的行政行为**。有人说，有一种行政行为不要求政府部门遵守任何合法性条件，因为受不到任何司法监督；其实，早在20世纪初，最高行政法院就不再容许此类行政行为存在（参见CE，1902年1月31日的格拉兹蒂（Grazietti）案判决，载 *S*.，1903，Ⅲ.113）。实际上，任何行政行为最低限度也要服从法律强制规定的两个条件：一个是，必须由主管机关开展行政活动；一个是，追求的目标必须是共同利益。政府部门至少在这两点上是永远受到约束的。

应当着重指出，存在着有利于政府的自由处置权，那也是再自

---

① B. Kornprobst, La compétence liée（《受约束的职权》），*RD publ*., 1961，第935期；Di Qual, *La compétence liée*, 1964；G. Timsit, Compétence liée et principe de légalité（《受约束的职权与合法性原则》），*D*., 1964, chron. 217。

然不过的事。政府不会变成一架自动决定供应机。管理就是选
344 择,政府的作用就是进行选择。照奥里乌(Hauriou)的说法,“自由处置”就是“权力”而不是“行为”。

同样,即便在最受法律约束的行为中,政府部门也保留着最低限度的自由处置权,奥里乌称之为“即时选择”。当政府部门迫于形势,不得不作出决定时,它仍然会根据自身履行职责的需要,至少在合理的、有时是法律确定的范围内,自由地作出判断①。

尚须知晓:究竟由谁来确定政府自由处置权的界限?一般由法律确定。比如,法律让省长负责评判一项不动产的产权处理是否合适,只能对滥用职权进行监督。法律未作规定,则由法官来确定留给政府部门的自由处置权幅度是否恰当。确定对政府部门所作决定的监督范围,也照此办理(参见下文第641点),有限制性监督、判断明显错误监督以及所谓“正常”监督。问题的难点在于,如何划分**合法性监督**与**恰当性监督**的界限(参见下文第641点)。只要法官扩大监督范围,比如从监督明显错误转入“正常”监督,就会使本来属于恰当性监督的问题变成合法性监督。

---

① 当政府部门行使受约束的职权时,若有人否认该行为的合法性并向法官提起越权指控,其理由是无效的,因为政府部门有责任作出决定。参见:CE, Sect., 3 février 1999, Montaignac, *AJDA*, 1999, chron. 567; CE, 14 mai 2003, Syndicat des Sylviculteurs du Sud-Ouest, *AJDA*, 2003, 第1449期, concl. Guyomar。

## §2 有执行力决定的制定程序

制定有执行力的决定，必须遵从旨在保护被治理者权利的无争议行政程序(第一)。政府部门也必须服从某些形式和程序(第二)并遵守可能给它确定的期限(第三)。最后，在某些情况下，政府部门有义务说明自己所作决定的理由(第四)。

**407.第一，无争议行政程序**[①]。一种重要思想支配着有执行力决定的制定程序。政府部门享有**制定有执行力决定的特权**，也就是说，政府有权单方面签署决定，而被治理者必须执行。在这种 345
情况下，绝对需要有一种程序，使被治理者的权利得到**十分可靠的保障**，他们在大局已定之前，就能向政府部门充分陈述自己的观点。这就是无争议行政程序所要达到的目标。这一程序可以定义

---

① Auby, La procédure administrative non contentieuse (《无争议行政程序》), *D.*, 1956, chron., p. 27; sous le même titre, l'ouvrage de Y. Isaac, 1968; Hostiou, *Procédure et formes de l'acte administratif unilatéral* (《制定单方面行政法规的程序和形式》), 1974; C, Wiener, Vers une codification de la proc-édure administrative (《行政程序的法典编纂》), 1975; H. Zeghbib, Principe du contradictoire et procédure administrative non contentieuse (《对审原则与无争议行政程序》), *RD publ.*, 1998, p. 467; S. Caudal: Les procédures contradictoires en dehors du contentieux(《争讼之外的对审程序》), *RFDA*, 2001, 第 13 期; J. L. Autin: Réflexions sur le principe du contradictoire dans la procédure administrative (《关于行政程序中对审原则的思考》), *EDCE*, n°52, p. 389; M. Waline: Le principe "Audi alteram pattern"(《"听取对方意见"原则》), Livre jubilaire du CE Luxembourgeois, p. 495; K; Michelet, La charte des droits fondamentaux de l'Union européenne et la procédure administrative noncontentieuse (《欧盟基本权利宪章与无争议行政程序》), *AJDA*, 2002, 第 949 期; Y. Gaudemet, La codification de la PANC(《无争议行政程序的法典编纂》), *D.*, 1986, chron. 107。

为“关于**制定有执行力决定的形式和程序的全部准则，遵守这些准则乃是行政法规有效性的前提**”。这种程序应当跟适用于行政法院讼案的行政诉讼程序区别开来（参见下文第 650 点）。我们认为，被治理者在政府面前应当享受与在法官面前同样的权利保障。这一思想早已被夏多（Chardeau）非常明确地提出来，他说：“给予类似于司法程序的保障，同行政性机构的职能没有任何不相容之处”（参见其 1953 年 12 月 2 日在最高行政法院对德白约（de Bayo）案的审理记录，载 *RFDA*，1954，第 3 期）。

历史上，行政诉讼法中很少给予被治理者保障。最著名的是 1905 年 4 月 22 日法律第 65 条；它要求，在进行任何惩罚前，必须传阅有关案卷材料。若法律未予规定，法官须运用普遍法律原则，分析得出无争议行政程序的基本规则①。

我们不奢望做得至善至美、纤毫无失，只想说明如此得出的某些规则：

① “听取对方意见”（字面的意思是“请听听另一方的意见”）规则。也就是说，必须有一种**当面议事程序**，政府部门在没有事先征求相关被治理者的意见之前，永远不得作出对该人不利的决定。正如马赛尔·瓦利纳（Marcel Waline）风趣地指出的，政府不能像《愤世嫉俗者》中的阿尔赛斯特*那样说，“我嘛，只想吵，不想听”；假

---

① 许多国家都有行政诉讼法典。关于欧盟法律对法国行政诉讼法的影响，请参见 D. 科斯塔（D. Costa）2002 年 7 月 29 日在最高行政法院就 R. 夫人案发表的意见，载 *AJDA*，2002，第 1394 期。

* 《愤世嫉俗者》（le Misantrophe，或译《厌世者》）是莫里哀的一部喜剧，Alceste 是剧中主人公，他厌恶人类，反对调和、妥协。——译者

设政府想闹翻……也得先听听。对此，请参见最高行政法院，1930年1月17日的利白洛尔（Ribeyrolles）案判决，载 *Rec*.，76；最高行政法院，1944年5月5日的特龙皮埃－格拉维埃（Trompier-Gravier）太太案判决，载 *GAJA*，n°57。

② **客观公正原则**。意思是，一个案件不能由与该案有利害关系的人审理。对此，请参见最高行政法院，Sect.，1949年4月29日的布尔多（Bourdeaux）案判决，载 *Rec*.，188。这一原则禁止"利害攸关"的议员参加市镇议会的审议活动。

③ **实效原则**。禁止政府部门笼统地作出泛泛决定，它有责任对其处理的每一项事务进行个别的、足够的检验考察。对此，请参 346
见最高行政法院，Sect.，1962年7月13日的阿尔诺（Arnaud）案判决，载 *AJDA*，1962，第545期；最高行政法院，1966年1月19日的勒穆瓦纳（Lemoine）案判决，载 *Rec*.，44。

④ 若情况许可，政府部门在作出决定前必须**征求**某些人的**意见**（参见上文第92点）。

考虑到无竞争行政程序的发展和重要性，应当将其编纂为法典。这只是为了使每个公民更好地了解自己在政府面前的权利，且只是整个行政法法典编纂的一个方面（参见上文第11点）。目前仅仅编纂了一部分。例如，1983年11月28日关于政府与服务对象关系的重要法令，含有一系列行政程序条款，对诉求的审查、时限的伸缩性，以及必须将提交不当的诉求转交给主管部门等事项，均作了系统规定。本着同一精神，2000年4月12日"关于公民在同政府关系中的权利"的法律，试图使这一问题变得更加清楚明白，其第二编专门用以完善行政程序和行政当局作决定的制度。

尔后,2003 年 7 月 2 日法律"授权政府清理法律",许可政府用规章条例来修改任何无争议行政程序,以便精简各种中间环节,压缩对各种诉求的预审期限,简化各种行政委员会的机构和功能。

408. **第二,形式和程序**。任何行政法规都得服从某种形式,根据一定的格式,经过某种程序,才能制定出来。制定行政法规的程序和它的具体形式这两个因素通常是有区别的。而我们后面将会看到,反越权行为诉讼往往把两者统称为**形式上的瑕疵**。

(1) **程序**。政府部门在准备作决定和决定作出之间,经常要按照整整一套程序,收集意见,向公众作调查,等等。这就是奥里乌所说的"**程序活动**"。最终文件是这一系列准备活动的结果,而且只有最终文件才能被起诉。程序活动中或许存在的不合法之处,只能被当作指控最终文件的依据。一般情况下,法律会明文规范作决定所应遵循的程序。

最常见的程序是,必须或者在某些情况下可能进行若干咨询。对此,有人曾经谈论过"**协商的政府部门**"。[①] 这种办法有助于把政府之外的各种人士吸收到作决定的工作中来。但是,若咨询活动过多也会使作决定的过程变得拖泥带水、笨重迟缓。1983 年 11
347 月 28 日法令第 10 条等,对咨询程序作了详细规定。

咨询方式约有三种:一是**随意咨询**。比如,没有任何法规要求政府部门到最高行政法院的某个管理机构去征求意见,只是随心所欲地去咨询。二是**强制咨询**。比如,法律要求政府部门在作出某些决定前,需要最高行政法院就此制定一项法令。这样,政府部

① Y. Weber, *l'Administration consultative*(《协商的政府部门》), 1968。

门就必须到最高行政法院去进行咨询,但却没有义务听从后者的意见。三是**保持一致的意见**。这种情况极少;政府部门不仅必须去征询某种意见,而且要受该意见约束。

(2) **形式**。有执行力的决定并不是只有一种限定的形式,不存在所有行政决定共有的形式。每个政府部门均须遵从为之预定的一般形式,对于重要决定还可能规定特殊的形式。

决定未必是形诸文字的;一个行政法规可以是**纯粹口头上的**,这为查证其内容造成诸多麻烦。关于一个口头决定的判例,请参见最高行政法院,1931 年 1 月 9 日的阿贝·卡德尔(Abbé Cadel)案判决,载 *S*.,1931,3,41,由博那尔(Bonnard)解释。

尤其是,决定既有**明文**的,也有**暗示**的。所谓暗示决定,指的是,政府部门的沉默就是决定。这里需要反对政府部门的懈怠懒惰,揭露其使用不作决定的办法来封堵被治理者异议的花招。

暗示决定带来两个问题:沉默等于对诉求的许可还是否定?暗示决定的有效时间多长?

关于第一个问题,宪法委员会曾经不无武断地认为:“根据我国法律的一项普遍原则,政府部门的沉默就等于否定;就此而言,只有立法决议才能使之失效”(参见 CC,1969 年 6 月 29 日关于古迹保护案的裁决,载 *GDCC*,n°18)。实际上,在这些方面没有什么**法律上的普遍原则**,只是在其他事情上有一个“**普遍准则**”;根据这个“普遍准则”,沉默等于否定。毋庸置疑,人们看到,最近数十年间,为了反对政府部门的拖沓怠慢,越来越多的人认为:沉默就是同意。随着诸如“默示”建设许可证等等的出现,“暗示决定”这种形式就很有危险了。正如马赛尔·瓦利讷所强调指出的:“无论什么权力机关，只要它不敢明文同意某种诉求（如申请许可证），纠正破格优待或违法行为（就此而言，比如违反城建规划），它就会变本加厉地玩弄这种虚伪伎俩，尽可能长久地保持沉默，使得有关违法行为好像只是政府部门监督不力造成的，政府部门并不让人觉得是违法行为的同谋”（参见其对 CE，1973 年 7 月 16 日利摩日市案判决的解释，载 *RD publ.*，1974，第 259 期）。2000 年 4 月 12 日法律第 22 条规定：“根据最高行政法院法令的规定，政府部门对一项诉求保持两个月的沉默，就等于作出了同意的决定。”尽管如此，该法又规定，当公共秩序或保护自由与这种诉求相对立时，便排除同意
348 该诉求的可能性。原则仍然是：沉默就是否定。

关于第二个问题，即作出暗示决定的时段，自 1900 年 7 月 17 日法律颁施以来，认为保持沉默四个月就等于作出了拒绝的决定。2000 年 4 月 12 日法律缩短了这一时限，规定：“除非建立了关于暗示同意的制度……政府部门对一项诉求保持沉默超过两个月就等于作出了拒绝的决定。”虽然这样，“当问题的复杂性或紧迫性证明有理时，最高行政法院的法令将确定一个与此不同的期限。”这个期限也可能更短一些，而尤其可能更长①。关于向政府部门提出诉求的 2001 年 6 月 6 日法令规定，如果提出的诉求不完善，可以中止产生暗示决定的时限②。

---

① 比如，最高行政法院 2003 年 12 月 23 日所作关于经济部贯彻 2000 年 4 月 12 日法律第 21 条的 2003－1264 号法令规定，在某种情况下，沉默一年甚至二年，才等于作出了拒绝的决定。同样，2002 年 5 月 3 日的第 2002. 814 号法令对一系列暗示决定规定了四个月的沉默期限。

② 见审理材料，Fombeur，sous CE，13 janvier 2003，*M. Camora et autres*，*AJDA*，2003，第 327 期。

409. **第三,作决定的期限**。法律经常对政府部门作出一个决定的期限进行规定。若期限届满而决定没有作出,除非有相反的法律规定,政府便无从推卸责任。对此,请参见最高行政法院,1957 年 4 月 29 日关于奶制品联合会案的判决,载 *Rec.*,222。这个判例大体认为,迟作决定总比不作决定强;规定时限实际上具有象征性,而不是强制性。但是,政府部门不应滥用这一权力;如所共见,对于滥用这一权力者,最高行政法院会毫不犹豫地给予逾期罚款,迫使其制定贯彻法律的政令(参见上文第 323 点)。

410. **第四,说明作决定的理由动机**。法国政府部门习惯于遵守**保密**原则①,而倾向于民主的政府部门不应如此。很幸运,自 1970 年代以来,我们目睹了行政法重心的某种转移。当初在"大建设"时期,似乎特别需要赋予政府各种权利和特权。显然,如果可以这样说的话,政府现已全副"武装",到了该为增强被治理者在政府面前的权利而操心的时候了。伴随这一运动的是一系列改革:1978 年 7 月 17 日出台了关于供人查阅行政文件的法律;1978 年 1 月 6 日关于信息处理的法律,允许每个人在**全国信息处理自由委员会**(CNIL)② 的监督下,指名了解某个人登记在政府自动档 349
案中的信息,必要时可以提出异议;建立了一些独立行政机构(参见上文第 93 点)。

正是在这种背景下,颁施了 1979 年 7 月 11 日"关于说明制定

① Morange, Le secret en droit public français (《法国公法中的保密问题》), *D.*, 1978, chron. 1; Lasserre, Lenoir, Stirn, *La transparence administrative* (《行政透明度》), 1987。

② 关于这个法律,参见:Kayser et Frayssinet 的文章, *RD publ.*, 1979, 第 629 期。

行政法规的理由动机、改善政府同公众关系"的法律。

问题可能十分简单,因为作任何决定都必然出于某些**动机、理由**,也就是说,存在作出该决定的事实和法律依据,否则就是十足的专制独裁。**说明理由**就是在决定中解释清楚作此决定的动机。

人们从来就看不到政府部门拒绝这样做的理由,它被看作是真诚善良的:它一向认为出于某些事实原因和法律原因,自己以合法性原则为基础,能够而且应该作出达成一致的决定。它没有什么东西需要遮遮掩掩;在对所作决定说明理由时,阐释自己眼中的美好前景,这应该是自然而然的活动。况且,如果拒绝这样做,岂不是授人以柄,让人相信作决定的动机"不可告人"吗?若说说明理由会浪费时间,那是骗人的托词。问题业经深思熟虑、细论详解,应当立即照办,不得滞延!

这样做,会使1979年法律以前的状况更加无从辩解。

(1) 1979年法律以前的人为法①

1979年以前,最高行政法院始终拒绝把政府部门必须说明所作决定的理由当作一般法律原则。对此,参见最高行政法院,1973年1月26日的兰格(Lang)案判决,载*D.*,1973,第606期;最高行政法院,1975年2月19日的弗雷(Foueré)案判决,载*D.*,1975,第435期。相反,行政法官如果自己认为需要,可以要求遭到非难的行政法规的制定者说明相关理由(参见下文第667点)。但是,这种责任同进行诉讼相关联,只对法官有利。

① Sur, Sur l'obligation de motiver les acres administratifs (《关于说明制定行政法规的理由的责任》), *AJDA*, 1974, p. 349; Dupuis, Les motifs des actes administratifs (《制定行政法规的动机》), *EDCE*, 1974 – 1975, p. 16。

过去很少有法律明确要求说明理由、动机。在没有相关规定时，最高行政法院只好决定：关于成立一个**职业机构**的决定，必须说明“该机构的性质、组成和职责等理由”。参见最高行政法院，Ass.，1970年11月27日关于马赛－弗雷海运公司案的判决，载*RD publ*.，1971，第987期。它将说明理由的责任延伸至其他机构：参见最高行政法院，1974年11月13日的吉兹兰（Guizelin）案判决，载*AJDA*，1975，第32期；最高行政法院，Ass.，2001年6月29日关于古利埃（Goullier）与杰林（Jetline）案的判决，载*Rec*.，291。

（2）1979年7月11日法律[①]

滥用有执行力的决定，会强化该决定的专制性质，极有可能引起人们的不满，而1979年7月11日法律结束了这种状况。但是，350
**这个法律并未提出一个政府部门必须对所作决定解释理由的普遍原则**，而只是列举了以后应该说明制定理由的若干决定，对于以前达成的解决办法则不能再进行争论。

**① 应当说明制定理由的决定：**

首先是**对个人不利的决定**，诸如限制个人自由的治安措施、惩罚，收回或废除已作出的一个法律决定，等等。该法第1条开列了每一种此类决定的详细清单，1987年9月28日通报对此作了有说服力的明确解释。1986年1月17日法律在应当说明理由的决定

① Sur, Motivation ou non-motivation des acres administratifs（《制定行政法规是否说明理由》），*AJDA*, 1979, n°9, p. 3; Étude sur la motivation des acres administratifs（《行政法规理由的说明研究》），*EDCE*, 1986, p. 13; G. Blanc, Motifs et motivation des décisions administratives（《行政决定的动机》），*Rev. adm.*, 1998, p. 495; D. Linotte, La motivation obligatoire de certaines décisions administratives（《必须说明理由的若干行政决定》），*RD publ*., 1980, 第1699期。

的清单中加进了**拒绝批准的事项**，修改《民法典》第27条的1993年7月27日法律又在该清单中加进了**拒绝入籍的事项**。

其次，一个涉及个人的决定若含有**违反**某项普遍准则的内容，亦须说明制定的理由。

**逆向推理可知**，行政条例和无害于个人又不违反普遍准则的行政法规，无须说明制定理由。

在任何情况下，形式上有瑕疵的决定若不说明制定理由，都是违法的。但是，凡法律要求**保守的秘密**，如国防机密，则禁止泄露；当**情势极端紧急**、妨碍说明理由时，或者当政府部门以保持沉默来作**暗示**决定时，不说明理由也不属违法。在上述后两种情况下，作决定者应有关当事人的要求，须在一个月内向其介绍作出该决定的理由。

**② 说明理由的内容**

阉割法律的危险是存在的，政府部门可能用三言两语的套话混充理由说明。1979年以前，当特地要求说明某个决定的制定理由时，若政府部门用空话套话走过场，最高行政法院就会宣布其无效。参见最高行政法院，1968年1月26日的迈荣·热内斯塔尔(Maison Genestal)案判决，载*Rec.*，62。1979年7月11日法律第3条这样定义理由说明："本法所要求的理由说明必须是书面的，其中必须阐述构成所作决定之基础的法律理由和事实理由。"最高行政法院补充道：这就是说，当事人只能在阅读决定文本时了解其制定理由。对此，参见最高行政法院，1982年11月17日的凯伦加(Kairenga)案判决，载*Rec.*，385。关于不令人满意的理由说明，参见最高行政法院，1981年7月24日的勃拉斯基(Belasici)案判决，

载 *AJDA*，1981，第 473 期；1982 年 11 月 3 日的穆格雷（Mugler）案判决，载 *AJDA*，328；2001 年 2 月 9 日的米歇尔（Michel）案判决，载 *Rec.*，51[①]。

## 第 4 节　有执行力决定的实施

正是有执行力决定的效力，显示出不容置疑的公权力标记，因 351
为政府不仅可以单方面改变个人的法律地位，而且在实施有执行力决定方面拥有重要的特权[②]。

### §1　生效[③]

411. 有执行力的决定一经政府部门签署就成了无可指责的法律。因此，自签署之日起就应当衡量制定者的定时职权，尤其要评判该决定的合法性。

既然该决定要付诸实施，那么，至少从理论上说，只有被治理者了解它，才能**提出异议**；也就是说，只有予以公布，才能使之成为

① 关于 1979 年 7 月 11 日以来的判例情况，参见：B. Lasserre et J.-M. Delarue, *AJDA*, 1983, p. 296; La motivation des actes administratifs（《行政法规的理由说明》），étude de la Commission du rapport, *EDCE*, 1986, n°37, p. 13。

② B. Seiller, *L'exorbitance du droit des acres administratifs unilatéraux*（《单方面行政法规的过分权利》），*RD publ.*, 2004，第 481 期。

③ Ch. Eisenmann, Sur l'entrée en vigueur des normes administratives unilatérales（《论单方面行政规范的生效》），*Mélanges Stassinopoulos*, p. 201。

可以抗辩的。而规章条例性决定和非条例性决定的公布情况是不同的。

412.**第一,规章条例性决定的公布**。规章条例性决定是非个体化的,其公布也只能遵循非个性化法规的准则。这就意味着,此类决定在共和国**政府公报**上发表,甚至在各个政府部门的官方公报上发表时,还是可以对之提出异议的。按照 1870 年 11 月 5 日关于法律法规颁布问题的法令,只有在相关共和国政府公报送达专区首府满一整天之后,法规才成为必须遵守的。倘遇刻不容缓的紧急情况,则须立即执行法规。

根据最高行政法院的一份报告[①],2003 年 7 月 2 日法律第 4 条授权政府精简法律,准许政府通过规章条例来简化法律的公布方式。2004 年 6 月 29 日的一个法令,一一列举了这样一些法规,只要将它们以电子形式发布出去,就足以使之生效[②]。

无论以什么方式公布[③],有关制度都是以这样一条格言为基础:"谁也不能被看作是不知国法的。"不可能另作推论;但是,须提
352 防有人在那里大耍花招,因为,现实生活中几乎人人不知国法!

413.**第二,非规章条例性决定的通知**。既然人们有权指名了解决定中涉及人员的情况,人们便可利用相关**通知**,也就是说,应给每个有关人员送达一份决定文本。1978 年 7 月 17 日法律提醒

---

① *Publication et entrée en vigueur des lois et de certains actes administratifs*(《法律和某些行政法规的公布与生效》), La Documentation française, 2001。

② v. B. Tabaka, *La dématérialisation du Journal Officiel: vers un droit saisi par la technique*(《政府公报的虚拟化:以技术手段掌握法律》), *RD publ.*, 2003, 第 1521 期。

③ D. Camous, Réflexions sur la publicité de l'acte administratif par voie de presse, *RFDA*, 2004, 第 69 期(《关于通过媒体公布行政法规的思考》)。

人们牢记这一准则；通知中应当注明允许上诉的期限（参见 CE, Sect.,1998 年 3 月 13 日关于巴黎医院案的判决，载 *RFDA*,1999,第 390 期）。

决定的公布是十分重要的，因为可以使人不错过起诉的时限。

## §2　行政文件的获取[1]

414.获取行政文件关系到行政法规的公开性问题，因为在下述两种场合都会使公众了解这些文件。

获取行政文件的自由权是由 1978 年 7 月 17 日法律宣布的，后被 2000 年 4 月 12 日法律第 7 条作了全面修改。最高行政法院将获取行政文件的权利，纳入《宪法》第 34 条关于"给予公民行使公共自由的基本保障"之中，因为这属于立法权的事项。参见最高行政法院，2002 年 4 月 29 日的于尔曼（Ulmann）案判决，载 *RFDA*, 2003,第 135 期，由皮韦托（Piveteau）审理[2]。

---

① 有关法律，参见 A. de Laubadère，法律专栏，*AJDA*，1978，p. 495；关于法律的实施，参阅年度公报以外的资料 de la C. A. D. A.，B. Lasserre，*EDCE*，n°35，p.99；cf. aussi *AJDA*，1994，chron.，p. 679；J.-P. Costa，La C. A. D. A.，*RFDA*，1996，第 184 期；2001 年 6 月 6 日第 2001－493 号法令规定的交阅方式；Gounin et Laluque：La réforme du droit d'accès aux documents administratifs（《关于获取行政文件权利的变革》），*AJDA*，2000，第 486 期；J. Lemasurier，Vers une démocratie administrative：du refus d'informer au droit d'être informé（《走向行政民主：从拒绝通知到有权知情》），*RD publ.*，1980，第 1239 期；Y. Gaudemet，L'administration au grand jour（《阳光行政》），*RIDC*，Journées，1983。

② 如果说从《欧洲人权公约》中推导出获取行政文件的普遍权利是困难的，欧洲人权法院的判例则考虑到必要时为了申请人的个人地位而交阅文件的重要性。对此，参见欧洲人权法院第 2 庭 2003 年 11 月 18 日卢瓦佐（Loiseau）诉法国案判决，载 *D.*，2004，第 990 期，由 Birsan 解释。

应当确定哪些是**可交阅的行政文件**,并规范**交阅程序**。

415.**第一,可传阅的行政文件**。1978年法律规定了一项原则并指出了几个例外。

(1) **原则**。原则是自由获取任何**不指名**的普遍性行政文件而将**指名**的文件只交给当事人阅知。

可交阅的各种文件都是由国家、地方行政区、公立公益机构、承担公用事业的公法或私法机构制定的。1978年法律第1条第2段列举了这些机构可交阅的文件,第3段列举了不得交阅的文件

353 (比如最高行政法院建议书)。

(2) **例外**。虽然上述原则给可交阅的文件下了一个宽泛的定义,但作为例外,有若干文件是不得交阅的。这是指涉及政府议事机密、国防机密、货币与公债、司法诉讼进程、私生活秘密(个人档案、医疗档案)、工商业秘密及税务违法追查等情况的文件。

416.**第二,交阅程序**。任何人都**有权**要求查阅行政文件,须在馆内就地查阅,无须付费。至于病历材料,只能通过当事人指定的一名医生来了解。

如果政府部门明确地或暗示地拒绝交阅文件,当事人可以请求**查阅行政文件委员会**(CADA)[①] 出具意见。CADA须在一个月内提出意见,政府部门在接到意见后两个月内给予答复。千万别把快跑和猛扑混为一谈! 只有在期限届满后,被治理者才能酌情提出反越权行为诉讼,讼案在六个月以内获得判决。CADA的受理是提起反越权行为诉讼的先决条件;对此,见最高行政法院,

① J. P. Costa, La CADA(《查阅行政文件委员会》), *RFDA*, 1996, 第184期。

Sect.,1982年2月19日的科马雷(Commaret)太太案判决,载*D.*,1983,第24期,由拉韦斯埃尔(Laveissière)解释。

人们可能对如此烦琐的程序感到遗憾;万一政府部门不愿出示文件,这种程序就会导致大大推迟交阅时间。CADA的年度报告都会举出一些此类实例。行政法官有时也对可交阅文件采取过分严格的限制性态度:参见最高行政法院,1987年12月2日的波克尔尼(Pokorny)案判决,载*Rec.*,392。

欧洲联盟各机关同样也安排了查阅欧共体文件的程序(参见*AJDA*,1996,第742期)。

## §3 没有追溯力[①]

417.法规只对未来有效,这便是**行政法规无追溯力准则**,最高行政法院将其变成了一项普遍法律原则(参见其1948年6月25日的《晨报》案判决,载*GAJA*,n°63)。自法规生效之日起,政府部 354
门便不得再扩大其效力,而维持法律最初明确赋予的效力;只要行政法规试图追溯既往,法官即可将其废除。宪法委员会肯定了这种做法,并排除规章条例的追溯力(参见其1969年10月24日的裁决,载*AJDA*,1969,p.693);而它确认,除了刑法问题之外,立法

① Auby, L'incompétence ratione temporis(《职权过期无效》), *RD publ.*, 1953, p. 5; Letourneur, Le principe de la non-rétroactivité des actes administratifs(《行政法规无追溯力原则》), *EDCE*, n°9, p. 37; O. Dupeyroux, *La règle de la nonrétroactivité des actes administratifs*(《行政法规无追溯力准则》), thèse, Toulouse, 1954; Delvolvé, Le principe de non-rétroactivité dans la jurisprudence économique du CE(《CE经济案例中的无追溯力原则》), *Mélanges Waline*, 1974, t. II, p. 355。

机构可以通过有追溯力的法规(参见其1980年7月22日的裁决,载*AJDA*,1980,p.480)。

然而,在下述情况下,无追溯力准则就该失灵了:当一个受到越权指控的行政法规被法官宣布废除后,有时就要求政府部门在执行判决时,作出有追溯力的决定,以便恢复被废除法规生效前的原始状况。

## §4 有执行力决定的效力

418.有执行力的决定不仅享受**先决特权**,而且,倘有必要,政府可以强制执行自己的决定。人们也已发现,政府可能动用行政制裁进行报复,这种情况迅速增多。

419.**第一,先决特权**。在未经法官进行任何审查之前,有执行力的决定就被推定为合法,由此产生了若干后果。

(1) 立即承认该决定确立的新的法律地位。决定所针对的个人,自该决定生效起,就成了该决定意欲建立的权利和义务的所有者,成了具有新身份的债权人或债务人,必须作为或不作为,如此等等。

(2) 个人一般可通过反越权行为诉讼,或者通过对非法行为的指控,向法官提出有执行力决定的不合法证据,从而推翻导致上述结果的合法推定。

(3) 但是,一方面,除非法官下令中止有关决定的执行,否则,直至法官确认该决定违法,从而予以废除时,诉讼才能中止;另一方面,政府部门在诉讼中处于被告地位,因此就决定的非法性出示证据的责任属于作为原告的个人，除非初审行政法官减轻了个人的举证责任(参见下文第667点)。

鉴于行政部门的决定未经法官的任何审查就具有如此威力，人们通常用**先决特权**一语来描述政府部门的这种地位。韦德尔大师则与**既判力**术语进行类比，使用了**"既定事物的权威性"**[①] 一语。

420. **第二，强制执行**。该不该让政府拥有多种特权？既然有 355
执行力的决定已经享受先决特权，还能在需要时进一步让政府强制推行其各种决策吗？这或许有些可怕，但是，若一个被治理者不执行政府的某个决定而丝毫不受惩罚，人们会同意吗？由此观之，须区分几种实际情况。

421. **各种情况**。执行决定可能会出现三种情况：

(1) 全部或部分地由政府自己执行。在这种情况下，政府可以采取任何必要措施。比如，支付已经决定拨付的补助金、救济款，停止支付已决定将其撤职的一个公务员的薪水，等等。

(2) 授予个人某种权利或资格的决定(比如占用小额公产许可证，建筑许可证，狩猎许可证)，则是由个人使用其所得权利，政府只要不予阻挠即可。

(3) 决定要求某个个人承担职责。在此情况下，个人实际上可能会使决定的执行搁浅。政府如何才能使个人尽职尽责呢？此事最难。

---

① R. G. Schwarzenberg, *L'autorité de chose décidée* (《既定事物的权威性》), 1969; M. Nihoul, Les privilèges du préalable et de l'exécution d'office (《先决特权与强制执行》), La Charte, Bruges, 2002, p.792。

422. **个人职责的履行**[①]。(1) 基本原则是**个人必须履行职责**，这源自上文指出的合法推定[②]。为了使个人履行职责，政府部门从不需要像个人之间相互尽责那样，等着法官给自己发放执行证。这一性质甚至把有执行力决定的履行时限摆到了突出位置。

(2) 政府部门通常希望人们**对刑事制裁的畏惧**会慑服那些抗命者。个人如果不履行职责，就会受到刑事法官的传讯，按规定处以刑罚。人们希望，这样的前景足以让人服从。

(3) 当然，处以刑罚必须以符合刑事制裁的基本准则为前提，必须已有法规将违抗行政决定当作犯罪，并且明确规定了相应的处罚措施。正所谓"nulla poena sine lege"[*]("没有法律，谈何刑罚")。载于原《刑法典》第 R.26－15°条、新《刑法典》第 R.610－5°条的治安条例即规定了制裁办法；对于其他类型的行政决定，则有若干特定法规作出了同样的规定。

356 (4) 除了刑事制裁，政府部门还可以制定若干**行政性处罚办法**(参见下文第 424 点)；行政处罚或许间接产生同样的约束效果。就此而言，如所共见，由于政府部门既是法官又是当事人(比如，省长有权吊销驾驶执照)，人们就更加害怕。

(5) 有时会发生这样一些情况：首先，害怕受罚的心理，甚至受到刑事、行政制裁也不能使人服从；其次，法规尚未对违反某一

---

① Chinot, *Le privilège d'action d'office de l'administration* (《政府部门的职权行为特权》), thèse, Paris, 1954。

② 除非政府部门同意对可能不执行决定的行为不加以制裁，参见：L. Tallineau, Les tolérances administratives (《行政默许》), *AJDA*, 1978, p. 3。

* 原文是拉丁文。这是法国大革命时期(1789～1794)宣传刑法的一条标语口号，法文是：nulle peine sans loi。——译者

类行政决定的行为制定出惩罚措施;最后,情况紧急致使来不及实施刑事制裁而要求立即执行决定。遇到这些情况,政府部门掌握着一种特别强有力的武器:可以强制履行公务。倘若履行公务的对象完全是物,政府部门可以取代不在场的人而**强行履职**,比如,将一辆违规停在通衢大道上的车搬走;倘若完全针对人的行为履行公务(比如,征用一座楼,需迫使居住者腾地方),政府部门可以对抗命者实施人身限制,而这正是本来意义上的**强制执行**。

423.**强制执行的条件**。判例似乎对强行履职与强制执行未加区别;这两者确实对个人的法律安全构成严重威胁。然而,人们不能让政府在私人利益的反抗面前束手无策。若干法律已在其涉及的领域明确授权政府强制执行。除了这些罕见的情况,在法规未作规定的方面有判例允许强制执行,且明确限定了强制执行的条件;1902 年 12 月 2 日权限裁定法院对圣茹斯特不动产公司案作出判决时,政府特派员罗密欧(Romieu)在审理中对强制执行的条件作了系统阐述(载 *GAJA*,n°11;*Rec*.,p.713):

(1) 要执行的决定必须以某个具有普遍意义的法律为基础。

(2) 政府必须遇到积极或消极的反抗,否则,强制执行有害无益。

(3) 用其他办法已经无法战胜抵抗,原因是:或者法规既未作出刑事制裁的规定,比如上文所引圣茹斯特案,涉及实施 1901 年法律、从修会驱逐教士的问题,但该法未曾提及对违法者如何制裁,也未作出行政处罚规定(参见 CE,1925 年 1 月 23 日的昂杜朗(Anduran)案判决,载 *D*.,1925,Ⅲ,p.43);或者已经进行处罚但无成效。

357 (4) 只要出现紧急情况就能代替上述条件；紧急情况永远许可强行履职或强制执行，不必有什么需要战胜的抵抗，也无须事先求助于刑事制裁。罗密欧的名言说得好："火上了房，不用提请法官批准以后再往那里派消防队员。"倘有必要，法官应来审查是不是真有紧急情况。紧急情况甚至允许政府直接采取行动，不必事先作出可能会遭遇个人反抗的有执行力的决定。如果断定报纸或街头广告危害公共秩序，政府即可采取行动，查封报纸，撕毁广告，不用事先命令当事人去封去撕；也不必以别人不服从作为采取这些措施的理由；这不是**强制执行**，这是**履职行为**（参见 TC，1954 年 5 月 12 日关于法国广告社案的裁定，载 *JCP*，1954，Ⅱ，n°8382）。

(5) 在任何情况下，甚至在紧急情况下，采取的举措也不应超出所追求的目标（参见 TC，1935 年 4 月 8 日关于"法兰西行动"案的裁定，载 *GAJA*，n°50。裁定中说，在整个塞纳省范围内查封一份报纸是非法的，因为导致这次查封行动的动乱局限于巴黎市中心地区）。

(6) 1958 年《宪法》扩大了规章条例的支配领域，这给强制执行理论造成若干影响。尔后，如何确定违法行为、如何确定所应实行的刑罚，不再仅仅由法律管辖，而且属于规章条例的职权范围[①]（参见 CE，1960 年 2 月 12 日的艾基案判决，载 *D*.，1960，J.，p.263）。关于最高行政法院与宪法委员会在扩大规章条例权限方面的分歧，参见上文第 304 点。可是，政府部门似乎并未取得利用

① Levasseur，Une révolution en droit pénal：le nouveau régime des contraventions（《一场刑法革命：确定违法行为的新制度》），*D*.，1959，chron.，p. 121。

规章条例擅自采取强制执行办法的权力，因为强制执行必然危害《宪法》第 34 条在立法领域所坚持的公共自由和财产所有权。

（7）上述条件齐备，强制执行也只是可能，并非必然。况且，强制执行绝不是为所欲为，而应局限在必不可少的**最低限度**内。这里，我们再次发现了手段与目的相适应的必要性，有人称之为**对称原则**①。

（8）对于政府部门来说，执行总有风险。如果事后行政法官认为执行不合法，要由政府部门承担责任。对此，参见最高行政法院，1903 年 2 月 17 日的齐莫尔曼（Zimmermann）案判决，载 *S.*，1905，3.17，奥里乌解释。如果执行中损及私人财产或公共自由，那就可能构成**粗暴行为**（参见下文第 573 点），由普通法官介入处理。对此，参见最高行政法院，Sect.，1969 年 10 月 10 日的孔索尔·穆塞利埃（Consorts Muselier）案判决，载 *RD publ.*，1970，第 774 期，瓦利讷解释。

424. **第三，行政处罚**②。行政处罚过去相当少见，最近几十年

---

① G. Braibant, Le principe de proportionnalité（《对称原则》），*Mélanges Waline*，p.297。

② Colliard, La sanction administrative（《行政处罚》），*Annales Fac. Dr. Aix*，1943；Munch，*La sanction administrative*（《行政处罚》），thèse，Paris，1947；Mourgeon，*La répression administrative*（《行政制裁》），1967；Les sanctions administratives（《行政处罚》），*AJDA* numéro spécial octobre 2001；V. Haïm，*RFDA*，2001，第 823 期；F. Moderne，*Répression administrative et protection des libertés devant le juge constitutionnel*：les leçons du droit comparé（《行政制裁与宪法法官对自由的保护：比较法学讲义》），*Mélanges Chapus*，p. 411；J. L. de Corail，Administration et sanction（《行政与制裁》），*Mélanges Chapus*，p. 103；*Les pouvoirs de l'administration dans le domaine des sanctions*（《政府部门的惩处权》）；（Étude du Conseil d'Etat），Doc. Frse.，1995；F. Moderne，La sanction administrative（《行政处罚》）（éléments d'analyse comparative），*RFDA*，2002，第 483 期。

358 才日渐增多。按勒内·夏普(René Chapus)的说法,“行政处罚是赶时髦”(《行政法》第1卷,n°1354)。行政处罚的权力一般交给那些具有独立行政机构地位的合议制机关(参见上文第93点),诸如竞争委员会、视听业高级委员会、保险监督委员会、金融市场监管局、反对兴奋剂委员会等。这些机构有权给予很重的金钱惩罚。各部部长也往往有权科处“行政罚款”。

由于最初规范行政处罚的法律没有安排任何保护被治理者的程序,致使行政处罚现象变得十分严重。

现在,情况已经不那么令人忧虑。自然,只有法律作出了相关规定,才能实施行政处罚。因为行政处罚损害人的自由,所以,只有**法律**才能加以规范。其次,应当贯彻**罪刑法定原则**(参见 CC, 1993年8月13日对支配入境移民问题法律的裁决,载 *RFDA*, 1993,第871期)。根据这个裁定,人们也将1789年《人权宣言》第8条适用于行政处罚:“法律只应规定明显需要、必不可少的刑罚。”对此,还可参见,1997年3月17日关于国际人口流动管理局案的判决,载 *Rec*.,86。实施行政处罚时也须尊重辩护权。行政法官应当毫不犹豫地对实施行政处罚的必要性进行监督,参见最高行政法院,1991年3月1日的勒昆(Le Cun)案判决,载 *RDFA*, 1991,第613期。

虽然已经发生了绝对必要的演变,人们还是应当思索:在实施处罚的过程中,政府部门同时是法官和当事人是否合理合法。

## 第5节　有执行力决定的结束[①]

425. **问题**。有执行力的决定如何消失？倘若法规本身已确定 359
了它的实施期限，那当然不存在任何疑问，法规中注明的期限届满即导致法律失效。

行政决定本身若无时效规定，原则上是一直实施，没有时间限制，不会失效，也不会因为长期不用而被废除。

为了结束行政法规的执行，需要有一个明确的文件：或者因被法官宣布为越权而废除，或者由政府部门自动地或应行政请愿（参见下文第521点）而废止。

---

① Delbez, La révocation des actes administratifs（《行政法规的撤销》），*RD publ.*, 1928, p. 463; P. Louis-Lucas, Le retrait des actes administratifs individuels（《个体性行政法规的撤销》），*D.*, 1952, chron., p. 107; Waline, Le retrait des actes administratifs（《行政法规的撤销》），*Mélanges Mestre*, p. 563; Auby, L'influence du changement de circonstances sur la validité des actes administratifs（《形势变化对行政法规效力的影响》），*RD publ.*, 1959, p. 431; L'abrogation des actes administratifs（《行政法规的废除》），*AJDA*, 1968, p. 342; Guillon et Bringuier, Le pouvoir de retrait des actes administratifs（《行政法规的撤销权》），*AJDA*, 1978, p. 300; P. Lemire, La stabilité des situations juridiques et l'évolution de la jurisprudence relative au retrait et à l'abrogation（《法律地位的稳定与撤销决定问题判例的变化》），*AJDA*, 1980, p. 203; G. Gonzalez, La caducité des actes administratifs unilatéraux（《单方面行政法规的失效》），*RD publ.*, 1991, p. 1675; C. Yannakopoulos: *La notion de droits acquis en droit administratif français*（《法国行政法中的既得权概念》），*LGDJ*, 1997; A. Pariente: Vers une clarification du régime de retrait des décisions implicites d'acceptation（《趋于明朗化的暗示行政决定撤销制度》），*RFDA*, 2001，第653期；concl. Pecresse, sous CE, 24 octobre 1997, Mme de Laubier（《德娄比埃夫人案判决》），*RFDA*, 1998，第527期；Carbajo, *L'application dans le temps des décisions exécutoires*（《昔日有执行力决定的实施》），1980。

政府部门为了终止自己的决定,可以作出多种表示。就**废除**(abrogation)决定而言,政府部门要让某个**决定在未来失效**,可以作出另一个决定取而代之(在这种情况下,可以是默示废除的,新旧决定相矛盾即表示旧决定失效),也可以干脆加以废止。就**撤销**(retrait)某个决定而言,政府部门可采取**追溯**的方式;也就是说,自该决定生效之日起,政府部门就想到它会整个失效,因为法官可能在接到反越权行为诉讼后宣布它不合法而将其撤销。在实践中,人们往往错误地使用"撤销"(retraits)这个词,不加区别地表达上述两种现象,而两者是应当仔细加以区分的。

426.**问题流变**。问题仍然在于如何使政府部门的利益和被治理者的利益协调一致起来。

首先应当承认,政府部门有权坦率表明自己犯了错误,或者认为导致作出决定的形势已经改变,因而应该可以修改或撤销原先的决定。人们甚至可能考虑,既然事实或法律已经变化,政府部门是否就没有**必要**修改自己的决定了。最高行政法院赞成修改;它
360 在1930年1月10日的德皮约尔(Despujol)案判决(载 *GAJA*, n°44)中认为,市镇长有义务修改或废除一个关于停车问题的市政章程,因为事实和法律都变了,该条例的基础没有了。这个判例又被1983年11月28日法令第3条加以肯定。第3条规定,政府部门应当认为,旨在废除一个非法条例的任何请求都是合理的,无论该条例自签署之日起就是非法的,还是"**签署之后的事实和法律情况**"使它成了非法的。最高行政法院认为,这一规定表达了一项普遍原则,在任何情况下政府部门都必须废除一个不合法的条例,参见最高行政法院,Ass.1989年2月3日的阿里塔里亚公司案判决,

载 *RFDA*,1989,第391期[①]。

但是,不能承认政府部门拥有改变其决定的自由裁量权。因为,被治理者都是根据政府部门的决定采取行动的,他们需要稳定的法律地位和可靠的法律保障。

在实践中,有执行力决定的撤销或修改,取决于有所不同的两个变项。

(1) **是否为被治理者创设了权利**。一个行政法规若是没有为被治理者创设权利,撤销它自然没什么麻烦[②]。而一个创设权利的决定乃是赋予决定接受者或间接赋予第三者(比如任命他人替补被撤职公务员的空缺)较其以前更为优越的法律地位。由于规章条例是按照普遍性、非个体化的方式制定的,从不牵涉某个个人的利益,所以不会使谁获得权利。对此,参见最高行政法院,1959年6月12日关于工商部基督徒工会案的判决,载 *AJDA*,1960,第62期。

这个判例相当宽泛地理解未设权利的决定。判例认为,上级机关可以凭借自己的等级权力,撤销下级机关的决定(参见CE,1968年3月29日关于米什兰(Michelin)充气轮胎工场案的判决,载 *AJDA*,1968,第342期)。

然而,在作出这个判决之后,最高行政法院现在却又认为,授

---

① 又见CE,1995年12月20日的韦德尔与雅诺夫人案判决,载 *RFDA*,1996,第313期以及1997年3月26日的法国银行协会案判决,载 *Rec.*,110。

② Yannakopoulos, *La notion de droits acquis en droit administratif français*(《法国行政法中的既得权概念》),1997;P. Auvret, La notion de droits acquis(《既得权概念》),*RD publ.*,1985,第53期;C. Santulli, Les droits acquis(《既得权》),*RFDA*,2001,第87期。

予某种经济利益的行政决定，哪怕是不合理的，也为其受益人创设了一些权利。参见最高行政法院，2002 年 11 月 6 日的苏利埃(Soulier)夫人案判决，载 *RFDA*，2003，第 225 期。一个通过非法手段产生的法规，不会创设权利，参见最高行政法院，2002 年 11 月 29 日关于马赛 A.P.医院案的判决，载 *RFDA*，2003，第 234 期。

(2) **是否合法**。很好理解，政府部门撤销一个不合法的决定要比撤销一个合法决定容易一些。此外，人们还可以考虑，一个不
361 合法的决定可能产生了不良后果；我们看到(参见上文第 399 点)，政府部门必须支持废除违法条例的诉求。

427. **追溯撤销**[①]。追溯撤销须遵守相当严格的规则，因为，一个行政法规若被追溯既往地撤销，就会被视为从来没有存在过。

(1) **合法的决定**不应被追溯撤销。很简单，这是贯彻行政法规无追溯力的普遍原则。当一个行政法规合法时，就没有任何理由废止它。这意味着：政府部门不能以不合时宜的简单理由收回一个行政法规。

(2) 作为上述原则的例外，**应受益人的要求**而又无损于第三者权利的话，随时可以撤销一个行政法规。对此，参见最高行政法院，1999 年 4 月 9 日的索尼埃案判决，载 *RFDA*，1999，第 683 期。如果行政法规虽然合法，却**并未创设什么权利**，那也是可以撤销的。作为理所当然的结论，撤销行政法规不能损害任何人。而且，如果撤销的是一个纪律制裁决定，当事人只能额手称庆。

---

① M. Waline, Le retrait des actes administratifs (《行政法规的撤销》), *Mélanges Mestre*, p. 563; A. Bockel, Sur le retrait des actes administratifs unilatéaux(《关于单方面行政法规的撤销》), *RD publ.*, 1973, 第 235 期。

(3) 如果行政法规是非法的，则可能在某个时候被撤销。自作出卡塞(Cachet)夫人案判决以来(参见 CE,1922 年 11 月 3 日，载 *RD publ*.,1922,第 552 期)，最高行政法院断定，一个行政法规可能在被提起越权指控至法官审判之间被撤销。因此，有人希望，应让政府部门预先防备其决定在诉讼中被撤销。不过，这一准则已经同太尔努(Ternon)案判决一起被放弃了(参见 CE, Ass.,2001 年 10 月 26 日，载 *RFDA*,2002,第 77 期)。[①] 根据这个判决，撤销行政法规不再同诉讼时限相关联；尔后，只要**在作出决定之日算起的四个月内**，决定都可能被撤销，不管第三者是否提出了指控，也不管该决定对第三者是否具有决定性的意义。关于这一新原则的实施，参见最高行政法院，2003 年 10 月 3 日的韦茨斯坦(Wetzstein)夫人案判决，载 *AJDA*,2004,第 107 期。关于太尔努判例产生的后果，也请参见前文所引苏利埃夫人案和马赛 A.P.医院案判决。

(4) 如果行政决定是作弊得来的，它便不会创设权利，且可能在规定期限之外被撤销，参见最高行政法院，1955 年 6 月 17 日的西伯斯坦(Siberstein)案判决，载 *Rec*.,334。这简直是在落实"作弊就是腐败"(原文是拉丁文:《fraus omnia corrumpit》)的格言。

(5) 作出艾娃(Eve)案判决以来(参见 CE,1969 年 11 月 14 日，载 *Rec*.,498)，最高行政法院一直认为，在一定期限届满后导致的暗示许可，即便是非法的，也不得被撤销。而 2000 年 4 月 12 日法律第 23 条提出了一个相反的准则:一个暗示决定可因其非法性而

---

① Y. Gaudemet, Faut-il retirer l'arrêt Ternon? (《应该撤销太尔努案判决吗?》), *AJDA*,2002, 第 738 期; v. également: *AJDA*, 2003, 第 1952 期。

362 在两个月内被撤销，也可在整个诉讼过程中的任何时间被撤销，如果已有人对之提出指控的话[①]。

428.**废除**[②]。废除要比撤销更容易让人接受，因为行政法规只是在未来才失效，损害不了既得利益。

(1) 随时可能废除那些**条例性行政法规**，没有谁能够阻挡未来普遍形势的变化，无论曾经实施的条例给你带来过多少权利。我们看到(参见上文第399点)，废除不合法的条例必须提请政府部门予以宣布。政府部门永远不能承诺坚持某个条例，亦即不能承诺放弃自己的废除权，以便随时宣布废除，参见最高行政法院，1954年6月25日关于黑麦粉业全国联合会案的判决，载 *D*.，1955，第49期。

(2) 随时都可能废除一个未曾创设权利的非条例性行政法规。

(3) 原则上不能废除那些**创设了权利的非条例性行政法规**。

这便是所谓**行政法规所致个人权益的不可侵犯性**。必须明确界定这一准则的确切含义。这并不是说法规创设的权益是固定不变的，这样说也令人不能接受；而是说法规创设的权益只能由对立法规使之终止[③]。比如，要免去一个公务员的职务，不是简单的废除对他的委任状就成了，而要启动一个对立程序，也就是说，须有

---

① 太尔努判决明确指出，撤销一个行政决定的准则是，“法律、条例作出了相反的规定”。

② J. M. Auby, L'abrogation des actes administratifs (《行政法规的废除》), *AJDA*, 1967, 第131期。

③ Basset, *Le principe de l' acte contraire* (《对立法规原则》), Thèse, Paris, 1968。

免职程序。这跟废除委任状绝对不是一码事,因为,在免职程序中公务员会得到可靠的权益保障。

## 第6节　有执行力决定的效力

有效制定的有执行力决定才能产生效力;也就是说,只有遵守合法性原则并符合法定程序和形式才能产生效力。

这里有两个问题需要探索:一是无效性的等级问题,一是对无效性的确认问题。

### §1　无效的等级

可分为**绝对无效**和**无效**。

429.**第一,绝对无效**[①]。绝对无效的行政法规是**带有特别严重瑕疵**的伪法规。有人由此断定,它实际上只有**法规的外表**,却没有政府部门法规的真正内容。因此,没有什么东西需要废除;怎么废除实际上不存在的东西呢?法官也只能指出其实际状况,亦即指出该法规绝对无效。这样的法规将被宣布为"完全没有效力"或 363

---

① J. M. Auby, La théorie de l'inexistence des actes administratifs (《行政法规的绝对无效理论》), Thèse, Paris, 1947; Wodié, L'inexistence des actes unilatéraux(《单方面行政法规的绝对无效》), *AJDA*, 1969, 第76期; P. Well, Une résurrection: la théorie de l'inexistence en droit administratif (《行政法中的绝对无效理论》), *D.*, 1959, chron. 49; Gazier et Long, La notion d'acte administratif inexistant (《绝对无效行政法规的概念》), *AJDA*, 1954, 第5期。

"完全等于零"。对此,参见最高行政法院,1957年5月31日的洛桑·吉拉尔(Rosan Girard)案判决,载 *GAJA*, n°78;最高行政法院,1956年2月3日的德·丰博内(de Fontbonne)案判决,载 *RD publ.*, 1959,第859期;最高行政法院,1981年5月15日的莫里斯(Maurice)案判决,载 *Rec.*,221。这一事实是无论什么时候也包藏不住的。

必须极其审慎地运用这一理论。这表明,对这一学说还有诸多保留。

**430.第二,无效**[①]。行政决定中只要有一个成分沾染违法污点,它就是无效的。民法中分为**绝对无效**和**相对无效**。绝对无效的法规可能被任何人引用,而相对无效的法律只可能被受到潜规则保护的人引用。

这种区分对行政法是否合适?确实,人们碰到的大部分是绝对无效法规。但是,人们也可能例外地遇到相对无效的情况。若一种鲜为人知的形式或程序,不是为被治理者的利益而设立,而是为某个特定政府部门的利益而设立时,这就是相对无效的情况,只有该政府部门才能加以利用。举例来说,参见最高行政法院,1927年5月24日的勒韦尔(Level)案判决,载 *Rec.*,600;最高行政法院,1950年2月17日的莫尔雷(Moehrlé)案判决,载 *D.*,1950,第485期,桂约南(Guionin)审理。

---

① J. de Soto, *Contribution à la théorie des nullités des actes administratifs unilatéraux* (《试论单方面行政法规的无效理论》), thèse, Paris, 1941。

## §2　对无效性的确认

这是政府部门或法官的职责。

431. **第一，由政府部门本身加以确认**。政府部门自己可以按照有关撤销和废除的准则，审查确认一个有瑕疵的行政法规为无效。它可以自发进行审查（在这里，政府部门被看作是真诚善意的），也可应被治理者的诉求而审查。

假使向有关决定的制定者提出请愿，这就叫**异议申诉**；如果向制定决定者的上司反映，这就叫**越级申诉**。这两种情况构成了与争讼上诉相反的所谓**行政请愿**（参见下文第 521 点）。

提出行政请愿甚至不用写成文字材料，而政府部门也与法官 364
不同，没有就请愿作出决定的法律责任。

432. **第二，由法官进行确认**。法官可以通过两种方式来确认违法性：一种是有人对某个行政法规提出**废除上诉**，最常见的是提出越权指控。所作废除判决具有追溯力，而且对所有人都有效（参见下文第 646 点）。另一种是有人提出**违法抗辩**。违法的行政决定不是被废除，而是剥夺其引起争讼的效力（参见下文第 614 点）。

365

# 第二章　行政契约

433.**政府部门的契约与行政契约**。政府部门在使用单方面行政法规这种方式的同时[①],也广泛运用契约方式。在契约方式中,当事各方通过自愿协商,缔结契约,建立起新的法律地位。但是,政府部门使用着两种截然不同的契约形式。

(1) 政府部门与《民法典》界定和管理的**那些个人**签订**同样**的契约,有:购买(如协商买一个地块)、出售(如出售私人地产上的产物)、租赁(如协商租用一个地方来安置一个政府部门)、雇用劳务(政府部门聘用一些属于私法规定的雇员性质的合作者)、保险(如果说国家原则上是自身的保险人,分散在各地的所有人都要给自己个人投保),等等。政府部门依靠私法契约来推行政务,是司空见惯的。这是工商性公用事业经营的通行规则,也是**私人经营公用事业**方式的特征(参见上文第9点)。在这些情况下,除了公法人表示同意的方式和权限应遵循公法准则之外,适用于契约的都是**私法**,这便导致相关争讼要由**普通法院**审理。

(2) 但是,政府部门还签发一些证照,尽管属于契约性质,但

---

① 要知道一个医疗机构之地方代理所的组织章程是不是一个单方面行政法规或契约,参见 CE, 14 janv. 1998, Synd. Départemental Interco. 35 C. F. D. T., *AJDA*, 1999, p. 164, note Petit。

因是双方志愿达成一致的，仍然可以适用与普通契约不同的准则，发生争讼时由行政法院管辖。在政府部门签订的大量契约中，这些证照形成了**行政契约**中的一种特殊类型。

最长远、最重要的契约至少部分地由法律加以规定和管理。关于**公共合同**的契约(参见下文第434点)已经汇编在《公共合同法典》中。这样制定的规则由判例予以补充完善。为此，判例已经整理出一部共同原则汇编；这些共同原则构成了**行政契约一般理论**。

这个理论只是将由判例总结出来的、适用于一切行政契约的准则罗列并置，与民法学者的理论体系不同，它是围绕一个中心思想构建的。此外还有一些适用于"**专门契约**"即适用于特定类型行政契约的准则。

鉴于运用行政契约方式开展的活动都有经济上的重要性，所以，行政契约的法律制度具有显著的实际价值①。 366

法理学界有一种趋势，在契约民法学者看来，行政契约的法

---

① 关于行政契约的基本著作有：A. de Laubadère, *Traité théorique et pratique des contrats administratifs*（《行政契约的理论和实践》），3 vol., 1956；l'ouvrage, mis à jour par F. Moderne et P. Delvolvé, a été réédité en 2 volumes, t. I, 1983, t. II, 1984. Cf. aussi: Jèze, *Les contrats administratifs*（《行政契约》），3 tomes, 1927－1934；Péquignot, *Théorie générale du contrat administratif*（《行政契约一般理论》），thèse, Montpellier, 1945；Les contrats de l'administration（jurisdasseur administratif）（行政契约（行政法分类文档））；A. de Laubadère,《Les difficultés actuelles de l'identification du contrat administratif》（《行政契约同一化的现实困境》），*Estudios de Derecho Administrativo*, t. I, p. 69, Montevideo, 1979；Y. Weber,《Vers un nouveau droit des marchés publics》（《公共合同新法》），*RD publ.*, 1982, p. 1185；L. Richer, *Droit des contrats administratifs*（《关于行政契约的法律》），2002；J.-Chr. Bruère, Le consensualisme dans les contrats administratifs（《行政契约中的双方同意原则》），*RD publ.*, 1996, p. 1715。

律制度是“**独立自主**”、“**别出心裁**”的。认真考察发现,人们往往把支配私法契约的准则适用于行政契约①。

(3) 应当着重指出,有关行政契约的法律乃是行政法的一个分支,欧共体法对它的影响是不容忽视的,在契约签订程序方面的影响尤其明显②。

434.**主要行政契约**。

(1) 大部分行政契约属于一个确定的类型,特别是:

① **公共合同**。“公共合同是有偿契约,是公法法人……为了适应对劳动、服务、必需品的需要,而跟公法人或私法人缔结的。”(《公共合同法典》第 1 条)不能太过强调公共合同的经济意义,尽管它们代表着每年 7000 亿法郎的金额,即,公共总支出的 20%。有关公共合同的准则均应写在《公共合同法典》中③。新编《公共合同法典》的编纂事宜已由 2004 年 1 月 7 日法令安排就绪。公共合同可分为:

——**公共工程承建合同**。政府部门用以委托私营承包商建造或维修公益性楼房或其他建筑物。这是法规规定的行政契约。

---

① Jean Waline: La théorie générale du contrat en droit civil et en droit administratif (《民法行政法中的一般契约理论》), *Mélanges J. Ghestin*, p. 965; Y. Weber, La théorie des vices du consentement dans les contrats administratifs (《行政契约中的虚假同意理论》), *Mélanges Drago*, p. 315。

② Ph. Terneyre, L'influence du droit communautaire sur le droit des contrats administratifs (《欧共体法对行政契约法的影响》), *AJDA*, 1996, n°spécial Droit administratif et droit communautaire, p. 84。

③ 由 F. Llorens et P. Soler-Couteaux 评注的 Litec1999 年版《公共合同法典》是一部卓越的公共合同法大全; 见 Haïm, Le contrôle de la 1égalité des marchés publics (《对公共合同合法性的监督》), *JCP*, 1998, I, p. 799。

——**供货合同**。政府部门用以购得各种动产。

——**劳务合同**。旨在实现各种服务。

——**运输合同**。顾名思义,名称恰好说明了目的(比如,为了 367
从海路运人或公产,政府部门同一家航运公司签订合同)。

——**公共保险合同**。如其名称所指,这是公法人的保险契约①。

② **公用事业特许经营契约**(参见上文第384点等)。政府部门用此契约将经营公用事业的任务,委托给某个个人,或者例外地委托给一个公立公益机构,经营者从该项公用事业的用户身上获取报酬。正是在关于公用事业特许经营契约案件的判例中,最高行政法院提出了支配全部行政契约的大部分原则。如果承包人还得负责建造为公用事业运作所必需的设施(如有轨电车路网),那还得签**公共工程特许经营契约**。

③ **公债**。通过这一形式,个人借款给国家或其他公法人。

④ **给予协助约定**。这是个人作出的承诺,保证从资金上或物质上给予合作,以完成公共工程的建造。

⑤ **公用事业委托书**本身不是一种契约新类型,只是使用了既存的契约方式(参见上文第381点)。

(2) 除了上述传统契约,近年的科技进步又催生了一些其他形式。**研发合同**,公法人用以委托专业机构或研究者进行某项科学探索(参见法沃卢(Favoren)资料,载 *AJDA*,1965,p.443)。**研究**

① F. Llorens, Les tribulations des marchés publics d'assurances (《公共保险合同的磨难》), *RFDA*, 2000, p. 29。

合同旨在筹划、实施某个方案；**工业合同**是高科技产品或工艺研发契约。**智力活动资助合同**就是若干此类合同的泛称。

(3) 除了上述属于一定类型、民法所说的**专门契约**之外，政府部门还将极其多样的契约方式用于若干目的，这就是行政法所指的**无名契约**。

(4) **契约行政**①。契约方式最近用得越来越多。政府部门用契约方式来改变个人的活动方向，使之符合共同利益。作为对个人付出的回报，政府给有关个人以各种好处。国家同私立学校之间的关系即是如此(参见 1959 年 12 月 31 日和 1971 年 6 月 1 日的法律)。更重要而且形式繁杂的是经济领域政府部门同经济职业组织或私营企业签订的各种协议。在回到自由定价以前，这些协
368 议试图使过去原则上由政府部门单方面定价的规则变得更灵活，尤其打算使私营企业的经营活动符合国土整治和国家规划的要求。契约方式还被用于国家同国营企业(如计划契约)、大区(如国家—大区计划契约)、地方行政区集团(比如 1970 年 12 月 23 日法令为城市共同体现代化规定的“前景契约”)、个别市镇(如“中等城市”发展契约)的关系中，近来还用于国家同若干“地区”(pays)②的关系中。新近出现的**劳资协议**，含义模糊，很可能也要具体化为新型契约。人们从各种各样的契约方式中看到，缔结协议在行政活动中的地位日益提高③。最近的几届政府有一种相当一致的趋

---

① Dossier L'Administration contractuelle (《契约行政资料》), *AJDA*, 2003, 第 970 期。

② 关于“地区”的概念，参见上文第 246 点。

③ Cf. J. Chevallier, Les formes actuelles de l'économie concertée (《当前协调经济的形式》), *Annales Fac. Droit d'Amiens*, 1971 – 1972; C. Piquemal-Pastré, Une expérience d'acte

向，都在各种领域寻求谈判协商，在权力下放过程中给对方若干特权，这使地方行政区之间达成的协议不断发展[①]。

宪法委员会认为，"一般说，任何宪法性原则或准则都不禁止国家同共和国的各种地方行政区缔结协议"（参见 CC，1983 年 7 月 19 日关于同新喀里多尼亚所签税务协议案的裁决）。

但是，各种此类协议的性质和制度仍然不确定、不稳固。其中有些协议特有的契约性质甚至引起了争议（参见 CE，1974 年 10 月 2 日的瓦雷案判决。这个判决认定，政府部门与行业之间达成的定价协议具有条例性质而不是契约性质。载 *AJDA*，1975，p. 364）。后来，某些协议的模棱两可状况好像消除了：最高行政法院落实 1982 年 7 月 29 日关于改善计划制定工作的法律，承认国家与大区之间签订的契约具有行政契约性质（参见 CE，1988 年 1 月 8 日关于斯特拉斯堡城市共同体案的判决，载 *RFDA*，1988，p. 25）。最高行政法院认为，一个这样的契约不会带来任何后果（参见 CE，1996 年 10 月 25 日关于河口生态环境保护协会案的判决，载 *RFDA*，1996，第 339 期）。

---

économique: le contrat de programme（《经济活动的一条经验：计划契约》），*RD publ.*，1974，p. 317；C. Buron，Les contrats d'aménagement conclus entre l'État et les villes moyennes（《国家与中等城市签订的治理契约》），*AJDA*，1976，p. 510；J. Moreau，Les contrats de plan État-Régions（《国家—大区计划契约》），*AJDA*，1989，p. 737。

① Dossier Contrats entre personnes publiques（公法人之间缔结契约的档案资料），*AJDA*，2000，第 575 期等；J. D. Dreyfus，Contribution à une théorie générale des contrats entre personnes publiques（《试论公法人之间契约的一般理论》），Ed. L'Harmattan，1997；*AJDA*，2000，第 575 期。

# 第 1 节　行政契约的一般性质

这里提出了两个从逻辑上说迥然不同，而在实践中又扭结在
369 一起的问题：人们根据什么标志辨认出一个契约是行政性的？知道了一个契约是行政性的，又有哪些基本特征使其制度区别于私法契约？

## §1　辨识行政契约的标准①

435. **问题的提出**。没有什么表面上的标准让人一眼就能认出行政契约。面对政府部门签下的一个契约，比如为整修公共大道而购置铺砌材料的合同，猛一看，人们可能拿不准它是民事的还是行政的契约：究竟是《民法典》所述的购置财产，还是行政性的供货合同？这要看各方当事人选择了哪一种契约制度，也就是说，要看当事人的权利、义务以及审理权利、义务纠纷的管辖权是民事的还是行政的。在有些情况下，法律明确地解决了问题，将某一类契约交由行政法院管辖，适用有关行政契约的准则，这就是**法定行政契约**，诸如公共工程合同(参见共和八年雨月二十八日法律)、出售国有不动产契约(同上)、含有占用公产条款的合约(参见 1938 年 6

---

① F. Lichère, L'évolution du critère organique du contrat administratif (《行政契约组织标准的演变》), *RFDA*, 2002, 第 341 期。

月17日法令)①以及社会保障机构与医生协会之间签订的协议(参见1975年7月20日法律第4条、第7条)。1958年11月17日条例含有规范议会两院运作程序的组织法;有人却作相反理解,认为议会签下的所有合约均可逃避一切司法诉讼。他们这种态度主要仗恃的是三权分立原则。而这种实行了27年的司法豁免权终于被抛弃了,因为最高行政法院允许行政法院审理议会两院签订的合约,参见最高行政法院,1999年3月5日关于国民议会议长案的判决,载 *RFDA*,1999,p.333,由伯扎尔(Bergeal)审理,载 *GAJA*,n°109。这个判例的观点由法律重申:2003年8月1日法律第60条明确指出,1958年11月17日条例第8条是:"行政法院也有权对公共合同方面的个人诉讼作出判决。"

但是,除了述及法定行政契约之外,该判例还力图解决政府部门所签行政契约和私法契约的区分标准问题。应当承认,事物的 370
进化并未使问题变得多么简单。有些判决似乎并未从完美无缺的笛卡儿主义*那里获得灵感。

因此,人们觉得,判例可能认为,任何契约只要提到一个招标条例(参见下文第445点)就算是行政契约,其实不然。援引一个招标条例并不是衡量行政契约的标准(参见TC,1999年7月5日关于U.G.A.P./Sté SNC Activ CSA案的裁定,载 *AJDA*,p.626)。同样,权限裁定法院认为,一个契约遵守《公共合同法典》的规定,

---

① Charlier, Les contrats comportant occupation du domaine public(《含有占用公产条款的合约》), *JCP*, 1943, I, n°372; Auby, *D*., 1953, chron., p. 99。

* 笛卡儿主义(cartésianisme),法国哲学家、数学家笛卡儿(1596~1650)的思想体系,重在区分精神和物质,明确区分心灵和肉体。——译者

也不能表明其性质(参见 TC,1999 年 7 月 5 日关于索沃镇诉热斯特内公司案的裁定,载 *RD publ*.,2000,p.247)。然而,2000 年 12 月 11 日法律第 2 条明确规定,"根据《公共合同法典》签订的合同都具有行政契约性质。"[①]

人们可以认为,这个判例特别关心**契约自由**[②] 这条行政法原则;这条原则意味着,签约各方有权将其签订的合约置于自己选定的法律制度之下。判例给出的行政契约标准系于三个因素:

(1) **缔约各方**:只要至少有一方是公法法人,那就是行政契约。关于这一准则的例外,参见下文第 436 点。

(2) **缔约目的**:旨在**实施公用事业任务**的任何契约都是行政性的。这条长期以来具有决定性的标准,如今却受到质疑,参见下文第 437 点。

(3) **契约条款**:一个不为实施公用事业任务而签订的契约,只要含有一个**超出普通法的条款**,那就是行政性的。

应当明白,上述后两个条件是可以**替代**的。当符合第一个和第二个条件时,公法人签订的契约就是行政性的。这个结论虽然受到一些解释者的质疑,他们认为"超出普通法的条款"只是辅助性的,但权限裁定法院肯定了这一结论(参见其 1980 年 7 月 7 日关于上莫列纳旅游开发案的裁定,载 *AJDA*,1981,p.49)。

贯彻这些标准历来是不容易的。但是,近几年的判例有了若

---

① F. Moderne, Faut-il vraiment "administraviser" l'ensemble des marchés publics? (《真该把全部公共合同"行政化"吗?》), *AJDA*, 2001, 第 707 期。

② La liberté contractuelle des personnes publiques (《公法人的契约自由》), Dossier *AJDA*, sept. et oct. 1998 (p. 643 à 700, et 747 à 779)。

干例外和细微差别，导致一些作者再次对这些标准本身展开争论[①]。由此可知这些标准也在发生变化。 371

436.（1）**缔约方**。两个个人之间签订的契约，除了很少几个例外，肯定与行政契约无关。最高行政法院一再申明，签订协议的医生协会和社会保障机构都是私法法人（参见其1963年12月13日关于北部省牙医协会案的判决，载*AJDA*，1964，p.43）[②]。权限裁定法院也持同一立场，而派驻法院的政府专员要求法院放弃这一立场，承认两个私法人之间签订的契约具有行政性质，只要其中一方正在履行委托给它的公用事业职责（参见其1969年3月3日对乳制品协会案的裁定，载*AJDA*，1969，p.307）。有一个特别重要的例外，曾让人短暂地产生过"原标准正被放弃"的想法，因为一些负责建造公共工程的私营公司与承包商签订的合约，被视为公共工程承包合同（参见TC，1963年7月8日对佩罗特（Peyrot）公司案（关于高速公路）的裁定，载*GAJA*，n°85；最高行政法院，1968年4月24日对一个关于勃朗峰高地公路隧道案的判决，载*AJDA*，

① Weil, Le renouveau de la théorie du contrat administratif et ses difficultés（《行政契约理论的更新及其困境》），*Mélanges Stassinopoulos*，1974，p. 217；Le critère du contrat administratif en crise（《危机中行政契约标准》），*Mélanges Waline*，1974，t. II，p. 831；Drago, Paradoxes sur les contrats administratifs（《关于行政契约的异议》），*Mélanges J. Flour*，1979，p. 151；P. Amselek, La qualification des contrats de l'administration par la jurisprudence（《判例对行政契约的定性》），*AJDA*，1983，p. 3；J.-M. Rainaud, Le contrat administratif: volonté des parties ou loi du service public? ...（《行政契约：缔约者的意志还是公用事业的法则？》），*RD publ.*，1985，p. 1183；F. Brenet, La théorie du contrat administratif: évolutions récentes（《行政契约理论最新演变》），*AJDA*，2003，第919期。

② 上文第435点所引1975年7月20日法律否定这一结论。

1968,p.478)[1]。起初,判例对这个例外作了严格的解释,仅仅局限于道路网工程建设方面(参见CE,1972年7月21日关于奥旭德公司案、同年11月10日关于阿尔及利亚重大工程公司案的判决,载*AJDA*,1973,p.47)。然而,这种结论后来涵盖关于城市建设、国土整治等各种基于默示委托理论的契约。当承包公共工程的私营公司与另一家私营企业签订合同时,前者就可能被看作是一个公法人的代理人,为公法人的利益而工作,所签合同也就有了行政性质(参见CE,1975年5月30日关于蒙彼利埃地区设施案的判决;TC,1975年7月7日关于阿格斯公司案的裁定,载*AJDA*,1975,p.345和p.361;最高行政法院,1999年12月17日关于昂萨多工厂和S.A.布格案的判决,p.423)[2]。

如果契约是两个公法人之间签订的[3],原则上那就是行政契约,因为这是两种国营方式相汇合,除非该契约只产生了私法上的
372 关系(参见TC,1983年3月21日关于U.A.P.案的裁定,载*AJDA*,1983,p.356):在订有例外条款的条件下就私有财产签订的契约就是如此,参见下文第438点。

如果缔约人一方是公法人,另一方是私法人,只要契约具有下

---

① Prévost, À la recherche du critère du contrat administratif: la qualité des contractants(《对行政契约标准的研究:签约人的身份》), *RD publ.*, 1971, p. 817。

② J.-A. Mazères, Que reste-t-il de la jurisprudence Sté Entreprise Peyrot?(《佩罗特公司案判例还有何意义》), *Mélanges Couzinet*, 1975, p. 475。

③ Douence, Les conventions entre personnes publiques(《公法人之间的协议》), *Mélanges Stassinopoulos*, 1974, p. 113; Moderne, Les conventions entre personnes publiques(《公法人之间的协议》), *RFDA*, 1984, p. 1; B. Stirn, Le juge administratif et les contrats entre collectivités publiques(《行政法官与各级政府部门之间的契约》), *AJDA*, 1990, p.139。

面分析的两种性质之一,那就可能是行政性的。有关缔约人的条件是必要条件,而不是充分条件。

437.(2) **契约与公用事业的关系**。司法系统既担心扩大公用事业概念的作用范围,认为公用事业不过是一种行政职能;又担心公法人可能借助于私法契约来应对形势。所以,判例长期以来就试图调和上述两种忧虑,运用**直接参与公用事业经营**的概念,让政府部门通过与人签订出租公用事业的契约来征募合作者。根据合作者是否参与公用事业经营,来判断契约是行政性的还是仍受普通法院管辖的私法契约。这种契约很多,发生的相关讼案也是大量的。好在权限裁定法院、最高行政法院和法国最高法院在法律原则上业已达成一致,但是,简括的提法执行起来颇有难度。参与公用事业经营究竟从哪里开始、在哪里终止?迄今还没有一个判例作出明确的解答。因此,若发生争议,原告还很不清楚该到什么法院起诉,而实践中的解决办法也令人难以接受。比如,一个在同一项公用事业中连续行使两种职能的受委托者,其中一种职能是完成公用事业任务,另一种则不是,那么,发生争讼时必须连续向两类法院起诉。

权限裁定法院意识到了这些难处,通过罗讷－阿尔卑斯大区区长案判决消除了这一困境①。自那以后,凡涉及公用事业租赁

---

① 见 TC, 25 mars 1996, *AJDA*, 1996, p. 399, et la note de J.-H. Stahl et D. Chauvaux, ibid., p. 355, *RFDA*, 1996, 第 819 期, concl. Martin; CE, 26 juin 1996, Cne de Céreste, *AJDA*, 1996, 第 808 期。至于过去的大量判例, 尤其请参见 CE, 30 avril 1956, *Époux Bertin*, *GAJA*, n°75 et la jurisprudence citée; TC, 25 nov. 1963, Dame Mazerand, *JCP*, 1964, II, 13466。

契约的诉讼,究竟由哪类法院管辖,不在于经营的是否是公用事业,而在于所经营公用事业的性质。也就是说,要看受托者经营的是行政性公用事业还是工商性公用事业。与此相应,引起争讼的契约也分别属于行政契约或私法契约,无论受托者行使什么样的职权。幸好,事情显然简单多了。

除了公用事业租赁合同之外,如果**政府部门**要求他人履行公用事业职责(比如,林业部门为使人们在自有土地上绿化造林而签订的合同,参见最高行政法院,1956 年 4 月 20 日的格里穆亚尔(Grimouard)案判决,载 *GAJA*, n°75)或者委托**个人经营公用事业**,
373 那么,这样的合同均属行政契约。最高行政法院 1956 年 4 月 20 日关于贝尔丹夫妇案的判决(载 *D*.,1956,第 433 期)提出了一个观点,二战后责成个人向聚集在遣返中心的苏联侨民供应食物的合同,显然也是在履行公用事业责任。

438.(3) **契约的条款:例外条款**[①]。除上述情况之外,一个与公用事业毫无瓜葛的契约,如果缔约各方明确表示自己的意思,不受民法管辖并订立了与民法相反的条款,那么,它也只能是行政性的。这便是**例外条款**,即与普通法相抵触的条款,它是形成行政契约的决定性标准(参见 CE,1963 年 5 月 10 日落实这一原则的昌盛农场案判决,载 *RD publ*.,1963,p.597)。

但是,一个条款要怎样才是例外的?很难确切作答,因为民法

---

① Vedel,《Remarques sur la notion de clause exorbitante》(《例外条款概念略谈》), *Mélanges Mestre*, p. 527; Lamarque, Le déclin du critère de la clause exorbitante (《例外条款标准的没落》), *Mélanges Waline*, 1974, t. II, p. 497; Ch. Fardet, La clause exorbitante et la réalisation de l'intérêt général(《例外条款与共同利益的实现》), *AJDA*, 2000, p. 115。

提出了缔约自由原则，允许缔约双方签订各种各样的条款。超出这种自由的条款确实是例外的，但危害公共秩序的条款不得列入个人之间的合约。实际上，几乎不适用于私人关系的条款也是例外的，因为它们关注个人之外的共同利益。关于例外条款的实例，可参见最高行政法院，1924 年 5 月 23 日的承租人集体讼案判决，载 *S.*，1926，III，p.10；TC；1967 年 2 月 16 日的塞纳省长案裁定，载 *AJDA*，1967，p.288；最高行政法院，Ass.；1965 年 2 月 26 日关于王公赛车场案的判决，载 *RD publ.*，1965，第 1175 期。凡自己注明是例外条款并规定了它的一般条件者，便被视作例外条款（参见 CE，1967 年 11 月 17 日的卢狄埃·德·拉勃利尔（Roudier de la Brille）案判决，载 *AJDA*，1968，p.123）。自上文所引 UGAP 案作出判决以来，只要约定条件中指明含有一个超出普通法范畴的条款，人们便予以认可。然而，契约在述及一个不参与公用事业经营管理的受托人时，若援引适用于一切行政代理人的"普遍规定"，该契约便不是行政契约（参见 CE，1986 年 9 月 26 日的艾伯兰夫妇案判决，载 *AJDA*，1986，p.714）。后来，法官扩大了这一概念的外延，认为：一个契约若没有特别的例外条款，只要它实际上整个遵从超出普遍法的体制，它也就具有行政性质（参见 CE，1973 年 1 月 19 日的桑特（Sant）河开发案判决，载 *Rev. Adm.*，1973，p.633；古拉尔（Goulard）2000 年 3 月 1 日在最高行政法院对莫雷斯太尔（Morestel）镇案的审理，载 *CJEG*，2000，191；法国最高法院第一民事法庭 2003 年 9 月 30 日的判决，载 *AJDA*，2003，第 2205 期，由 J. D. 德雷福斯解释）。相反，市镇向私人借款的合约中若有条款规定，在市镇没有其他还贷财源时便以直接税收入作担保，那么，这样的条款不是例外条款

374 （参见 CE，1989 年 12 月 6 日关于托尔西镇 C.A.L.I.F.公司案的判决，载 *AJDA*，1990，p.481；法国最高法院 1992 年 2 月 18 日关于环球公司诉鲁贝（Roubaix）市案的判决，载 *LPA*，1992 年 4 月 17 日，n°47，p.21）。

我们刚刚谈到的原则含有一个例外：工商性公用事业的经营者与其用户之间签订的契约，即便包含一些例外条款，那也属于私法契约，归普通法院管辖（参见 TC，1962 年 12 月 17 日的贝特朗（Bertrand）夫人案裁定，载 *AJDA*，1963，p.105）；这只能由实际情况加以解释。

## §2　行政契约制度

439. **一般特征**。行政契约所遵循的制度，无论是源自例外条款，还是源自法律，判例确定的准则，都带有私法上的若干特征，契约维持效力的条件即是如此[①]。但是，行政契约与私人契约在两个本质性的方面截然不同。

（1）私人契约是两个在法律上**平等**的意志交汇在一起，即便在日常生活中一个比另一个地位优越也不影响这种平等地位。这种理论上的平等性贯穿于契约的形式和实施过程中。

---

① 关于民法概念中有欺诈行为之行政契约的实施，参见 CE，23 juin 1978，Consorts Michel，*AJDA*，1979，n°1，p. 42；F. Moderne：Permanence et actualité d'une théorie classique：le dol dans la formation des contrats de l'Administration（《一个传统理论的持久性和现实性：政府部门契约形成过程中的欺诈行为》），*CJEG*，mars 2001. 91；article Y. Weber，précité。

行政契约则相反，公法人掌握着一些与至高无上的共同利益相联系的**特权**，使之在法律地位上**优于**共同签约人。公权力的优势在有执行力的决定中显示出来，也在订立契约的全过程中表现出来；的确存在两种意志的协调一致，但这种协调一致以法律上的不平等为基础。

(2) 私人契约是两个自由的、**独立自主**的意志在法律允许的范围内相接触，选择其一致同意的目标和方式。而政府部门的意志从来不是完全自由的，共同利益禁止它借助契约方式行使国家主权所固有的若干职责，比如，不得将治安权委托给私营企业去行使。一般说，政府部门的契约活动会受到私人受不到的一些束缚。适用于行政契约的大量准则，都是要划定政府部门契约自由的界限。

行政契约遵循的制度，既因政府部门享受的**特权**，也因政府部门受到的**约束**而与普通契约法相抵触，两者的根源均在共同利益。对这些原则的重要实施情况，参见上文第10点。 375

440. **行政契约争讼**。对行政契约的效力、解释以及履行情况发生争议，均归行政法官，尤其归行政法庭审理，这是**充分行使司法权**的基本诉讼之一。按照“传统”原则，除非尊重“**可分离法规**”[①] 理论，否则不能对契约提出反越权行为诉讼，而这一原则现

① 这涉及契约签订过程中作出的那些决定，比如，市镇议会决定授权市镇长去签订契约。这种决定具有自身特性，应与契约“分开”。废除一个可分离出去的决定，未必导致废除相关契约。见 CE，10 décembre 2003，Institut de recherche pour le développement，*RFDA*，2004，第185期；CE，4 août 1905，Martin，*GAJA*，n°16。

已被越来越多的判例所推翻[①]。政府专员甚至在法庭上宣称:“今天没有充足的理由支撑目前的法律结构”(这个结构禁止在契约问题上提出越权指控),“允许直接对契约提起越权指控,会使司法程序适当简化”。对此,请参见最高行政法院分庭 1998 年 10 月 30 日的利雪(Lisieux)市案判决第 375 页。这个判决就是对一个第三者指控临时职员招聘契约案的审理结果。最高行政法院同样也赞成对契约中的条例性条款提出越权指控,参见最高行政法院,1996 年 7 月 10 日的凯泽尔(Cayzeele)先生案判决,载 *AJDA*,1996,p. 732[②]。

缔约双方均须服从法官管辖。政府部门不得在自己签订的契约中插入仲裁条款,意图将纠纷交由仲裁人处理争讼。应全面禁止有损于公法人的仲裁、公断(参见 CE,1957 年 12 月 13 日关于多余物资销售全国协会案的判决,载 *Rec.*,p. 678);几类工商性公立公益机构不在此列(见载入《民法典》第 2060 条的 1975 年 7 月 9 日法律第 5 条),其名单由法令予以确定。而这样的法令迄今尚未产生。自那以后,有几个法律曾经允许法国铁路网、邮政网等若干国营企业利用仲裁制度[③]。

---

① 早在 1933 年,马赛尔·瓦利纳就强调,若人们不能对违反契约的行为提出越权指控,好像显得契约尚可争议。对此,请参见 1933 年 11 月 10 日他在 CE 就圣保尔和阿姆斯特丹案判决所作解释;及 W. Kloepfer, Réflexions sur l'admission du REP en matière contractuelle (《关于允许在契约问题上提出反越权行为诉讼的思考》), *AJDA*, 2003, 第 585 期。

② Gourdon et Terneyre, Pour une clarification du contentieux de la légalité en matière contractuelle (《契约合法性诉讼的明朗化》), *CJEG*, 1999, p. 249。

③ P. Delvolvé, Les nouveaux pouvoirs du juge administratif dans le contentieux des contrats (《行政法官在契约争讼中的新权力》), *Mélanges Perrot*, p. 83。

根据1968年12月1日法令，最高行政法院在接到此类案件后，有权请竞争委员会提供评价资料(参见CE, Sect.,1999年3月26日的艾达案判决，载*RFDA*,1999,p.689)。

## 第2节　行政契约的缔结过程

缔约者的自由和平等性在这里都大打折扣。 376

### §1　缔约自由的限度

对政府部门来说，签订契约就是履行**职权**，而这种职权却完全不是**自由决定权**。无论在签约资格方面还是在选择**共同缔约人**方面，均须经过审查核实。

441.**第一，签约资格**。(1) 签约资格与**法人资格**密切攸关，也就是说，公法人，只有公法人才能签订行政契约。就国家各类非法人机构签订的契约而言，国家就是履约机构。

(2) 就每个公法人而言，法律确定了约束他们的主管机关，规定了每个主管机关在签约程序中的职权，规定了可以接受的契约形式，并安排了从技术和财政角度对签约权的监督(对国家的监督，参阅1957年8月16日法令；关于方式，见1959年1月7日法令)。

(3) 主管机关不是总能自由选择签订私法契约还是行政契约。法律往往要求，有几类事务必须签订行政契约，公共工程方面即是明证。

442. **第二,共同签约人的选择**。公法人常常不能自由选择其共同签约人;选择必须公开,鼓励有兴趣者展开竞争。

**当共同签约人的资质**具有最重要作用时,比如公用事业的特许经营契约,公法人就可以自由选择了,但也有两个约束条件:

一是特许经营有一个时间极限;二是水资源分配、学生运输等特许经营必须在1993年1月29日反对行贿受贿法律的基础上进行竞争。

竞争原则适用于各种合约(各地方行政单位签订契约都必须公开竞争,参见CE,Sect.,1998年5月20日关于皮埃蒙特市镇共同体案的判决,载*AJDA*,1998,p.553)。除了不多的例外,欧洲联盟的所有企业均须通过竞争成为共同缔约人。受过刑事或税法制

377 裁的某些企业均被排除在公共合同之外(参见1979年11月23日法令)[①]。

签订公共合同要受公共合同新法典(2004年1月7日法令的附件)和日益增多的欧盟指令指示的支配[②]。

---

① 《Collectivités publiques et concurrence》(《公共单位与竞争》),最高行政法院2002年度公报,载 *EDCE*, n°53, p. 215。

② J. F. Auby et F. Bronnier: L'Europe des marchés publics (《欧洲的公共合同》), *AJDA*, 1990, p. 252; C. Brechon-Moulenes: *La concession de service public face au droit communautaire* (《面对欧共体法的公用事业特许经营》); Flamme: Enfin l'Europe des marchés publics (《终究是欧洲的公共合同》), *AJDA*, 1989, p. 651; Chronique des textes communautaires (《欧共体法规汇编》), *AJ*, 1993, p. 171; J. Arnould, *RFDA*, 2000, 第1015期; 调整公共合同签订程序的最新指示: Directive 2004/18/CE (travaux, fournitures et services); Directive 2004/17/CE (eau, énergie, transport, services postaux). V.: S. Pignon, *AJDA*, 2004, 第1411期。

很可惜,尽管有上述法律规定,签订合同的真实条件仍然颇费思量,麻烦迭出①。1991 年 1 月 3 日法律致力于反对各种流弊,并为此成立了一个“契约事务调研组”。

**443. 第三,签约前的预审**②。《行政诉讼法典》(按照 2000 年 6 月 30 日法律的规定编纂)第 L.551－1 条和 L.551－2 条规定了一个初始程序,以确保公开性和展开竞争的义务得到履行。

确实,如果一个有意签约者或国家驻省代表认为,事前缺乏公开竞争,即可提请行政法庭庭长或其代表命令违法者履行义务。关于这一程序的例证,参见最高行政法院,1994 年 6 月 10 日的卡布尔(Cabourg)公司案判决,载 *Rec.*, p.304;最高行政法院,1996 年 11 月 3 日斯汤达丰通讯公司案判决,载 *LPA*, 1996, n°63, p.19;最高行政法院,2000 年 3 月 22 日的拉索尔斯(Lasaulce)夫妇案判决, p.127。关于受理法官权限的扩大,参见最高行政法院,2000 年 6

---

① J. Savoye, De la répression du délit de favoritisme et autres infractions en matière de marchés publics (《公共合同方面徇私舞弊和犯法违规行为的惩治》), *D.*, 1999, chron., 169; S. Pignon: La réforme de la commande publique (《政府采购制度的改良》), *AJDA*, 2002, p. 33。

② B. Poujade: Le référé précontractuel: un bilan (《签约前的预审:总结》), *LPA*, 14 mai 1997, p. 17; Lagumina et Philippe: Le référé précontractuel. Bilans et perspectives (《签约前的预审:总结与展望》), *AJDA*, 2000, p. 283; F. Llorens: Le référé précontractuel entre continuité et changement (《处于连续和变化之间的签约前预审》), Annales de la Fac. de Droit de Strasbourg, Nouvelle Série, n°5, 2002, p. 27; Qu'apporte le référé-suspension par rapport au référé précontractuel? (《较之签约前预审,中止审理后果如何?》), Commentaire de: CE, 29 avril 2002, Sté Apsys International et autres, *AJDA*, 2002, 第 419 期; B. Poujade, Le référé précontractuel (《签约前的预审》), *RFDA*, 2002, 第 279 期; N. Ach, Le référé précontractuel: une réforme inachevée (《签约前的预审》), *AJDA*, 2002, 第 1422 期; M. Berbari et autres, *La pratique des référés précontractuels* (《签约前预审的实践》), Edit. du Moniteur, 2004, p.277。

月21日的阿穆尔(Amour)海滨市镇联合会案的判决,载 *RFDA*,2000,第883期,p.1031。当然,契约签订之后,此类诉讼也就失去了存在依据(参见 CE,1997年1月22日的比瓦特(Biwater)案判决,载 *Rec.*,p.24)。

不得对仅仅由一名法官作出的判决提出上诉。这一预防性程序是对法官职权的一种革新。

378 **444.第四,签订合同的各种方式**[①]。

(1) **长期实行的制度**

许久以来,人们曾采用三种签订合同的方式:

① **招标**[②]。确定合同标的以后,任何相关个人和企业均可投标,也就是说,将自己的投标材料密封加印寄出。谁报价最低,谁就**自动**中标。

当与合同标的相关行业的所有成员都可以参与竞标时,招标须**公开**进行。当政府只是指名召请若干企业投标时,叫做**有限**招标。

② **选择招标**。这种办法与上述招标相似,进行公开的或有限

---

① A. Jossaud, Pour un droit public des marchés (《一部关于合同的公法》), *AJDA*, 2002, 1481; J. M. Quennehen, La passation des marchés sans formalités préalables (《事先无法定形式的合同的签订》), *AJDA*, 2002, 1478; S. Braconnier, *Droit des marchés publics* (《公共合同法》), Imp. Nat., 2002, p.396; C. Lajoye, *Droif des marchés publics* (《公共合同法》), 2003, p.177; P. Schultz, Eléments du droit des marchés publics (《公共合同法资料》), *LGDJ*, 2002, p.190; L. Bodin, La dématérialisation des procédures (《程序的虚拟化》), *AJDA*, 2003, 第2355期; F. Lichère, La simplification du droit des marchés publics (《公共合同法的简化》), *RD publ.*, 2003, 第1529期。

② Quancard, *L'adjudication des marchés publics* (《公共合同招标》), Thèse, Paris, 1945。

的竞争。但不是谁报价最低谁中标;政府部门不仅要考虑投标者的报价高低,还要考虑其全部技术和经济情况,从最令人满意的投标者中自由地作出选择[①]。

③ **自愿合同**,或称**直接议定合同**,法典中叫做**协商合同**。在这里,政府部门再次享有充分自由:"它自由地开展自以为有益的各种谈判,自由地与人签订合同。"然而,它应当尽可能诱发竞争。

长期以来,招标是签订公共合同的基本法则,这得到经济自由主义者的支持,也与对公共利益认真负责的概念相一致。

2001 年 3 月 7 月的合同法有了变化,提出了"根据选择招标签订合同"的原则。该法规定了不太烦琐的竞争、谈判、考评程序;而对于免税 9 万欧元以下的合同来说,"没有事先规定的形式"。

(2) **2004 年《公共合同法典》的制度**(2004 年 1 月 7 日法令)[②]

公共合同法是行政法的一个分支,欧共体法则是行政法中的最新内容。公共合同新法典业已编好。十分感谢布鲁塞尔欧盟机 379
构正在统编审定的指令指示草稿,法典不必再为吸收这些指令指示而重新进行编纂。况且,2003 年 7 月 2 日法律第 5 条旨在简化法律,授权政府运用条例着手将合同法与欧共体法一并加以整

---

① 关于合同的签订,政府部门不能以"为了社会的就是最好的"为标准,参见 CE, 25 juillet 2001, Commune de Gravelines, AJDA, 2002, 第 46 期, concl. Piveteau; 欧共体法让人注意生态标准,参见 CJCE, 17 septembre 2002, Concordia Bus Finland Oy AB, *AJDA*, 2003, 第 433 期等; *AJDA*, 2002, 第 780 期。

② 见:F. Llorens, *Cadre général de la commande publique*, *Contrats et marchés publics*(《政府采购的通常范围》, 载《公共契约与合同》), n°2, février 2004, p. 25 et l'ensemble des études figurant duns ce numéro; Dossier《*Le nouveau Code des Marchés Publics*》(资料:《公共合同新法典》), *AJDA*, 2004, 第 362 期等。

编。

公共合同新法典以三大原则为基础；这三大原则已载入上一个法典，且具有法律普遍原则和宪法原则的地位（参见 CE，2002 年 7 月 29 日关于 MAJ 庞丹洗衣店案的判决，载 *AJDA*，2002，第 755 期；契约与公共合同 2002，comm．207；CC，2003 年 6 月 26 日关于授权政府简化法律法的裁决，载 *AJDA*，2003，第 1391 期）。根据新法典第 1 条：

① 自由申请向政府供货；

② 平等对待候选者；

③ 全部程序透明[①]。

给予一项公共合同的大致程序如下：

① 必须公开进行竞争；

② 选择经济上最有利的供应者。

须知，公开性的界定与竞争式签约程序的界定是不同的。

**公开性的界定是**：对免税 9 万欧元以下的合同，公法人可自由选择公布办法。对于 9 万欧元以上的合同，公法人必须在书面媒体上公布消息；对于十分重大的合同，则须公布在**政府公报**和**欧盟公报**上。

至于政府部门将合同给谁，有几种方式可选择：

**选择招标**仍然是**主要签约方式**，这与前一个法典相似。这种方式是："公法人按照事先确定的客观标准，认真了解候选者，不经

① 见 F．Llorens，*Principe de transparence et contrats publics*（《公开性原则与公共契约》），载 *Contrats et marehés publics*（《公共契约与合同》），n°1，janvier 2004，p．4。

谈判，选择经济上最合算的供应者。”这种方式可以是开放性的，也可以是限制性的。选择招标从来都是一种团体招标。

在明确规定的情况下，还有四个或四种方式可资利用：

① **协商方式**。根据《公共合同法典》第 34 条，“公法人利用协商方式在征询一个或几个候选者的意见并商谈签约条件后，从中选择合格的签约者。”第 35 条列举了可以使用这一方式的各种情况。 380

② **竞争性对话讨论**。当公法人还不能确定满足自己需求的技术手段时，或者还不能确定所拟计划的法律地位或财政安排时，可以采用竞争性对话讨论方式（见《公共合同法典》第 36 条）。

③ **设计—完成合同**。这种合同涵盖公共工程从设计到完成的全过程（参见《公共合同法典》第 37 条）。这种合同需综合考虑政府的所需物品，可能要进行许多严肃认真的争论。这种方式已经写进 2002 年 9 月 9 日关于司法部大楼、治安部队和宪兵总队大楼建造的《计划方针法》。宪法委员会（参见 CC，2002 年 8 月 29 日裁决，载 *D.*，2003，第 1127 期）已经宣布这一举措是有效的，认为对自由竞争无须进行合宪性监督。它在其 2003 年 6 月 26 日关于授权政府简化法律法的裁决（载 *Rec.*，382；F. 里谢尔（Lichère）：《宪法委员会与政府委托》，载 *RD publ.*，2003，第 1163 期）中着重指出，推广这种方式可能与在政府招标面前人人平等的原则相抵触，因此这样做的动机必须是随时随地维护共同利益。关于公私之间的协作制度，已由 2004 年 6 月 17 日的第 2004.559 号条例加以规范。

④ **竞争**。《公共合同法典》第 38 条对此作了规定。

关于公法人选择共同签约人的标准,《公共合同法典》第 53 条指出:"公法人为了将合同给予**经济上最有利的投标者**,需按照不同的合同标的采用不同的标准,尤其要看使用成本、技术价值、创新性、环境保护实效、执行时间、操作性能、售后服务和技术援助、交货交工期限以及需要国家提供的经费。"

简言之,最高行政法院断定,没有任何东西禁止一个公法人(比如一个公立公益机构)成为一个公共合同或一项公用事业委托经营的候选签约人,参见最高行政法院,2000 年 10 月 16 日关于地中海水务开发公司案的判决,载 *AJDA*,2001,第 662 期;最高行政法院,2000 年 11 月 8 日关于让-路易·伯纳尔案的意见,载 *AJDA*,2000,第 987 期。自那时以来,《公共合同法典》第 1 条明确规定,公共合同就是跟公法人或私法人签订的契约。

## §2 对签约人平等地位的危害

445. **契约条款的拟订**。传统的私人契约须由双方自由讨论,
381 共同拟订一致赞成的协议条件。实际上,往往不经自由讨论,而由签约一方制定契约条款,另一方只是表示整个接受或拒绝,社会保险合同即是如此,于是有了所谓**附和契约**。

缔结行政契约时,单方面制定契约条款乃是通行惯例,签订契约的全部准则都要由政府部门加以规定。个人只能在报价时表示一下自己的主动性,如果契约中有报价一项的话;其余事项皆不能同政府部门进行讨论;个人的自由仅仅在于对政府所提条件整个地表示接受还是拒绝。

规定上述条件的文件叫做**招标细则**,是契约文本的附件。总的看,所有契约都包括两类文件:

(1) **普适文件**,适用于同一类的所有契约。这是指:

① **一般管理条款**,适用于某种公共机构所签同一类的一切契约;国家公共工程合同中的一般管理条款便是典型例证①。这种文件是永久存在的,有时是由部令或政令批准的;然而,这种文件却不具备条例的性质。对政府部门的共同签约者而言,它们的强制执行力仅仅源自他们加入了契约。这种文件的修改也对其修改以前签订的契约无效。契约只遵守签订契约时有效的那些一般管理条款。

② **一般技术条款**,适用于一个政府部门所签涉及同一类工程或供货的一切合同。

(2) **专门文件**规定适用于每个合同的管理条款和技术条款。

在特许经营契约中,制定专门招标细则时往往要参照为同一类所有特许经营契约制定的详细条款;至于特许经营契约中具有条例性质的部分条款,请参阅上文第388点。

## 第3节　行政契约的履行

**446.概览**。这方面有两个突出特征。

---

① Montmerle, *Commentaire pratique des CCAG imposés aux entrepreneurs de travaux des ponts et chaussées*(《评桥梁公路工程承包商必须遵守的一般行政条款》), 2 vol., 1951。

(1) 政府部门对其共同签约者拥有**特权**,而这是在私法契约中所没有的。这种特权可能源自契约条款,也可能源自一切行政
382 契约所固有的普遍准则。这种特权既表现在正常履约的过程中,也表现在对不履约或错误履约的惩罚中。

(2) 这种根本性的不平等受到**财政**上的制约,因为政府部门的共同签约人在这里享受私法上所没有的保障。也就是说,无论诉讼结果如何,也无论政府部门如何动用自己的特权,必须保证共同签约人获得的报酬达到最初预计的水平。

## §1 政府部门的特权

447.**第一,正常履约**。政府部门跟任何签约者一样,有权要求对方签约者履行契约规定的责任。契约责任是人格化的,允许政府的共同签约人通过分包合同[①],将部分履约责任委托给其他私营企业(参见 1973 年 3 月 14 日法令及 1975 年 12 月 31 日法律);私法人之间可以签订分包合同,但上文第 436 点所述私法契约的那些例外不在其内。只有**不可抗力**[②] 才能使共同签约人摆脱履约责任;如果不可抗力使契约标的也荡然无存,契约也就当然解除;在其他情况下,共同签约者可利用不可抗力的发生,诉请法官裁判解约。但是:

(1) 一般情况下,契约将履行契约的**领导权、监督权**都留给了

---

① F. Moderne, *La sous-traitance des marchés publics* (《公共合同的分包》), 1995。

② F. Lemaire, La force majeure: un événement irrésistible (《不可抗力:一个不可抵抗的事件》), *RD publ*., 1999, p. 1723。

政府部门。比如在公共工程领域,桥梁公路管理机关的工程师可以自由出入工地,并可向承包人下达各种业务命令。供货合同的执行同样也受到监督。

(2) 政府部门有权**单方面改变其共同签约者的责任**,可使其责任增加或减少。这种单方面修改权与私法上契约不可变更的基本原则如此抵触,以致部分法律学者否认它的存在,试图将背离《民法典》契约原则的行政手段再次插入《民法典》[①]。判例结束了这场辩论,再次毫不含糊地肯定了这项原则(参见 CE,1983 年 2 月 2 日关于城市公共交通协会案的判决,载 *RD publ*.,1984,p.212)。只要将共同利益摆在至上地位,就应当按照与时俱变的共同利益的要求来修改契约,而不能拘泥于契约内容不可变更的陈规。既 383
然如此,政府部门便可以增加、改变、减少共同签约者的责任,这一准则早已在公用事业特许经营契约中反映出来。电力发明之后,为采用新技术,煤气照明的受托经营者便受到了限制(参见 CE,关于德维尔莱斯鲁昂市煤气公司案的判决,1902 年 1 月 10 日,载 *GAJA*,n°9)。一个扩建中的城市可以要求本市有轨电车交通的特许受托者敷设原契约未予规定的新线路(参见 CE,1910 年 3 月 21 日关于法国有轨电车总公司案的判决,载 *GAJA*,n°23,*Rec*.,p.216)。这一原则确实具有普遍意义。

---

① L'huillier, Les contrats administratifs tiennent-ils lieu de loi à l'administration? (《难道政府部门要用行政契约代替法律吗?》), *D*., 1953, chron., p. 87; Benoit, *JCP*, 1963, I, 1775. 相反的观点是: De Laubadère, Du pouvoir de l'administration d'imposer unilatéralement des changements aux dispositions du contrat administratif (《论政府部门单方面改变行政契约条款的权力》), *RD publ*., 1954, p. 36。

但是，这项原则也受到非常严格的限制。在上述学术辩论中就有人明确要求：这一原则必须建立在使公用事业适应新形势的基础上，只有这个理由才能证明这一原则的正确性。况且，共同签约者除了要求修改契约的某些内容之外，还可以诉请法官宣布废除契约。此外，政府部门单方面修改契约永远不能试图减少原先允诺给予共同契约者的经济利益。最后，这一原则使共同签约者有权获得其承担新责任应得的补偿。

448. **第二，对履约错误的制裁**。在这个问题上，政府部门的特权从两方面得到证实：

(1) 如果是政府部门犯了错误，按照普通法的规定，共同签约者可以提出不履约抗辩（拉丁文：L'exceptio non adimpleti contractus），要求中止履行自己的职责；而在行政契约关系中不适用普通法，无论政府犯了什么错误，私人仍须履行契约责任，仅仅可以向法官起诉，要求对其利益损失给予赔偿，或者在政府错误十分严重时要求法官判决撤销契约。

(2) 若是私人方面犯了错误，诸如疏忽大意、产品粗陋、违法作弊、拖延误事等，政府部门掌握着多种制裁手段。与私法相比，这些制裁手段显示出某些原始性质：

① 进行制裁时，根据共同利益的要求，不仅必须弥补损失，恢复原状，而且必须有效履约。

② 政府部门甚至在契约的规定之外也有**充分权力**进行惩罚。即便契约没有规定，政府也总是有权对经过核实的违约违法行为进行相应的制裁（参见 CE，1907 年 5 月 31 日的德波朗克（Deplanque）案判决，载 *Rec.*，p.513）。

③ 尤其是,制裁是由政府部门单方面决定的,事先未经法官对所犯错误进行审核和告诫。显然,在执行契约的过程中又出现了有执行力的决定和先决性特权等公权力的特征。行使这些特权成了政府部门的真正职责。除了很少的情况之外,法官否认政府部门有权放弃自己的职责,也否认它有权提请法官惩罚失职的共同签约者(参见 CE,1970 年 7 月 21 日的装备部长案判决,载 *AJDA*,1970,p.631)。这条规则只有一个例外,这就是:一个公用事业受托经营者只能由法官根据其错误的严重性予以罢黜。 384

④ 尽管如此,若政府部门进行的惩罚有失公正,共同签约者可以提请法官判给一笔补偿金。

(3) **主要惩罚**有三种:

① 经济制裁[①]:或者是契约本身已有约定,一旦发生违约行为即自动照章惩处(契约规定有刑罚,尤其在每天都迟延很多的情况下);或者事后按遭受的损失计算赔偿额。

② 为确保履约而进行的惩罚:鉴于共同签约者失职无能,政府部门至少要暂时取而代之,亲自着手执行契约,而由共同签约者承担政府部门介入所需的一切费用,诸如**政府经办**(公共工程)、签约者**不履约**(供给方面)、**财产托管**(特许经营方面)等造成的各项开支。

③ 不给任何补偿的解约惩罚:**因共同签约者的错误而取消合同、撤销特许经营权**。

---

① Bosc, Le régime des pénalités dans les marchés de fournitures (《供货合同中的刑罚制度》), *RD publ.*, 1921, p. 215。

## §2　契约的财务平衡原则

449. **第一，共同签约者的权利**。根据普通签约法，政府部门的共同签约者有权获得契约赋予的两种利益：

(1) 政府部门为了使共同签约人顺利履行职责，经常把公权力的若干特权交由他们支配。公用事业特许经营者有权从用户那里收取费用，作为提供服务的回报；他可以从法律上取得垄断专营权。倘有必要，公共工程承包商可以临时占用私人场所作为工地。契约条款突出强调行政契约共同签约人之间的协作以及共同利益的要求。

(2) 契约确定了报酬标准，作为共同签约人履行责任的回报，报酬可以预先定妥(固定价格)，也可以根据一定的参照物不断变化(可调节价格)，还可能受长期契约中变动条款的影响(可修改价格)。原则上，所需费用只能按照共同签约人全部完成的职责一次付给，这便是所谓**服务后付款**。这种办法的弊病是，要让共同签约人事先垫付一切款项，所以，人们对此作了重大改革。改革主要在
385 预付款和分期付款方面[①]，诸如承包预付款《公共合同法典》(CMP)第87条)、任意预付款(CMP第88条)、按月付款(CMP第89条)等。只是政府部门不应在接受服务后拖欠付款。为了反对政府部门拖延清偿全部合同款项，2001年5月15日关于新一轮经济调整

① G. Eckert, Les aspects financiers de la réforme du Code des marchés publics, Contrats et marchés publics (《公共合同法典中的财务改革》), n°2, Février 2004, p. 49。

的法律第54条规定,付款期最多按2002年1月21日的第2002-231号法令宽限45天。

关于报酬的条款,不受政府部门单方面修改权的约束。而且,我们在上文提到的协作因素在这里特别强烈地表现出来,这便是**契约财务平衡**原则;这一原则是行政契约的基本特征之一,也是政府特权的对立物。

450.**第二,契约财务平衡原则**。必须给予共同签约者报酬,不是在契约中将报酬定死不变,而是应当根据其实际承担的责任付酬。这样,可使一切企业所固有的偶然事故真正减少影响。这种观念是以**不定实契约义务理论**为基础的;也就是说,共同签约人若在履约过程中遭遇出乎缔约双方意料之外、不可预见的实际困难,便应当获得全部补偿[①]。须知,这一原则是从两个法学理论中归纳出来的,一个是**契约外政府强制行为**理论,一个是**不可预见理论**。

451.(1) **契约外政府强制行为理论**[②]。这里说的是**行政偶然事件**,是由与共同签约人对立的政府机关行使其特权造成的。当公权力(即prince,君主)的行为使履行契约的条件恶化时,政府有义务给予共同签约人补偿,而且要全部补偿,也就是说,补偿额应与所受损失相等。但是,法律上的解决办法是复杂的,而且要根据签约公法人或其他某个公法人采取了什么样的措施,以及这些措施是普遍性的还是个体化的等情况,采取略有不同的解决办法。

① 见CE, 1990年12月5日的Sté Rapetto案判决,载*RD publ.*, 1992, p. 1535。

② Badaoui, *Le fait du prince dans les contrats administratifs*(《行政契约中的政府契约外强制行为》), thèse, Paris, 1954。

概述如下：

① 当签约公法人利用自己的权力单方面改变共同签约人的职责时，契约外政府强制行为理论从来都能得到贯彻落实(参见上文第447点)。这是该理论大行其道的领域。这种情况并不罕见。公法人有时对其共同签约人采取措施，增加后者的负担；这种负担不是以原定契约为基础，而是以其他名义(比如行使治安权)增加的。

② 当加重共同签约人负担的措施不是由签约公法人，而是由其他某个公法人采取的，比如，当国家的法令规章使地方政府部门
386 的共同签约人陷入恶化的社会环境时，契约外政府强制行为理论就不起作用了。在这种情况下，将行政偶然事件视同经济偶然事件，可能要适用不可预见理论(参见下文第452点)。

③ 当缔约公法人采取的**普遍性**措施加重了共同签约人的负担时，可能按照契约外政府强制行为理论**办理**；但是，只有该项措施直接影响契约的基本内容(比如，设置一个新税种，向履约所必需的原料征税)，方可适用这一理论。

452.(2) **不可预见理论**[①]。这里主要考虑的是**经济偶然事件**。在持续履行契约的某个时候，可能会发生缔约双方始料不及的经济动荡，致使公法人的共同签约人不堪重负，破产倒闭。实际上，

---

① R. Alibert, *L'imprévision dans les concessions de service public*(《公用事业特许经营契约中不可预见现象》), 1926; Bosc, *RD publ.*, 1936, p. 441. Sur l'application de la théorie, cf. Circulaire du 26 nov. 1974, *D.*, 1974, L. p. 362; j. Antoine, La mutualité contractuelle née de faits nouveaux extérieurs aux parties(《缔约人之外的新情况产生的契约互助制度》), *RFDA*, 2004, 第80期。

如果没有发生不可抗力，如果共同签约人不被免职，契约还是可以执行的，只是经济上会变得相当糟糕。最高行政法院借着审理此类案件的机会，建立了不可预见理论（参见 CE，1916 年 3 月 24 日关于波尔多煤气公司案的判决，载 *GAJA*，n°32，*Rec*.，p.130）；1914 年大战引起煤价暴涨，致使煤气特许经营者如果不想破产的话，就不可能再按契约的原定价格继续经营。

在私法中，发生了这样的偶然事件，不会对契约义务产生什么影响。

行政法官排除了使共同签约人破产这种严酷的解决办法，认为：共同签约人破产是这种严酷办法的必然结果，会使满足公共需求所不可或缺的连续性受到破坏，而不可预见理论便是以确保这种连续性为目的。按照这一理论，应使缔约双方分担风险，公法人须给共同签约人适当补贴，使之继续履行契约。

453.(1) **实行不可预见理论的条件**。为使这一理论发挥作用，须满足三个条件：

① 鉴于战争、严重经济危机之类搅乱形势事件的反常性和特殊性，缔约双方都不可能合情合理地作出预测（参见 CE，1920 年 12 月 3 日的弗罗马绍尔（Fromassol）案判决，载 *RD publ*.，1921，第 81 期；CE，Sect.，1935 年 11 月 8 日的拉尼（Lagny）市案判决，载 *Rec*.，1026）。

② 此类事件应独立于缔约双方的意愿之外。

③ 此类事件不可避免地扰乱了履行契约的条件。共同契约人无从获利，经营亏损；这还不够，亏损的严重性和持续性还得超出共同签约人的合理预期。法官要亲自进行“限价”，也就是说，使

387 涨价的幅度可以合理预测。应当说，正是反常现象酿成了不可预见的形势。

上述条件仅仅是必备条件。至于哪些事件会产生不可预见性，法律上解释得非常宽泛：可能是政治事件（如战争）或经济事件（如危机），也可能是自然现象（如天灾），还可能是非缔约政府机关的介入，作出了具有普遍意义的决定，诸如货币贬值、冻结物价等等[①]。在最后这种情况下，契约外政府强制行为理论不起作用；但若契约规定无法履行，共同签约人可以利用不可预见理论来应对与自己打交道的公法人。这个公法人不能转而反对制定那些措施的公法人（参见 CE，1949 年 7 月 15 日的艾尔伯夫市案判决，载 *S.*，1950，Ⅲ，p.61）。

此外，谈到无法履行契约规定的情况，就受托特许经营公司而言，它向股东派发股息的事实，就足以使它有权利用不可预见理论，来维持适当的经营活动，而绝不能剥夺它的这一权利。

454.（2）**发生不可预见情况的后果**。当上述三个条件具备时，契约就不再能够支配形势而为形势所控制，于是，进入了判例所说的**超契约时期**。这时如果缔约双方不能通过协商达成一致，契约法官就制定适用于这一时期的规则。

**超契约时期**不应让人产生错觉，因为契约的实质即缔约双方的合约关系继续存在。公法人的共同签约人仍然必须履行契约。不可预见理论也只是促使政府部门利用自己的职权，确保契约的

---

① J. de Soto, Imprévision et économie dirigée（《不可预见性与统制经济》），*JCP*，1950，I，n°817；Note Rivero，*JCP*，1948，II，n°4320。

财务平衡。

这种职权具体化为公法人支付给其共同签约人的**不可预见补贴**。与契约外政府强制行为理论的要求不同,这里的补贴额永远不会跟损失的总额即**超契约负担**相等。法官在计算了进入超契约时期以来增加的负担后,确定缔约双方应当承担的数额。在这种计算中,应当按照契约财务总体平衡原则,尤其认真地考虑公法人的共同签约人过去可能实现的利润。不可预见补贴代表着公法人承担的超契约负担份额。

455.(3) **不可预见情况的结束**。法学原理认为,不可预见的情况本质上都是**暂时的**。假设造成不可预见情况的经济环境巩固下来,致使亏损状况不可改变,那么,缔约双方可以斟酌新情况,签订新契约;如果没有办法扭转局势,亦可提请法官宣布解除契约(参见 CE,1932 年 12 月 9 日关于色堡有轨电车公司案的判决,载 388
*RD publ.*,1933,第 117 期)。

## 第 4 节 行政契约的结束

正常情况下,缔约双方履行完义务(诸如建筑物竣工、商品已交货)或约定期限届满,契约即告结束[①]。按照普通法,亦可根据

---

① 上文第 442 点所引 1993 年 1 月 29 日法律,确定了若干特许经营契约的时限,允许更多地开展竞争。本着同一精神,CE 认为,“根据一个‘默示继续’条款产生的契约,应被当作新契约”,亦须进行公开招标和竞争。关于这一问题,请看 CE, 2000 年 11 月 29 日的帕伊塔镇案判决,载 *AJDA*, 2001, 第 101 期; L. Richer: “Sur la tacite reconduction des marchés publics” (《谈公共合同中的默示继续》), *AJDA*, 2001, 第 219 期。

缔约双方的共同意愿或不可抗力的影响结束契约。

但是,还存在只属于行政契约的结束方式。

456. **第一,由政府部门撤销契约**。在两种情况下,即便契约本身未承认这项权力,政府部门亦可单方面宣布撤销契约:

(1) 共同签约人犯了严重错误时,**作为惩罚**而解约(参见上文第448点)。

(2) **共同签约人没有错误**:当共同利益需要时,政府部门即可作出专门决定,或作出适用于同一类别所有契约的条例规章,来撤销自己与共同签约人缔结的那些契约①。这项特权乃是单方面契约修改权的逻辑延伸,也同样为了使行政活动适应变化了的新形势。作为这项特权的对立物,政府部门必须按照契约外政府强制行为理论的要求,给予共同签约人全部补偿。关于这整个问题,请参见最高行政法院,1958年5月2日关于马尼亚克-拉伐尔酿酒厂案的判决,载 *D.*,1958,p.731。若遇特许经营契约这种特殊情况,解除契约要采取**赎回**特许经营权的方式。

457. **第二,由法官撤销契约**。法官撤销契约可能如此进行:

(1) **应个人的诉求而解约**:或者由于政府部门犯了严重错误,在这种情况下解除契约,政府部门必须给予其共同签约人赔偿;或者由于政府部门单方面强制要求共同签约人作出的改变超过了一定限度(参见上文第447点);或者由于出现了若干不可抗力。

(2) **应政府部门的要求而解约**。当政府部门自愿放弃自己的

① 参见 CE, 1999年6月4日的 Cie Gale de Chauffe 案判决,载 *D.*, 2000, p. 219, note Haïm。

解约权时，宁可提请法官处理；当涉及公用事业特许经营契约时，389
政府部门无权宣布废除。

(3) **应这方或那方签约人同样的请求而解约**。当契约规定的经济平衡由于形势不利而注定遭到破坏时(参见上文第455点)，双方都会提出一样的要求。

# 第 四 编

# 行政责任

458.**概览**。行政管理活动跟任何活动一样,都可能造成损害; 391
因为行政活动使用权势强制手段,造成的损害可能更多更重。受害者能否获得补偿?在什么条件下获得补偿?这就是我们行政法中的责任问题。这里要考察的责任是**民事**责任;新《刑法典》(参见上文第61点)所述法人刑事责任,适用于除国家之外的所有公法人。但对刑事责任的研究属于刑法领域,而不属于行政责任法的范畴[1]。行政责任是一种**契约外**责任,追究责任就是惩罚公法人

① 参见 F. Gartner, L'extension de la responsabilité pénale aux personnes publiques (《刑事责任向公法人的延伸》), *RFDA*, 1994, p. 126。

拒绝承担契约义务的行为,这是与行政契约理论联系在一起的[①]。

同样的问题也出现在民法管辖的个人关系中。行政法给予这个问题的答案是原创性的,基本上是判例的产物;法律只是对特殊的损害事项作出了规定,而没有阐明有关这一问题的普遍原则。尽管如此,人们发现,在最近的事物演化中,民法和行政法对责任问题的解决办法正在互相靠拢[②](参见上文第67点)。

责任理论具有极端重要的实践意义和理论意义。被治理者在
392 受到公权力损害时能够获得赔偿,这是法治国家的一个本质性构成要素;在其实践价值之外,任何责任理论都是文明形态的某种反映。

我们依次研究公权力责任法的沿革(第一章)、公法人承担赔偿责任的条件(第二章)、过失责任(第三章)、无过失责任(第四章)、公职人员的个人过失责任(第五章)以及行政活动之外的国家赔偿责任(第六章)[③]。

---

① A. de LAUBADÉRE Les éléments d'originalité de la responsabilité contractuelle de l'administration(《政府部门契约责任的创新因素》), *Mélanges Mestre*, p. 383。

② J. Waline:《L'évolution de la responsabilité extracontractuelle des personnes publiques》(《公法人契约外责任的演化》), *EDCE*, 1995, n°46, p. 459。

③ 关于责任问题的一般著述:Duez, *La responsabilité de la puissance publique*(《公权力的赔偿责任》), 2$^{e}$ éd., 1938; Chapus, *Responsabilité publique et responsabilité privée*(《公法人的赔偿责任与个人的赔偿责任》), 2$^{e}$ éd., 1958; Soulier, Réflexions sur l'évolution et l'avenir du droit de la responsabilité de la puissance publique(《关于公权力责任法之未来演变的思考》), *RD publ.*, 1969, p. 1039; Rougevin-Baville, *La responsabilité administrative*(《行政赔偿责任》), 1992; L. de Gastines, La responsabilité extra-contractuelle des personnes publiques(《公法人的契约外责任》), *RD publ.*, 1992, p. 135; M.-A. Latournerie, Responsabilité publique et Constitution(《国家赔偿责任与宪法》), *Mélanges Chapus*, p. 353; M. Paillet, *La responsabilité administrative*(《行政赔偿责任》), *Dalloz*, 1996; J. Moreau, La responsabilité pénale des personnes morales en droit public français (《法国公法中法人的刑事责任》), *LPA*, 1996, n°149, p. 4; Ch. Guettier, *La responsabilité administrative* (《行政赔偿责任》), *LGDJ*, 1996; G. Darcy, *La responsabilité de l'Administration* (《政府部门的赔偿责任》), Dalloz (Connaissance du Droit), 1996; J. Moreau, *La responsabilité administrative* (《行政赔偿责任》), PUF (Que Sais-je?), 1995; Vers de nouvelles normes en droit de la responsabilité publique? (《是公共责任法的新规范吗?》), Colloques du Sénat, Actes du colloque des 11 et 12 mai2001, p.398。

# 第一章 公权力责任法的沿革

公权力责任法的整个沿革进程，始终表现为行政法官对改善受害者命运的持续关注。因此，一旦抛弃了国家无责任原则，行政法官便让国家代替国家官员承担责任，而且调整了责任追究制度，尽可能给予受害者赔偿。这一沿革纳入了风险“**社会化**”的总体运动；所谓风险社会化，旨在使公权力成为可能损害被治理者的各种突发危险的承保人。

## 第 1 节 初始状况：不承担责任

459.**国家不需负责**。毫无理由地给他人造成损害，必须给予
补救，使之恢复原状，这是一项普遍原则。这一普遍原则有可能适 393
用于政府部门吗[①]？

---

① 关于这一问题的变化，参见 Koechlin, *La responsabilité de l'État del'an VIII à 1875*（《共和八年至 1875 年的国家赔偿责任》），1957；G. Teissier, *La responsabilité de la puissance publique*, 1906；M. Deguergue, *Jurisprudence et Doctrine dans l'élaboration du droit de la responsabilité administrative*, 1994。

答案首先是否定的。公权力不须负责乃是 19 世纪上半叶作为王权的一个必然结果出现的。这个答案对个人来说是严酷的，实际上也还是可以接受的，因为在自由国家会严格限制国家的活动，使之造成的损害较少。况且，这一原则的严酷性受到削弱：共和八年雨月二十八日法律允许赔偿由公共工程造成的损失。不须负责原则既不得扩大到私产经营造成的损失，也不得扩大到服从民法和法院管辖的地方行政单位(不是国家最高当局)。

然而，在实践中，却因受害者只能向**亲自造成**损害的官员**个人**索求赔偿而使事情变得更加麻烦难办。因为，1790 年 8 月 16—24 日法律第 2 条已经建立了“公职人员保障制度”，追诉政府官员须经政府部门批准。这一保障制度甚至被共和八年《宪法》第 75 条
394 赋予宪法性质，要求由参政院*审批对官员的追诉，实际上，极少获得批准。

## 第 2 节 国家不须负责原则的放弃

460. **第一，承认国家的赔偿责任**。有明显的实际理由反对维持国家不须负责的制度。政府部门造成了大量损害。随着行政活

---

* Conseil d’État，在 1799 年 12 月颁布的共和八年宪法中是四个立法机构之一，译为参政院。1875 年第三共和国的几个宪法法律颁施后，Conseil d’État 迄今犹存，职能改变，译为最高行政法院或法国行政法院。请参阅 1987 年中国广播电视出版社《世界议会词典》和 1991 年中国法制出版社《世界政府辞书》中的有关词条。——译者

动的发展和行政权力的增强，造成的损害也日益严重。对这些损害进行补救，已经成为一种社会需要。尤其是私人关系中保险业的推广普及，损害赔偿渐成惯例，不再允许行政领域还保留截然相反的陈规旧制。

众多作者从理论视角看到，承认公权力的损害赔偿责任，就必须确立**国家开支面前公民一律平等**的原则。行政活动为大家的利益而开展，如果不赔偿行政活动给某些人造成的损失，叫他们为集体作出牺牲，这是一种毫无道理的歧视；赔偿能使由于他们受害而被打破的平衡得以重建①。

首先，在没有法律明文规定的情况下，即便行政管理活动并未以国家主权的名义开展，著名的勃朗克判决（参见 TC，1875 年 2 月 8 日，*GAJA*，n°1）也在原则上确认了国家的损害赔偿责任，他断言："国家在公用事业中雇用的人员给个人造成的损害，可以由国家负责赔偿……但这种赔偿责任既不是普遍性的，也不是绝对的，而有其专门规则……"。尽管这一表述中用了诸多限制性词语，它仍然撇开任何法律条文，独自确认公权力负有损害赔偿责任。

如果抛开公用事业的标准不谈（参见下文第 556 点），勃朗克判决显然确认了下述两点：一是确认了公权力赔偿责任法是独立的，不能受《民法典》为个人间关系确立的那些原则的支配；二是确

① Berlia, Essai sur les fondements de la responsabilité en droit public français（《论法国公法中赔偿责任的基础》），*RD publ.*，1951，p. 685；Benoit，Le régime et le fondement de la responsabilité de la puissance publique（《公权力赔偿责任的制度基础》），*JCP*，1954，I，n°1178；Mignon，Chroniques，*D.*，1947，p. 37，et 1950，p. 53；G. Pelissier，Le principe d'égalité en droit public（《公法中的平等原则》），1996。

立了公权力赔偿责任的必要界限，“**既不是普遍性的，也不是绝对的**”。

当然，上述两个确认之间是有联系的。放弃国家不须负责原则的条件是，使行政赔偿责任摆脱《民法典》规定的那些可能导致公权力赔偿责任太过沉重的原则(《民法典》第1382条：“**给他人造成损害的任何行为，都迫使因其过失而造成损害的人赔偿损失。**”)当今时代，出于恢复事物原貌的奇怪想法，放弃国家不须负责的原
395 则，竟使国家赔偿责任明显地比《民法典》的规定走得更远。

461. **第二，公务员保障制度的调整**。禁止他人问责的公务员保障制度是极其不得人心的。第二帝国[①]倾覆后，临时政府制定法规，废除了共和八年《宪法》第75条和“一切旨在阻挠追诉各级行政官员的条款”(参见1870年9月18日法令)。在此基础上人们是否就进入了按照普通法追究官员个人责任的道路呢？

462. **佩尔蒂埃裁定**。(1) 1873年7月30日，佩尔蒂埃(Pelletier)在权限裁定法院作出裁定，解答了1870年法令提出的问题(参见 *GAJA*, n°2)。裁定认为，1870年法令虽然废除了《宪法》第75条，却并未改变三权分立的原则。既然如此，倘若行政造成的损害一律归咎于公务员且由普通法院作出赔偿判决，这会导致司法权干涉行政权。因此，应当从那些招致损害的行为中，排除不受任何司法审查的政府行为，分辨出造成损害者在正常履行公务之外的**个人过失**，他为此须向普通法院、按照私法规定的期限，承担损害赔偿责任。至于不可区分的致害行为，可能构成了**公务过失**，公法

① 法兰西第二帝国存在于1852—1870年间，皇帝是拿破仑三世。——译者

人须向行政法院承担损害赔偿责任。在佩尔蒂埃裁定作出前几个月,勃朗克判决即已肯定了这项原则。

(2) 显而易见,人为法认可,公职人员须为自己的个人过失**承担个人赔偿责任**,个人之外的**赔偿责任则应由公法人承担**。这种区分乃是公法人赔偿责任制度的主要特征之一。

## 第 3 节 国家代替公职人员承担责任

始终出于对改善受害者命运的关心,坚持官员须对其个人错误承担个人赔偿责任的原则,同时,允许受害者理所当然地向具有支付能力的国家索求赔偿。究竟是要求国家还是要求官员给予赔偿,选择权掌握在受害者手中。

这一沿革进程分为两个阶段,与之相伴随的是**过失并合理论**和**责任并合理论**。

463. **第一,过失并合**①。在佩尔蒂埃裁定之后(参见上文第
462 点),人们从中推导出的两种责任是相互排斥的:如果损害是 396
由个人过失造成的,就只能由公职人员承担赔偿责任,政府部门仅

---

① Duguit, Coexistence des actions en responsabilité (《责任并存》), *RD publ.*, 1923, p. 23; Funiaux, La coexistence des responsabilités de l'agent et de la personne administrative (《公职人员和行政法人责任并存》), *RD publ.*, 1931, p. 333; Chardon, Du cumul et de la coexistence des responsabilités (《责任并合与并存》), thèse, Paris, 1935; Long, La responsabilité de l'administration pour les fautes personnelles commises par ses agents (《政府为公职人员所犯个人过错承担责任》), *EDCE*, n°7, p. 20。

对公务过失负责。

这就是所谓**责任自负**制度。实际上，对于受到公职人员个人过失之害者而言，这一制度很不合理，因为，受害者要获得赔偿，只能指望公职人员的个人财产，而个人财产往往不足以赔偿损失。

进一步的分析使法官承认，在某些情况下，个人过失和公务过失可能两相交会，共同造成损害。在昂盖(Anguet)案中(参见 CE, 1911 年 2 月 3 日，载 *GAJA*, n°24)，一个顾客在邮政局提前关门时，试图从一个安装得很糟糕(公务过失)的安全门离去，却被几名邮政职员打伤(个人过失)。在这种情况下，受害者有权从两种赔偿责任中进行选择：既可以那几名邮局职员的个人错误为理由，向普通法院提起诉讼，索讨**全部**伤害赔偿；亦可以邮局的公务过失为理由，向行政法院起诉，索讨**全部**伤害赔偿。

464. **第二，责任并合**。这里说的损害不是只由一种过失所造成的。比如，某个地方节日组织流动靶子射击比赛，对行人有危险，此事已通知当地小镇的镇长，而镇长严重失职，没采取任何预防措施(参见 CE, 1918 年 7 月 26 日的勒莫尼耶(Lemonnier)案判决，载 *GAJA*, n°34)。最高行政法院由此终于承认，当公职人员仅仅是利用自己掌握的公务手段和权力犯下个人过失时，“这种过失可能与履行公务无关，但公务却推脱不掉这一过失”(见勃鲁姆(Blum)审理勒莫尼耶案记录，引自 *Rec.*, p. 761)。即便没有公务过失也毫无关系，在这一案例和在上一案例中一样，受害者既可起诉相关公职人员，亦可起诉公法人。最初只是解决遵命履职时所犯过失的办法，到后来扩大运用到公务之外，但应是利用公务提供的手段所招致的损害(参见下文第 509 点)。

人们只会赞扬有利于受害者的这种变革，不过，但愿这一变革不会让那些犯了个人错误的公务员推卸掉自己应负的实际责任。

465. **第三，要求赔偿的上诉问题**[①]。受害者往往选择起诉公法人，因为它的清偿能力确实要比公职人员的清偿能力可靠。 397

(1) **在往昔的制度中**，国家被判赔偿全部损失，其中的公务过失只占一部分（在过失并合中），甚或根本没有（在责任并合中），而且不准国家转而处理犯了个人过失的公职人员，这样，真正负有赔偿责任的人反而摆脱了任何惩罚。过失并合、责任并合使犯了错误的人完全得到豁免，这不仅有损于国家财政利益，也不平等，且与政府的善治背道而驰。有一个格外令人气愤的实例，参见最高行政法院，1924 年 3 月 28 日的普西内（Poursines）案判决，载 *S.*，1926.3.17（案中，一个官员以极其简单的程序让人枪毙了一位平民）。这个判决仅仅承认受到谴责的公法人有权自行代替受害者处理致害官员，而实际上从来没有处理过[②]。

(2) **现行解决办法**。拉吕耶尔（Laruelle）案判决推翻了以往的原则（参见 CE，1951 年 7 月 28 日，载 *GAJA*，n°70）。他总体性地断言，公职人员因个人过失，导致国家必须按照"并合"理论赔偿受害者，从而直接、间接地给公法人造成了损失，那么，该过失人员对国

---

① Renard, La subrogation et les actions récursoires en matière de responsabilité administrative（《行政赔偿责任方面的代位和上诉》），*thèse*，Paris，1953；Castagne，Contribution à la théorie de la responsabilité des fonctionnaires à l'égard de l'administration（《试论公务员对政府的责任理论》），*RD publ.*，1958，p. 676；F. Roques，L'action récursoire dans le droit administratif de la responsabilité（《行政法中的赔偿责任上诉》），*AJDA*，1991，p. 75。

② M. Waline，"De l'irresponsabilité des fonctionnaires pour leurs fautes personnelles"（《论公务员对其个人过失不须负责》），*RD publ.*，1948，p. 5。

家负有赔偿责任。

在此基础上发展起一种索赔上诉制度，在受害者获得赔偿之后，由索赔审理法庭最终确定致害官员和公法人各自分担的赔偿份额。需区分几种情况：

① 已经按**过失并合原理办理**。如果国家已经全部赔偿受害者，国家可以转而要求有关公职人员，支付个人过失招致的那部分赔偿额；如果公务过失也是该人引起的，便可让他弥补国家的全部损失，他不得狡辩推诿。在上文所引拉吕耶尔判决所针对的案件中，犯罪官员驾驶政府部门拨归他个人使用的汽车闯下事故，他显然不能硬说政府部门准许他实施自己的计划，却对他缺乏监督，就构成了公务过失，以此要求减轻个人的赔偿责任。倘若反过来，受害者选择了追诉过失官员，后者亦可要求政府部门支付与公务过失相对应那部分赔偿额(参见 CE，1951 年 7 月 28 日的德尔维尔(Delville)案判决，载 *GAJA*，n°70)。

② **按责任并合原则办理**。国家可以要求肇事公职人员偿还
398 国家已经支付给受害者的赔偿金。若是多人肇事，互相不负连带责任，每人只须向国家偿还本人应当分担的金额。

③ 行政法院管辖、裁决所有索偿上诉案件，因为这是在处理国家与国家官员之间的关系，属于公法范畴(参见 TC，1954 年 5 月 26 日的莫里茨(Moritz)案判决，载 *JCP*，1954，II，n°8334，韦德尔解释)。

④ 从**程序**的视角看，国家追讨债款时，可对国家官员使用“有执行力决定”的方式，向那些官员债务人下达**执行单**或**支付令**，当然，后者可以向行政法官提出反对意见。

⑤ 应当指出，若是多人共犯，在划分每人应偿付国家的责任时，需区分共犯的过失和导致国家赔偿的个人过失。在前述莫里茨案例中，有六名军人参与行动，其中一人从门卫的监视下骗取了一辆国有汽车，行进中发生事故，构成了个人过失，这只能是汽车驾驶员的过失；然而，另外五名同伙也被认定对国家负有偿债责任，因为他们给受害人造成的损失，必须由国家先行赔偿（参见TC，前述莫里茨案裁定及最高行政法院1957年3月22日关于同案中让尼耶（Jeannier）案的判决，载 *D.*，1957，J.，p.748）。在按照官员同受害者的关系或官员同国家的关系来谈论个人过失的两分法时，有必要使人注意这种特殊情况。

⑥ 无论上述界定办法具有多么重要的法律意义，但实际上很少施行。国家公职人员的个人过失造成的损害，总是判由国家赔偿，而国家难得提出判例中所述之索偿上诉[①]。这样一来，公职人员不须负责赔偿的原则几乎还是原封不动地存在着（参见下文第511点）。

---

① Maestre, La responsabilité civile des agents publics à l'égard des collectivités publiques doit-elle être abandonnée?（《应当放弃公务员对各级国家机关的民事责任吗?》），*Mélanges Waline*, 1974, t. II, p. 575.; Becet, L'échec du système actuel de la responsabilité pécuniaire des agents publics à l'égard de l'administration（《公务员对政府经济赔偿责任现行制度的失败》），*Mélanges Stassinopoulos*, 1974, p. 165; C. Lalumière, *La responsabilité pécuniaire des agents publics envers les collectivités publiques*（《公务员对各级国家机关的经济赔偿责任》），1968; O. Gohin, Le retour à la garantie des fonctionnaires（《回到公务员保护制度》），note sous TC, 19 octobre 1998, *Préfet du Tarn / C. A. de Toulouse*, *D.*, 1999, 第127期（arrêt rendu sur conclusions contraires）。

## 第4节 责任制度的调整

**466.第一,普通法还是专门制度?** 对于政府部门须与个人遵守同样的责任制度,即英国式的现行制度,人们可能会理解;人们也可能会规定一种普通法之外的责任制度。

追究犯了个人错误的公职人员的赔偿责任,历来采用最早的
399 解决办法。追究公法人的赔偿责任,一直适用《民法典》第1382条及其他有关条款;在19世纪,这些条款适用于各级地方行政单位,因为它们甚至拥有司法权。当普通法院受理针对国家管理行为的问责诉讼时,也是采用《民法典》的解决办法。最高行政法院则相反,拒绝适用《民法典》的条款。

勃朗克判决就是在后一种意义上作出的(参见下文第556点)。

国家的赔偿责任是一种与普通法相抵触的自立责任。这种解决办法与行政权限一起扩展到市镇和省(参见CE,1903年2月6日的泰里耶(Terrier)案判决,载*GAJA*,n°12,和TC,1908年2月29日的佛特里(Feutry)案裁定,载*S.*,1908,III,p.97)。追究公法人责任的整个制度原则上都不受普通法和普通法院管辖。

沿革给这项原则带来两个重要限制。一个是,普通法对公法人在私法范围内开展的活动还具有支配作用,对私有财产的管理,尤其是对工商业国营企业的管理即是如此(参见TC,1921年1月22日关于西非商业公司案的裁定,载*GAJA*,n°38)。

再一个是,行政责任追究制度日臻完善,其实质是更加接近追究私人责任的法律。上述**自主性**仍然存在;法院解释相关民法准则仍然与公法人的赔偿责任制度无缘。然而,独创性正在大大减少,勃朗克判决的"专有准则"正在变得跟普通法准则相似①。

467.**第二,专有制度的调整**②。主要由于判例的作用,加之政府活动扩张、社会连带思想和平等思想深入人心、保险业的推广普及导致私人赔偿责任增强。诸多因素交互影响,促进了责任赔偿制度的持续发展。这种开拓进展表现在三个方面:

(1) 在最初只为公务过失承担赔偿责任的基础上,人们看到,目前,在若干情况下,不再要求只有"重大过失"才给予赔偿(参见下文第478点)。逐渐形成了这样的局面:无论政府部门的什么行为,只要给被治理者造成损失,就得承担公权力的赔偿责任。 400

(2) 与此同时,一种政府部门无任何过失的赔偿责任制度日益发展,变得越来越重要(参见下文第482点等)。

---

① 关于这整个问题,除上文所引夏普著述外,请参阅:Eisenmann, Sur le degré d'originalité de la responsabilité extracontractuelle des personnes publiques (《论公法人超契约责任的创新性》), *JCP*, 1949, I, n° 724 et 751; Benoit, Essai sur les conditions de la responsabilité en droit public et privé(《论公法私法中责任追究的条件》), *JCP*, 1957, I, n° 1351; Cornu, *Étude comparée de la responsabilité en droit public et en droit privé* (《公法与私法中责任问题比较研究》), thèse, Paris, 1951; Dubouis, *La théorie de l'abus de droit et la jurisprudence administrative* (《滥用权利理论与行政判例》), 1962。

② 关于欧共体法的影响,请参见:J. Moreau, " L'influence du développement de la construction européenne sur le droit français de la responsabilité de la puissance publique "(《欧洲建设的发展对法国公法人责任法的影响》), *Mélanges Boulouis*, p. 409; D. Simon: Droit communautaire et responsabilité de la puissance publique (《欧共体法与公法人的损害赔偿责任》), Glissements progressifs ou révolution tranquille? (《是逐渐变化还是平静革命?》), *AJDA*, 1993, p. 235。

(3) 最后，人们发现，公权力对自己的行为不需负责的最后残余正在消失，治安机关(参见下文第479点)、立法机关(参见下文第512点)、司法机关(参见下文第517点)都得对自己的行为后果负责。至于政府的邮政业务，任何性质的**邮件在辗转传递过程中**出了差错，根据共和五年*的一个法律，邮政部门概不负责。最高行政法院对此作了解释，邮政部门只在发生重大过失时承担责任(关于邮件，参见CE，1981年4月24日的杜勃雷案判决，载*D.*，1982，TR，53；关于电信，参见CE，1976年5月12日的波加斯判决，载*D.*，1977，62)。1984年10月23日法律再次确认了这一解决办法。然而，1990年7月2日法律规定，用“法国邮政局”和“法国电信局”这两个“公法法人”取代法国邮电局，并将两局遇到的业务争讼统统转移给普通法院管辖。可以设想，普通法院不大可能放弃行政法官的解决办法，还不会追究邮电部门的责任①。

公权力不需负责的情况还只存在于**政府令**中(参见上文第338点)。这种理论同时排除了关于合法性和赔偿责任的争讼。不过，下文第514点所引关于国际条约的判例，有可能打开损害赔偿的缺口，使受到意外损失者，按照公共开支面前人人平等的准则得到补偿。尤须指出，这个判例可能再次受到欧洲人权法院的批评，指斥它违反《欧洲人权公约》第6-1条，该条保证任何人的诉

* 共和五年系公历1796年9月至1797年9月。——译者

① 在这个问题上，法国最高法院作出了裁决，只是在邮政部门未犯任何重大错误的情况下，才执行邮电法典L.第13条关于豁免责任的规定。见最高法院1998年6月30日关于卡巴内诉法国航空公司案的裁决，载*CJEG*，1999，p.47，Rapport Apollis。

讼均可提请法院审理(不违反公约第13条)[①]。

(4) 如果我们补充说,损害赔偿准则,特别是估算损失的方法,已经向着有利于受害者的方向演变,人们就能推断,自放弃公权力不需负责的原则以来,取得了多么大的进步。

① V.: X, Dupré de Boulois: La théorie des actes de gouvernement à l'épreuve du droit communautaire (《正受欧共体法检验的政府令理论》), *RD publ*., 2000, p. 1791。

# 第二章　公法人承担赔偿责任的条件

在公法中同在私法中一样，承担责任需三个条件齐备：一是确
401 有**损害**；二是损害与确定的人员相联系，亦即造成损害的**责任可以归咎**；三是**致害行为**具有某种法律性质，能够从中引出赔偿义务。

本章将研究损害和责任归咎问题；下两章再探讨致害行为（过失责任和无过失责任）。

## 第1节　损害

468. **第一，一般性质**[①]。损害具备几种性质，才使人有权获得

① Colliard, *Le préjudice dans la responsabilité administrative*（《行政判例中的损失问题》），thèse, Aix, 1938; F. de Baecque, Régles de la jurisprudence administrative relatives à la réparation du préjudice（《行政判例中的损害赔偿准则》），*RD publ.*, 1944, p. 197; Tau-gourdeau, Le caractère certain et direct du préjudice en matière de responsabilité extra-contractuelle de la puissance publique（《公权力契约外责任中损害的确实性和直接性》），*AJDA*, 1974, p. 503; I. Poirot-Mazères, La notion de préjudice en droit administratif français（《法国行政法中损害的概念》），*RD publ.*, 1997, 第519期; Ch. Cormier, Le préjudice en droit administratif français（《法国行政法中的损害》），Bibl. de droit public, 2002。

赔偿。

(1) 同私法中一样,损害必须是**确实的**。目前的损害、未来不可避免的损害(比如,残疾儿童以后的职业活动必受限制)均符合这个条件。或然的、潜在的损害应予排除①。

(2) 损害必须是**直接的**,这也就是说,与行政行为有着直接的、确实的关系。这提出了断续损害和多因致害的问题。

(3) 损害必须是**个别的**②,这就是说,一个集体中有一个或几个成员受害,而不是全体成员共同受害。在实践中,当政府部门进行无过失补偿时,这一问题就产生了,因为无过失补偿破坏了在公共开支面前公民一律平等原则。一目了然,如果每个人都遭受同一种危害,那还是人人平等的。

(4) 所损害的必须是**受到法律保护的情况**。据此,最高行政法院曾经长期否认处于不合法地位的人拥有受害索赔权,更不准 402
在致死人命事故中遇难者的未婚同居者索赔③(参见 1928 年 5 月 11 日的戴尔·卢舍东(Delle Rucheton)案判决,载 *S.*,1928,Ⅲ,97),但它后来改变了立场(参见 1978 年 3 月 3 日的戴尔·缪塞(Delle Miiesser)案的判决,载 *AJDA*,1978,p.210)。需要考虑的是,这个条

① 比如,有个案件,一个投标者被不正当地排除在建造法兰西体育场的竞标者之外,他毫无可能中标,其损失不确实。见:CE, 30 juin 1999, Sarfati, p. 222。

② Morange, La spécialité du préjudice en droit administratif (《行政法中损害的特殊性》), *D.*, 1953, chron, p. 165。

③ Morange, La notion de situation illégitime dans le contentieux de la responsabilité (《问责诉讼中不合法地位的概念》), *D.*, 1953, chron., p. 37; Gest, Violation d'une droit et atteinte à une situation juridiquement protégée dans le contentieux de la responsabilité publique (《追究政府责任诉讼中的侵犯权利和损害法律保护情况问题》), *RD publ.*, 1981, p. 1645。

件能否适用于其他方面。

469. **精神损害问题**。这个问题正在发生变化。

(1) 最初,行政法官只把赔偿责任局限在**物质**损失范围,从造成的财产后果、引起的开支、失去的东西等方面,审查对财产,尤其是对自然人身体完整性的危害,而避开了名誉、感情等抽象价值的损害。法官给出的理由是,这种损害没法用金钱计量,因而不能作出恰当的补偿。

(2) 对**某些非物质价值**的损害逐渐受到重视。某些精神损害对财产造成的不良影响,促进了这种进步。一位演员、雕塑家的艺术声望受到损害,或者仅仅是名誉受到严重损害,都会影响其收益(参见 CE,1931 年 11 月 20 日的弗朗茨(Frantz) 和戴尔·夏尼(Delle Charny)案判决,载 *D.*,1934,Ⅲ,p.25;CE,1936 年 4 月 3 日的苏德尔(Sudre)案判决,载 *D.*,1936,Ⅲ,p.57;,CE,2000 年 12 月 29 日的特雷萨克(Treyssac)案判决,载 *Rec.*,p.651)。面部受伤,毁容,也会妨碍受害者的职业生涯(参见 CE,1949 年 6 月 15 日的杜朗(Durand)太太案判决,载 *Rec.*,288)。可是,赔偿责任扩大到了特殊身体痛苦(参见 CE,1942 年 4 月 24 日的莫雷尔(Morell)案判决,载 *Rec.*,p.136)、伤害个人自尊、侵犯教士信仰等毫无经济后果的损害。

(3) 最高行政法院曾经长期止步不前,不承认应对**丧失近亲所导致的精神痛苦**给予补偿。它只同意对遇难者的亲属给予补偿,既补偿因这种死亡而引起的开支(如最后的医疗费、丧葬费),也补偿因死亡而失去的收入,如果活着的亲属本来需要遇难者资助的话。然而,最高行政法院坚持认为,“眼泪不能卖钱”,给钱不能抵消亲人死亡带来的哀恸[①],这些论调受到法学理论界的激烈批评。最高行政法院的解决办法看似冠冕堂皇,实则竭力贬低人的生命的价值。因为,照它的办法,政府部门伤着一个孩子,必须补偿其伤残部分,如杀了他,反而不须作任何补偿。而且,与行政 403
法院相反,普通法院的一贯做法表明,从技术上说,精神痛苦的价值也是可以估算的;在舆论看来,行政法官的态度毫无道理。

(4) 行政法官没有对这种论据无动于衷,在含混不清地**给生活状态带来各种心理波动**的名义下,于死亡造成的直接经济后果之外,首先对遇难者的近亲很难确定的心理感情损害给予补偿。不过,行政法院依然拒绝直截了当地这样做,而且照旧坚持传统的表述,说是“精神忧伤不能用金钱计算,不构成可以给予补偿的损害”(参见 CE,1954 年 10 月 29 日的邦杜朗(Bondurand)案判决,载 *D.*,1954,p.767)。

(5) 随着 1961 年 11 月 24 日的勒蒂斯朗(Letisserand)案判决的作出(载 *GAJA*,n°82),行政法院终于跨过了最后一步。这个判决认可,对一个父亲来说,即便未遭受任何物质损失,儿子夭折带来的精神痛苦本身足以构成应予补偿的损害。这样,尔后行政法院判给的损害赔偿(原文是拉丁文: pretium doloris),就可以跟普通法院一样了[②]。与此同时,“生活状态中的心理波动”一语依

---

① Morange,几篇文章 *D.*,1948,p. 105,1953,p. 91,et 1962,p. 15(在勒蒂斯朗判决之后)。

② 关于这个判决的实际适用情况,请参见 Isaac, Après l'arrêt Letisserand: dix années de la réparation de la douleur morale par le Conseil d'État(《勒蒂斯朗判决之后:行政法院补偿精神痛苦的十年》),*Mélanges Couzinet*,1975,p. 387。

旧存在[①]。

470.**所谓"损害生命"问题**。最高行政法院首先应当解决这样一个问题:一个堕胎失败孩子的出生本身是否构成了应予补偿的损害。幸而它的回答是否定的,参见最高行政法院,1982年7月2日的梅尔(Melle)案判决,载*AJDA*,1983.206。法国最高法院也判定,"她所怀的孩子活了下来,仅凭这一点,对母亲不构成法律上应予补偿的损害"(参见最高法院第一民庭1991年6月25日的X.太太案判决,载*D.*,1991,566)。当然,如果孩子有严重残疾,解决办法则相反:参见最高行政法院,1989年9月27日的X.女士案判决,载*D.*, 1990, somm. comm. p.298。

但是,"损害生命"的问题特别在下述情况提了出来:孩子一出生即发现有严重残疾(如同一染色体有三条),而产前的医疗检查失误未查出,致使其父母无法做人工流产,于是便提出重大损害赔偿诉求。最高行政法院认为,在这种情况下,父母若因孩子出生造成的全部损害而获补偿,遭受残疾之苦的**孩子本人**则不应再获得任何补偿。派驻法院的政府专员对此作了这样的解释:"我们不认为一个孩子会为父母把自己生成这样而悲叹抱怨……若肯定与此
404 相反的东西,那就是认为有些生命不值得活着"。对此,参见最高行政法院,1997年2月14日的尼斯C.H.R.案判决,p.44,载*RD publ.*,1997,第1147期。

这种观点不是法国最高法院的观点;后者断言,"一个残疾儿

① F. Moderne, Sur le devenir de la notion de troubles dans les conditions d'existence (《谈带给生活状态心理波动之概念的变化》), *AJDA*, 1976, p. 240。

童可以因其残疾和行动受到限制而要求获得损害补偿”，参见Cass.，2000年11月17日的佩吕谢(Perruche)案判决，载*D.*，2001，第316期。这个判决立即使残疾人家庭兴高采烈。而最高法院又进一步肯定了这一原则，参见Cass.，2001年7月13日的三个判决，载*D.*，2001，第2325期，P.茹尔丹(P.Jourdain)解释。

“佩吕谢事件”激起的波澜促使议会介入解决问题。2002年3月4日关于病人权利和保健制度的第2002－303号法律第1条提出这样一项原则：“谁也不得利用自己的出生一事寻求损害补偿。”该法规定，因医疗失误而带着残疾出生的人，“若失误行为直接造成其残疾”，可以获得损害补偿。而且，当孩子带着因妊娠期间明显的医疗失误而未发现的残疾出生时，开业医生和医疗机构须对孩子的父母负责，“孩子的父母可以只为自己受到的损害索讨一笔赔偿金”(该法第1条第3段)。这里需要有“明显的失误”。另外，残疾孩子一生所需的特殊费用，不会补给其父母，这种费用属于国家的连带责任。悲惨状况用善良愿望来补偿！按照一位前公共卫生部长的说法，这叫“情绪战胜了理智”。因为，与“尼斯C.H.R.”案的判例相比，源自2002年3月4日法律的政策措施反而后退了。自那以后，残疾孩子的父母不能再因孩子终生残疾造成的负担而向普通法院诉请补偿；这种补偿直到那时还是可以申请的。而自那以后，这种补偿成了“**国家的连带责任**”，但却没有制定任何法规来落实这种补偿。更有甚者，这个法律立即被付诸实施(参见CE，2002年12月6日关于德龙(Draon)夫妇案的通知书，载*AJDA*，2003，第282期)[①]，而且进入了诉讼程序。就这样，巴黎行政法院

① 这个通知书也认为，2002年3月4日法律符合《欧洲人权公约》的规定。

判给了残疾孩子的父母 152449 欧元的暂定补偿，该法颁施后巴黎行政上诉法院将补偿额重新制定为 15245 欧元（载 *AJDA*，2002，第 568 期）。有七个残疾人团体“要求”废除这个“反佩吕谢”法[①]。

471. **第二，损害补偿**。这种补偿必须能够完完全全弥补可能
405 遭受的损失。行政法中的补偿制度有几个特色。

（1）**补偿形式**。有**复原**补偿，将事物恢复到未受损害以前的状态；有**赔偿**，给受害者一笔与其所受损失相当的款项，这笔款项只有在肢体受伤或所受损害能用金钱计算时才能支付，但是**四年失效**规则要求受害者必须在受到损害后四年内提出赔偿诉求。最后，补偿也可能纯粹是象征性的；比如，在仅仅受到精神损害的情况下，可以只判国家赔偿一欧元，而最高行政法院往往尽力给予实实在在的弥补。

最高行政法院过去以为，职务补偿原则禁止法院判决恢复受害者的原有职务，或者不允许法院强令政府部门这样做。因此，金钱赔偿就成了行政法保留的职务损害补偿的唯一形式。特别是，当法官判决政府部门支付赔偿金时，后者可能不执行判决，而给受害者恢复职务，还可能拖延计算损害赔偿金。法官新近获得的命令权（参见下文第 676 点），使之能够在这方面找到执行判决的办法。如果判决中尚未确定赔偿金额，命令中可限定一个日期，逾期

---

① Sur l'ensemble des problèmes ainsi posés, V. A. Ravelet, La jurisprudence Quarez sous le coup de la loi Perruche（《反佩吕谢法影响下的卡雷判例》），*RD publ.*，2002，第 1389 期；A. Sériaux, Perruche et autres, la Cour de cassation entre mystère et mystification（《处于隐秘和蒙骗之中的法国最高法院》），*D.*，2002，第 1997 期；B. Edelmann, L'arrêt Perruche: une liberté pour la mort?（《佩吕谢判决：一种为了死亡的自由？》），*D.*，2002，第 2349 期。

算不出来就被罚款,以此促使政府部门执行判决,支付赔偿金。

(2) **赔偿方式**。可以一次性付给一笔**资金**,也可以每年支付**年金**(在受害者丧失工作能力时尤须如此)。若随着时间的推移,所受伤害日趋严重,可以重新计算赔偿金,或者一次性支付,或者支付年金。重新计算时需考虑受害者重新提出申请之时的经济状况。

(3) **估算损害的日期**[①]。按照惯例,法官为了估算损害,须从**受损**之日算起,这是理所当然的。但是,在币值不稳定的时期,若是从损害到判决间隔很久,就会导致极大的不公正,而司法程序往往相当漫长。当前的解决办法分为:

① 就**财产损害**而言,昔日的准则依然适用。受害者通常会在受损后要求立即给予补偿,一般按其实际开支赔付。不过,倘若不能立即得到赔偿,法官也要酌情修改偿付额(参见 CE,1947 年 3 月 21 日关于水务总公司的判决,载 *GAJA*,n°62)。 406

② 就**人身伤害**而言,须从判决之日算起,除非受害者自愿延期(参见 CE,1947 年 3 月 21 日的奥布丽(Aubry)太太案判决,载 *GAJA*,n°62)。

尽管如此,上面谈的仅是一般原则。当客观情况允许对案件作出相反但却更公正的处理时,法官会毫不犹豫地放弃上述解决

---

① Charlier, Les effets de la hausse des prix dans la responsabilité civile et administrative(《民事和行政赔偿责任中物价上涨的后果》), *JCP*, 1947, I, n°650; Morange, Chronique, D., 1951, p. 61; De Segogne, *De la date d'évaluation dupréjudice en matière civile et administrative*(《论民事和行政案件中计算损害赔偿的日期》), thèse, Paris, 1951; Detton, L'évaluation des indemnités(《赔偿金的计算》), *EDCE*, n°7, p. 52。

办法。审理财产损害案时,法官会认真考虑作出判决之日的情况;审理人身伤害案时,也会认真考虑事故发生之日的情况(参见 CE,1966 年 10 月 21 日普雷丰太内(Préfontaines)案判决,1966 年 11 月 4 日的旺代省案判决,载 *AJDA*,1967,p.56)。

(4) 赔偿金的计算。法官往往不是亲自计算。倘若法官觉得档案中不能提供足够的估算资料,他就把受害者送回有关政府部门,在那里确定并结清赔偿金。如果受害者认为赔偿金不够,可以再次提起上诉。但是,受害者对于提起诉讼显然会迟疑不定,这正是目前诉讼程序的缺陷。自 1980 年 7 月 16 日法律(参见下文第 676 点)颁施以来,诉讼又有了别的麻烦,因为通过诉讼,让政府部门按照这个法律的规定和法官确定的赔偿额自动付款是办不到的。只有采用逾期罚款的办法,才能克服政府部门在确定和支付赔偿金方面的故意拖延。

在若干情况下,计算赔偿金具有统包性质,公务员的情况即是如此。当公务员受到他所隶属的公法人机关损害时,他所获得的赔偿金以他从后者领取的养老金总额为限("养老金统包"准则)。这一准则可以追溯到 20 世纪初,但却没有任何明文法律基础,故而招致诸多批评[①]。最高行政法院没有对这些批评置若罔闻,它在降低了这一准则的严格程度之后(参见 CE,2000 年 12 月 15 日关于卡斯塔内(Castanet)先生、伯纳尔(Bernard)夫人的两个案件判决,载 *RFDA*,2001,第 701 期),刚刚又重新界定了该准则的适用范

① F. P. Bénoit Forfaitdela pension etdroitcommun de la responsabilité Administrative(《退休金统包与行政赔偿责任普通法》),*JCP*,1956,I,n°1290。

围,参见最高行政法院,2003 年 7 月 4 日的穆瓦亚-卡维尔(Moya-Caville)夫人案判决,载 *RFDA*,2003,第 991 期[①]。

法官计算赔偿金的原则是,赔偿额必须弥补**全部损害,无一遗漏**,这一要求无论如何都不能突破。

在贯彻这一原则的过程中,长期有一种趋向,似乎法官对上述第二个准则比对第一个更重视。正因如此,公务员被非法撤职后,其所得赔偿,最初等于其受到非法剥夺期间应得而未得的薪水总额;自 1933 年 4 月 7 日德贝尔(Deberles)案判决后(载 *GAJA*,n°47),赔偿额减少,视受害者在被撤职期间自谋劳动所得而定。同样,据说鉴于二战期间因被怀疑(无论有理无理)通敌而遭暗杀者“幸存 407
的客观机会”相对渺茫,解放后给他们遗孀的补偿也减少了(参见 CE,1948 年 1 月 30 日的格罗斯(Gros)遗孀案判决,载 *JCP*,1948,II,n°4133)。最后,如果法官认为政府部门建议给一位受害者的赔偿金高于损失总额,即可根据公共秩序原则予以削减,该原则是:“公法人不能被判支付多于其应负担金额的款项”(参见 1971 年 3 月 19 日的梅尔吉(Mergui)案判决,载 *AJDA*,1971,p.303)。

此外,1962 年 8 月 4 日法律实行了一项更具普遍意义的原则,相关个人可以用自己应缴的税款来冲销公权力应付给自己的赔偿金。

这一倾向很难说有什么道理,幸好尚未四处蔓延。倘若行政法官如人所说,还是专注于节省国库开支,只想减轻国家的赔偿负

---

① X. Prétot, Règle duforfait de la pension: remise en cause ou remise en ordre?(《退休金统包准则:是引发争论还是走上正轨?》), *RD publ.*, 2003, 第 1237 期。

担,那么,他们就会使自己以饱满的自由主义精神苦心构建的责任理论信誉扫地。行政法官似乎意识到了这一点,近几年确定赔偿金时已显得不很吝啬。

赔偿金包括利息,起息日是受害者起诉政府部门向其索赔之日。法官依据《民法典》第1153条和第1154条确定利息总额。尤其是,若政府部门明显地故意拖延付款,还要另外加付滞延利息即赔偿利息(参见考什特(Caucheteux)和德斯蒙(Desmont)案例,载*RD publ*.,1963,第279期)。

(5) **索赔权的转移**。最高行政法院许可,若受害者生前未曾提起赔偿诉讼,索赔权可由其继承人行使,参见最高行政法院,2000年3月29日的巴黎A.P.医院案判决,载*RFDA*,2000,第850期,p.147;,最高行政法院,2001年1月15日的巴黎医院案判决,载*Rec*.,15。

## 第2节　责任归咎

只有能够**归咎于**某个确定的公法人,后者又不能**引证事实**,全部或部分地**免除**损害责任,才能予以补偿。

472. **第一,损害须与某个公法人的行为联系在一起**。政府部门只对直接与自己有关的行为负责,而对**间接**损害概不负责①。

① A, Vialle, Lien de causalité et dommage direct dans la responsabilité administrative(《行政赔偿责任中因果性与直接损害的联系》), *RD publ*., 1974, p. 1243。

尽管如此,直接损害这个概念却被法官理解得相当宽泛(参阅对三个有关判决的意见,载 *AJDA*,1969,p.287)。 408

473.**第二,责任公法人的确定**[①]。在实践中,可能很难确定责任归咎于哪个公法人,为几个公法人兼行不同职权的官员就是这样。他使人受害的行为是为哪个公法人而做的,哪个公法人就应承担赔偿责任;市镇长尤其如此,他既是国家代表,又是地方行政区的代表。

下述问题更为复杂:当属于不同公法人单位的几位公务员共同给他人造成损害时,比如放烟花礼炮引起的事故,可能是由一个市镇安排而由军人施放的;再如,当两个公法人单位共同组织一项活动时,其中一个负责维护场地,另一个进行业务操作,而在活动中发生事故,损及他人,这就要看究竟是场地状况不好所致,还是业务操作失误,从而确定由谁负责赔偿。

法官在每个情况下都要努力做到实事求是,确定由一个单位,还是由几个相关单位分担责任。受害者也有权提出索偿上诉,请法官安排由哪个或哪些有关单位给自己赔偿。国家和省里共同组织安排的疫苗接种,若发生事故,一般采用分担责任的解决办法(参见 CE,1962 年 7 月 13 日关于公共卫生部长案的判决,载 *D.*,1962,J.,p.726)。

损害应当是一个法国公法人而不是外国公法人造成的。特别突出的问题是法国领土上的外国驻军,无论敌军友军,它们造成的

---

① Amselek, La détermination des personnes publiques responsables (《责任公法人的确定》), *Études de droit public*, 1964, p. 289。

损害赔偿,法国只能根据相关国际公约处理。

474.**第三,免除政府赔偿责任的行为**[①]。有几种情况可以全部或部分免除政府的赔偿责任。

(1) **不可抗力和意外事件**。不可抗力[②] 乃是行政法和私法中一种与政府不相干、不可预见、不可抗拒的事实,政府既没有过失责任,也没有无过失责任(参见 CE,1953 年 7 月 29 日的格拉斯内夫妇案判决,p.427)。确切些说,发生不可抗力现象时,政府只是
409 损失的虚假肇事者,因为损失是由政府之外的现象造成的,无从抵抗。

最高行政法院只是偶尔例外地承认不可抗力存在(参见其1962 年 4 月 4 日的运输部长案判决,载 *AJDA*,1962,p.592;一个承认不可抗力的判例是最高行政法院,1981 年 1 月 23 日的维尔宗市案判决,载 *RD publ.*,1982,p.277)。

行政法对不可抗力和**意外事件**[③] 作了区分,后者是一种原因不明的机械事故,如土伦(Toulon)港一艘军舰的爆炸,参见最高行政法院,1912 年 5 月 10 日的昂勃罗西尼(Ambrosini)案判决,载 *S.*,1912,Ⅲ,161。意外事件会构成政府部门的无过失责任(参见

---

① I. Doumbia, Les causes exonératoires de responsabilité de l'Administration dans la jurisprudence du CE(《最高行政法院判例中免除政府赔偿责任的各种理由》), *RRJ.*, 2003, 343。

② F. Lemaire, La force majeure: un évènement irrésistible (《不可抗力:一个不可抗拒的事件》), *RD publ.*, 1999, p. 1723。

③ F. P. Benoit, Le cas fortuit dans la jurisprudence administrative (《行政判例中的意外事件》), *JCP*, 1956, n°1328; Ph. Segur, Cas de force majeure et cas fortuit (《不可抗力与意外事件》), *RD publ.*, 1993, p. 1385。

CE,1948年7月9日的卡波特(Capot)与丹尼斯(Denis)案判决,载*RD publ.*,1948,第575期)。

(2) **受害者的过错**[①]。如果受害者本人使损害不可避免或加重,即可全部或部分地免除政府部门的责任。评价受害者的举止行为时最高行政法院表现得十分慎重,涉及儿童时尤其如此(参见1979年3月30日的穆瓦桑(Moisan)案判决,载*AJDA*,1979,n°12,p.30;CE,1998年6月17日的法姆(Pham)夫妇案判决,p.237)。当然,政府部门必须对受害者的过失负举证责任。

(3) **第三者的行为**。倘若公权力的过失和第三者的过失一起招致损害,则第三者的过失即构成全部或部分免除政府部门责任的一个理由。若事关过失责任,判例不认为政府部门和第三者是损失的共同肇事者。受害者只能要求政府部门赔偿它所造成的那一部分损害,而在如何分担赔偿责任方面,法官可能与受害者有分歧。至于无过失责任,第三者的行为对政府部门的赔偿责任毫无影响,受害者可以要求政府部门赔偿自己的全部损失。

(4) **可接受的风险例外**[②]。当受害者故意无视突如其来的损害时,公权力不负责任,参见最高行政法院,1996年7月10日的莫尼耶(Meunier)案判决,载*RD publ.*,1997,p.246;最高行政法院分庭,1975年4月11日的上萨瓦省案判决,载*AJDA*,1975,p.528;最高行政法院,1998年11月16日的希尔(Sille)案判决,p.418。

---

① Moreau, L'influence du comportement de la victime sur la responsabilité administrative (《受害者行为对行政赔偿责任的影响》), *Thèse*, Rennes, 1956。

② Mariani-Benigni, L'exception de risque accepté dans le contentieux administratif de la responsabilité (《行政问责诉讼中可接受的风险例外》), *RD publ.*, 1997, p. 841。

# 第三章 过失责任

公法人的赔偿责任通常与过失相联系，尽管公权力越来越经
410 常地被认为毫无过失(见下一章)。不过，行政过失，即公务过失，比之民事过失总带有一些特殊性。与民法原则相反，政府部门的任何过失都不一定导致对其所致损害给予补偿。在某些情况下，政府部门只是在自己发生了**过失严重**时才承担赔偿责任。最后，这又提出了过失**证据**的问题。

## 第1节 公务过失

475.**第一，定义**[①]。本来就没有公务过失这个概念。按照普拉尼奥尔(Planiol)的著名定义，过失就是不履行既定义务。依此

---

① Richer, La faute du service public dans la jurisprudence du Conseil d'État (《最高行政法院判例中的公用事业过失》), 1978; Paillet, La faute du service public en droit administratif (《行政法中的公用事业过失》), 1980; J. L. de Corail, La faute du service public considérée dans ses rapports avec les notions d'obligation et d'activité (《从职责和经营的概念看公用事业的过失》), *Mélanges Jeanneau*, p. 453; M. H. Frayssinet, Réflexions sur la question de la faute dans la responsobilité de l'État puissance publique (《国家公权力赔偿责任中的过失问题》), *RRJ*., 2003, 343。

而论，可以说公务过失就是玩忽职守，亦即在正常公务运作过程中失职失责；这是一个或几个政府公务员的问题，但却不能归咎于他们个人。

（1）这是**公务正常运作过程中的失职失责**。对于任何一项公务，人们都有充分理由期望它达到中等运作水平，而且能够随着任务和形势的变化而调整；处于中等水平以下就是过失。

（2）过失是**公务员**犯下的。只有自然人才能犯错误；政府部门的过失行为肯定是公务员的过失行为；因此，公务过失责任乃是一种人的行为责任[①]。行政法中如同私法中一样，还有一种物的行为责任，但它只存在于无过失责任的范围内。

（3）公务过失**不能归咎于公务员个人**。这是公务过失与个人过失的基本区别，是从波尔蒂埃（Pelletier）案判决总结出来的（参见上文第462点）。在公务过失中，公务员本人的情况不予考虑，他既不对受害者负责，也不对政府部门负责，责任直接落在他所属 411
的公法人身上。不必像有人往往做的那样，在纯粹公务员的个人过失和政府部门不知姓名的集体性**公务**过失之间进行区分；这样的政府部门总体上管理不善，很难发现谁是真正的犯错者。在这种情况下，公务员个人完全停留在法庭辩论之外。

由此可知，一名公务员若因实际上具有公务过失性质的过失而在普通法院受到追究，政府部门有义务提出争议。如果后者不这么做，法院又误以为是个人过失而制裁公务员，那么，政府部门

---

① Delvolvé, La responsabilité du fait d'autrui en droit administratif（《行政法中的他人行为责任》）, *Mélanges Marty*, 1978, p. 407。

必须对公务员受到的民事惩罚进行赔偿。这一准则具有自相矛盾的特征；鉴于既决案件的权威性，它等于承认一个具有真实法律效力的司法判决是错误的。

476. **第二，公务过失概念的独立性**。公务过失是一个**独立**概念，不一定与其他方面表述行为的各种法律性质有什么联系。尤其是：

(1) 公务过失与致害行为的**物质**特征或**法律**特征不相干。具体活动，适用于个人的行政决定或规章条例性行政决定，也都可能造成公务过失。

(2) 公务过失是**相对不合法的行为**[①]。在具体活动中几乎不会提出这种问题。就法律行为而言，只要沾上不合法性的污点，原则上就成了过失，即便在对法律行为的评价中出了差错也是如此(参见 CE，1973 年 1 月 26 日关于巴黎市诉德里昂库尔案的判决，载 *AJDA*，1973，p.273)。然而，带有非法性并不绝对就是过失。有些足以受到越权指控、可能被宣布无效的行为，考虑到客观形势，或许不会被当作过失；若干形式上完全非法的行为，实质上可能是正当合理的(参见 CE，1981 年 6 月 19 日卡利耶(Carliez)案判决，载 *AJDA*，1982，p.103；CE，2002 年 9 月 30 日的杜皮伊(Dupuy)先生案判决，载 *AJDA*，2003，第 445 期)。也有一个因形式上非法而使行政部门承担赔偿责任的案例，参见最高行政法院，1997 年 7 月 30 日关于林中蒙特勒伊(Montreuil sous Bois)镇案的判决，载 *D.*，

---

① Delbez, De l'excès de pouvoir comme source de responsabilité(《滥用职权是赔偿责任的根源》), *RD publ.*, 1932, p. 183。

1999, somm. comm. p.56。

(3) 公务过失与**刑事**方面的行为性质不同[①]。如果说一个公务员所犯轻罪经常形成个人过失,那么,这种轻罪也可能带有公务过失的性质(参见 TC,就一个过失杀人案作出的裁定,载 *GAJA*, n° 412
49)。

477. **第三,公务过失的具体评估**。不履行公务职责即构成公务过失,但这要进行具体评估,也就是说,没有什么可资参考的标准。在每个此类案件中,法官都要深思,人们有权期待它达到一定水平的公务运作是否有过失。这就要考察其任务的难易程度,时间、地点的客观情况(如各种例外情况),以及可供支配的人员、设备等。

由此可知,公务过失具有相对性;同样的行为,在不同的情况下,可以是有过失的,也可以是无过失的。所以,法官判定的过失行为极具多样性:

(1) 公务过失可能是一个**实际行动**(如一个意外事故),也可能是一个**法律行为**(如非法开除一个公务员)。

(2) 公务过失可能是**有意**的,如作出一个决定(切不可与故意过失混淆);也可能是**无意**的(如愚蠢、笨拙)。

(3) 公务过失可能是**积极作为**的结果(如作出一个决定),也可能是**放弃权利**的结果(参见上文第 464 点所引勒莫尼耶案判

---

① Mestre, Faute administrative et faute pénale (《行政过失与刑事过失》), *D.*, 1935, chron., p. 57; Liard, L'infraction pénale dans les services publics (《公用事业中的刑事犯罪》), *thèse*, Paris, 1939; Couzinet, L'infraction pénale de l'agent public (《公务员的刑事犯罪), *Mélanges Magnol*, p. 115。

决),还可能是疏忽怠慢的结果(参见 CE,1988 年 1 月 27 日的国民教育部长案判决,载 *AJDA*,1998,p.352。据莫罗(Moreau)解释,由于短缺教师,国家未能确保公立中学的义务教育质量)。国家未采取预防措施,保护在石棉粉尘中干活的工人,便构成应予赔偿的责任过失,见最高行政法院,2004 年 3 月 3 日关于就业和失业救济部部长两个案件的判决,载 *AJDA*,2004,第 974 期。

(4) 公务过失可能由迟延作出决定造成(参见 CE,1981 年 3 月 27 日关于老战士问题的判决,载 *RD publ*.,1982,第 202 期)。

(5) 一条普通的错误信息就可能构成一个公务过失(参见 CE,1964 年 7 月 10 日的迪福(Duffaut)案判决,载 *D*.,1964,第 722 期)。

再举些例子:剥夺一名公务员的职位(参见 CE,2002 年 11 月 6 日的吉塞特(Guiset)案判决,载 *AJDA*,2002,第 1440 期);市镇长未能运用手中的治安权解决流浪者的流动、停留问题(参见 CE,2000 年 12 月 20 日关于苏黎世国际保险公司案的判决,载 *Rec*.,632);未能批办许可证申请(参见 CE,2001 年 7 月 4 日关于农业部长案的判决,载 *Rec*.,331)等行为,均可被视为公务过失。

## 第 2 节 过失等级:严重过失问题[①]

按照勃朗克案判决的逻辑(参见上文第 460 点),政府部门的

① J. F. Couzinet, La notion de faute lourde administrative (《严重行政过失的概念》), *RD publ*., 1977, p. 283; G. Chavrier, Essai de justification et de conceptualisation de la faute lourde (《论严重过失的证明和概念化》), *AJDA*, 2003, 第 1026 期。

赔偿责任“既不一定是普遍的，也不一定是绝对的”，而应服从一些 413
特定准则，且须“依据公务的需要”而随机应变。这导致最高行政法院将公务过失划分为**简单**过失、**严重**过失、**显著**过失和**特别严重**过失四级。这种区分尚可简化；显著过失和特别严重过失均可归纳在严重过失之中（就税务方面而言，可参见 CE，1962 年 12 月 21 日的于松希弗尔（Hussonchiffre）太太案判决，载 *AJDA*，1963，p.106）。

在某些情况下，政府部门只对严重过失承担赔偿责任，理由是：担心某些公用事业瘫痪停顿，而公用事业即便遇到困难亦应正常运转；若是大小公务过失均予赔偿，生怕被治理者动辄问责索赔，势必妨害公务。有目共睹，在许多情况下都苛求：存在严重公务过失方予赔偿。考察证明，存在“严重过失”方予赔偿，其理由似乎难以令人信服。出于对受害者命运的关心，对于“严重过失”条件的苛求已经大为减少。如果再过几年确实根本取消“严重过失”这个问责索赔条件，那么，在这方面就接近于民法的解决办法了。

**478.第一，不再要求以“严重过失”为问责条件的情况**

（1）医疗责任[①]。关于医疗公用事业行为的责任问题，最高行政法院 1935 年提出这样一项原则：只有在**临床医疗**（这就是说，有别于“普通”治疗）和**外科手术**方面的**严重**过失，才能追究医院的责任。反之，普通治疗以及关于医疗公用事业的组织和功能的一切过失，都只是**简单**过失。

---

① 关于这方面法律的演变，参见 CE 公报：《Réflexions du CE sur le droit de la santé》（《对健康权的思考》），*EDCE*，1998，p. 241；Benoit，《La responsabilité des services hospitaliers et d'assistance》（《医疗救助机构的责任》），*D.*，1951，chron.，p. 49。

这一原则已被抛弃，简单过失也足以让医院负责赔偿，请参见最高行政法院，1992 年 4 月 10 日的 V.夫妇案判决，载 *AJDA*，1992，p.355。问题是，如何精确认定“可以向医院索赔的过失”，请参见最高行政法院，1997 年 2 月 14 日的尼斯 C.H.R.案判决，载 *RD publ*.，1997，第 1139 期；最高行政法院，2000 年 1 月 5 日的泰勒案判决，载 *RFDA*，2000，p.473；最高行政法院，1997 年 6 月 27 日的圭约特夫人案判决，p.267；最高行政法院，2003 年 3 月 19 日的卡昂(Caen)C.H.R.案判决，载 *RFDA*，2003，第 647 期。

最高行政法院继续前进，承认在特殊情况下，即便没有过失，414 也可以追究医疗公用事业的责任(参见下文第 488 点)。

(2) **急救援助机构**。按惯例，急救援助机构发生了严重过失才能被追究责任。下述案例表明，这一要求已被逐渐放弃：关于医疗急救机构的组织和功能，请参见最高行政法院，1997 年 6 月 20 日的特克斯(Theux)案判决，p.253；关于援助抢救机构，请参见最高行政法院，1998 年 3 月 13 日的阿梅昂(Ameon)先生案判决，载 *CJEG*，1998，第 197 期；关于火灾消防机构，请参见最高行政法院，1998 年 4 月 29 日的汉那普镇案判决，载 *D*.，1998，第 535 期；最高行政法院，1999 年 12 月 29 日的里尔城市共同体案判决，载 *RFDA*，2000，p.222[①]。

479. **第二，要求以严重过失为问责条件的情况继续存在**。最高行政法院至少名义上坚决主张，对某些机构或其活动来说，还应

---

① X. Pretot，《La responsabilité des services d'incendie et de secours》(《消防急救机构的责任追究》)，*RD publ*.，1998，p. 1001。

要求:发生严重失误才能被追究责任。但是,人们发现,这种机构中苛求“严重失误”条件的范围日渐缩小,可能迟早要放弃这种问责条件。不过,最近的判例表明,最高行政法院对于完成这一演变仍持严谨的保留态度[①]。

目前,在某些情况下,仍然将发生严重过失当作问责条件,这提出了法律原则的逻辑严密性问题。确实,放弃了这一问责条件要求的情况,都有司空见惯的明显理由(比如,都在艰难险阻中工作)。

(1) **治安机构**[②]。长期以来,实行的原则是,治安部门对自己的行为不负责任(参见 CE, 1899 年 1 月 13 日的勒普罗(Lepreux)案判决,载 *S.*, 1900. 3. 1,奥里乌解释)。放弃这一原则后,参见 CE, 1905 年 2 月 10 日的托马索 - 格雷克(Tomaso-Greco)案判决,载 *GAJA*, p.15),罗密欧在其审案过程中强调,存在“典型的公务过失”方可问责索赔。在实践中,治安机构的某些活动,发生简单过失即被追究责任;而其另一些活动,只有发生严重过失才被问责。我们在下文第 486 点将会看到,火器致伤事故是按照无过失责任事故处理的。

就**具体执行活动**而言,只有发生严重过失才予追究;而**法律措施**出现简单过失即难辞其咎(参见 CE,1969 年 1 月 13 日的布拉索案判决,载 *AJDA*,1969,p.194)。不过,判例似乎正在降低追究责

---

① 关于这种演变,请参见 P. Bon,在 la *RFDA*, 2000, p. 1096 的注释。

② Benoit, La responsabilité de la puissance publique du fait de la police administrative (《对公权力治安管理行为的责任追究》), *Thèse*, Paris, 1946; E. Pisier-Kouchner, La responsabilité de la police (《治安责任追究》), 1972。

任的条件。对此，请参见最高行政法院，1967 年 4 月 22 日的拉丰(Lafont)案判决，载 *AJDA*，1967，p.306。本案中，有人在一条开放而没有必要防护设施的雪道上滑雪时出了事故，为此，判决认定，可
415 从治安角度追究市镇的责任；另一案例见最高行政法院，1983 年 5 月 13 日的勒费弗尔(Lefèvre)女士案判决，p.447。本案中，发生事故时，没有办法迅速在浴场就近呼救求援，因而应追究管理当局的责任。但是，与此相反，在一个指控治安机构法律活动的诉讼案中，最高行政法院认为，只有存在严重过失才予追究：参见最高行政法院，1972 年 10 月 20 日的巴黎市与马拉布(Malabout)案判决，载 *AJDA*，1972，第 625 期，纪尧姆审理，载 *RD publ.*，1973，832，瓦利纳解释。

有人依稀觉得，对治安机构来说，好像达到了“**法律存在主义**”(B.舍诺语)的某种境界；而且，问题的全部特殊性在于，判断应该适用哪种规则的标准，就是看治安机构开展工作的难易程度，看是采取具体措施抑或法律措施。这符合一种趋势，不能只在发生严重过失后才允许问责索赔。

(2) **税务机构**①。自放弃显著过失和特别严重过失的提法后，税务部门只有犯下严重过失才能被追究责任。但是，只有在税务部门遭遇**特殊困难**的情况下才实行这种办法，参见最高行政法院，1990 年 7 月 27 日的布尔儒瓦(Bourgeois)案判决，载 *RFDA*，1990，第 899 期；最高行政法院，1991 年 5 月 13 日的加尔日勒高奈斯镇案

---

① J. F. Touchard, À propos de la responsabilité pour faute de l'administration fiscale (《税务机关的过失责任》), *RD publ.*, 1972, p. 785。

判决,载 *AJDA*,1991,第 750 期;最高行政法院,1990 年 10 月 31 日的香槟地区(Champagne)案判决,p.309;最高行政法院,1999 年 6 月 16 日的特里波(M.Tripot)案判决,载 *RFDA*,1999,第 891 期。当评估纳税人的情况不会遇到任何困难时,发生简单过失也要追究责任,参见最高行政法院,1997 年 12 月 29 日的阿尔克伊(Arcueil)镇案判决,载 *RFDA*,1998,第 97 期;最高行政法院,2003 年 9 月 24 日的经济财政部部长案判决,载 *AJDA*,2003,第 1749 期。

(3) **监狱**。自放弃显著过失和特别严重过失的提法后,监狱只有在管理活动中犯下严重过失时才被追究责任,参见最高行政法院,1958 年 10 月 3 日的拉克托阿里沃尼(Rakotoarivony)案判决,p.470。照 R.夏普的说法,这样做的缘由是,“这种公用事业的用户一般都不可靠!”如果第三者或在押犯受到损害,那就是严重过失(参见 CE,1978 年 5 月 26 日的孔·瓦斯特(Cons Wachter)案判决、载 *D.*,1978,第 711 期)。不过,最高行政法院刚刚由于一个在押犯自杀而判令监狱赔偿,说这是“监狱连续发生过失的直接后果”。法官认为,小过失堆积起来就等于一个严重过失;倘如此,在这方面什么时候才能放弃“只有发生严重过失才能问责索赔”的要求,参见最高行政法院,2003 年 5 月 23 日的莎芭(Chabba)女士案判决,载 *AJDA*,2004,第 157 期,N.阿贝尔(N.Albert)解释。

(4) **监督活动**。当国家对地方行政单位或私法机构行使监督权时,其活动原则上只有在犯下严重过失时才能受到责任追究[①]。

---

① Y. Gaudemet: La responsabilité de l'administration du fait de ses activités de contrôle(《对政府部门监督活动行为的责任追究》), *Mélanges Jean Waline*, p. 561。

① **对地方行政单位的监督**[①]。在著名的斯塔维斯基案件中，
416 最高行政法院断定，在行使监督权的过程中严重玩忽职守，便构成一个需由国家负责补偿的严重过失，参见最高行政法院，1946年3月29日关于默尔特－摩泽尔省社会保险金信托局案的判决，载*GAJA*，n°59。我们有时会想，最高行政法院是否会在基层法院的压力下，在这方面不再向"发生简单过失亦应追究责任"的制度迈进了？对此，请参见波恩(Bon)先生和德贝希龙(de Béchillon)先生1999年11月10日在最高行政法院就坎波洛罗港口管理公司案发表的意见，载*D*.，2000，somm. comm.，p.249。情况依旧，最高行政法院继续要求，在国家对地方行政单位进行**合法性监督**时，只有发生严重过失方能追究责任，请参见最高行政法院，2000年6月21日的一个判决，载*RD publ*.，2000，第1257期；最高行政法院，2000年10月6日的一个判决，载*AJDA*，2001，第201期。

② 对**私法机构**的监督。国家对大量的私法机构诸如社会保险储金会、银行等进行监督。一般情况下，在这种监督中发生严重过失才受到追究(参见CE，1964年1月24日的阿萨德(Achard)案判决，载*AJDA*，1964，p.187；最高行政法院，1964年6月13日的丹德烈(D'Andre)案判决，载*RD publ*.，1965，p.75)。最高行政法院公开承认，银行委员会的监督活动遵从"只有出现严重过失才受追究"的制度，参见其2001年11月30日关于财政经济部案的判决，载*RFDA*，2002，第742期。最高行政法院将这一原则推广到了保

① Benoit, La responsabilité de la puissance publique du fait de la tutelle administrative(《公权力行政监督行为的损害赔偿责任》), *RPDA*, 1955, chron, p. 178。

险机构监督委员会的活动领域,参见最高行政法院,2002年2月18日关于诺贝尔·丹特尔桑格雷(Norbert Dentressanglé)集团案的判决,载*RFDA*,2002,第754期。但是,最高行政法院认为,对设在法国的外国公司的活动进行监督,犯下“任何过失”,都可能由国家承担责任,参见最高行政法院,2002年11月13日关于住宅、交通、装备部案的判决,载*AJDA*,2003,第1122期。只是在十分特殊的所谓“血液污染”案中,最高行政法院才认可这样的制度,国家对各种私营输血中心机构的监督,即便发生了简单失误也要追究责任,见最高行政法院,1993年4月9日的M.D.案判决第110页。

总之,人们差不多觉得,本想从理论上促使逐步放弃“只有发生重大过失才予追究”的制度,但在高级法院却产生了截然相反的效果!从另一方面看,现行制度正是公法中损害赔偿责任的一个特征。

## 第3节 过失举证

按照普通法的原则,应由起诉人亦即受害者提出政府部门的过失证据。而受害人举证会遇到严重困难,因为证据都放在政府 417
部门的档案里。

对政府部门与被治理者关系的改革,使政府部门必须为自己所作决定说明理由(参见上文第410点),行政文件必须对被治理者开放(参见上文第414点),这为受害者举证提供了方便。尤其是诉讼程序中行政法官的作用和过失推定制度的帮助,使受害者的举证工作变得更加容易。

480.**第一,行政法官的作用**。行政法院的审理程序带有专断性(参见下文第655点),必要时法官可以为起诉人举证提供方便。特别是,法官有权命令政府部门出示其作决定时依据的文件和档案资料(参见CE,1988年12月2日的邮电部案判决,载*AJDA*,1989,p.273,这是一场关于电话发票的争论)。

481.**第二,过失推定**[①]。判例在一些案件中确立了过失推定制度;过失推定具有推翻证据的效力。

某些过失推定只保留着历史意义。比如政府部门的车辆造成的事故,自1957年12月31日法律颁施后转归普通法院管辖;对疫苗接种问题,1964年7月1日法律建立了无过失责任追究制(参见下文第496点)。此外,关于公共工程正常维修缺陷的过失推定,需在公共工程责任追究范围内加以探讨。

目前,如有需要,过失推定被法官用于对公立医院的问责诉讼中。如果一个病人做手术后发生感染而又不能证明医生有任何过失,最高行政法院认为,"发生感染一事即可**证明**,医疗机构在组织和运行方面存在过失,因为它有责任向医疗人员提供无菌器械和药品"(参见CE,1988年12月9日的亨利·科恩案判决,载*AJDA*,1989,第405期;最高行政法院,2000年12月15日关于卡斯塔内先生案和贝纳尔女士案判决,载*AJDA*,2001,第158期及

---

① F. Llorens-Fraysse, La présomption de faute dans le contentieux administratif de la responsabilité(《行政问责诉讼中的过失推定》), 1985; J. Moreau: Les présomptions de faute en droit administratif de la responsabilité (《行政法中的问责过失推定》)(Comètes ou nébuleuses?), *Mélanges Jean Waline*, p. 685。

*RFDA*,2001,第283期)。

2002年3月4日“**关于病人权利和卫生机构素质**”的法律第102条,责成一位把自己感染乙型肝炎归咎于输血的人,必须提交 418
能够推定这种感染的材料。倘使需要,由法官对这种推定作出评估,参见最高行政法院,2003年10月10日的T.女士案判决,载*AJDA*,2004,第228期。

# 第四章 无过失责任

419 按照普通法的逻辑，有了过失才产生赔偿责任。一般情况下，政府部门只对其过失所造成的损失承担责任。然而，对改善受害者地位的关心和风险“社会化”现象的推动（参见上文第 393 点），一种无过失责任制度逐渐形成。这种制度在私法中是尽人皆知的，且在行政法中发展势头甚猛，比如工伤事故补偿以及 1985 年 7 月 5 日关于对交通事故受害者给予补偿的法律。这首先是因为，法律经常在这一制度的建立过程中发挥促进作用；同时也因为，即便法律未予规定，法官也会毫不迟疑地进行无过失责任推定。

这样一来，受害者便处在了更加“有利的”地位，因为，只要他证明自己受到了损害，且此损害归因于政府部门就够了。而政府部门只有在发生不可抗力和受害者犯下过失的情况下才能摆脱自己的责任。

这里，在分析无过失责任的主要内容之前，应当先研究无过失责任的依据①。

---

① Benham, La responsabilité sans faute en droit public et en droit privé（《公法和私法中的无过失责任》），*thèse*, Paris, 1953; A. de Laubadére, Le probléme de la responsabilité du fait des choses en droit administratif（《行政法中因物致害的责任问题》），*EDCE*, n°13, p.29; P. Amselek, La responsabilité sans faute des personnes publiques d'aprés. la jurisprudence

## 第1节 无过失责任的依据

仅仅是在法官采纳无过失责任制度时,才会提出它的依据问题;当无过失责任制度具有法律渊源时,它的依据自然就是法律。

为创立无过失责任制度,提出了两种理论。

482. **第一,风险理论**。当人们开展有利于自己的活动时,可能产生损害他人的风险;若真正损及他人,便应承担赔偿责任。这就是 Ch.艾森曼(Ch. Eisenmann) 所说的"利益责任的关联"。典型的事例是突然降临到行政部门工人头上的工伤事故(参见下文卡梅 420
案判决)。

483. **第二,国家开支面前公民平等原则的打破**。政府部门为了共同利益而采取的某些行动,可能给某个人或少数人造成损害。这样,在共同利益中,就有一些人受到损害,其余的人则安然无恙。于是,**在国家开支面前公民平等的原则就破坏了**。当此之际,恢复平衡状态的唯一办法就是给这种损害以补偿。但是,接受赔偿的必须是少数人,而且具有一定的重要性;正因如此,人们认为,只有受到特别损害才予赔偿(参见上文第 468 点)。

484. **第三,对破坏国家开支面前公民平等问题的研究偏好**。人们往往习惯于在"风险"和"破坏平等"的标题下,搜集有关无过

---

administrative (《从行政判例看公法人的无过失责任》), *Mél. Eisenmann*, 1975, p. 233; Cotteret, La notion de risqué (《何为风险》), *Études de droit public*, 1964。

失责任的资料进行研究。这样的陈述方法有点儿矫揉造作,因为许多假设都可以不加区别地放在这个或那个标题下加以考察。

实际上,判例中采纳了无过失责任制度的全部案件,都可以列入破坏平等原则的范围[①]。

## 第 2 节 源自判例的无过失责任制度[②]

法官采纳无过失责任制度的情况日益增多。我们的阐释并不奢望纤毫无遗,而只是举其大端。

485.**第一,职业风险**。

(1) **政府公职人员遭受工伤事故**。在普通法官认可和法律作出规定之前(1898 年才有关于工伤事故的法律),最高行政法院就判定(参见 CE,1895 年 6 月 21 日的卡梅案判决,载 *GAJA*,n°6),国

① 正如通晓行政诉讼现实的作者们所断言的,“风险概念只不过是关于公法人无过失责任制度的假设之一,而且不是最重要的假设。在我们看来,公法中建立无过失责任制度的理由是,存在着侵害国家开支面前公民平等原则的不合理情况”。摘自 Rougevin-Baville, Denoix de Saint-Marc, Labetoulle, *Leçons de droit administratif* (《行政法教程》), p. 343; 又见: Puisoye, Le principe d'égalité devant les charges publiques comme fondement direct de la responsabilité (《作为责任制度直接依据的国家开支面前公民平等原则》), *AJDA*, 1964, p. 140; Delvolvé,《Le principe d'égalité devant les charges publiques》(《国家开支面前公民平等原则》), 1969; T. Debard, L'égalité de citoyens devant les charges publiques, fondement incertain de la responsabilité administrative (《国家开支面前公民平等原则:追究行政责任的模糊依据》), *D.*, 1987, chron., p. 157。

② P. *Fombeur*, Les évolutions jurisprudentielles de la responsabilité sans faute (《判例中无过失责任制度的发展》), *AJDA*, n°spécial, juillet-août 1999, p. 100。

家手工工场的一名工人,因职业危险、发生事故而受到损害,国家有义务给予赔偿。自从法律介入此事以来,完全汲取了这个判例 421
的精神,公职人员受到伤亡抚恤金制度或工伤事故普通法的保护①。

(2) **公用事业的征用人员和志愿协作者**。

① **征用人员**不是政府部门的组成人员,不能享受法定的工伤事故补偿和抚恤金。如果他们因事故而受害,就按无过失责任制度办理,给予补偿(参见 CE,1943 年 3 月 5 日的萨瓦(Chavat)案判决,p.62;最高行政法院,1946 年 1 月 15 日的桑利市(Senlis)案判决,p.50)。

② **志愿协作者**②。给志愿协作受害者以补偿的无过失责任原则,是最高行政法院在圣普利斯特拉普莱内(Saint-Priest-la Plaine)镇案判决中提出来的(参见其 1946 年 11 月 22 日,载 *GAJA*,n°60)。该判决大大增加了这一原则的适用范围,最高行政法院不要求受害者参加过组织机构意义上的公用事业,使"参加"一词含义甚广,而对受害者的过失则相当宽容(参见 CE,1947 年 9 月 25 日的海上滨茨(Batz-sur-Mer)镇案判决,载 *AJDA*,1971,p.60;CE,1977 年 7 月 1 日的利贾(Coggia)镇案判决,载 *AJDA*,1978,p.286;CE,1970 年 10 月 9 日的贾亚尔(Gaillard)案判决,载 *RD publ.*,1970,第 1431 期;最

① P. Bon, La réparation des dommages subis par les agents publics: vers un retour aux principes de la jurisprudence Cames(《赔偿公职人员所受损害:回到卡梅判例的原则》), note sous CE, 27 juillet 1990, *RFDA*, 1991, p. 141。

② Cheramy, La réparation des dommages subis par les collaborateurs occasionnels du service public(《对公用事业临时协作者所受损害的补偿》), *EDCE*, 1965-1966, p.25。

高行政法院,1970 年 11 月 27 日的阿佩尔 – 科兰(Appert-Colin)案判决,载 *AJDA*,1971,p.59)。

早就有人指出,圣普利斯特拉普莱内镇案判决使一些乡村小镇,在不合时宜地热心充当志愿协作者以后,遭受了十分严重的损害[①]。大概正因如此,才有了一个规定得更加严格的判例(参见 CE,1989 年 5 月 31 日的潘塔罗尼(Pantaloni)案判决,载 *AJDA*,1989,第 648 期;1981 年 12 月 14 日的克劳德·吉那尔(Claude Guinard)案判决,载 *RD publ*.,1982,第 1447 期)。

尤为突出的是,法国最高法院在一个特别有名的案件中判定,普通法官有义务执行关于应征者和志愿协作者的行政法准则(参见 Cass.,第二民厅,1956 年 11 月 23 日的吉利(Giry)案判决,载 *D*.,1957,第 34 期)。这清楚地表明,司法权限与案件实质之间没有必然联系!

486.**第二,危险物致害的赔偿责任**[②]。当政府部门使用一些有危险的物件,该物又给人造成损害时,法官即按无过失责任制度办理。最早的这种判例是就第一次世界大战期间巴黎地区的弹药库爆炸事件作出的,参见最高行政法院,1919 年 3 月 28 日的雷格诺 – 戴斯罗齐耶(Regnault-Desroziers)案的判决,载 *GAJA*,n°36。在治安机构动用火器的案件中也采用了这一制度,参见最高行政
422 法院,1949 年 6 月 24 的勒孔特(Lecomte)和达拉米(Daramy)两案判

① Roche, Les communes victimes des sauveteurs bénévoles (《因充当志愿救生员而受损害的市镇》), *D*., 1971, chron. 257。

② M. Sfez, La notion de chose dangereuse dans la jurisprudence du Conseil d'État (《最高行政法院判例中危险物的概念》), Thèse, Paris, 1956。

决，载 *GAJA*，n°64。不过，当受害者是第三者而不是治安行动所针对的人时，才适用上述最后一个判例的精神（参见 CE，1951 年 7 月 27 日的奥贝尔热（Auberge）太太案判决，载 *D*.，1952，第 108 期。

487. **第三，危险活动致害的责任**①。上述想法是一样的，政府部门的某些活动本身是危险的，需实行无过失责任制度。

（1）**无铁窗监狱**。这是用现代方法对犯轻罪的未成年人进行改造。越狱逃犯造成的损害，属于管理当局的无过失责任，参见最高行政法院，1956 年 2 月 3 日的图泽里埃（Thouzellier）案判决，载 *RD publ*.，854。最高行政法院用"当时的邻居"代替了"邻居的危险"一语（参见 CE，1966 年 3 月 9 日的特鲁耶（Trouillet）案判决，p.201）。若把犯罪未成年人放在获得授权的私营机构改造，也按上述判例的精神执行（参见 CE，1969 年 12 月 19 日的德拉努瓦（Delannoy）案判决，载 *RD publ*.，1970，第 787 期），甚至还可以把失足儿童委托给"一个可信赖的人管教"（参见 CE，1997 年 12 月 5 日的司法部长案判决，载 *RFDA*，1998，第 569 期）。

（2）**允许外出的在押犯**。参见最高行政法院，1981 年 12 月 2 日的司法部长案判决，载 *D*.，1982，第 550 期；1987 年 4 月 29 日的斯特拉斯堡地区平民银行案判决，载 *RFDA*，1987，第 831 期。关于行政法院对此类诉讼的管辖权限，参见权限裁定法院 2000 年 7 月 3 日的司法部长案裁定，载 *AJ*.，2000，第 961 期。

---

① P. Bon, La responsabilité des services publics utilisant des méthodes libérales（《公用事业使用自由方法所致损害的赔偿责任》），*RFDA*，1984，n°0，p. 141。

(3) **进行外出试验的精神病人**。参见最高行政法院,1967 年 7 月 13 日的摩泽尔省案判决,载 *AJDA*,1968.419;1987 年 5 月 13 日的安德烈亚·皮奥莱女士案判决,载 *AJDA*,1987,第 489 期。

(4) **传染病**。很不幸,怀孕的护士或小学教师,因其职务而与孩子经常接触;若与患风疹的孩子接触,往往被感染,造成可怕的后果,参见最高行政法院,1968 年 11 月 6 日的索尔泽(Saulze)太太案判决,载 *RD publ*.,1969,第 506 期。

488.**第四,医疗方面的无过失责任**[①]。在医疗方面抛弃了"只有严重过失才追究责任"的制度之后一年(参见上文第 478 点),最高行政法院迈出新的一步,承认医疗领域可以追究无过失责任,参见最高行政法院,1993 年 4 月 9 日的比昂希案判决,载 *RFDA*,1993,第 573 期[②]。受害者在做了脊椎 X 线动脉造影术之后严重瘫
423 痪,而做传统手术却没有禁忌症。因此,赔偿责任须受双重情况制约:一是所作治疗给病人带来的危险具有例外性质;二是造成的损害极端严重。

在法官看来,这种赔偿责任也带有例外性质,参见最高行政法院,2002 年 10 月 14 日关于上塞纳省法夫尔(Favre)女士和 CPAM 诉巴黎 A.P. 医院案的判决,载 *AJDA*,2003,第 255 期。然而,这种赔偿责任已经扩大到因施行宗教割礼而意外造成的感觉缺失问题

---

① L. Dubouis: La distinction Droitpublic-Droit privé à l'épreuve de l'évolution de la responsabilité médicale (《经得起医疗责任变化考验的公法 - 私法区别》), *Mélanges lean Waline*, p. 195。

② F. Thiriez: La jurisprudence Bianchi, symbole ou réalité(《比昂希判例:象征符号还是现实》), *Dr. adm.*, 2001, n°1, p. 9。

(参见 CE,1997 年 11 月 3 日关于阿尔勒(Arles)市约瑟夫 - 安贝尔(Joseph-Imbert)医院案的判决,载 *RFDA*,1998,第 90 期);麻醉引发的事故总是这样处理的,参见最高行政法院,2000 年 10 月 27 日的塞克兰(Seclin)中心医院案判决,载 *D.*,2001,第 1196 期;RFDA,2000,第 1376 期。关于拒绝承担麻醉问题责任的案例,参见最高行政法院,2002 年 6 月 5 日的罗德里格(Rodrigues)女士案判决,载 *AJDA*,2002,第 936 期。对于因输血而感染艾滋病毒的受害者,输血中心须承担责任(参见 CE,1995 年 5 月 26 日的三个判决,载 *RD publ.*,1995,第 1609 期。参见下文第 503 点)。

最高行政法院赞成,所用医疗器械、物品等失效、无效,也应由医疗机构承担无过失赔偿责任,参见最高行政法院,2003 年 7 月 9 日的巴黎 A.P. 医院案判决,载 *AJDA*,2003,第 1946 期,德格尔格(Deguergue)解释。

489. **第五,拒绝执行司法判决**。政府部门疏于执行司法判决是没有道理的。疏于执行也构成过失责任: 参见最高行政法院,1967 年 11 月 3 日的内政部案判决,载 *AJDA*, 1968, p.257。但是,如果是从共同利益角度考虑而不执行, 比如, 执行了可能导致秩序混乱, 那么, 这就属于无过失责任: 参见最高行政法院, 1923 年 11 月 30 日的奎蒂亚(Couiteas)案判决, 载 *GAJA*, n°42(涉及驱逐 8000 名武装人员!); 最高行政法院, 1938 年 6 月 3 日的圣夏尔(Saint-Charles)纸板工业公司案判决, p.521(当时罢工者占领着工厂)。

本着同样的精神,最高行政法院同意赔偿因罢工者占领港口而造成的损失,参见最高行政法院,1984 年 5 月 11 日的三个判决,

载 *AJDA*,1984,第 706 期,莫罗解释。

490. **第六,某些社会经济措施所致损害的赔偿责任**。有时候,政府部门为了共同利益而将一些社会经济措施强加在个人头上,给人们造成损失。这就有了无过失赔偿责任问题。

(1) **经济方面的措施**。比如,一个交通法规给纪念品商人造成的损害,参见最高行政法院,1963 年 2 月 22 日的加瓦尔尼(Gavarnie)镇案判决,载 *RD publ*.,1963,第 1019 期;政府部门拒绝拆除一座建造时不知城建规划的建筑物,参见最高行政法院,1974 年 3 月 20 日的那瓦拉(Navarra)案判决,载 *AJDA*,1974,第 328 期。

(2) **社会方面的措施**。比如,劳动监察局反对一家企业解雇部分员工,以避免社会动荡,参见最高行政法院,1949 年 10 月 28
424 日的卡普·雅内(Cap Janet)工场案判决,载 *JCP*,1950,II,n°5861;发生劳资纠纷时,政府部门向企业施压,使之接受严重损害企业利益的解决方案,参见最高行政法院,1947 年 11 月 21 日的布朗热(Boulenger)案判决,载 *S*.,1948,第 321 期。

491. **第七,其他**。(1) 放弃一个征用财产计划,参见最高行政法院,1970 年 12 月 23 日的 E. D. F 对法萨(Farsat)案判决,载 *AJDA*,1971,第 96 期。

(2) 在国外岗位工作的公务员受到损害,参见最高行政法院,1962 年 10 月 19 日的佩鲁谢案判决,载 *AJDA*,1962,第 689 期。

(3) 由于两级法院的判决存在矛盾而不能执行政府部门的决议,参见最高行政法院,1971 年 5 月 7 日的财政经济部和波尔多市与萨斯特尔(Sastre)案判决,载 *RD publ*.,1972,第 334 期。

(4) 因药剂师的住所被多层封闭、无法营业而给予补助,参见最高行政法院,1995 年 3 月 31 日的拉沃德(Lavaud)先生案判决,载 *AJDA*,1995,第 422 期。

(5) 给放弃莱茵－罗讷河管辖权的地方行政区以损害补偿,参见最高行政法院,2000 年 11 月 15 日的莫斯维尔勒巴斯(Morschwiller-le-Bas)镇案判决,载 *AJDA*,2001,第 207 期。

(6) 因一个发射地集中产生的电磁干扰而造成的损害,参见最高行政法院,2001 年 6 月 13 日的维杜尔(Verdure)案判决,载 *Rec*.,261。

(7) 在铁路护堤中栖身的兔子给农作物造成的损害,参见最高行政法院,2003 年 2 月 26 日关于库尔松(Courson)案的意见书,载 *AJDA*,2003,第 519 期。

(8) 被社会儿童救助局安排在个人家中的未成年人给相关个人造成的损失,参见最高行政法院,2003 年 7 月 23 日的让·卡龙(Jean Calon)案判决,载 *AJDA*,2003,第 2329 期,西尔瓦(Silva)审理。

## 第 3 节　法律的无过失责任制度①

若重建国家开支面前公民平等的制度,当然需要法律发挥作用。法律在这方面的权限,源自《宪法》第 34 条,法律“确定民事责

① Brechon-Moulènes, Les régimes législatifs de responsabilité publique (《关于国家责任的法律制度》), 1974。

任制度的基本原则”(参见 CE,1962 年 12 月 7 日的自治动力协会案判决,p.664;CC,1980 年 10 月 24 日的裁决,p.68)。法律的介入不但数量巨大,而且方式各样。

492.**第一,职业风险**。自卡梅案判决作出以来(参见上文第485点),关于工伤事故和公务员抚恤问题的整个立法活动有所进展。

用法律规定的责任制代替卡梅判例提出的责任制是不妥当的,因为受害者反对给自己所述损害作出承包估价(抚恤金承包),而且不可能放弃无过失责任制的“好处”,并在需要时尽力使自己
425 处于受过失之害的地位,参见最高行政法院,1981 年 10 月 16 日的纪尧姆(Guillaume)和热马诺(Germanaud)案判决,载 *AJDA*,1982,p.43(参见上文第 471 点)。

493.**第二,骚乱和群众集会造成的损害**。这里要谈的问题是,对骚乱或公众集会中公开以暴力方式所犯的重罪、轻罪(亦即警察没能制止住的犯罪)给个人造成的损害以补偿。这种损害赔偿制度经历了极大的变迁。

1983 年 1 月 7 日关于国家与地方权限划分的法律,对此提出了这样一个原则:如果受害者对市镇提出了索赔诉讼,即应由市镇负责赔偿(过去的法律曾经提及,若市镇玩忽职守或与骚乱者串通合谋,则必须负责赔偿),否则,由国家承担无过失赔偿责任。这一制度已经得到实施,比如,一个被警察追赶的青年因事故死亡后,青年们举行集会,损害了公共建筑物,即照此制度承担责任。参见最高行政法院,2000 年 12 月 29 日的 A.G.F.案判决,载 *Rec.*,679。实行这一责任制度,也不一定非是抗议集会不可,参见最高行政法

院,2002 年 12 月 13 日的伦敦劳埃德保险公司案判决,载 *AJDA*, 2003,第 398 期,奥尔松审理。

(1) 自 1986 年 1 月 9 日法律(第 27 条)颁施以来,此类赔偿责任争讼属于行政诉讼。

(2) 即便受害者参加了集会,同样适用这一责任赔偿制度,参见 TC,1965 年 5 月 24 日的罗歇(Roche)案裁定,载 *JCP*,1965,n° 14,366。

(3) 1983 年法律允许给骚乱造成的商业损失以补偿,参见最高行政法院,1990 年 4 月 6 日关于科非卢特(Cofiroute)案的意见书,载 *GAJA*,n°99(案中,游行示威者占领了一段高速公路,收费站让用户免费通过);又如,因铁路运输中断而无法经营:参见最高行政法院,2001 年 6 月 15 日的 S.N.C.F.案判决,载 *Rec*.,271。

(4) 并非只有遭受异常的、特别的损害才予赔偿:参见最高行政法院,1998 年 2 月 20 日关于汽车座椅研制公司案的意见书,载 *RFDA*,1998,p.584。

(5) 国家的赔偿责任属于公共秩序范围,也就是说,即便起诉人无此要求,国家亦应履行这一责任,参见最高行政法院,1999 年 6 月 30 日的富歇(Fouchet)案判决,载 *RFDA*,1999,第 1210 期,贝扎尔(Bergeal)审理。

(6) 倘若没有发生犯罪行为;或者犯罪者躲在暗处,不在示威 426
者之列;或者没有证据证明损害是由骚乱造成的,那么,国家不承担赔偿责任(分别参见 CE,2000 年 5 月 19 日的朗格多克-鲁西永大区案判决,载 *RFDA*,2000,第 907 期;CE,1997 年 6 月 16 日的再保险中央信托局案判决,p.241;CE,2003 年 3 月 3 日的 G.I.E.航空会议案判决，载 *RFDA*，2003，第 646 期）。

494. **第三，战争损害**。安排战争损害赔偿的法律受到社会连带主义推理方法的影响。1919 年 4 月 17 日法律对第一次世界大战的损害赔偿作了规定；1946 年 10 月 26 日法律规定了第二次世界大战的损害赔偿事宜。

对于阿尔及利亚战争期间的被遣返回国者，有整套法规作出了赔偿安排。

495. **第四，军事预备训练中的事故**。接受军事预备训练的学生一旦受伤或生病，行政法官过去不同意他们享受军人津贴法规定的权利。而 1962 年 8 月 4 日制定、1972 年 11 月 18 日修改的法律决定，对在军事预备训练过程中受到伤害的年轻人，执行残废军人抚恤法的有关规定。

496. **第五，疫苗接种后事故**。对于疫苗接种发生的事故，最高行政法院过去不承认是国家的无过失责任（参见 CE，1958 年 3 月 7 日的德茹（Dejous）案材料，p.153："推定的过失责任"）。1964 年 7 月 1 日法律规定，对义务的、在国家正式认可的机构中进行的疫苗接种，出了事故由国家承担无过失赔偿责任。1975 年 5 月 26 日法律废除了最后这个条件。

497. **第六，刑事犯罪造成的身体伤害**。1977 年 1 月 3 日法律①修改了《刑事诉讼法典》第 706 条，规定：刑事犯罪给某些人造成的身体伤害，由国家承担无过失赔偿责任。这无疑填补了法国法律制度的一项空白。在此之前，或者由于人们不知道犯罪者为谁，或

① 参见 J. Cl. Maestre 的解释，载 *D.*，1977，chron.，p. 145。

者由于犯罪者不可能赔偿受害者,致使刑事犯罪的受害者不能获得赔偿。

但是,该法最初的条文太过畏怯小心,以致修改了四遍!见1981年2月2日法律第98条,1983年7月3日法律第15条等,1985年12月30日法律第73条和1996年7月6日法律[①]。

(1) **赔偿条件**。需区分两种情况。当犯罪行为**危害人身安全**,致受害者当即死亡或一个月以上不能工作,或犯下伤害风化罪时,要给受害者全部赔偿。否则,受害者若因被盗、诈骗、背信而**“在物质上陷入窘境”**,则应补偿其损失。 427

(2) **赔偿程序**。赔偿金由为此而建的委员会进行分配。不是国家付款,而是由“恐怖主义和其他犯罪行为受害者保障基金”付款;该基金是根据1986年9月9日法律设立的(参见下文第498点)[②]。

**498. 第七,对恐怖主义活动受害者的赔偿**[③]。长期以来,恐怖活动受害者的命运都是悲惨的,因为最高行政法院拒绝对之承担无过失赔偿责任,参见最高行政法院,1987年4月29日的叶内(Yener)和艾雷(Cons. Erez)案判决,载*AJDA*, p. 487(案中,在巴黎全城伺机谋杀土耳其驻法国大使。犯罪行为发生在1986年9月9日法律出台前,而判决却是在该法之后作出)。

---

① Favard et Guth, La quatrième réforme du droit à indemnité des victimes d'infractions (《犯罪受害者赔偿法的四次改良》), *JCP*, 1990, n° 3466。

② 给刑事犯罪的受害者以补偿,这是欧洲理事会1983年11月24日的一个公约规定的(法国1990年5月29日法令公布了该公约)。

③ M. Guenaire, Le régime juridique de la responsabilité du fait des actes de violences (《暴力犯罪所致损害赔偿责任的法律制度》), *AJDA*, 1987, p. 227。

1986年9月9日法律第9条解决了问题,规定:恐怖活动所致**财产损失**由保险公司负担,后者有义务为财产保险。至于**人身伤害**,则由该法创设的恐怖主义和其他犯罪行为受害者保障基金负担[①]。而这些基金是按照合同从财产保险金中提取的。于是,出现了这样一种动向:使一些保险公司成了被治理者所受某些损害的保险人,而它们的负担会不可避免地落在公权力身上。

这个基金要负责赔偿法国领土上恐怖主义活动所有受害人的损失,还要赔偿在外国受恐怖主义活动之害的法国人的损失。

**499.第八,公立学校学生由于缺乏教师监管而受害、致害的赔偿责任制度**[②]。

(1) 最初,根据《民法典》第1384条的规定,小学教师是其学生造成损害的推定责任人,只有在确证其未犯监管过失时方可免除责任。后来,解除了所有小学教师的这种推定过失责任;而对公428立学校的教师而言,1889年7月20日法律和1937年4月5日法律还为之建立了一种更为有利的制度,而且,这种制度逐渐推广到私立教育机构。

---

① 按照"关于预防科技和自然风险、损害补偿"的2003年7月30日法律第18条的规定,该基金也负责赔偿科技灾难所造成的不动产损失,但未给予最大限度的保障。

② Desbois, chron., DH, 1937, p. 53; Waline, *D.*, 1938, IV, p. 41; J. Fialaire, Le contentieux de la responsabilité dans le domaine de l'enseignement (《教育领域的问责诉讼》), *JCP*, 2000, I, 204 et《responsabilité En matière d'enseignement et sorties éducatives》(《教学的责任和教育的出路》), *AJDA*, 2000, 第977期; M. Hunter-Henin: La responsabilité des instituteurs, un îlot de subjectivité au sein de la responsabilité du fait d'autrui(《小学教师的责任:对他人负责的立体人群》). (note sous Cass., 2e civ., 13 décembre 2001), *D.*, 2002, 第1517期。

(2) 损害应是由于在学校活动中,甚至在学校之外的活动中,诸如有指导的课外活动、在学校周围或放学后开展的活动等等,因缺乏老师和辅导员的监管而造成(参见 TC,2001 年 11 月 19 日对格拉西亚(Gracia)夫妇案的裁定,载 *D.*,2002,第 2710 期)。

(3) 国家首先完全代替教师承担赔偿责任,即便后者犯有个人过失时也是如此。

(4) 国家对造成损害的第三者提起索赔诉讼;若教师有个人过失,也会被起诉。

(5) 不论缺乏监管属于公务过失还是属于个人过失,此类诉讼一律由**普通法院**审理(参见 TC,1950 年 3 月 31 日对德尔·加韦莱案的裁定,载 *Rec.*,p.658)。

至于何谓教师个人过失,请参见法国最高法院 2003 年 10 月 23 日的梅尔·普安萨(Melle Poinsat)案判决,载 *D.*,2004,728。

(6) 如果损害不是由于教师缺乏监管所致,而是学校组织不善、场地失修等原因所造成,那就不再实行普通法的赔偿责任制度,改由行政法院管辖。这时,只有发生公务过失,受害者才有权要求赔偿,一切无过失赔偿责任均被排除(参见 CE,1983 年 5 月 27 日的苏拉尔(Soulard)案判决,载 *AJDA*,1983,p.435)。

500.**第九,对石棉受害者的赔偿**。2000 年 12 月 23 日关于社会保障事业投资的第 2000－1257 号法律第 53 条(经 2002 年 3 月 4 日第 2002－303 号法律修改),设立了一个石棉受害者赔偿基金会。这个行政性国营公立公益机构,负责给石棉所致职业病受害人或从事石棉业的人以全部补偿。2001 年 10 月 23 日的第 2001－963 号法律和法令,确定了这个基金会的组织机构和赔偿程序。

2000年12月23日法律第53条的唯一功能是：如果受害者愿意，有权向主管法院对雇主或政府部门提起问责索赔诉讼。受害者都了解，《欧洲人权公约》第6条要求保证一切人享有求助于法院的权利：参见最高行政法院，2002年2月26日的梅坎塔尔（M. Mekhantar）案判决，载 *AJDA*，2003，第1234期。众所周知（参见上文第477点），最高行政法院认可，在这方面由国家承担过失赔偿责任。

501. **第十，赔偿受到某些刑事诉讼损害的人。**2000年6月15日第2000－516号法律第70和71条，加强了对受害人的无罪推定和各项权利的保护。而2000年12月30日的第2000－1354号法律
429 第1条，使那些被判刑而最终被确认无罪的人更容易获得赔偿；并且修改了《刑事诉讼法典》第149条，这一条规定，给临时被拘押而最终决定不予起诉、释放或宣告无罪的人以赔偿，2000年12月12日第2000－1204号法令和2001年12月27日第2001－1321号法令规定了赔偿办法。法律规定，对于因被拘押而受到的物质和精神损害需全部给以补偿，赔偿金由宣布其不予起诉、释放或无罪的上诉法院首席院长拨付。受害人还可以向设在法国最高法院的国家赔偿委员会提出上诉。

## 第4节 对艾滋病受害者的赔偿[①]

输血后的艾滋病毒感染,促使立法机构介入此事,以利于受害者获得赔偿。不过,法律的规定仍然不够全面。

502. **第一,1991年12月31日法律**。对于因输血和使用血液衍生制品而感染艾滋病毒的受害人,1991年12月31日法律第47条确立了国家"**理所当然的赔偿责任**"。为了确保赔偿金的支付,该法设立了一个基金,由国家和保险公司共同出资。全部赔偿金都由赔偿基金委员会拨付。法律没有将这种赔偿办法赋予义务性质。因此,受害者为了获得赔偿,也可以利用普通法的程序。

503. **第二,按照普通法程序理赔**。艾滋病受害者可以要求国家赔偿,也可以要求输血中心赔偿。

(1) **国家的赔偿责任**。

① 国家可能首先要替一般输血机构和输血中心监督机构的玩忽职守承担损害赔偿责任,参见最高行政法院,1993年4月9日的M.D.案判决,p.110。在这个判决中,最高行政法院放弃了以往

---

① M. Massenet, *La transmission administrative du SIDA*(《管理渠道的艾滋病传播》), Albin Michel, 1992; Dubouy,《La responsabilité de l'Administration du fair de la contamination par le virus du SIDA》(《政府部门对艾滋病毒传染的赔偿责任》), *JCP*, 1993, n°3646; de Forges,《Sida, responsabilité et indemnisation》(《艾滋病:责任与赔偿》), *RD sanit soc.*, 1992, p. 555; Pontier,《Sida, de la responsabilité à la garantie sociale》(《艾滋病:社会保障的责任》), *RFDA*, 1992, 第533期。

在这方面"只有发生严重过失才追究责任"的要求,而让国家为简单过失承担赔偿责任;只有当输血中心犯下过失时国家才能摆脱赔偿责任。

430 ② 国家未能及时禁止使用未加热消毒的医疗器械,也可能构成过失赔偿责任:参见上述 M.D.案判决。

(2) **输血中心的赔偿责任**。

① **国营中心的责任**。若它供应的血液制品是传染的根源,它应承担无过失赔偿责任。参见最高行政法院,1995 年 5 月 26 日的 Cons.NG,M.J.,Cons.P.案判决,载 *AJDA*,1995,p.577。

② **私营中心的责任**。法国最高法院解决了上诉法院中出现的分歧,判定:私营输血中心有责任提供毫无瑕疵的产品,负有**安全义务**;只有提出证据,证明是他人的过失时,才不会归咎于该中心。对此,参见法国最高法院第一民事法庭 1995 年 4 月 14 日的马丹(Martin)案判决,载 *JCP*,1995,n°22467。可以看出,这与无过失责任制度十分接近。

504.**第三,责任制度的并合**①。最高行政法院和法国最高法院的此类判例发生分歧之后,现在允许采取下述办法:受害者可以同时或相继从两种渠道索赔。唯一的问题是,所得赔偿金之和,不得超出遭受的损失总和(参见 CE,1993 年 10 月 15 日的热泽凯尔(Jézéquel)和瓦雷(Vallée)案判决,载 *RFDA*,1994,第 553 期)。

---

① 在这方面须遵守《欧洲人权公约》第 6 条,见:CEDH, 4 décembre 1995, Bellet c / France, *D.*, 1997, 第 357 期, note Collin-Demumieux。

## 第5节 无过失责任制度的未来

505.有些作者注意到无过失责任制度的发展,认为应当逐步排除这种“过失”概念,而将行政赔偿责任制度纳入普通法范畴。这种主张的前景令人怀疑。因为,无过失赔偿责任问题是一个含义极其宽泛的理论,关心行政诉讼的最高行政法院正设法将其推而广之。目前,这一理论使行政法院可以对各种损害给予补偿;即便政府部门没有过失,若行政法院认为给受害者以补偿是公正的[①],便可据此理论作出判决。

此外,必须认清无过失责任理论的局限性。这一理论不能使机关团体令人满意地救助与科学进步相联系的各种损害。这尤其是指所谓“异常偶发医疗事故”[②]。按照D.菲利普(D. Philipp)[③]对这些问题的意见,时代或许刚刚从追究责任的逻辑跨入社会连 431
带责任的逻辑。当然,这还要由法律进行安排。2002年3月4日关于医疗事故赔偿的法律就是在做这一工作(参见下文第506

---

① J. P. Gilli,《La responsabilité d'équité de la puissance publique》(《公权力主持公道的责任》), *D.*, 1971, chron., p. 125。

② Cf: Rapport Evin, Les droits de la personne malade (《病人的权利》), Conseil économique et social, séance des 11 et 12 juin 1996, p. 147; 也见最高行政法院报告,载 *EDCE*, 1998, n°49, p. 241。

③ D. Philipp, De la responsabilité ò la solidarité des personnes publiques (《论公权力的社会连带责任》), *RD publ.*, 1999, p. 593。

点)。

## 第6节 对异常偶发医疗事故的赔偿[①]

506. 最近10年,一些非常严重的异常偶发医疗事故困扰人们,受害者日渐增多而得不到补偿。对"C"型肝炎、克雅氏病、生长激素病症等受害者也没有补偿。

最高行政法院正在努力对狭义的医疗责任制度进行补救、完善,认为国家应承担无过失赔偿责任(参见上文第488点),即便这种责任只具有特殊性质。与此相反,法国最高法院却另有主张,见其第一民事法庭2000年11月8日的判决,载 *D.*,2001,第2237期。很遗憾,两类法院对同一个问题的解决办法是互相矛盾的。

尤其是,正如我们在上文第505点所述,对这类损害的赔偿不可能在无过失责任制度的框架内获得圆满解决。实际上,无过失责任制度必然以国家承担连带责任为前提,这不过是国家代表制的一种反映。

1996年埃万(Evin)报告[②] 已就赔偿"异常偶发医疗事故"问题

---

① Ch. Larroumet: L'indemnisation de l'aléa thérapeutique (《对异常偶发医疗事故的赔偿》), *D.*, 1999, chron. 33; D. Mazeaud: L'indemnisation de l'aléa thérapeutique (《对异常偶发医疗事故的赔偿》), *D.*, 2001, 第1550期。

② 埃万报告: Les droits de la personne malade (《病人的权利》), Conseil économique et social, Séance des 11 et 12 juin 1996, p. 147。

提出若干建议。他提议这样定义异常偶发医疗事故:"这是正确治疗、合理用药必然包含之风险的一部分,正确的治疗、合理用药的结果是人未康复、事与愿违。"最高行政法院[①]也十分关注这一问题。

上述各种各样的研究、讨论,都为2002年3月4日"关于病人权利和保健制度质量"的第2002-203号法律的出台奠定了基础,该法标志着异常偶发医疗事故的赔偿走上了初始阶段。

该法第98条修改了《公共卫生法典》第L-1142-1.II条,规定:若没有任何可指摘的过失,"当医疗事故、医原性疾病或在医院受到感染,可直接归咎于预防、诊断和治疗,且给病人的健康状况造成可预见的变化后果并具有法令规定的严重性时,受害者便有 432
权要求国家承担连带责任,给予损害赔偿。"[②]《公共卫生法典》第L-1142-22条创设了一个国家行政性公立公益机构"医疗事故、医原性疾病和医院感染全国赔偿管理局",负责办理国家连带赔偿事务。它仅仅处理大区赔偿调解委员会以协商方式解决不了的问题(参见《公共卫生法典》第L-1142-5条)。2003年4月19日第2003-140号法令确定了医疗事故全国赔偿管理局、全国委员会和大区调解委员会的组织机构、运作方式以及赔偿程序。已有大约1000来份病历受到大区调解委员会的审查,1.4亿赔偿准备金也已到位。

---

① Réflexions du Conseil d'État sur le droit de la Santé(《最高行政法院对健康权的思考》), Rapport public, *EDCE*, 1998, n° 49, p. 262 et s. en ce qui concerne l'aléa thérapeutique。

② 见2003年4月4日的2003.314号法令。

2002年3月4日法律限制性地列举了可予赔偿的各种情况。遗憾的是,因输血或使用血液制品而感染"C"型肝炎病毒的人未在其中。有关方面给出的解释既乏味又令人难以接受,说什么这种赔偿花钱忒多!有人估计,15万人应得到这种赔偿,差不多要花3000亿法郎。

# 第五章　公职人员的个人过失责任

我们业已阐述(参见上文第462点)区分公务过失和个人过失的演化过程;个人过失是需要有过失的公职人员本人在民事法庭面前,以个人财产,按照私法准则承担责任。如果政府部门认为,导致该人被起诉的过失实际上是公务过失,该机关应当提出异议①,由权限裁定法院明确划分两种过失的界限②。 433

## 第1节　个人过失

孤立地阐释个人过失这个概念甚不容易,最简单的办法可能是从公务的角度进行考察。

---

① M. P. Chanlair, Pour une pleine application de la protection des agents publics en cas de poursuites pénales (《关于对受刑事追诉公职人员的充分保护》), *AJDA*, 2002, 第781期。

② P. Cot, *La responsabilité civile des fonctionnaires publics* (《公务员的民事责任》), thèse, Paris, 1922; Divanch, *La responsabilité civile des fonctionnaires* (《公务员的民事责任》), *thèse*, Rennes, 1935; J. Cl. Maestre, *La responsabilité pécuniaire des agents publics* (《公务员的经济责任》), 1962; Douc-Rasy, Les frontières de la faute personnelle et la faute de service (《个人过失和公务过失的界限》), 1963。

**507. 第一，个人过失的概念**。从理论视角看，对个人过失可以有两种理解。

(1) 主观性概念。这是人们从拉弗里埃尔（Lafernère）在著名的洛莫尼埃－卡里奥尔（Laumonnier-Carriol）案件审理中发现的概念（参见 TC，1877 年 5 月 5 日，p.437）。对洛莫尼埃－卡里奥尔来说，犯的是**公务过失**，因为造成损害的行为不是个人性质的，他表现得仍然是一名多少有些错误的行政官员。如果造成损害的行为表明，行为人是一个有着自己的弱点、情欲和轻率的世俗人，这便属于**个人过失**。同样，照奥里乌的看法，人们本应期待公职人员达到中等勤奋水平，公务过失则是公务运转失灵的"地带"；当有人越出这个公务失灵地带时，就犯了个人过失。简言之，用迪佩卢（Dupeyroux）的话说，个人过失就是"**有署名的过失**"。

(2) **客观性概念**。这是人们从 L. 勃鲁姆在著名的勒莫尼耶（参见上文第 464 点）案审理中发现的概念。当法官必须通过对政府部门行为的评判来查实某个过失时，这就是公务过失；不必评判政府部门行为就能查实的过失，那就是个人过失。

这种不同见解也多少有些理论性。实际上，法官似乎有一种倾向，总想证明，过失是公务过失（统计表明，法官有理）；当然，只
434 有一种简单推定支持相反的论证。

**508. 第二，同刑事过失和侵权行为没有必然联系**。(1) **刑事过失**①。公务员在执行公务中所犯刑事过失，通常构成个人过失。

① A. Mestre, Faute administrative et faute pénale（《行政过失与刑事过失》），*D.*, 1935, chron., p. 57; Liard, L'infraction pénale dans les services publics（《公用事业中的刑

但两者未必重合。在特帕日讼案中(参见上文第476点),一位军人司机驾驶卡车在军车车队中行进,造成刑事事故,致人死亡。但他当时完全没有操作自由,且未"脱离公务",不属个人过失。

(2) **侵权行为**。人们往往把侵权行为看作个人过失,其实不然。如果发生侵权行为以后就叫相关行为人与政府部门同时承担责任,这就意味着整个行政活动都得受私法支配,官员、职员以及委任他们的政府部门都得按照《民法典》第1382和1384条承担责任,个人过失的概念在这里就不起作用了。

509.**第三,个人过失与公务之间的关系**①。人们都会思考:在什么情况下,执行公务中犯的过失反而是个人过失?在什么情况下,公务之外犯的过失反而偏偏不是个人过失?

(1) **执行公务中所犯过失**。确实,执行公务中发生过失时,很难知道它是不是个人过失。人为法的主张集中在两点。

① **故意过失**是个人过失。这是公职人员出于个人怨恨,打定主意或直接出于个人利益考虑而犯下的过失,诸如:警察为报旧仇而虐待刚被他逮捕的人(参见CE,1951年7月28日的科科日(Coccoz)案判决,载*G. P.*,1951,1,314);一名公务员恶意指摘一名建

---

事犯法》), thèse, Paris, 1939; Couzinet, L'infraction pénale de l'agent public (《公务员的刑事犯罪》), *Mélanges Magnol*, p. 115; J. Cl. Maestre, *JCP*, 1961, I, n°1612。

① Duguit, Coexistence des actions en responsabilité (《责任行为的共存》), *RD publ.*, 1923, p. 23; Funiaux, La coexistence des responsabilités de l'agent et de la personne administrative (《公务员与行政法人责任的共存》), *RD publ.*, 1931, p. 333; Chardon, *Du cum ul et de la coexistence des responsabilités* (《责任的并合共存》), thèse, Paris, 1935; Long, La responsabilité de l'administration pour les fautes personnelles commises par ses agents (《政府部门对公务员所犯个人过失的责任》), *EDCE*, n°7, p. 20。

筑师(参见 TC,1952 年 7 月 17 日的帕雷(Parey)案裁定,p.638);官吏从个人敌意出发,在马术比赛中制造事故(参见 TC,1947 年 6 月 5 日的布吕恩(Brun)案裁定,p.504)。

② **特别严重的过失**。这里不再考虑制造损害的意图,而仅仅审视过失的严重性。可以说,有些情况都超出了严重过失的界限。诸如:狱警与其看管的犯人共同策划组织,在外出干活时入室盗窃(参见 CE,1953 年 5 月 11 日的乌马尔·桑巴(Oumar Samba)案判决,
435 p.218);急救中心的副主任酒醉开车(参见 CE,1974 年 10 月 9 日的吕西尼昂镇案判决,p.477);一位陆军中尉酒后向一名新兵实弹射击,参见最高行政法院,1999 年 12 月 1 日的穆瓦内案判决,载 *D.*,2000,IR,24;还有,一位医疗机构负责人同样犯下不可饶恕的错误,参见最高行政法院,2001 年 12 月 28 日的瓦雷特案判决,载 *AJDA*,2002,第 359 期。与此相反,有一个判决断定,一位公务员伪造公文,篡改城市建设规划,却不构成个人过失(参见 TC,1998 年 10 月 19 日的塔恩省长案裁定,载 *D.*,1999,第 127 期)!

若在执行公务中犯有个人过失,可能会出现两种情况。一个是实行过失并合或责任并合主张(参见上文第 463、464 点),受害者可任选其一;一个是公务活动之外的过失(这是公职人员独自犯的一种个人过失),受害者须向普通法院起诉相关公职人员。

(2) **公务之外所犯过失**。按照逻辑推理,公务外所犯过失必然只是个人过失,这似乎没有任何问题。比如,一位正常休假的军人造成的事故,自然应由他本人承担责任。

但是,为了改善受害者的命运,使之索赔时有所选择,法官在某些情况下往往“**理智地将过失与公务联系在一起**”,有人竟至将

公务外所犯过失称作**系于公务的过失**(关于这个概念,参见洛朗(Laurent)1954 年 10 月 1 日在最高行政法院对伯纳尔案的审判记录,p.505)。

起初,1957年12月31日法律出台前,在对政府部门的车辆于公务外造成事故的处理中落实了上述主张。按照此前的惯例,最高行政法院都把此类事故看作是纯粹的个人过失,除非受害者能够证明,一开始在公务外使用车辆时已经存在着公务过失,比如没有控制汽车总量等等。自米莫尔(Mimeur)、德福(Defaux)、贝斯太尔斯梅(Besthelsemer)等案判决后,判例原则发生转折(参见 CE,1949年11月18日,载 *RD publ*.,1950,第183期)。就汽车事故而言,最高行政法院接受了这样的一种推定:政府部门的汽车自投入使用时起,就与公务联系在了一起。人们将 L.勃鲁姆的见解延伸到对公务外过失的判断方面,认为既然造成过失的手段、工具曾经是公务机关的公职人员支配、使用的,那过失就是与公务有关系的。

这一判例原则在 1957 年 12 月 31 日法律出台后就成了一种回忆。但是,这一原则仍被适用于政府官员在公务之外使用公务用枪造成的事故。过去,最高行政法院一向拒绝把这种过失与公务挂钩(参见 CE,1948 年 1 月 30 日的布夫旺(Buffevant)太太案判决,p.51;1954 年 6 月 23 日的里茨勒(Litzler)太太案判决,p.376;1962 年 7 月 13 日的卢斯坦(Roustan)太太案判决,p.487)。判例原 436
则在萨杜迪(Sadoudi)案中发生了转折(参见 CE,1973 年 10 月 26 日,*RD publ*.,1974,第 936 期)。一位治安警察在住处摆弄手枪,不小心打死了同室的伙伴。最高行政法院鉴于他摆弄的是一件危险物品,而他有责任在不执行公务的时候也保留武器,于是认为,这个事故"不可能被视为与公务毫无联系"。

因此,除了发生过失并合(比如,个人过失和武器缺陷之类的公务过失同时造成了伤害)或理智上与公务相联系的过失之外,公务外所犯过失就只能由公职人员自己承担责任了[①]。

## 第2节　公职人员承担责任的方式

公职人员犯下个人过失,即可对受害者,也可对政府承担赔偿责任。

**510.第一,对受害者的赔偿责任**。我们知道,当出现过失并合(参见上文第463点)与责任并合(参见上文第464点)情况时,如果有选择权的受害者归咎于公职人员个人,认为该公职人员犯了可与公务分开(参见上文第509点)或与公务无关的过失,该员就可能要对受害者承担赔偿责任。

(1) **主管法院**。普通法院审理对公职人员的问责诉讼。唯一的困难大概是,普通法院所制裁的公职人员个人过失,实际上却是一个公务过失(过去为保护公职人员而不能提起诉讼)[②]。政府部

---

① 个人过失可能证明,政府部门没有按照1991年1月18日法律第27条的规定,给受刑事追诉公务员以保护,见CE,2001年12月28日的瓦雷特案判决,载*RFDA*,2002,第195期。

② 《刑事诉讼法典》第136条禁止对侵害个人自由的行为提起诉讼。这一规定被作了非常严格的解释,参见:P. Amselek, Les vicissitudes de la compétence juridictionnelle en matière d'atteintes à la liberté individuelle (《在侵害个人自由方面司法权限的变迁》),载*RD publ*., 1965, p. 801。

门应当保护已被定罪判刑的公务员。这条被视为普遍法律原则的准则(参见 CE,1963 年 4 月 26 日的贝桑松医疗中心案判决,p.243),在关于公务员权利和义务的 1983 年 7 月 13 日法律第 11 条中得到重申[①]。

(2) **可适用的准则**。可以适用《民法典》的规定(第 1382 条等)。如果是过失并合,公职人员会提出索赔上诉(参见上文第 465 点),要求政府部门偿还其与公务过失所致损害相适应的那一 437
部分赔偿金。正因如此,最高行政法院判决,国家需偿还吉伦特省重罪法庭判决莫里斯·帕蓬(Maurice Papan)支付总额的一半,参见最高行政法院,2002 年 4 月 12 日的帕蓬案判决,载 *AJDA*,2002 及 *RFDA*,2002,第 582 期。

511. **第二,对政府的赔偿责任**。这是指政府部门提出赔偿上诉的情况(参见上文第 465 点)。比如,2001 年 10 月 19 日国防部诉斯特迪尔(Stedile)案,载 *Rec*.,470;当时,国防部已经为公务员的个人过失赔偿了受害者。唯一的困难是,由哪类法院来审理这种上诉,这归行政法院管辖(参见 CE,1951 年 7 月 28 日的拉吕埃尔案判决,载 GAJA,n°70;TC,1954 年 5 月 26 日的莫里茨案裁定,载 *D*.,1955,第 385 期)。关于由公职人员负担全部赔偿金的情况,请参见最高行政法院,1999 年 12 月 1 日的穆瓦内案判决,载 *D*.,2000,IR,24。

---

① G. Vedel, L'obligation de l'Administration de couvrir les agents publics des condemnations civiles pour fautes de service (《政府部门保护因公务过失而受到民事制裁之公务员的责任》), *Mélanges Savatier*, 1965, p. 921。

# 第六章 行政活动之外的国家赔偿责任

438 如前所述，关于政府部门所致损害的公权力赔偿责任理论，业已提炼归纳出来。此外，公权力还须为立法、司法机关的行为承担责任。

## 第1节 为立法机关的致害行为承担责任

512. **第一，议会各机构的活动**。1958年11月17日的第58-1100号条例推翻了以往的解决办法，在第8条中提出了国家需"对议会两院一切机构造成的各种损害"承担责任的原则。

处理这一问题与处理行政行为的基本准则相同：管辖权通常属于行政法官；涉及议会所有公职人员的诉讼，不分该员级别如何，行政法官均拥有独占管辖权。不过，根据一条明文规定（见关于议会车辆造成事故的1957年12月31日法律）或某些判例原则，普通法官也有若干管辖权。

513. **第二,法律造成的赔偿责任**[①]。(1) 这个问题仅仅涉及**严格形式上的法律**。各种规章条例作为政府部门文件,从一般理论的角度看,乃是有缺陷的,形式上不很合格的法律。不过,若要求"只有特殊损害才予赔偿",由于规章条例具有普遍意义而阻碍赔偿责任的落实[②]。

(2) 这个问题只有**在法律未作规定时**才会提出来。如果法律 439 已经决定,对法律造成的损害不予任何赔偿;或者如同国有化法规定的那样,已经提出了给予赔偿的原则和方式,那么,只须实施法律条文也就够了。关于 2000 年 7 月 10 日法律的一个限制性解释,诸如废除拍卖评估员的垄断权、给予因经济原因而被辞退的职员以赔偿等,参见最高行政法院,2003 年 10 月 22 日的帕凯(M. Paquet)案判决,载 *AJDA*,501,德格尔格解释。

尽管如此,宪法委员会关于所谓"埃菲尔铁塔修正案"(见 CC,1985 年 12 月 13 日,p.78)的裁决,还是提出了这样一个问题:当法律侵犯财产所有权时,是不是可以不给任何赔偿。

(3) 按照传统原则,如果没有任何预先规定,**国家立法是不负责任的**。一般情况下,法律要求公民作出牺牲时,若法律本身未决

---

① Brunet, *La responsabilité de l'État législateur* (《国家的立法赔偿责任》), thèse, Paris, 1936; J. Kahn; L'évolution de la jurisprudence relative à la responsabilité du fait des lois (《关于立法赔偿责任的判例演变》), *EDCE*, n°16, p. 63; Morange, L'irresponsabilité de l'État législateur (《国家的立法赔偿责任》), *D.*, 1962, chron., p. 163; p. Senkovic: *L'évolution de la responsabilité de l'État législateur sous l'influence du droit communautaire* (《欧共体法影响下国家立法赔偿责任的演变》), Bruylant, 2000, 490 p.; C. Broyelle, *La responsabilité du fait des lois* (《立法赔偿责任》), *LGDJ*, 2003, p. 447, Préf. Y. Gaudemet。

② Kouatly, *La responsabilité de la puissance publique du fair des règlements* (《源自规章条例的公权力赔偿责任》), thèse, Paris, 1954。

定给予赔偿,那就无须用赔偿金来弥补受害者。

这一原则的合法性很容易证明。若不能在法律上、政治上揭露立法活动的过失,则法律一经颁布,法官就只能照章执行,不得提出异议。而且,法官不得从法律中引出一个无过失赔偿责任,不得以自己的意愿代替法律。

(4) **判例的例外**。在某些特殊情况下,最高行政法院不仅承认自己有权处理此类案件,而且同意给法律造成的损害以赔偿:参见其 1938 年 1 月 24 日的"奶花"乳制品公司案判决,载 *GAJA*, n° 53。

① 解决办法是以**对法律意思的解释**为基础的。就此而言,法官可以根据具体情况,从法律的"沉默"中引出允许赔偿的结论。但是,如果法律已经明确述及某项活动对健康是危险的、有害的,那么,法官可以由此断定,法律已经拒绝给予任何赔偿(参见 CE, 1956 年 1 月 6 日的法国武器和自行车手工工厂案判决,p.3;1990 年 7 月 11 日的斯当布利(Stambouli)兄弟公司案判决,载 *D.*,1991, somm.,p.286)。

② 承担赔偿责任是以**公共开支面前人人平等原则**为基础的。有时候,法律的措辞虽具普遍性,实则只使少数人为了共同利益而遭受明显的特别损失。在上文所引"**奶花**"案中,为保护受到新行情暴跌威胁的牛奶生产,法律禁止制造可代替牛奶的产品,这实际上只能导致企业数量锐减。

③ 法律以共同利益的名义要求人们作出牺牲,其实,共同利益与社会的或经济的某一类团体利益是相混淆的。比如在"奶花"案中,受益的是牛奶生产商。这是在为一些人谋取利益而为另一

些人增加负担。如果所采取的措施惠及整个集体,法官就更要回避赔偿问题了。

"奶花"案判例在理论上非常引人注目,而在实践中却长期影响有限。"奶花"案判决作出以后,它的原则有好几年仅适用过一 440
次(参见 CE,1944 年 1 月 21 日的考什特与德斯蒙案判决,载 *Rec.*, p.22)。后来,最高行政法院就不止是重申它的原则了(参见其 1961 年 12 月 1 日的拉孔贝案判决,载 *D.*,1962,p.89)。在拉孔贝案中,最高行政法院使一位房产主获得赔偿。该房产主曾获胜诉,法院判决赶走房客,但判决未能得到执行。该房客的儿子当时在阿尔及利亚服兵役。在为执行判决而奔波期间,出台一个法律,禁止驱逐已在阿尔及利亚服役的房客及其家人。这便增加了房产主特别严重的例外负担(参见 1963 年 1 月 25 日的博韦罗(Bovero)法,载 *JCP*,1963,n°13326,韦德尔院长解释)。有人从这个判决中看到,昔日判例原则的涵盖面已经扩大,更加坦率地承认了法律造成的赔偿责任①。

尔后 30 年间,情况颇为乐观,因为承认法律造成了赔偿责任,可以一提的判决只有一个,这便是里昂行政法院的一个判决(参见 1994 年 2 月 1 日的普兰(Plan)案判决,载 *LPA*,1996 年 5 月 31 日,n°68)。这个判决判处国家赔偿卡马尔格(Camargue)地区的水稻种植者赔偿,因为它们的稻田受到火烈鸟的严重毁坏,而火烈鸟受到法律保护,严禁捕杀。这个判决使得最高行政法院的下述判决不再有什么重要意义;最高行政法院根据 1976 年 7 月 10 日的自然

---

① 在这方面有前述韦德尔院长的解释以及坎恩的文章。

环境保护法,同意给保护动物造成的损害以赔偿,参见最高行政法院,2003年7月30日关于发展中央大区水产养殖业协会案的判决,载*RFDA*,2004,第144期。

勒内·夏普先生考虑(见其所著《行政法》第1卷,n°1519),当行政法官同意针对一个与国际条约相抵触的法律作出有效判决时,法律造成的赔偿责任会不会演变为过失责任制度呢(参见上文第327点所引尼科洛案判决)? 在这方面,巴黎上诉行政法院已经迈出了第一步(参见1992年7月1日雅克·当热维尔案判决,载*AJDA*,1992,p.768;又见巴黎行政法院2002年10月11日的菲普(Fipp)案判决,载*AJDA*,2003,第955期)。

**514.第三,国际条约所致损害的赔偿责任**[①]。有人总是把国际条约所致损害赔偿责任同法律所致损害赔偿责任等量齐观,前者也相继发生了同样的演变。

起初,对于国际条约造成的损害,行政法官一直拒绝给予赔偿,可参见最高行政法院,1963年4月26日的洛朗案判决第247页。

441 后来,关于无线电能源总公司案的判决抛弃了"不负责原则"(参见CE,1966年3月30日,载*GAJA*,n°86)。又参见最高行政法院,1976年10月29日的布尔加(Burgat)案判决,载*RD publ.*,1977,p.213。

承担赔偿责任的条件一般借鉴法律致害赔偿制度。必须是被

① 关于违反《欧洲人权公约》的法律所致损害之赔偿责任,参见上文第299点;关于欧共体法所致损害赔偿责任,参见上文第298点。

正式纳入了法国法律范畴的国际条约;国际条约或批准该条约的国内法没有将赔偿排除在外;造成的损害必须既是特殊的,又是足够严重的(参见 CE,2003 年 3 月 26 日的桑蒂纳西(Santinacci)案判决,载 *RFDA*,2003,第 648 期)。

## 第 2 节 司法职权所致损害的赔偿责任

**515.沿革和当前的解决办法**[①]。审判机构造成的损害也要国家负责赔偿吗? 这要首先把与组建审判机构相联系的损害排除在外;组建这种机构完全属于行政权范畴(参见下文第 566 点),它们须对造成的损害按照普通法准则承担行政赔偿责任。至于行使司法权造成的损害赔偿责任,则是一个复杂得多的问题。最初是原

① Ardant, *La responsabilité de l'État du fait de la fonction juridictionnelle* (《国家对司法职权所致损害的赔偿责任》), thèse, Paris, 1954: Lefas, Responsabilité de l'État du fait des services judiciaries (《国家对司法机构所致损害的赔偿责任》), *EDCE*, n°3, p. 48; La responsabilité de l'État du fait de la justice judiciaire (《国家对普通法院所致损害的赔偿责任》), note J.-M. Auby, *RD publ.*, 1990, p. 1859; F. Sarda: *Les responsabilités des juridictions* (《法院的赔偿责任》), 《Que sais-je?》, PUF, n°3503, 1999; O. RenardPayen et Y. Robineau, *La responsabilité de l'État pour faute du fait du fonctionnement défectueux du service public de la justice judiciaire et administrative* (《国家为普通法院、行政法院之功能缺陷而承担的过失责任》), Rapport de la Cour de cassation, 2002; J. Courtia, *La responsabilité du fait de l'activité des juridictions de l'ordre administratif: un droit sous influence européenne*? (《法院活动对行政领域造成损害的补偿责任:这是欧洲影响下的法律吗?》), *AJDA*, 2004, 第 423 期; J. C. Magendie, *La responsabilité Des magistrats* (《法官的赔偿责任》), *D.*, 2003, 第 1177 期。

则上对所致损害不负责任，而后渐渐有些例外，至 1972 年 7 月 5 日法律出台时，则变成了原则上负责损害赔偿，同时附加了一些限制条件。

凡司法权都是以国家的名义行使的。因此，最高行政法院最近断言，行使司法职权可能造成的损害，只能归咎于国家，而审案法庭则可能属于其他法人，参见最高行政法院，2004 年 2 月 27 日的波潘（Popin）女士案判决，载 *AJDA*，2004，第 672 期。

**516. 第一，沿革**

（1）司法活动主要表现为**判决**。终审判决体现的法律真理的力量，似乎排除了任何过失赔偿责任问题，普通法院、行政法院的判决莫不如此（参见 CE，1963 年 2 月 15 日关于医师公会全国理事会案的判决，载 *AJDA*，1963，p.233）[①]。只有刑事裁判犯了错误时，
442 上述原则才有所松动。1895 年的一个法律规定，一个已被定罪判刑的人若在复审后被承认无辜，国家须给予赔偿。

（2）作出判决之前会有一系列预备活动。行政法院审判之前的预备活动相对较少，刑事审判之前的预备活动则特别繁重，基本形式有二：一是**司法警察**的活动，一是进行**预审**。长期以来，对这两种形式的活动，始终实行公权力不负损害赔偿责任的普遍原则。但是，形势的逐步变化冲淡了这种过时而又严酷的解决办法。

① 最高行政法院承认，行政法院作出判决之前，**可与判决分**

---

① Montané de la Roque, Essai sur la responsabilité du juge administratif（《试论行政法官的赔偿责任》），*RD publ.*，1952，p. 609。

**开的**预备活动，是会犯公务过失、需要国家负责赔偿的（参见 CE，1958 年 11 月 28 日的布隆代（Blondet）案判决，载 *RD publ.*，1959，p.982）。

② 普通法院掌管的司法警察的活动，若造成损害，须按照行政判例制定的公权力赔偿责任普通制度，承担公务过失赔偿责任或无过失赔偿责任（参见 Cass.，1956 年 11 月 23 日的吉利案判决，载 *GAJA*，n°77）。这是普通法院直接适用行政法的情况之一（参见上文第 485 点）。又参见法国最高法院（Cass.）第一民庭 1996 年 1 月 30 日关于莫朗（Morent）诉税务司法官案的判决，载 *RD publ.*，1997，第 235 期。

③ 最容易造成损害的**预审措施**是**临时拘留**。我们在上文第 501 点业已述及，一个受到临时拘留的人，若最终被判定不予起诉、开释或无罪，则国家必须给予赔偿，而且要补偿因此遭受的全部物质和精神损害。欧洲人权法院认为，不正当的临时拘留是违反《欧洲人权公约》的，它一旦接到申诉即予谴责，而这种事情是经常发生的。

（3）无论招致损害的行为属何种类，是判决、司法警察的活动还是预审，都可能要追究犯错误人员的**个人过失**责任。若事涉**审判官、检察官、司法警官**，按照《民事诉讼法典》的严格定义，须**对之提起诉讼**，经过漫长而艰难的诉讼程序，方能确认其个人过失。倘受害者胜诉，国家要先行代替这些官员承担赔偿责任，然后再对之提起索偿上诉，结果如何尚难逆料。至于**普通司法警察**，就要按民法规定承担个人赔偿责任了。然而，很少确认他们存在个人过失。

443 **517.第二,当前的解决办法:**1972 **年** 7 **月** 5 **日法律**[①]。这个关于改革民事诉讼法的法律第 11 条,提出了一些新准则。

(1) 这个法律本来只适用于民事、刑事**普通法院**,但最高行政法院将其原则移入了行政法院系统(参见 1978 年 12 月 29 日的达尔蒙案判决,载 *AJDA*,1979,n°11,p.45)。

(2) 这个法律推翻了司法活动对其致害行为不负责任的原则,确认:"国家有义务对司法机构行为失误所致损害给予赔偿。"不过,它对这种赔偿责任附加了严格的限制条件,同时借鉴了行政法的规定,必须分清**公务过失**和**个人过失**这两种情况。

(3) **公务过失**责任只有在犯了**严重过失**(参见上文第 479 点)或拒不受理的情况下才能成立。按照法国最高法院给出的宽泛定义,"只要国家司法机构的一个或一系列行为表明其不能圆满完成其所负使命,这样的任何缺陷",均属严重公务过失(参见 Cass.,2001 年 2 月 23 日的波尔 - 拉 - 罗歇(Cts Bolle-La-Roche)案判决,载 *D.*,2001,第 1752 期)。从此,司法机构承担损害赔偿责任就不再是很稀罕的事情了,诸如:Cass.,第一民庭 1999 年 3 月 19 日的马洛丽亚等案的判决,载 *JCP*,1999,II,10069;*D.*,1999,第 104 期;巴黎终审法庭,2001 年 2 月 21 日,载 *D.*,2001,

---

① M. Lombard, La responsabilité du fait de la fonction juridictionnelle et la loi du 5 juillet 1972 (《司法职权招致的损害赔偿责任与 1972 年 7 月 5 日法律》), *RD publ.*, 1975, p. 585; La responsabilité du fait du service de la Justice trente ans après la loi du 5 juillet 1972 (《1972 年 7 月 5 日法律颁施 30 年来的司法机构损害赔偿责任》), *Mélanges lean Waline*, p. 657; B. Schall: La responsabilité de l'État du fait du fonctionnement défectueux des services de la Justice (《司法机构运转失误招致的国家赔偿责任》) (note sous: Cass., Ire civ., 9 mars 1999), *LPA*, 2000, n°123, p. 11。

第 1365 期[①]。

就**判决**而言，实行的原则须与既决案件的权威性相一致。只有在限定的条件下，在确认判决存在严重过失而不是推翻判决的前提下，才予赔偿。严重拖延宣判的情况即属此类。有一位诉讼当事人，为一个并无特殊困难、应由行政法院审理的案件，居然等了七年才得到判决。为此，最高行政法院最近不仅判决由国家给予赔偿，而且酌情放弃了"只有犯了严重过失才予赔偿"的要求，参见最高行政法院，2002 年 6 月 28 日的司法部长与马吉艾拉案的判决，载 *AJDA*，2002，chron. JP. 596。对于**司法警察**的举措，应当知晓，只有犯下严重过失才承担赔偿责任；还应了解，这一限制是否就推翻了为简单过失承担赔偿责任，甚至承担无过失赔偿责任的昔日判例原则呢(参见上文第 485 点)？

(4) 国家应为法官的**个人过失**承担赔偿责任，不再需要对法官提起诉讼。履行这种赔偿责任的条件与法官的身份、地位密切攸关。国家仍然坚持保护受害者的原则，并要向犯下个人过失的 444
法官提出索赔上诉。

(5) 1972 年法律废除了 1895 年关于为司法错误进行赔偿的法律，也废除了为不正当临时拘留所致损害进行赔偿的以往法规条款。

**518. 第三，欧洲人权法院督促成员国承担损害赔偿责任。**

我们知道(参见上文第 299 点)，欧洲人权法院特别关心对《欧

---

① 尼斯终审法庭曾把审案拖沓视同拒不受理，见其 2001 年 9 月 17 日的维亚娜诉税务司法官案判决，载 *D.*，2002，IR，543。

洲人权公约》第 6 条的遵守，该条保证每个涉案人在一个合理的期限内获得判决，见欧洲人权法院，2000 年 10 月 26 日关于库德拉(Kudla)诉波兰案的判决。上文所引马吉艾拉案判决，无疑是为了使欧洲人权法院法官相信，法国的行政法官是愿意满足第 6 条的要求并愿意给判决拖延的受害者以赔偿的。

这样做好像立见实效，因为欧洲人权法院已经说(参见CEDH，2003 年 10 月 21 日关于布罗卡和米科尔(Broca 和 Micault)诉法国案的判决)："起诉人可能还不了解，至迟到 2003 年 1 月 1 日，他们的案件若迟迟得不到判决，他们可以从法国行政法官那里获得有效救助。"对此，请看 J.F.弗洛斯文章，载 *AJDA*，2004，第 535 期[①]。

---

① J. Andriantsimbazovina, Délai raisonnable du procès, recours effectif, ou déni de justice? (《何谓合理期限、有效救助、拒不受理?》) De l'arrêt Kudla, de la CEDH, à l'arrêt Magiera du CE(《从欧洲人权法院的库德拉判决到法国行政法院的马吉艾拉判决》), Le trésor et la perle ou le filet? *RFDA*, 2003, 第 85 期。

# 第三卷

# 对政府部门的监督[①]

**519. 监督的重要性。**“社会有权要求每一位公职人员汇报其工作。”《人权宣言》第 15 条的这一规定，乃是行政法的基本公理之一。 445

毋庸置疑，对任何性质的国家机构进行监督都是必要的。在监督的各种功能中，首先是确保公务得到尽可能完美地执行，同时对公务活动进行分析，以便加以改革。

应当说，对政府部门的监督尤其必要。这首先是因为，各项公

① Jean Waline, L'évolution du contrôle de l'Administration depuis un siècle（《一个世纪以来对政府部门监督的演变》），*RD publ.*，1984，第 1327 期。

**用事业**的正常运转无疑是社会良好运行的首要因素；其次是因为，政府部门依靠公款开展活动，理应尽可能好地使用每一个生丁；再次，特别是因为政府部门掌握着大量的**公权力特权**(参见上文第35点)。如何使政府部门避免滥用这些特权？人们知道，法国行政法给这一问题的答案是：让政府部门服从法律，也就是说，要坚持合法性原则(参见上文第285点等)。还应当确信，万一政府部门背离了合法性(它可能坦率地这样做[①])，这种错误将会得到纠
446 正。实行有效监督**甚至是**承认政府部门享有公权力特权的**条件**。若没有这种监督，行政法的整个平衡性就会出问题。

520. **各种监督方式**。许久以来，我们对政府的监督制度几乎局限于一种**司法监督**，也就是说，委托一种“专门”法官即行政法官来实施监督。就像寓言《快乐的磨坊主》中所说(参见上文第46点)，人们看到“罗雅尔宫中有法官”(最高行政法院驻地)也就心满意足了。特别是由于被治理者有权提出反越权行为诉讼，所以被治理者也让人觉得有办法使政府部门“吐出已经吞进肚子里的赃物”。司法监督则被视为“自给自足”的制约力量。

的确，在很长时间内，司法监督在保护被治理者权利和制定最早的行政法方面发挥着弥足珍贵的作用。然而，人们渐渐意识到司法监督的一些局限。第一是行政案件量大庞杂，审理缓慢；第二是作出对政府部门不利的判决，政府部门总是绞尽脑汁不执行；第三是，若事关政府部门的决定是否适宜，而不是是否合法的问题，

---

① 我们的制度暗含地，但却肯定地建立在政府部门真诚善良的原则基础上，请参见：Martine Lombard, *Recherches sur le rôle de la bonne et de la mauvaise foi en droit administratif français* (《论法国行政法中善意和恶意的作用》), Thèse, Strasbourg, 1978。

至少从理论上说，行政法院是无能为力的。

千真万确，面对诸多批评，曾寻找过一些救治之法，比如，必须赋予行政法官权限，使之可以采取有效的紧急诉讼程序。与之同时，人们也在探索对政府部门的**非司法监督**途径。两种监督方式相辅相成，并不是无谓的重复。

有人往往倾向于认为，让政府部门为自己的过失承担赔偿责任，未尝不是一种监督方式。诚然，这还需行政法官去评价政府部门的行为是否有过失，而必要时给予的赔偿总是不能让被治理者感到满意。赔偿很可能成了一种“**万不得已时施展的缓兵之计**”。与所致损害不相符的赔偿，抹不掉这样一个事实，即：被治理者从政府那里得不到他们有权期待的结果。而若对有关公职人员个人提起问责诉讼，情况就大不相同；只要提起这种诉讼，有关公职人员就得用自己的财产，至少支付部分赔偿金。

下面我们将相继研究：

对政府部门的非司法监督(第一编)；

对政府部门的司法监督(第二编)。

# 第　一　编

# 对政府部门的非司法监督[①]

对政府部门的非司法监督,首先可能是**政府部门的自我监督** 447
(第 1 节);也可能是,或者说尤其是,委托政府外机构诸如**共和国**
**监察官**(第 2 节)或**议会**(第 3 节)进行的监督。

## 第 1 节　政府部门的内部监督

几十年前,人们对于政府部门能不能考虑自己的未来行动还

① S. Mescheriakoff, *Recherches sur le contrôle nonjuridictionnel de l'administration française* (《对法国政府的非司法监督》), Thèse, Strasbourg, 1973。

持怀疑态度,更不消说相信它会进行真正的自我监督了。

斗转星移,世事变迁,政府部门成了各种意见、建议的大用户。比如,1990年1月22日政令设立了公共政策“**评估**”机构。按照1998年11月18日政令的说法,所谓评估,“就是通过对一项公共政策的原定目标、采用措施与所得结果进行分析对比,来判断其实
448 效”①。正如J.C.I.格罗森(Groshens)和G.克诺布② (Knaub)所正确指出的,这种还在探索中的方法,很可能是与监督完全相反的。

严格意义上的政府部门自我监督,围绕三个方面展开:一是行政请愿(§1),二是监察机关(§2),三是纪律制裁(§3)。

## §1 行政请愿③

521.这是被治理者开展的一种监督活动。当他们反对政府部门作出的决定时,即可按照合法性、适当性的要求,向政府部门提出争议请愿。如果请愿是向作出决定者提出,谓之**异议申诉**;如果是向原作决定者的上级提出,谓之**越级申诉**。异议申诉和越级申

① 2003年2月21日政令创设了一个“推进公共管理和国家结构现代化委员会”,其使命之一便是拓展对公共政策的评估工作。一个议会报告建议,成立一个公共政策评估全国决策机构,见 *AJDA*, 2003, 第1137期。

② J. Cl. Groshens et G. Knaub, À propos de la rénovation de l'évaluation(《关于公共政策评估的创新》), *Mélanges G. Timsit* (à paraître)。

③ J. M. Auby, Les recours administratifs(《行政请愿》), *AJDA*, 1955, 第117期; Les recours administratifs préalables(《事先行政请愿》), *AJDA*, 1997, 第10期; J. P. Brisson, *Les recours administratifs en droit public*(《公法中的行政请愿》), *LGDJ*, 1996; *Les modes alternatifs de règlement des litiges*(《诉讼规章的可选择方式》), Dossier *AJDA*, 1997, 第3期。

诉共同构成所谓**行政请愿**,因为它们都是向政府部门提出的。

行政请愿不需提交文字材料,没有任何时间限制,也不拘泥于任何形式。政府部门从来没有对请愿作出决定的法律责任,请愿往往被无声地驳回(参见上文第408点)。有人可能会想,既然没有真正的非讼行政诉讼法典,请愿者得不到政府部门的必要保护,甚至连请愿的内容也得不到审查,那么,这样的请愿还有什么效力?按照这个想法,有人可能深感懊恼,认为政府中没有可以让向"熟悉情况"的政府请愿的被治理者信赖的**真正法学家**。

谈到**越级申诉**,人们对于受理请愿的上级部门权力的扩张,还有许多争论[①]。

## §2 监察机关[②]

522.在中央许多政府部门中都有监察机构,其中有些可能追 449
溯到执政府和第一帝国时期,国民教育总监察局或学校事务总监察局即是如此。不过,最有名的还是成立于1831年的财政总监察局。

---

① J. Cl. Groshens, Le pouvoir des supérieurs hiérarchiques sur les actes de leurs subordonnés (《上级对下属行为的权力》), *AJDA*, 1966, 第140期; J. Rivero, Remarques à propos du pouvoir hiérarchique (《评等级权力》), *AJDA*, 1966, 第154期。

② P. Milloz, *Les inspections générales ministérielles dans l'administration française* (《法国政府中的总监察局》), Economica, 1983; *Le contrôle de l'administration par elle-même* (《政府的自我监督》), Édit. du CNRS, 1983; J. L. Moreau, La fonction d'inspection générale dans les administrations (《法国政府部门中总监察局的职能》), Réflexions, *AJDA*, 1985, 第387期; P. Lalumière, *L'inspection générale des finances* (《财政总监察局》), PUF, 1959; P. Gérard, L'inspecteur d'académie (《督学》), *AJDA*, 1996, 第836期。

有几个监察机构负有跨部使命(比如隶属于内政部的政府部门总监察局),但是,可惜没有一个涵盖所有政府部门的总监察机关。监察机构十分重要,皆由政府工作经验丰富的公务员组成(财政总监察局是个例外,它是一个“高级机关”,成员均为国立行政学院毕业生),直接由部长领导。

监察机构的职责是,用挑剔的眼光审查公务运转状况,然后向部长汇报。有一种偏离制度的倾向,有人总是使监察机构脱离其监察职能,而使之参与决策(这样做几乎是荒谬的),尤其想使之承担研究改革问题的任务。

## §3　纪律制裁

523.实际上,归咎于政府部门法人的一切行为,都是个人或个人团体的活动结果。所以,对政府部门的监督,就需要搞清楚,问题仅仅涉及法人还是也可能涉及公务员个人。

在这方面,人们经常强调,公职人员从来不对自己行为负责的制度是危险的。在民事责任问题上确实如此(参见上文第465点),在纪律责任问题上也是如此。在追究责任问题上迄今几乎没有什么进步;作为一个例外,只有上级可以对下属进行纪律追究,而被治理者只有权追究公务员的刑事责任,而且在纪律追究程序上公务员受到严密可靠的保护。实际上,人们对政府部门日常遵守的纪律简直一无所知,还谈何有效监督。

## 第2节 共和国监察官[①]

524. **起源**。共和国监察官(Médiateur)人数很少,是仿效外国 450
的做法,尤其是仿效瑞典的**监察使**(Ombudsman)而设置的。早在1809年,瑞典尚无行政法院,瑞典人希望议会任命一位德高望重的名流,负责监督公职人员执行和遵守法律的情况,这便是监察使。他有权承接公民的诉状,也可以主动查访官风民情,将公职人员起诉到法院(见勒格朗(Legrand):《斯堪的纳维亚的监察使》,Bibl. sc. adm., 1970)。这种制度受到斯堪的纳维亚以外许多国

---

① 关于共和国监察官: A. Legrand, Médiateur ou ombudsman? (《监察官还是监察使?》), *AJDA*, 1973, p. 229; sur l'Ombudsman: A. Legrand, L'ombudsman scandinave (《瑞典的监察使》), 1970; sur le Commissaire parlementaire: Marx, *RD publ.*, 1972, p. 109; Y. Madiot, Une institution nouvelle en droit administratif français: le médiateur (《法国行政法的一个新建制监察官》), *Mélanges Stassinopoulos*, 1974, p. 543; Pierot, Le médiateur, rival ou allié du juge administratif? (《监察官:行政法官的对手还是盟友?》), *Mélanges Waline*, 1974, T. II, p. 683; Barbet, De l'ombudsman au médiateur (《从瑞典监察使到法国监察官》), *Mélanges Ancel*, 1975, T. 1, p. 231; Braibant, Les rapports du médiateur et du juge administratif (《监察官与行政法官的关系》), *AJDA*, 1977, p. 233; cf. aussi le 3[e] Colloque franco-britannique de la Société de Législation comparée, Le médiateur et le commissaire parlementaire (《法-英比较法学会第三届研讨会:共和国监察官与议会特派员》), *RIDC*, 1977, p. 398, et surtout les rapports annuels du médiateur (监察官年度报告). Pour un bilan: P. Chrétien, Dix ans de médiation (《监察官制度十年回眸》), 1973 - 1983, *RD publ.*, 1983, p. 1259; J. Costa, *AJDA*, 1987, p. 341; P. Legatte, Le médiateur de la République (《共和国监察官》), *Rev. adm.*, 1986, p. 451; B. Delaunay, Le médiateur de la République (《共和国监察官》), 《Que Sais-je?》, 1999; B. Boumakani, La médiation dans la vie administrative (《行政活动中的居中调停》), *RD publ.*, 2003, 第863期。

家的模仿，比如：英国设立了议会驻政府特派员（参见勒格朗，载*RD publ.*，1969，第225期）；联邦德国1957年设立了联邦议院卫权监察员。欧洲联盟也设置了一位监察员，1994年3月9日的一个决定对其地位作出了规定。

在法国，两院议员提出过多个有关法案，在其压力下，1973年1月3日法律设立了**监察官**，后来名之为**共和国监察官**，无疑是为了提高其威望。1976年12月24日法律扩大了监察官的权限，且在2000年4月12日"关于公民与政府关系"的法律中进一步得到确认。

## §1　任命与地位

525.共和国监察官由部长会议任命，任期六年。对其人选政府有绝对自由，这就等于由它自己挑选自己的监督者。讨论1973年法律时，有人建议从显贵名流推荐的一个名单中选择监察官，但政府拒绝了这一建议。

因此，必须使共和国监察官保持应有的独立性。他不能连任，这是其对政府保持独立性的一个保证；也不得被解职，除非有某个独立社团正式提出要求。他不接受任何权力机关的指令，享有豁

451 免权，在其履行职责时不受追诉、搜查或逮捕。

在兼职方面不能令人满意。因为，共和国监察官可同时从事任何职业活动，只是同全国性选举产生的职务不兼容。

## §2 职责

526.共和国监察官的活动范围,正如人们所期望的,遍及国家、地方行政区、公立公益机构和承担公用事业任务的各种机构的所有行政管理部门。尽管如此,监察官无权监督公务员任职期间与其所属政府部门之间的争端,也无权监督已经提交法院的案件,更不要说监督有争议的司法判决了。然而,他可以"规劝"那些正打官司的机构。1976年12月24日法律还授权于他,若一个判决得不到执行,他可以责令政府部门服从判决。而且,他可以事先了解可能要被提交法官审理的问题;但是,向监察官请愿与行政请愿不同,不能使诉讼中断。

## §3 受理

527.共和国监察官跟瑞典的监察使不一样,不能自己审理案件。监察官的职责仅限于研究提交给他的申诉。最初,只有自然人可向他提出申诉,后来扩大到各种法人(见1992年2月6日法律第9条)。但是,申诉不能直接交给监察官;跟英国一样,要先交给国民议会议员或参议员,议员再转交监察官。再者,必须在"与政府部门做过各种交涉"之后,方可提出申诉。若申诉中用语含混,可能会增加拒收的理由,但也有了解释的自由。而且,两院议员可将自己权限范围内的问题直接交给检察官去研究,议会两院也可将自己收到的请愿书转给监察官去调查。欧盟的监察官或者与共和国监察官地位相仿的外国官员，还可将他们觉得应属共和国监察官权限的申诉转交给他(参见 2000 年 4 月 12 日法律)。

## §4 共和国监察官的权限

共和国监察官一身而三任焉：一是**说情者**，二是**追诉发动者**，三是**改革倡导者**。

528. **第一，说情者**。共和国监察官跟他的外国同行一样，没有
452 什么裁判权。但是，法律却赋予他广泛的**训导**权；如果他觉得受害者申诉有理，他对责任人还有**忠告**权。

他不能直接去找受指责的公职人员进行训导，后者只有在获得部长批准后才能回答他的问题或听他传唤；自 1976 年 12 月 24 日法律出台后，部长**必须**给予批准。受训导者不得泄露关于国防、国家安全和对外政策等方面的机密。监察官要求询问各部委纪检人员时，后者亦须同样保守秘密。

至于**忠告**，对政府部门也没有约束力，只要将处理结果通知监察官就行了。如果他对答复不满意，只能公布其尚未得到满意结果的忠告内容，诉诸舆论。诉诸舆论的做法导致一项原则的确立：共和国监察官每年给总统和议会的工作报告均须公布。忠告应具备公正性。

529. **第二，追诉发动者**。共和国监察官的训导权使他可以揭露公务员的严重违法乱纪行为。由于没有处理权，监察官可以促使有关方面对该公务员进行纪律追究，必要时，也可向刑事法院起诉。不过，监察官没有使用过起诉方式。

530.**第三，改革倡导者**。如果有申诉揭露，正确执行一个有效法规反而产生了“极不公正现象”，监察官不仅可以提出一个公正的解决办法（见上文），而且，自1976年以来，还可以敦促人们修改现行法规，以免再次出现合法但却荒谬的新事态。自2000年4月12日法律颁施后，这甚至成了监察官的一项公认的**普遍建议权**，而不是仅对他所检查的事务提出建议。监察官在其年度报告中提出的建议，经常受到内阁和议会的重视。

## §5 共和国监察官的法律性质[①]

531.若对监察官的决定持有异议，是否可以向行政法院起诉呢？当人们考虑此事时，特别会提出监察官的法律性质问题。

设置监察官时，法律没有界定其性质。因此，问题要由行政法官来解决：参见最高行政法院，1981年7月10日的雷塔伊案判决，载 *RD publ.*，1981，第1441期。针对这个判决，参议院认为，共和国监察官是一个**行政机关**；然而，议员们需要的答案不应是一些会 453
引起反越权行为诉讼的判决。

为了肯定监察官是政府部门，驻法院政府专员作出一种奇怪的推论：他指出，共和国监察官既不是立法机关，又不是司法机关，因此，按照某种排除法，只能是政府部门。至于这个判决，它仍然保留了监察官的任命方式，这就更加不能让人信服。鉴于这个判

① Y. Gaudemet, Le médiateur est-il une autorité administrative?（《共和国监察官是一个政府部门吗?》），*Mélanges Charlier*, p. 117。

决激起的强烈抗议,1989年1月13日法律出台,明确规定:共和国监察官"是一个独立机关"。

## §6　监察官制度的成功

532.被治理者总感觉政府部门就像是陌生而冷酷的入侵者。设立监察官的初衷,就是为了使被治理者在面对政府时,得到一种比法官更容易接近、比仅仅遵守法律更宽广的保护;监察官可能会"公正"地作出决定。从监察官所收申诉的数量和性质可知,这种制度适应社会需要。这些申诉所针对的,往往不是违法行为,而是档案不翼而飞、令人厌烦的办事拖沓、推诿扯皮等恼人现象。法官对这些现象无能为力,却使那些受害的个人怒火中烧。不过,对保护被治理者的关心,仍以保持等级制原则并使政府部门和两院议员易于接受为条件。最初,人们发现,监察官制度不过是一味地模仿北欧的监察使制度,没有什么特色,因而颇感失望。也许,官方最初的审慎态度是必要的,有助于使不易接受这一制度的行政管理阶层能够接受。共和国监察官们最初的行动也同样是审慎克制的,这种态度产生了有益效果,提交他们的申诉数量大增就是最好的证据。据统计,1991年收到申诉近30000件,1993年是38600件,1999年51189件,2002年达到58591件,但2003年略有下降,为47623件。

政府部门越来越多地接受监察官的建议、忠告;后者的成功率接近80%,但也确实有超过40%的申诉材料遭拒收。监察官配备了123位省级代表,他们帮助被治理者转交申诉材料,并尽力为涉及国家驻地方机构的申诉寻求解决办法(参见2000年4月12日法律第26条),这大大促进了监察官制度的发展[①]。这种制度符合形势需要,已经变成整个行政体系的一部分;此类中介机构无论在全国层次上(2000年3月6日法律设立了"儿童保护人"),还是在地方,尤其是市镇层次上的数量激增便是明证。

## 第3节 议会对政府的监督

533.这是对政府实行监督的一个方面,而有人完全无视议会 454
监督的巨大功效。

议会监督政府是一种极其自然的事情,因为议会制的特征之一就是行政权对立法权负责。而且,这种负责制不只涉及政府职能,行政职能也应受议会监督。

为议会监督政府而制定了一些程序。议会两院的常设委员会有权让部长和高级公务员汇报工作。此外,议会有权任命一些调查委员会或检查委员会,还建立了质询制度。

甚至一个被治理者也可以向议会递交一个请愿书,促使议会关注政府部门的某些技能障碍,从而引发一次议会监督活动。

但是,为了使议会监督真正有效,必须重新考虑明文载入1875年2月25日《宪法》§1第6条和1946年《宪法》第1段第48条的部长的个人责任问题。部长是各部委的首脑,确实非常留意

① 2003年7月2日法律授权政府制定条例,明确规定监察官代表的身份地位。

其所在机关的良好运转。因为部长知道,万一他领导的机关运转失灵,就可能导致他被革职。

# 第二编

# 对政府部门的司法监督

534.对政府的司法监督可以根据三大制度进行：

(1) **普通法法官的监督**：这是一种**盎格鲁－撒克逊式**的制度。455
那些国家认为，政府不应服从特别法，而应服从**普通法**。然而，那些国家在提出上述原则之后，却又搞出一些例外，成立了若干专门的行政法院(比如在税务方面)。不过，对它们的判决若提出上诉，仍由普通法法院管辖①。

---

① P. Baratier, Le contentieux administratif en Grande-Bretagne (《大不列颠的行政诉讼》), *RD publ.*, 1959, 第 67 期; J. Bell, L'organisation du contentieux administratif en Grande-Bretagne (《大不列颠的行政诉讼机构》), *EDCE*, 1987, n°38, p. 215; P. Gérard, Les tribunaux administratifs britanniques (《不列颠的行政法院》), *AJDA*, 1991, 第 3 期。

(2) **专门行政法官的监督**。这个制度是法国的“创造发明”，本编将对之进行研究；它使法院二元化。

(3) **法院统一而理讼分开的制度**。只有一种法院，而其内部理讼分开。这是因为政府部门和个人二者服从不同的准则。这种办法有利于在确保只有一种特定行政法的同时，排解诉讼案件分类的难题①。

对法国政府部门的监督由一种专门法官予以保证。我们将首
456 先研究**法院的二元化及其产生的问题**(第一章)，继之研究各种普通**法行政法院**(第二章)，尔后研究各种**诉讼**(第三章)，最后研究**行政诉讼程序**(第四章)。

① V. par ex.: O. Renard-Payen, L'expérience marocaine d'unité de juridiction et de séparation des contentieux(《摩洛哥法院统一而理讼分开的经验》), *LGDJ*, 1964, p. 322。

# 第一章　法院二元化[①]

一种专门审理行政诉讼且与普通法院分立的司法机构的存 457
在，乃是法国制度的基本特征之一。因此，法国有**两种法院**：一种是**普通法院**，其顶端是法国最高法院；一种是**行政法院**，处于最高行政法院的领导之下。

我们将回顾出现这种二元化的根源并考察由此产生的问题(第1节)；论证成立一个**权限裁定机构**的必要性(第2节)；阐述两种法院划分管辖权的准则(第3节)。

## 第1节　法院二元化的根源

535.众所周知(参见上文第23点等)，行政法院产生于一项原

① 参阅为纪念1790年法律颁施200年而出版的论述法院二元化问题的各种杂志专号：*AJDA*，1990，n°9，Juridictions administratives et judiciaires 200 ans après la loi de 1790(《1790年法律颁施200年后的行政法院和普通法院》)，*RFDA*，1990，n°5，La dualité de juridictions en France et à l'étranger (《法国和外国的法院二元化》)；v.：J. F. FLAuss：Dualité des ordres de juridiction et Convention Européenne des Droits de l'Homme (《法院二元化与欧洲人权公约》)，*Mélanges lean Waline*，p. 523。

则,而该原则是按照一个**传统观点**解释的①。

这项原则就是**权力分立**,适用于司法权与行政权之间的关系。按照孟德斯鸠的观点,为了卫护公民的自由,“审判权”必须从“执行权”中分离出来。在审判涉及“执行权”的案件即行政诉讼时如何贯彻这一原则?关键在于如何**审判**。可以将行政诉讼交由普通法院审判;在审理涉及行政权的案件时,若虑及有可能干预行政活动,则因此可以不交普通法院审判。于是,基于权力分立原则,人们理所当然可以从上述两种解决办法中任择其一。

正是人们在1789年的选择形成了**传统惯例**。在大革命前的旧制度下,已经有一些审理行政案件的专门法院,诸如救助法院、审计法院*、林业及水业法院等等。尤其是,旧制度下议会与国王政府之间冲突不断;国王为了克服议会对其政府的抵制,经常将大
458 量行政案件在其枢密院内提审,或者叫他的特派员们(主要总督们)进行审理。

1789年的革命者担心司法机构会反对新政府,奉行干涉和反对议会的传统。这就是为什么他们坚持权力分立的原则,严禁司法机构审理涉及政府部门的诉讼。

在整个革命时期,一系列基本法律重申既定禁令,杜绝法官染指行政事务。这些法律迄今有效,兹略加援引:

---

① J. Laferrière, Des raisons de la proclamation de la règle de la séparation des autorités administrative et judiciaire par l'Assemblée constituante(《制宪议会宣布行政权与司法权分立准则的理由》), *Mélanges Negulesco*, p. 427。

* 审计法院(Chambre des comptes),这是法国革命前的最高法院之一,与现在的审计法院(Cour des comptes)写法和功能均有所不同。——译者

1790年8月16—24日法律:“司法职能是而且永远是与行政职能分立的。法官不得滥用职权,设法干涉行政活动;也不得以行政官员的履职情况为由将其传唤。”

共和三年果月①十六日法律:“反复申述禁令,杜绝法院审理任何行政行为,法院无此权利。”

普通法院不能审理政府部门为当事人的诉讼。

总得要有法官审理行政诉讼,否则就太不公平。

在共和八年以前,原则上是在职行政官员自己了断行政诉讼;1789年至1792年是国王;1792年君主制倾覆后是各部部长;其他案件则由省督处理。这是一种**行政官－法官合一**体制,显然不会给个人丝毫安全感,因为是行政官本人作为法官来审理针对自己的诉讼。

在共和八年,政府部门内成立了一些咨询机构:中央政府设有参政院,省政府有顾问组。它们承担的咨询职责,扩及主管行政官员所作的一切决定,自然也包括他们对所辖诉讼的判决,还涉及政府部门所作的一切决定。始终由行政当局作决定;而当咨询意见涉及一件讼案的解决办法时,该意见当然要符合诉讼程序,因而属于司法职能范畴。显而易见,在咨询职责内,正常的行政职能和司法职能已经分开了。于是,在两种权力的分立之外,咨询机构内两种职能的分立又逐渐孕育成熟了;前者是行政权与司法权的分立,后者则是新政权内部的工作分工,若干行政公职人员专门去从事行政案件审理工作。行政法院正是从咨询活动的职能分离中产生

① 共和三年果月系公历1794年8月中旬至9月中旬。——译者

的[①]。

由于参政院对争讼案件的意见总是被政府部门采纳，所以，参
459 政院实际上有了公众所说的“**有节制的司法权**”。1872年5月24日法律授予参政院**代理司法权**，也就是说，它自己负责裁决行政诉讼，只须核查事实与法律是否一致就行了。从此，法国有了第二种法院，这便是行政法院。

## 第2节 权限裁定法院[②]

536. **概览**。两种法院的存在，提出了如何确切界定其各自管辖权的问题。可能令人遗憾，法律从来没有对此作过总体解答；此外，革命法令(参见上文第535点)对这一问题的观点纯粹是否定的，也是非常含混的。

给两种法院划分管辖权须遵循两种原则：一是，某一类型的案件可以**任由一种**法院管辖，但不能交叠共管，以免解决办法对立冲突。二是，每一案件都必须找一位受理法官，**拒不受理的做法**是不可容忍的。

在绝大多数情况下，最高行政法院和法国最高法院洽谈协

---

① Chevallier, *L'élaboration historique du principe de la séparation de la juridiction administrative et de l'administration active* (《历史上行政法院与政府部门分立原则的制定》), thèse, Paris, 1968。

② Ph. Waquet, Regard sur le Tribunal des conflits (《权限裁定法院审视》), *D.*, 2002, chron. 742。

商，两种法院之间的管辖权划分没有多大困难。但是，有时候，每种法院都想争得同一类案件的管辖权，或者反过来，谁也不想接受某类案件，这就会发生管辖权争议。必须有人来裁判管辖权纠纷。逻辑推理教会人们，只能为此成立一个包含两种法院**相等代表人数的机构**，这便是**权限裁定法院**。在第二共和国[①]略作尝试之后，1872年5月24日法律的出台，标志着权限裁定法院的最终成立。

我们将依次研究它的组成（§1）、运转（§2）和职权（§3）。

## §1　组成

537.**1872年5月24日法律使权限裁定法院中双方代表人数相等**。两种法院在权限裁定法院中的代表人数相等：法国最高法院和最高行政法院各派三名成员进驻，这六名法官再为权限裁定法院挑选两名成员以及两名候补者；按惯例，这也是从法国最高法院和最高行政法院中各选两名推事充任。八名正式成员和二名候 460
补者一经指定，任期三年。双方人数等量组合的风险是，若法院分成两派，各自维护自己的管辖权，则谁也达不到目的，从而陷入僵局。为防止此类风险，**院长**由司法部长担任。有人批评这一规定，认为：司法部长作为政府成员，有可能抵制普通法院及其管辖权；而且，既然诉讼案件确实难度甚大，致使两个最高法院尖锐对立，

① P. Arrighi, Le Tribunal des conflits et la Révolution de 1848（《权限裁定法院与1848年革命》），*D.*，1949，chron. 57。（法兰西第二共和国存在于1848至1852年。——译者）

若让部长对此作出公断,他就太缺乏法律知识了。实际上,上述两种危险都是十分有限的。司法部长只是在双方票数相等时方始介入,此事非常罕见。最常见的情况是,法院中会自然出现一个多数派。确曾有大约10个案件由部长出面仲裁,经验证实,他并不总是向着行政法院的[①]。

在实践中,除上述特殊情况之外,法院工作都是由一位副院长主持。副院长由法官们从他们自己中间选出,两院的法官轮流担任。挑选权限裁定法院中的**政府专员**也实行对等原则:分别从最高行政法院的案件调查官和法国最高法院的检察长助理中以政令形式委任二名正式专员和二名候补专员。专员负责阐述每个案件的裁判结论。

## §2 运转

538.**权限裁定法院完全是一家真正的法院**。它在作出裁定之前,根据争端的种类而采取不同的诉讼程序,但所有案件均须当事双方到庭,进行对席审判。每个案件都得指定一位报告人,他在公开庭讯时宣读其报告。当事人双方的律师必须从最高行政法院和法国最高法院的律师中寻找,他们可以发表口头意见。然后是政府专员陈述自己的结论。就像最高行政法院中的政府专员那样,尽管自己是政府专员,但陈述结论时必须保持绝对独立性,仅仅依

① Oraison, Le partage d'opinions au Tribunal des conflits(《权限裁定法院内的双方票数相等问题》), *AJDA*, 1971, 第571期。

据法律办事(参见下文第668点)。这里也实行对等原则:每个案件的报告人和政府专员应当分属于不同的法院。

## §3　职权

539.人们把普通法院和行政法院之间关于各自职权的矛盾称作权限争议,即管辖权争议①。需要权限裁定法院解决的权限争议有两种:一种是**积极争议**,即政府部门否认普通法院对某个案件 461
的管辖权(事前无人否认行政法院对该案的管辖权);一种是**消极争议**,即两种法院都不想接手审理。

对权限争议的审判历来只归权限裁定法院管辖,这是其基本任务。然而,1960年7月25日法令对其职权、任务作了改变和补充。若遇消极争议,权限裁定法院的职责不再是进行审理,而是直接通知哪家法院受理。此外,这个法律还授权权限裁定法院,不仅要解决权限争议,而且要解决普通的**权限分歧**。况且,自1932年4月20日法律颁施以来,若遇两种法院相互对抗,权限裁定法院不仅要对案件管辖权作出评判,而且要对案件实质作出裁决②。

540.**第一,积极争议**。(1)**定义**。这种争议并不像有人往往认为的那样,是一家普通法院跟一家行政法院争夺一个案件的审

---

① Laroque, Les conflits d'attribution (《权限争议》), *RD publ.*, 1932, 第1期。

② Cf, pour un bilan, J. Boulouis, La jurisprudence du Tribunal des conflits de 1962 à 1972(《权限裁定法院1962~1972年的判例》), *Mélanges Stassinopoulos*, 1974, p. 307. Pour un rappel de la mission qui lui est dévolue, v.: TC, 17 avril 2000, *Préfet du Val de Marne/Conseil de Prud'hommes de Villeneuve St George* (《2000年4月17日关于瓦尔德马恩省省长诉圣乔治新城劳资调解委员会案的裁定》), *Rec.*, 759。

判权，不是这样；而是起诉人向普通法院提起诉讼，后者也声明自己有权审理以后，政府部门却否认普通法院有此权限，从而引发冲突。政府部门之所以秉持反对态度，一般是因为它认为，该案应归行政法院管辖；但它也可能是为了确认政府行为理念，也就是说，它不承认普通法院的管辖权，并非为行政法院张目，而是为了坚持法外裁判权，即不经过法院解决争端（参见 TC，1950 年 2 月 2 日关于法国广播电台案的裁定，载 *JCP*，1950，II，n°5542）。

应当指出：

① **积极争议具有宪法性质**，因为这是两种权力围绕对三权分立原则的解释而产生的对立。向普通法院提起诉讼的个人已经降到次要位置，在他盼望得到裁判的诉讼之上，嫁接上了一桩新的讼案，即行政权与司法权之间的争讼。

② **积极争议具有单方面性质**：如果说政府部门把最初诉讼当作反对普通法院扩张权力的武器的现象，随着 1872 年法律的颁施而消失了，那么，这种最初诉讼在积极争议中是永久存在的。政府部门可以拒绝承认普通法院对案件的管辖权；但是，如果普通法院认为，行政法院对其受理的案件无权审判但却错误地宣布自己拥有管辖权，在这种情况下，普通法院却不能在权限裁定法院面前维护自己的职权。

③ **积极争议受规章约束**。政府部门不能任意使用得到的武器。过去，如果政府部门利用积极争议这种手段迫使受理法官交
462 出案件或使之丢掉支持者，那就是任意滥用。1828 年 6 月 1 日条例终止了这些做法，安排了提出争议和审理争议两个阶段的程序。

541.(2) **争议的提出**[①]。这一程序旨在使司法机关与政府部门之间的对立、冲突得到确认,从而提交权限裁定法院裁判。

① **谁能提出积极争议**?只有原诉讼发生地的省长,作为行政权的代表,有资格提出争议。内政部长不能代替省长表达不承认普通法院管辖权的意思:参见 TC,2004 年 3 月 22 日关于勒苏尔(Le Sourd)案的裁定,载 *AJDA*,2004,第 685 期。

② **向什么法院提出积极争议**?无论因实质问题还是程序的问题发生争议,并非可以向任何法院提出。

不能以实质问题为由对重罪案件的管辖权提出争议[②]。在轻罪方面,可以提出争议的实质理由仅限于两种场合:一是对损害公产罪的惩罚,这应归行政法官管辖;二是对本来属于行政法官管辖范围的先决问题的审判(参见下文第 569 点)。此外,提出积极争议的诉讼须有一位检察官参与;这种诉讼不能在没有检察官的法院诸如初审法院、违警法院、商事法院等处进行。不过,1970 年 7 月 10 日的一个法律,授权终审法院的共和国检察官,在所有初审法院履行检察官职责。因此,自那以后,积极争议也就可以向所有初审法院提出。而在实践中,一般向民事终审法院,偶尔向轻罪终审法院,也可向上诉法院提出积极争议。虽然如此,涉及侵害个人

---

① Luchaire, Formalisme et nature juridique des actes composant la procédure du conflit positif (《积极争议诉讼程序的法律形式和性质》), *RD publ*., 1946, p. 369; L'évolution du conflit positif d'attributions (《主动权限争议的变迁》), *D*., 1952, chron., p. 183. J. F. Flauss: La pratique administrative du conflit positif d'attribution de 1962 à 1977 (《1962 至 1977 年主动权限争议的行政实践》), *RD publ*., 1979, p. 1591。

② 关于向重罪法院提出争议问题,请参见:note Rivero sous TC, 9 juil. 1953, *Nardon*, *JCP*, 1953, II, n°7797。

自由的案件,禁止向所有法院提出积极争议(参见《刑事诉讼法典》第136条及下文第572点)。

③ **在诉讼的什么阶段可以提出积极争议**?只要一桩讼案尚未作出实质性终审判决,即可提出争议。因此,政府部门若在案件初审阶段未曾提出争议,亦可在上诉时提出。法国最高法院并不是第三级法院;当案件上诉到法国最高法院时,政府部门若有异议,须采取另外的解决办法,因而从来没有向法国最高法院提出过争议。

④ **怎样提出争议**?从外表看,这种诉讼好像是政府部门和法

463 官之间的商谈、对话。省长获悉法院接到一个案件后,若认为法院无此权限,即通过检察机关向法院提出一个诉状,请法院**否认**自己有管辖权并谢绝受理,这叫做**不服管辖**。

法院须对省长不服管辖的诉状作出答复。若法院同意省长意见,即对所接讼案作出无管辖权的裁判,争议终止;否则,法院可以拒绝省长的意见,并证明自己有权管辖。

若省长信服法院的论据,争议也就消失。否则,省长须在接到法院的通知后15日内,作出一个有理有据的**争议决定**。它有三个作用:

一是使争议公开化;

二是告知法院,在权限裁定法院作出裁决前必须延缓审判;

三是送达权限裁定法院,请其受理争议,启动审判程序。

在留给省长提异议的15日内,法院当然不得作出任何实质性决定,参见权限裁定法院,2000年4月17日关于普罗旺斯－阿尔卑斯－蓝岸大区长争议案的裁定,载 *Rec.*,758;TC,2002年7月1

日关于瓦尔德马恩省长争议案的裁定，载 *AJDA*，2002，第 1454 期。

542.（3）**对积极争议的审判**。① 在审理程序结束时，引发争议的原初诉讼的当事人，比较了解他们的法官，允许他们就管辖权问题发表自己的看法，由权限裁定法院裁定。这种裁定应在省长作出争议决定后三个月内作出。这一期限届满后一个月，当初使普通法院中断审理程序的延缓审判宣告结束，该法院重新进行案件审理。

② 权限裁定法院的裁定，或者认可省长的争议决定，或者将其废除。

如果权限裁定法院与省长意见一致，认为普通法院没有管辖权，从而**肯定**了省长的争议决定，则相关普通法院最终就得交出案件。诉讼人即可得出结论，此案应归行政法院管辖；但是，这时仍未对案件作出任何实质判决。省长的争议决定在形式或程序上稍有不合规则之处，就会被宣布无效。倘遇此况，最初受理案件的法院可以进行审判。但是，由于权限问题依然如故，若省长接到诉讼人要求进行审判的吁请，可再向上诉法院提出一个新的争议决定，这仍然是合法的。这时，禁止向其他一些法院（参见上文第 541 点）提出权限争议。最后，若权限裁定法院与省长见解相反，确认普通法院拥有管辖权，上诉法院可对案件进行实质性介入。在上述后面两种情况下，普通法院对争议案件的管辖最终获得确认，诉讼程序便在最初的受理法院重新启动。

543.**第二，消极争议**[①]。（1）定义。一名起诉人向一家普通法

---

① DUTRUCH, *Les conflits négatifs d'attribution*（《被动权限争议》），thèse，Paris，1927。

464 院起诉，后者却声称自己无权管辖，认为应交行政法官审理。起诉人转而向行政法官起诉，后者同样声称自己无权管辖，认为应交普通法官裁判。于是出现了一种不合逻辑的局面：两个相互矛盾的裁决同时并存，其中肯定有一个是错误的。尤其不公正的是，起诉人居然找不到受理法官，成了**拒不受理**的受害者。

行政法院和普通法院这两种法院，对于相继接到的同一个案件，都宣布自己没有管辖权，拒绝受理，这便是消极争议。

必须明确：

① 这可能是向两种法院中任一法院起诉，使同一些当事人对同样的标的、因同样的理由而产生对立的**同一个讼案**[①]；

② 每种法院关于自己不予受理的决定，应当以另一种法院已经确认自己有权管辖为理由；不然的话，两种法院也是完全可以通过协商达成一致的，这对双方都是正确的选择；

③ 这里不存在积极争议中的宪法性质，因为两种法院谁也不想蚕食别人的地盘，而是相反。主要当事人是起诉者，他在寻找一位能够受理的法官，而法官却都避之唯恐不及。

544.(2) **消极争议的解决**。在 1960 年 7 月 25 日法令实施改革以前的制度下，一旦两种法院都作出了不予受理的决定，消极争议即成为事实，权限裁定法院便可迅速介入。权限裁定法院接到起诉人的申诉，即宣布废除两个决定中有错误的那个决定，同时确认，曾经作出拒绝受理决定，而今该决定已被废除的法院必须受理

---

① 参见 TC，1997 年 2 月 17 日关于青工之家协会和克吕斯镇案的裁定，载 *Rec.*，p. 523。

该案。

这个诉讼程序的缺陷是旷日持久,在正常情况下,起诉人首先要向应该受理案件的两种法院中的一个起诉,被拒绝后再找另一种法院,这会持续好几年,最后不得已而提请权限裁定法院裁决。这就是为什么上文所引1960年法律虽然没有废除我们刚刚述及的程序,但却通过重新编订1849年10月26日法令第34条,而使这种程序实际上归于无用;除非情况特殊[1],动用**案件移送程序**。现在,面对法院所作不予受理的裁决,起诉人无由上诉,只好再向另一种法院起诉。若后者认为第一个法院的裁决有错误,并且认为自已亦无权管辖,那么,无须再作一个无权管辖的裁决,使消极争议公开化;而只须通过一个充分说明理由的决定,将原案移送权限裁定法院,请其对管辖权作出裁定;在权限裁定法院未作裁定之 465
前,延缓审理。

应当指出:

① 在新体制下,是法院,而不是起诉人,将案件提交权限裁定法院;

② 法院若不承认自己的管辖权,移送案件便是其义务;

③ 对于移送案件之事不得提出上诉,向法国最高法院上诉也不成。必须直接将案件提交权限裁定法院,法律要求尽快找到最

---

① 关于特殊情况和消极争议的旧制度,请参见TC, 25 janvier 1988, Bunelier, 载*AJDA*, 1988, p. 408. 关于现行制度的实施,请参见TC, 11, mai 1992, G. A. N., 载*RD publ.*, 1993, p. 572; 关于1960年法律规定的条件,请参见concl. Sainte-Rose, sous TC, 5 juillet 1999, Sté Darche-Gros, *D.*, 2000, p. 395. 违反1960年7月25日法令条款一个消极争议实例: TC, 24 novembre 1997, *Sté de Castro*, p. 540。

终解决办法。

权限裁定法院按通常形式经过审理,然后决定:将案件退回它认为有管辖权的法院审理,并宣布废除有关法院先前所作的与既定管辖权相抵触的裁决。

普通法院、行政法院,还有政府部门,均须服从权限裁定法院就管辖权问题所作的最终裁定。如果普通法院被指定进行审判,政府部门不得再提出积极争议。

545.**第三,关于两所最高法院权限的"严重困难"**[①]。我们刚刚阐述的案件移送程序,不仅适用于加速解决潜在的消极争议问题;1960年法令还将这一程序应用于另外一个情况,这构成了权限裁定法院的一项主要追加职责[②]。

当最高行政法院或者法国最高法院,接到一个"引起严重困难并牵涉行政权与司法权分立的权限问题"的讼案时,它可以作出一个移交决定,转请权限裁定法院负责裁决这一问题。必须清楚:

(1)这里**并未发生任何争议**,甚至没有争议苗头。只有一种法院接到了讼案,案件到了最高法院,另一种法院从未发表任何意见。但是,接到案件的最高法院认为,案件提出的权限划分问题十分麻烦,无论如何解决都不会得到另一种法院的赞同,因此,上策是防患于未然,将困难一举移送权限裁定法院。这的确是一种预

① P. Schutz, La fonction d'arbitrage des compétences juridictionnelles par le renvoi des Cours souveraines au Tribunal des conflits(《权限裁定法院对两所最高法院进行司法权限仲裁的职能》), *RD publ.*, 1994, p. 767。

② 关于这项改革,请参见 M. Auby 的文章,载 *AJDA*, 1961, p. 1, et Lindon, *JCP*, 1960, chron., n°1587。

防措施,但却是顾及长远的。

(2) 只有**两个最高法院**作出评估,能够确凿证实在权限划分问题上存在着真正的困难,才能**由两者之一**决定移送案件。这一 466
程序不会为那些不想解决权限划分问题的下级法官提供逃避借口,他们不愿为解决这一问题多作努力。

(3) 移送案件纯粹是**自行决定**的。最高行政法院或者法国最高法院,都可能宁愿自己解决权限划分问题,而不愿移送给权限裁定法院。而它们自愿移交,足以说明改革完全是建立在卓越智慧基础上的,确切地说,是建立在两所最高法院谦逊礼让的基础之上的。经验证实,两所最高法院对于移送案件总是毫不犹豫的,它们相当经常地使用移送程序。

对于这样移送过来的案件,权限裁定法院按照上文所述解决潜在消极争议的程序作出裁决。它要指定受理法院,或许还要为此而废除一些东西。比如,对于法国最高法院转来的案件,若权限裁定法院判定交行政法院管辖,那就要废除普通法院之初审法院、上诉法院关于确认自身管辖权的决定。权限裁定法院的裁决对两种法院及政府部门具有同样的效力,均须遵照执行,在审理过程中,政府部门不得再提出争议。

**546. 第四,对实质判决的争议**[①]。**(1) 问题的提出**。历史上,

---

① Mestre, La loi du 20 avril 1932(《1932 年 4 月 20 日法律》), *Mélanges Negulesco*, p. 515; Theis, Le Tribunal des conflits juge du fond(《权限裁定法院的实质性审判》), *RD publ.*, 1932, p. 491; Bardonnet, *Le Tribunal des conflits juge du fond en vertu de la loi du 20 avril 1932*(《权限裁定法院根据 1932 年 4 月 20 日法律进行实质审判》), thèse, Paris, 1957。

权限裁定法院是划分管辖权的最高机关，其职责仅限于此；它直接或间接地指定主审法官，原则上不对案件实质进行任何说明。尤其是，行政法院和普通法院若对它们审理的同样问题得出不同结论，权限裁定法院便无权加以解决。比如，有时可能发生这样的事情：行政法官经过反越权行为诉讼的审理，认为一个治安条例是合法的；而负责对违反该条例的行为进行制裁的刑事法官，可能会认为该条例不合法。没有任何办法纠正这种令人厌烦的对立现象。

不过，还是有两种例外：——

① 法官履行其职权时有时会使权限裁定法院不得不对实质问题作出决断。比如，有一个案件，旨在追究一位政府公务员的责任，而判决偏袒行政权，不承认这位公务员有个人责任，这样，就会发生争议。关于权限划分的裁决，一般也是通过对事实或对诉讼情况的法律性质的考察而作出的，这都与案件实质密切攸关。

② 有时候，普通法院和行政法院在某些问题上发生实质性矛盾，而且表现得特别恶劣，对此，1932 年 4 月 20 日法律规定，须将此类诉讼直接交由权限裁定法院作出实质判决。

547.(2) **实质判决争议的各种情况**。① 为了理解这个问题，
467 应当考察导致 1932 年 4 月 20 日法律出台的具体情况以及该法的第一次实施结果(参见 TC，1933 年 5 月 8 日的罗赛(Rosay)案判决，载 *S*.，1933，Ⅲ，p.117)。有个平民在一次公车与私车的相撞事故中受伤；他要求赔偿，认为私车车主是事故责任人，便将其起诉到民事法庭。有权审判这一两个个人之间的讼案的民事法庭驳回诉状，示意事故责任在于政府部门的车辆。于是，受害人又诉至行政

法院[1]，要求国家给予赔偿。行政法院照样拒绝诉求，认为行政用车的司机未犯任何过失。不过两种法院一致赞成受害人有权获得赔偿；但因它们对事故情况判断矛盾，致使赔偿无法落实。因此，车祸事故受害人又成了这种荒唐透顶、极不公正行为的受害人。毋庸置疑，既然两车相撞，肯定是由两司机中的一个或两个司机一起造成的，这跟停着的车辆被挤碰迥然不同。

1932年4月20日法律就是为矫正这种状况而通过的。但它不是一个特别法律，它曾被适用于几种情况；当然，说实话，自出台以来很少使用它[2]。

② 为了使权限裁定法院受理，通常必须是：

一是，起诉人能够根据**同样的事实**（如事故），为了**同样的目的**（如赔偿），提出**两个不同的诉状**（鉴于被告是两种），一个诉至行政法院，另一个诉至普通法院。

二是，两种法院对案件**实质**作出两个判决，而且是**终审**判决。

三是，两个判决是**相互矛盾**的，也就是说，每个判决都以某个事实或法律为依据，而另一种法院却拒绝接受这些事实或法律。比如，假设民事法官否定了受害人的问责诉讼，是由于确认受害人有过失；而行政法官也否定了这一问责诉讼，是由于否认政府部门有过失，两种法官之间并无矛盾，因为他们确认的两种事实可能都

---

① 现在，按照1957年12月31日法律的规定，因行车用车造成事故而引起的诉讼，不再由行政法院管辖，而移归普通法院审理。参见下文第554点。

② 参见TC，1955年12月12日的托马逊案判决，载*JCP*，1956，II，n°9198，concl. Lemoine，note Rivero；TC，2000年2月14日的马蒂内案判决，载*RFDA*，2000，第1223期，note Pouyaud；TC，2001年12月17日的伊泽尔省诉吕坎女士案判决，载*RFDA*，2002，第429期。

是真实的。

四是，从这种冲突产生出一种**不公平**，即在此类案件中的严重不公平，因为，对起诉人而言，其不容置疑的权利不可能取得胜利。

③ 实质判决争议与消极争议的区别[①]：

一是，在消极争议中，两种法院只是对管辖权限作出决定，以
468 便推卸责任；而在这里，两种法院都正确地承认自己有权管辖，并对案件实质作出了裁判。

二是，在消极争议中，同一个诉讼先后提交两种法院；而在这里，为了同一个目的而将两个诉讼分别提交两种法院。

三是，在消极争议中，由于法官逃避责任而拒不受理；而在这里，因两种法官意见相左而导致不公正。

在实践中，上述区别偶尔会造成若干困难[②]。

548.(3) **争议的解决**。自后面一个判决成为终审判决之日起二个月内，起诉人可通过最高行政法院的一名律师，向权限裁定法院起诉。后者对案件作出**实质**判决。比如，对于前文所引罗赛案，权限裁定法院判决，国家和个人平均分担车祸事故赔偿责任。这个判决最终结束了所有当事人之间的诉讼，不得上诉。

---

① Weil, Conflits de décisions au fond et conflits négatifs de compétence（《实质判决争议与消极权限争议》），*D.*, 1956, chron., p. 81。

② 关于这种困难的例证，请参见 TC，1945 年 6 月 2 日的库维利耶案裁定，载 *S.*, 1954, III, p. 61, note Huet；1985 年 11 月 4 日的布歇案裁定，载 *AJDA*, 1986, p. 51, note Moreau。

## 第 3 节　两种法院的权限划分

549.**这一问题的由来**。两种法院之间的权限划分,直接关系到司法领域的良好管理问题,比法律理论问题更加重要。因为,当人们着手进行诉讼时,其本人或其顾问必须不费太大力气就能确定应将诉状交到什么法院。如果抛开 B.舍诺的法律存在主义不谈(他认为这个问题根本不成体系),这方面的人为法则是围绕几大原则,即所谓"**权限划分标准**",尽可能协调地构建起来的。

按照马赛尔·瓦利纳的说法(参见 *D*.,1939,3.33 评注),"权限划分准则的首要性质是简明易懂",而这个基本真理"由于尚未得到法律和判例的承认,故须反复讲解"。他还进一步补充道,更有甚者,"近几年,法律和判例正在处心积虑使这些法律准则复杂化",而法律准则的日益复杂化"乃是堕落的先兆"。

这种不确定性赋予权限问题完全出人意料的重要意义。从逻辑观点看,权限问题理应是第二位的问题;**法律实质**,亦即确定用以解决诉讼的法律准则,才是最重要的;知道**由谁**去实施这些准 469
则,应当是第二位的问题。然而,既成事实是,人们还得去找权限裁定法院。人们已经完全知道适用于诉讼的是什么法律准则,唯一需要知道的是由什么法院去适用这些准则。

目前的状况至少部分地是由两种错误的预先假设造成的。第一种假设是,认为人们已经用一个**独一无二的标准**将全部有关人为法综合在一起;第二种假设是,肯定**权限与实质密切攸关**。

550.(1) **关于寻求唯一标准**。在下文第557点,从公用事业权限划分标准的演变轨迹中,人们也会看到寻求唯一标准的情况。有人曾经提出,设立两种法院之间的权限划分标准也应以一个唯一概念作为真正的前提。这导致对权限划分问题的表述越来越复杂,因为必须提出若干脱离既定原则的例外,以及一些例外的例外,等等。

最简便的出路是,承认对唯一标准的追求越来越变成一种"荒谬的赌博"。韦德尔前辈一再强调指出,任何一个其他法律分支都不是全部围绕一个单独概念建立起来的,因此,行政法没有做到这一点并不令人惊讶。法学理论界越来越多人赞成:行政法可以围绕几个基本概念而不是一个概念,形成一个有机整体①。

551.(2) **关于权限与实质的联系**。如果说权限问题具有出人意外的重要性,那也是因为人们相信**权限与实质之间具有必然的联系**②。信奉此说者认为,普通法官**只能实施私法准则**,而行政法官**只能实施严格的行政法准则**。果真如此,确定案件由哪种法院管辖就成了关键问题,因为,只要选定了管辖法官,**也就由此确定**

---

① R. Chapus, Le service public et la puissance publique (《公用事业与公权力》), *RD publ.*, 1968, 第235期; P. Amselek, Le service public et la puissance publique (《公用事业与公权力》), *AJDA*, 1968, 第492期。

② Eisenmann, Le rapport entre la compétence juridictionnelle et le droit applicable en droit administratif français (《司法权限与法国行政法中可适用法律的关系》), *Mélanges Maury* T. II, p. 379; M. Waline, À propos du rapport entre la régle de droit applicable au jugement d'un procès et l'ordre de juridiction compétent (《论适用于案件审判的法律准则与管辖法院种类之间的关系》), *RD publ.*, 1961, 第8期; J. Rivero, Le juge administratif: gardien de la 1égalité administrative, ou gardien administratif de la légalité? (《行政法官:是行政合法性的卫士,还是合法性的行政卫士?》), *Mélanges M. Waline*, T. II, p. 701。

**了适用于诉讼的法律准则**(而且,权限裁定法院可以变换问题的顺序,先选好他同意适用的法律准则,然后从中推出由哪种法院管辖)。不过,**在人为法中**,管辖权与实质之间**没有什么必然的,即强制的、系统的联系**。当然,在绝大多数情况下,普通法官实施私法准则,行政法官实施严格的行政法准则。但这**不是注定不变**的。人们一般不愿道破,对政府部门在公共管理范围内发生的诉讼,行 470
政法官往往适用私法准则,直接地、明文地援引各种私法法典中的条款[①]。反过来,普通法官在处理私法关系时也偶尔可能适用行政法准则,甚至承认这种适用对普通法官来说不仅是一种权利,而且是一种**义务**[②]。

一旦人们发现**在人为法中**管辖权与案件实质并没有**不容置疑的制度性**联系,讼案分类的问题就大为改观,人们开始按照所谓“**职权板块**”制对讼案进行分类。根据每个板块的主要特征,送交这种或那种法院管辖。每个法官在其主管之职权板块内部,若认为必要,可以执行另一种法院的法律准则。这种制度并不要求消除两种法院的并存状态;只要行政法官“手法巧妙”,简言之“颇具才华”,就会制作出可供普通法官实施的行政法准则。而且,十分重要的是,这种“职权板块”策略已经获得宪法委员会的认可(参见下文第 552 点)。

---

① J. Waline, *Recherches sur l'applieation du droit privé par le juge administratif*(《行政法官适用私法问题研究》), thèse, Paris, 1962; Droit Public- Droif privé, in La Pensée de Ch. Eisenmann (《Ch. 艾森曼思想中的公法私法》), p. 147。

② 参见塞纳省民事法庭 1952 年 12 月 5 日的吉利案判决,载 *JCP*, 1953, II, 7371, note Vedel; 最高法院民事法庭 1956 年 11 月 23 日的吉利案判决, *D.*, 1957, 第 34 期, concl. Avocat général Lemoine, p. 34, *GAJA*, n°77。

如果撇开怎样在两种法院之间分配讼案的远景不谈，为了描述**人为法**，应当区分两种情况：一种是，**已经制定的解决问题的成文法**；另一种是，法律尚无规定，解决问题的依据是**判例**。

## 副 1 节　法律准则

552.这种情况很简单：当法律已对权限作出规定时，就不应该再有什么麻烦。然而，立法机关从来也不曾制定一个法律，一下子解决全部权限划分问题。这是完全可想而知的；法律只是不断地解决这类或那类的权限问题。

《宪法》第 34 条列举了应由法律规定的事项，还有一些专门条款规定，须由法律制定"给公民行使公共自由权以基本保证的准则"。对此，请参见最高行政法院，1962 年 3 月 30 日的全国面粉业协会案判决，载 *D.*，1962，第 631 期；CC，1987 年 2 月 20 日关于农事法典案的裁决，载 *Rec.*，22①。

况且，宪法委员会已经明确承认，应当制定法律，将主要与某
471 种确定的事务有关之法院的管辖范围统一起来，以便避免与此类事务相关的诉讼因适用通常的准则而在两种法院之间互相推诿，也就是说，要构建若干**职权板块**：请参见 CC，1987 年 1 月 23 日关于"转移对竞争委员会决定之争讼管辖权的法律"案的裁决，载

① 只有法律而不是未经议会授权或法律批准的法令，才能改变行政法院和普通法院的管辖范围，参见 TC，1997 年 10 月 20 日的阿尔伯尔案裁定，载 *Rec.*，536。

*RDFA*,1987,第299期。

每当制定有关法律时,往往预示着要将管辖权赋予普通法院。

553.**第一,法律规定的行政法院权限**。这种情况很少。主要涉及一般由普通法院决定之**私有财产和国有财产拍卖**事项的诉讼;出于政治原因,共和八年雨月二十八日法律却将此类案件的管辖权授予行政法院。这个法律还把公共工程讼案交由行政法院管辖。

554.**第二,法律规定的普通法院权限**。有些法律将通常属于行政法院权限的案件也分给了普通法院,诸如关于间接税和关税、关于邮件传递、关于军队打靶所致伤害的赔偿责任、关于公立学校对学生疏于监管所致损害的诉讼,等等(参见上文第499点)。

实际上,**1957年12月31日法律**产生了一个非常重要的例外[①]。该法将随意什么交通工具所致损害引发之针对公法人的追究赔偿责任诉讼,排他性地授予普通法院单独管辖;其实,该法主要解决的是汽车事故问题。无论行政用的还是私人用的交通工具造成之交通事故诉讼,一律归普通法院审理,适用民法。不过,尽管法官倾向于宽泛地解释普通法院的职权,执行这个法律还是带来诸多困难,**交通工具**的概念尤其难以把握。对此,参见最高行政法院,1962年1月10日的科皮埃·德桑龙夫人案判决,载*D.*,1962,第429期,关于军用飞机;TC,1961年11月20日的库尤芒吉安夫人案裁定,载*D.*,1962,第759期,关于扫雪车;最高行政法

---

① 参见M. J. M. Auby对该法的解释,载*D.*,1958,I,299。

院,1986 年 6 月 25 日的库利奥尔女士案判决,载 *AJDA*,1986,第 653 期,关于手推车[1]。权限裁定法院已经承认渡船是交通工具(参见其 1973 年 10 月 15 日关于新喀里多尼亚总督案的裁定,载 *D.*,1975,第 184 期),进一步肯定了普通法院对渡船所致损害诉讼的管辖权,但其原则基础却与所谓艾洛卡渡船案不同(参见下文第 559 点所引 TC,1924 年 1 月 22 日案)。

更能说明这方面思想观念演化的是 1987 年 7 月 6 日法律。
472 在此之前,1986 年 12 月 1 日条例创设了一个**竞争委员会**,对该委员会的决定发生争议,条例授权最高行政法院管辖,而 1987 年 7 月 6 日法律将此权限转授予普通法院(巴黎上诉法院)。至此,有关竞争问题的一切诉讼就统一起来了(竞争法适用于公法人)[2]。

## 副 2 节 判例准则

555. 关于判例准则(法律准则也一样),宪法委员会在其 1987 年 1 月 23 日的重要裁决中(关于竞争委员会,载 *RD publ.*,1987,第 1341 期),**给行政诉讼下了一个真正的定义**,说道,"根据三权分

---

① 参见 M. Waline, Tableau de jurisprudence sur les accidents causés par les véhicules (《关于车辆招致事故判例一览表》), *RD publ.*, 1973, 第 218 期。

② 关于普通法院对竞争委员会的权限,参见 concl. Schwartz, 1999 年 10 月 18 日在 TC 对巴黎机场案的宣判, 载 *Rec.*, 469; 也参见 D. Truchet, Le mythe de l'unification du contentieux de la concurrence (《统一竞争诉讼的神话》), *Mélanges Jeanneau*, p. 539; N. Charbit, *Le droit de la concurrence et le secteur public* (《竞争法与国营部门》), l'Harmattan, 2002, p. 530, préf. L. Idot。

立的法国理念”，共和国法律承认一个基本原则（参见下文第587点）；按照这个基本原则，行政法院有权“撤销和修改各种政府部门在行使公权力特权过程中作出的决定”。当然，这只是一个原则性的裁决；对其理由、动机，宪法委员会在尔后的几个判决中曾作过反复申述。

判例准则必须在上述范围内进行诉讼分类。不过，在叙述判例准则之前，应当回顾一下权限划分标准的演变过程。

## §1　权限划分标准的演变

**556. 第一，在19世纪**[①]。

(1) 大革命时期的法律严禁司法权干涉行政权的活动。政府部门对大革命时期的法律作了十分宽泛的解释，试图使自己牵连其中的一切诉讼都摆脱普通法院的管辖。但是，法院的反抗，而后是最高行政法院的判例，还是使不大激进的主张占了上风。

(2) 1872年以前，由于还没有让两种法院畏服的权限裁定法院，所以上述解决办法仍然是不确定的。最高行政法院信奉它从革命法规中推导出的一个所谓**国家债务人**准则，以便将旨在判处国家经济赔偿的所有讼案尽皆留归行政法院审理。同时，人们渐 473
渐认识到，管辖权应该随着涉讼行为的性质变化而变化，这要看政

① Koechlin, Compétence administrative et judiciaire de 1800 à 1830(《1800～1830年行政法院和普通法院各自的权限》), thèse, Paris, 1950. Adde les développements consacrés au problème, avant et après l'arrêt Blanco, par M. Chapus, Responsabilité publique et responsabilité privée (《国家责任与个人责任》), thèse, Paris, 1954。

府部门是在行使自己的特权,还是在私法范围内活动。这一观念促使人们进行如下区分:若是政府部门的**权力行为**,应归行政法院管辖;若是**经营行为**,则类似于个人行为,除非法律另有规定,其争讼自然由普通法官受理。正因如此,普通法官承认,涉及**中央权力下放单位**的诉讼归自己管辖,因为这些单位已不是权力机关,可与私法法人同等对待。

(3) **勃朗克判决**(参见 TC,1873 年 2 月 8 日,载 *GAJA*,n°1)[①]尽管经常被错误地当作旧法律演变的一个决定性阶段,但也确实带来两个基本因素:一是最终放弃了源自国家债务人准则的权限划分标准;二是非常清楚明白地断言,行政法院的职权范围与执行普通法之外的准则紧密相连,这是勃朗克判决最重要的贡献。有人认为,该判决还确认了行政法院权限的一个源自公用事业概念的新基础;实际上,时隔许久,人们才从这个意义上解释勃朗克判决所作关于公用事业的暗示。相反,继勃朗克判决之后,时任最高行政法院副院长的拉弗里埃尔,逐渐将权力行为和经营行为的区分系统化,而且,普通法院比行政法院更经常地从中受到启迪。

557.**第二,公用事业的标准**

(1) **原则**。在得知行政法院权限与适用行政法密切攸关之后,还须确定一个比区分权力行为和经营行为更为稳定可靠的识别标志,以便起诉人能够从中认出:是行政法适用于他的诉讼。

---

① Luchet, L'arrêt Blanco (《勃朗克判决》), thèse, Paris, 1935; 关于勃朗克判决真正意义,请参见 Chapus, op. cit, et J. Rivero, Hauriou et l'avènement de la notion de service public (《奥里欧与公用事业概念的出现》), *Mélanges Mestre*, p. 461。

我们已经概略地述及(参见上文第31点等)公用事业概念作为划分行政法院权限的标准，一度在奥里乌①的影响下，运用于部分案件，而后他就退场了。众所周知，在自由国家，公用事业的存在和活动，旨在以普通法之外的方式，努力追求共同利益。正是依据这种正确观念，若干具有重大意义的判决，曾经把行政法院的权限与公用事业联系在一起。因此，政府专员罗密欧，在泰里耶案判决中(参见CE，1903年2月6日，载*GAJA*，n°12)提出这样一个新原则：**凡涉及严格意义上公用事业之组织和功能的争讼，无论是全国性公用事业还是地方性公用事业，无论是政府部** 474
**门通过契约方式还是行使权力强制举办的公用事业，都是行政活动，依其性质，均应由行政法院管辖**。这项原则已被权限裁定法院采纳(参见其1908年2月29日的佛特里案裁定，载*Rec*.，p.208)②。这项原则也使行政法院管辖省和市镇这些地方行政单位的诉讼，因为它们完全跟国家一样经管着公用事业(参见上文所引泰里耶案判决和佛特里案裁定；TC，1908年4月13日的德丰斯科龙伯案裁定，载*Rec*.，p.448)。这项原则还适用于问责诉讼(见佛特里案)和契约纠纷诉讼(参见CE，1910年3月4日的特龙(Thérond)案判决，载*GAJA*，n°22)。

(2) **例外**。公用事业是执行“专有准则”的标记，正是这些专有准则奠定了行政法院权限的基础。但是，公用事业不是一种确

① 见上一个注释中所引J. Rivero著作，载*Mel*. *Mestre*，p. 461。奥里乌很快离开了他所倡导的公用事业标准，这有利于引入公权力概念。

② 正是借助于这个裁定，政府专员泰西耶(Teissier)再次把新的公用事业标准同勃朗克判决联系在一起。

实可靠的标记。有时候,政府部门可能“偏偏想在私法规定的条件下,保持个人对个人之间的关系”(参见罗密欧关于泰里耶案的见解)。这种现象会在下述两种情况下发生:一是“根据公用事业的活动性质”,如经营管理私人财产;一是“根据所要评价的行为”,行政部门选择了私法规定的方式。在这种情况下,采用了**公用事业的私营方式**;实施私法自然就要由普通法院管辖。

(3) **公用事业标准的发展**。这一新标准的确在法学界获得大部分人的赞成。狄骥、热兹(Jèze)、博那尔、罗兰等“公用事业学派”相信,用公用事业的必要性可以解释行政法的一切特殊性。可是,这个学派有一个错误,没有足够重视伴随原则而生的那些例外;也就是说,没有给公用事业的私营方式以充分注意,而这种方式对该项原则的影响比判例的影响更大。

至少从形式上看①,判例依旧固守着以往的原则。经过短暂的犹疑,几个重要判决② 再次确认,公用事业概念仍然是界定行政法院权限的标准;但是,这种确认只是部分地符合现实生活。而且应当看到,那些最有资格维护公用事业概念的人士,已经不再把自己议论的重点放在行政法院的权限方面(参见 R.拉图奈里

---

① 尤其要参阅:TC 在 1933 年 7 月 11 日的梅丽奈特女士案裁定表现出明显的动摇之后(载 *Rec*., p. 1237),其 1933 年 11 月 27 日的韦尔邦克案裁定再次申明了旧原则(载 *D*., 1934, Ⅲ, 9)。

② 主要有:1956 年 4 月 20 日的伯尔丹夫妇案判决,载 *GALA*, n°75, concl. Long et note Waline, *RD publ*., 1956, p. 869; CE, 同日,格里穆纳尔团伙案判决,载 *GAJA*, n° 75, concl. Long, note P. L. J., *D*., 1956, p. 429; CE, 1957 年 4 月 12 日的米木尼案判决,载 *D*., 1957, p. 413, concl. Tricot, note P. L. J.; CE, 1956 年 10 月 19 日的贝通案判决,载 *GAJA*, n°76, concl. Long, *D*., 1956, p. 681。

(R. Latournerie)的《关于法学家拉扎尔》，载 *EDCE*，n°14，p.61s.及夏普的《公用事业与公权力》，载 *RD publ.*，1968，p.235)。

558.**第三，公用事业标准的危机**[①]。这个有人视为普遍性的标准，一开始就招致一些非议。实际上，在关于撤销行政文件的诉 475
讼中，只有制定文件的**政府部门**本身才起支配作用，公用事业概念不过是后来才在这种诉讼中扮演次要角色。

但是，国家活动之作用和方式的变革，再次使这一标准的价值成了问题，其危机表现在三个方面：

559.(1)**公用事业私营方式的发展**。在作出特里耶判定时尚属例外的公用事业私营方式，尔后获得巨大扩张。一方面，传统的公用事业经常利用私法契约进行经营，这便扩大了普通法院的管辖范围(参见 CE，1912 年 7 月 31 日的孚日花岗石公司案判决，载 *GAJA*，n°27)。另一方面，而且是影响更大的一个方面是，经济自由主义的退却使**工商性公用事业**不断增加，它们与同类的私营企业在相似的条件下运作，总体上实行私法制度，因而应当服从普通法

---

① 此类参考书汗牛充栋，主要有：J.-L. de Corail, *La crise de la notion juridique de service public en droit administratif français*（《法国行政法中公用事业法律概念的危机》），thèse, Toulouse, 1954.- Adde: Morange, Le déclin de la notion de service public（《公用事业概念的退化》），*D.*，1947，chron.，p. 45；M. Waline, *Préface au Jurisclasseur Administratif*（《行政法分类·序》）(1963)；Chenot, La notion de service public dans la jurisprudence économique du CE（《行政法院经济判例中的公用事业概念》），*EDCE*，n°4，p. 77；J.-M. Auby, Quelques difficultés du droit administratif français（《法国行政法的若干困难》），*Annales Fac. Dr. Bordeaux* 1951；Pdvero, Existe-t-il un critère du droit administratif?（《果真有一个行政法标准吗?》），*RD publ.*，1953，p. 279；Vedel, Les bases constitutionnelles du droit administratif（《行政法的宪法基础》），*EDCE*，n°8，p. 21；Latournerie Sur un Lazare juridique（《关于法学家拉扎尔》），*EDCE*，n°14，p. 62。

院管辖[①]（参见 TC，1921 年 1 月 22 日的西非商业公司案裁定，这就是所谓艾洛卡渡船案，载 *GAJA*，n°38）。这两种趋势产生的结果是，凡涉及公用事业的争讼，不再满足于解决管辖权问题；弄清楚相关公用事业是行政性的还是工商性的，以及约束它们活动的制度，才是决定性的。

权限裁定法院曾经一度希望将解决工商性公用事业诉讼的办法推广到**社会服务性公用事业**[②]，使之原则上受普通法院管辖，至少在它们与同类私营机构一样经营时应当如此（参见其1955年1月22日的纳利亚托（Naliato）案裁定，载 *D*.，1956，p.58）。然而，后来的判例未能认可这一动向（参见 CE，1964年4月17日的阿尔克伊镇（Arcueil）案判决，载 *AJDA*，1964，p.305；TC，1973年4月2日的巴黎行
476 政长官案裁定，载 *D*.，1973，J.，p.768）。权限裁定法院后来（参见其1683年7月4日的冈比尼（Gambini）案裁定，载 *RD publ*.，1983，p.1381）放弃了上述想法，很难明确界定其活动范围的社会服务性公用事业，还是跟行政性公用事业一样，受行政法院管辖。

---

① Chavanon, *Essai sur la notion et le régime juridique du service public industriel ou commercial*（《论工商性公用事业的法律概念和制度》），thèse，Bordeaux，1939；Charlier，La notion juridique de service public industriel ou commercial（《工商性公用事业的法律概念》），*JCP*，1945，I，n°1210；Le régime complexe des services industriels ou commerciaux（《工商性公用事业的复合制度》），*JCP*，1955，I，n°1220；G. W.，La compétence du Conseil d'État en matière de services économiques（《行政法院在工业公用事业方面的权限》），*DS*，1948，p. 313；J. Lemasurier，À propos du service des E et T.（《关于工商性公用事业》），*AJDA*，1969，p. 139；Ch. Brechon-Moulenes：La place du juge administratif dans le contentieux économique public（《行政法官在国有经济诉讼中的地位》），*AJDA*，2000. p. 679。

② A. de Laubadère，La notion et le régime juridique des services publics sociaux（《社会服务性公用事业的法律概念和制度》），*DS*，1959，p. 494；M. Waline，*RD publ*.，1974，p. 215。

560.(2) **公用事业定义的不确定性**。公用事业的概念是含混不清的。在自由国家的日常实践中,公用事业一般汇聚着三大因素,即行政机构、追求共同利益的经营活动和实行普通法之外的法律制度。但是,这三个因素渐趋分解(参见上文第361点),因为追求共同利益的经营活动,例如功能意义上的公用事业,即执行公用事业任务的活动,可能由私法机构在私法、公法混合制度下来完成;还有一些公用事业,如工商性公用事业,虽然是公法机构,即机构意义上的公用事业,但却基本上实行私法制度。在这种情况下,很难说,也不能武断地说,谁是公用事业,谁又不是公用事业。从机构的性质、完成的任务或实行的法律制度等不同的视角考察,答案将是不同的。

实行什么法律制度是现今判例中确定司法管辖权的主要依据。当违法行为是一种服从**公用事业制度**,亦即服从普通法之外的某些规则的活动时,其诉讼由行政法院管辖。这样一来,单是公用事业这个名称,就不再是其执行行政法的实在标记,而执行行政法本来是使公用事业概念成为确定司法管辖权的标准。现在,起诉人很难分析把握自己的诉讼应当适用哪种司法制度;这种困难就使人们越来越少地使用公用事业标准了。

561.(3) **判例中表现的犹豫态度**。我们上文业已指出,有几个判决曾经试图把公用事业概念重新用作划分司法权限的标准。

但是,一方面,就连此类判例那些最权威的注释者,也是最遵守最高行政法院思想的人,都不掩饰公用事业标准的不确定性①;

① Cf. Odent, *Contentieux administratif*(《行政诉讼》), II, p. 366 s。

同时，他们再接再厉，尽可能清晰表述公用事业概念（参见 CE，1963 年 6 月 28 日的纳尔西（Narcy）案判决，载 *RD publ.*，1963，p. 1188），承认体育协会组织的运动会具有公用事业性质则是这种努力的实证（参见 CE，1974 年 11 月 22 日的运动器械工业协会案判决，载 *JCP*，1975，I，n°2724）。由于在表述公用事业概念时总是强调其基本特征之一的"公权力特权"[①]，这便使这个概念丧失了它
477 大部分本来的价值。

另一方面，有时候，判例中也出现其他动向。某些判决是依据诉讼所涉及的法律关系之公、私性质作出的[②]（参见 CE，1953 年 1 月 23 日的奥杜安（Audouin）案判决，载 *JCP*，1954，II，n°7916；又见上文第 374 点关于工商性公用事业与用户间契约关系的叙述）。但是，有一个判决终止了这一趋势，最高行政法院对一个关于私法地位的决定作出了判决，理由是，那个决定是由完成行政性公用事业任务的一个政府部门作出的（参见 CE，1967 年 7 月 13 日的阿列格雷托（Allegrétto）案判决，载 *AJDA*，1967，p. 538）。还有一些判决涉及**可适用准则的性质**（参见 TC，1954 年 5 月 26 日的莫里茨案裁定，载 *JCP*，1954，II，n°8334）。有人也曾在最高行政法院为**职权板块**的务实政策辩护（参见莫赛（Mosset）1954 年 2 月 5 日在行政法院对艾尔·哈米迪亚（El Hamidia）案的宣判，载 *JCP*，1954，II，n°8136）；这个政策试图使事情变得简明易知，将同一方面的全部诉讼都统一在两种法院之一的权限内，其情可嘉，无奈努力受挫，未达目的

① 见上一个注释所引 Odent 同一著作，p. 370。

② Moderne，La notion de《rapports de droit privé》comme critère de compétence judiciaire（《作为普通法院权限标准的"私法关系"概念》），*AJDA*，1970，p. 523。

（比如，社会保险方面的诉讼可一律归普通法院管辖）。最后，**公权力特权**这个概念，有时被孤立地看待（参见TC，1965年7月10日的勃艮一布瓦案裁定，载*Rec*.，p.586；CE，1960年6月24日的杜勃内案判决，载*D*.，1960，p.631；CE，1961年2月15日的韦尔干（Werquin）案判决，载*D*.，1961，p.611）[①]，有时从它与公用事业概念的关系中加以考察（参见CE，1978年10月13日的罗讷省A.D.A.S.E.A案判决，载*D*.，1979，p.249；TC，1978年11月6日的贝纳迪案判决，载*AJDA*，1979，n°1，p.35），它已经日益频繁地被当作司法权限划分的标准[②]。

（4）人们看到，按照同样的意思，宪法委员会于1987年1月23日作出一个重要裁决，提及"行使公权力特权"之事，以便为行政法院的管辖权，甚至为行政法院的存在确立宪法基础。当然，这个裁决只是明确针对废除行政决定的诉讼而作的。但是，既然人们可以对"在行使公权力特权过程中作出的决定"提起充分的司法诉讼，有人可能会想，鉴于宪法委员会裁决中根本未提公用事业概念，该判决对于建立行政法院的职权范围或许并无普遍意义[③]。

（5）这种演变的结果是，公用事业概念似乎不再起别的作用， 478

---

① 对这个概念的批评，参见Venezia，Puissance publique，puissance privée（《公权力、私权力》），*Mélanges Eisenmann*，1975，p. 363。

② 在这方面，参见CE，1985年10月2日的皮埃尔案判决，载*RD publ*.，1986，p. 1483。案中，狩猎协会作为私法人，承担公用事业任务。狩猎协会只有在执行这种任务时才能使用公权力特权，这时的行为是行政行为；J.-L. Bizeau，Le juge administratif n'est-il plus que le juge de la puissance publique?（《行政法官仅仅是公权力的法官吗?》），*AJDA*，1992，p. 179。

③ 关于行政法院的宪法化问题，参见S. Velley，*RD publ*.，1989，p. 767。

而仅仅是一种**普通的权限推定**,且是一种逆向的推定:若是涉及行政性公用事业的诉讼,即归行政法院管辖;若是涉及工商性公用事业的诉讼,即归普通法院管辖。而且,情况随时可能翻转:对引起诉讼的行为审查后显示,如果行政性公用事业采用了普通法规定的方式,那就要移交普通法院审理;如果工商性公用事业在行政法的框架内经营,则须移交行政法院管辖。对此,有一个典型的实例,就是最高行政法院 1961 年 1 月 13 日的马尼耶案判决(载 *RD publ.*,1961,p.155)。该案中,已证实招致争讼的经营活动具有行政性公用事业性质,而法官没有就此止步,在解决管辖权之前继续分析引起诉讼的行为,断定这是一种"迫使利益攸关者服从的单方面决定",或者,用政府专员的话说,这是一种体现"公权力特权"的行为,因而是一种行政行为,理应属于行政法院的权限,法官的做法也是同布盖案判决和谢瓦利埃案判决中的做法类似的(分别参见 TC,1961 年 11 月 20 日关于癌症防治中心案的裁定,载 *D.*,1962,p.389 和 CE,1962 年 4 月 4 日,载 *D.*,1962,p.327)。本着同样的精神,为了确定受到指控的决定具有行政性质,上文所引运动器械工业协会案判决连续指出,体育协会虽然是私法法人,却"执行行政性公用事业任务",而且在使用"公权力特权"。在这里,公用事业和公权力特权这两个概念紧密地结合在了一起。有时候,公权力特权这个概念甚至比公用事业概念更被看重,比如,权限裁定法院曾经断言,一个承担公用事业任务的私法法人,一旦执行这种任务时不必动用任何公权力特权,则其损害赔偿责任即应由普通法院审理(参见 TC,1980 年 4 月 22 日的吉利奴(Girinon)女士案裁定,载 *AJDA*,1981,p.158)。

因此，部分法学家正在放弃只使用一种司法权限划分标准的做法；尽管判例还确认某一个标准，但是，仅靠一个标准已经解释不清楚他们所认可的解决办法①。

(6) 欧共体法甚至对公用事业的概念本身提出质疑，这显然又使公用事业标准的危机雪上加霜（参见上文第 379 点）。

## §2　权限划分的现行制度

为了确定行政法院的权限，考察目前的诉讼案件如何在两种
法院中分布，人们可以提出多种准则；幸好，其中有些准则还是通 479
情达理的。

562. **第一，必须是针对法国公法人的诉讼**。不言而喻，法国行政法官不能审理非法国政府部门的活动，既不能撤销其文件，也不能令其承担责任。只要对被考虑的机关是法国的还是外国的可能有疑问，执行这个原则就有困难。比如，法国的政府部门有时会异乎寻常地为某个外国或某个国际机构工作，也还有一些外国权力机关设在法国。属于第一种情况的例证有：法兰西共和国总统兼任安道尔公国的两元首之一，安道尔 1993 年新宪法进一步确认了这一资格（参见 CE，1933 年 12 月 1 日的勒尼柯尔案判决，载 *S.*，

---

① 特别要了解下列先生的立场：Waline《行政法》第 9 版，第 110－116 点；Eisenmann（1955 年 1 月 22 日 TC 就纳利亚托案发表的意见，载 *D.*，1956，p. 58）；Vedel et Delvolvé（《行政法》第 115 页等）。相反，公用事业标准还在受到下列先生的捍卫，参见：de Laubadère（《行政法》第 1 卷第 81 版第 750 点等），Lhuillier（文章，载 *D.*，1955，p. 119 et 1957，p. 91），et Bénoit（《行政法》，1968）。

1935,Ⅲ,p.1);1945 年以后,驻德法军司令担任驻德盟军总司令(参见 CE,1952 年 11 月 21 日的纪念芒冉(Mangin)协会案判决,载 *Rec*.,p.521)。第二种情况出现在德军占领法国期间(参见 CE,1945年 9 月 7 日的拉帕特奈尔(La Paternelle)公司案判决,载 *Rec*.,p.189)。关于 1944 年登陆后驻法盟军造成的损害赔偿问题,根据国际条约,由法国代替与受害者有关的当事国移交法国法官进行审理。这种办法不适用于欧盟各机关;欧盟机关不能被视为"外国当局"。

563.**第二,个人之间的诉讼原则上不属于行政法院权限**。行政法官无权受理私人之间的诉讼;这种诉讼通常由普通法院管辖。

**例外**不多,有法兰西银行(尽管它当时是责任有限公司)与其职员之间的诉讼[①] (参见 1936 年 12 月 31 日法令第 95 条);一位矿山特许经营者与矿藏发现者之间关于后者要求应得补偿的诉讼(见《矿业法典》第 25 条);还有一些因公共工程造成损害,引起个人对公共工程承包商和特许经营者的控诉;关于个人之间签订的特殊行政契约,参见上文第 435 点。

只有在相关法人的私有或公有性质事先尚不明朗,为了解决司法管辖权问题必须加以确切界定之时,执行上述准则才会遇到
480 麻烦。职业法人的情况即是如此。关于成立职业法人的法律或判例(参见上文第 284 点),并未清楚指明它们是私法人还是公法人。它们在业务管理中遵循行政法规范,它们与个人之间的争讼须由

① 关于法兰西银行目前的地位,请参见 M. 龙巴尔(M. Lombard)的意见,载 *AJDA*,1994,p. 491。

行政法官审理(参见 CE,第 284 点所引 1942 年 6 月 31 日的蒙珀尔案判决和 1943 年 4 月 2 日的布冈案判决)。至于对**经营行政性公用事业之私法人**的指控,应归普通法院管辖,而这些私法人使用公权力特权发生的诉讼则不在此列(参见 CE,1978 年 10 月 13 日关于罗讷省农业结构调整协会案的判决,载 *D.*,1979;p.249;TC,1978 年 11 月 6 日关于贝纳迪(Bernardi)案的裁定,载 *AJDA*,1979,n°1,p.35)。

564.**第三,关于立法活动及政府与议会关系的诉讼不归行政法官管辖**。行政法官作为执行机关法官,对可能产生于立法机关议会之活动的诉讼,原则上没有管辖权。但是,这项原则受到一些重要限制(参见上文第 402 点)。

(1) **对所有立法文件**,即形式上的正式法律,既不得向行政法官,也不得向普通法官,提起任何诉讼。根据《宪法》第 61 条的规定,在法案通过之后,颁布之前,只有宪法委员会可以处分其不合宪法问题。在审理欧洲议会选举讼案时,最高行政法院重申了上述原则(参见其 1979 年 10 月 22 日的劳动民主联盟案判决,载 *AJDA*,1980,n°1,p.40)。不过,在可能予以补偿的非常特殊的情况下,行政法院受理因法律所致损害而发生的索赔诉讼(参见上文第 513 点)。

(2) 这种司法豁免权扩大到议会两院及其机构(议会委员会、两院议长和执行局)作出的、**直接辅助法律拟定的一切文件**。

(3) 司法豁免权也扩大到**议会两院行政管理机构**的所有文件;对于为议会运转所必需的物质供应合同和劳务合同,最高行政法院还倾向于保留自己的管辖权(参见其 1934 年 1 月 26 日的龙桑(Ronsin)案判决,载 *Rec.*,p.137)。但是,1958 年 11 月 17 日第 58－1100 号条例第 8 条推翻了这一规定,行政法官有权受理**针对议会两院公务人员的一切个人诉讼**(要求废除决定和要求赔偿的诉讼)。按照适用于行政活动的准则,行政法官与普通法官共同受理对**议会两院行政管理机构所致损害的索赔诉讼**①。此外(参见上文第 435 点),最高行政法院认可行政法院有权受理关于议会两
481 院所签合同的案件(参见 CE,1999 年 3 月 5 日的 Pdt de l'A.N 案判决,载 *GAJA*,n°109)。

最高行政法院曾经拒绝受理一桩关于议员的退休金制度的诉讼,与政府专员的观点相反,认为这个问题是同议员任期密不可分的,参见最高行政法院,2003 年 7 月 4 日的帕蓬(Papon)先生案判决,载 *AJDA*,2003,第 1603 期;*RFDA*,2003,第 917 期。

(4) 立法权只能由议会行使。政府部门既积极参与议会两院的运转(如选举安排,会议的召集、结束),又积极参与法律的制定(如提出法律草案,介入立法程序)。尽管这些有关决定是政府部门作出的,鉴于它们与议会活动密切攸关,最高行政法院也不予闻问(参见其 1951 年 6 月 8 日的伊尔肖维茨(Hirchowitz)案判决,载 *S.*,1951,Ⅲ,p.74,涉及与选举活动有关的文件;1951 年 5 月 9 日的全国大学生互助会案判决,载 *Rec.*,p.253,涉及政府立法创议权的行使问题)。这一准则甚至扩大到安排国民议会选举的政令(参见 CE,1951 年 11 月 2 日的蒂克斯耶(Tixier)案判决,韦德尔的

---

① Auby, Le contentieux des actes parlementaires (《对议会文件的诉讼》), 载 *AJDA*, 1959, I, p. 101; J.-C. Fortier, Le contrôle du juge sur les actes administratifs des Assemblées parlementaires (《法官对议会两院行政行为的监督》), *AJDA*, 1981, p. 128。

解释刊于 *JCP*,1952,II,n°6810)。我们已经看到(参见上文第 341 点),这些解决办法都是同**政府令**的概念联系在一起的。关于召集选民参加国民议会选举投票的政令,参见最高行政法院,1981 年 6 月 3 日的戴尔马(Delmas)案判决,载 *RD publ*.,1982,第 186 期及 CC,1981 年 6 月 11 日裁定,载 *RD publ*.,1981,第 1347 期。

(5) 若干比较灵活的原则使人受到启迪,政府部门有时通过人民直接行使立法权。在公民投票通过相关法律后,政府事前为准备全民公决而作出的那些决定,不得受到起诉;若起诉,可能会使该法的效力受到质疑(参见 CE,1961 年 10 月 27 日的国民重组案判决,载 *D*.,1962,p.23)。相反,若对政府事前采取的措施有争议,法官有权在接到指控后对那些措施是否合法作出判断,并可在公民投票前作出裁决(参见 CE,1962 年 10 月 19 日的布罗卡斯(Brocas)案判决,载 *D*.,1962,p.701)。但是,宪法委员会认为自己有权受理对组织全民公决之政令的争讼(参见 CC,2000 年 7 月 25 日的奥什马伊(Hauchemaille)案裁定,p.117;2000 年 8 月 23 日的奥什马伊与拉卢土卢(Larouturou)案裁定,p.134 和 p.137)。为了避免与宪法委员会权限交叠,最高行政法院业已决定,自己已不再受理此类争议,参见最高行政法院,2000 年 9 月 1 日关于拉卢土卢等案的判决,载 *RFDA*,2000,第 989 期。

565.**第四,关于普通司法权行使问题的诉讼不属于行政法院的职权范围**[①]。根据三权分立原则,行政权整个被排除在民事和

① Gour, Le contentieux des services judiciaires et le juge administratif (《针对普通司法机构的争讼与行政法官》), 1960; Bonnefoy, Le juge administratif, juge de la situation du magistrat judiciaire (《行政法官是具有普通法官地位的法官》), *JCP*, 1978, I, n°2898。

刑事司法权的行使过程之外。然而,普通司法机构的组建任务,却
482 在很大程度上由政府完成。因此,行政法官在这方面也有一些不同的职权:

566.(1) **普通司法机构的组建**。对于**政府部门采取的一切组织措施**,行政法官原则上都有权管辖。这一准则适用于法院的建立和撤销,适用于法院活动的中止(参见 TC,1952 年 11 月 27 日的圭亚那省长案裁定,载 *GAJA*,n°71),也适用于法官的职业和纪律制裁问题(参见 CE,1975 年 1 月 31 日的艾克赛尔蒂耶(Exertier)和沃尔夫(Volff)案判决,关于上司所作评语问题,载 *RD publ*.,1975,p.821)。即便对法国最高司法会议作出的决定[①],甚至对它作为法官纪律惩戒所作的裁决(此事更易引起争议),最高行政法院仍然是最高上诉法院(参见 CE,1969 年 7 月 12 日的雷唐(L'Étang)案判决,载 *RD publ*.,1970,p.393)。而对于**普通司法机关**作出的决定,无论是组织方面的(参见 CE,1913 年 8 月 4 日的马纽(Magnaud)案判决,p.987),还是纪律处罚方面的(如检察长作的处分),行政法院一概无权管辖。以往,对于政府部门采取的纪律措施,即便其理由显然对司法运作有所干预,行政法院也不予受理(参见 CE,1953 年 6 月 26 日的多利(Dorly)案判决,载 *S*.,1954,Ⅲ,1)。不过,最高行政法院后来放弃了这种做法(参见其 1975 年 3 月 14

① 对此争论激烈,参见下述先生们的评论:Mathiot(载 *S*.,1953,Ⅲ,p.33),Eisenmann(载 *D*.,1953,p.683),Waline(载 *RD publ*.,1953,p.448),Vedel(载 *JCP*,1953,Ⅱ,n°7598);政府专员的意见,参见 J. Donnedieu de Vabres,载 *RD publ*.,1953,p.448。尽管法学界批评多多,最高行政法院仍然坚持既往做法,见 CE,14 mars 1975,Rousseau,载 *RD publ*.,1975,p.322,concl. Dondoux。

日的卢梭案判决，载 *Rec.*，p.194），而逐步将自己的权限向法官扩展（对此，可参见 CE，1976 年 11 月 5 日的里昂－卡昂案判决，载 *AJDA*，1977，p.54）。

567.（2）**普通司法机构的运转**。对此，行政法官承认自己原则上无权管辖（参见 CE，1961 年 7 月 13 日的约巴尔（Jobard）案判决，载 *D.*，1962，p.275）。不过，这一原则执行起来也有若干差别：

① 对普通司法机构的判决、非司法决定和预审措施全部无权管辖。

② 在**司法判决的执行**方面，行政法院对执行刑事判决的一切举措均无管辖权（参见 CE，2001 年 2 月 9 日的马尔博（Malbeau）案判决，载 *RFDA*，2002，第 598 期），也无权过问共和国总统行使特赦权时发布的命令（参见 CE，1947 年 3 月 28 日的贡贝尔（Gombert）案判决，载 *S.*，1947，III，89）。但是，个人作出的赦免决定，即便是对刑事惩罚的赦免，也还是属于行政法规，可以对之提出上诉（参见 CE，1961 年 11 月 24 日的斯特拉斯堡电力公司案判决，载 *RD publ.*，1962，p.339）。此外，政府部门若不把执行法院判决当成自己的法定义务，大力协助执行，则由此引起的诉讼归行政法院受理 483
（参见上文第 489 点）。

（3）与治安警察不同，**司法警察**主要是预防犯罪，为刑事制裁作准备，隶属于普通司法机关，而不受行政法院管辖。在实践中，两种警察的活动有时是难以区分的（参见上文第 348 点以及德尔福维（Delvolvé）1951 年 5 月 11 日在 CE 就 Baud.案发表的见解，载 *S.*，1952，III.13）。

（4）在接到上诉法院预审法庭的通知、获悉引渡的法律条件业已得到满足之后，政府才能作出**引渡决定**。最高行政法院长期把引渡决定视为政府令，拒绝受理对之提出的上诉。后来，它同意受理此类上诉，但声明自己无权核实预审法庭评估过的法律依据。继之，它开始受理引渡问题上诉(参见其 1977 年 6 月 24 日的阿斯图迪洛·卡莱亚(Astudillo Calleja)案判决，载 *AJDA*，1477，p.490；1978 年 7 月 7 日的克卢瓦桑(Croissant)案判决，载 *AJDA*，1978，p.579)。甚至外国政府在其引渡要求被拒绝后，也向最高行政法院提出上诉(参见 CE，1993 年 10 月 15 日的英国政府案判决，载 *Rec*.，p.268)。

568.第五，**涉及公权力行使和公用事业经营管理的诉讼属于行政法院权限**。我们即将解释，这是行政法院的一般权限，既涉及公权力概念，也涉及公用事业概念，既适用于**有执行力的决定**，也适用于**契约合同**。

(1) **有执行力的决定**。我们在上文第 398 点已经述及，有执行力的决定一般是政府部门作出的，但也可能由私法机构作出。

① **关于政府部门所作的有执行力决定的争讼，原则上一律归行政法院管辖**。但是，这一原则有两点保留：

一是，经营管理**私有财产**的行为，通常受普通法院管理；

二是，关于**个人身份的决定属于私法范畴**。这主要是指社会保险和家庭补助等情况：参加社会保险者和家庭补助金领取者的资格被视为私法上的身份(参见 CE，1954 年 2 月 5 日的艾尔·哈米迪亚案判决，载 *Rec*.，77；可参见第 401 点所引 CE，1967 年 7 月 13 日的阿列格雷托案判决)。

当遇到**有关个人问题的决定**时，上述因素就会起作用。就行政单位的**规章制度**而言，即便是涉及私有财产的经营管理和“私法上的身份”，管辖权也属于行政法院。

② **不是政府部门作出的有执行力决定**。如果有执行力的决定是由一个不具备政府部门性质的机构作出的，诸如职业机构、负责经营公用事业之私营公司的领导机构(参见CE，1968年1月15日关于法国航空公司与巴尔比埃夫妇案的判决，载*RD publ*.，1968，第393期)、体育协会(参见上文第401点)，等等，法官就要 484
借助于用公权力特权概念充实完善的公用事业的具体标准来作判断(参见上文第401点)：若引起诉讼的行为是由一个执行公用事业任务的机构在行使授予它的公权力特权时作出的，那便归行政法院审理(参见TC，2002年7月1日关于拉芒什省长与拉芒什自然协会案的裁定，载*RFDA*，2003，第411期；TC，2003年6月23日关于Sté Gan Eurocourtage c/Sté Cars Loridant et M. Delanoy案的裁定，载*AJDA*，2003，第1790期)。

(2) **契约**。我们在上文第435点已经看到，公用事业概念和普通法之外的条款，如何将行政契约同政府部门签订的私法契约区别开来。这种区别支配着司法权限，行政契约归行政法院管辖，私法契约则属于普通法院的权限。

(3) **工商性公用事业**。应当记取(参见上文第374点)，工商性公用事业乃是一种**采用私营方式的公用事业**。因此，它们的诉讼按原则应由**普通法院审理**(参见TC，1921年1月22日关于科特迪瓦殖民地案即所谓艾洛卡渡船案的裁定，载*S*.，1924，3，34)。比如，公用事业单位与用户之间的关系，若发生争讼，即向普通法官起诉(参见CE，2003年10月3日的佩龙先生案判决，载*AJ-*

*DA*, 2003, 第1848期)。不过,这种公用事业可以签订属于行政法院权限的合同,拥有公务员身份的领导人、会计员等,也归行政法院管辖(参见CE, 1923年1月26日的德·罗伯尔·拉弗雷热尔(de Robert Lafregeyre)案判决,载*RD publ.*, 1923, 第237期; CE, 1957年3月8日的雅朗克·德拉波(Jalenques de Labeau)案判决,载*D.*, 1957, 第378期)。

**569.第六,行政法官对行政法规有权宣布废除或进行合法性评价。**

(1) **根据诉讼:**若通过诉讼要求废除一个行政法规,亦即起诉的标的就是这种废除,那是没有任何问题的。人们区别对待各种法规,而废除行政法规的权限仅仅属于行政法院。

(2) **根据抗辩:**对于一个行政法规是否合法的问题,可以向普通法官**提出抗辩**。比如,因不服从一个行政规章而被起诉到刑事法官面前的个人,为了自我辩护而指控该规章不合法。这个决定法官态度的合法性问题,原则上属于行政法官的管辖范围[①]。如何解决这一难题?

在这种情况下,有两种可用的解决办法。可以允许最初的受
485 理法官,执行"**理讼法官即抗辩法官**"的准则,以特殊身份处理合法性这个附带问题。也可以反过来,优先贯彻三权分立原则,强制性地要求法官延缓审判,将合法性这个先决问题移交给通常对此拥有管辖权的法院解决。上述第一种方案有违三权分立原则,第二

① 这个问题也可以从反面提出。比如,某人报名参加一场竞选而被拒绝,便提出争讼,要求废除不准他参选的行政决定。此案应由行政法院审理;但是,如果这种拒绝是由于政府部门搞错了他的国籍,则问题通常由普通法院审理。

种方案则因推迟审理而不利于最初的起诉者。人们把理讼法官可能要处理的附带问题称作**先决问题**，而这个**先决问题**应该由另一种法院解决[①]。

**在行政法官看来**，属于普通法院权限的附带问题始终是**先决问题**，在普通法官对此作出裁决以前必须延缓审判。但是，这种必要性得不到认可。案子肯定复杂难办，所以才有先决问题；若案件简单，就不会有什么先决问题了。

**在普通法官看来**，**原则**是，若提交普通法官的案件涉及行政法规，而行政法规的合法性问题又左右着案件的审判，所以，应当按照三权分立原则，先将合法性问题移转行政法院进行评价。

不过，这一原则有两个例外：

一是，**民事法官**作为**私有财产和个人自由的卫士**，自己就有权评价那些严重侵犯私有财产和个人自由的措施是否合法。这项原则的一个例证(参见下文第572点)是，普通法官是公民公共自由的卫士。有人不愿承认政府部门本身就会侵犯公民的个人自由和公共自由(参见下文第573点)，对此，参见TC，1947年10月30日的巴林斯坦(Barinstein)案裁定，载*RD publ.*，1948，第86期；法国最高法院民事法庭1975年1月15日，载*D.*，1975，1，671。

二是涉及**刑事法院**的实例[②]。与发生在非刑事法院的情况相

---

① Granson, Les questions préjudicielles(《先决问题》), *AJDA*, 1968, 第75期; J. F. Flauss, *Les questions préjudicielles et le principe de séparation des autorités administrative et judiciaire*(《先决问题与行政权司法权分立原则》), Thèse, Strasbourg, 1976。

② Pelletier, *L'appréciation de la légalité des actes administratifs par le juge répressif*(《刑事法官对行政法规合法性的评判》), thèse, Paris, 1954; J. Donnedieu de Vabres, Les élé-

反,三权分立原则在"理讼法官即抗辩法官"准则面前打了折扣。为了社会和刑事被告的利益,刑事审判不能延缓。这样,在把大部分附带问题看作先决问题的同时,必须承认**刑事法官对实施刑罚所依据的一切因素拥有充分裁判权**。现行解决办法来自1951年7月5日的阿弗朗什(Avranches)和戴斯马雷(Desmarets)案的判决(奥比(Auby)的解释见 *S.*,1953,Ⅲ,p.1);在这个判决中,权限裁定法院扩大了昔日《刑法典》第471-15$^0$条规定的准则(后来为第R.26-15$^0$条,今为第R.610-5$^0$条)。

刑事法官可以也必须对作为起诉依据或辩护手段的所有**行政**
486 **规章**是否合法作出评判。在阿弗朗什判决前,根据昔日《刑法典》第471-15$^0$条,这种解决办法只适用于**治安条例**。

法国最高法院刑事法庭对此提出异议,认为应当按照行政法规被用为起诉依据,还是被犯人当作自辩手段来加以区分。就第一种情况而言,刑事法庭承认刑事法官有权评判行政法规的合法性;对于第二种情况,刑事法庭断定,存在着评判合法性的先决问题,对用于个人的行政法规或规章条例性行政法规均应作出合法性评判(参见最高法院刑庭1967年6月1日判决,载 *JCP*,1968,n°15105)。这个判例使两种法院之间的权限划分更加复杂化,因为,尔后的刑事法官对于审理案件所依据的行政法规,无论是用于个

---

ments administratifs de l'infraction(《违法犯罪的行政因素》), *D.*, 1952, chron., p. 137; Cathala; *Le contrôle de la légalité administrative par les tribunaux judiciaires*(《普通法院对行政合法性的监督》), 1966; Sur la jurisprudence Avranches et Desmarets: B. Pacteau, Mélanges Auby, p. 249; V. Lesclous, L'appréciation des actes administratifs par le juge répressif(《刑事法官对行政法规的评判》), *JCP*, 1994, I, n°3747。

人的，还是规章条例性的，均须作出解释并评判其合法性(参见《刑法典》第 111－$5^0$ 条)。

570.**第七，只有行政法院才能解释非规章条例性行政法规和行政契约**。如果没有人提出一个行政法规的合法性问题，普通法官又可能面对如何解释该法规的问题。普通法官能否自己解释该法规？塞波丰特(Septfonds)案判决已经给出答案(参见 TC，1923 年 6 月 16 日，载 *GADA*，n°41)：普通法官可以自行解释**规章条例性行政法规**，而只有行政法院才能解释非规章条例性行政法规和行政契约。理由很简单：普通法官有义务解释法律。根据《民法典》第 4 条，普通法官不得借故法律晦涩难懂而拒绝审案。众所周知，规章条例都是解决具体实际问题的真正法律。对此，请参见 G.韦德尔的观点：**《从塞波丰特案判决到巴林斯坦案判决(论普通法院面对的行政法规合法性问题)》**，载 *JCP*，1948，I，n°682。

571.**第八，普通法官是公共自由的卫士**。19 世纪初，在行政法院尚未给个人提供适当保障之时，某些法律已经赋予普通法院相应职权，使之在**个人身份、个人自由、私有财产**等至关重要的各个领域，确保个人的法律安全。判例从这些法律中总结出一个普遍原则："保障个人自由和维护私有财产，主要是普通司法机关的职责"(参见 TC，1947 年 12 月 18 日的伊莱尔(Hilaire)案裁定，载 *JCP*，1948，II，n°4087)。依据这项原则，1958 年《宪法》第 66 条制定了关于个人自由的宪法准则。宪法委员会 1987 年 6 月 23 日关于竞争委员会案(参见上文第 552 点)的裁决，将更多"本来保留给普通司法机关的事项"，从行政法院的职权中剥离出来。这些"保留的事项"一方面源自若干法律，另一方面源自**侵权行为**和**非法征用** 487

这两个判例理论。

572.(1) **源自法律的普通法院职权**。

① **个人身份**是人格的法律基础,原则上只由普通法院管辖。这个准则适用于涉及民事身份(血统、婚姻、姓名)、资格、国籍、民族的所有问题;选民资格与此密切攸关。只有批准改变姓名的入籍政令是例外,由行政法官管辖。

② **侵犯个人自由和侵犯住所**。按照1933年2月7日法律制定的原则,此事属于普通法官的排他性专有职权,不得提出争议。然而,判例对这一规定作了严格限制(参见CE,1947年11月7日的阿列克西(Alexis)和沃尔夫案判决,载*D.*,1948,p.472;TC,1952年3月27日的德拉穆雷特夫人案裁定,载*D.*,1954,p.291),1957年《刑事诉讼法典》第136条重申并明确表达了这一原则。权限裁定法院(参见1965年11月16日的克雷芒案裁定,载*D.*,1965,p.668)虽然是一种改革,却又将行政法院的职权再次引进这一领域;若适用于个人的行政决定的合法性引起争讼,还要按照上文第541点阐述的准则,由行政法院进行评判[①]。

③ **侵犯私有财产**。法律安排了相关程序,政府部门可以依法强迫个人将其财产的所有权或使用权让与政府(剥夺、征用)。经法律授权,由普通法院确定出让产权的业主应得的赔偿金;甚至在剥夺产权时,也要由普通法院经办产权过户事宜。

① R. Amselek, Les vicissitudes de la compétence juridictionnelle en matière d'atteintes administratives à la liberté individuelle (《在行政侵犯个人自由方面司法权限的变迁》), *AJDA*, 1972, p. 19. 对《刑事诉讼法典》第136条的限制性解释,见最高法院2001年7月6日意见,载*D.*,2001,IR,2358。

573.(2) **普通法院对政府部门侵权行为的管辖权**。① **侵权行为的概念**①。侵权行为理论是判例的产物;它具有重要的实践意义,尽管有些人试图贬低它②,而在最近的判例中依然受到重视。有人可能曾想,2000 年 6 月 30 日关于行政法院紧急审理问题的法律(参见下文第 665 点),是否会放弃侵权行为这个概念。对此,权 488
限裁定法院的回答是否定的,参见 TC,2000 年 10 月 23 日关于布萨达尔（Boussadar)先生诉外交部长案的裁定,载 *AJDA*, 2001, p.143(这个裁定给侵权行为下了一个真正的定义)。政府部门行使其特权时,有可能给自由和财产造成严重损害。在这种情况下,个人可以向行政法院起诉,请求废除致害行为并索取赔偿。但是,除非违法行为达到了一定程度,否则政府部门仅仅被当作"偏离职责"而已;政府部门的不正当行径,似乎不是非法履行其职责,而纯粹是一种无须作任何法律验证的具体做法。这样一来,政府部门就可能不再尊重三权分立原则和行政法院的职权。因为其行为丧失了一切行政性质,**背离了人性**,所以,只由普通法官来负责保护个人。

574.② **侵权行为的构成**。侵权行为必须具备三种因素:

---

① E. Desgranges, *Essai sur la notion de vole de fait* (《论粗暴行为概念》), thèse, Poitiers, 1937; Dufau, La voie de fait (《粗暴行为》), thèse, Paris, 1951; note Weil, *D.*, 1961, p. 612; Bockel, La voie de fait: mort et résurrection d'une notion discutable (《粗暴行为:一个死而复生的可争议概念》), *D.*, 1970, chron., p. 29; D. Thierry, La jurisprudence EUCAT dix ans après (《EUCAT 判例面世 10 年》), *RFDA*, 1997, 第 524 期; Ch. Lavialle: Vole de fait et domaine public (《粗暴行为与公产》), *RFDA*, 2000, p. 1041。

② 在这个意义上,见: Leclercq, Le déclin de la voie de fait (《粗暴行为的末日》), 载 *RD publ.*, 1963, 10. 657. 在相反意义上, 见 Auby, note sous TC, 25 nov. 1962, 两个判决: C[ne] de Saint-Just-Chaleyssin, Epoux Pelé, 载 *JCP*, 1964, II, 13493。

**一是有实际行动**。单单作出一个决定不足以构成侵权行为；一定得是**政府部门**已将决定付诸实施，至少是以实施相恫吓。由此可知，了解侵权行为，有助于保护个人，反对**政府部门**在强制执行或强迫行动方面的特权（参见上文第 423 点）。

**二是这种行动损害了私人的动产、不动产，侵犯了人的基本自由**。由此可知，关于侵权行为的理论从属于这样一个原则，即：司法权负责保护财产和基本权利。最高行政法院在其 1961 年 4 月 8 日的克莱因（Klein）案判决（载 *D.*，1961，p.587）中已经明文指出了这一点。

**三是存在着使行动变质的严重法律缺陷**。一个普通的侵权行为不足以使之丧失行政性质。实际上，违法行为既可能存在于正在执行的决定中，也可能存在于执行活动本身之中，侵权行为或者是源自执行一个明显违法的决定，或者是源自明显违法地执行一个决定。

在上述第一种情况下，所作决定**无疑不是为了贯彻一个法律或规章条例**（参见 TC，1947 年 2 月 11 日的佩林（Perrin）案裁定，载 *D.*，1947，J，134），或者，按照更广义的提法，"**无疑不是为了行使政府部门固有的权力**"（参见 CE，1949 年 11 月 18 日的卡利耶（Carlier）案判决，载 *Rec.*，p.490。这个判决介绍了两个非法行为的典型，一个是普通违法，另一个是侵权行为）。

第二种情况与**强制执行**理论联系在一起。政府部门只能在明确限定的条件下采取强制执行步骤（参见上文第 423 点）。政府部门一旦不遵守这些限定条件，那就是侵权行为，即便所作决定基本上是用于具体操作并且是合法的也不成（参见上文第 423 点所引

TC 的两个判决)。政府部门采取行动前根本未作决定,应该实施刑事或行政制裁而不实施,使用的方法与追求的目的不相符,没有应急措施,等等,都会构成侵权行为。上述各种非法行为都可能是一目了然的。一旦怀疑存在非法行为或存在非法行为迹象,行政法院即应出面制止。关于侵权行为的一个新近实例,参见 TC, 489
2001 年 11 月 19 日的 X 女士诉内政部长案裁定,载 *D.*,2002,第 1446 期及 *AJDA*,2002,p.234(案中,没收了她的护照,叫她等待,却没有采取任何紧急刑事诉讼程序)。

而上述所有因素交汇在一起,各种特殊情况共存,倒可能将侵权行为淡化为一个普通的非法行为,由行政法院处理就成了(参见上文第 335 点所引德拉穆雷特夫人案判例)。

相反,下述情况不构成侵权行为:

——一个遭飓风破坏的市镇的市镇长,下令禁止建造临时住所(参见 TC,1996 年 11 月 4 日的瓜德罗普省长诉瓦南案裁定,载 *Gaz Pal*,1997,第 353 - 354 期);但是,在这种情况下,如果下令拆除一个住所那就是侵权行为(参见 TC,1998 年 6 月 22 日的瓜德罗普省长诉巴斯特尔岛 T.G.I 案的裁定,载 *Rec.*,p.542)。

——拒绝偷渡者上岸而使其留在船上(参见 TC,1997 年 5 月 12 日的巴黎警察局长案裁定,载 *D.*,1997.567)。

575.③ **对侵权行为的制裁**[①]。**政府部门**的行为变质蜕化,使行为人降低为普通百姓。这有三种后果,而最近的演变倾向于弱

---

① G. Vedel, La juridiction compétente pour prévenir, faire cesser ou réparer la voie de fait (《预防、制止和纠正侵权行为的主管法院》), *JCP*, 1950, I, n°851。

化这种后果。

——唯独民事法官有权核实侵权行为并补救其所致损害。

——民事法官对侵权行为拥有充分司法权，不仅可以命令赔偿受害者，而且可以下令制止实际损害（如勒令搬迁、修复、拆除等）。这一切都是强制进行的。民事法官的权力大于行政法官（参见下文第646点），这使侵权行为理论在保护受害者方面显示出毋庸置疑的实际意义。

——总之，民法适用于诉讼的所有方面：受害者可以起诉作为委托人的**政府部门**，也可以起诉受委派实施行动的公务员个人，无须顾及行政法所特有的公务过失和个人过失的区别（参见上文第462点）。

——尽管如此精心设计的制度力图给个人以保护，受害者仍有不便之处。如果受害者搞错了主管法院，向行政法官起诉，而后者声明无此权限，则受害者应得的补偿就会推迟。所以，这个制度业已认可，若侵权行为是由一个**绝对无效**的行政法规造成的[①]（参见上文第429点），接到起诉的行政法官跟普通法官一样，有权查实这种无效文件（参见TC，1966年6月27日的吉贡（Guigon）案裁定，载*AJDA*，1966，p.547）。最高行政法院同样承认，自己有权审
490 理因行政侵权、非法查封报纸而引起的索赔案件（参见其1966年11月4日的内政部长案判决，载*AJDA*，1967，p.40）。这个判例也许想使行政法院和普通法院职权平行，受害者任选其一就能得到

① Lemire, Inexistence et voie de fait（《无效法规与侵权行为》），*RD publ.*，1978，p. 1219。

判决;也许是想把普通法院的职权逐步转归行政法院(在这层意义上,请参见福尔耶(Fournier)先生1965年7月9日在CE对沃斯克列森斯基(Voskresensky)案发表的意见,载*AJDA*,1965,p.603)。尽管侵权行为理论遭到强烈批评,权限裁定法院(参见1969年6月30日的普拉永(Praillon)公司案裁定,载*AJDA*,1969,p.699)、最高行政法院(参见1969年10月10日的穆斯利埃(Muselier)案判决,出处同上)和普通法院却在越来越多的案件审理中适用这一理论[①]。

576.(3) **普通法院对非法征调财产问题的管辖权**[②]。通过**征调**,政府部门可临时地或永久地占用任何一种私有不动产。倘通过某种法定程序(剥夺、征用)予以占用,叫作**合法**征调。在合法征调中,法律一般授权普通法院去确定业主应得的赔偿额;若法律没有明文规定,又不存在非法侵犯私有财产问题,则由行政法院负责处理赔偿事宜(参见CE,1961年2月15日的韦尔干(Werquin)案判

---

① 参见TC,1973年11月26日的吕伊-马尔梅松镇(Rueil-Malmaison)案裁定,载*AJDA*,1974,p. 314;CE,1974年11月20日的芒罗勒戈尼克夫人(D[me] Manrot Le Goarnic)案判决,载*AJDA*,1975,p. 185;TC,1986年6月9日的阿尔萨斯大区长案裁定,载*AJDA*,1986,p. 428;CE,1989年10月18日的米内·布鲁斯(Mine Brousse)案判决,载*JCP*,1989,Somm.,p. 415;最高法院民事法庭,1990年12月4日,载*JCP*,1991,n° 21692;TC,1991年7月4日的波里·韦扬协会案裁定,载*AJDA*,1991,p. 697 et 738。

② Delbez, *La compétence contentieuse en matière d'emprises administratives*(《行政征调方面的诉讼管辖权》),thèse,Montpellier,1926;Couzinet,*La réparation des atteintes à la propriété immobilière par les groupements administratifs*(《行政机构所致不动产损害的赔偿》),thèse,Paris,1926;Delvolvé,Une crise du principe de la séparation des autorités administratives et judiciaires(《政府部门和司法机关的赔偿原则危机》),*EDCE*,n°4,p. 21;note Well,*D.*,1961,p. 612。

决,载 *D*.,1961,p.611)。若不按法定程序占用私产,就叫作**非法征调**;在此情况下,即便没有相关法律规定,原则上也由普通法院处理赔偿问题,因为它是"财产卫士"[①]。

① **非法征调的构成**:

第一,征调必须以政府部门**占用一项私有不动产为前提**;仅仅触犯使用权而不改变所有权,不构成征调。这一理论不能扩及侵犯动产方面。

第二,占用方式一旦沾染违法污点,征调便是**非法的**;而且,这种违法污点不一定达到侵权行为所要求的那种严重程度。

② **非法征调的后果**。从司法权限的角度看,在非法征调和合法征调中,在法律尚未规定和法律已有规定的情况下,普通法院的

491 权限是不同的。依照法律,对剥夺私人产权所造成的全部损失,由普通法院确定赔偿金额,其职权不得超过这个界限;除确定赔偿金之外的一切诉讼问题,均按照三权分立原则,依据普通法办理。因此,若对征调行为的合法性产生争议,普通法官自己不能进行评判,而必须交由行政法官解决。同样,普通法官不能下令停止征调行动,只能判处政府部门支付赔偿金。

577.(4) **侵权行为与非法征调**[②]。权限裁定法院 1949 年 3 月 17 日对老钟楼酒店和里沃利 – 塞巴斯托波尔两个案件(载 *D*.,

---

① 这一判例原则得到最高行政法院和权限裁定法院 1983 年两个判决的进一步肯定,见 *AJDA*, 1983, p. 680; 又见 TC, 1990 年 10 月 29 日的索恩 – 卢瓦尔省长案裁定,载 *RD publ*., 1991, p. 1459。

② Auby, Emprise irrégulière et voie de fait (《非法征调与侵权行为》), *JCP*, 1955, I, n°1259。

1949,p.209)的裁定中,阐明了侵权行为与非法征调的区别。

① **这是两个不同的概念**:

——从**适用范围**看,征调只涉及不动产,而侵权行为牵扯到各类财产以及人的基本自由;

——从满足两个概念的**违法程度**看,非法征调是简单的违法,侵权行为则是十分严重的罪恶;

——**从普通法院处理两者的职权范围**看,鉴于侵权行为属于"行政行为变质",需要普通法院处理的问题要广泛得多。

② **两者可能重合共生**:当侵犯不动产的恶行,越出简单违法的界限时,非法征调也就构成了侵权行为;于是,第二个概念掩盖了第一个概念,并决定了普通法院的职权范围。

# 第二章　行政法院[①]

行政法院是这样一种法院，它们通过上诉或撤销原判而隶属

① R. Odent, *Contentieux administratif*（《行政诉讼》）, 6 fasc., 1979－1980; Auby et Drago, *Traité de contentieux administratif*（《论行政诉讼》）, 2 vol., 1984; R. Chapus, *Droit du contentieux administratif*, 11ᵉ éd., 2004; Ch. Debbasch et J.-C. Ricci, Contentieux administratif（《行政诉讼》）, 2001; B. Pacteau, *Contentieux administratif*（《行政诉讼》）, 2002; O. Gohin, *Contentieux administratif*（《行政诉讼》）, 2002. Cf. aussi: Letourneur, Bauchet, Méric, *Le Conseil d'État et les tribunaux administratifs*（《最高行政法院与行政法庭》）, 1970; R. Chapus, L'Administration et son juge（《政府部门及其法官》）. Ce qui change, *EDCE*, n° 43, 1992, p. 259. On consultera aussi: Y. Gaudemet, *Les méthodes du juge administratif*（《行政法官的工作方式》）, 1972; M. Gjidara, *La fonction administrative contentieuse*（《诉讼的行政功能》）, 1972; D. Loschak, *Le rôle politique du juge administratif*（《行政法官的政治作用》）, 1972; A. Mestre, *Le Conseil d'État, protecteur des prérogatives de l'administration*（《最高行政法院是政府部门特权的保护者》）, thèse, Toulouse, 1972; P. Fanachi, *La justice administrative*（《行政裁判》）, Que sais-je?, n°1806, 4ᵉ éd.; B. Stirn, Juridictions administratives et cours européennes（《行政法院和欧洲法院》）, *Rev. adm.*, 1998, p. 212; Groshens, Réflexions sur la dualité de juridictions（《关于法院二元化的思考》）, *AJDA*, 1963, 1, p. 536; en sens inverse, Bénoit, Juridiction judiciaire et juridiction administrative（《普通法院与行政法院》）, *JCP* 1964, 1. n°1838; *Les fondements de la justice administrative*（《行政裁判的依据》）, *Mélanges Waline*, 1974, T. II, p. 233. Pour des jugements d'ensemble: Gjidara, *La fonction administrative contentieuse*（《诉讼的行政功能》）; 1972; J. Rivero, Le Huron au Palais-Royal ou réflexions naïves sur le recours pour excès de pouvoir（《最高行政法院的山野之人对反越权行为诉讼的天真思考》）, *D.*, 1962, chron. 37; J. Rivero, *Nouveaux propos naïfs d'un Huron sur le contentieux administratif*（《山野之人新近关于行政诉讼的天真言论》）, *EDCE*, n°31, 1980, p. 27; X. Prétot, Réflexions sur la justice administrative（《行政裁

于最高行政法院。其中，分为**普通法**行政法院和**专门**行政法院。普通法行政法院有权受理属于行政法院权限的各类讼案，无须某个明确的法律授予此权；专门行政法院只受理法律明确授权的案件。实际上，专门行政法院很多，而其职权通常受到严格限制。有些专门行政法院，如针对国家会计人员的国家审计法院，以及预算惩戒法院，既进行初审，又进行终审，不得上诉；还有一些专门行政法院是分层级的。比如，各地的大学评议会是一种惩戒法院，上诉须提到全国高等教育评议会；战争伤亡抚恤金法院分为两级；职业惩戒法院也分两级；大区审计法院负责审计地方财务，上诉须提到国家审计法院。不过，虽然行政法院五花八门，**撤销原判**的办法却使之一律**隶属于最高行政法院**。撤销原判的法官与上诉法官不同：后者可以对整个案件的事实和适用法律问题进行复审；前者则不再考虑涉案事实，而只审核原判决适用法律是否有误，倘有误，即撤销判决，一般情况下，将案件退回原法官重新审理。按照一种传统说法：上诉法官审理诉讼，撤销原判法官只审理判决。 493

凡属于行政法院权限而没有明文授权专门行政法院审理的诉讼，起诉人均可向普通法行政法院起诉。

本章只研究普通法行政法院，依次考察**行政法院的沿革**（第1节），**行政法院的一般特征**（第2节），**最高行政法院**（第3节），**上诉行政法院**（第4节）和**行政法庭**（第5节）。

---

判沉思》），*D.*，1986，chron.，p. 271；B. Pacteau，Constitutionnalisation ou européanisation de la justice administrative (Faut-il choisir?)（《行政裁判宪法化还是欧洲化（必须作抉择吗？）》），*Mélanges Pactet*，p. 793。

## 第 1 节　行政法院的沿革

578.1872 年 5 月 24 日法律赋予参政院代理司法权(参见上文第 535 点)。该法颁施后,作出了卡多(Cadot)案判决(参见 CE,1889 年 12 日 13 日,载 *GAJA*,n°5)。这个高级法院在判决中宣布自己是普通法行政法院,不设行政法院院长,因为 1872 年法律废除了国家元首职位。人们陷入了一种奇怪的状况中。

行政法院有两级:根据共和八年雨月二十八日法律,各省设立了**省行政法院**,1926 年 9 月 6 日和 26 日的政令式法律又将它们集中为几个跨省行政法院。在顶端则是**最高行政法院**。但是,先后向两级法院起诉尚未形成制度。因为,鉴于众所周知的历史原因(如有节制的司法权),最高行政法院那时还是行政诉讼的普通法裁判者,这就是说,各种行政案件均可提交它进行**初审和终审**。省级行政法院只有一种**特授权限**,诸如受理直接税争议或公共工程争议等。这种局面太反常了,大多数案件都直接起诉到最高法院。这一制度的必然逻辑后果是,最高行政法院积案如山,穷于应付。到 1954 年 1 月 1 日,还有 2.6 万多个积案悬而未决,够审 4 年多的,而事情还在不断恶化。搞一场改革势在必行。可在第四共和国时期*,改革只能乞灵于政令式法律制度。

---

* 法兰西共和国存在于 1945 至 1958 年。——译者

## §1 1953年的改革①

579. 这场改革由1953年9月30日法令实施的；为落实该法令，又制定了1953年11月28日法令。改革围绕两个轴心展开： 494

（1）重组初审法院，使之成为一级可靠的审判机构。这就是通过改造跨省法院，成立**行政法庭**，原则上从国立行政学院毕业生中招聘其职员。

（2）把行政法庭变为**行政诉讼的普通法法院**，作出一审判决，条件是可以向最高行政法院上诉。作为这项新原则的例外，若干案件仍由最高行政法院初审和终审。

这场改革取得一些成绩，但未消除最高行政法院积案如山的弊端，因为只有1/3的一审案件提交行政法庭，尤其是巴黎行政法庭。几年之后，最高行政法院悬而未决的积案与日俱增，看来必须再进行一场改革②。

---

① 关于1953年改革前的形势，参见：Liet-Veaux, La justice administrative au ralenti（《慢吞吞的行政裁判》），*D.*, 1948, chron., p. 133; Rivero, Sur la réforme du contentieux administratif（《关于行政诉讼改革》），*D.*, 1951, chron., p. 163.-Sur la réforme: Rivero, La réforme du contentieux administratif（《行政诉讼改革》），*RD publ.*, 1953, p. 926; Gazier, id., *JCP*, 1953, 1, n°1134; de Laubadère, id., *Act. Jur.*, 1953, p. 173 et 385, 1954, p. 13. -Sur les résultats et les conséquences de la réforme: Gazier, Perspectives ouvertes par la réforme（《改革的前景》），*RD publ.*, 1954, p. 669; Piernet, Premiers lendemains de la réforme（《改革的最近后果》），*Act. jur.*, 1956, 1, 9; Rivero, Le Conseil d'État, Cour régulatrice（《最高行政法院是调节法院》），*D.*, 1954, chron., p. 157。

② 到1986年12日31日，最高行政法院有23577个案件待审。1985年一年内，它接到9162个案件，其中1592个是上诉案件；这一年，它给10588个案件作了判决，该审的尚余18086个。

## §2　1987年的改革①

580.第一个方案规定,成立几个“辅助法庭”,附属于最高行政法院,处理那些老大难的积案,法案未获通过。问题再次提出,终于在1987年12月31日法律中找到解决办法。行政法庭的普通法法院地位原封未动,最高行政法院的初审、终审职权依然如故,但却深刻改变了**上诉**规则,这就使得在正常的审级制中,最高行政法院有权进行**终审**监督。

(1) **上诉**。依据法律在巴黎、波尔多、里昂、南锡和南特建立
495 了5个上诉行政法院,负责审理对行政法庭所作判决的上诉。1997年5月9日法令、1999年5月28日法令和2004年6月22日法令,先后在马赛、杜埃和凡尔赛设置了第六、第七、第八上诉行政法院。由于最高行政法院以往陈案太多,为了避免拥挤忙乱,分三个阶段渐次向上诉行政法院移交职权。根据1992年3月17日法令,到1995年10月1日,职权移交完毕。只有下述事项例外:对市镇和选区之选举诉讼的上诉,对上文第569点所述之效力评价诉讼的上诉,法律将受理权永远保留给了最高行政法院。对撤销

---

① 关于1987年改革，参见：*AJDA* 专号，1988年2月；下列诸先生的文章：de MM. Combar-nous, Franc, Martin-Laprade, Chapus, Braibant, Chabanol; *RFDA*, 1988, n°2, La loi du 31 décembre 1987(1987年12月31日法律), p. 163 et s., 下列诸先生的文章 Long, Pacteau, Stirn, Drago, Abraham et Labetoulle. 还请参见 M. Pinault, Perspectives ouvertes par la loi de 1987(《1987年法律展示的前景》), *EDCE*, 1988, n°40, p. 215; J. Waline, La réforme de la juridiction administrative, un tonneau des Danaïdes?（《行政法院改革：是一个装不满的无底酒桶吗?》), *Mélanges Auby*, p. 349。

规章条例性行政法规的诉讼所作判决提出上诉，受理权本来也留给了最高行政法院，但 1995 年 2 月 8 日法律废除了这一例外，而将管辖权转移给上诉行政法院。

(2) **向最高行政法院上诉**。如果大部分上诉行政法院都有终审权，判例就可能产生诸多分歧，行政法的统一性就会受到损害。为了确保这种统一性，法律允许，对上诉行政法院所作判决可以再向最高行政法院提起上诉。最高行政法院的职责与法国最高法院相近，都要在司法层面上维护法律的统一性。至于如何安排、管理向最高行政法院的上诉，参见下文第 678 点。

(3) **上诉行政法院的设置**。它们最初成立于 1988 年，而法律是 1989 年 1 月 1 日生效的。行政法院的层级从此与普通法院类似，分为初审、上诉和最高法院三级。这是不是足以解决行政裁判的拖沓迟缓问题了？成立三级法院，还有最高法院，乍一看，似乎不会有多少效果，因为，普通法院同样是这种结构，也有案件积压、审理缓慢的难题。

这次改革的弱点是，上诉行政法院又变得积案如山，疲于奔命；的确，积案之山可能还在长高，人们现在又该跟这一弊端作斗争了[①]。

关于这次改革带来的重大变化，涉及行政法院地位的，参见下

---

① 关于普通法行政法院活动的统计数字，完全能反映 1987 年改革的情况。改革确实“减轻”了最高行政法院的负担，卸掉了大部分悬而未决的案件。2001 年，最高行政法院收到案件 12793 个，审结 13082 个，到年终尚余 10549 个待审。与此相反，上诉行政法院和行政法庭的情况在 2001 年变得更糟了。上诉行政法院接到案件 17468 个，审结 15015 个，到年终还有 42743 个待审；行政法庭的这三个数字分别是 134560 个、132799 个和 223162 个。

文第 597 点;涉及诉讼程序的,参见下文第 665 点。

## §3 1995 年的改革

581.1995 年继续进行行政法院改革①。

(1) 1995 年 1 月 6 日关于 1995~1999 年时期的规划法,将行
496 政法院审理每个案件的平均时间确定为一年,为此,决定招收 180 名法官和 200 名书记员、档案员,新建两个上诉行政法院,并在法兰西岛大区*成立两个新的行政法庭(参见下文第 598 点、第 602 点)。

(2) 1995 年 2 月 8 日"关于法院的组织机构和民事、刑事、行政诉讼程序"的法律,致力于提高法官的审判效率,赋予了法官一定的强制权(参见下文第 676 点)。

而且,该法扩大了可由一位法官独自审理的案件范围,修改了若干缓期执行的规定(参见下文第 664 点),提出了解决大量城建规划诉讼的特殊准则。行政诉讼越来越多地由**一位法官独自**审理。这一变革尤其有助于法院摆脱积案难理的困境,确应对其重大意义给予足够强调。

---

① B. Stirn, Tribunaux administratifs et cours administratives d'appel, un nouveau visage (《行政法庭与上诉行政法院:一种新面孔》), *AJDA*, 1995. Numéro spécial, p. 189; D. Chabanol, Commentaire de la loi de 1995(《评 1995 年法律》), *AJDA*, 1995, p. 388; B. Pacteau, Le juge unique dans les juridictions administratives, point de vue de la doctrine (《行政法院的唯一法官是法理观点》), Gaz Pal, 1998, n$^{os}$ 30-31。

* 法兰西岛(Île de France)大区,法国 22 个大区之一,辖巴黎、上塞纳等 8 省市,系法兰西的发祥地,也是当今法国的政治、经济、文化中心。——译者

1997年又出台了几个法律，革新行政法院成员的法律地位，完善行政法院遵循的诉讼程序。一再进行这种目标单一的局部改革，恐怕不是最佳改革方式。

势在必行、盼望已久的行政法院紧急诉讼程序改革，是随着2000年6月30日的紧急审理法的颁施而展开的(参见下文第665点)。

2002年9月9日的“**司法工作方针和规划法**”，为加速行政裁判制定了新办法，允许起诉人与上诉行政法院签订“**目标合同**”，以防拖延审判期限[①]。

## §4 诉讼的预防

582. 随着1997年改革的开展，行政诉讼改革走到了它的逻辑终点。现在，行政诉讼已同普通司法诉讼结构相近，都有初审法院、上诉法院和最高法院。正如人们所担心的，今后，假如行政法院再次出现积案如山，穷于应对的局面，还有什么改革途径可走？ 497
这已经是若干行政法庭和所有上诉行政法院的现状，而且最高行政法院副院长也已宣布：2003年行政法院登录在案的诉状增加了

① P. Gonod, Le mouvement de réforme de la justice administrative consolidé par la loi d'orientation et de programmation pour la justice (《被司法工作方针规划法强化了的行政裁判改革运动》), *AJDA*, 2002, 第1168期; v. également: *AJDA*, 2002, 666, et D. 2003. 79. v.: B. Pacteau, Le décret du 24 juin 2003 au secours des CAA(《2003年6月24日关于向上诉行政法院上诉的法令》), *RFDA*, 2003, 第910期; S. Boissard, Vers un désencombrement des CAA? (《上诉行政法院不会再案件堆积了吗?》), *AJDA*, 2003, 第1375期。

15%。

在结构改革业已走到尽头的情况下，挽救困境的出路可能只剩下两条：一条是**预防诉讼**，亦即力图在形成诉讼前解决争端；一条是探寻**解决**政府部门与被治理者之间**争议的其他方式**。

583.(1) 第一个出路在于，至少在某些方面，必须使**行政请愿**(参见上文的521点)成为行政诉讼的**必备前提条件**。涉及行政文件传达问题的争议已经照此办理：查阅行政文件委员会审理之后才能提起相关诉讼(参见上文第416点)。1987年12月31日法律作出同样规定：在某些条件下，最高行政法院可以其命令来规范契约争讼问题；旨在使公法人承担契约外责任的诉讼，在提起任何仲裁或诉讼之前，必须进行**行政请愿**或调解。可惜，最高行政法院从来没有发出过这样的命令！还有一个例子。关于控制入境移民和外国人居留问题的2003年11月26日法律规定，“由于否认接收证明文件的有效性而引起的任何诉讼，必须先向有关省长提出行政请愿，违者不予受理。”宪法委员会审查这个法律时认为，这样的强制性要求并未忽略源自1789年《人权宣言》第16条的有效求助权(参见CC，2003－484号，2003年11月20日的DC)。根据2000年6月30日法律第23条，2001年5月7日法令规定，在提起任何行政诉讼之前，必须先提出行政请愿；唯关于军人个人地位的法规与此不同。最高行政法院承认这一程序的合法性，参见最高行政法院，2002年11月27日的布雷尔(Bourrel)先生案判决，载*AJDA*，2003，第442期。它也认为，事先逐级申诉不违反《欧洲人权公约》第6条的规定(参见CE，2002年5月3日的斯蒂－安娜肺病诊所案判决，载*RFDA*，2002，第855期)。

“好官司不如赖调解。”行政请愿有可能达成某种协议，避免起诉（我们在下文第 607 点将会看到，行政请愿延缓了行政诉讼）。这就要求，必须有一种真正的非诉讼行政申诉程序，认真审查被治理者的诉愿，给他们以保护；中央政府部门内也应有一个真正的政府“法学家团体”，能够解决行政请愿提出的法律难题，而这种团体目前尚未出现。

584.（2）一谈处理诉讼的“**替代方式**”，有人立即就会想到**仲裁**。我们在上文第 440 点业已看到，最高行政法院认为，根据“公 498
法普遍原则”，除非与明确的法律条文或国际条约相抵触，“公法法人不得规避国家司法管辖，但也不能将它们作为当事人的诉讼交付某个仲裁人去判决”[①]。但是，人们可以跟也夫·古德迈[②]（Yves Gaudemet）一样设想，鉴于国际仲裁的作用日渐扩大，法国有一天定会放弃“不仲裁原则”，并为行政争议仲裁设计出一种法律制度。

另一种可能性是，**以行政法院认可当事各方达成的和解**来了结诉讼。对于这种可能性，最高行政法院发表了一个重要而富有建设性的意见，参见最高行政法院，2002 年 12 月 6 日关于艾玫瑰（Haÿ-les-Roses）市高中跨市镇联合会案的意见书，载 *RFDA*，2003，第 291 期。意见书首先提醒人们注意，《民法典》第 2052 条已经规定，行政和解对诉讼当事人双方均具有既决案件的效力，故而，让行政法官承认当事人作出的结论是顺理成章的，最高行政法院大

① 1986 年 3 月 6 日的意见书，载 Les grands avis du CE，2e éd.，n°15，commentaire D. Labetoulle。

② Y. Gaudemet，L'avenir de l'arbitrage en droit administratif français（《法国行政法中仲裁的未来》），*Mélanges Moreau*，p. 165。

合议庭以大法官的严格方式作出裁决，为了共同利益，在可确定的许多情况下，同意认可当事人的请求。

最后的一个办法是**调解**，通常法律对此作出了明确安排。所以，1991 年 2 月 25 日法令规定，设立全国咨询委员会和大区咨询委员会，通过协商对话来解决关于公共合同的诉讼。此外，《行政诉讼法典》第 L.211－4 条规定，“行政法庭可以进行调解”。调解只能由行政法庭进行：参见最高行政法院，1989 年 6 月 23 日的维立德（Vérité）案判决，载 *Rec.*，146。

## 第 2 节　行政法院的一般特征

行政法院的特征是：必须绝对保持**独立性**和**专业化**。这表现为：**行政法官与在职行政官员分离**（§1），**行政法院具有咨询功能**（§2），**其独立性得到宪法确认**（§3）。

### §1　行政法官与在职行政官员分离

499 585. 这种分离体现在行政法院的组成及其成员的身份、地位上。

(1) **组成**。在职行政官员逐步从主要行政法院中排除出去，这分几个阶段进行（参见上文第 535 点）：首先排除了国家元首，然后是部长。同样，省长原本担任省行政法院院长，1926 年不再涉足法院工作，1953 年省法院为行政法庭所取代。只剩下那些不定期间歇开庭、职能十分独特的行政法院，诸如大学法院、职业法院之类，还不是由司法专业公务员组成。

(2) **地位**。行政法院的独立性要求，行政官员不仅不能任职其中，而且不得以任何手段向法官施加压力。法官在其任职期间，不应当依附于其所审理的任何机关。就普通法院的法官而言，他们属于传统意义上的**法官**，以任职的终身性保证其独立性。过去，行政法官处境相反，没有这种资格。出于历史原因，那时只有国家审计法院成员是例外；按照1982年3月2日法律成立的大区审计法庭成员（参见上文第216点）也是例外。1986年1月6日法律正式授予行政法庭成员这一资格，确保他们真正任职终身："没有获得本人同意，他们可以不接受新的职位，即便提升也不成。"反之，没有任何法律承认最高行政法院成员的法官资格。不过，头衔、名分也许是次要的，更重要的是，他们的社会法律地位可以使其独立性得到切实可靠的保障，参见下文第591点①。

(3) **职权**②。最高行政法院曾经原则性地提出，如果行使司法权的法官也担任行政官员，就会再次陷入行政审判与行政活动权责混同的局面。若身兼二职，法官也许会代替政府部门作决定，比如他自己动手撤换刚被他宣布废除的行政决定；他也许会对政府部门下达命令，比如，他在宣判政府部门"拒发许可证为非法"之后，下令发放这种许可证。面对政府部门，法官应当严格限制自己

① 关于使法官在行政案件中保持独立、公正的法律，请参见J. P. 科斯塔(J. P. Costa)和居约马尔(Guyomar)的文章，载*AJDA*，2001，p. 514。

② J. Chevallier, L'interdiction pour le juge administratif de faire acte d'administrateur(《禁止行政法官充任行政官员》)，*AJDA*，1972，p. 67。

的职权。法官只有权**宣布废除**不合法的行政法规，而应由政府部门自身从这种判决中总结经验，得出结论；法官只有权判处政府部门赔偿其违法行为给他人造成的损害。不过，立法机关注意增强法官判决的权威性，用法律深刻改变了经常受到法学理论界批评的行政法官的上述处境（参见下文第676点）。应当强调，这些法
500 律已经使行政法官对政府部门的传统职权发生了巨大变化。

## §2 行政法院的咨询功能

586.行政法院成员除了履行自己的司法职责，有时还承担咨询任务。他们应约给政府部门出主意、提建议，从而熟悉了政府部门的问题，而又不觉得跟自己作为法官所要审查的事务有什么联系，因为，他们按照要求就某些问题发表的意见，对于政府部门并无约束力。最高行政法院的咨询功能特别强大（参见下文第596点）。许多专门行政法院，诸如审计法院、大学法院等等，都发挥着咨询作用。

## §3 行政法院的宪法性质

587.普通法院法官的独立性是《宪法》第64条赋予的；至于行政法院的独立性，是宪法委员会原则上肯定了它的宪法意义。

宪法委员会在其1980年7月22日第一个相关裁决（载 *GD-CC*，n°29）中确认，行政法院的独立性跟普通法院的独立性具有同样的宪法意义。1987年1月23日的裁决（载 *RFDA*，1987，第299

期及 *RD publ.*,1987,p.1341)走得更远:行政法院的独立性晋升为"共和国法律确认的基本原则",具有宪法意义(参见上文第555点);由此得出一个准则:"根据三权分立的法国理念","废除或修改政府部门行使公权力特权时作出的决定……终审权属于行政法院"。[①] 行政法院在这段规范化表述中找到了自己原来缺乏的宪法基础;对于两种法院之间的权限划分,该裁决甚至给法律和判例以广泛权利(参见上文第562点等)。[②]

## 第3节 最高行政法院[③]

588.**历史**[④]。作为政府的咨询机关和最重要的行政法院,最 501

---

① 关于社会保障诉讼方面实施这一原则的情况,见CC,2001年11月27日对"改善不靠工资生活农民工伤事故社会保险问题的法律"的看法,载《政府公报》,2001年12月1日,p. 19112。

② L. Favoreu, Le juge administratif a-t-il un statut constitutionnel? (《行政法官具有宪法地位吗?》), *Mélanges Auby*, p. 111。

③ 关于最高行政法院的组织和活动方式,除前文所引著作外,参见:les études parues au Livre Jubilaire,各期 EDCE, et l'ouvrage collectif publié en 1975 par le Conseil d'État lui-même, Le Consefl d'État (1799 – 1974) (《最高行政法院(1799 – 1974)》); P. Weil, Le Conseil d'État, politique jurisprudentielle ou jurisprudence politique? (《最高行政法院:判例政治还是政治判例?》), 1961; Letourneur, Bauchet, Méric, Le Conseil d'État et les tribunaux administratifs (《最高行政法院与地方行政法院》), 1970; Negrin, Le Conseil d'État et la vie publique en France depuis 1958 (《最高行政法院与1958年以来的法国公共生活》), *Ann. Fac. Dr., Aix*, 1968; Massot et Marimbert, le Conseil d'État (《最高行政法院》), 1989; Robineau et Truchet, *Le Conseil d'État* (《最高行政法院》), 1994; M. Long, Le Conseil d'État, rouage au Coeur de l'administration et juge administratif suprême (《最高行政法院:行政部门和行政法官的核心机构》), *Rev. adm.*, 1995, p. 5. Pour un jugement étranger cf. C-

高行政法院一直以这两种职衔,在国家生活中发挥着鲜为广大公众所知但却必不可少的作用。

最高行政法院是根据共和八年《宪法》第52条的规定,仿照国王枢密院并作为国王枢密院的继承者而建立的。拿破仑一世时期,最高行政法院首先是在立法(拟订重要法律)、行政和诉讼三个领域,履行咨询职能。1806年,最高行政法院内部成立了一个诉讼委员会,以有节制的司法权的资格,专门审理各种讼案,而司法权仍由帝王本人行使(参见上文第535点)。

1815年至1848年王政复辟时期,最高行政法院作用弱化,几至威胁到它的存在。而自1831年重组后,它行使政府顾问和法官的双重职责不再成为严重问题。1870年第二帝国倾覆后,最高行政法院一度解散,1872年5月24日法律将其重建并赋予它代理司法权。虽然1953年9月30日法令剥夺了它的普通法行政法院性质,但它在行政法院系统内部的地位却丝毫没有降低。1946年和1958年两部宪法以暗含的,但却不容置疑的方式,使它的存在有了宪法保障。

1962年一个偶发事件进一步确立了最高行政法院在国家的地位。它的一个判决,政府认为理由牵强,提出抗议,甚至以启动

---

J. Hamson, *Pouvoir discrétionnaire et contrôle juridictionnel* (《自由裁量权与司法监督》), trad. Cocâtre-Zilgien, 1958; J. Massot et T. Girardot, Le Conseil d'État (《最高行政法院》), *Doc. Frse*, 1999。

④ 重要著述目录载于 *EDCE*, n°2, p. 129, n°6, p. 180, n°9, p. 161. Études parues au Livre Jubilaire. 第一帝国时期, 参见 Ch. Durand, Études sur le CE napoléonien (《关于拿破仑时期 CE 研究》); 复辟时期,参见:Raïssac, 论文,Paris, 1937; 第二帝国时期,参见:Besnard, 论文,Paris, 1943。

改革、削减其职权相威胁。改革的确发生了,但1963年7月30日的几个法令远远不能平息那些抗议和威胁煽起的焦虑不安,只是使最高行政法院的理讼和咨询这两大任务在总体上进一步得到确认和巩固①。

目前,最高行政法院受1945年7月31日条例和前文所引那些法律的支配,1995年7月3日法令对这些法规条文顺带作了修改。1987年12月31日法律(参见上文第580点)虽然改变了最高行政法院的权限,却绝对没有缩减它的职责。这些法规均已编入《行政诉讼法典》。

## §1 最高行政法院的组成

589.**第一,等级**。最高行政法院大约有293名成员。较之它们承担的巨大任务,人数是很少的。这些人分为三个等级: 502

(1) **助理办案员**(auditeur),先是二级助理办案员,然后升一级。最初,他们仅限于被动地实习、培训,如今也积极参与案件审理的筹备安排。

(2) **审查官**(maître des requêtes)之名借自旧时代的国王枢密院,他们在案件审理筹备阶段起着最重要的作用。其中一人担任法院秘书长,若干人是**政府专员**,负责在每个案件中介绍审判结论。这种结论远不能反映政府的观点;但因他们有专员头衔,那些

① 关于1963年的改革,参见下列先生的文章:Drago, *AJDA*, 1963, p. 524, Sandevoir, R. A., 1963, p. 495 et 574, Silvera, *S*., 1963, Chron. p. 51。

观点就可能让人相信。结论中提出肇事者觉得最符合法律规定的解决办法(参见下文第668点)。

(3) **最高行政法院常务推事**(conseiller d'État)对审查官或助理办案员准备的案件作出裁决。

在最高一级:有6位庭长、司长,每人领导法院的一个部门;还有一位副院长[1]。按照传统,院长头衔留给总理;实际上,在法院某些盛大的会议上,都是司法部长担任院长职务。日常工作其实都是副院长主持。

除上述职员以外,法院的常任干部有:

① 12 **名特别推事**,由政府自由挑选名流充任,任期四年,每二年调整一次。他们一般是,但不总是高级公务员。他们不参与诉讼活动。

② 部长可将各个政府部门的官员派驻最高行政法院,也叫政府专员,负责其任职机关与行政法院各部门之间的联系。不应将他们与狭义的政府专员相混淆,后者在诉讼过程中具有举足轻重的作用。

③ 部长有权出席非诉讼活动,让每个人听到其不同意见。

④ 2002年12月20日法令在各级行政法院设置了**"司法助理员"**,协助法院成员进行准备工作,以缩短审理期限。其中若干人
503 被分配到最高行政法院(参见 *AJDA*,2003,第6期)。

590.**第二,职业**。这受两个因素制约:一是,一个大的机构必

---

① O. Henry, Le vice-président du Conseil d'État (《最高行政法院副院长》), *RD publ.*, 1995, p. 701。

须保持稳定性、连续性；为了避免封闭、僵化，还要使职位对外开放，应将上述两者协调起来。最高行政法院成员实行聘任制。二是，必须坚决保证最高行政法院成员的独立性。

591.(1) **招聘与晋升**。一般情况下，最高行政法院成员都在那里历阶而上，从业终生。人们经常议论，那里是几代人共处，在每个案件中，25 岁的助理办案员和六七十岁的推事都会发生观点碰撞。

**二级助理办案员**从前是通过专门考试招收，现在是从国立行政学院毕业生中录用。对行政学院的所有学生而言，在毕业考试中的名次决定其能否进入助理办案员岗位。这个制度使招聘新人保持着过去那种专门考试制度的高水平。入院两年后，那些显然不能胜任的助理办案员将被调往其他机关。

**一级助理办案员**从二级助理办案员中选拔。

**审查官**的招聘渠道较宽，方式多样。四分之三的审查官来自助理办案员，另外四分之一由政府随意任命 30 岁以上、有 6 年公务员资历的任何人充当。他们来自**圈外**，使最高行政法院融入了一些拥有行政实践经验的人。

至于最高行政法院的推事，约有三分之一来自圈外，三分之二来自审查官。来自圈外者，唯一的要求条件是 45 岁以上。政府可从院外拥有这种特权资格的所有政府部门中自由任命；不过，政府的这种自由今后可能会受到限制。因为，对于已被选拔任职者，若发现对其才干的评价不实，有溢美之嫌，法官即可毫不迟疑地宣布其任命无效。这个判例原则虽然尚未涉及最高行政法院，但可能会波及到它。副院长已经下令，从院外其他职位上选任推事时，必须在《政府公报》上公布(参见上文第103点)。

为了密切最高行政法院与上诉行政法院、行政法庭之间的联系,从1953年起,若干推事和审查官的职位,从行政法庭和上诉行政法院的成员中选任(参见1999年7月15日第99-600号法令)。

592.(2) **职业保障**。在职业生涯的各个阶段,都有切实可靠的职业保障,足以使最高行政法院成员藐视政府的蛮横专断。主
504 要之点是,有关职务晋升和纪律制裁的一切决定,都有一个协商委员会的参与,审查官和助理办案员在其中均有代表。

晋升实际上都是论资排辈,避免了上司的独断专行。经1973年2月24日法令修改过的1963年法令,制定了规范晋级升职的各种措施。在纪律惩处方面,最高行政法院成员确实享受不到普通法院法官那样的终生从业优待,但1963年法令使他们受到的惩戒更加多样而温和,十分严密地保护他们免受制裁。事实上,最高行政法院的独立性主要是建立在比许多法规条文更有效的传统惯例的基础上[①]。

必须提及关于**暂时调动**问题的非常灵活的规定。最高行政法院成员可以被调职到政府部门任职一定时间,尤其常见是到部长办公室工作;其间,他们同最高行政法院之间的关系一仍其旧。不过,只有在最高行政法院历练四年以上的成员才有此机会。因此在王国和帝国时期,最高行政法院一直发挥着为国家造就优秀储备人才的作用。这一切无疑提高了最高行政法院成员在国家生活

① 对这种独立性一般是没有争议的,但有人表示怀疑,参见:O. Dupeyroux, L'indépendance du Conseil d'État statuant au contentieux(《行政法院理讼的独立性》), *RD publ.*, 1983, p. 565。

中的威望和影响。争议更多的是**停职问题**；最高行政法院成员可以自由离职，到私营部门就业。

## §2 最高行政法院的机构设置

最高行政法院的双重职责，要求相应地设置两种机构：一种是行政机构，完成咨询职责；一种是司法机构，完成理讼职责。

593. **第一，行政机构**。

(1) 最高行政法院设有五个行政事务司，其中四个负责处理来自相关部委的事务；除社会事务司外，其余几个司均冠以最重要的部的名字，诸如财政、内政、公共工程等等；至于第五个司，请看下面(3)。

(2) 征询最高行政法院的意见，通常都由主管的司作出答复。当问题涉及几个司分管的几个部委时，则由几个司联合作出答复，或由几个司抽人组成的一个委员会作答①。最高行政法院的最重要文件，是以**最高行政法院大会**这种特别庄重盛大的形式发出的意见书；大会由副院长主持，也许以日常形式(34 人)举行，也许以全体形式(所有推事)举行。处理一般事务用日常形式；全体大会每年至少召开 12 次，处理日常会议移交过来的事务。最后，还有一个比较精干的机构即**常备事务司**，当政府急需时，该司随时就法 505
律法规草案提供咨询意见。

① 关于各个部门，请参见什瓦茨(Schwartz)1998 年 7 月 29 日在最高行政法院发表的关于法国律师工会案的审理结论，载 *AJDA*，1998，p. 1010。

(3) 此外,1963年改革中成立了一个**报告与研究委员会**,1985年将其升格,成了第五个行政事务司。

594.**第二,理讼机构**。

(1) **诉讼庭**的前身是1806年设立的诉讼委员会,设庭长和三名庭长助理;根据1980年1月10日法令,诉讼庭下设10个分庭,各有其分庭庭长。

(2) **预审**过去由分庭办理,1984年8月29日法令出台后,在庭长管辖下,既可由分庭办理,也可由诉讼庭本身处置。

(3) 鉴于案件众多,实际上并非所有案件都由整个诉讼庭审理。正像一个法院都设几个法庭那样,最高行政法院内部也有几个审判机构。这些机构的组成不尽相同,在最高行政法院内部也分等级,比较麻烦的案件都交由比较正规的机构审理。

(4) 根据案件的性质和重要程度,或由一个分庭审理(参见1980年1月10日法令),或由两三个分庭合审,后者也构成正规审判机关。

(5) 有的案件可能特别棘手或者提出了某个特别重要的原则问题。当此之际,不能再由该案本来所属的分支机构审理,而应提交给一个人数更多的机构。后者有两种:一个是常说的**诉讼庭**,由庭长及其三名助手、各分庭庭长、属于同一个行政事务司的三名推事和一名报告人(参见1968年9月9日法令)组成。另一种是最高级的**大合议庭**,由最高行政法院副院长主持,由六名司长、庭长;两名资历最深的司长、庭长助手;该案预审分庭庭长和报告人组成。最高行政法院副院长、诉讼庭庭长、预审分庭庭长和政府专员有权要求将一个案件从其正常所属的审理机构移交到诉讼庭或大合议庭。

无论是上述哪种机构作出的判决，永远具有同等的法律效力，都属于最高行政法院的判决。尽管如此，但每个判决的重要性及其精神感召力，都因作出判决的具体机构的层次不同而有所变化①。

**595.第三，行政机构和审判机构之间的人员调配。**

不能期望最高行政法院成员在其整个职业生涯中既是咨询专家又是理讼专家。我们刚刚叙述的大合议庭的组成，却反映了一种求全观点。推而广之，助理办案员和审查官全都被同时分派到一个行政事务司和诉讼庭。主要的例外是，新从院外任命进来的助理办案员和审查官，只派到诉讼庭，以便在入院后的头三年进行培训。同时被分派到两个机构任职的准则，可能也适用于推事，但对他们不是强制性的(参见 1975 年 8 月 26 日法令)。 506

相反，任何可以在行政事务部门占有席位而组织上不在最高行政法院编制的人员，尤其是政府自由指定的那些特别推事，不得进入理讼部门。

最后一个预防措施是，一名推事若在行政事务司曾对某个问题提出过意见，该问题后来受到起诉，又需要该推事所属的审判机构对此作出判决，则该推事必须回避。

---

① B. Genevois, Sur la hiérarchie des décisions du CE statuant au contentieux (《论最高行政法院判决的等级》), *Mélanges Chapus*, p. 245。

## §3 最高行政法院的职权

596.**第一,咨询职权**①。人们往往忽视咨询职权,最高行政法院自己却能正确地十分重视这一点;影响 1987 年改革的一个因素,正是担心咨询职权受到日益膨胀的审判职权的损害。实际上,最高行政法院是政府的顾问;无论在立法方面,还是在制定规章条例性行政法规或用于个人的行政文件方面,法律经常强制性地要求,政府必须事先征询最高行政法院的意见。

(1) 在立法方面②,最高行政法院是政府行使立法创议权的顾问。**法律草案**在部长会议审议前,必须征询最高行政法院的意见(参见《宪法》第 39 条)。当议会授权政府制定通常属于法律事项的规章条例时,亦须事先征询最高行政法院的意见(参见《宪法》第 38 条及上文第 309 点等)。

(2) 政府行使规章条例制定权时,须区分不同情况:就《宪法》第 37 条所述条例性质的事项制定法规时(参见上文第 322 点),若目的在于修改一个有关该事项的旧法律,可以征求最高行政法院

---

① Marceau Long, Le Conseil d'État et la fonction consultative (《最高行政法院与咨询职能》), *RFDA*, 1992, p. 787; M. Bernard, Le renouveau de la fonction consultative du CE sous la 5ᵉ République (《第五共和国最高行政法院咨询职能的复兴》), *EDCE*, n°46, p. 439。F. Brenet, La procédure de saisine pour avis du CE: pratique contentieuse et influence en droit positif (《要求最高行政法院提意见的程序:诉讼实践和对人为法的影响》), *RFDA*, 2002, 第 525 期。

② A. Jeannot-Gasnier, La contribution du CE à la fonction législative (《最高行政法院对立法的贡献》), *RD publ.*, 1998, p. 1131。

的意见。当规章条例只是具有完善或保证法律实施的作用，且法律本身明确规定须由最高行政法院发布实施令时，则必须征询它的意见。 507

(3) 对一些**特殊的决定**，许多法律条文规定了最高行政法院的作用（比如，在承认一个团体的公益性、改名字等方面）。

(4) 必须严格履行征求最高行政法院意见的义务。若制定行政法规时应征询其意见而未征询，法官即可按照规定指出该法规带有**不合程序**的瑕疵，最高行政法院也被视为该法规的共同制定者。但是**征求**它的意见并不意味着**服从**它的意见。政府始终自主地作出自己的决定；只有极少数的情况，法律规定必须**符合**他人意见。然而，尽管政府可以在自己的最初方案和最高行政法院修改后退回的方案之间作出取舍，却无权另选最高行政法院因故未曾审查的第三种方案。

(5) 除了**必须**征求最高行政法院意见的情况外，政府亦可**随意**向其咨询，甚至委托它进行某项研究（参见 1975 年 8 月 26 日法令）。而且，行政事务出现困难时，比如某个法律不易解释，政府均可向它提出咨询。它的意见无论公布与否，都是只供政府作决定时参考。历届政府都极力不公布它对政府方案的批评意见，而很愿意发表它阐述舆论所关注问题的意见（参见其 1989 年 11 月 27 日关于伊斯兰头巾事件的意见，载 *RFDA*，1990，p.1）。实际上，它的意见越来越频繁地获准发表，每年都有许多意见刊登在《**最高行政法院研究资料**》（EDCE）期刊上，还出版了一部《**最高行政法院重大意见汇编**》（参见书刊目录）。

(6) 最高行政法院可以主动建议国家权力机关进行人民期望

的法律规章改革。为了促使它更广泛地运用这一权利,1963 年改革要求它每年向政府提出一份报告,其中尤其要它提出各种建议。该报告原由一个委员会草拟,1985 年 1 月委员会升格为司,名称中增加了**报告**字样;而自 1975 年 8 月 26 日法令出台时起,委员会已有**研究**之名。它的名称表明,甚至在政府未提出任何要求的情况下,该司也可以深入研究自己认为重要的行政问题[①]。它成了第五个行政事务司,其报告刊登在 EDCE 上。

(7) 最后,1963 年改革使各部部长可以在本机关拟订法律草
508 案的过程中,或解决法律问题时,请最高行政法院的成员个人或小组予以协助。这样做要比在整个草案写好后再让法院提意见好得多,因为作者们都厌恶返工重写。为了在特别需要合作的领域加强合作,1975 年 8 月 26 日法令规定,起草实施法律的条例时可以吸收最高行政法院的一名成员参加,但提供的这种机会还几乎没有被使用过。

最高行政法院的年度报告如同其意见,原则上不予公布,除非政府另有决定。而实际上,报告内容一般都在 EDCE 上披露。

597.**第二,理讼职权**[②]。上文第 579 点、第 580 点业已述及,其理讼职责有三:

(1) **初审和终审**。最高行政法院在历史上长期是普通法行政法院,而在 1953 年改革后剩下的职权是:根据 1953 年 9 月 30 日法令,只有异常重要、不能交给普通行政法院审理的某些争讼,或者

① 对报告委员会 20 年工作总结,请参见文章,载 *EDCE*, n°34, p. 121 et s。

② D. Labetoulle, Remarques sur l'élaboration des décisions du CE statuant au contentieux (《评最高行政法院诉讼判决的制作》), *Mélanges Chapus*, p. 393。

难以交给地方行政法院管辖的某些案件，才由最高行政法院受理。这种案件的数量后来一再增加。

直接提交最高行政法院的讼案有：

① 两种特别重要的、指控最高政府机关文件的诉讼。一是**反越权行为诉讼，试图废除一个规章条例性的或关涉个人的政令**，或废除一个条例；二是**有关个人地位的诉讼，指的是以共和国总统令任命的公务员**，自总统令下达后，地位、身份却与任命的不同。与此相反，以总理令任命的公务员的个人地位问题，却归行政法庭管辖（参见1969年1月29日法令）。下列诉讼逐渐转归最高行政法院审理：关于指定经济委员会成员的诉讼（参见1958年12月29日条例）、关于要求废除部长各种形式的规章条例性文件的诉讼（参见1963年法令）、关于要求废除部长根据最高行政法院意见制定的文件的诉讼（参见1966年6月13日法令）以及关于欧洲议会选举的争讼（参见1977年7月7日法律）。

② 难以按管辖区域交由一个行政法庭审理的争讼，诸如：**由于法国政府部门在境外行使职权而发生在国家领土之外的诉讼**，针对**实施范围超出单独一个行政法庭管辖区域的行政法规的诉讼**（关于这个概念，请参见2001年4月25日布瓦萨尔（Boissard）在最高行政法院就选择生命协会案发表的审判结论，载*RFDA*，2002，第541期）。“**全国性合议制机构**”作出的行政决定可以归入上述后面一类（参见1975年8月26日法令）；1963年仅仅为职业公会的行政决定提出的准则，已经被推而广之。 509

必须指出，最高行政法院通常都是极其严格地解释它的初审和终审权限。比如，对一个驱逐外国人的法令提出争议，虽然法令的效力涵盖全国，也不应向最高行政法院起诉，而应诉至当事人居留地的行政法庭，因为法令是在那里执行（参见 CE，1954 年 11 月 26 日的冯·佩波格（Van Peborgh）案判决，载 *D.*，1955.89）。同样，最高行政法院在废除政令方面的职权，并不妨碍地方行政法庭对政令，甚至法律造成的损害赔偿案件进行审理。

(2) **上诉**。1987 年 12 月 31 日法律生效后，最高行政法院只受理针对不归上诉行政法院管辖的行政法庭判决的上诉（参见上文第 580 点），诸如对先决性问题之合法性评判的争议，对地方选举的争议，等等。2000 年 6 月 30 日法律规定，它也能对行使自由权方面的上诉作出裁决。

(3) 1987 年改革后，**最高行政法院是对上诉行政法院判决的最高裁决者**[①]。而且按照往昔惯例，它也同样受理对拥有终审权行政法院判决的上诉。根据一项普通法律原则（参见 CE，1947 年 2 月 7 日的达利埃尔案判决，载 *GAJA*，n°61），向最高法院上诉是自由的，不受限制，除非法律明文加以禁止。一个作出终审判决的机构一旦被认为具有行政法院性质，对其判决即可随意向最高行政法院起诉；即便法律确定那些判决是"最终的"，仍可通过向最高法院上诉的途径请最高行政法院予以监督。

(4) 在上述纯粹的审判职能中，1987 年 12 月 31 日法律第 12 条又加进去一种虽然与诉讼有关，但却仅仅具有咨询性质的职

---

① J. Massot, La cassation（《撤销原判》）, *AJDA*, 1995, n°spécial, p. 200; J. Massot, O. Fouquet, J.-L. Stahl, Le Conseil d'État juge de cassation（《最高行政法院是撤销原判的裁决者》）, Berger-Levrault, 2001。

能[①]。当行政法庭或上诉行政法院“遇到十分难办而又出现在许多案件中的崭新法律问题”时,如果他们感到有益,**可以延缓审判**, 510 而将问题提请最高行政法院解决。后者应在三个月内用一份**意见书**指明它认为正确的解决办法;该意见没有既决案件的效力,因而对提出问题的法院也没有约束力。意见发表在政府公报上,政府专员会对之作出说明[②]。有人可能以为,由于发表意见的机关很有权威,不仅提出问题的法院会遵照执行,所有遇到同样问题的法院都将顺势跟进。因此,又可能出现判例相互矛盾,从而再次导致行政法院积案成堆,审理缓慢,而这正是1987年法律所要克服的弊端。

(5) 作为**最高一级行政法院**,在其多项职责中,最高行政法院还拥有行政法院系统内部**权限调节者**的权能。

① 自1932年起,它承认自己有权进行**指定管辖**,就像法国最高法院在普通法院系统那样。也就是说,它有权解决两个行政法院之间的权限争议:也许是被动争议,对某个案件两者都拒绝审理;也许是实质争议,两者的判决相互矛盾。当两个判决之一是最

---

① H. M. Darnanville: La saisine pour avis du CE et de la Cour de Cassation (《对最高行政法院和法国最高法院意见的征询》), 载 *AJDA*, 2001, p. 416; 关于最初实施第12条的情况, 参阅 E. Honorat et E. Baptiste 对1989年7月7日两个意见的解释, 载 *AJDA*, 1989, p. 606; D. Labetoulle, Les premières applications de l'article 12 (《第12条的最初实施》), 载 *RFDA*, 1989, p. 893. 关于拒绝提意见的情况, 参见 CE, 6 oct. 1995, Chevillon, 载 *Rec*., p. 350; CE, Ass., Avis, 24 oct. 1997, *Assoc. locale pour le culte des Témoins de Jéovah de Mion*, 载 *RFDA*, 1998, p. 69, note Gonzalez。

② 最高行政法院提的意见是司法行政的一种举措, 没有既决案件的效力, (见 CE, 7 juillet 2000, Clinique chirurgicale de Coudon, *D*., 2000, I. R., 238); 对它的意见不得起诉(见 CE, 17 novembre 1997, Mine Doukouré, p. 426)。

终判决时，那么，正常的上诉，无论向上诉行政法院上诉还是向最高行政法院上诉，都不能勾销这些矛盾。当此之际，最高行政法院可打破常规，从上而下，强制性地宣布有错误的判决绝对无效，哪怕它是最终判决也无妨碍[①]。

② **关联性**[②]。当一个讼案的解决办法必然随着另一个讼案的解决办法而变化时，两案之间便存在关联性。而两个相互关联的讼案可能各归一个行政法院管辖。在这种情况下，最好只让两个法院中的一个审理那两个案件。1960 年 12 月 27 日的法令（参见《行政诉讼法典》第 R.341－1 条）就是这样解决问题的。如果存在关联性的两个案件中，一个归拥有终审权的最高行政法院管辖，另一个交到基层的行政法庭，则最高行政法院可命令将两案都交给自己裁判。如果具有关联性的两个案件归两个不同的行政法庭分别管辖，应两法院之一的庭长之请，最高行政法院诉讼庭庭长可指定提出请求的庭长两案皆审。

关联性的实例有：最高行政法院，2001 年 5 月 28 日的博亚尔镇和法国面粉业有限责任公司案，载 *Rec.*，249；2001 年 6 月 13 日的韦杜尔案，载 *Rec.*，261。

③ **解决行政法院系统内部权限划分的困难**（1972 年 2 月 22
511 日法令首先作出规定，该法令已编入 CJA 第 R.351－1 等条，且由

---

① 参见 R. d'Haem, La réforme de la procédure de règlement des questions de compétence à l'intérieur de la juridiction administrative（《行政法院系统内部权限争议解决方式的改革》），*RFDA*，2003，第 497 期。

② 关于关联性，参见 Debbasch，文章，载 *D.*，1961，p. 145；Puisoye, La notion de connexité（《关联性的概念》），*AJDA*，1967，p. 260。

*2002*年*4*月*19*日第*2002－547*号法令作了修改)[①]。在这个法令出台前,一个行政法院若认为提交审理的讼案应归另一个行政法院管辖,它只能作出一个肯定自己无此权限的裁决,而无权指明它认为哪个法院有此权限。若起诉人认为这种“无权裁决”没有根据,也只能通过惯常的途径,向上诉行政法院或最高行政法院上诉。因此,这些诉讼的解决势必大大推迟。

1972年2月22日法令试图纠正这种状况,允许法院在作出“无权裁决”之前,按照**案件移送程序**,呈请最高行政法院诉讼庭庭长指定管辖法院。

需要区分两种情况:

一是,最高行政法院收到的一个初审案件,实际上应归某个行政法庭或某个与行政法庭有别的行政法院管辖,如何移送给主管法院要由诉讼庭庭长以无须说明理由的行政命令予以确定(参见1984年8月29日法令第14条)。

二是,一个收到诉状的行政法庭认为,该案应归另一个行政法庭管辖,那么,庭长须将案卷呈送最高行政法院,由诉讼庭庭长指定管辖法院。

无论在什么情况下,移送案件的决定都不能受到任何起诉,被指定审理案件的法院也不得拒绝接受,除非所有行政法院都无权管辖该案;而且,这种可能性只存在于行政法庭这个层次上。

④ 1972年2月22日法令给这些改革增加了一条只与改革有

---

① F.-G. Bertrand, 解释:sous CE, 27 juil. 1972, 载 *D.*, 1972, p. 661; Homont, 载 *D.*, 1973, chron., p. 147。

关的规定,因为,这一规定同样是为了加速审理案件的进程。规定是:一个行政法庭或者最高行政法院,收到一个它们自己无权审理的讼案后,确认讼案有明显瑕疵,不可受理,而且有管辖权的法院也会拒绝(比如上诉时限已过)。遭遇此境,若将案件移送给这种法院只会让起诉人浪费时间和金钱。这样,错误地收到案卷的法院就有权宣布该案不可受理。

⑤ 应当强调指出,事先提请最高行政法院诉讼庭庭长解决问题意义重大。在许多情况下,由他本人以命令的形式作出裁决。
512 在若干特定场合,庭长还有一些专门职权;尤其在广播电视领域,他受权强制性地要求私营台站履行自己的责任义务。

⑥ 所有这些措施都显示了一种可贵的关注,即希望为被管辖者准确找到法官提供方便。从这种视角看,这些措施与 1960 年 7 月 25 日法令推行的改革更为接近,那次改革重在解决普通法院与行政法院之间的权限争议(参见上文第 545 点)。不应将几次改革**混为一谈**。我们刚刚考察过的只是解决**各种行政法院之间**权限争议的办法。

(6) 最高行政法院作为行政法院系统的最高法院,还是**所有行政法院的常设监察机关**①。

---

① P. Ordonneau, Les problèmes posés au cours des dix demières années par l'organisation et le fonctionnement des tribunaux administratifs (《最近 10 年间行政法庭的机构和功能提出的问题》), *EDCE*, 1977 – 1978, p. 111。

## 第4节 上诉行政法院[①]

上诉行政法院的建立是1987年12月31日法律所推行的诉讼改革的中心环节。

### §1 组成和机构

598.全国现有8家上诉行政法院,第8家(设在凡尔赛)2004年9月1日成立。

每家上诉行政法院都设几个分庭:马赛和里昂的各设6个,波尔多和巴黎的各设5个。南锡和南特的各设4个,杜埃和凡尔赛的各设3个(参见2004年6月23日法令)。每个分庭有庭长1人,推事3人,政府专员2人。由于1992年3月17日法令使各个上诉法院履行一些新职能,所以它们的分庭数目有所增加,见上文第580点。上诉行政法院可以全体人员参加庭审(院长、主审推事、各分庭庭长)。院长是最高行政法院的一名推事:也许他早就拥有

① M. Gentot et H. Oberdorf, *Les Cours Administratives d'appel*(《上诉行政法院》), Que sais-je? 1991; B. Pacteau, Les CAA. De nouveaux juges pour une justice administrative nouvelle (《上诉行政法院:一种新式行政司法机关的新法官》), *Rev. Justices*, n°4, p. 99; R. Drago, Les cours administratives d'appel(《上诉行政法院》), *RFDA*, 1988, 第196期; H. Isaïa, Les CAA. Bilan critique (《上诉行政法院:评论性总结》), Economica, 1993; R. Le Goff, Les membres des TA et des CAA sont-ils des agistrats? (《行政法院和上诉行政法院的成员是法官吗?》), *AJDA*, 2003, 第1145期。

推事身份,也许是刚从行政法院或上诉行政法院的成员中遴选出来,在进入最高行政法院的同时成了上诉行政法院院长。

## §2 成员招聘

513 599.上诉行政法院成员和行政法庭成员共同形成一个群体,叫作"行政法庭和上诉行政法院群体"。全国普通法院的所有成员同属于一个群体,具有同样的地位,行政法院系统则与此迥然有别,行政法庭和上诉行政法院群体跟最高行政法院成员形成的群体界限分明,从前者升入后者需循序渐进(参见上文第591点)。

上诉行政法院进人的正常途径是从国立行政学院(ENA)毕业生中招聘。但是,扩充人员的必要性导致多种进人途径并行。与从国立行政学院中招聘不同,1980年法律制定了考试录取办法,但这种考试经常延期,目前受《刑事诉讼法典》(CJA)第L.233－6条的支配。2003年1月23日政令决定举行2003年度招聘考试,竞逐40个职位。而且,法律还规定,可以像最高行政法院那样,任命外界人士进入上诉行政法院,并可广泛使用这种办法。

上诉行政法院成员全部属于行政法庭和上诉行政法院群体。但是,一开始如果全都从行政法庭中选人,就得使后者失去大约100来名成员,而且可能还是最优秀的成员。因此,有三分之一的职位实行直接招聘,法律清楚表述了所需人员的资格,高级公务员、普通法院法官、律师等等可以成为候选人。最高行政法院常务副院长主持的一个选拔委员会,负责为预定职位选人。

## §3 职业与地位

600.行政法庭和上诉行政法院群体的职员是分等级的,达到一定等级的推事方可进入上诉行政法院。任命和晋级均须下达命令。如同普通法院那样,上诉行政法院成员也是终身任职,未经本人同意,不得调动。临时调到政府部门或国营企业工作是允许的。**行政法庭和上诉法院高级委员会**中有成员代表(参见1986年1月6日法律),委员会在成员提升和纪律制裁方面拥有重要权力。最后,1987年12月31日法律结束了以往内政部对这个群体的管理(省行政法院一直存在到1987年),自1990年起,对该群体的管理权转归最高行政法院总秘书局。

## §4 权限

601.对行政法庭的判决提出上诉,除了仍然归属最高行政法院审理的少数上诉案外(参见上文第580点),全由上诉行政法院 514
裁判。我们在上文第582点业已着重指出,如此宽泛的权限使上诉行政法院任务十分繁重。

从地方的视角看,每个上诉行政法院都是审理对自己所辖范围内行政法庭判决的上诉。巴黎上诉行政法院还要受理对海外领地行政法庭判决的上诉。

还有一些咨询职能也交给了上诉行政法院[①]。

## 第5节 行政法庭[②]

行政法庭的前身是共和八年创建的省行政法院，1926年改组为跨省行政法院（参见上文第578点）。它们符合1953年改革发动者的期望，成了一种常设的行政诉讼一审法院。所有行政法庭每年共作出大约125000个判决，其中只有大约15%受到上诉，而被上诉法院改变了的判决又只占受到上诉判决的20%，原判决所显示的裁判质量是很高的。

---

① B. Pacteau, Nouvelles attributions administratives pour les CAA et redéfinition de celles des T. A.（《上诉行政法院的行政新职责与行政法庭行政职责的重新界定》），*RFDA*，1993，第107期。

② 格勒诺布尔法学院和行政法庭：*Les tribunaux administratifs vingt ans après la réforme de 1953*（《自1953年改革20年来的行政法庭》），Actes du colloque de Grenoble, mars 1974；Colloque du trentième anniversaire des TA（《行政法庭30年同事笔谈》）：*EDCE*，1983. 84，p. 328；R. Viargues，Le trentième anniversaire des TA（《行政法庭30年》），*RD publ.*，1985. 157；*Le juge administratif à l'aube du xxI^e siècle*（《21世纪初期的行政法官》），*colloque du 40^e anniversaire des TA*，PUG，1996；Les TA ont 50 ans：état des lieux et perspectives（《行政法庭50年：现状与前景》），*AJDA*，2004，第625期（articles de P. Fombeur，B. Foucher et D. Labetoulle）；B. Pacteau，L'indépendance des juges des TA（《行政法庭法官的独立性》），*RFDA*，1986，第783期；R. Viargues，Plaidoyer pour les TA（《为行政法庭辩护》），*RD publ.*，1979，第1251期；Cinquantenaire des TA，Le juge administratif et les libertés publiques（《行政法庭50周年：行政法官与公共自由》），*RFDA*，2003，第1045期。

## §1 机构设置

602.法国本土上现有28个行政法庭。海外省也有行政法庭。过去,海外省设有**行政诉讼法院**,后相继改组为行政法庭,关于瓦利斯和富图纳群岛的2003年9月26日条例完成了最后一个改组任务。屈指算来,海外现有9个行政法庭,分别设在瓜德罗普、圭亚那、马提尼克、留尼汪、圣皮埃尔和密克隆群岛、新喀里多尼亚、法属波利尼西亚、马约特岛、瓦利斯和富图纳群岛。

各行政法庭都下设分庭,一般2到8个,巴黎分为17个,分庭 515
组合为一个部门。每个分庭由3名法官组成。每个行政法庭均可"全员参加庭审",即所有分庭合在一起审案。有些讼案由行政法庭庭长单独审理,或者由为此委派的一名法官审理(参见《行政诉讼法典》第L.3、L.222-1条和第R.222-13条)。因此,这样一个法律现象得到证实:即行政裁判越来越不采用合议制的形式,而多由**一名独任法官**承担。

## §2 招聘和地位

603.行政法庭法官与上诉行政法院法官形成一个单一群体,其招聘办法和身份地位已在上文第599点研究上诉行政法院时阐述过了。

不过,应当指出,法律尤其要求**行政法庭法官保持独立性**,经1990年6月25日法律和1997年3月25日法律的完善和修改的

1986年1月6日法律，就是为此而制定的。该法确认行政法官职业的**终身性**；未经本人同意，可以不接受新的调遣，即便是提升也不成。

## §3 职能

行政法庭同时具有行政职能和理讼职能。

604. **第一，行政职能**[①]。行政法庭拥有若干行政职能，须对省长提交给它们的问题发表意见。这种接受咨询的任务实际上很少，反而是行政法庭成员经常被单独约去参加地方行政机关的某些工作。

最高行政法院曾经认为（这一点尚可讨论），行政法庭庭长在对市镇长的治安管理决定发表意见后，可以出席法庭对该决定是否合法问题的庭审，见CE，1980年1月25日的嘎迪亚嘎（Gadiaga）案判决，载*Rec.*，44。

605. **第二，理讼职能**[②]。行政法庭是行政诉讼的普通法裁判

516 者，对所有案件进行初审，法律明文规定由其他法院管辖的诉讼，比如，继续由最高行政法院进行初审和终审的案件除外（参见上文第579和第580点）。

---

① Courtine, Les attributions consultatives des T. A.（《行政法庭的咨询职能》），*EDCE*，n°19，p. 299。

② 《行政诉讼法典》第R. 312-1至R. 312-17条，另参见：Chailley, La réforme du contentieux, règles de compétence（《诉讼改革：职权准则》），*D.*，1954，chron.，p. 51；Long, La compétence des tribunaux administratifs（《行政法庭的权限》），*Act. jur.*，1955，chron.，p. 1。

**属地**管辖权即地方性的职权是较难确定的。每个行政法庭只对发生于本辖区的诉讼拥有管辖权。1953 年 11 月 28 日法令提出这样一项原则:对已有行政决定提起的任何诉讼,只能由作出决定之机关总部所在地的行政法庭受理。这项原则在未获得纠正时,曾经导致灾难性的后果。由于法国在 1982 年以前实行中央集权制(参见上文第 112 点),大部分行政决定都是在巴黎作出的,所以,巴黎行政法院很快就讼案山积①。为了防止继续出现案件饱和叠压的状态,有法令对上述原则作了如下修正:

首先,**属地**管辖准则是**维护公共秩序的需要**,只要不与共同利益相抵触,当事人即不得违反;不过,在行政契约方面尚可通融。

其次,针对行政决定的若干诉讼,不再仅仅根据作出决定之机关总部所在地确定管辖权。不动产所在地(关于不动产的争讼);致害行为发生地(具体行为致害索赔诉讼)、起诉人的住所(诸如被关过集中营的老战士提起的诉讼)、任职地点(针对公务员个人的诉讼),等等,均可作为确定管辖权的标准。作决定机关总部所在地法庭管辖原则的这些例外,已由 1960 年 12 月 27 日第 1510 号法令加以清晰表达和详细阐述(参见《行政诉讼法典》第 R.312－6 条等)。

再次,1982 年 3 月 2 日法律(参见上文第 112 点)给行政法庭增加了监督职责,即:当国家代表请行政法庭**审核**中央下放地方机

---

① Landron, Le tribunal administratif de Paris(《巴黎行政法庭》), *EDCE*, n°19, p. 267。

构所作的决定时,法庭就要审核那些决定是否合法;由此,这种请求被称为控告。

# 第三章　行政诉讼

**诉愿**(recours)一词是指:个人为使政府当局矫正某种状况而有权采取的各种手段,亦即法律上安排的各种请求方式。 517

在这些方式中,**行政诉讼**的性质应当确切阐述(第1节),然后审视如何区分各类诉讼(第2节)。最后,鉴于反越权行为诉讼的重要性,我们将对这种最早的方式加以研究(第3节)。

## 第1节　行政诉讼的一般性质

个人对行政决定表示异议的诉愿分为两大类,一类是**行政请愿**[①],向作出决定的行政机关本身提出(参见上文第521点);一类是**行政诉讼**,向法官提出。我们将研究二者的不同和联系。此外,在上述两大类中,又增添了一种与两者有别的新方式,即向1973年1月3日法律设置的**检察官**请愿(参见上文第528点)。

---

① Auby, Les recours administratifs (《行政请愿》), *Act. jut.*, 1955. I, 117; J. M. Auby, Les recours administratifs préalables (《事先行政请愿》), *AJDA*, 1997, p. 10; Les modes alternatifs de règlement des litiges (《诉讼条例的可选择方式》), *Dossier AJDA*, p. 3 et s。

**606.第一，两类诉愿的区别。**

(1) 我们已经揭示了行政请愿的本质特征，其他特征皆源于此，这便是：请愿是向政府部门提出的。在行政请愿中，被治理者是向制定法规的**行政主管官员**本人或其上级诉苦求情。向本人求情的行政请愿叫**异议申诉**；向其上级求情的行政请愿叫**越级申诉**，意在请上级进行监督。

行政诉讼则不然，从来都是向**法院**提出。

(2) **提出诉愿的依据**。在行政请愿中，被治理者不必陈述任何请愿理由，无论是法律理由还是其他认为适当的原因。诚然，请愿者可以向政府部门指出其决定被认为是非法的法律错误或事实
518 错误，他甚至可以对政府部门的仁慈宽容寄予厚望。

而行政诉讼只能以违法行为为依据。

(3) **形式和程序**。行政请愿原则上完全是自由的，请愿者不必拘泥于任何形式、任何期限；接到请愿的机关如何作答也不受任何形式和程序的约束。然而，众所周知(参见上文第407点)，政府部门收到被治理者的请愿后，必须给后者开张收条，还得告诉后者，某个期限内保持沉默那就等于决定，如此等等。而且，必要时政府部门有责任将请愿材料转交给主管机关处理。

法律对提起行政诉讼的形式和时限有严格规定，违背形式和时限就可能不予受理。法官按照某种既定程序进行裁判。

(4) **受理机关的职权**。对于行政请愿，政府部门拥有全权处理权：可以置之不理，可以拒绝，可以承认请愿部分有理、全部有理，甚至可以给予比请愿内容更多的东西。政府部门在修改行政法规方面拥有同样的职权，也可以根据请愿者的要求进行修改，但

涉及第三者既得利益的法规不在此列(参见上文第426点)。

行政诉讼则要求法官必须作出裁决,而法官对行政法规的权力却是受到限制的(参见下文第670点);而且,法官不能作出**起诉范围之外**的裁判,也就是说,不能给予比诉求内容更多的东西。

(5) **关于诉愿的决定属何性质**。行政请愿导致作出**行政决定**,属于单方面行政法规;行政诉讼导致作出**行政裁决**,具有既决案件的效力。

(6) 综上所述,与行政请愿相对照,我们可以对行政诉讼作出如下**定义**:行政诉讼是个人按照法定形式,向法官提出的力图通过司法裁决获得满足的法律上的请求。

607.**第二,请愿和行政诉讼的联系**。

(1) 从法律的观点看,这是两种完全不同的机制。而从实践的观点看,被治理者面对两种办法,总要考虑它们各自的利弊。有鉴于此,我们注意到,行政请愿的好处是:

一是在起诉时效过期后仍然可以请愿;

二是允许援引的理由要比行政起诉多得多;

三是可以获得比较充分的满足。

它也有两大缺陷,而且是本质性的缺陷:

一是,人们都确信法官肯定会审理其诉讼并作出裁决,行政请愿却没有这种基本保障; 519

二是,法官一般会公正地审理讼案。政府部门则不然,很喜欢进一步肯定而不愿意加以批评其以往的决定。况且,从心理上说,人们都觉得,行政请愿获得成功的机会比较少。

(2) **两种诉愿的融合**。从上述分析可知,每种诉愿都有其自身优点,有利于被治理者酌情使用两种途径。这对政府部门也有好处,它可以改正自己的错误而不受法官审查;而且,行政请愿可以使政府部门与被治理者之间协商处事,不打官司,这便会减轻法官的任务。

按照一种合情合理的推论,政府是善良真诚的,有异议自然应当首先找政府,请它自己纠正自己的错误;而且,政府最了解各种情况,自然会重新考虑自己的决定。只有在这种想法碰壁之后,才有必要向法官起诉。正是本着这种精神,使行政请愿成为行政诉讼的**必备前提**,可能会避免若干行政诉讼,从而克服行政法院案满为患的现象(参见上文第 582 点)。

## 第 2 节 行政诉讼的不同类型

608.**第一,一般概念**。起诉人要求法官予以恢复的合法状态,可能要经由多种形式来实现,诸如废除某个法规;判决付款或作为;承认某种法律资格,等等。在普通法院,诉求的多样性并不影响起诉人向法官起诉的具体做法,也就是说,无论你诉究的标的为何物,均**不影响向法院起诉的方式**。

行政法院则不同,没有这种一致性。起诉人的诉究标的须同各具特色的起诉方式相符,否则法庭将拒绝受理。起诉者必须遵守的这些方式,就是**各种行政诉讼**。

609.**第二,传统分类**。这是指 19 世纪爱德华·拉弗里埃尔(Edouard Laferrière)在其名著《行政裁判概论》中的分法。这种分法是从法官审案的角度看问题的，将法官可能受理的诉讼归纳在四个大标题之下，每个标题之下就是一类诉讼。

(1) 人们可以诉请法官确认某个行政决定是非法的并将其撤销。要求废除某个行政决定的诉讼主要是反越权行为诉讼。全部 520
此类诉讼构成**撤销法规诉讼**。

(2) 为了恢复法律秩序，人们可以诉请法官在对政府部门判处罚金的同时，动用其全部司法权限，而不仅仅是动用撤销行政决定的权力。这叫做**全权裁判诉讼**；之所以叫全权裁判诉讼，是因为要求法官动用自己获得的一切权力。

(3) 第三种诉讼与先决问题机制相关联（参见上文第 569 点）。有时候，普通法院在审案过程中会出现某个对最终裁判具有支配意义，然而又属于行政法院管辖范围的问题。于是，须另请行政法官对某个晦涩难懂的行政法规作出**解释**，或者对被当事人指责为非法的某个行政法规作出**是否合法**的评判。在上述两种情况下，行政法官均须对提交给自己的讼案作出结论，或进行解释，或作出是否合法的裁定。

人们把这两种诉求统称为“解释诉讼”①。

(4) 最后，作为十分特殊的情况，行政法官可以行使刑事制裁职权，对**交通违章**者进行惩处，也就是说，处罚那些违反“公有不动产维护准则”的人；这叫做“**处罚诉讼**”。

---

① Fliniaux, Les recours en appréciation de validité(《要求进行正当性评断的上诉》), *Mélanges Hauriou*, p. 297; Lainé, *Les recours en interprétation* (《解释诉讼》), thèse, Paris, 1930; Y. Coudray, Les conditions de recevabilité du recours direct en interprétation (《直接解释诉讼的受理条件》), *RD publ.*, 1981, p. 331。

610. **第三，各类诉讼的重要性**。一种比较现代的分类法是以起诉者**向法官所提问题的性质**为依据的。关于交通违章罪的行政诉讼是很少的。解释诉讼和要求评判行政法规合法性的诉讼虽然不是很少，但未受到专门研究，因为，只要对引起争议的行政法规向法院提起撤销法规诉讼也就够了(比如，最高行政法院有权审查一个政令是否有效)。由行政法庭进行初审的案件，仍然可以向最高行政法院上诉(见 1987 年 12 月 31 日法律，上文第 580 点)。行政法官的主要活动是审理撤销法规诉讼和全权裁判诉讼这样两大类案件。区分各类诉讼的更重要标志是：它们各自必须
521 服从的条件之显著不同，对它们作出的裁决也不总是具有同等效力。

611. **第四，撤销法规诉讼和全权裁判诉讼的区别**①。

(1) 若干撤销法规诉讼是由专门法律规定的，严格局限于某一类行政法规，受其专有准则制约(比如，为了保护环境，可以诉请撤销省长关于批准建设几种有害设施的规章)。但是，撤销法规诉讼的实际重要性源自**反越权行为诉讼**，后者乃是基于合法性原则，针对任何单方面行政决定的普通法诉讼。

---

① Heilbronner, Recours pour excès de pouvoir et recours de plein contentieux(《反越权行为诉讼与全权诉讼》), *D.*, 1953, chron., p. 183; Sandevoir, *Etudes sur le recours de pleine juridiction*(《全权诉讼研究》), 1964; S. Doumbe-Bille, Recours pour excès de pouvoir et recours de plein contentieux(《反越权行为诉讼与全权诉讼》), *AJDA*, 1993, p. 3; D. Bailleul, *L'efficacité comparée des recours pour excès de pouvoir et de plein contentieux objectif en droit public français* (《法国公法中反越权行为诉讼和实际全权诉讼的功效比较研究》), *LGDJ*, 2002, Préf. Lebreton; 关于欧洲人权法庭对法国诉讼分类的质疑，请参见 J. F. Flauss 文章, *AJDA*, 2002, 第 507 期。

(2) 全权裁判诉讼的内容相当庞杂。其中,除了极具特色的**契约**纠纷诉讼和追究**责任**诉讼之外,人们将某些政府部门的**选举争议**诉讼也归于此类;因为,法官在这方面拥有职权,不仅可以宣布法官认为不合规定的选举为无效,而且可以恢复真实的选举结果,宣布谁人当选,这都属于全权裁判诉讼的范围。出于相似的理由,**关于直接税的诉讼**亦在其中。然而,后面这两种情况不为推崇学说一致性的学者所接受。

(3) 由上述分析可知,撤销法规诉讼和全权裁判诉讼的区别问题,只是在对反越权行为诉讼和严格意义上的全权裁判诉讼(契约纠纷诉讼和追究责任诉讼)进行具体区分时,才具有实际意义。

(4) 当被治理者希望法官:① 将政府部门所作某个决定与该机关必须遵循的法律准则相比较;② 确认该决定与相关法则不相符;③ 承认该决定违反法律而予以撤销之时,应当利用反越权行为诉讼方式。

(5) 当被治理者希望法官:① 承认起诉人享有某项权利;② 证明该权利受到非法侵害;③ 下令恢复基于该权利的地位之时, 522
应当利用全权裁判诉讼方式。

(6) 综上所述,**两种诉讼制度**有着明显的差异:

① 全权裁判诉讼只能由**权利受到侵犯者**提起,而反越权行为诉讼的覆盖面要大得多,一切与撤销非法行政决定有关的诉讼可能皆属此类。

② 全权裁判诉讼的目的是惩罚被告个人;而反越权行为诉讼的目的不是惩罚**某个个人**,而是废除**某种东西**,因此,原则上没有什么被告。一种是当事人之间打官司,一种是起诉**行政法规**。不

过，两者的差别正逐步消失（参见下文第612点）。

③ 起诉者可以在全权裁判诉讼中要求撤销行政法规。比如，当起诉者诉请赔偿一个非法决定给自己造成的损害时，可以要求将其撤销。反之，反越权行为诉讼只能包括撤销法规的诉求。

(7) 在取决于诉讼性质的这些差别之中，法律又为之增加了**程序**上的一些差别，而且后者的实际意义还在扩大。由于反越权行为诉讼的目的是确保行政法规的合法性，所以享受若干优惠，可以免费提供律师帮助；而全权裁判诉讼是维护个人地位的手段，待遇就差一些。但是，1991年7月10日关于法律救助的法律，同样适用于普通法院和行政法院。

(8) 最后，两种诉讼产生的判决效力不同。反越权行为诉讼导致的撤销行政法规判决，具有绝对的效力；该法规对所有人而言都不存在了。相反，根据普通法，全权裁判诉讼的判决只具有既决案件的相对效力。

612. **第五，两种诉讼相互接近的趋势**。差异中始终存在着相似性，而且，这些相似性近年来日益扩展。于是，若干作者振振有词地预测，反越权行为诉讼和全权裁判诉讼终会合二为一①。然而，截至目前，两者仍旧保持着各自的独立性，1987年12月31日法律还进一步肯定了这一点；该法规定，若提出上诉，至少在上诉的最初阶段，必须将两种诉讼区分开来。

---

① 这是R. 阿里贝尔(R. Alibert)在其 *Le contrôle juridictionnel de l'administration*(《对政府部门的司法监督》)一书中坚持的论点。又见：Letourneur，L'apparition de nouveaux éléments subjectifs dans le recours pour excès de pouvoir(《反越权行为诉讼中主观性新因素的出现》)，*EDCE*，n°7，p. 66。

613. **客观诉讼和主观诉讼**①。无须详尽介绍，略微一提则有 523
必要。法学界有一种想法，试图根据酿成诉讼之法律状况的特有性质，而不是依据法官的管辖权限，来进行诉讼分类。以此为基础，有人将诉讼分为旨在恢复法律普遍权威的**客观**诉讼和旨在恢复被忽视的个人地位之**主体**权利为理由的**主观**诉讼。在上述后一种情况下，起诉人以其个人权利为起诉理由；而在第一种情况下，起诉人维护的是法律。反越权行为诉讼属于客观诉讼一类，严格意义上的全权裁判诉讼则是主观诉讼。

## 第3节 反越权行为诉讼

614. **反越权行为诉讼是合法性原则的必然结果**②。反越权行

---

① Jèze, L'acte juridictionnel et la classification du contentieux(《行政法规与诉讼的分类》), *RD publ.*, 1909, p. 667; M. Waline, Vers un reclassement des recours contentieux?(《要重新进行诉讼分类吗?》), *RD publ.*, 1935, p. 305; Hébraud, L'acte juridictionnel et la classification des contentieux(《司法文书与诉讼分类》), *Rev. Ac. Lég. Toulouse*, 1949, p. 131; Lampué, La distinction des contentieux(《诉讼的区别》), *Mélanges Scelle*, t. I, p. 285; F. Melleray: Essai sur la structure du contentieux administratif français (《论法国的行政诉讼结构》), *LGDJ*, 2001, p. 457。

② R. Alibert, *Le contrôle juridictionnel de l' administration au moyen du recours pour excès de pouvoir*(《通过反越权行为诉讼对政府部门实施司法监督》), 1926; Adde: Odent, *Contentieux administratif*(《行政诉讼》), III, p. 822 et s.; M. Waline, Étendue et limites du contrôle du juge sur les acres de l'administration (《法官监督行政法规的广度和限度》), *EDCE*, n°10, p. 25; M. Bernard, Le recours pour excès de pouvoir est-il frappé à mort? (《反越权行为诉讼岌岌可危吗?》), *AJDA*, 1995, n°spécial, p. 190; J.-M. Woehrling, Vers la fin du REP? (《反越权行为诉讼即将消亡吗?》), *Mélanges Braibant*, p. 777。

为诉讼的价值在于,它是制裁政府部门非法行为的一种手段;人们觉得,为了达到同一目的,这种方式比其他符合法律规定的方式更为有效。

(1) 行政请愿,无论是异议申诉还是越级申诉,都得要考虑适当时机和公正性,不一定尽力使政府部门遵守合法性原则。

(2) 法律规定,对于几种特殊的行政法规,可以因其违反法律而提起撤销诉讼,但此类诉讼适用的范围非常狭窄。反越权行为诉讼则相反,它具有普遍意义,受理对任何有执行力决定的指控。

(3) 可以主要不是通过撤销法规诉讼,而是通过附带方式,将行政决定的非法性问题向法官起诉。**起诉人**可以行政决定的非法性为理由,来支持自己的主要诉求。政府部门的共同签约人在诉请废除契约、合同时,就往往以签订契约前的协商程序不符合法律规定为由。**被告**则可以起诉人依据的法规不合法为由,来对抗指
524 控自己的诉讼。这就是在普通法院最常使用的**反非法性抗诉**。如果普通法院无权对行政法规是否合法作出裁定(有关这方面的管辖准则,参见上文第 569 点),就要将问题移交行政法官解决。在任何情况下,确认了行政法规的非法性,并不导致撤销该法规,只是让普通法院在当次诉讼中剥夺该法规的效力。相反,即便反越权行为诉讼只持续短暂两个月,一旦确认了被指控的行政法规不合法,该法规就可能永远失效。况且,反越权行为诉讼还有追溯优势,可撤销过去的一切违法行政法规。

(4) 有一种诉求,或者说**控告**,与反越权行为诉讼接近。也就是说,省长可以根据 1982 年 3 月 2 日法律赋予自己的权利(参见上文第 215 点),请求行政法庭废除他认为违反法律的中央下放地

方机关的决定。如果有人说三道四,反对受理这种控告,那么,确定该决定是否合法的基本准则,也与反越权行为诉讼相同[①]。

因此,被治理者若要废除任何带有违法污迹的有执行力决定,唯一的法律途径就是反越权行为诉讼。人们不应对这种诉讼的名称产生错觉;越权就是**不符合法律**。反越权行为诉讼是合法性原则的美妙结果;正因如此,最高行政法院使之升华为一项**普遍法律原则**,只有国家立法机构才能使某一类行政法规不受指控。这须有正式的法律条文;确有一个法律条文规定,它所涉及的那些决定不受"任何诉讼指控"。而最高行政法院将这一条文解释为:不得对反越权行为诉讼提起诉讼(参见 CE,1950 年 2 月 17 日的拉莫特女士案判决,载 *GAJA*,n°65)。

615.**研究计划**。两类问题连续摆在接到反越权行为诉讼的法官面前。法官首先要审查,讼案是不是按照法定条件提交的,条件合乎规定方可予以审理,这是**能否受理**的问题。倘讼案可以受理,法官就要进行**实质**审理,也就是说,核实受到指控的行政决定是否合法。下面,我们首先对这种诉讼的性质和发展进程作些说明,然后考察诉讼的两个阶段,继之研究诉讼的程序和功效。

---

① J.-P Négrin, Vers un alignement du déféré préfectoral sur le recours pour excès de pouvoir? (《省长的控告要遵从反越权行为诉讼的规矩吗?》), *D.*, 1987, p. 70。

## 副1节 发展和特征

525 这两个问题相互关联:反越权行为诉讼的现有特征全是其历史沿革的结果①。

616.**第一,反越权行为诉讼源流**。

(1) **法国革命时期**没有组建任何行政法院,各种法律均规定,须请最高政府部门撤销下级政府部门的文件。共和八年以后,这种本质上是等级制的撤销权,先后转入第一执政和皇帝手中,由**参政院***行使。参政院的介入是决定性的,逐步使越级申诉转变为行政诉讼。

(2) **转变的第一阶段**:参政院在1831年重组以前,一直受理撤销行政法规诉求,而不在意从法律上证明其职权的正当性,以为能从1790年10月7日至14日的一个法律中找到履职的合法性;按照该法,"对政府部门管理无能的指责须向政府部门的首脑——国王提出"。尽管该法似乎只想建立越级申诉制度,后来在有节制的司法权范围内却被视为反越权行为诉讼的法律基础。除了受理

---

① Lampué, Le développement historique du recours pour excès de pouvoir depuis ses origines jusqu'au début du xx^e siècle (《反越权行为诉讼自其出现至20世纪初的历史发展》), *RISA*, 1954, n°2; Landon, *Le recours pour excès de pouvoir sous le régime de la justice retenue* (《在有节制司法权制度下的反越权行为诉讼》), thèse, Paris, 1942; *Histoire du recours pour excès de pouvoir des origines à 1954* (《1954年以前的反越权行为诉讼史》), 1962; *Le recours pour excés de pouvoir depuis 1954* (《1954年以来的反越权行为诉讼》), 1968; Imbert, *L'évolution du recours pour excès de pouvoir* (《反越权行为诉讼的演变》), 1872-1900。

* 参政院(Conseil d'État),名称未变而职能大变,今译最高行政法院。——译者

对政府管理无能的指控外，法官后来承认，形式上的瑕疵也可构成撤销行政法规的又一个理由。1840 年以后，参政院的职能转变了。

(3) **第二帝国**好像还赞成反越权行为诉讼制度，认为该制度可以为社会上的不满情绪提供一个合法的发泄出路，而任何专制制度都害怕公众的气恼会积聚酝酿成激烈的骚动。1864 年 11 月 2 日的一个法令规定，提起反越权行为诉讼不必请律师协助。这项举措有三个效果：一是使此类诉讼增加；二是，法官为了界定免请律师的范围，必须更好地将反越权行为诉讼从全权裁判诉讼中识别出来；三是，直到 1864 年，反越权行为诉讼仅仅局限于监督政府管理的能力、形式和目标等方面的合法性，而该法促使法官将撤销法规诉讼合并到反越权行为诉讼中去。本来，撤销法规诉讼的受理条件更加严格，而从合法性监督的角度看则范围更广，因为它可对"违反纪律的行为"一律进行惩处。这一合并使从前的诉讼获得律师免费协助，涵盖范围更广的反越权行为诉讼变成了全方位监督政府行为合法性的手段。

(4) 1872 **年法律**结束了有节制的司法权制度，赋予反越权行为诉讼一个新的基础，确认了这个诉讼制度的演进："对各种政府部门的文件提出反越权行为诉讼，要求将其撤销，均由最高行政法 526
院作出最终裁决"；这种表述被 1945 年 7 月 31 日条例第 32 条采纳。此后，这种纯粹的司法诉讼获得巨大发展，受理条件日渐宽松，最高行政法院同时提高了对合法性的要求。

(5) 1953 **年改革**以前，除了省行政法院管辖的若干特殊案件之外，反越权行为诉讼的初审和终审均由最高行政法院进行；1953

年改革后,若非上文第579点指出的那些例外情况,初审归行政法庭管辖,上诉仍向最高行政法院提出。自此,二级裁判原则适用于反越权行为诉讼。

(6) 1987年12月31日改革有两个成果:

一是,维持行政法庭的初审权,上诉审理权则在上文第580点指明的条件下转移给上诉行政法院。

二是,对上诉行政法院的判决仍可向最高行政法院提出最终上诉,在反越权行为诉讼方面亦是如此。从此,反越权行为诉讼也像传统的普通司法案件那样,原则上属于三级裁判:初审、上诉和向最高法院上诉;例外是,最高行政法院既对若干案件进行初审和终审,也接受上诉。

617. **第二,反越权行为诉讼的性质**。

从上文所述可知其如下特征:

(1) 这是一种争议**诉讼**。

(2) 这种诉讼针对的是**违反法律准则的行为**,而合法含义甚广。有人还坚持认为,这种诉讼的目的是进行**道德性监督或适当性监督**[①]。

(3) 这是一种**撤销**行政法规诉讼,旨在使之最终绝对消失。

(4) 不过,最近赋予行政法官的职权(诸如下达禁令、罚款等等,见下文第676点),同时适用于反越权行为诉讼和全权裁判诉讼。本来,撤销行政法规是这种诉讼的特定标的;而今在法官的撤

---

① 参见Hauriou,注释au S. 1917. Ⅲ. 25; Welter, *Le contrôle juridictionnel de la moralité administrative*(《对行政道德的司法监督》), Thèse, Nancy, 1929。

销权之外，又增加了别的职权，可以从撤销中推导出必然产生的结论。

(5) **反越权行为诉讼的客观性质问题**。人们确定其性质的依据是，一方面，这种诉讼的标的不是争取承认起诉人的某项权利，而是承认某个法律准则；另一方面，指控的是某个行政法规，而不是个人，没有当事人；如果撤销了该法规，对所有人都有效。不过，这种诉讼的客观性正在大打折扣，当事人的概念已经扩展，尤其是 527
允许第三方**持异议者**介入（参见下文第 648 点）并可**上诉**（参见下文第 647 点）①。

(6) 我们不妨将其性质归纳于下述**定义**中：

反越权行为诉讼是一种行政诉讼，每个当事人均可通过这一诉讼，请求行政法官确认某个行政决定是非法的并将其撤销。

## 副 2 节　反越权行为诉讼的受理条件

为了使法官同意进行实质审理，亦即同意考虑受指控的行政法规是否合法，反越权行为诉讼必须满足各项有关条件，缺一不可。这些条件源自四个观念：受指控行政法规的性质，谁人起诉，是否遵守关于权限、形式和时效的规定，是否同时就同一问题提出其他诉讼。

---

① Letourneur, L'apparition de nouveaux éléments subjectifs dans le recours pour excès de pouvoir（《反越权行为诉讼中主观新因素的出现》），*EDCE*，n°7，p. 6。

## §1 行政法规的性质

只有针对**政府部门含有决定的文件**提起反越权行为诉讼，方可予以受理。

618. **第一，该文件必须是行政文件**。对此，我们在阐述**有执行力决定的概念**时已经作过说明（参见上文第 398 点等）。若要提起反越权行为诉讼，所指文件必须是一个法国政府部门作出的；除有某些保留外，私法人的文件和非行政国家权力机关的文件不在其中，也就是说，不得对立法机关和司法机关的文件提起这种诉讼。

619. **第二，受指控的文件必须是一个决定**。必须涉及一个**引起抱怨的决定**。

我们已经看到（参见上文第 440 点），过去有个判例，正是从这一判断推演出一个结论，认为契约不能接受反越权行为诉讼。不过，这一观念正日益受到质疑。同样，作决定之前和之后的相关文件也不接受这种诉讼（参见上文第 398 点）。

620. **第三，政府令和内部管理措施的例外**。国家政府部门所
528 作引起抱怨的任何决定，都可能成为反越权行为诉讼的对象。然而，有两种例外情形不得受到这种指控。

首先是**政府令**不得提起诉讼（参见上文第 338 点），因为这些文件处理的是政府与议会间的关系，或与外国政府间的关系。

其次是**内部管理措施**，因为它们不重要（参见上文第 398 点）。长期以来，人们都把贯彻学校内部管理章程的校纪处分（参见 CE，1992 年 11 月 2 日的科卢瓦（Kherouaa）案判决，载 *AJDA*，1992，第

788期)、军纪处分和对犯人的某些惩罚视为内部管理措施。后来,对这些措施提起的诉讼也可受理;只是这些属于内部管理范畴的惩戒措施太轻微,以致不会真正引起不满(关于这种变化,请参见上文第398点所引判例)。

## §2 起诉人

621. **原则**。保护抵制专断独裁的被治理者,监督行政决定是否合法,乃是反越权行为诉讼的两大功能。这种功能势必要求,应使尽可能多的人能够较为容易地运用这种诉讼方式。不过,不能为滥用这种手段大开方便之门,使之变成**大众化诉讼**,让每个公民都可以去控告任何一个行政决定。为此,采取了两个解决办法:

(1) 提出这种诉讼必须服从一个十分普通的条件,即**具有进行诉讼的能力**。这一准则尤其适用于法人提起的诉讼;如果尚未依法组成法人,其诉讼不予受理。

(2) 这种诉讼只准这样的人使用,他们能够证明,要求撤销某个行政决定,乃是表达他们**个人的利益**。

622. **利益的概念**[①]。尽管全权裁判诉讼的目的在于确认起诉人的某种主观权利,而且这种诉讼方式就是留给拥有这种权利的人使用的,但反越权行为诉讼却只是一种客观诉讼,仅仅要求起诉

---

① Bérard, *La notion d'intérêt dans le recours pour excès de pouvoir* (《反越权行为诉讼中的利益概念》), thèse, Paris, 1932; Mignon, *D.*, 1953, chron., p. 121; conclusions Chenot, sous CE, 20 fév. 1950, *Gicquel*, *Rec.*, p. 100; Laligant, La notion d'intérêt pour agir (《注重行动的利益概念》), *RD publ.*, 1971, p. 43。

人为其个人**利益**而诉请撤销行政决定。这就意味着，受到指控的决定对其个人处境有某种影响；一旦撤销该决定，其处境就会得到改善。所以，反越权行为诉讼不是认可当政府部门遵守合法性原则时每个人都能得到的权利，如同民众行动的要求那样，而是认可个人不受非法行为之害的权利。

623.**既得利益的种类**。利益这个概念中含有主观评价的因素。总的说来，判例在评价利益时表现得非常宽松。

529 (1) 被用作起诉依据的利益，既可以是**物质的**，也可以是**精神的**，诸如信徒举行宗教仪式、毕业生维护学校声誉的利益，等等。

(2) 利益虽然必须是**个人的**，却不需要是**独占的**。比如，一种公用事业的用户，一个市镇的纳税人和居民①，这种资格就使他们拥有足够的利益，可以要求撤销影响公用事业运作和市镇生活的有关决定；选民、灾民也同样有其相关利益（分别参见 CE，1906 年、1901 年、1950 年的几个判决）。

(3) 利益不仅可能是**私人的**，也可能是**公共的**。

地方行政区及其机构，诸如市镇长、市镇议会甚至市镇议会的单个成员，都有资格起诉国家机关作出的决定，如果那些决定损害了该机构的地位或利益的话（参见 CE，1902 年 6 月 7 日的内里莱班（Néris-les-Bains）镇长案判决，载 *GAJA*，n°10）。但是，这一准则只对地方权力机关有意义，等级制的官员则不得指控其上级的决定，

---

① 不过，只有考虑到市镇的大小，确信市镇的决定真正会影响居民的生活状况时，居民的诉讼才可受理。见 CE，1973 年 6 月 6 日的莎洛（Chalot）女士案判决，载 *AJDA*，1974，p. 327。案中，一名居民起诉一个建筑许可证，而工地离其住所很远，其诉状未被受理。

即便他们认为那些决定违背该机构的地位和利益也不成；涉及他们职业生涯的决定除外。

(4) 只有一个保留，就是在作出主观评价时应予注意，利益必须是**足够重大的**；对此，我们在前面已经指明。地方权力机关所决定的非法开支，对省和市镇的纳税人具有相当直接的影响，足以使后者为自己的利益而起诉该决定。但是，最高行政法院拒绝将这种解决办法推广到国家的纳税人，因为受指控的开支与纳税人的税务负担之间的联系微不足道(参见 CE,1930 年 2 月 13 日的杜夫尔(Dufour)案判决，载 *Rec*.,p.176)。

纳税人起诉省或大区，要受 2000 年 4 月 12 日法律第 14、15 条的约束。

624. **法人的诉讼**。上文所述原则适用于依法组建的法人；它们可以通过起诉来维护自己的物质和精神利益(比如损及它们的资产、地位)，也可以此维护它们的地位要求其维护的共同利益。一个职业团体可以起诉改变其地位和职业的政策措施，一个禁酒组织也可以起诉有利于烧酒消费的举措，等等。这一准则同样适用于未公开宣布成立、不具备法人资格的社团(参见 CE,1969 年 10 月 31 日的保卫杜朗斯运河协会案判决，载 *Rec*.,p.642)。即便是危害共同利益的措施，若带有个人性质，指控该措施的诉讼亦可 530
受理：一个公务员团体不仅可以起诉一个改变该团体地位的条例性决定，而且可以起诉一个违反这种地位的涉及个人的委任状。相反，团体却不能代替某一个成员起诉损及该成员个人，但未同时损及集体利益的政策措施(参见 CE,1997 年 3 月 19 日关于罗特－勒弗尔(Raud-Lefèvre)夫人和法官协会案的判决，载 *Rec*.,p.101)。

当然,界线往往是很难划清的,在公务方面尤其如此。最高行政法院不认为那些仅仅损害团体中某一类成员地位的措施是损害集体的共同利益。至于什么样的利益才能让公务员社团和工会提起诉讼,可参见斯塔尔(Stahl)2003 年 7 月 23 日在最高行政法院就南方工会案发表的结论性意见,载 *RFDA*,2004,第 139 期。

## §3 程序、形式和时效

625.对于这三个问题,有关规则相当灵活,法律学说一般也都很宽泛地解释这些规则,很重视排除执行障碍,避免让最高行政法院采取比较严厉的解决办法。

**第一,管辖法院**。自 1953 年起,反越权行为诉讼首先提交基层的行政法庭。1987 年和 1992 年改革以来,上诉一般提交到上诉行政法院;除少数例外,不再向最高行政法院上诉(参见 1987 年 12 月 31 日法律和 1992 年 3 月 17 日法令,参见上文第 580 点)。至于属地管辖权,参见 605 点。作为特例,最高行政法院直接受理划归它管辖的案件(诸如起诉关系到以总统令委任之官员的职业的法规政令,起诉部长们下达的规章条例性文件,等等。参见上文第 597 点)。

**第二,形式**。这已经简化到极致。最高行政法院甚至同意用电子邮件提出诉状(参见 CE,2001 年 12 月 28 日关于昂特德蒙市政选举案的判决,载 *D*.,2002,第 2008 期)[①]。提起这种诉讼不需

① 所有行政法院都将试用电子程序,参见 *AJDA*, 2004, 第 844 期。

请律师，只要附上所指控决定的复印件并说明撤销它的理由即可。

1993年不太明智地重新规定，寄发行政诉状须付邮资（15欧元）。2003年12月22日条例废除了这一规定[①]。该条例是依据2003年7月2日法律第3条制定的；这个法律允许政府通过条例细则，“采取一切措施，使受管辖者得以免费进行行政诉讼”。

**第三，时效**[②]。时效通常是两个月，自受到起诉的法规送达或公布之日算起。延长时限的理由将在下文第662点研究。 531

## §4　不得同时起诉

626.**第一，概念**[③]。所谓存在与反越权行为诉讼同时并行的诉讼，指的是，被治理者为了达到撤销令其不满的行政法规的目的，还可以依据法律，提起不同于反越权行为诉讼的诉讼。因而，从理论上说，他须从两种诉讼方式中进行选择。比如，政府部门拒绝给一位公务员支付一笔津贴，后者既可以通过全权裁判诉讼，要求判处该机关支付款项；也可以通过反越权行为诉讼，要求撤销拒付决定。同理，纳税人若对加于自己的税金合法性产生疑问，既可向普通法院起诉（间接税），亦可向行政法院起诉（直接税），他（她）会不会更喜欢针对设立这个税目的行政决定提起反越权行为诉讼

---

① B. Pacteau, Le contentieux administratif, affranchi du timbre（《行政诉状免付邮资》），*RFDA*, 2004，第89期。

② Hosteing, *Le délai du recours pour excès de pouvoir*（《反越权行为诉讼的时效》），thèse, Paris, 1939。

③ Guillien, *L'exception de recours parallèle*（《同时起诉的例外》），1934。

呢?

最初,选择的自由碰到了有节制司法权制度下形成的一种思想残余;在那种制度下,帝王是反越权行为诉讼的审判者,法官只起**辅助作用**。只要能够通过其他方式满足要求,人们就不想去打扰帝王。但是,后来,另一种考虑成了决定性的:1953年以前,只有最高行政法院有权审理反越权行为诉讼,可以同时使用的诉讼方式往往属于其他法院,尤其是省行政法院管辖。而反越权行为诉讼很省钱,审理的法官素质高,这无疑都使有选择自由的人们选择这一途径。结果,权限划分混乱不堪,最高行政法院积案如山。

由此产生了两种考虑:一是,提出一项原则,凡能够采用其他途径起诉相关行政法规的,就不再受理针对这些法规的反越权行为诉讼。二是,原先的准则依然有效,但逐渐弱化,如今已大大限制其适用范围。

627. **第二,意义**。应当按照可以同时提起的诉讼和反越权行为诉讼是否必须提交同一个法院来加以区别,换言之,通常均应向行政法院起诉。

(1) 在前述第一种情况下,自由选择并没有让被治理者打乱法定的权限划分,因为,无论起诉人选择哪种诉讼方式,总是提交到同一个法院。这样,能够采用其他诉讼途径的,就不再提起反越权行为诉讼了;凡提起反越权行为诉讼的,即须受理(参见 CE,
532 1912年3月8日的拉法热(Lafage)案判决,载 *GAJA*, n°25。案中,一位公务员提起反越权行为诉讼,控告不给他发津贴)。这种解决办法使反越权行为诉讼和全权裁判诉讼有类似之处,因为,在刚刚提及的案例中,两种诉讼方式追求的最终目标是一样的,都是让人承认该公务员有权得到那笔津贴。不过,该起诉人若提起反越权行为诉讼,只能要求撤销拒付津贴的决定,不能要求相关政府部门支付津贴,而且必须证明该决定不符合法律。在第二种情况下,法官实际上首先要根据案件的具体情况,区分撤销法规诉讼和全权裁判诉讼,尔后决定是否适用拉法热判例原则①。

(2) 相反,如果可以同时提起的诉讼必须与反越权行为诉讼提交不同的法院,则不受理反越权行为诉讼。但有两个保留:

① 如果并行诉讼只是可能使起诉人获得跟反越权行为诉讼同样彻底的满足,则不能拒绝受理反越权行为诉讼。比如,一个地方当局作出决定,要征收一项税金;尽管起诉人可以提起税务诉讼,要求废除这种非法税金,但指控该决定的反越权行为诉讼应予受理。这是因为,提起反越权行为诉讼,撤销设置该项非法税金的行政法规,会使起诉人获得比单单废除这项非法税金更好的彻底满足。

② 通常若遇**可分开的行政法规**,就不能受理反越权行为诉讼。但众所周知,行政契约签订前可能有单方面的行政决定,比如市镇议会授权市镇长负责签约。因此尽管共同签约人可以要求审理契约争议的法官废除该契约,判例也承认其有权对可分开的行政法规提起反越权行为诉讼。

---

① J. Tercinet, Le retour de l'exception de recours parallèle (《同时起讼之例外的回归》), *RFDA*, 1993, p. 705。

# 副 3 节 撤销行政法规的事由

## §1 概述

628. **传统分类**。人们把各种各样一旦得到证实即导致废除所指控行政决定的不合法情节称为撤销事由，亦即摒弃事由。根据传统分类法，这种非法行为可能具有**无权能**、**形式瑕疵**、**滥用职权**和**违反法律**四种样态。

这种分类有其历史源流。最初，法官只同意制裁无权能、形式瑕疵等法规外在违法情节。大约在 1840 年前夕，出现了滥用职权
533 之说，法官的监督扩大到行政法规的意图方面。对于行政法规的内容实质是否合法的问题，不是通过反越权行为诉讼，而是通过撤销法规诉讼进行控告。这两种诉讼方式是不同的；而撤销法规诉讼只供那些能够证明所指控法规损害了他们自身权利的人使用，起诉的根据是"**违反法律和侵犯既得权利**"。

1864 年以后，人们希望将赋予反越权行为诉讼的种种优惠推广到撤销法规诉讼中去。违反法律、侵犯既得权利不再是提起其他诉讼的依据，而成了摒弃受指控法规的第四种事由。在相当长的时期内，这种违法样态都与另外三种作用有别，仍然只能用于自身权利受损者的起诉依据；只是由于违反法律现象的大量产生，才不再把它与其他撤销事由相区别，也才终于无须为之使用其他诉讼方式。随着违反法律这种非法样态的引入，反越权行为诉讼最

终变成了制裁内在、外在一切形式非法行为的诉讼方式。

629. **传统分类的价值**。有人曾经批评这种分法。的确,这种分法是历史上形成的,不是源自对行政法规及其缺陷全面系统的分析。有目共睹,系统分析的结果是,产生了对各种非法行为的另一种分类①。

不过,一方面,传统分类是利用判例进行的,故而在诉讼方面颇具实际应用价值。而且,传统分类已被引入好几个外国和欧洲联盟的人为法中,法国不宜再抛弃它。尤其是,鉴于它源远流长,使用已久,它确实具有惊人的逻辑力量。即便在受到激烈的批评之后,系统分析分类法也只是稍稍偏离了它,这就是为什么我们在这里还是得研究这种传统分类。

可是,对撤销行政法规之事由进行的理论探讨,已对判例产生了影响。最高行政法院已将撤销事由归纳为两类,一类是损害行政法规**外在合法性**的问题,这便是无权能和形式瑕疵;一类是影响其**内在合法性**的问题,即其内容:违反法律和滥用职权。关于这种归纳的实践意义,参见下文第646点。

630. **可以成为起诉依据的情况**。无论原告以行政法规的什么缺陷为起诉理由,该法规所违反的法律准则,亦会属于应当符合的那些法规之列(参见上文第285点等)。反越权行为诉讼对政府部门违反所有法律准则的文件都要进行制裁。因此,下述情节均可

---

① Gazier, Essai de présentation nouvelle des ouvertures du recours pour excès de pouvoir (《论启动反越权行为诉讼的新方式》), *EDCE*, n°5, p. 77; M. J. Guédon, La classification des moyens d'annulation des actes administratifs (《撤销行政法规方式分类》), *AJDA*, 1978, p. 82。

被人们当作起诉依据：

① 违反宪法、组织法、普通法和法令。

534 ② 违反正式颁布的国际条约（即使后来有一个法律与之相抵触，也不得违反。参见上文第 327 点），违反欧共体法的准则。

③ 违反某些等级的规章条例。

④ 违反包含在不具备规章条例正常形式之法令中而具有规章条例性质的条款。这一方面是指行政通报中关于行政行动方针、指导纲要之类的规章条例性内容（参见 1983 年 11 月 28 日法令，上文第 400 点），政府部门有义务遵守；另一方面是指作为行政契约附件之履约保障条件中的规章条例性条款。比如，有轨电车特许经营契约的履约保障条款会确定该业务的组织规则，如果政府部门不按照这些规则使有轨电车正常运转，用户即可据以提起诉讼（参见 CE，1906 年 12 月 21 日的塞盖－蒂沃利十字（Croix de Seguey-Tivoli）案判决，载 *GAJA*，n°17）。这一规定只适用于履约保障条件中的规章条例性条款；若违反契约本身的条款，则永远不得被当作提起反越权行为诉讼的依据。

⑤ 违反在大量情况下得到实施的普遍法律原则；违反既决案件原则（须撤销与司法判决相矛盾的行政法规）；违反行政法规无追溯力原则（参见上文第 417 点）；违反设立权利的行政法规不可侵犯原则（参见上文第 426 点）。

行政法规的管辖范围、形式、意图和内容等各方面，无论违反了上述哪一个准则，均构成将其撤销的适当事由[①]。

---

① Letourneur, L'étendue du contrôle du juge de l'excès de pouvoir（《反越权行为诉讼受理法官的监督范围》），*EDCE*，n°16，p. 51。

但是,我们将会看到(参见下文第642点),行政法官并未用上述合法性概念的要求,严格衡量其受理的所有行政法规。法官反而认为,必须承认政府部门对某些行政法规拥有自主决定权,这种法规只应受到**最低限度的监督**;而应受**正常监督**的行政法规数量最多,也要排除会使它们被撤销的若干理由。

## §2　无权能

631.**第一,定义**。当行政法规的制定者没有制定该法规的职权时,该法规即带有无权能缺陷。

在行政法规的所有违法形式中,这是最严重的。公务员只在确定他们职权之法律的基础和限度内拥有权力,此外,他们须停止参与公权力的行使。这就是为什么权限划分准则事关**公共秩序**。发现行政法规的无权能缺陷,即便无人起诉,法官也可能强制性地将其废除。主管机关的单方面许可庇护不了这一缺陷。 535

632.**第二,形式**。无权能分为几等:

(1) **法规制定者没有公务员身份**。这是最严重的无权能形式。在这种情况下,行政法规不止是无效,而且**不存在**,除非实行**事实公务员**理论。按照该理论,应这样看待此事:某人被非法任命担任一项公职,直至其任命被撤销为止,该人可能自以为拥有合法职权,并据以采取行动,被治理者也可能这样认为;或者,遭遇严重危机,特别在主管政府部门受到强制约束,脱离其职位之时,有人自动取而代之,其制定的法规可以视同正式公务员制定的法规(参见上文第401点)。

(2) 公务员**在任何国家权力机关之外**的作为:这是"显然与政府部门的法定职权毫无关联"的法规(参见上文第574点)。执行这种法规便构成违法行为,须由普通法院管辖。

(3) 行政官员侵犯**立法机关**或**司法机关**的职权。1958年以来,侵蚀立法机关职权的情况渐增。因此,凡政府对《宪法》第34条赋予议会之职权的损害,最高行政法院均予制裁(参见上文第304点)。

(4) 常见的无权能形式是,行政法规的制定者侵犯另一个政府部门的职权。这种形式本身又呈多样性:

① **不同性质**的机关之间互相侵权。比如,审议机关与执行机关之间:可能市镇长代替市镇议会作决定,也许反过来,后者代替前者作决定。

② **同类同级**的机关之间侵权。或许是业务性的,如两个部之间;或许是**地方性**的,如毗邻两省的省长之间;或许是**时限性**[①]的,这是指如下情况:一个部长离任前,提早任命一位公务员,从而侵犯了其继任者的职权;同样,一个辞职的政府,在新政府上任前,不限于迅速处理日常事务,反而作出新决定,而按宪法惯例,新决定应由下届政府作出(参见CE,1952年4月4日的阿尔及利亚地区日报工会案判决,载*RDP*,1952,第1029期,瓦利纳解释)[②]。

③ **上下级机关**之间侵权:这是指下级**自动地**或受上级非法委

---

① Auby, L'incompétence ratione temporis (《时限性无权能》), *RD publ.*, 1953, p. 5。

② 警察局长获准退休后不能再合法地保持职位,但这并不会使根据他的签字授权制定的文件带有无权能缺陷:见:CE, Sect., 2001年5月16日的警察局长对木提迈案判决,载*AJDA*, 2001, 643 et 672, note Legrand。

**托**,作出本属上级权限的决定(参见上文第405点)。在实践中,这 536
种非法委托乃是行政法规因无权能而被撤销的一种最常见事由。

上级代替下级作决定也是带有无权能污点的法规。不过,下级制定法规前,上级有权下达训令指示,事后有权予以修改或撤销,但须保留既得权利。上级不能剥夺下属的职权。这一准则甚至适用于总理同一位部长比如财政部长之间的关系(参见CE,1965年11月12日的突尼斯商业公司案判决,载*Rec*.,p.602)。未经许可,监护机关代替中央下放地方机关作决定同样也是不可以的。

(5)最后,职权方面的错误可能是由于行政官员仍然**没有进入角色**,拒绝作决定;自以为自己无权作出该决定,实际上却有此权限。

## §3 形式瑕疵

633.**第一,定义**①。任何行政法规都要具备一定的形式,必须遵循某种**程序**,按照既定的**格式**制定。这两个因素在逻辑上是有区别的。程序涉及法规如何制定,格式则关系到它的具体外观。但是,反越权行为诉讼将两者合二为一,所谓形式瑕疵就是不承认那些为每个行政法规确定程序和格式的准则。程序的用处是显而易见的,对个人或许是一种保护;耶林(Ihering)曾说,形式是自由的孪生姐妹(调查研究让人们倾诉衷肠,公示,遵守一定期限,说明

① Berlia, Le vice de forme (《形式瑕疵》), *RD publ*., 1940, p. 370; J.-F. Lachaume, Le formalisme (《形式主义》), *AJDA*, 1995, n°spécial, p. 133。

各种理由，等等）。程序和格式会使政府部门在作决定前了解诸多情况（咨询机构的意见，传播的几种信息，等等）。尽管如此，但并不是所有准则的价值都是相同的，而是分为等级的。准则的等级不仅取决于它们的来源，看它们是来自某个规章条例、法律还是普遍原则，而且要看它们的实际功效。因此，判例法拒绝对略有瑕疵的行政法规进行撤销惩罚，不想迫使政府部门拘泥于刻板的形式，从而变得瘫软无力。判例法对这些准则进行了区分，只有部分形式瑕疵构成非法行为。

634. **第二，适用范围**。为了判定哪些违反形式的情况才会导致撤销行政法规，判例法持有这样几个观点：

(1) 形式具有绝对重要性。分为**主要形式**和**次要形式**。忽略
537 主要形式或做得不合规定，原则上都会导致法规被撤销；次要形式则不影响法规的效力。

(2) 规定形式的目的。有些形式是为了**保护**被治理者而制定的，他们显然可能不了解有些形式，但却不能以不知道那些有利于政府部门的形式而为自己开脱。

(3) 形式问题的可能后果。形式难道能改变决定的含义吗？不履行形式要求就可以构成形式瑕疵。

(4) 制定法规所依据的实际情况。形式瑕疵很可能被客观形势所掩盖，因为，若遇紧急事态和特殊情况，就很难顾及形式上的完美；这时，人们会实行上文第335点指出的原则。

而且，被治理者也可能阻挠政府部门履行形式要求。比如，被治理者不告知自己的住址，就会妨碍政府部门给其送达文件。还有一种所谓“不可能完成的形式”，比如，一个咨询机构拒绝作出决

定。

最后,与无权能不同,形式瑕疵有时会因事后的补救而被掩饰过去。

(5) 1979年7月11日法律(参见上文第410点)要求,许多决定在作出时均须说明理由,这增加了形式问题的重要性。没有书面理由,或者“理由”是一些老话套话,即被视为形式瑕疵,就要撤销相关决定。但是,若遇“绝对紧急情况”,作出驱逐出境的决定,则不说明理由也不算形式瑕疵。

## §4 滥用职权

635.**第一,定义**①。与可以随意选择自己行动目标的个人有别,政府部门必须强制性地追求既定目的。一般说,它永远只能为了满足共同利益,根据普遍法律原则,行使自己的职权。具体说,法律为政府的某些职权规定了确切目标:治安权是为了维护社会秩序,道路策划权旨在确定公共道路的界限,如此等等。

滥用职权是一种罪过,它玷污行政法规,无视法律准则,追逐法律规定以外的目标,使赋予政府的权力改向变质,与法定目的背道而驰。

法官只能依据无权能和形式瑕疵的情节,对行政法规的外表是否合法进行监督,而滥用职权的事由则可使司法监督延伸到行

① Vidal, L'évolution du détournement de pouvoir(《滥用职权的变化》), *RD publ.*, 1952, p. 275。

政法规的内在因素,因为这涉及受审法规制定者的内心意图。在
538 法官看来,政府部门不得背离共同利益,而滥用职权恰恰违反了这一准则,就使这一罪过显得特别恶劣放肆。正因如此,奥里乌等作者认为,目标监督应超出合法性范畴,扩及行政行为的道德方面;从合法性的观点看,这就太严厉了。

636.**第二,适用范围。**

(1) 再明显不过,滥用职权乃是法规制定者追求**共同利益之外的某种目的**,诸如公报私仇、满足政治贪欲或意识形态狂热(参见反教权主义支配下的各种宗教仪式治安措施)、维护私人利益(参见 CE, 1934 年 3 月 14 日的戴尔·罗(Dlle Rault)案判决,载 *Rec.*, p.337。判决撤销了一个镇长(他是旅馆老板)关于举办公共舞会的安排,禁止在所有机构办公共舞会,在他自己所有的场所内除外)等,除非对私人利益的维护本身符合共同利益,比如推动对地方经济影响巨大的整个私人工业的发展(参见 CE, 1971 年 7 月 20 日的索绍(Sochaux)市案判决,载 *AJDA*, 1972, p.227,事关标致工厂的扩建)。

(2) 尽管追求的是共同利益,却不是**法律确切表述的目标**,这样的**行政法规**也是滥用职权。典型的事例是,市镇长利用自己的治安权增加市镇的收入,而不是维护治安[①] (参见 CE, 1924 年 7 月 4 日的博热(Beaugé)案判决,p.641。案中,市长决定,只许下海游泳的人,在市镇搭建的海滨浴场付费更衣室换衣服。市长眼里

① Coutelau, *Le détournement de pouvoir dans l'intérêt financier*(《财政利益方面的滥用职权》), thèse, Paris, 1947。

看到的不是公众的体面,而是市镇的财政利益)。

**滥用程序**[①] 是滥用职权的一个变种。这是指,一个政府部门利用达到某一目标的合法程序,来实现运用其他程序才能实现的另一目的,而政府部门认为这样做是比较方便的。例如,省长使用其本来不能使用的一种查封程序,以司法警官的资格来惩治违反新闻出版法的罪行;而追求的目标是防止受指控的报纸扩散,这必须使用另外的即行政性的查封程序[②](参见 CE,1960 年 6 月 24 日的《世界报》案判决,载 *GAJA*,n°81)。

637. **第三,实施**。对滥用职权问题的研究遇到两大困难。一是,在法律未作清晰表述时**如何确定合法目标**。在若干场合,法官 539
不愿意自己根据制定相关法律所针对的各种情况,来归纳总结这一目标。第二个困难是**证据**难以获取。意图是一种心理活动,除非法规制定者自己公开诉说衷肠,否则他人难以捉摸。正因龌龊的意图是不会被公然承认的,所以取证的难度就更大了[③]。

最高行政法院要求,首先要审查行政法规字里行间出现的滥用职权情节,然后,可以从各种资料中提取证据,因为,其他书面材料、法规据以制定的种种情况以及所提理由的不确切性,等等,都会透露出制定法规的真实目的。法官与其说是搜寻确凿无疑的证

---

① Raynaud, *Le détournement de procédure* (《滥用程序》), thèse, Paris, 1950; G. Camus, *RD publ.*, 1966, p. 65; Goy, La notion de détournement de procédure (《滥用程序的概念》), *Mélanges Eisenmann*, 1975。

② Galmot, Le contrôle juridictionnel des saisies d'écrits imprimés (《对查封印刷品的司法监督》), *EDCE*, n°13, p. 57。

③ J. Lemasurier, La preuve dans le détournement de pouvoir(《滥用职权的证据》), *RD publ.*, 1959, p. 36。

据,不如说是探求内心的看法,“诸多迹象汇聚在一起,可能就会产生某种认识”(参见 CE,1945 年 3 月 28 日的德福热(Devouge)案判决,载 *Rec.*,p.64)。不过,取证的这些困难,表明了**滥用职权的相对衰退**[①]。因为,最高行政法院业已断定,政府部门所述理由不确切也是撤销相关法规的一个理由。故而,起诉者若希望撤销某个行政法规,通过这一诉讼途径比通过反滥用职权诉讼途径更容易,指控反滥用职权,不仅要出示理由说明模糊的证据,还要揭露所指控法规的真实意图。而且,行政活动的注意力越来越集中在经济发展上,即便在治安举措方面有些偏差,法官也不予严格惩处(参见 CE,1932 年 1 月 29 日的一个判决,载 *GAJA*,n°46)。从现在的判例看,滥用职权在诉讼中只起辅助作用,因此被撤销的决定很少(尽管如此,也请参见 CE,1970 年 11 月 13 日的郎贝尔案判决,载 *AJDA*,1971,p.53)。但是,在最近的判例中,滥用职权问题的作用略有回升,但却不能就此向最高行政法院提出上诉。

## §5 违反法律

638.**第一,定义**。我们已经指出过这项胜诉事由的根源。在四种导致撤销行政法规的事由中,违反法律涉及面最广。实际上,除了违反权限规定、形式规定和目标规定的情况之外,违反一切准则的行为均应按违法予以制裁,行政法规的制定者必须服从;也就

---

① L. V. Fernandel-Maublanc, Le prétendu déclin du détoumement de pouvoir(《滥用职权的所谓衰退》), *Mélanges Auby*, p. 239。

是说,这些准则甚至与法规的内容、对象以及制定法规的事实理由和法律依据密切攸关。反越权行为诉讼正是通过对违法行为的惩治,总体上确认了合法性原则。显然,**法律**一词不应产生含混的歧义。有些准则,如果不知道它们就可能被当作违反法律;这种准则大概可以归入第285点等列举的某一种类型。

639.**第二,形式:法律错误**。政府部门采取行动时如同法律准则不存在,视而不见,丝毫不予考虑,那就叫**直接**违法。若政府部门了解法律准则,而对之作出了法官认为错误的解释,这叫做**错误解释**违法。当政府部门所作决定依据的法律不适合该决定时,判 540
例往往用"**缺乏合法依据**"一语来表达这种违反法律的特殊形式[①]。但是,如果另一个法律给予该法律的制定者作出同样决定的权力,那么法官宣布撤销该法规是无济于事的,因为还会立即再作一个相同的决定;当此之际,法官宁可为之进行**合法依据替换**,退回诉状,并指明:法律已经给予曾经选择错误依据的行政法规一个正确的依据。

当法律规定,政府部门只有考虑过每一种特殊情况后方能作出决定时,若政府部门只限于为其所作决定确立普遍规范,而不审查各种特殊情况,这也是一种法律错误(参见CE,1969年5月23日的布拉邦特酒厂案判决,载*AJDA*,1969,p.640)。不过,在经济方面,政府部门可用指令指示自行确定一些"指导规范",以行使法律赋予它的自由决定权。在准备考虑各种特殊情况的条件下参照

---

① Drago, Le défaut de base légale dans le recours pour excès de pouvoir(《以缺乏合法基础为事由的反越权行为诉讼》), *EDCE*, n°14, p. 27。

这些规范,不会使相关决定沾染上法律错误(参见 CE,1970 年 12 月 11 日的法国地产银行案判决,载 *GAJA*, n°88)[①];关于指令指示的概念,参见上文第 400 点。

640. **第三,对事实理由的监督**。(1) **问题的提出**。反越权行为诉讼的唯一目的是审核行政法规是否符合法律。有人可能从中得出这样的结论:对行政法规所依据的事实进行评估属于自由裁量权的范畴,而不受任何司法监督。但是,法律与事实之间界限并不是一目了然的。法律经常把事实当作制定法规的必要条件;只有存在一定事实,政府部门才有权制定相应法规。在这种情况下,不对制定行政法规所依据的事实进行审查,就不可能对其合法性进行评价。相关事实是否存在,是否符合法律上预定的事项,这不应由政府部门自由裁量,而应由法官负责审核。比如,法律赋予政府部门权力,可以在那些存在**严重住房危机**的市镇征地建住宅;因此,能否行使这种法定征地权,要看有关市镇是否存在住房危机的事实,而这,应由法官查证(参见 CE, 1948 年 1 月 9 日的巴尔贝迪厄内案判决,载 *Rec.*, p.15)。判例又增加了一些新的制约条件,就是说,是否能够正确行使某种职权,以是否存在一定的事实状况为转移;而对事实状况的查证,属于司法监督
541 权的范畴。这并不改变这种监督的性质,仍然是合法性监督。法

---

① Megret, De l'obligation pour l'administration de procéder à un examen particulier des circonstances de l'affaire (《政府部门逐一审查各种情况的职责》), *EDCE*, n°7, p. 77; H. T. C., De l'arrêt Sté Génestal à l'arrêt Crédit Foncier de France (《从热内斯塔尔公司案判决到法国地产银行案判决》), *AJDA*, 1971, p. 196; Amiel, L'examen particulier des circonstances (《对各种情况的逐一审查》), *Rev. de dr. prospectif*, 1979, p. 25。

官对行政法规的适当性进行评价时，无须审查其事实理由，核查事实只用于合法性审查①。

641.(2) **适用范围**。① 法官一向监督**事实理由是否准确真实**。如果行政法规所申明依据的事实并未发生，缺乏实在理由，当然就丧失了合法性。比如，一个公务员由于其从未说过的话而受到纪律处分；既然处分建立在子虚乌有的基础上，那么无疑是不合法的。

下述情况也是如此：当不仅法律清楚表述了支配法规制定的事实，而且政府部门也自动宣布了自己所作决定依据的某种事实时，如果这种事实并不存在，政府部门为其决定编排的理由就消失了，该决定就要废除（参见 CE，1922 年 1 月 20 日的特雷蓬案判决，载 *Rec.*，p.65。案中，"根据省长本人的要求"被辞退，而他未曾提出任何要求）。最高行政法院有时会对"司法上不存在的事由"概念作出解释。② 不过，无论政府部门作决定的自由裁量权有多大，只要政府部门想让人了解它作决定的理由，这些理由的真实性问题永远要受法官的监督。

② **对事实的定性**。对于政府部门制定法规所依据的事实，法

---

① 关于这整个问题，参见：Chalvon-Demersay，*De l'examen du fair par le Conseil d'État*（《最高行政法院对事实的审查》），thèse，Paris，1932；Dubisson，*Légalité et opportunité dans le recours pour excès de pouvoir*（《反越权行为诉讼中的合法性、适当性问题》），thèse，Paris，1955；M. Waline，Étendue et limites du contrôle du juge administratif（《行政法官监督的广度与限度》），*EDCE*，n°10，p. 25；Letourneur，L'étendue du contrôle du juge de l'excès de pouvoir（《反越权行为诉讼受理法官监督的范围》），*EDCE*，n°16，p. 51。

② G. Vedel，*Essai sur la notion de cause en droit administratif*（《行政法中的事由概念》），thèse，Toulouse，1934；Charlier，La cause dans la jurisprudence récente（《最近判例中的事由问题》），*JCP*，1950，I.，871。

律可能会清晰表述其应当具备的特征。但是,法律必然说得笼统而抽象。政府部门作出决定之后,若有人对之起诉,法官就要对下列事项作出裁决:该决定所依据的具体情况是否与法律的表述一致,是否应对之适用该法律。比如,当法律授权政府部门采取措施、保护"秀丽迷人的风景区"时,法官若评价关于一个具体风景区的决定是否合法,就要对该景区是否具有"秀丽迷人"的特征作出裁决。对于"宏伟壮观的林荫大道"、"运载工具引发的事故"等,均须作这样的定性分析。这样的评价必然是主观性的,但是,对于确定相关法律的适用范围,确定受指控决定是否合法,却是必不可少的。这便是**对事实的定性**问题,它与事实的存在是不同的。关于宏伟壮观的林荫大道,参见最高行政法院,1914年4月4日的戈麦尔(Gomel)案判决,载 *GAJA*, n°30;关于一个"秀丽迷人的风景区",参见最高行政法院,1975年5月2日的艾布丽(Ebri)女士案判决,载 *AJ*, 1975, p.311。关于法官对事实的定性问题,参见 D. 拉贝图尔(D. Labetoulle)的文章《定性与行政法官》,载 *Droit*, 1994, p.32。

542　③ 在事实定性监督与**适当性评价**之间,界限是细微的。比如在治安方面,判例认为,只有采取"为维持公共秩序所必要的"措施才是合法的。而审查治安部门使用的手段、办法以及当时的客观形势等,乃是评价其必要性的前提,这就跟适当性评价走到了一起。同样,在所谓**成本-收益平衡**判例中,合法性评价酷似适当性评价。判例中,最高行政法院赞成,为了确定一桩财产征调的公益性,须核实:较之公共集体从中获取的好处,这种征调对财产所有制的损害、它的财政成本以及它所造成的社会弊病是不是太大(参见 CE, 1971年5月28日的新东方市案判决,载 *GAJA*, n°89;1972年

10月10日的圣母玛利亚升天节案的判决，载 *AJDA*，1972，p.390）。这个判例的影响甚至在其最初涵盖范围之外不断扩大和发展，以致成了一项新的普遍原则，即**均衡原则**。按照这一原则，法官若要评判一种举措是否合法，应当首先考虑该举措的效益和财政、社会成本之间是否均衡相称①。

每当根据主观判断而不是根据客观标准对事实进行定性时，合法性评价就会滑向适当性评价。这就是为什么法官总是倾向于审查制定行政法规的理由是否确切真实，而拒绝对事实的定性进行审查，希望政府部门在若干领域保持广泛的自由评判权。比如说在驱逐外国人的问题上，法官审核是否存在作为驱逐理由的事实，而不审核这些事实的性质是不是“可能危害国家安全或公共秩序的”。不过，法官已在改变解决办法，甚至应政府部门的要求而审核“绝对紧急情况”的性质，以证明它的决定是合法的（参见上文第355点）②。如果需要经过技术检验才能给事实定性，而法官尚未对此作好物质准备，则同样还会对定性问题持保留态度（比如，一种

---

① 关于这个判例，特别要参见：CE 26 oct. 1974，Grassin，*AJDA*，1974，p. 34；4 oct. 1974，Grimaldi，24 janv. 1975，Gorbier，*AJDA*，1975，p. 142；参阅 J.-P. Gilli，*AJDA*，1973，p. 13；M. Fromont，Le principe de proportionnalité（《均衡原则》），*AJDA*，1995，n° spécial，p. 156；M. Guibal，De la proportionnalité（《均衡论》），*AJDA*，1978，p. 444，et les études ci-après dans les *Mélanges Waline*，1974，T. 2：G. Braibant，Le principe de proportionnalité（《均衡原则》），p. 297；J. Lemasurier，Vers un nouveau principe général du droit：bilan coût-avantages（《一项新的普遍法律原则：成本－收益平衡》），p. 551；J. Waline，Le rôle du juge administratif dans la détermination de l'utilité publique（《行政法官在确定公益性方面的职责》），p. 811；J.-P. Costa，Le principe de proportionnalité dans la jurisprudence du CE（《最高行政法院判例中的均衡原则》），*AJDA*，1988，p. 434。

② 参见 CE，1955年3月8日的阿穆案判决，p. 168和1988年1月13日的阿必娜判决，载 *AJDA*，1988，p. 255，conclusions O. Schrameck。

制药专业危害公共卫生的性质,以及有关经济问题的决定)[①]。

642.(3) **正常监督和最低监督**。法官行使职权的范围相当广阔,困难重重,这使法官只能区分**正常监督**和**最低监督**。正常监督
543 适用于大部分行政法规;当然,除无权能的问题外,它延伸到形式瑕疵,滥用职权和法律错误等各方面,不仅对事实理由的真实性进行监督,而且监督对事实的定性问题。正是对事实定性的审核排除了最低监督,后者只注意审核事实是否真正存在[②]。不过,即便在进行"最低监督"时,法官也借助**评价明显错误**概念来限制自由裁量权[③]:假若行政法规对事实的定性错误如此明显,以致一个非专业人士都能将其否定,则法官便将其废除(参见 CE,1968 年 3 月 29 日的潘波劳内(Pampelonne)海滩地块划分案判决,载 *AJDA*,1968,p.341;1970 年 11 月 6 日的圭耶(Guyé)案判决,载 *AJDA*,

---

① Ch. Bréchon-Moulènes: La place du juge administratif dans le contentieux économique public (《行政法官在国有经济诉讼中的地位》), *AJDA*, 2000, p. 679。

② 过去仅仅进行最低监督的问题,也开始进行正常监督,人们在 CE, 1976 年 5 月 5 日的奥弗涅 S. A. F. E. R. 案(载 *GAJA*, n°91)中发现了这种实例。劳动监察局作出裁定,允许解雇企业的职工代表,甚至解雇的理由是经济上的;行政法官对此进行了监督(见 1977 年 2 月 18 日的阿贝朗案判决,载 *AJDA*, 1977, p. 273)。法官对一位省长以公共秩序受到威胁为由,拒发一个暂住证的决定同样进行了监督,见 2003 年 7 月 17 日的 M. 布桑案判决,载 *AJDA*, 2003。相反,CE 只对法官晋升委员会的意见进行了有限的监督,见 CE, 2003 年 12 月 30 日的 M.夫人案判决;载 *AJDA*,2004,第 206 期。

③ Kornprobst, L'erreur manifeste (《明显错误》), *D.*, 1965, chron., p. 21; Vincent, L'erreur manifeste d'appréciation (《评价的明显错误》), *Rev. adm.*, 1971, p. 407; Letourneur, L'erreur manifeste dans la jurisprudence du Conseil d'État (《最高行政法院判例中的明显错误概念》), *Mélanges Ganshofvan der Meersch*, 1972, T. III, p. 563; Henry, Une nouvelle fonction pour l'erreur manifeste (《审查明显错误的新职责》), *AJDA*, 1979, n°6, p. 17. 宪法委员会已将明显错误概念推广到它对法律的审查,见 CC, 16 janvier 1982, *AJDA*, 1982, p. 209。

1971,p.54)。而且,这还是一个正在大力普及的判例,明显错误的概念已经推广于曾经具有极广泛自由决定权的方面,尤其扩及"高级警官"(参见 CE,1973 年 11 月 2 日的弗朗索瓦·马斯佩罗(François Maspero)书店案判决,载 *GAJA*,n°90;1975 年 2 月 3 日的巴尔多夫(Pardov)案判决,事关驱逐一名外国人的决定,载 *Rec.*,p.83;1975 年 2 月 19 日的富艾雷案判决,事关拒绝护照,载 *AJDA*,1975,p.143)。但是,在这方面,对明显错误进行评价仍然十分谨慎。而在对公务员进行纪律制裁时,其所犯错误的严重程度与其所受处分是否相符,评价起来似乎比较武断。长期以来,最高行政法院审理公务员对纪律制裁的上诉时,仅限于核实作为处分理由的事实是否存在,至于错误与处分相互之间是否轻重相符,在它看来,那是个适当性评价问题。后来,它将明显错误概念导入这一领域,毫不犹豫地撤销了它觉得与错误的严重性明显不相称的纪律处分(参见 1978 年 6 月 9 日的勒邦(Lebon)案判决,载 *Rec.*,p.245;1978 年 6 月 26 日的韦诺莱(Vinolay)案判决,两个判决都载于 *AJDA*,1978,p.576)。在从圈外任命某些公职人员时,尽管此事比较微妙棘手,最高行政法院也采取了同样的监督态度(参见上文第 103 点):对所任命公职人员的才干评价若有明显错误,就会撤销委任状(参见 1988 年 12 月 16 日的高级公务员协会案判决,载 *Rec.*,p.449)。

643.(4) **以大多数理由为据**。有时候,一个行政决定是根据几个理由制定的,倘若其中只有一部分不确实,法官不一定要撤销 544
该决定。法官不妨作换位思考,站在法规制定者的立场上,尽可能斟酌一下确实理由和不确实理由各自所占的比重。如果法官觉得,把确实理由都抽出来,还会导致作出一个同样的决定,因而认为受指控的法规还能站得住脚,那就不用宣布将其撤销(参见1968年*AJDA*第355等页的判例)[①]。

若法律责成政府部门作决定,而后者却提出一个与权限有关的错误的制定理由,当此之际,法官也可以进行**理由替换**而保留原法规,指明该法规业已有了存在的合法理由[②]。

在对法官的理由监督问题的分析结束之时,应当注意,这种监督的重要性日渐提高,正是上文第410点所述的情形努力争取的结果;第410点述及,只要法官断定有必要实行这种监督,政府部门即须按法官的要求,说明被起诉法规的制定理由。最近的改革又要求,在许多情况下,政府部门必须在其制定的法规条文中说明制定理由;不说明理由即属形式瑕疵,法规当被撤销(参见上文第634点)。在对经济决定的监督方面,这些问题之间的联系尤其清楚[③]。

---

① Sauvignon,《La pluralité des motifs》(《以大多数理由为据》), *AJDA*, 1971, p. 200; M. J. Guédon,《Régularité interne de l'acte administratif et pouvoir de substitution du juge》(《行政法规的内在合法性与法官的代位权》), *AJDA*, 1981, p. 443。

② 最高行政法院法官进行理由替换的实例,见:CE, Sect., 27 octobre 1999, Bayeux(白耶)案判决,p. 335;也见:CE, Sect., 23 novembre 2001, Cie Nationale Air-France(法国国家航空公司)案判决,*Rec*., 576; CE, Sect., 6 février 2004, Mme Hallal(哈拉尔)夫人案判决,*AJDA*, 2004, 第436期, chron. Donnat et Casas; CE, Sect., 3 décembre 2003, Préfet de la Seine-Maritime(滨海塞纳省)省长案判决,*AJDA*, 2004, 第202期, chron. Donnat et Casas。

③ Delmas-Marsalet, Le contrôle juridictionnel des interventions économiclues de l'État(《对国家经济干预的司法监督》), *EDCE*, n°22, p. 153; Savy, Le contrôle juridictionnel de la légalité des décisions économiques de l'administration(《对政府部门经济决定合法性的司法监督》), *AJDA*, 1973, p. 3; J. C. Venezia, Sur le degré d'originalité du contentieux économique(《谈经济诉讼的新奇程度》), *Mélanges Stassinopoulos*, 1974, p. 147。

## 副4节 对诉讼的裁判

### §1 程序特色

644. **概观**。下文第650点及其他若干点阐述的普遍准则适用于此；不过，这种诉讼的程序还有若干特殊性。

(1) 是否实行**先决准则**须以诉讼本身的性质为转移，原告没有义务首先要求政府部门改变它的决定；尽管如此，原告有权提出这种要求。但这种行政请愿应在允许提起行政诉讼的时限内提出，以便在请愿被拒绝后，能够再向法官起诉。

(2) 行政诉讼**针对的是行政法规**，而不是制定法规的**公法人**；目的是**撤销一个行政法规**，而不是定罪判刑；正因如此，有人认为 545
这种诉讼具有客观性。长期以来，有人据此得出结论，认为反越权行为诉讼没有当事人。然而，实际上，相关政府部门总是被受理法官传唤去发表意见，也就是为其所作决定的合法性进行答辩。以起诉人和政府部门之间交换诉状和陈情报告的形式展开诉讼，这符合惯例。1953年以来政府部门得到的上诉权与其他诉讼类似(参见下文第647点)。

(3) 这种诉讼也应当通知这样一些人，对他们而言，被起诉的行政法规虽然与之没有直接关系，却会造成某些后果。比如，一座获得建筑许可证的大楼，将挡住其邻居们的视线，邻居就可以表达他们的看法。

(4) 凡与法律的存废有利害关系者,均可作为第三者参与这种诉讼①。

(5) 虽然举证责任原则上属于起诉人,但在起诉人最初所提证据可能引起对行政法规合法性的怀疑时,法官仍可凭借自己的诉讼追问权,要求政府部门证明自己的文件符合法律,有关实例参见最高行政法院,2001年2月7日的亚当(Adam)案判决,载 *Rec.*,50(参见下文第667点)。尤其当诉讼使行政法规的正确性遭到严重怀疑时,即便政府部门没有责任举证,也不好再不闻不问。法官可能会要求法规制定者说明其真实的理由动机;若其拒不说明,法规即被撤销(参见CE,1954年5月28日的巴雷尔(Barel)案判决,载 *GAJA*, n°73;1968年1月26日的热内斯塔尔商行案判决,载 *Rec.*, p.62)。1979年7月11日法律规定,政府部门必须对其所作决定说明理由,否则,相关决定就有形式瑕疵;这种法律使上述判例丧失了部分重要性,而便利了法官行使职权。

## §2 判决的内容和效力

645. **第一,拒绝受理的裁定**。诉讼如果被宣布为不予受理,受指控法规继续存在,它是否合法的问题不予解决。从理论上说,还可以重新起诉;至少,如果不予受理的原因在起诉人一方或由于不

① Nguyen-Quo-Dinh, L'intervention dans le recours pour excès de pouvoir(《反越权行为诉讼中的第三者参与》), *RD publ.*, 1946, p. 389。

合起诉程式，再次起诉是可以的。实际上，重新起诉可能遭遇时限过期的困境。但是，如果事关一个规章条例性法规，其中的违法性问题将会在事后受到抗辩。

646. **第二，实质判决。**

(1) **驳回起诉**。这就意味着行政法规没有起诉人所指控的瑕疵，也没有即便被起诉人疏忽而由法官自己发现的瑕疵(无此职权)。从理论上说，若要再次起诉，须提出其他理由，但有这样一个 546
条件：法官认为，形式瑕疵和无权能属于一类(关于行政法规的外在合法性)，违反法律和滥用职权属于另一类(关于行政法规的内在合法性)，每一类都是完全不可分割的。因此，曾因无权能而受到起诉却被法官驳回的法规，还能以违反法律为由而不能以形式瑕疵为由被再次起诉(参见 CE，1953 年 2 月 20 日的一个判决，载 *Rec*.，p.88；吉利(Gilli)：《向法院起诉的法律事由》，1962)。而相反，若起诉人在起诉时提出一个关于内在合法性的理由，在诉讼时限超过后，还能提出另一个关于内在合法性的理由，因为该理由属于同样的法律事由，参见最高行政法院，大合议庭 2001 年 7 月 11 日的国防部长对普雷奥(Préaud)案判决，载 *Rec*.，345。

不过，在实践中，时限届满一般就阻止了对曾被起诉法规的再次起诉；驳回起诉实际上就确认了该法规的合法性。

(2) **撤销判决**①。这通常是撤销整个法规，但若法规中只有完

---

① Weil, Les conséquences de l'annulation d'un acre administratif pour excès de pouvoir (《撤销一个越权行政法规的后果》), thèse, Paris, 1952; Massot, Portée et conséquences de l'annulation par le juge d'un acte administratif (《法官撤销一个行政法规的意义和后果》), *EDCE*, n°30, 1980, p. 111。

全涉及个人的一部分违法，也可以只撤销相关部分①。一旦作出撤销判决，有关法规就消失了；这种消失是绝对的，因为撤销判决具有普遍效力，亦即适用于所有人；这跟既决案件的权威性不同，后者只对当事人有效。而且，撤销判决实际上具有追溯力，因为相关法规被视为从来没有制定过，政府部门在法律上有责任消除其曾经产生的一切后果。撤销判决的追溯力是这种诉讼缺乏暂时中止力的必然结果。完全落实撤销判决的追溯力往往也是办不到的；或者客观上办不到，比如，在预定的集会日期过去许久以后才撤销了一个禁止集会的决定；或者法律上办不到，比如，撤销了一个治安条例，而根据该条例已经处罚过多人；或者实际上办不到，比如，一个公务员干了许多事情，而对该人的委任状后来被撤销。按照逻辑推理，其所干的事情也应被废除。不过，为了被治理者法律上的安全，人们都会规避这种后果。

即便能够追溯，消除以往造成的后果也常常困难重重。有时候，被撤销的行政法规是其他一些法规的出发点，若恢复原状就得统统废除。有时候情况正相反，如今被撤销的法规曾经使若干法规无法制定；它一旦消失，其他法规又可以出台，若恢复原状，就得制定那些法规。有时候，偶尔撤销了对一个公务员的辞退决定，必须恢复其职位，就像其一直正常履职似的，其所应得的晋级升职都得一一补齐。当恢复起诉人的地位势必波及第三者时，困难就会更大。在公职方面，作出撤销判决可能会引起连锁反应：撤销了对

① Corbel, L'annulation partielle des actes administratifs（《行政法规的部分撤销》），*AJDA*, 1972, p. 138。

一个官员的免职令,该人就要官复原职;已被任命接替其职位的官 547
员,也得退回其原来岗位,因而还要撵走已经占据该职位的官员,如此等等。有时候,考虑到撤销判决的执行,最高行政法院会就恢复原状所应采取的步骤,向政府部门下达明确的指令,只是这样的时候很少。法院的指令(参见下文第676点)使情况大为改观。自1995年2月8日法律颁施后,法官可以注明执行惩罚性撤销判决所必须采取的对策、措施。不过,有时也会发生这样的情况,某个撤销判决引起的各种麻烦只有立法机构介入方能解决[①];而对于被撤销的行政法规的追溯力,理论上是有争议的,实践上却又往往是必要的。人们将会看到(参见下文第674点),进行追溯的可能性越来越受到限制。

当政府部门继上一个决定因越权而被撤销之后又作出一个新决定时,自新决定出台之日起即应被当作法律予以执行,但有几个例外,实例见最高行政法院,2001年2月16日的格乐丹城堡中心案判决,载 *Rec.*,71。

受起诉的法规与撤销判决之间的间隔拉得越长,越会提出一些难以化解的问题。法官的惩处来得太晚,就可能成为无用的空谈。比如在城建规划方面,撤销建筑许可证的判决经常在大楼建成以后许久才作出,再将其拆毁从经济和社会的角度上说都是不可能的。很多时候撤销判决只是带给起诉者一丝心理满足,自以为人家承认他对抗政府是有理的,不是一无所获,只是少了点儿。

---

① Lesage, *Les interventions du législafeur dans le fonctionnement de la justice*(《立法机构对司法运行的介入》), 1960; F. Luchaire, Le Conseil constitutionnel et les lois de validation(《宪法委员会与有效的法律》), *RD publ.*, 1998, 23。

可以说,行政法院案件严重积压,虽然证实了被治理者对法官的信任,却也使判决一推再推,以致有时变得毫无用处。本来,对行政法规适当性的审理在时限方面具有更大的灵活性,却也因案件充斥饱和而判决迟缓,参见下文第 665 点。

## §3 上诉途径

647. **第一,上诉**[①]。自 1953 年起,反越权行为诉讼实行两级裁判准则。按照上文第 580 点所述 1987 年改革中提出的准则,在行政法庭宣判后两个月内,可以向上诉行政法院或最高行政法院提出上诉。上诉由起诉人或法人代表提出;涉及国家的判决,由部长
548 提出上诉。因此,承认政府部门有上诉权,这就驳斥了一个传统论断,说什么反越权行为诉讼没有什么当事人,"是在跟行政法规打官司"。实际上,上诉权只为讼案中的当事人而存在;允许政府部门上诉,单是这一事实就表明,承认它具有当事人资格。

648. **第二,第三方异议**。撤销判决因有绝对效力,所有人都得服从,其中包括这样的人:受到指控的行政法规赋予他们某种权利,保留该法规对他们有好处;但因其不了解该法规的存在,或因其相信政府部门会为该法规辩护,故未参加诉讼。他们可能会认为别人辩护不力,而他们自己的理由能够证明被起诉的决定是合法的,从而使之不被撤销。正因如此,最高行政法院承认他们有权在撤销判决作出后 2 个月内提出第三方异议(参见 CE,1912 年 11

---

① Louis-Lucas, *D.*, 1957, 专栏, p. 115。

月29日的布苏热(Boussuge)案判决,载 *GAJA*,n°28)。这样一来,反越权行为诉讼的客观性也就减少了。

649. **第三,向最高行政法院上诉**。这是1987年改革在这方面的最重要创新(参见上文第580点)。针对上诉行政法院对反越权行为诉讼的判决,可以向最高行政法院提出终审上诉。1987年改革提出一个棘手的问题,正如我们在上文第641点所指出的,反越权行为诉讼判决的重要部分,即最高行政法院通常不过问事实的存在和定性问题,而只对是否违反法律准则进行监督。所以,最高行政法院必须确定,在此基础上,它这个最高审判官的监督范围止于何处,如何使自己的职权跟行政法庭或上诉行政法院这些本案审判官对事实作最终评价的原则协调一致起来。对此,参见J.马索(J. Massot)的《向最高行政法院上诉》,载 *AJDA*,1995年6月专号,p.200;参见:图拉尔(Tourard)的文章,载 *RD publ.*,2000,p.487;最高行政法院,1994年11月18日的克利西·德巴纳热(Sté Clichy Dépannage)案判决,载 *AJDA*,1995,p.109、p.159,这里似乎排除了最高行政法院对明显错误评价的监督。

# 第四章　行政法院的诉讼程序

549 650. **自主性及其法源**[①]。支配诉讼的提起、预审和裁判的准则，在行政法院与在普通法院迥然不同，行政法的自主性在诉讼程序方面与在法律实体方面一样显示出来。不过，普通法院的诉讼程序极大地影响着行政法院的诉讼程序，最近的几次改革已使两种程序更加接近。行政法院的诉讼程序既随着法院的不同而变化，也随着诉讼性质的不同而变化。在最高行政法院，基础性的诉讼程序法律是 1945 年 7 月 31 日条例[②]，出台后经常修改。这些条文现已根据 2000 年 5 月 4 日条例[③] 编入《行政诉讼法典》。行政

---

① Debbasch, *Procédure administrative contentieuse et procédure civile*（《行政诉讼程序与民事诉讼程序》），1961；Gabolde，*Traité pratique de la procédure administrative contentieuse*（《行政诉讼法实用论文》），1960；Chaudet，*Les principes généraux de la procédure administrative contentieuse*（《行政诉讼法的普遍原则》），1967；Chapus，De l'office du juge，contentieux administratif et nouvelle procédure civile（《论法官的职务、行政诉讼和新民事诉讼法》），*EDCE*，1977－1978，p. 11 et surtout，du même auteur，*Droit du contentieux administratif*（《行政诉讼法》），11e éd.，2004；M. Deguergue，*Procédure administrative contentieuse*（《行政诉讼程序》），Montchrestien，2003，p.224。

② Lenoan，*La procédure devant le Conseil d'État*（《最高行政法院的诉讼程序》），thèse，Paris，1954。

③ R. Chapus，Lecture du Code de justice administrative（《行政诉讼法典解读》），*RFDA*，2000，第 929 期；J. Arrighi de Casanova，Le Code de justice administrative（《行政诉讼法典》），*AJDA*，2000，第 639 期。

法庭和上诉行政法院的诉讼程序,载于《行政法庭和上诉行政法院法典》规章条例部分第二卷第二编,这些条文已编入《行政诉讼法典》①。一些重要的判例原则不断地补充、完善着法典条文。近几年的法律又使其中若干条文引起深刻怀疑或使之作出重要修改。这些修改的起因,一方面是,向最高行政法院的终审上诉,推广到一审和上诉这传统的两级法院;另一方面是,人们都急切地盼望能加速行政诉讼进程并提高判决的权威性。于是,有人开始谈论"**适用于各级行政法院的诉讼程序普遍准则**",实例参见最高行政法院,1997 年 12 月 29 日的索恩 - 卢瓦尔省案判决,载 *Rec*.,p.503。 550

大多数准则适用于一审和上诉这两级诉讼。至于向最高行政法院上诉的专用程序,参见下文第 678 点。

下面,我们将首先描述行政诉讼程序的一般特征(第 1 节),继之探讨从事先准备阶段到作出判决的全过程(第 2 节),最后研究上诉途径(第 3 节)。

651.**行政法院的诉讼程序与行政程序**。程序不是司法裁判所独有的。现任政府部门作决定也须遵循一定的程序,诸如调查研究、发布通告、征求咨询机构意见等等。因此,不应将上文第 407

① De Soto, La procédure devant les tribunaux administratifs (《行政法庭的诉讼程序》), *AJDA*, 1954, I, 41 et 145; Méjean, La différence entre les procédures devant le Conseil d'État et devant les tribunaux administratifs (《最高行政法院与行政法庭两种诉讼程序的区别》), *EDCE*, n°11, p. 141; La réforme de la procédure contentieuse administrative (《行政诉讼程序的改革》), *Rev. adm.*, 1959, n°68; Gabolde, *Traité pratique de la procédure des tribunaux administratifs* (《行政法庭诉讼程序实用论文》), 1974。关于《行政法庭与上诉行政法院法典》,参见 J.-P. 潘克拉西奥(J.-P. Pancracio)1989 年 11 月 4 日和 9 日在法制日报对法典条文的解释; M. Gros, Le juge administratif, la procedure et le temps (《行政法官、诉讼程序与时限》), *RD publ.*, 1999, p. 1707。

点所述政府部门制定行政法规的程序，与行政法院的程序即诉讼程序混为一谈。这里只研究后者。

## 第 1 节 一般特征

我们首先研究支配行政法院诉讼程序的各项**原则**（§1）然后从中归纳出**一般特征**（§2）。

### §1 原则[①]

公民有权进行司法诉讼乃是一项具有宪法意义的原则，而其得以贯彻落实尚需借助于几个重大原则。

652.**第一，对审原则**[②]。这一特征不是行政诉讼程序所特有的，但却是最重要的。每方当事人都要被传唤到庭，就对方当事人提出的问题作出说明。这一规则也适用于反越权行为诉讼（参见CE，1969 年 10 月 24 日的古容（Gougeon）案判决；1969 年 11 月 12 日的帕基耶（Pasquier）案判决，载 *AJDA*，1969，第 707 期）。尽管受指控法规的制定者不是诉讼当事人（参见上文第 617 点），也要应

① R. Fanachi, *Le procès administratif*（《行政诉讼》），PUF，Que Sais-je?，1993。

② *La contradiction en droit public français et l'art*. 6，§1，de la CEDH（《法国公法中的对审原则与欧洲人权公约第 1 段第 6 条》），Actes du Colloque de Lyon，*RFDA*，2001，第 1 期。T. Einaudi，*L'obligation d'informer dans le procès administratif*（《行政诉讼中的告知责任》），Préf. J. P. Négrin，*LGDJ*，2002，p.457。

邀为该法规进行辩护。这项对审原则如此重要,以致被视作整个非诉讼行政程序的基础(参见上文第407点)。

653.**第二,公平公正原则**[①]。公平公正原则(参见CE,大合议庭,2001年4月6日的拉泽尔(Razel)兄弟股份有限公司案的判决, 551
载*RFDA*,2001,第1299期)要求,法官进行裁判时不得有任何成见,要绝对公正客观,更不得表现出反对一方当事人的任何偏见。实例参见最高行政法院,2002年12月6日的特罗尼翁(Trognon)案判决,载*AJDA*,2003,第492期;2002年12月6日的阿安-罗伊(Aïn Lhoyt)案判决,载*D*.,2003,第862期。

654.**第三,合理期限内作出判决**[②]。在这项原则的法源中,有《欧洲人权公约》第1段第6条的各项规定;第6条陈述,每个人都有权使其诉讼"**在一个合理的期限内**"得到审理。法国以往不知道这一责任,各级行政法院中讼案拥挤,久拖不判,迭次遭到欧洲人权法院的抨击。最高行政法院作出回应,断言:"从支配各级行政法院运行的普遍原则可知,法院辖区内的人士有权使其诉状在一个合理的期限内得到裁判"(参见CE,大合议庭,2002年6月28日的司法部长对马吉拉(Magiera)案判决,载*Rec*.,247)。当然,何谓"合理期限"尚待斟酌,但是,自此以后,法国行政法官一旦背离这一责任,就要作出赔偿。

---

① 参见关于公平公正原则的档案资料,载*RFDA*,694和s.,以及P. Fombeur, F. Séners, M. Guyomar, B. Chemin, S. Cacqueray等人的论著。

② J. Andriantsimbazovina, Délai raisonnable du procès, recours effectif ou déni de justice?(《诉讼的合理期限:讲求实效还是拒不受理?》),*RFDA*,2003,第85期。

## §2 一般特征

655. **第一,这是一种纠问式程序**。这种程序与所谓控告式程序适成对照,民事诉讼程序长期以来都是控告式的。**法官**在两种诉讼方式中的**作用不同**。在控告式诉讼程序中,法官仅限于跟随预审逐步深入,其间由双方当事人各自为自己的说法辩护;在纠问式诉讼程序中,则由法官进行驾驭、领导。在实践中,普通法庭的诉讼以原告传唤对方当事人开始,接着由双方当事人的代表互相交换意见书。行政诉讼则相反,原告是将诉状提交法官,是法官交给对方;当事人双方的陈情书都得交给法官,法官再将一方的陈情书转交另一方;当法官认为案件已进入被审理状态后,便结束材料交换。

656. **第二,这是一种书面的诉讼程序**。这种程序主要是**书面的**,包括下列环节:双方当事人交换诉状;互相辩驳向来是随意自定的,实际上,在最高行政法院很少辩论,在行政法庭则辩论频繁
552 得多,辩论中只能重提写入诉状的意见和理由,不得补充新内容;最后,政府专员须全面撰写报告和结论。

尽管如此,也许是由于时间非常短促,新的紧急审理程序(参见下文第 665 点)很重视安排口头辩论,这似乎颇得大家好评。D.拉贝图尔院长说,有人可能考虑,"引入紧急诉讼程序的口头辩论还应有所增加。我希望如此,但愿如此"①。

---

① *Le nouveau juge administratif des référés*(《新出现的紧急审理行政法官》), Colloque de Strasbourg, Annales de la Fac. de droit de Strasbourg, Nouvelle série, n°5, p. 21。

657. **第三，这是一种不拘泥形式的程序**。很难想象还有一种司法程序比行政法院的诉讼程序更不注重形式。正因如此，起诉人提起反越权行为诉讼能够不用请律师。

## 第 2 节　诉讼概貌

### §1　预先决定准则

658. **第一，定义**。一般说，民事诉讼的原告可以在法官面前传唤被告，无须事先将自己的意图告知被告，无须要求被告道歉。这就是所谓**直接传唤权**。

在行政法院却无此权利。原告必须首先向政府部门提出请求，只有在其请求被全部或部分拒绝后，才能向法官起诉。因此，**预先决定准则**乃是起诉人的一种义务，也就是说，起诉政府部门之前，必须先请该机关就其打算提交法官的诉求作出一个决定；若不附上政府部门的这一决定，诉状就会被拒绝受理。

659. **第二，适用范围**[①]。(1) 要求废除行政法规的诉讼中，预先决定准则会自动得到贯彻，因为，这种诉讼从定义上说就是以已经存在一个政府部门决定为前提的；既然总是必定有一个预先的

---

① R. Guillen, Décision préalable et distinction des contentieux(《预先决定和不同诉讼》), *Mélanges Stassinopulos*, 1974, p. 259。

决定，就不用起诉人再去请求了。

（2）在全权裁判诉讼中，预先决定准则作用突出。原告只能在其主管政府部门拒绝后，才能求助于法官。所以，在这里，预先
553 决定准则使行政诉讼从属于行政请愿。最初，只是在最高行政法院作为普通法审判官之时才适用这一准则。1953年改革后，这一准则延伸适用于行政法庭[①]，但关于公共工程的诉讼依然除外（参见1953年9月30日法令）。1956年6月7日法律出台后，该准则推广到所有行政法院。

660. **第三，实施方式**。（1）能够作出预先决定的主管政府部门，就国家层次而言，是涉讼机关的内阁部长。

（2）**政府部门保持沉默的问题**[②]。预先决定准则有一种风险。若政府部门对其接到的请求不予置理，保持沉默，因为没有提起诉讼所必要的预先决定，就可能使行政诉讼无法提起。而且，下述情况也会产生同样的问题：当被治理者不是要求政府部门作出决定，而是要求作出答复时，若得不到答复也会阻断任何起诉之路。2000年4月12日法律第21条（参见上文第408点）使人们能够挫败这种阴谋诡计。按照该法，政府部门自接到要求或申请之日起2个月内默不作答，**即暗示作出了拒绝的决定**，诉讼便可据以提出。宪法委员会甚至在这个"沉默即暗示否决"的规定中发现了一条普遍法律原则（参见CC，1969年6月26日意见，载*AJDA*，1969，p.663），而最高行政法院否认其这一性质（参见1970年2月27日

① Bonneau, La règle de la décision préalable devant les tribunaux administratifs（《行政法庭的预先决定准则》），*D.*，1955，chron，p. 11。

② Gouttenoire, *Le silence de l'administration*（《政府部门的沉默》），thèse，Paris，1932。

的博扎(Bozas)镇案判决,载 *AJDA*,1970,p.232)。无论分歧多大,起诉人若想提起诉讼,只要哪一天向主管政府部门寄发一份申请书就够了;邮局的收据足以证明其寄发日期,两月一满,就可以向法官起诉。

1997 年 5 月 21 日法律旨在简化行政程序,其中列举了一系列问题,针对不同情况,只要政府部门对之保持沉默一至四个月,就等于作出了暗示**同意**的决定(参见 2000 年 4 月 12 日法律第 22 条)。

(3) **时效**。对于向政府部门进行请愿,没有规定任何独特期限;至于向法官起诉的时效,参见下文第 662 点。

661.**第四,预先决定准则的意义**。(1) 向行政法官提起的任何诉讼,都必然针对某个行政决定;这一事实并不否定撤销法规诉讼与全权裁判诉讼之间的区别。毫无疑问,预先决定准则表明,这种诉讼的目的首先是撤销那种拒绝原告请求的暗示和明示的行政决定;但是,这种诉讼除了在这一点上区别于反越权行为诉讼之外,还要求承认原告的请求是合法的并惩处政府部门。因此,要求撤销预先的决定并不是全权裁判诉讼的最终目的,而仅仅是一个必要前提。

(2) 在历史上,预先决定准则被理解为**部长即法官理论的继续存在**。最高行政法院取代部长成为普通法法官之后,它还坚持 554
让起诉人必须先向部长提出请求;不过,这种请求已经丧失了它昔日的诉讼性质,而降格为一种普通的行政请愿。

(3) 有人试图用若干原则性理由来证明上述坚持是合法的、正当的,认为必须**限制诉讼**,以免原告和政府部门之间的意图对立变得确凿和明显;认为也应限制政府部门的特权,以免它千方百计阻挠被治理者向法官起诉。看来,没有任何办法是令人完全满意的。

(4) 既然预先决定准则不仅得以保持,而且扩大到所有各级行政法院,那么原因在于它的实用性:它创设了一种**诉讼前的调解机制**。如果双方当事人都有诚意良知,就能达成协议,避免诉讼;而且免除了行政法官的重任,还能更快地解决问题(参见上文第582点)。

## §2 诉讼的提起[①]

原告将其要求写成诉状,提交法官,行政诉讼便告开始。这就是**起诉诉状**,须服从两类条件。

662. **第一,形式和时效的条件**。

(1) **形式**。形式是**简短明了**的,因为行政法院的诉讼程序不注重形式。诉状必须陈述原告的意见和理由,亦即原告意欲证明其权利的论据。最后,诉状应附有所起诉行政决定的原文或暗示性决定的证据。

(2) **时效**。应在被起诉行政决定作出后 2 个月内提起诉讼。如果是一个规章条例性法规,时效应自其公布之日起算。如果是

① Gilli, *La cause juridique de la demande en justice en droit administratif*(《行政法中起诉的法律事由》), 1962; M. Saussereau, La cause de la demande en justice a-t-elle encore une place en contentieux administratif? L'apport de la procédure civile à la réflexion (《起诉事由在行政诉讼中还有地位吗? ——民事诉讼法带来的思考》), *RD publ.*, 2003, 第 631 期。

一个用于个别人的决定，起算点是通知送达当事人之日。如果是答复被治理者请求的决定，被治理者可以提出反对的期限（等于作出暗示决定的时间 2 个月，供对明示或暗示决定提起诉讼的时间又是 2 个月），按照 1983 年 11 月 28 日法令第 8 条的规定（参见上文第 408 点），只能从寄给原告、签收回执上的日期起算，条件是，所寄文件含有该法令列举的那些情况。若是起诉一个答复被治理者请求的暗示决定，请求人手中持有合法的寄件回执，这要分清情况，区别对待：如果是提起**撤销法规诉讼**，时效是自暗示否决所需 555
2 个月届满之日起算的 2 个月；如果在留给"暗示否决"的 2 个月内作出了明确的否决，则有效起诉时限是自该决定出台之日起算的 2 个月。相反，对暗示否决提起全权裁判诉讼，不受任何时间限制，但若是金钱上的要求，则以四年为限；对明示否决的起诉时效也是 2 个月。

对于确切把握一个行政决定的效力，上述时限是很短的。不过，如果原告在 2 个月期限内对行政决定提出了异议申诉或越级申诉，时效还可以延长①。若申诉遭拒，原告可以在政府部门作出拒绝决定后 2 个月内起诉最初的那个法规。如果原告在有效期内错误地向一家无管辖权的法院提起了诉讼，在确定错误后 2 个月内尚可向有管辖权的法院起诉。时效的延长不能累加计算。

此外，对于居留国外的起诉者，时效也可以延长。最后，1983 年 11 月 28 日法令准许被治理者随时要求主管机关废止非法条例

---

① 不是法文撰写的异议申诉，不受行政诉讼时效的限制，见 CE, Sect., 5 janv. 2000, Cne de Mâcot-la-Plagne，载 *AJDA*，2000，p. 179。

(参见上文第408点),这就可能使这种条例的合法性在2个月时效届满后再次引发争议;如果主管机关拒绝废止非法条例,即可对之提起反越权行为诉讼。起诉的时限过期后,对一个条例是否合法的问题还可以提出反非法性抗辩(参见上文第614点)。

663.**第二,诉讼代理**。原告原则上不能自己提起诉讼;诉状必须由一位司法助理人员署名,该人是原告的诉讼代理。

在最高行政法院,当事人双方的代理悉由**最高行政法院的律师**垄断,他们也在法国最高法院担任监察官。它们构成一个拥有正式职位的司法助理人员集团①。

在行政法庭和上诉行政法院,双方当事人可以由最高行政法院的律师、上诉行政法院和行政法庭的律师或普通上诉法院的诉讼代理人代理;不过,后者不得参加法庭辩论②。

上述规定有许多例外③。为了节约开支,多种诉讼不请律师,反越权行为诉讼即是如此。所以,在行政法院打官司总的说比在
556 普通法院花钱少。1977年12月30日法律规定,有些司法文书可以免费办理,这适用于普通法院和行政法院。该法只让诉讼当事人支付律师酬金,败诉方或许还得负担鉴定费。1991年7月10日关于司法救助的法律,还废除或减轻了这种费用。此外,《行政诉

---

① 关于最高行政法院的律师,参见 MMes Morillot et De Lapanouse 的论著,Livre Jubilaire, p. 351 et 367. 欧洲人权法院建议,最高行政法院律师的垄断地位不应损害审案中法律的公正性,对此,请参见 chron. J. F. Flauss,载 *AJDA*,2003,第1926期。

② Heurté, Avocats et tribunaux administratifs (《律师与行政法庭》),*AJDA*,1955,I,98。

③ 国家没有必要请律师,见 CE,2001年12月21日的霍夫曼夫妇案判决,载 *D.*,2002,I. R,p. 697。

讼法典》第 L.761－1 条规定，法官应判处败诉方支付胜诉方一笔款子，数额由法官确定，名目是被迫抛头露面费，不包括在诉讼费中。

## §3　审前措施：紧急审理

行政诉讼程序的致命弱点，因而也是其功效的致命弱点，就是法官的职权确实不足以应对某些紧急事态。较之普通法院的诉讼程序，行政诉讼亟须加紧努力，以便建设一个有效的现代化制度。

在叙述 2000 年 6 月 30 日法律安排的重要改革之前，我们将简短回顾一下该法出台前处理紧急案件的传统状况。

**664.第一，2000 年 6 月 30 日法律颁施前的制度**。按照拉贝图尔院长的意见[①]，2000 年 6 月 30 日法律没有填补一项空白，在某些方面只是 15 年来深思反省的延伸。而连续不断的零碎改革很少能建立一种协调一致、方便被管辖者操作的制度(最近 20 年间，这方面出台了足有半打法律)。

应对紧急情况的传统制度基于三个相互有别的诉讼程序：

(1) **继续执行**[②]。这是诉讼不使行政法规效力中止的性质的必然结果。行政诉讼原则上不妨碍受指控行政决定的执行力；尽

---

① D. Labetoulle, Le projet de réforme des procédures d'urgence devant le juge administratif (《行政法官紧急审理程序改革方案》), 载 *AJDA*, n°spécial juillet-août 1999, p. 79。

② Lavau, Du caractère non-suspensif des recours devant les juridictions administratives (《行政法院诉讼的不中止性》), *RD publ*., 1950, p. 717。

管法官已经受理，但行政机关仍可以继续执行。这条基本准则构成了公权力的一项特权，而这种特权是行政诉讼的一个特征。这条准则是必要的；没有这条准则，任何个人都可能随心所欲地利用毫无根据的起诉使政府部门松散瘫痪。这项准则又是危险的，因为执行受指控的决定的后果，可能造成事后判决无法消除、弥补的后果。因此之故，特别设立了**继续执行机制**①。这一程序旨在使
557 政府部门获得法官许可，在法官对之作出实质判决之前，始终执行相关决定。

除非继续执行必然造成难以弥补的损害，并且起诉的理由基本上确实可靠，否则，最高行政法院都会适用继续执行程序。除此外，它拒绝继续执行“拒绝起诉人请求的行政决定”。况且，它总是

① Y. Gaudemet, Remarques à propos du sursis à exécution des décisions administratives (《谈行政决定的继续执行》), *RD publ.*, 1973, p. 385; Le juge administratif et le prononcé du sursis (《行政法官与继续执行的宣判》), *AJDA*, 1982, p. 629; Gleizal, Le sursis à exécution des décisions administrafives (《行政决定的继续执行》), *AJDA*, 1975, p. 381; Daussin-Charpentier, Pour une nouvelle conception du sursis à execution (《继续执行的新概念》), *AJDA*, 1976, p. 97; Amiel, Le sursis à exécution des décisions administratives (《行政决定的继续执行》), *Revue de droit prospectif*, 1978, p. 21; Porcell, Sur la portée des décisions du juge administratif: le sursis à exécution au coeur du débat (《行政法官裁决的意义：激烈辩论中的继续执行问题》), *AJDA*, 1984, p. 149; 关于国家劳动监察局允许私营企业解雇职工代表的决定的继续执行问题在行政诉讼中地位突出，请参见：Saint-Sevin, Le sursis à exécution des décisions administratives en matière de licenciement des représentants du personnel(《关于解雇职工代表行政决定的继续执行问题》), *Dr. soc.*, 1978, p. 211; J. Massot, conclusions sous CE, 24 fév. 1986, *RD publ.*, 1986, p. 605; La notion de préjudice difficilement réparable en matière de sursis à exécution (《继续执行所致难以补救之损失的概念》), concl. R. Abraham sous CE, 20 sept. 1991, Min. des Affaires sociales, c. /A. R. C., *RD publ.*, 1991, p. 1727; S. Tsiklitiras, Le statut constitutionnel du sursis à exécution devant le juge administratif (《行政法院继续执行制度的宪法地位》), *RD-publ.*, 1992, p. 679。

十分缓慢地对这种讼案作出裁决。

1953年9月30日法令已经授予行政法庭决定继续执行的权利，但关系到维护社会秩序、安全和平静的行政决定除外。

1983年废除了对行政法庭同意或拒绝继续执行之权利的一切限制；不过，上诉时，最高行政法院表现得相当严格。

如果有人提出请求，行政法庭庭长可以使一个决定中止执行3个月，这与继续执行比较接近（参见1995年2月8日法律第65条）。

（2）**紧急审理**。这只有有限的意义，不像在普通司法程序中那样是一个共用措施。这一程序责成法庭庭长采取措施，为预审、尤其为司法鉴定提供便利。1988年9月2日法令提出了**紧急预判**之说，使得实际上已经向法庭提出了赔偿要求的起诉者，在其权利未受到严重质疑的情况下，能够获得预先假判给自己的部分赔偿金。直到那时，最高行政法院都不大愿意这样做。

（3）**紧急取证**。这要求，甚至在开始预审前，对可能消失的事实迅速进行查证。

**665. 第二，2000年6月30日法律关于紧急审理的规定**[①]。据

---

① 关于该法的缘起，请参见2000年RFDA上的全部论著和资料：- Rapport du groupe de travail（《工作小组报告》）（p. 941）；- B. Pacteau：Vu de l'intérieur：la loi du 30 juin 2000，une réforme exemplaire（《从内部看2000年6月30日法律：一次典范的改革》），（p. 959）；- M. Fouletier（p. 963）. J. L. Rey：Les C. A. A. et la réforme du référé administratif（《上诉行政法院与行政紧急审理程序改革》），*AJDA*，2001，p. 526；D. Labetoulle：La genèse de la loi du 30 juin 2000（《2000年6月30日法律的缘起》），Colloque de Strasbourg，Annales de la Fac. de Droit，n°5，p. 15；Le projet de réforme des procédures d'urgence devant le juge administratif（《行政法官紧急诉讼程序改革方案》），*AJDA*，1999，n°spécial，juillet-août，p. 79；Le référé nouveau est arrivé（《新式紧急审理程序来到了》），

558 D.拉贝图尔[①]的观察,"行政法官许久以来就认为,紧急诉讼程序必须罕用、慎用"。尽管改革连续不断,人们还是遇到两个困难:一是法官权力不够,他们不承认自己有权向政府部门下达命令;二是限制条件都来自既定的诉讼程序。1995年2月8日法律排除了第一个障碍,允许法官向政府部门下达命令(参见下文第676点)。2000年6月30日法律搬掉了第二块绊脚石,为其实施又制定了2000年11月22日的2000-1115号法令。后者设立了**紧急审理法官**职位并新创三种诉讼程序:**紧急审理-暂停执行、紧急审理-卫护自由和紧急审理-维持原议**[②]。

① **紧急审理法官**。法律设立**紧急审理法官**,以便尽快采取临时性措施。行政法庭庭长、上诉行政法院院长以及他们为此任命的法官,最高行政法院诉讼庭庭长及其为此任命的推事,都是紧急审理法官(参见《行政诉讼法典》第L.511-1条和第L.511-2条)。

② **紧急审理-暂停执行**(参见2000年6月30日法律第5条、

---

*D.*, 2001, p. 211; R. Denoix de saint-Marc: Les proc-édures d'urgence, premier bilan (《紧急诉讼程序初步总结》), *AJDA*, 2002, p. 1; M. C. Rouault: La loi du 30 juin 2000: un petit pas vers le traitement efficace de l'urgence par le juge administratif (《2000年6月30日法律:走向行政法官有效审理紧急案件的一小步》), *D.*, 2001, chron, p. 398; R. Vandermeeren: La réforme des procédures d'urgence (《紧急诉讼程序的改革》) (commentaire de la loi du 30 juin 2000), *AJDA*, 2000, chron. Législation, p. 706; L. Richer: La contradiction et le juge administratif de l'urgence (《紧急案件的对审原则与行政法官》), *RFDA*, 2001, p. 320; P. Cassia, Les référés administratifs d'urgence (《行政诉讼紧急审理》), *LGDJ*, Coll. Systèmes Droit, 2003, p.198。

① 同664点所引其著作, p. 79。D. 拉贝图尔显然是最高行政法院副院长所建工作小组中改革的中坚人物,他负责草拟法律文本。

② 关于程序最初的实施情况,请参见L. Touvet, *RFDA*, 2001, 第378期。

《行政诉讼法典》第 521 - 1 条)[①]。紧急审理法官接到紧急要求后，可以下令暂停一个行政决定的执行，哪怕这是一个拒绝原告请求的决定；当然，只有在事态紧急，证明暂停执行是正当的，并且，法官考虑到在预审中确有理由让人对该决定的合法性产生严重怀疑时，才可以下令中止执行。这同继续执行的旧程序是不同的。在旧程序中，只有继续执行被起诉决定会造成不可弥补的、至少是难以弥补的损害时，方可暂停执行；如今只以出现“**紧急情况**”为中止条件。在旧程序中必须有可靠的理由证明行政决定违法，方可暂停执行；如今仅仅以某个理由可能会在预审中引起对被起诉决定 559
之合法性的严重怀疑作为中止条件。至于何谓紧急情况，最高行政法院常用这样一句话予以界定：“紧急情况是这样一种状态，它使暂停执行一个行政法规变得正当、合法，如果照常执行该法规足以严重地立即危害共同利益，危害起诉人的处境及其意欲维护的利益。”(参见 CE，2003 年 4 月 23 日的西曼韦斯特(Siminvest)有限责任公司案判决，载 *RFDA*，2003，第 627 期；CE，2001 年 11 月 5 日的卡奈·德·莫尔(Cannet-des-Maures)镇案判决，载 *Rec*.，第 540 期；CE，2001 年 5 月 16 日的圣萨利亚克镇案判决，载 *D*.，2001，IR，

---

① G. Eckert: Du sursis à exécution au référé-suspension (《从继续执行到紧急审理 - 暂停执行》), Colloque de Strasbourg, *Annales Fac de Droit*, n°5, p. 111; S. Overney: Le référé-suspension et le pouvoir de régulation du juge (《紧急审理 - 暂停执行与法官的调节权》), *AJDA*, 2001, p. 714. 关于契约签订前紧急申诉的紧急审理 - 暂停执行，见：*AJDA*, 2002, chron. JP. 419; V. Ogier-Bernaud, Le référé-suspension et la condition d'urgence (《紧急审理 - 暂停执行与紧急事态的认定条件》), *RFDA*, 2002, 第 284 期; B. Cavigli-oli, Le recours au bilan dans lappréciation de l'urgence (《依据现状评价紧急事态》), *AJDA*, 2003, 第 642 期; R. Vandermeeren, Le référé-suspension (《紧急审理 - 暂停执行》), *RFDA*, 2002, 第 250 期。

2000;CE,2001 年 3 月 14 日的内政部长对阿莫尔夫人案判决,载 *RFDA*, 2001,第 673 期;CE,2001 年 2 月 28 日的滨海阿尔卑斯省省长对东南净化剂公司案判决,载 *AJDA*, 2001, p. 461;CE, 2001 年 1 月 19 日的私营电台全国联合会案判决,载 *D*., 2001, p. 1414;CE, 2001 年 4 月 25 日的经济财政部长对让凡有限责任公司案判决,载 *Rec*., 197;CE, 2001 年 4 月 25 日的莫尔比昂省沿海居民协会案判决,载 *Rec*., 220;CE,分庭, 2001 年 4 月 28 日菲利帕尔和莱萨日(Philippart 和 Lesage)案判决,载 *RFDA*, 2001, p. 390;也见 *RFDA*, 2001, p. 761 等、p. 958 等、p. 1135 等、p. 1325 等)。

关于能够让人对行政决定的合法性产生严重怀疑的理由,请参见,最高行政法院, 2002 年 8 月 8 日的梅尔·乌瓦达罗(Melle Ouadalo)案判决,载 *AJDA*, 2003, 第 254 期;最高行政法院, 2002 年 11 月 8 日的蒂斯卡利通信公司案判决,载 *AJDA*, 2003, 第 250 期;最高行政法院, 2003 年 10 月 29 日的 S. A. 太科纳案判决,载 *AJDA*, 2004, 第 540 期。

当法律要求起诉前必须向政府部门提出行政请愿时,无须等政府部门对请愿作出决定,即可提出紧急审理-暂停执行的要求。对此,参见最高行政法院分庭 2001 年 10 月 12 日的石材公司案判决,载 *Rec*., 463。

紧急审理法官作为唯一的审判员,在对席讯问之后,以书面或口头方式作出裁决,无须政府专员发表意见,但随时可以提交一个合议机构审查。其所作裁决是终审裁决,故而只能向最高行政法院提出上诉。

宣布暂停执行被起诉行政决定之后,紧急审理法官须在"最短期限内"对诉讼作出实质判决。最后,任何利害相关者均可随时要求法官通过紧急审理程序,修改已经采取的措施。

③ **"紧急审理-卫护自由"**(参见《行政诉讼法典》第 L.521-2 条;2000 年 6 月 30 日法律第 6 条)① 即**"紧急审理-下达禁令"**:当政府部门或者负责经营公用事业的私法机构严重而又明显非法地危害基本自由时,紧急审理法官可以采取一切必要措施以卫护基本自由。法官应在 48 小时内作出决定。可以在其决定公布后 15 日内向最高行政法院提出上诉。后者须在 48 小时内对上诉作出裁决。

实施紧急审理-卫护自由程序须弄清一个问题:何谓《行政诉讼法典》第 L.521-2 条所说的**基本自由**②。 560

这里,我们从卷帙浩繁的判例汇编中摘录基本自由的几个实例:

——思想、舆论倾向的多元化原则,参见最高行政法院,分庭,2001 年 2 月 24 日的蒂贝里(Tibéri)案判决,载 *D.*,2001,第 1748 期;

① F. Moderne, *Le référé-liberté devant le juge administratif* (《行政法官的紧急审理-卫护自由》), Colloque de Strasbourg, *Annales Fac. de Droit*, n°5, p. 131; G. Bachelier, Le référé-liberté (《紧急审理-卫护自由》), *RFDA*, 2002, 第 261 期。

② L. Favoreu, La notion de liberté fondamentale devant le juge administratif des référés (《紧急审理法官的基本自由概念》), *D.*, 2001, 第 1739 期; E. Sales, Vers l'émergence d'un droit administratif des libertés fondamentales? (《一种卫护基本自由的行政法就要出现?》), *RD publ.*, 2004, 第 207 期; G. Glenard, Les critères d'identification d'une liberté fondamentale au sens de l'art. L. 521-2 CJA (《行政诉讼法典第 L. 521-2 条所说基本自由的识别标准》), *AJDA*, 2003, 第 2008 期; F. Brenet, La notion de liberté fondamentale au sens de l'art. L. 521-2 CJA (《行政诉讼法典第 L. 521-2 条意义上的基本自由概念》), *RD publ.*, 2003, 第 1535 期。

——过正常家庭生活的权利，参见最高行政法院，分庭，2001年10月30日的内政部长对特利芭(Tliba)夫人案判决，载*AJDA*，2001，第1054期；

——地方行政单位自由管理原则，参见最高行政法院，2001年1月18日的韦奈尔镇案判决，载*RFDA*，2001，第389期；

——所有权不受侵犯①，参见最高行政法院，2002年11月21日的GDF案判决，载*AJDA*，2002，第1368期；2003年1月3日的凯里公司案判决，载*AJDA*，2003，第342期；

——解雇一个人的理由可能构成对基本自由的侵犯，参见最高行政法院，2001年2月28日的卡萨诺瓦(Casanovas)案判决，载*RFDA*，2001，第399期；

——拒绝国民阵线*使用公共厅室，参见最高行政法院，2002年8月19日的国民阵线案判决，载*AJDA*，2002，第1017期；

——拒绝受理一个避难申请，参见最高行政法院，2002年2月15日的M.哈达(M.Hadda)案判决，载*RFDA*，2002，第436期。

④**“紧急审理－维持原议”**(参见2000年6月30日法律第7条；《行政诉讼法典》第L.521－3条)。若遇紧急情况和普通诉求，也就是即便没有预先的行政决定也可以受理的诉求，法官可以安

① J. L. Mestre, La propriété, liberté fondamentale pour les constituants de 1789(《1789年立宪者心中的所有权和基本自由》), *RFDA*, 2004, 第1期; Th. Pez, Le droit de propriété devant le juge administratif du référé-liberté(《紧急审理－卫护自由法官看所有权》), *RFDA*, 2003, 第370期; J. Tremeau, Le référé-liberté, instrument de protection du droit de propriété(《紧急审理－卫护自由制度是保护所有权的工具》), *AJDA*, 2003, 第653期。

* 这里的国民阵线(Front national)指勒庞(Le Pen)为首的那个法国极右政党。——译者

排“一切别的有用措施，而不要妨碍任何行政决定的执行”。

2000年6月30日法律第13条重申了一系列特别程序，诸如：关于省长紧急裁定延期执行(参见上文第215点)，契约、合同签订方面的紧急审理，城建规划的暂停执行，等等。《行政诉讼法典》第五卷第四编是规范“紧急审理、预付部分赔款”问题的。

2000年6月30日法律关于紧急审理程序的改革，不仅取得了成功，而且标志着行政法院诉讼程序发展的一个重要阶段，在运用口头辩论方式方面更是一个突破。

## §4　讼案的提出

666. **第一，概况**[①]。诉状提交行政法庭或行政法院的书记官室，或提交最高行政法院的秘书处，登记在案。在最高行政法院， 561
根据诉状内容，转交给分管相关问题的分庭，由后者进行预审[②]。要指定一位报告人和一位政府专员。诉状须送达另一当事方，后者亦应以诉状形式作出答复。若提出指控一个法令政令的反越权行为诉讼，诉状应送达内阁总理，总理再通知部长会议。接着是

---

① Denoix de Saint-Marc et Labetoulle, Les pouvoirs d'instruction du juge administratif (《行政法官的讯问权》), *EDCE*, n°23, p. 69; Labetoulle, Remarques sur l'élaboration des décisions du CE statuant au contentieux, *Mélanges Chapus* (《对最高行政法院讼案判决撰写的意见》), p. 333; J.-P. Pastorel, L'expertise dans le contentieux administratif (《行政诉讼中的司法鉴定》), 1994。

② 确定了讼案的解决办法后，庭长可以决定，不进行预审，而将案卷移交给政府专员(参见《行政诉讼法典》第R. 611-8条; CE, 2000年11月8日的毛雷尔(Morel)案判决，载 *Rec.*, 507)。

当事双方交换诉状，每一方都力图证明自己的意见是理由充足的而极力否认对方的论据。提交诉状有一定时效限制，超过时限便不得再交诉状，法官即可宣布预审结束。在最高行政法院，无论有什么情况，只要法官一宣布预审结束，就被视为诉讼人放弃了权利诉求。而在上诉行政法院和行政法庭，这一规定不太具有强制性。

667.**第二，证据**[①]。在行政法庭和行政法院，法典对鉴定、侦查等各种证据制度作出了相当明确的规定，与普通法院的现行证据制度日益接近。在最高行政法院是自由举证。实际上，各级行政法院从不听取证人陈述，也很少进行证据鉴定。不过，最高行政法院曾经作过事先询问，甚至进行过现场检查（参见其 1969 年 4 月 18 日的维特里（Vitry）案判决，载 *AJDA*，1969，p.362；1970 年 3 月 13 日的文化部长对贝努瓦斯特·当特奈（Benoist d'Anthenay）案判决，载 *AJDA*，1970，p.230），其解决办法得到 1975 年 8 月 26 日法令第 10 条的进一步肯定；又见最高行政法院，2001 年 2 月 16 日的格勒丹城堡中心案判决，载 *AJDA*，2001，p.296（询问时，预审组的分庭成员听取双方当事人陈述）。

---

① Pactet，*Essai d'une théorie de la preuve devant les juridictions administratives*（《行政法院的一种证据理论》），thèse，Paris，1952；Heurté，L'enquête devant les juridictions administratives（《行政法院的询问》），*JCP*，1952. 1，1037；Mine Cadoux-Trial，La charge de la preuve devant le C. E.（《最高行政法院的举证责任》），*EDCE*，n°7，p. 85；Colson，L'office dujuge et lapreuve dans le contentieux administratif（《法官的职责与行政诉讼证据》），1971；A. Plantey，La preuve devant le juge administratif，*JCP*，1986，I，n°3245；A. Plantey et F. Bernard，*La preuve devant le juge administratif*（《行政法官面前的证据》），Economica，2003，p.382。

起诉人担负举证责任。尽管如此，根据行政诉讼程序的纠问性质，若起诉人已经严肃地作出陈述，构成了证据端绪，以支持自己的主张，那么，法官可以要求政府部门说明受指控决定的制定理由，并反过来承担举证责任。关于这样做的典型事例，参见最高行政法院，1954 年 5 月 28 日的巴雷尔案判决，载 *GAJA*，n°73；最高行 562
政法院，1960 年 12 月 21 日的维卡－勃朗（Vicat-Blanc）案判决，载 *D.*，1961，p.421。这种做法后来推广到审查政府的经济决定，武断、任性很容易溜进此类决定。在经济决定方面，法官甚至连证据端绪也不再要求起诉人提供，只限于让其说明"论据"。法官希望，这样做，要比让起诉人负责举证，能够更有效地监督经济决策（参见 CE，1968 年 1 月 26 日的热内斯塔尔公司案判决，载 *Rec.*，p.61）。责成政府部门为处境不利的行政决定提出制定依据，有利于对之实施监督（参见上文第 410 点）。追究公法人的赔偿责任时，法官也可以利用过失推定的办法，使举证责任由公法人承担（参见上文第 481 点）。

668. **第三，庭审**。案件开始审理后，要在一个审判组织进行庭审，以便作出裁决。一般情况下，是由几位法官组成的一个合议庭；但是，有几类既次要又量大的案件，可以仅仅委托一名法官审理（参见 1995 年 2 月 8 日法律），人们在这里再次看到对加速诉讼进程的关注。只由一位法官审理的案件不断增加，最高行政法院 2001 年有 6290 个判决是一位法官作出的[①]。正是在这种情况下，

① 最高行政法院诉讼庭庭长作判决 1237 个（驱逐出境诉讼），根据《行政诉讼法典》第 351－1 等条款就指控司法救助委员会的决定的诉讼作裁定 3313 个；紧急审理法官作判决 349 个；最高行政法院各分庭庭长作裁定 1391 个。

庭审是公开的,例外很少。依据《欧洲人权公约》第6条,最高行政法院摒弃了职业纪律惩戒所的公开庭审(参见CE,1996年2月14日的莫布勒案判决,载*AJDA*,1996,p.403。参见上文第299点)。报告人在庭审中宣读其报告,概述双方当事人的意见和论据。律师和起诉者本人可以口头发表看法,但不得在最初的书面诉状以外增加丝毫内容。庭审的主要时间留给政府专员作**总结性发言**。我们已经知道这一制度的重要性,这也是行政法院的一个特征。在每一个讼案审理中,政府专员都要从法律的观点,完全独立地提出解决问题的建议。这个准则是必须遵守的;最高行政法院曾因一个案件中政府专员未发表意见而仅仅寄希望于行政法庭的聪明才智,便撤销了该法庭的那个判决(参见CE,1975年6月13日阿德拉斯(Adrassé)案判决,载*AJDA*,1975,p.477)。在最高行政法院,政府专员的卓越素质使其意见具有巨大的权威,往往引领着判
563 例法的发展方向。最重要的一些意见已经公之于世;这对于人们加以参考引证,对于人们理解在其影响下作出的那些判决,都是必不可少的。有些意见至今还是非常有名的①。

然而,这一准则在行政法庭曾有一个例外。1982年10月27日法令允许审判庭审判长按照已接到案卷的政府专员本人的建议,免除其对案件发表结论性意见的责任。这一改变对于诉讼中

---

① Dupeyroux, Le ministère public devant les juridictions administratives (《行政法院的检察官》), *Mélanges Mestre*, p. 179; Guillien. Les commissaires du gouvernement (《政府专员》), *RD publ*.., 1955, p. 281; N. Rainaud, Le commissaire du gouvernement près le Conseil d'État, *Bibl. droit public*, T. 181; V. Haïm, Le commissaire du gouvernement, et le respect du contradictoire (《政府专员与遵守对审原则》), *D.*, 1999, chron., 201.

的公民是一种损害。根据宪法委员会的一个判例(参见其 1975 年 7 月 23 日的裁决,载 *AJDA*,1976,p.44,里韦罗解释),这一改变也很难说符合宪法。1986 年 1 月 6 日法律废除了上述例外,尔后,除了紧急审理的案件外(参见上文第 665 点),政府专员的介入在所有行政法院都是强制性的。

大家知道(参见上文第 299 点),欧洲人权法院依据《欧洲人权公约》第 1 段第 6 条的规定,对法国行政法院系统政府专员的存在,至少对专员的法律地位,进行过讨论。从欧洲人权法院的克雷斯(Kress)案判决可知(2001 年 6 月 7 日,载 *AJDA*,2001,p.675),欧洲人权法院认为,政府专员制度符合“公平诉讼”的要求,但专员不能参加法官的合议[①]。

庭审后,就要对案件进行评议。评议时,双方当事人有权作一个**合议记录**[②],而且,审判庭有责任审查他们的记录(参见 CE,2002

---

① 关于克雷斯判决,请参见:B. Genevois: Le Commissaire du Gouvernement devant le Conseil d'État statuant aux contentieux ou la stratégie de la persuasion (《最高行政法院对诉讼或说服策略作决定过程中的政府专员》), *RFDA*, 2000, p. 1207; J. Andriantsimbazovina: Le Commissaire du Gouvernement prés le CE etl'art. 6, para 1, de la CEDH (《最高行政法院的政府专员与〈欧洲人权公约〉第 1 段第 6 条》), *D.*, 2001, chron. 1188; X. Prétot: Le Commissaire du Gouvernement et le droit au procès: dernier sursis avant l'exécution? (《政府专员与诉讼法:执行前的最后延期?》), *RD publ.*, 2001, p. 983; D. Chabanol: Théorie de l'apparence ou apparence de théorie? Humeurs autour de l'arrêt Kress (《表象的理论,还是理论的表象? 对克雷斯判决的幽默》), *AJDA*, 2002, p. 9; S. Guinchard, Dialogue imaginaire entre un justiciable moyen et un juriste désespéré par l'arrêt Kress (《一个受司法管辖的普通人与一个失望的法学家围绕克雷斯判决的模拟对话》), *D.*, 2003, 第 152 期; A. Bonnet, La nouvelle partition (à écrire) du Commissaire du Gouvernement (《政府专员待谱写的新乐章》), *AJDA*, 2003, 第 323 期。

② E. Gherardi, La note en délibéré dans le contentieux administratif (《行政诉讼中的和议记录》), *AJDA*, 2003, 第 2243 期。

年7月12日的勒尼奥(Leniau)先生和勒尼奥夫人案判决,载 *RF-DA*,2003,第307期)。

正因为在政府专员发言后诉讼当事人可以提交合议记录,所以,欧洲人权法院在克雷斯判决中认为,政府专员作为第三方参与行政诉讼,并不违反《欧洲人权公约》第6条的要求。在其APBP案判决中(CEDH,2002年3月21日,载 *RD publ.*,2003,第694期),欧洲人权法院明确指出了合议记录应当具备的特征。

判决在日后开庭时宣读;在最高行政法院,由秘书处将判决送达当事人(参见1962年4月13日法令)。

## §5 判决

564 669. **第一,判决的格式**。习惯上,把最高行政法院和上诉行政法院所作的 décision(裁定)称为 arrêt(判决),把行政法庭所作 texte(结论文件)称为 jugement(裁判、判决)。所有判决均以同样的句式开头:"最高行政法院(或"本法庭"、"本法院"),鉴于……,由于……,兹判决如下:"接着是解决问题的办法,分条叙述,谓之**主文**。在构成主句的主语(sujet,主语、问题、科目)和谓语之间,以过去分词"vu"(鉴于、考虑到)开头,插入多个 visa(根据、同意、经过),一方面概述各种程序环节,另一方面注明法官即将适用的法律和规章条文。然后,以现在分词的"considérant"(鉴于、由于、考虑到)导引,列举各种**理由**,亦即法官陈述论据,以证明其判决是合法的;从法律的观点看,判决的这一部分是最令人感兴趣的。

按照行政法官的传统，理由部分往往写得非常简练，这使解释其思想主张变得很困难。不过，这种传统似乎正在退化。

670. **第二，判决的内容**。从内容的角度说，应该分为理由和主文。

判决中的**理由**[①] 必须回应双方当事人提出的诉讼理由，以证明主文是正当、合法的。但是，法官有责任使自己的判决建立在当事人甚至不知道的一个理由的基础上，这个理由就是**公共秩序**。这是最重要的理由，忽略了这个理由，足以使判决完全变质，如同受理的法院无管辖权[②]。不过，不让双方当事人就公共秩序这个理由展开辩论，就是不承认诉讼程序的对审原则。因此，1992年1月22日法令强制要求，为了遵守这一原则，法官必须向当事人介绍公共秩序理由，并给他们限定一个时间，让他们发表对这一问题的意见。

**主文的内容**取决于始终有效的下述原则：

① 法官不得对起诉范围以外的问题作裁决。

② 使原告得到满足的形式主要是两个：撤销行政法规、判处政府部门支付一笔款项。

---

① M.-C. Ponthoreau, Réflexions sur la motivation des décisions juridictionnelles en droit administratif (《关于行政法中说明司法判决理由的思考》), *RD publ.*, 1994, p. 747. L. Boré: La motivation des déisions de justice et la CEDH(《说明诉讼判决理由与欧洲人权公约》), *JCP*, 2002. 1. 104。

② J.-L. Pissaloux, Réflexions sur les moyens d'ordre public dansla procédure administrative contentieuse (《关于行政诉讼程序中公共秩序理由的思考》), *RD publ.*, 1999, p. 781; 见下述几个判决：CE 28 juillet 1999, *Min. de l'Intérieur*, p. 270; CE, Ass., 6 avril 2001, *S. A. Entreprise Razel Frères et le Leuch*, *Rec. 176*; CE, 30 juillet 2003, Mine Chatin-Tsai, *AJDA*, 2003, 第2045期, note Markus。

重要的是从判决文本得出恰当结论,以便正确执行。这一问题正在发生重要变化。

565 行政法官撰写判决历来异常审慎,极少在"considérant"项下给政府部门下达指示,使其从被宣判撤销行政法规的事件中汲取教训(参见最高行政法院,1925年12月26日的罗迪埃(Rodière)案判决,载 *GAJA*,n°43)。最高行政法院过去十分错误地认为,三权分立原则禁止它向政府部门下达命令,让其做什么、不做什么。1995年2月8日法律部分地结束了这种状况。尔后,法官可以向政府部门发布命令,不过,仅限于**对既决案件的执行**问题发布命令[①]。比如命令式地向政府部门指明应采取的措施,摒除已被宣判撤销的相关法规。这就是对判决内容传统概念的一个重大修改。所下命令只能涉及执行既定判决,指出的措施应是既定判决**必然**蕴含的。判决可以给政府部门限定一个采取措施的时间,逾期即对其进行罚款。为此,最高行政法院曾给中央政府规定了一个6个月的期限,使其为一个法律的实施制定各种政令,逾期即被罚款,参见2000年7月28日的法国保护自然环境协会案判决,载 *RFDA*,2000,p.1167;而且,最高行政法院命令政府总理废除了1939年5月6日一个关于监督外国报刊的法律式政令,因为它与现行《欧洲人权公约》相抵触,参见CE,2003年2月7日的外来人新闻支持团体案判决,载 *AJDA*,2003,第996期。改革**基本上**没有涉及这种命令问题。2000年6月30日法律(参见上文第665点)明确授予法

---

① 关于最初积极执行命令的情况,见CE,1995年5月26日的艾特纳(Etna)案判决,载 *D.*,1995,p. 496,note Arms,et RD publ.,1996,p. 525,note J.-M. Auby;又见CE,1999年1月6日的拉夫尔(Lavaurs)案判决,载 *Rec.*,p. 1。

官在紧急审理方面的命令权。

最高行政法院正在这条道路上大踏步前进，它的判决中出现了被人形容为“**执行既决案件的真正指南**”的内容（参见 chron. JP, *AJDA*, 2001，第 1047 期）。因为，**在其判决的“理由”部分**，它十分明确地指出了**执行其撤销法规判决的严格要求，并在“主文”部分写上了一句格言式惯用语：“这一撤销法规判决意味着，国家将承担本判决理由部分所陈述的责任；履行这些责任正是对执行判决的必要支持**。”对此，参见最高行政法院，大合议庭，2001 年 6 月 20 日的瓦西里基奥蒂斯（M. Vassilikiotis）案判决，载 *Rec.*，303；最高行政法院，2001 年 7 月 27 日的蒂特朗（Titran）案判决，载 *AJDA*，2001，第 1046 期。

判决中要宣布审查费、鉴定费等**诉讼费**的负担问题；“**诉讼外的费用**”，尤其是律师费，都可能要加进去。判决中也可能规定一笔“不正当起诉”罚金[①]。

还须指出一种令人颇感奇怪的现象，这就是：有些驳回诉状的判决反而使起诉人十分满意。比如，由于起诉者担心有人对某个法规条文作出不利于自己的解释，便提起撤销法规诉讼，坚持说， 566
法规若被这样解释就是非法的。法官驳回其诉状，确认该法规不能接受起诉人所担心的那种解释。这的确是一个驳回判决，起诉人却得到了自己想要的东西，排除了所忧虑的那种解释。实例见最高行政法院，1957 年 1 月 4 日的法学院教学人员独立工会案判

---

① P. Fraisseix, Droit au juge et amende pour recours abusif（《法官的权利与不正当起诉罚金》），*AJDA*，2000，p. 20；这种罚金既不与《欧洲人权公约》抵牾，也无须说明理由，参见 CE，2000 年 10 月 18 日的普瓦利（Poilly）案判决，载 *D.*，2000，I. R.，293。

决,载 *RD publ.*,1957,第 673 期;最高行政法院,2001 年 6 月 6 日的斯特拉斯堡大主教案判决,载 *Rec.*,255。

671. **第三,判决的权威**。(1)跟任何司法判决一样,各级行政法院的判决均具有**既判力**,被认为符合法律,对其解决的问题不得再争论[①]。

既判力一般是**相对的**,只对以同样事由、提出同样要求的同类当事人起作用。但是,对反越权行为诉讼所作的撤销行政决定的判决,具有**绝对**权威性,被撤销的决定不仅对起诉人而言不再存在,对所有人也均告消失。这一准则也得到 1983 年 11 月 28 日法令的肯定(参见上文第 408 点);法令规定,若一个用于个人问题的行政决定已被法官撤销,而撤销它的理由是,它所依据的规章条例是不合法的,那么,在此情况下,应利害相关者的请求,政府部门必须撤销依据同样基础作出的一切用于个人问题的行政决定。

(2) 从既判力引出了**行政法官判决的强制性**[②]。政府部门更有服从判决的法律责任,应当从中汲取正反两方面的各种经验教训。在判决书下面张贴执行命令,是政府部门执行判决的具体步骤,规避执行,就是犯错误,就要承担过失责任;或明或暗地拒不执行判决,那就是非法的,就是破坏案件的既判力(参见上文第 489 点)。

---

① F. Melleray, L'étendue de l'autorité de chose jugée des déclarations d'illégalité d'actes administratifs(《宣布行政法规非法之既判力的扩展》), *AJDA*, 2004, 138。

② Fayolle, *La force exécutoire des décisions de justice vis-à-vis des administrations publiques*(《司法判决对国家政府部门的执行力》), thèse, Nancy, 1936。

672.**第四,政府部门对判决的执行**①。执行针对政府部门的判决,具有某种特殊性:不能嘱咐政府官员“大力协助执行”。实际上,对政府部门没有什么强制执行的办法;它若规避执行,个人无能为力。在一个有秩序的国家,政府部门垄断强制权,不可能对自己实行强制。所以,在理论上、实践上都不可能有什么强制执行途 567
径。

鉴于案件的既判力,从理论上说,执行判决是强制性的。但是,执行与否,对政府部门而言,主要靠**自愿**,这里的一切都寄希望于政府机关的觉悟、良心;对政府的善念、诚意是想当然的推定,或许太过乐观。

673.(1) **推迟撤销**②。执行行政法官的某些撤销法规判决,会带来非常严重的问题。众所周知,撤销行政法规的判决一经作出,即应生效;法规一撤,无疑留下法律空白。即便政府部门毫无恶意,在管理上也会面临相当的困境。

最高行政法院虑及执行其判决的这一难点,有时**很大胆**地使出所谓**推迟撤销**的妙招。这一妙招在前文所引蒂特朗案判决中首

---

① P. Delvolvé, L'exécution des décisions de justice contre l'administration (《针对政府部门的司法判决的执行》), *EDCE*, n°35, p. 111; J.-P. Costa, L'exécution des décisions de justice (《司法判决的执行》), *AJDA*, 1995, n°spécial, p. 227; M. Gentot, L'exécution des décisions du CE (《CE 判决的执行》), *Rev. adm.*, 1998, 113; chron. Guettier, L'administration et l'exécution des décisions de justice (《政府部门与司法判决的执行》), *AJDA*, 1999, n°spécial juil-août, p. 66。

② R. Chapus, Georges Vedel et l'actualité d'une “notion fonctionnelle”: l'intérêt d'une bonne administration de la justice (《乔治·韦代尔与功能概念的现实意义:司法良治的重要性》), *RD publ.*, 2003, 第 3 期; B. Seiller, L'illégalité sans l'annulation (《非法而不撤销》), *AJDA*, 2004, 第 963 期。

次使用，参见最高行政法院，2001年7月27日，载*AJDA*，2001，第1046期。案中，最高行政法院裁定撤销司法部长拒绝废止的一些决定，按照全国信息自由委员会的建议，就终审法院的某些诉讼程序建立自动化管理制度。但它没有立即撤销那些决定，而是给部长2个月的期限，要么认真考虑全国信息自由委员会提出的意见，重新作决定；要么让人拟定法令而不顾全国信息自由委员会的意见。

同样的事件发生在 2004 年。社会事务部长批准了一些关于帮助再就业和发放失业补助金的协议，因其存在形式瑕疵，最高行政法院 2004 年 5 月 11 日判决：撤销该部长批准的协议，但要到 2004 年 7 月 1 日生效，留出时间供当事双方谈判协商，达成一个合法的制度，从而避免撤销判决立即生效可能造成的严重法律空白。对此，参见最高行政法院，大合议庭，2004 年 5 月 11 日的"AC!"协会案判决，载 *AJDA*，2004，第 1183 期。我们甚至看到这种情况：有人向最高行政法院控告民事法典编纂章程的若干条款，它裁决：其中确有一条带有"具体错误"，一般情况下可以将章程废除；但是，最高行政法院会"**赋予这一条正确的含义**"（这就是说，最高行政法院要亲自进行修正），重写的条文即将在政府公报上发表，参见最高行政法院，2002 年 3 月 25 日的下莱茵省农业灾害保险基金会案判决，载 *RFDA*，2002，第 664 期。

正如在上一注释所引勒内·夏普文章中就这一案件指出的，最高行政法院的判决用心良苦，将撤销法规诉讼当作解释法规诉讼来处理，希望这样有利于司法良治建设。

568 最高行政法院的这些努力，意在促进行政法院判决的执行，但却只使得政府部门拒绝服从既判力的情况更加令人难以容忍。议会有时又使诉讼中被撤销的规定照常有效,这无异于对政府的鼓励。下面,我们将研究为使政府部门服从判决而连续开展的几次改革。

674.(2) **通过立法使判决生效**①。用法律来保证判决生效或许是解决撤销法规诉讼所造成问题的唯一途径。比如,当最高行政法院宣布废除中央工艺学校的入学考试后(参见 CE,1949年9月18日的沙尔翁-德梅尔塞(Chalvon-Demersay)案判决,p.134),它就得提请议会通过一个法律,授予已在被废除的考试中录取的所有人中央工艺学校校友资格。人们发现,关于法学院教师学衔审查委员会的组成,甚至提前进行了**预防性立法确认有效**(参见 *AJDA*,2003,第158期)。然而,这种做法如果仅仅是为了消弭政府部门所犯而由法官惩处的非法行为,那是不能容许的。值得庆幸的是,这种做法现已引起宪法委员会和欧洲人权法院的警惕。在宪法委员会看来,以立法宣布判决生效,其实不会牵涉已被具有既决力的判决撤销的行政法规,而且,这种立法确认是否合理,还要用共同利益来检验(参见 CC,1999年12月21日对2000年社会保障投资法的裁定;同月29日对1999年预算修正案的裁定,载 *RFDA*,2000,第289期)。欧

---

① Lesage, Les interventions du législateur dans le fonctionnement de la Justice (《司法权运行中立法权的介入》), 1960: Auby, Sur une pratique excessive: les validations législatives (《一种过分的做法:立法认可》), *Rev. de dr. prospectif*, 1977, n°3-4, p. 10; B. Mathieu, La constituionnalité des validations législatives (《立法认可的合宪性》), *RFDA*, 1989, p. 862; X. Prétot: Les validations législatives et le droit au procès équitable (《立法认可与公平诉讼的权利》), *RD publ.*, 2001, p. 23; J. P. Camby: Validations législatives (《立法的认可》), *RD publ.*, 2000, p. 611; B. Mathieu: Les validations législatives devant le juge de Strasbourg(《斯特拉斯堡法官眼中的立法认可》), *RFDA*, 2000, p. 289。

洲人权法院(参见1999年11月28日判决)则提醒,不要使这样制定的法律损害公平诉讼的权利(又见其几个判决,载 *AJDA*,2000,Chron,第796期;*RTDH*,2000,第796期)。

从《欧洲人权公约》的第 1 段第 6 条的观点,看最高行政法院在这方面进行的监督,参见 CE,大合议庭,2001 年 7 月 11 日的国防部长与普雷奥(Préaud)案判决,载 *AJDA*,2001,第 841 期;最高行政法院,2001 年 2 月 16 日关于自主管理航空公司联合会案的意见,载 *AJDA*,2002,第 341 期。有一个谋求共同利益的此类法律不承认《欧洲人权公约》第 6 条,参见最高行政法院,2004 年 2 月 11 日关于一个大学生联合会案的判决,载 *AJDA*,2004,第 679 期。

法国最高行政法院也曾毫不犹豫地剥夺了一个法律的效力,因为它违反《欧洲人权公约》第 6 条(参见 Cass.2001 年 11 月 20 日的 SARL Civa 案判决,载 *RFDA*,2002,第 791 期);但是,它承认,如果一个立法条文与必须竭力保护的共同利益相一致,那么它就符合《欧洲人权公约》第 6 条,参见 Cass.2003 年 1 月 24 日的博德龙(Baudron)案判决,载 *D.*,2003,第 1648 期。

569 675.(3) **政府部门承担责任**。实践表明,很不幸,得不到执行的判决太多了①! 尤其在撤销法规诉讼方面,政府部门往往拒绝恢复被已撤法规破坏了的原状。受害者唯一的出路还是再请法官帮忙,希望使政府不执行判决造成的损失得到补偿。实际上,政府

---

① 最有名的例证是法布雷盖案件判决,参见 *S.*, 1911, Ⅲ, p. 121, note Hauriou. 又参见 CE, 1962 年 7 月 13 日的布雷亚尔·德·布瓦桑热案判决, 载 *D.*,1962,第 664 期;最高行政法院的报告研究司 2003 年指出,各级行政法院已接到要求执行判决的讼案 1467 个, 载 *EDCE*, n°55, 2004. p. 125。

部门一般也会支付判决它支付的补偿金,但经常在推迟许久以后[①]。

然而,在这种情况下,政府部门以补偿金的价格买到了行动自由,而法官最初的判决仍然得不到执行[②]。

676.(4) **为判决得以执行而采取的法律或规章措施**。判决难以执行会危及对政府部门的司法监督实效,终于引起某些人忧虑[③],一连串的改革于是展开。

1963 年的改革开出了第一批药方,在撤销行政法规、对政府部门进行经济惩处方面,安排了三种办法,以促进最高行政法院判决的执行。

① 不执行判决可能也不总是出于恶意欺诈,政府部门可能没有明确意识到判决的后果。因此,相关部长可以"要求最高行政法院向政府部门阐明判决执行的方式"(参见 1963 年 7 月 31 日法令第 58 条)。

---

① 参见前后相连的考什特案和德斯蒙案。第一个案件曾经判定,原则上在 1944 年 1 月 21 日之前给原告以补偿,但政府部门直到第二个案件审结,才于 1962 年 5 月 2 日两案同时支付补偿金,晚了 18 年多,参见 *RD publ*., 1962, p. 285。

② 参见:论著, Boulard, Paris, 1932 et Laurent, Aix, 1941; Josse, L'exécution forcée des décisions du juge administratif par la mise en jeu de la responsabilité pécuniaire du service public (《由公用事业承担经济赔偿责任之行政法官判决的强制执行问题》), 载 *EDCE*, n°7, p. 50。

③ J. Rivero, Le huron au Palais-Royal(《最高行政法院的"山野之人"》), *D*., 1962, chron., p. 37; Le système français de protection des citoyens contre l'arbitraire à l'épreuve des faits (《事实证明了的保护公民、反抗专制的法国制度》), *Mélanges Dabin*, 1963, T. II, p. 813; Braibant, Remarques sur l'efficacité des annulations pour excès de pouvoir(《评反越权行为诉讼中撤销法规判决的效力》), *EDCE*, n°15, p. 53; Conditions d'efficacité de la juridiction administrative (《行政裁判生效的条件》), *Mélanges Sayaguès* Laso, 1969, p. 873。

② 最高行政法院也可以主动“请政府部门注意判决引起的后果”(同上)(参见上文第670点)。

③ 最后,这也是尤其重要的,起诉人在获得胜诉三个月届满时,可以向最高行政法院揭发判决执行中遭遇的各种困难(第59条)。

最高行政法院的**报告司**(参见上文第593点)受理有关投诉[①]。司长为每三四件投诉指定一名最高行政法院成员,同有关政府部
570 门一起研究案件并写出报告。这样一来,在行政诉讼判决缺乏强制执行条件的情况下,最高行政法院的职权和道德权威就在其判决的执行中发挥了支持作用,受法院管辖的人也就不再会听之任之了。最后,现已规定,关于不执行判决的投诉可能要发表在年度报告中,这是对政府部门的最根本心理压力。最高行政法院第一次同时获得了几种不显眼但却有效的手段,可以跟踪监督其判决的执行情况[②]。

1969年1月28日的一个法令,将1963年设立的上述a、c两个办法推广到行政法庭的判决。在宣判撤销行政法规或制裁政府部门之后,部长可以要求最高行政法院说明执行判决的方式,原告若

---

① 该司2003年接到关于不执行判决的投诉183件。

② C. Nême, L'intervention du juge administratif dans l'exécution de ses décisions (《行政法官对其判决执行的介入》), *EDCE*, n°21, p. 41; sur les pouvoirs d'injonction et d'astreinte du juge judiciaire à l'égard de l'administration (《普通法官对政府部门的命令权和制约权》), Le Berre, *AJDA*, 1979, n°2, p. 14; Sur l'action de la Section du rapport pour l'exécution des décisions (《报告司在判决执行中的活动》), cf. *EDCE*, 1988, n°40, p. 122; 关于报告司多方努力而毫无成效的一个案件,请参见CE, 2001年5月28日的Bandesapt案判决, *Rec.*, 251。

见判决不得执行,亦可在判决作出满三个月后向报告司提出申诉。

最后,1990 年 5 月 15 日法令规定,哪个上诉行政法院辖区内的行政法庭作出了判决,而当地有关政府部门拒绝执行,那么,报告司司长可以委托该上诉法院院长,就近督促政府部门执行判决,条件是院长要经常向司长汇报工作进度。

④ 1976 年 12 月 24 日的一个法律进一步肯定,必须保证判决的有效执行。然而,不可思议的是,议会想到的人选居然是共和国监察官(参见上文第 524 点);该法第 4 条授予监察官命令权,督责涉讼政府部门执行判决。很糟糕,如果涉讼机关不服从命令,也就只能诉诸舆论,发表一份专门报告。

⑤ 在促使政府部门遵守惩治它的判决的道路上,更具决定性的一步是由 1980 年 7 月 16 日法律迈出的;该法已被 2000 年 4 月 12 日法律第 17 条和 1981 年 5 月 12 日法令所修改①。

这个经过长期的艰苦工作而精心制定的法律,筹划了三大改革:

第一,当判处国家支付赔偿金并确定了赔偿额时,财政拨款令必须在 2 个月内办竣。逾期未办,会计师无须再索要拨款令,仅仅凭出示的判决,即应如数付款。倘若受罚付款的是别的公法人而
不是国家,如果 2 个月未办好拨款手续,监督机关应凭借职权下达 571

---

① J. Tercinet, Vers la fin de l'inexécution des décisions juridictionnelles par l'administration (《政府部门不执行司法判决的历史即将结束》), *AJDA*, 1981, p. 4; P. Bon, Un progrès de l'État de droit: la loi relative aux astreintes en matière administrative (《法治国家的一个进步:制约行政行为的法律》), *RD publ.*, 1981, p. 5; N. Kingue, Dix années d'application de la loi relative aux astreintes (《制约政府部门的法律实施十年》), *LPA*, 1990, p. 16。

支付令;万一需要,监督机关可以提取一定的预算经费以备用。

第二,当起诉人到被判决应支付赔偿金的政府部门去索取赔偿金而后者不予执行时,或者当判决撤销行政法规而有关机构不予执行时,起诉人一般可在作出判决满4个月后向最高行政法院上诉;如果判决是要采取一项紧急措施,则不受4个月时间限制。最高行政法院诉讼庭或其庭长,可以宣布一项**制约办法**,亦即告知政府部门,推迟执行一天判决就要罚款多少。假使起诉人按照前文③所述程序,向报告司提出了申诉,则制约办法可依司长的建议来安排。制约办法是对政府部门施加压力的一种手段,通常是临时性的,判决一经执行即予撤除。倘制约办法不奏效,甚至政府部门依然拖延不办或拒绝执行,最高行政法院即出面找涉讼机关清算,确定最终赔偿额,其中包括因拖延或不执行判决而给受害者造成的损失。

第三,这个法律符合法学理论经常表达的一种愿望,让那些态度顽固的官员也要承担责任:如果哪个官员拒不执行判决,导致政府部门按制约办法多付赔偿金,则预算纪律法院可以判处该人一笔罚金,最高可罚一年的工资。

这次改革从根本上说是重要的。宣布了强制性约束办法,虽然算不上是最高行政法院在1995年2月8日法律出台以前一直不同意的那种指令、禁令(参见上文第670点),但也标志着朝这个方向迈进了一步。可惜,最高行政法院在使用法律赋予的权力方面起初表现得极为中庸。该法颁施后,由于许多既定判决整个或部分得不到执行,大量申诉提交到最高行政法院,请求它宣布制约办法,而它只受理了不值一提的几个(尤请参见:1985年5月17日的梅纳雷(Menneret)夫人案判决,载 *AJDA*,1985,p.454;1986 年 10 月 15 日的勒鲁(Leroux)夫人案判决,载 *AJDA*,1986,p.716)。若要求对不执行撤销行政法规判决的行为宣布制约措施,其条件特别严苛,须由起诉人证明法官对竭力抵制既定判决的政府部门表现出荒谬绝伦的宽容。这样的态度如果得到强化,1976 年法律的核心效力就有被蛀空的危险①。幸亏最高行政法院态度有了转变,它对国家宣布了一项制约办法,强令中央政府为实施一个法律而制定一个执行命令(参见 CE,1994 年 3 月 11 日的苏拉案判决,载 *AJDA*,1994,p.387;参见 1995 年 1 月 27 日的梅洛案判决,载 *RD publ.*,1995,p.535)。还有这样一个实例:政府部门拒绝撤销一个政令,最高行政法院便对之下达了命令并宣布了制约措施:参见最高行政法院,1997 年 2 月 22 日的卡尔博(Calbo)案判决,载 *JCP*,1997,n°22866。

前文所述 1990 年 5 月 15 日法令力图减少这种风险:报告司 572
司长接到判决执行困难的申诉后,或者上诉行政法院院长将督促判决执行行动受阻的情况通知司长后(见上文③点),司长可请最高行政法院诉讼庭庭长行使职权,下令启动制约程序,案件将受到紧急审判。

这里应当阐明制约措施与法院命令之间的关系:制约措施是使人服从命令的基本手段;为了防止有人不服从命令,法官须在判决中写明不服从命令时将会受到的制裁。实例见最高行政法院,

---

① A. Daher, La faillite de fait de la loi sur les astreintes administratives(《制约行政权力之法律事实上的破产》), *Rev. adm.*, 1992, p. 409。

2001年6月6日的瓦纳镇案判决,载 *Rec.*,256。

## 第3节 对行政法院判决的上诉途径

我们在这里又看到了两种上诉程序的传统区别:一是**请求上级法院变更原判**(上诉,还可以再向最高法院上诉);一是要求作出原判决的法院**收回判决**。

677.**第一,上诉**①。自1953年改革将二审终审制推广到行政诉讼程序中以来,这一直是请求上级变更原判的最重要途径。对行政法庭的所有判决均可提出上诉;1987年12月31日法律颁施后,作为例外特殊情况,可以向最高行政法院上诉,一般向上诉行政法院上诉。上诉之门向双方当事人敞开着,也只向当事人敞开,条件是:为了贯彻法律而上诉。对此,参见最高行政法院,1997年12月10日的内政部长案判决,载 *Rec.*,p.487。在反越权行为诉讼方面,制定被起诉法规的政府部门也可以提出上诉,尽管它在理论上不具备当事人身份。上诉时效是2个月,自判决送达当事人之日起算。

与民事法院的上诉程序不同,行政法院的上诉没有**中止判决**

---

① Feuer, Contribution à la théorie de l'appel dans la procédure contentieuse administrative(《试论行政诉讼程序的上诉理论》), *RD publ.*, 1958, p. 19; Letourneur, L'effet dévolutif de l'appel et l'évocation dans le contentieux administratif(《上诉移归效应与行政诉讼提审》), *EDCE*, n°12, p. 59; D. Giltard, Réflexions sur le rôle et les méthodes du juge d'appel(《上诉法官的职权与履职方法》), *AJDA*, 2003, 第1801期; J. L. Rey, Les moyens d'ordre public en appel(《上诉中的公共秩序理由》), *AJDA*, 2003, 第118期。

**执行的效力**。一审中的胜诉方可以不顾对方的上诉，继续执行原判决，除非受理上诉的法官下令暂停执行(参见上文第 665 点)。

在当事双方所表达意见的限度内，上诉法官对案件拥有与一审法官同等的权力，可对案件进行二次审判。这便是人们所说的**上诉移归效应**。如果受到上诉指控的判决尚未对案件作出实质裁定，比如原行政法庭被认为无管辖权，那么，上诉法官在撤销无管辖权的原判之后，如果原告同意，而且，如果案件还处于“原始状 573
态”，亦即尚需充分审理，则上诉法官可以直接作出实质判决。由于存在这种提审权，案件实际上只被审理一次，这同二审终审原则相悖。但是，这样做，案件的审判过程会快得多；倘若上诉法官将案件退回原庭再审，或许还会对一审的实质判决再次提出上诉[1]。

**678. 第二，向最高法院上诉**[2]。

---

① Drago, L'évocation dans la procédure administrative (《行政诉讼程序中的提审权》), *RD publ.*, 1957, p. 453 et 554。

② Dupuy, Le pourvoi en cassation et la dualité du contentieux de l'annulation (《向最高法院上诉与撤销法规诉讼的两重性》), *RD publ.*, 1960, p. 505; Barjot, Le recours en cassation devant le CE(《向最高行政法院上诉》), *E. D. C. E*, n°5, p. 64; Jacquemart, *Le Conseil d'État juge de cassation* (《最高行政法院是终审审判者》), thèse, Lille, 1956; Peiser, *Le recours en cassation* (《向最高法院上诉》), thèse, Nancy, 1957; J. Massot et O. Fouquet, *Le Conseil d'État juge de cassation* (《最高行政法院是终审审判者》), 1993; H. Tourard, Quelques observations sur le Conseil d'État, juge de cassation (《对最高行政法院这个终审审判者的几点意见》), *RD publ.*, 2000, p. 487. J. Massot, O. Fouquet, J. H. Stahlet M. Guyomar: *Le CE Juge de cassation* (《最高行政法院是终审审判者》), 2001; F. Colin: Le contrôle de la dénaturation dans le contentieux administratif (《行政诉讼中的反常监督》), *RD publ.*, 2000, p. 779; S. Boussard, *L'étendue du contrôle de cassation devant le Conseil d'État, un contrôle tributaire de l'exc-ès de pouvoir* (《向最高行政法院上诉的监督范围：一种依赖反越权行为诉讼的监督》), Dalloz, Coll. Nouvelle Bibl. de Thèses, 2002, p. 470, préface D. Labetoulle。

(1) **定义**。向最高法院上诉不同于一般上诉,这不是一个新审级,其目的是审核一审判决是否符合法律。如果最高行政法院发现,被起诉到它那里的判决有法律上的缺陷,便将其撤销,将案件发回有管辖权的法院复审,重新作出实质判决。这种撤销原判的上诉与**撤销法规诉讼类似**:撤销原判上诉对行政法庭一审判决的作用,与反越权行为诉讼对在任行政官员所作决定的作用相仿。在这两种讼案中,都是审核是否符合法律,结果都是废除不合法的文件。

(2) **适用范围**。1987 年 12 月 31 日法律出台前,甚至没有什么相关法律条文,根据普遍原则,除非有相反的明文规定,只有对有管辖权的行政法院所作的终审判决,才能向最高行政法院提出上诉(参见 CE,1947 年 2 月 7 日的代利耶尔(d,Aillières)案判决,载 *GAJA*,n°61)。这一原则迄今犹存。但适用这一原则的前提条件是:作出被上诉之判决的机构必须具有行政法院性质;而这种性质并不总是一目了然的,承认它的这一性质可能成为最高行政法院的一大难题(比如对可以决定纪律制裁的法国最高司法委员会的定性,参见最高行政法院,1969 年 7 月 12 日的雷唐(L'Étang)案判决,参见上文第 566 点)。不过,1987 年 12 月 31 日法律规定,对上诉行政法院的判决,还可向最高行政法院上诉,这引起了上诉制度的重大变动。

(3) **上诉的提出**。任一方当事人均可在接到终审判决后两个月内向最高行政法院提出上诉。上诉必须通过最高行政法院的一名律师呈递。这种上诉对原判没有中止执行力;但是,最高行政法院可以下令暂停执行。

为了防止向最高行政法院上诉的案件急剧增多(2001年对上诉行政法院判决的上诉达1865件),1987年改革创设了一个**受理委员会**,由它一开始就将那些不可受理或没有任何重大理由的上诉排除在外;这个委员会已被1997年12月24日法令撤销。上诉分由各司审核。

(4) **上诉理由**。要向最高行政法院上诉,必须提出所指控的判决带有什么性质的缺陷,或者是作出判决的法官无权能,或者是 574
违反了程序规定(这是形式瑕疵),或者是不承认适用于该诉讼的一项基本准则(如违反法律)。关于这最后一条,尽管最高行政法院现在只审核原判决的适用法律问题,而不审核涉案事实,但在1987年改革前,也同意核查作出判决的事实依据是否确凿,它甚至曾经力图将自己的监督权扩大到对涉案事实的确切定性问题上。权力被削减,也就是说,受指控判决的制作者若谋求其不应谋求的目的,这一事实目前反而不能被当作向最高行政法院上诉的一个理由。关于最高行政法院受理上诉的职权范围,参见巴舍利耶(Bachelier)1999年6月11日在最高行政法院发表的意见,载*Prouvost*,p.179。

(5) **裁定**。最高行政法院如果断定对原判决的上诉理由没有根据,便可驳回上诉,并承认原判决符合法律。

如果相反,最高行政法院认可上诉书提出的理由,便撤销原判决,然后二者择一:一是,可以将案件移送一个有管辖权的法院去作实质判决;二是,若案件尚处于"原始状态",它可以亲自进行审判,"为促进司法诉讼的良治"而终结性地处理案件。最高行政法院很乐意利用后面这种机会,把自己实际上变成一个裁判实质问题的法官(在1995年,最高行政法院收到103件上诉,对其中54件亲自进行了实质审判)。在这种情况下,它甚至可以对上诉状进行理由替换。在这里,人们再次发现了使诉讼提速快办的愿望,而这正是制定1987年法律的缘由[①]。

679. **第三,要求复审**。与上诉途径不同,复审要求向作出判决的法院提出;对最高行政法院发回的判决,这是唯一可行的办法。但是,有些复审要求也可以提交另外的法院。再说,这种办法的实际意义是相当有限的。

(1) **提出异议**。尚未行使被告权利的人可以提出异议,要求法庭对案件进行重新审理,这一次要考虑该被告提出的论据。

(2) **第三者异议**[②]。未曾应召到庭而已作判决可能涉及其权

575 利的任何人,均有权提出第三者异议。

(3) **请求复审**[③],旨在使作出原判决的法官改变其某个决定。若调查核实原判决是根据一个错误证据作出的,或者是在缺乏被对方当事人蓄意隐瞒了的一个关键性证据的情况下作出的,或者是按照带有若干极严重缺陷的程序作出的,则可要求复审。

---

① 最早由最高行政法院直接进行实质审判而不移交其他法院的上诉案件之一,参见1989年7月28日的上塞纳省案判决,载 *D.*, 1990, p. 187。根据《行政诉讼法典》第 L. 821-822 条,当一个案件被第二次上诉到最高行政法院时,它要对该案进行最终审判,实例参见 CE, 2000年12月9日的就业部长对德莱讷案判决,载 *Rec.*, 674。

② Kritter, La tierce opposition en droit administratif (《行政法中的第三者异议》), thèse, Paris, 1935; Heurté, *D.*, 1955, chron., p. 67; P. Dubouchet, La tierce opposition en droit administratif (《行政法中的第三者异议》), *RD publ.*, 1990, p. 709。

③ Vincent, Le recours en révision (《请求复审》), *RD publ.*, 1938, p. 423: 最高行政法院对它自己作出的判决很少使用这一程序,参见 CE, 1996年4月5日的特雷贝尔案判决,载 *LPA*, 14 juin 1996, n°72, p. 13。

(4) **要求纠正具体错误**[①]。顾名思义,这是要求修改一个有错误的判决(比如提出诉状的日期有错误,计算赔偿金有错误)。实例参见最高行政法院,2000 年 3 月 29 日的 G.I.E 胜利集团案判决,载 *AJDA*,2000,p.419;最高行政法院,2001 年 2 月 23 日的德布拉热龙涅(de Bragelongne)案判决,载 *Rec*.,82。

① D. Pouyaud, Le recours en rectification matérielle devant les juridictions administratives (《行政法院的纠正具体错误上诉》), 载 *RFDA*, 1993, p. 721。

# 结 语

577 对法国行政法主要方面的阐述就此告竣。写得无疑太过简括了，令人稍感遗憾。当此之际，应该作出些什么结论呢？

的确，在刚刚踏入21世纪的门槛时，人们面对的是一个基础更加脆弱、前途更加渺茫的行政法。

过去，人们可以肯定地说：行政法始终就是那么个样子，19世纪末叶和20世纪大部分时间精心创立的那些重大理论，会永恒存在下去。可惜，这样的时代已经一去不复返了。有人甚至担心，时移世易，若大家依旧麻木不仁，不求进取，法国行政法的国际影响，乃至它在法国法律体系中的作用，都可能再度引起争议。

千真万确，这个问题怎么强调都不会过分。法国行政法正处在深刻变化着的"大环境"中，虽不能说是一片混乱，但国际背景和国内情况无时不在演化，值得予以最大的关注。

680. **国际背景**。谈到国际背景，首先是欧洲建设产生了完全令人生畏的后果。行政法的法源将越来越少的是国内法，而越来越多的是欧共体法。客观事实是有目共睹的，但须从中引出逻辑结论。假设我们切望奠定我国行政法基础的某些理念永世长存，那么，我们必须未雨绸缪，当下就急起行动；也就是说，在欧共体法的草拟阶段，就要尽力使我们的有关理念得到优先考虑。而眼下，人们似乎尚未对此给以足够的谋划。

再者,法国行政法越来越多地受到欧洲法院的牵涉,这里指的是欧洲共同体法院和欧洲人权法院。现在,后卫部队的战斗已经 578 结束;政府跟各类法院一样,都得在其行动中十分认真地对待欧洲法院的判例;不过,那些判例与法国行政法的理念从来也不是"兼容谐和"的。不妨清查一下法国的法律规章和司法判决,其中有些修改了我们的人为法,以便同斯特拉斯堡法院*对《欧洲人权公约》第6条的解释保持一致。人们甚至看到,这家法院曾使法国行政法院的支柱——政府专员的地位发生过动摇。人们还发现,欧共体法的某些普遍原则,诸如法律安全原则、合理信任原则等本不是法国法律文化成分的原则,已开始在法国法中得到实施。

这一次,奥里乌院长又可以理由充足地告诉大家了:"有人正用十分委婉的措辞,使我们改变我国的行政法。"

681.**国内情况**。国内情势的变动也深刻地改变着行政法的基础条件。

人们马上就会想到1971年宪法委员会的创设及其在法国法律界日益重要的地位。

宪法委员会的出现,往最小处说,至少在两点上改变了行政法。首先,使宪法的地位空前重要。大家都已注意到,法国的任何法律系统,尤其是行政法,都必须具有"合宪性"。其次,对宪法委员会的判例,所有公共权力机关都得服从;作为一种特别新奇的现象,最高行政法院也受那些判例的制约。第三点或许也值得一提:

---

* 欧洲人权法院设在法国斯特拉斯堡。——译者

以往都是最高行政法院负责保护公民的权利和公共自由,至少在政府部门看来是如此;后来,宪法委员会的判例成了这一领域的重要因素。

还有与行政法法源密切攸关的第二个演变,即成文法与判例两者的效力翻转过来了。作为行政法的法源,成文法的作用日趋重要。一开始,这有利于行政法的发展,使其获得了深思熟虑、协调一致的总体改革。但也不能说全是好事,行政法规的编纂就是明证。立法机关没有能力抓住要点,舍弃那些实施中的普通细节,以致编得平庸粗糙。成文法地位提升势必降低判例的创造力。人们已经有些时间没见过"重大判决"了。不过,近几年,在诉讼庭庭长的推动下,最高行政法院的判例又在发挥革新作用,这实在令人
579 惊喜。虽然还有一些根深蒂固的弊端(比如,在某些领域,公权力只有犯下严重错误才承担赔偿责任),最高行政法院的若干判决毕竟表现出了一种非凡的果敢(比如确立了多种废除行政法规的制度)。

国内法的第三个变化也并非不重要,这就是1981年以来的地方分权。行政法的传统理论基本上是围绕国家、围绕行政生活的中央行政机构构建起来的,地方行政单位只是相对次要的二流角色。这样的时代而今显然过去了;地方自治、权力分散,尤其是"分散到地方的国家财政预算"等等,都应该列为行政法的核心概念。

我们不打算赘述最近几十年间出现的那些新事奇观(比如,也可以提一提私法法人在完成行政任务中日渐重要的作用),那会使行政法的若干传统理论再次遭到质疑。我们只想概述努力思考行政法新情况的一些心得。而这,必须借助于某种**方法**和**介质**。

682. **方法:编纂行政法典**。早在大约25年前,韦德尔前辈就曾告诫大家:行政法不能无限期地停留在判例形态上,而应该像编纂私法大法典那样编纂一部行政法典。我们觉得,做这件事情的时候来到了,虽然我们并不否认这项任务的浩大繁难。编纂法典,须广搜资料,取舍得当;换言之,要考虑进行编纂的准则、规范。因此,编纂行政法典要求我们必须通盘琢磨构成我国行政法体系基础的那些概念。而且,法典编纂还使人们不得不将源自欧共体法和源自国内法的有关准则尽皆熔于一炉。此外,编纂法典还有一个好处:它将支配法国行政制度以及规范政府部门和被治理者之关系的准则融汇在一起,使其中每一条都变得易于理解了。

683. **介质:公权力概念**。这里不是要再次探寻行政法的唯一标准,那是已被抛弃的一种方法;不过,必须给行政法体系一个介质,一个"真正的支柱",亦即一个易于理解而又能够确保整个体系逻辑结构严密的概念。

我们认为,行政法与其他法律之间一个最重要的不同(当然应该是持久存在的不同),乃是公共管理与私人管理之间的那种极其 580
古老的不同。这是因为,它反映了良知善念,容易理解且符合无可争议的现实。当一个公法人像一个普通人那样作为时,它应当跟个人服从同样的法律制度,亦即服从私法准则。但是,当公法人以及履行公法人职责的个人,手握公权力出现在世人面前时,就都像是大教堂墙上描绘的"庄严"的基督,成了在私人利益面前保护共同利益的卫士,因而有别于个人,要服从另外的法律制度,亦即服从严格意义上的行政法。

只有行使公权力才能够解释为什么赋予行政部门那么多异乎

寻常的特权,又为什么给予它那么多异乎寻常的制约。以行使公权力为前提的一切,均受公法约束,并按照公法规范评判其一切法律后果。在人为法中,逆定理仍然是成立的:不以行使公权力为前提的一切,应当受私法约束。

# 译名对照表

Abbé Cadel　阿贝·卡德尔
Abbé Olivier　阿贝·奥利维埃
Achard　阿萨德
acte de gouvernement　政府令
Adam　亚当
Adrassé　阿德拉斯
Agence des participations de l'État　国家资产管理局
Agence France-Presse　法国新闻社（法新社）
Aix-en-Provence　普罗旺斯地区艾克斯
Aïn Lhoyt　阿安－罗伊
Alain Juppé　阿兰·朱佩
Albert　阿贝尔
Alexis　阿列克西
Allegrétto　阿列格雷托
Alston　阿尔斯通公司
Ambrosini　昂勃罗西尼
Ameon　阿梅昂
Amour　阿穆尔
Amselek　昂斯莱克
Anduran　昂杜朗
Anguet　昂盖
Appert-Colin　阿佩尔－科兰
Aramu　阿拉姆
Arcueil　阿尔克伊
Arles　阿尔勒
Arnaud　阿尔诺
arrêté ministerial　部令
arrondissement　省及大城市的区
assemblée déliberante　审议会
Astudillo Calleja　阿斯图迪洛·卡莱亚
Auberge　奥贝尔热
Aubry　奥布丽
Auby　奥比
Aucoc　欧科克
auditeur　助理办案员
Audouin　奥杜安
Aumale　欧马尔
Autin　欧丹
Autorité des marchés financiers（AMF）　金融市场监管署
Avranches　阿弗朗什

Bachelier 巴什利耶
banque de France 法兰西银行
Barbier de la Serre 巴尔比埃·德拉赛尔
Barel 巴雷尔
Barinstein 巴林斯坦
Bas-Rhin 下莱茵省
Batz-sur-Mer 海上滨茨
Baudron 包德龙
Baxter 巴克斯特
B. Chenot B. 舍诺
B. Genevois 热内瓦
Beaugé 博热
Benjamin 班雅曼
Benoist d'Anthenay 贝努瓦斯特·当特奈
Bergeal 贝扎尔
Bernard 伯纳尔
Bernardi 贝纳迪
Bertin 伯尔丹
Bertrand 贝特朗
Besançon 贝桑松
Besthelsemer 贝斯太尔斯梅
Bicéphalisme 双头制
Biwater 比瓦特
Blanchet 布朗赛
Blanco 勃朗克
bloc de compétence 职权板块
Blondet 布隆代
Blum 勃鲁姆
Bodin 包丹
Boissard 布瓦萨尔
Bolle-La-Roche 波尔-拉-罗歇
Bon 波恩
Bondurand 邦杜朗
Bonnard 博那尔
Boonen 波南
Boulanger 布朗热
Boulenger 布朗热
Bourdeaux 布尔多
Bourgeois 布尔儒瓦
Bourrel 布雷尔
Boussadar 布萨达尔
Boussuge 布苏热
Bovero 博韦罗
Bozas 博扎
Brand 布朗
Breguet 布雷盖
Broca 布罗卡
Brocas 布罗卡斯
Brun 布吕恩
Buffevant 布夫旺
Burgat 布尔加

Cachet 卡塞
Cadot 卡多
Caen 卡昂
Calbo 卡尔博

Camargue 卡马尔格
Campoloro 坎波洛罗
Canal 卡纳尔
Cannet-des-Maures 卡奈·德·莫尔
Cap Janet 卡普·雅内
Capot 卡波特
Capus 卡普斯
Carlier 卡利耶
Casanovas 卡萨诺瓦
Castanet 卡斯塔内
Caucheteux 考什特
Cayzeele 凯泽尔
Cayzelle 凯泽尔
Chabba 莎芭
Chalot 莎洛
Chalvon-Demersay 沙尔翁－德梅尔塞
Chambre d'agriculture 农业协会
Chambre de commerce 商业协会
Chambre des métiers 手工业协会
Champagne 香槟
Chapus 夏普
Chardeau 夏多
château de Vincennes 范桑城堡
Chenot 舍诺
Cherbourg 瑟堡
Chevrol 舍夫罗尔
circulaire ministérielle 部委通报
Claude Guinard 克劳德·吉那尔
Coccoz 科科日
Code civil 民法典
Code de justice administrative 行政诉讼法典
Code de l'Urbanisme 都市规划法典
Code du domaine de l'État 国有资产法典
Cofiroute 科非卢特
Coggia 利贾
Cohn-Bendit 科恩－班迪
Collectivité 地方行政单位，地方行政区
Comité consultative constitutionnel 制宪咨询委员会
Comité de la privatisation 私有化委员会
Comité d'entreprise 企业委员会
Commaret 科马雷
Commissariat à l'énergie atomique 原子能委员会
Commission de Bruxelles 布鲁塞尔委员会
Communauté de communes 市镇共同体
Communauté de villes 城市共同体
Communauté d'agglomération 城市圈共同体，城乡共同体
Communauté économique européenne 欧洲经济共同体
Communauté urbaine 城市共同体
Commune 市镇，公社

Condamine 孔达明

conférences interdépartementales 省际会议

Cons Wachter 孔·瓦斯特

Conseil constitutionnel 宪法委员会

Conseil d'administration 董事会

Conseil d'arrondissent 区议会

Conseil d'État 最高行政法院

Conseil de l'Europe 欧洲理事会

Conseil de Paris 巴黎议会

Conseil de prefecture 省长仲裁委员会

Conseil de surveillance 监事会

Conseil des marches financiers (CMF) 金融市场理事会

Conseil des Parties 会审法庭

Conseil des prud'hommes 劳资调解委员会

Conseil du Roi 国王枢密院

Conseil économique et social de la région 大区经济社会委员会

Conseil genéral 省议会

Conseil muniopal 市镇议会

Conseil regional 大区议会

Conseil supérieur de la Magistrature 法国最高司法会议

conseiller d'État 最高行政法院推事

Conservatoire de l'espace littoral 滨海地带保护局

Consorts Muselier 孔索尔·穆塞利埃

Constituante 制宪议会

Convention 国民公会,公约

Convention collctive 劳资协议

Convention européenne des droits de l'Homme 《欧洲人权公约》

Convention européenne des droits de l'Homme et des libertés fondamentales 《欧洲保护人权与基本自由公约》

Corbeau 科尔博

Corse 科西嘉

Costa 科斯塔

Couiteas 奎蒂亚

Cour administrative d'appel 上诉行政法院

Cour de Cassation (法国)最高法院

Cour des Comptes 审计法院

Courson 库尔松

Crédit Industriel et Commercial 工商业信贷银行

Croissant 克卢瓦桑

Croix de Seguey-Tivoli 塞盖－蒂沃利十字

Cumul des fautes 过失并合

Cumul des responsabilité 责任并合

d, Aillières 代利耶尔

D'Andre 丹德烈

Da Silva 达西尔瓦

Daramy 达拉米

Dassault 达索

David 大卫

de Bayo 德白约

de Béchillon 德贝希龙

de Bragelongne 德布拉热龙涅

de Fontbonne 德·丰博内

de Gaulle 戴高乐

de Robert Lafregeyre 德·罗伯尔·拉弗雷热尔

Deberles 德贝尔

Décentralisation 地方分权

Déclaration universelle des Droits de l'homme 《世界人权宣言》

déconcentration 权力下放

décret-loi 法律式政令

Defaux 德福

Deguergue 德格尔格

Dejous 德茹

Delannoy 德拉努瓦

Délégation à l'Aménagement du territoire et à l'action régionale (DATAR) 领土整治及地方行动委员会

Délégation à la modernisation de la gestion publique et des structures de l'État 推进公共管理和国家结构现代化委员会

délégation de service public (DSP) 公用事业委托书,公用事业委托经营

Delle Charny 戴尔·夏尼

Dlle Rault 戴尔·罗

Delle Rucheton 戴尔·卢舍东

Delmas 戴尔马

Delocalisation 机构外迁

Deltel 德尔太尔

Delville 德尔维尔

Delvolvé 德尔福维

Denis 丹尼斯

Denoyer 德努瓦耶

département 省

département de la Seine 塞纳省

département de la Seine-et-Marne 塞纳-马恩省

département de Seine-et-Oise 塞纳-瓦兹省

Deplanque 德波朗克

Desmarets 戴斯马雷

Desmont 德斯蒙

Deville-lès-Rouen 德维尔莱斯卢昂

Devouge 德福热

Didier 迪迪耶

directoire 董事会

district 区

district de Paris 巴黎管理区

Dorly 多利

Douai 杜埃

Doublet 杜布雷

Draon 德龙

Dreifuss 德雷弗斯

Dufour 杜夫尔
Duguit 狄骥
Dupeyroux 迪佩卢
Dupuy 杜皮伊
Durand 杜朗
Duvignéres 迪维尼勒

Ebri 艾布丽
Echert 艾舍尔
Eckert 艾克尔
Edouard Balladur 爱德华·巴拉迪尔
Edouard Laferrière 爱德华·拉弗里埃尔
Eisenmann 艾森曼
El Hamidia 艾尔·哈米迪亚
Électricité de France 法国电力公司
ensemble urbain 城市协和团
ensembles urdains 城市协调总会
entente interrégionale 大区联盟
ententes interdépartementales 省际协约
Epoux Bertin 贝尔丁夫妇
Erez 艾雷
Essaka 艾萨佳
Essonne 埃松省
établissement d'utilité publique 公益机构
établissement public 公立公益事业，公立公益机构
État de droit 法治国家
État de Police 警察之国
État de Policier 警察国家
État-gendarme 卫兵型国家
État-Providence 保护型国家
Eve 艾娃
Evin 埃万
Exertier 艾克赛尔蒂耶

Farsat 法萨
Favoreu 法沃若
Favre 法夫尔
Feler 弗雷
Félix Rodes 费利克斯·罗德斯
Fouchet 富歇
Foueré 弗雷
Fournier 福尔耶
France-Télécom 法国电信公司
François Maspero 弗朗索瓦·马斯佩罗
Frantz 弗朗茨
Frédéric 弗雷德里克
Fromassol 弗罗马绍尔
Fructidor 果月

Gabriel Echert 加布里埃尔·埃克特
Gadiaga 嘎迪亚嘎
Gaillard 贾亚尔

Gambini 冈比尼
Gaston Defferre 加斯东·德费尔
Gaston Jéze 加斯东·热泽
Gavarnie 加瓦尔尼
Gennevilliers 日内维利埃
Genevois 日内伏瓦
Geniteau 热尼图
Germanaud 热马诺
Gilli 吉利
Girinon 吉利奴
Gironde 吉伦特省
Giry 吉利
Gombert 贡贝尔
Gomel 戈麦尔
Gougeon 古容
Goulard 古拉尔
Goullier 关古利埃
Gracia 格拉西亚
Grimouard 格里穆亚尔
Gros 格罗斯
Groshens 格罗森
Guadeloupe 瓜德罗普
Guez 盖茨
Guichard 吉夏尔
Guigon 吉贡
Guillaume 纪尧姆
Guionin 桂约南
Guiset 吉塞特
Guizelin 吉兹兰
Guyé 圭耶
Guyot 古约特

Hadda 哈达
Hauchemaille 奥什马伊
Haute Garonne 上加龙省
Haute-Savoie 上萨瓦省
Hauts-de-Seine 上塞纳省
Haÿ-les-Roses 艾玫瑰
Heyriès 耶利艾
Heyriès 艾利耶
Hilaire 伊莱尔
Hirchowitz 伊尔肖维茨
Hoffer 奥费尔
Hussonchiffre 于松希弗尔

Ihering 耶灵
Inspection du travail 劳动监察局
instruction de service 部门指示
Interlait 安特雷
Île de France 法兰西岛

Jacques Dangeville 雅克·当热维尔
Jalenques de Labeau 雅朗克·德拉波
Jamart 亚马尔
Jarrigion 雅利荣
Jean Calon 让·卡龙
Jean Rivero 让·里韦罗

Jean Waline　让·瓦利纳
Jeanneau　让努
Jeannier　让尼耶
Jetline　杰林
Jeze　热泽
Jèze　耶兹
Jézéquel　热泽凯尔
Jobard　约巴尔
Joseph-Imbert　约瑟夫－安贝尔
Jourdain　茹尔丹
Journal l'Aurore　晨报
Juridiction administrative d'attribution　专门行政法院
Juridiction administrative de droit commun　普通法行政法院

Kahn　卡恩
Kairenga　凯伦加
Kherouaa　科卢瓦
Klein　克莱因
Kleyn　克雷恩
Kléber　克莱贝尔
Knaub　克诺布
Köbler　科布勒
Kreisker　克赖斯凯
Kress　克雷斯
Kudla　库德拉

la loi Sapin　萨班法
la théorie de l'imprévision　不可预见理论
Labetoulle　拉贝图尔
Labonne　拉博纳
Labor Métal　拉包尔·梅塔尔
Lachaume　拉绍姆
Lafage　拉法热
Lafernère　拉弗里埃尔
Laffitte　拉斐特
Lafont　拉丰
Lammenais　拉莫奈
Lamotte　拉莫特
Lang　兰格
Languedoc-Roussillon　朗格多克－鲁西永大区
Larouturou　拉卢土卢
Laruelle　拉吕耶尔
Lasaulce　拉索尔斯
Latournerie　拉图奈里
Laubadére　洛巴代尔
Laumonnier-Carriol　洛莫尼埃－卡里奥尔
Laurent　洛朗
Lavaud　拉沃德
Lavabre　拉瓦布尔
Laveissière　拉韦斯埃尔
Le fait du prince　政府契约外强制行为
Le Goff　勒高夫

Le Monde 世界报
Le Sourd 勒苏尔
Lebon 勒邦
Lecomte 勒孔特
Lecoq 勒科克
Lefèvre 勒费弗尔
Legrand 勒格朗
Mélinette 梅丽奈特
Lemoine 勒穆瓦纳
Lemonnier 勒莫尼耶
Leniau 勒尼奥
Lepreux 勒普罗
Leroux 勒卢
Lesage 莱萨日
Letisserand 勒蒂斯朗
Levacher 勒瓦赛
L'Étang 雷唐
L'Hermite 乐米特
Lichère 里谢尔
Lille 里尔
Lionel Jospin 利奥内尔·若斯潘
Lisieux 利雪
Litzler 里茨勒
Locke 洛克
loi-cadre 基本法
loi de pleins pouvoirs 全权授予法
Loiret 卢瓦雷省
Loiseau 卢瓦佐
Lombo 龙博
Lorenzi 洛朗兹
Louis Favoreu 路易·法沃勒
Louis Roland 路易·罗朗
Lyon 里昂

Maciolak 马西奥拉克
Madison 麦迪逊
Magiera 马吉拉
Magnaud 马纽
Magnier 马尼耶
Maire 市镇长
maire d'arrondissement 区长
maire de Paris 巴黎市长
maître des requêtes 审查官
Malabout 马拉布
Malbeau 马尔博
Mangüe 毛古
Marbury 马布利
Marcel Waline 马赛尔·瓦利纳
Marseille 马赛
Martin 马丹
Martine Lombard 马蒂娜·龙巴尔
Martinique 马提尼克
Masetti 马赛蒂
Massot 马索
Matignon 马蒂尼翁
Maurice 莫里斯
Maurice Papan 莫里斯·帕庞
Mekhantar 梅坎塔尔
Melle 梅尔

Melle Ouadalo 梅尔·乌瓦达罗
Melle Poinsat 梅尔·普安萨
Menneret 梅纳雷
Mergui 梅尔吉
Meunier 莫尼耶
Meurthe et Moselle 默尔特－摩泽尔省
Meyet 迈耶
Médiateur de la République 共和国独立监察官
Mégret 梅格莱
Micault 米科尔
Michel Debré 米歇米·德勃雷
Michel Virally 米歇尔·卫拉利
Michelin 米什兰
Mimeur 米莫尔
Mingam 曼冈
Moderne 莫德内
Moehrlé 莫尔雷
Moisan 穆瓦桑
Molière 莫里哀
Monpeurt 蒙珀尔
Montesquieu 孟德斯鸠
Montouh 蒙图
Mor-schwiller-le-Bas 莫斯维尔勒巴斯
Moralis 莫拉利
Moreau 莫罗
Morell 莫雷尔
Morent 莫朗
Morestel 莫雷斯太尔
Moritz 莫里茨
Mosset 莫赛
Moya-Caville 穆瓦亚－卡维尔
Muselier 穆斯利埃

Naliato 纳利亚托
Nancy 南锡
Nanterre 南太尔镇
Narcy 纳尔西
Navarra 那瓦拉
Nevers 纳维尔
Néris-les-Bains 内里莱班
Nicinski 尼善斯基
Nicolo 尼科洛
Non-cumul des responsabilité 责任自负
Nora 诺拉
Norbert Dentressanglé 诺贝尔·丹特尔桑格雷
Noualek 努瓦莱克
Nouvelle-Calédonie 新喀里多尼亚
Noyant 努瓦扬

Odilon Barrot 奥地隆·巴罗
Ohayon 瓦永
Ombudsman （瑞典的）监察使
ordre professionnel 职业公会

Ottomani 奥托马尼
Oumar Samba 乌马尔·桑巴
Outre-Mer 海外领地

Pampelonne 潘波劳内
Pantaloni 潘塔罗尼
Papon 帕蓬
Paquet 帕凯
Pardov 巴尔多夫
Parey 帕雷
Paris 巴黎
Paroisse 帕鲁瓦斯
Pasquier 帕基耶
Pauline Borghèse 波利娜·博格兹
Pelletier 波尔蒂埃
Perrin 佩林
Perruche 佩吕谢
personne privée 私法人
personne publique 公法人
Peyrical 佩里卡尔
Pham 法姆
Philipp 菲利普
Philippart 菲利帕尔
Piveteau 皮韦托
Plan 普兰
Planiol 普拉尼奥尔
Plusiôse 雨月
Pokorny 波克尔尼
Pompidou 蓬皮杜
Popin 波潘
Poursines 西内普
Praillon 普拉永
Premier president de le Cour d'appel 上诉法院首席院长
Préaud 普雷欧
Préfet 省长
Préfet de Paris 巴黎长官
Préfet de Police 巴黎警察局长
Préfet de region 大区长
Préfontaines 普雷丰太内
Procola 普罗科拉
Province 省

Quai d'Orsay 凯道赛

Razel 拉泽尔
Recours gracieux 异议申述
Raffarin 拉法兰
Rakotoarivony 拉克托阿里沃尼
Ramatuelle 拉马图艾尔
Raud-Lefèvre 罗特－勒弗尔
Région 大区
région dîle-de-France 法兰西岛大区
Regnault-Desroziers 雷格诺－戴斯罗齐耶
René Chapus 勒内·夏普
Rhône-Alpes 罗纳－阿尔卑斯

Ribeyrolles 利白洛尔
Roche 罗歇
Rodière 罗迪埃
Rodrigues 罗德里格
Romainville 罗曼维尔
Romieu 罗密欧
Ronsin 龙桑
Rosan Girard 洛桑·吉拉尔
Rosay 罗赛
Roubaix 鲁白
Roudier de la Brille 卢狄埃·德·拉勃利尔
Roustan 卢斯坦
Royan 卢瓦扬
Rubin de Servens 卢班·德·赛尔旺

Sadoudi 萨杜迪
Saint-Charles 圣夏尔
Saint-Étienne 圣－艾蒂安
Saint-Just 圣茹斯特
Saint-Priest-la Plaine 圣普利斯特拉普莱内
Salat-Baroux 萨拉－巴卢
Sant 桑特
Santinacci 桑蒂纳西
Sapin 萨潘
Sarran 萨朗
Sastre 萨斯特尔
Saulze 索尔泽
Seclin 塞克兰
Segedim 塞热丹
Seine-Saint-Denis 塞纳－圣但尼省
Septfonds 塞波丰特
service public 公用事业
Siberstein 西伯斯坦
Sicard 西卡尔
Sille 希尔
Silva 西尔瓦
Siminvest 西曼韦斯特
Sochaux 索绍
Soulard 苏拉尔
Soulier 苏利埃
Stahl 斯塔尔
Stambouli 斯当布利
Stedile 斯特迪尔
Stirn 斯蒂尔
Strasbourg 斯特拉斯堡
Sudre 苏德尔
Syndicat d'agglomération 城乡联合体

Tarn 塔恩省
Teissier 泰西耶
Terrier 泰里耶
Thérond 特龙
Theux 特克斯
Thouret 图雷
Thouzellier 图泽里埃
Tibéri 蒂贝里

Titran 蒂特朗
Tixier 蒂克斯耶
Tliba 特利芭
Tomaso-Greco 托马索－格雷克
Toulon 土伦
Touraine 图赖讷
Tourard 图拉尔
Traité de Maastricht 马斯特里赫特条约
Traité de Rome 罗马条约
Treyssac 特雷萨克
Tribunal administrative 行政法院
Tribunal des conflits 权限裁定法院
Tricot 特里科
Tripot 特里波
Trognon 特罗尼翁
Trompier-Gravier 特龙皮埃－格拉维埃
Trouillet 特鲁耶
Truchet 特鲁赛

Ulmann 于尔曼
Union européenne 欧洲联盟
Ursot 尔索

Val-de-Marne 瓦勒德马恩省
Val-d'Oise 瓦勒德瓦兹省
Valet 瓦莱
Vallée 瓦雷
Van Duyn 范迪恩
Van Peborgh 冯·佩波格
Vassilikiotis 瓦西里基奥蒂斯
Vedel 韦德尔
Verdure 维杜尔
Versailles 凡尔赛
Vérité 维立德
Vicat-Blanc 维卡－勃兰克
Vichy 维希
Viéziz 维齐兹
Ville d'Elbeuf 埃尔伯夫市
Vincent 万桑
Vinolay 韦诺莱
Vitry 维特里
Volff 沃尔夫
Vosges 孚日
Voskresensky 沃斯克列森斯基

Werquin 韦尔干
Wetzstein 韦茨斯坦
Wiener 维纳

Yener 叶内
Yvelines 伊夫林省
Yves Gaudemet 也夫·古德迈

Zénard 泽那尔

Zimmermann 齐莫尔曼

Zone d'aménagement concerté (ZAC)
(城市规划)商定开发区

# 译 后 记

法国是当今世界大国之一，也是欧美大陆法系(成文法系)的一个主要代表，其行政法也较大多数国家更为完备。此书详尽、系统地介绍了自18世纪末至2004年法国行政法和行政管理体制的沿革。据查，在中文文献中，类似的论著或译作迄未见到，本书的价值是显而易见的。

从翻译的角度有几点说明：

1.本书正文从头至尾统一排序，分683个问题进行叙述，文中多处要求前后参照，我们译之为"点"。比如，第10个问题第二段中有"(infra n°536)"，我们译为"(参见下文第536点)"。

2.原著注释千余条，凡说明性的，原文照译；凡指明出处的，则译出文献名称，而不译出版机构名称。

3.为便于读者理解，译者在页下加了十几条简短注释。

鲁　仁

2006年8月29日

于山东社会科学院

**图书在版编目(CIP)数据**

法国行政法/(法)里韦罗,瓦利纳著;鲁仁译.—北京:商务印书馆,2008

(公法名著译丛)

ISBN 7-100-05323-4

Ⅰ.法… Ⅱ.①里… ②瓦… ③鲁… Ⅲ.行政法-研究-法国 Ⅳ.D956.521

中国版本图书馆CIP数据核字(2006)第161938号



公法名著译丛

**法国行政法**

〔法〕 让·里韦罗 让·瓦利纳 著

鲁 仁 译

商 务 印 书 馆 出 版

(北京王府井大街36号 邮政编码100710)

商 务 印 书 馆 发 行

北 京 龙 兴 印 刷 厂 印 刷

ISBN 7-100-05323-4/D·408

2008年1月第1版　　开本 880×1230 1/32

2008年1月北京第1次印刷　　印张 28 ⅞

定价:55.00元